George Washington

Esta estatua de bronce de George Washington está en Alexandria, Virginia. Alexandria está ubicada a orillas del río Potomac, a unas millas al sur de la capital de la nación, Washington, D. C. Investiga más sobre George Washington en: www.harcourtschool.com

UBÍCALO

Reflexiones

CREADO EXCLUSIVAMENTE PARA CALIFORNIA

ESTADOS UNIDOS:
CREANDO UNA NUEVA NACIÓN

Harcourt
SCHOOL PUBLISHERS

Orlando Austin New York San Diego Toronto London
¡Visita *The Learning Site!* www.harcourtschool.com

MAPQUEST® · TIME FOR KIDS®

Reflexiones

ESTADOS UNIDOS: CREANDO UNA NUEVA NACIÓN

HARCOURT SCHOOL PUBLISHERS

Senior Author

Dr. Priscilla H. Porter
Professor Emeritus
School of Education
California State University,
    Dominguez Hills
Center for History–Social Science
    Education
Carson, California

Series Authors

Dr. Michael J. Berson
Associate Professor
Social Science Education
University of South Florida
Tampa, Florida

Dr. Margaret Hill
History–Social Science Coordinator
San Bernardino County Superintendent
    of Schools
Director, Schools of California Online
Resources for Education:
    History–Social Science
San Bernardino, California

Dr. Tyrone C. Howard
Assistant Professor
UCLA Graduate School of Education &
    Information Studies
University of California at Los Angeles
Los Angeles, California

Dr. Bruce E. Larson
Associate Professor
    Social Science Education
    Secondary Education
Woodring College of Education
Western Washington University
Bellingham, Washington

Dr. Julio Moreno
Assistant Professor
Department of History
University of San Francisco
San Francisco, California

Series Consultants

Martha Berner
Consulting Teacher
Cajon Valley Union School District
San Diego County, California

Dr. James Charkins
Professor of Economics
California State University
San Bernardino, California
Executive Director of California Council
    on Economic Education

Rhoda Coleman
K–12 Reading Consultant Lecturer
California State University,
    Dominguez Hills
Carson, California

Dr. Robert Kumamoto
Professor
History Department
San Jose State University
San Jose, California

Carlos Lossada
Co-Director Professional Development
    Specialist
UCLA History–Geography Project
University of California, Los Angeles
Regional Coordinator, California
    Geographic Alliance
Los Angeles, California

Dr. Tanis Thorne
Director of Native Studies
Lecturer in History
Department of History
University of California, Irvine
Irvine, California

Rebecca Valbuena
Los Angeles County Teacher of the
    Year—2004–05
Language Development Specialist
Stanton Elementary School
Glendora Unified School District
Glendora, California

Dr. Phillip Van Fossen
Associate Professor,
    Social Studies Education
Associate Director, Purdue Center for
    Economic Education
Department of Curriculum
Purdue University
West Lafayette, Indiana

Grade-Level Author

Dr. Thelma Foote
Associate Professor of History and
African American Studies
Department of History
University of California, Irvine
Irvine, California

Content Reviewers

Dr. Shalanda Dexter-Rodgers
Assistant Professor
Department of Ethnic Studies
University of California, San Diego
San Diego, California

Dr. Walter Fleming
Department Head and Associate
    Professor
Native American Studies
Montana State University
Bozeman, Montana

Dr. Robert Green, Jr.
Professor
School of Education
Clemson University
Clemson, South Carolina

Dr. John P. Kaminski
Director, Center for the Study of
    the American Constitution
Department of History
University of Wisconsin
Madison, Wisconsin

Dr. Thomas D. Mays
Assistant Professor
Department of History
Humboldt State University
Arcata, California

Dr. Marilyn J. Westerkamp
Professor
Department of History
University of California, Santa Cruz
Santa Cruz, California

Dr. Pearl Ponce
Assistant Professor
History Department
California State University, San Bernardino
San Bernardino, California

Dr. Jack Rakove
W.R. Coe Professor of History and American Studies
Department of History
Stanford University
Stanford, California

Dr. Eugene Volokh
Professor
UCLA School of Law
Los Angeles, California

Classroom Reviewers and Contributors

Elly Alvarado
Teacher
Baird Middle School
Fresno, California

Brian Arcuri
Teacher
Longfellow Elementary School
San Francisco, California

Pamela Brown
Teacher
Hearst Elementary School
San Diego, California

Michelle Ferrer
Teacher
John Muir Elementary School
Long Beach, California

Ken Johnson
Teacher
Pinewood Elementary School
Tujunga, California

Robin Sischo
Teacher
Bullard TALENT School
Fresno, California

Hiromi Somawang
Teacher
Baird Middle School
Fresno, California

Helen Tross
Teacher
Santa Ana Unified School District Office
Santa Ana, California

Spanish Edition Reviewers

Isabel Almeida
John H. Niemes Elementary School
Artesia, California

Cristina Britt
Educational Consultant

Jazmín Calvo
César E. Chávez Elementary School
Bell Gardens, California

Mayra A. Lozano
Venn W. Furgeson Elementary School
Hawaiian Gardens, California

Allyson Sternberg
Boone Elementary School
San Diego, California

Maps
researched and prepared by

Readers
written and designed by

Copyright © 2007 by Harcourt, Inc.

All rights reserved. No part of this publication may be reproduced or transmitted in any form or by any means, electronic or mechanical, including photocopy, recording, or any information storage and retrieval system, without permission in writing from the publisher.

Requests for permission to make copies of any part of the work should be mailed to:

School Permissions and Copyrights
Harcourt, Inc.
6277 Sea Harbor Drive
Orlando, Florida 32887-6777
Fax: 407-345-2418

REFLECTIONS is a trademark of Harcourt, Inc. HARCOURT and the Harcourt Logos are trademarks of Harcourt, Inc., registered in the United States of America and/or other jurisdictions. TIME FOR KIDS and the red border are registered trademarks of Time Inc. Used under license. Copyright © by Time Inc. All rights reserved.

Acknowledgments appear in the back of this book.

Printed in the United States of America

ISBN 0-15-341669-6

1 2 3 4 5 6 7 8 9 10 048 15 14 13 12 11 10 09 08 07 06 05

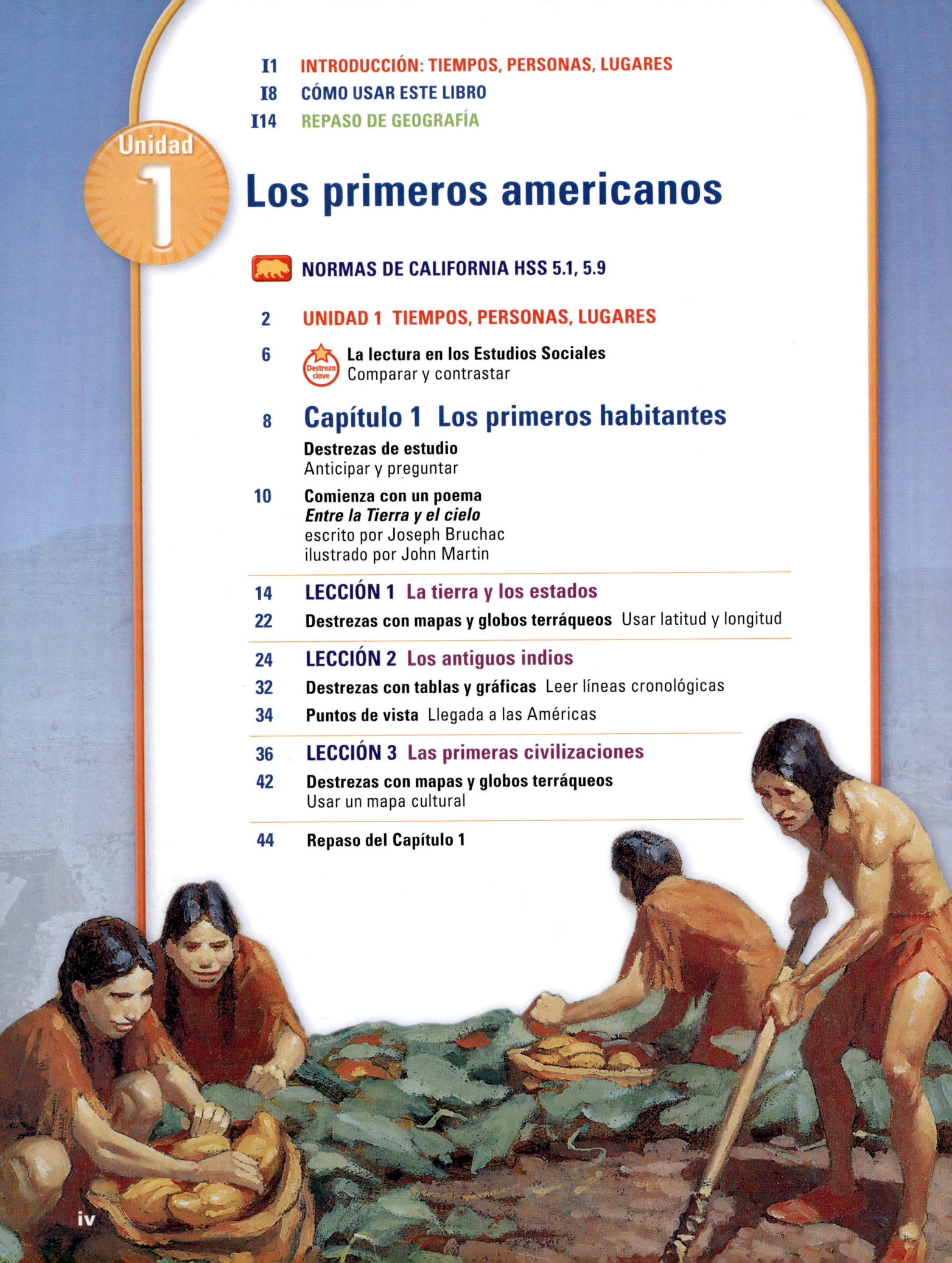

I1	**INTRODUCCIÓN: TIEMPOS, PERSONAS, LUGARES**
I8	**CÓMO USAR ESTE LIBRO**
I14	**REPASO DE GEOGRAFÍA**

Unidad 1: Los primeros americanos

NORMAS DE CALIFORNIA HSS 5.1, 5.9

2	**UNIDAD 1 TIEMPOS, PERSONAS, LUGARES**
6	**La lectura en los Estudios Sociales** Comparar y contrastar
8	**Capítulo 1 Los primeros habitantes** **Destrezas de estudio** Anticipar y preguntar
10	**Comienza con un poema** *Entre la Tierra y el cielo* escrito por Joseph Bruchac ilustrado por John Martin
14	**LECCIÓN 1 La tierra y los estados**
22	**Destrezas con mapas y globos terráqueos** Usar latitud y longitud
24	**LECCIÓN 2 Los antiguos indios**
32	**Destrezas con tablas y gráficas** Leer líneas cronológicas
34	**Puntos de vista** Llegada a las Américas
36	**LECCIÓN 3 Las primeras civilizaciones**
42	**Destrezas con mapas y globos terráqueos** Usar un mapa cultural
44	**Repaso del Capítulo 1**

46	**Capítulo 2 Los indios americanos**
	Destrezas de estudio Guía de preparación
48	**Comienza con un cuento** *Carrera hacia la Salida de la Luna: Una antigua travesía* escrito por Sally Crum ilustrado por Shonto Begay
52	**LECCIÓN 1** El desierto del Suroeste
59	**Biografía** Luci Tapahonso
60	**LECCIÓN 2** El Pacífico Noroeste
66	**Fuentes primarias** Tótems
68	**LECCIÓN 3** Las Llanuras
74	**LECCIÓN 4** Los Bosques Orientales
80	**Destrezas de participación** Resolver conflictos
82	**Civismo** El bien común
84	**LECCIÓN 5** El Ártico
88	**Destrezas con tablas y gráficas** Usar tablas para agrupar información
90	**Repaso del Capítulo 2**
92	**Excursión** La nación hopi
94	**REPASO DE LA UNIDAD 1**
96	**ACTIVIDADES DE LA UNIDAD 1**

Unidad 2
Encuentros de culturas

NORMAS DE CALIFORNIA HSS 5.2, 5.3, 5.4

- 97 **UNIDAD 2 TIEMPOS, PERSONAS, LUGARES**
- 102 **La lectura en los Estudios Sociales**
  Idea principal y detalles
- 104 **Capítulo 3 La época de las exploraciones**
  Destrezas de estudio
  Usar recursos visuales
- 106 **Comienza con un diario**
  El diario de Cristóbal Colón
  selección de Steve Lowe
  ilustrado por Robert Sabuda
- 110 **LECCIÓN 1 Exploración y tecnología**
- 118 **Fuentes primarias** Instrumentos de navegación
- 120 **LECCIÓN 2 Un mundo cambiante**
- 126 **Puntos de vista** Los viajes de Cristóbal Colón
- 128 **LECCIÓN 3 Exploraciones españolas**
- 135 **Biografía** Estevanico
- 136 **Destrezas de razonamiento crítico** Distinguir entre hecho y opinión
- 138 **LECCIÓN 4 Otras naciones exploran**
- 144 **Destrezas con mapas y globos terráqueos**
  Usar un mapa de altitud
- 146 **Repaso del Capítulo 3**

148	**Capítulo 4 Formación de las primeras colonias**
	Destrezas de estudio Usar una tabla de S-QS-A
150	**Comienza con un diario** *Varados en la plantación Plimoth, 1626* escrito e ilustrado por Gary Bowen
154	**LECCIÓN 1 Las colonias españolas**
159	**Biografía** Bartolomé de Las Casas
160	**LECCIÓN 2 La colonia de Virginia**
167	**Biografía** Pocahontas
168	**Destrezas de razonamiento crítico** Comparar fuentes primarias y secundarias
170	**LECCIÓN 3 La colonia de Plymouth**
176	**LECCIÓN 4 Los franceses y los holandeses**
184	**Destrezas con mapas y globos terráqueos** Leer un mapa histórico
186	**Repaso del Capítulo 4**
188	**Excursión** La misión de San Diego de Alcalá
190	**REPASO DE LA UNIDAD 2**
192	**ACTIVIDADES DE LA UNIDAD 2**

Unidad 3
Se establecen las colonias

NORMAS DE CALIFORNIA HSS 5.3, 5.4

193 UNIDAD 3 TIEMPOS, PERSONAS, LUGARES

198 La lectura en los Estudios Sociales
Resumir

200 **Capítulo 5 Las colonias de Nueva Inglaterra**
Destrezas de estudio
Formular preguntas

202 **Comienza con un cuento**
El coraje de Sarah Noble
escrito por Alice Dalgliesh
ilustrado por Greg Newbold

206 LECCIÓN 1 Asentamientos en Nueva Inglaterra
213 **Biografía** Anne Hutchinson

214 LECCIÓN 2 La vida en Nueva Inglaterra

222 LECCIÓN 3 La economía de Nueva Inglaterra
228 **Fuentes primarias** Hogares coloniales
230 **Destrezas con tablas y gráficas** Leer una gráfica lineal

232 **Repaso del Capítulo 5**

234 **Capítulo 6 Las colonias del centro**
Destrezas de estudio
Relaciones entre preguntas y respuestas

236 **Comienza con un cuento**
Ben Franklin en la antigua Philadelphia
escrito por Margaret Cousins
ilustrado por Raul Colon

240	**LECCIÓN 1** Asentamientos en las colonias del centro
247	**Biografía** Tamanend
248	**Civismo** Justicia
250	**LECCIÓN 2** La vida en las colonias del centro
256	**LECCIÓN 3** Granjas y puertos de gran actividad
262	**Destrezas de razonamiento crítico** Tomar una decisión económica
264	**Repaso del Capítulo 6**

266 **Capítulo 7 Las colonias del sur**

Destrezas de estudio
Tomar apuntes

268 **Comienza con un cuento**
Molly Bannaky
escrito por Alice McGill
ilustrado por Chris Soentpiet

272	**LECCIÓN 1** Asentamientos en el sur
280	**Destrezas con tablas y gráficas** Leer gráficas circulares
282	**LECCIÓN 2** La vida en el sur
289	**Biografía** Olaudah Equiano
290	**LECCIÓN 3** La economía del sur
296	**Destrezas con mapas y globos terráqueos** Leer un mapa de uso de la tierra y productos
298	**Repaso del Capítulo 7**
300	**Excursión** Williamsburg colonial
302	**REPASO DE LA UNIDAD 3**
304	**ACTIVIDADES DE LA UNIDAD 3**

Unidad 4

La Revolución Americana

NORMAS DE CALIFORNIA HSS 5.3, 5.5, 5.6

305   **UNIDAD 4 TIEMPOS, PERSONAS, LUGARES**

310   **La lectura en los Estudios Sociales**
Causa y efecto

312   **Capítulo 8   Las colonias se unen**
Destrezas de estudio
Conectar ideas

314   **Comienza con un poema**
La cabalgata de Paul Revere: Cuento del posadero
escrito por Henry Wadsworth Longfellow
ilustrado por Charles Santore

318   **LECCIÓN 1   Competencia por el control**
324   **Destrezas con mapas y globos terráqueos**   Comparar mapas históricos

326   **LECCIÓN 2   Los colonos protestan**
333   **Biografía**   Patrick Henry
334   **Destrezas de razonamiento crítico**   Distinguir entre hecho y ficción

336   **LECCIÓN 3   Crecen los desacuerdos**

342   **LECCIÓN 4   El camino a la guerra**
347   **Biografía**   Phillis Wheatley

348   **LECCIÓN 5   Se declara la independencia**
354   **Destrezas de razonamiento crítico**   Identificar causas y efectos múltiples
356   **Civismo**   En defensa de la libertad

358   **Repaso del Capítulo 8**

360 **Capítulo 9 La Guerra de la Independencia**
Destrezas de estudio
Organizar información

362 **Comienza con un cuento**
Phoebe, la espía
escrito por Judith Berry Griffin
ilustrado por Margot Tomes

366 **LECCIÓN 1** Los americanos y la Revolución
373 **Biografía** Mercy Otis Warren
374 **Destrezas con tablas y gráficas** Leer líneas cronológicas paralelas
376 **Fuentes primarias** El maletín de campaña de Washington

378 **LECCIÓN 2** La lucha por la independencia
385 **Biografía** Bernardo de Gálvez
386 **Destrezas con mapas y globos terráqueos** Comparar mapas con escalas diferentes

388 **LECCIÓN 3** Se logra la independencia

396 **LECCIÓN 4** Las consecuencias de la guerra

402 **Repaso del Capítulo 9**
404 **Excursión** El Sendero de la Libertad

406 **REPASO DE LA UNIDAD 4**
408 **ACTIVIDADES DE LA UNIDAD 4**

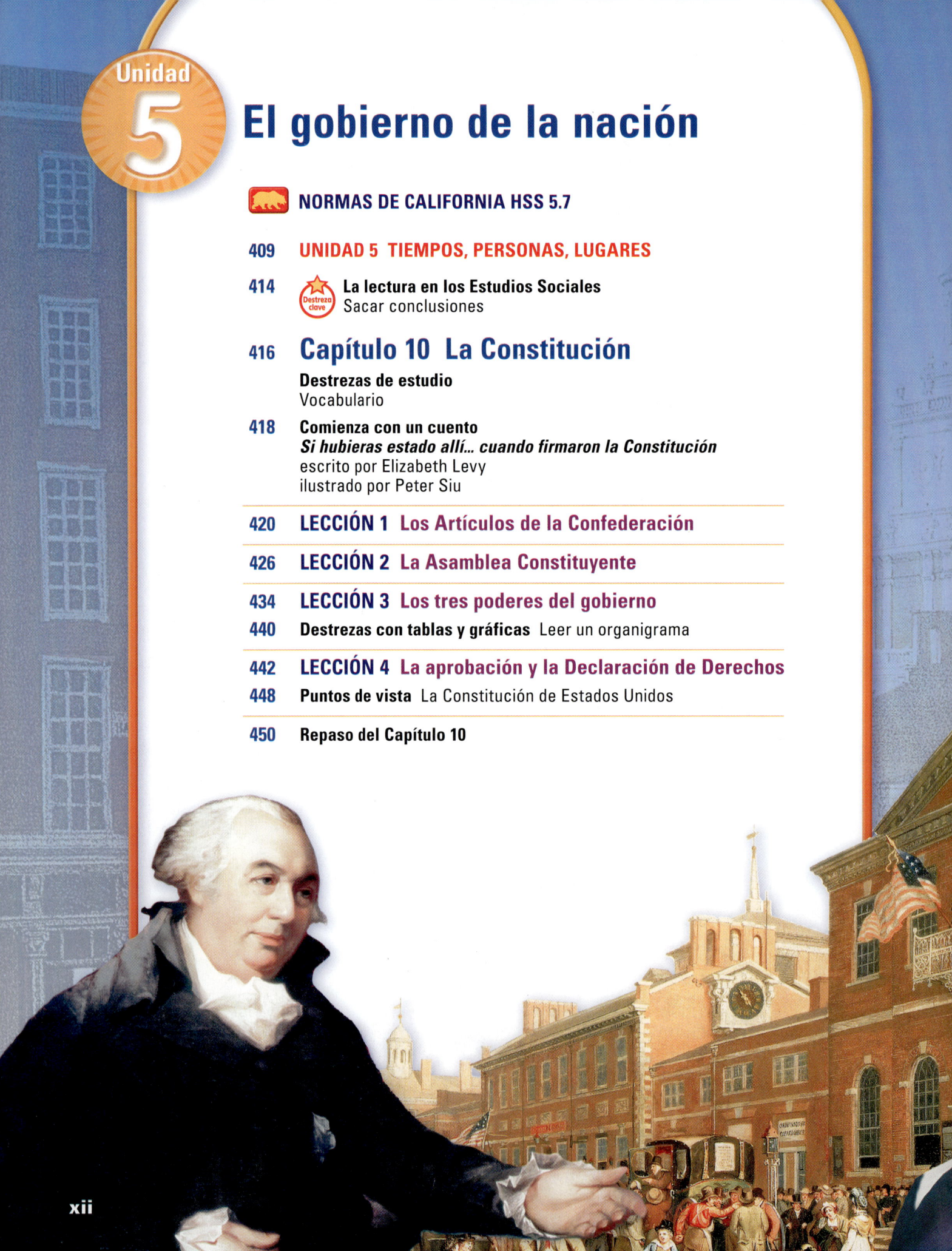

Unidad 5
El gobierno de la nación

NORMAS DE CALIFORNIA HSS 5.7

409 UNIDAD 5 TIEMPOS, PERSONAS, LUGARES

414 La lectura en los Estudios Sociales
Sacar conclusiones

416 Capítulo 10 La Constitución
Destrezas de estudio
Vocabulario

418 Comienza con un cuento
Si hubieras estado allí... cuando firmaron la Constitución
escrito por Elizabeth Levy
ilustrado por Peter Siu

420 LECCIÓN 1 Los Artículos de la Confederación

426 LECCIÓN 2 La Asamblea Constituyente

434 LECCIÓN 3 Los tres poderes del gobierno
440 Destrezas con tablas y gráficas Leer un organigrama

442 LECCIÓN 4 La aprobación y la Declaración de Derechos
448 Puntos de vista La Constitución de Estados Unidos

450 Repaso del Capítulo 10

452	**Capítulo 11 La república americana**
	Destrezas de estudio
	Ojear e identificar
454	**Comienza con un poema**
	América la hermosa
	escrito por Katharine Lee Bates
	ilustrado por Wendell Minor
458	**LECCIÓN 1 Una democracia constitucional**
464	**Destrezas con mapas y globos terráqueos** Leer un mapa de población
466	**LECCIÓN 2 Ideales americanos**
470	**Destrezas de razonamiento crítico** Leer una caricatura política
472	**Fuentes primarias** Objetos patrióticos del pasado
474	**LECCIÓN 3 Preservar la Constitución**
479	**Biografía** Martin Luther King, Jr.
480	**Destrezas de participación** Actuar como un ciudadano responsable
482	**Repaso del Capítulo 11**
484	**Excursión** Centro Nacional de la Constitución
486	**REPASO DE LA UNIDAD 5**
488	**ACTIVIDADES DE LA UNIDAD 5**

Unidad 6
La expansión hacia el oeste

NORMAS DE CALIFORNIA HSS 5.3, 5.8

489 UNIDAD 6 TIEMPOS, PERSONAS, LUGARES

494 La lectura en los Estudios Sociales
Generalizar

496 **Capítulo 12 Cambios en la frontera**
Destrezas de estudio
Hacer un esquema

498 **Comienza con un cuento**
Mi nombre es York
escrito por Elizabeth Van Steenwyk
ilustrado por Bill Farnsworth

500 LECCIÓN 1 Una población en crecimiento
506 Destrezas con tablas y gráficas Comparar gráficas

508 LECCIÓN 2 La vida de los pioneros

514 LECCIÓN 3 La exploración hacia el oeste
519 Biografía Sacagawea
520 Destrezas de razonamiento crítico Tomar una decisión bien pensada

522 LECCIÓN 4 La Guerra de 1812

526 LECCIÓN 5 Cambios en la vida de los indios americanos
532 Civismo Preservar la cultura

534 Repaso del Capítulo 12

536	**Capítulo 13 Marcha hacia el oeste** **Destrezas de estudio** Escribir para aprender
538	**Comienza con un diario** *El diario de Wong Ming-Chung* escrito por Laurence Yep ilustrado por Yuan Lee
540	**LECCIÓN 1** Los senderos al oeste
548	**Fuentes primarias** Objetos que se usaban en los senderos del oeste
550	**LECCIÓN 2** Una nación en crecimiento
555	**Biografía** Miguel Hidalgo
556	**Destrezas de razonamiento crítico** Resolver un problema
558	**LECCIÓN 3** De océano a océano
565	**Biografía** Yung Wing
566	**Destrezas con mapas y globos terráqueos** Identificar cambios en las fronteras
568	**LECCIÓN 4** Nuevas personas y nuevas ideas
575	**Biografía** Harriet Tubman
576	**Destrezas con mapas y globos terráqueos** Leer un mapa de husos horarios
578	**Repaso del Capítulo 13**
580	**Excursión** Fin del Sendero de Oregon Centro de interpretación
582	**REPASO DE LA UNIDAD 6**
584	**ACTIVIDADES DE LA UNIDAD 6**

PARA TU REFERENCIA

R1	Del pasado al presente
R18	Atlas
R34	Almanaque
R41	Documentos de Estados Unidos
R68	Manual de investigación
R78	Diccionario biográfico
R86	Diccionario geográfico
R96	Glosario
R104	Índice
CS1	Normas de Historia y Ciencias Sociales de California

Secciones útiles

Destrezas

DESTREZAS CON TABLAS Y GRÁFICAS
- 32 Leer líneas cronológicas
- 88 Usar tablas para agrupar información
- 230 Leer una gráfica lineal
- 280 Leer gráficas circulares
- 374 Leer líneas cronológicas paralelas
- 440 Leer un organigrama
- 506 Comparar gráficas

DESTREZAS DE RAZONAMIENTO CRÍTICO
- 136 Distinguir entre hecho y opinión
- 168 Comparar fuentes primarias y secundarias
- 262 Tomar una decisión económica
- 334 Distinguir entre hecho y ficción
- 354 Identificar causas y efectos múltiples
- 470 Leer una caricatura política
- 520 Tomar una decisión bien pensada
- 556 Resolver un problema

DESTREZAS CON MAPAS Y GLOBOS TERRÁQUEOS
- 22 Usar latitud y longitud
- 42 Usar un mapa cultural
- 144 Usar un mapa de altitud
- 184 Leer un mapa histórico
- 296 Leer un mapa de uso de la tierra y productos
- 324 Comparar mapas históricos
- 386 Comparar mapas con escalas diferentes
- 464 Leer un mapa de población
- 566 Identificar cambios en las fronteras
- 576 Leer un mapa de husos horarios

DESTREZAS DE PARTICIPACIÓN
- 80 Resolver conflictos
- 480 Actuar como un ciudadano responsable

LA LECTURA EN LOS ESTUDIOS SOCIALES
- 6 Comparar y contrastar
- 102 Idea principal y detalles
- 198 Resumir
- 310 Causa y efecto
- 414 Sacar conclusiones
- 494 Generalizar

DESTREZAS DE ESTUDIO
- 8 Anticipar y preguntar
- 46 Guía de preparación
- 104 Usar recursos visuales
- 148 Usar una tabla de S-QS-A
- 200 Formular preguntas
- 234 Relaciones entre preguntas y respuestas
- 266 Tomar apuntes
- 312 Conectar ideas
- 360 Organizar información
- 416 Vocabulario
- 452 Ojear e identificar
- 496 Hacer un esquema
- 536 Escribir para aprender

Civismo
- 82 El bien común
- 165 Instituciones democráticas
- 219 Valores democráticos
- 248 Justicia
- 338 Valores democráticos
- 356 En defensa de la libertad
- 532 Preservar la cultura

Puntos de vista
- 34 Llegada a las Américas
- 122 Expediciones a las Américas
- 126 Los viajes de Cristóbal Colón
- 424 Un gobierno nacional más fuerte
- 448 La Constitución de Estados Unidos
- 528 Traslado de los indios
- 561 La guerra entre México y Estados Unidos

Literatura y música
- 10 *Entre la Tierra y el cielo*
  escrito por Joseph Bruchac
  ilustrado por John Martin
- 48 *Carrera hacia la Salida de la Luna: Una antigua travesía*
  escrito por Sally Crum
  ilustrado por Shonto Begay
- 106 *El diario de Cristóbal Colón*
  selección de Steve Lowe
  ilustrado por Robert Sabuda
- 150 *Varados en la plantación Plimoth, 1626*
  escrito e ilustrado por Gary Bowen
- 202 *El coraje de Sarah Noble*
  escrito por Alice Dalgliesh
  ilustrado por Greg Newbold
- 236 *Ben Franklin en la antigua Philadelphia*
  escrito por Margaret Cousins
  ilustrado por Raul Colon
- 268 *Molly Bannaky*
  escrito por Alice McGill
  ilustrado por Chris K. Soentpiet
- 314 *La cabalgata de Paul Revere: Cuento del posadero*
  escrito por Henry Wadsworth Longfellow
  ilustrado por Charles Santore
- 362 *Phoebe, la espía*
  escrito por Judith Berry Griffin
  ilustrado por Margot Tomes
- 418 *Si hubieras estado allí... cuando firmaron la Constitución*
  escrito por Elizabeth Levy
  ilustrado por Peter Siu
- 454 *América la hermosa*
  escrito por Katharine Lee Bates
  ilustrado por Wendell Minor
- 498 *Mi nombre es York*
  escrito por Elizabeth Van Steenwyk
  ilustrado por Bill Farnsworth
- 538 *El diario de Wong Ming-Chung*
  escrito por Laurence Yep
  ilustrado por Yuan Lee

Fuentes primarias
- 66 Tótems
- 72 Túnicas indígenas
- 118 Instrumentos de navegación
- 220 Una cartilla
- 228 Hogares coloniales
- 278 La aldea de Secotan
- 327 Protesta contra la Ley del Timbre
- 350 La Declaración de Independencia
- 376 El maletín de campaña de Washington
- 422 La moneda del estado
- 472 Objetos patrióticos del pasado
- 548 Objetos que se usaban en los senderos del oeste

Documentos
- 467 El Credo de los americanos

Biografía
- 59 Luci Tapahonso
- 135 Estevanico
- 159 Bartolomé de Las Casas
- 167 Pocahontas
- 213 Anne Hutchinson
- 247 Tamanend
- 289 Olaudah Equiano
- 333 Patrick Henry
- 347 Phillis Wheatley
- 373 Mercy Otis Warren
- 385 Bernardo de Gálvez
- 479 Martin Luther King, Jr.
- 519 Sacagawea

- 555 Miguel Hidalgo
- 565 Yung Wing
- 575 Harriet Tubman

Geografía
- 26 Isla San Miguel
- 129 La corriente del Golfo
- 182 New Orleans
- 225 New Bedford, Massachusetts
- 277 La Gran Ruta de los Carromatos
- 331 Boston
- 428 Philadelphia
- 502 El Sendero Wilderness
- 562 Parque Histórico Estatal Marshall Gold Discovery

Patrimonio cultural
- 112 Tecnología asiática
- 174 Día de Acción de Gracias
- 211 Lugares con nombres indios
- 251 Festivales
- 287 Fort Mose
- 351 Día de la Independencia
- 435 Los archivos nacionales
- 551 Vaqueros

Los niños en la historia
- 54 Los niños hopi
- 116 Diego Bermúdez
- 260 Aprendices
- 291 Eliza Lucas Pinckney
- 330 Apoyar el boicot
- 468 Caroline Pickersgill
- 510 Daniel Drake

Excursión
- 92 La nación hopi
- 188 La misión de San Diego de Alcalá
- 300 Williamsburg colonial
- 404 El Sendero de la Libertad
- 484 Centro Nacional de la Constitución
- 580 Fin del Sendero de Oregon Centro de interpretación

Aprendizaje visual

TABLAS, GRÁFICAS Y DIAGRAMAS
- 6 Comparar y contrastar
- 69 Usos del bisonte por los indios americanos
- 89 Tabla A: Las regiones y sus grupos
- 89 Tabla B: Los grupos y sus regiones
- 102 Idea principal y detalles
- 158 Europeos en el hemisferio occidental, 1550–1750
- 183 Sistemas coloniales en América del Norte
- 198 Resumir
- 231 Población de las colonias de Nueva Inglaterra, 1650–1700
- 258 Productos de exportación coloniales a Inglaterra, 1700–1750
- 281 Población de las 13 colonias por región, 1750
- 281 Población de las 13 colonias por grupo étnico, 1750
- 310 Causa y efecto
- 355 Causas y efectos múltiples de la Revolución
- 368 Importaciones de productos británicos en América, 1775-1780
- 414 Sacar conclusiones
- 427 Tiempos de viaje
- 441 Cómo se convierte en ley un proyecto de ley
- 444 Votación para la ratificación de la Constitución
- 459 Equilibrio de poderes
- 461 Sistema federal de gobierno
- 494 Generalizar
- 507 Inmigración a Estados Unidos, 1820–1830
- 507 Inmigrantes de Gran Bretaña, Irlanda y Alemania, 1820
- 507 Población de Estados Unidos, 1820–1850

MAPAS
- 4 América del Norte
- 15 Estados Unidos
- 16 Accidentes geográficos de América del Norte
- 20 Regiones climáticas de Estados Unidos
- 23 Latitud y longitud de Estados Unidos
- 25 Rutas terrestres de los primeros habitantes
- 26 Isla San Miguel
- 38 Las primeras civilizaciones de América del Norte
- 43 Antiguas culturas de América del Norte
- 100 América del Norte, 1620
- 124 Viajes de exploración
- 129 La corriente del Golfo
- 131 Conquistadores en América del Norte
- 139 Rutas de los primeros exploradores
- 144 Curvas de nivel
- 145 Ruta de Cartier, 1535
- 157 Principales misiones de la Nueva España
- 177 Rutas de Champlain, 1603–1615
- 181 La exploración del Mississippi
- 182 New Orleans
- 185 Posesiones europeas en América del Norte, 1650
- 196 Las Trece Colonias inglesas
- 210 Colonias de Nueva Inglaterra
- 225 New Bedford, Massachusetts
- 226 Rutas de comercio coloniales
- 245 Colonias del centro
- 275 Colonias del sur
- 277 La Gran Ruta de los Carromatos
- 297 Productos coloniales
- 308 América colonial, 1775
- 319 América del Norte en 1754
- 321 La guerra franco-indígena, 1754–1763
- 325 Mapa A: América del Norte antes de la guerra franco-indígena
- 325 Mapa B: América del Norte después de la guerra franco-indígena
- 331 Boston
- 340 Lexington y Concord
- 386 Mapa A: Batalla de Long Island
- 387 Mapa B: Batalla de Long Island
- 390 Principales batallas de la Revolución Americana
- 399 El Territorio del Noroeste, 1785
- 412 Comienzos de Estados Unidos
- 427 Rutas hacia la Asamblea Constituyente de 1787
- 428 Philadelphia
- 465 Densidad de población de Estados Unidos, 1790
- 492 Estados Unidos, 1853
- 502 El Sendero Wilderness
- 512 Estados Unidos, 1800
- 515 La Compra de Louisiana
- 529 El Sendero de Lágrimas
- 542 El Sendero de Oregon
- 544 Senderos hacia el oeste
- 553 Estados Unidos, 1845
- 562 Parque Histórico Estatal Marshall Gold Discovery
- 563 Estados Unidos, 1850
- 567 Expansión de Estados Unidos
- 570 Ferrocarriles en el este, 1850
- 570 Caminos en el este, 1850
- 573 El ferrocarril clandestino

577	Husos horarios del hemisferio occidental
R18	El mundo: Mapa político
R20	El mundo: Mapa físico
R22	Hemisferio occidental: Mapa político
R23	Hemisferio occidental: Mapa físico
R24	Estados Unidos: Panorama general
R26	Estados Unidos: Mapa político
R28	Estados Unidos: Mapa físico
R30	California: Mapa político
R31	California: Mapa físico
R32	Canadá
R33	México

Líneas cronológicas

Unidad 1, Línea cronológica de la Presentación **1**
Unidad 1, Línea cronológica de Personas **2**
Capítulo 1, Líneas cronológicas de la lección **24, 36**
Línea cronológica horizontal **32**
Línea cronológica vertical **33**
Capítulo 1, Línea cronológica de Repaso **44**
Luci Tapahonso, Línea cronológica **59**
Unidad 2, Línea cronológica de la Presentación **97**
Unidad 2, Línea cronológica de Personas **98**
Capítulo 3, Líneas cronológicas de la lección **110, 120, 128, 138**
Estevanico, Línea cronológica **135**
Exploración de América del Norte **142**
Capítulo 3, Línea cronológica de Repaso **146**
Capítulo 4, Líneas cronológicas de la lección **154, 160, 170, 176**
Bartolomé de Las Casas, Línea cronológica **159**
Pocahontas, Línea cronológica **167**
Capítulo 4, Línea cronológica de Repaso **186**
Unidad 3, Línea cronológica de la Presentación **193**
Unidad 3, Línea cronológica de Personas **194**

Capítulo 5, Líneas cronológicas de la lección **206, 214, 222**
Anne Hutchinson, Línea cronológica **213**
Capítulo 5, Línea cronológica de Repaso **232**
Capítulo 6, Líneas cronológicas de la lección **240, 250, 256**
Fundación de las colonias del centro **244**
Tamanend, Línea cronológica **247**
Capítulo 6, Línea cronológica de Repaso **264**
Capítulo 7, Líneas cronológicas de la lección **272, 282, 290**
Olaudah Equiano, Línea cronológica **289**
Capítulo 7, Línea cronológica de Repaso **298**
Unidad 4, Línea cronológica de la Presentación **305**
Unidad 4, Línea cronológica de Personas **306**
Capítulo 8, Líneas cronológicas de la lección **318, 326, 336, 342, 348**
Patrick Henry, Línea cronológica **333**
El camino a la guerra **339**
Phillis Wheatley, Línea cronológica **347**
Capítulo 8, Línea cronológica de Repaso **358**
Capítulo 9, Líneas cronológicas de la lección **366, 378, 388, 396**
Mercy Otis Warren, Línea cronológica **373**
Gran Bretaña y la Revolución **374**
América y la Revolución **374**
Bernardo de Gálvez, Línea cronológica **385**
Los indios americanos después de la Revolución **400**
Capítulo 9, Línea cronológica de Repaso **402**
Unidad 5, Línea cronológica de la Presentación **409**
Unidad 5, Línea cronológica de Personas **410**
Capítulo 10, Líneas cronológicas de la lección **420, 426, 442**

Capítulo 10, Línea cronológica de Repaso **450**
Capítulo 11, Líneas cronológicas de la lección **458, 466, 474**
Ampliación de los Derechos Civiles en Estados Unidos, 1865-1954 **476**
Ampliación de los Derechos Civiles en Estados Unidos, 1955-Presente **476**
Martin Luther King Jr., Línea cronológica **479**
Capítulo 11, Línea cronológica de Repaso **482**
Unidad 6, Línea cronológica de la Presentación **489**
Unidad 6, Línea cronológica de Personas **490**
Capítulo 12, Líneas cronológicas de la lección **500, 508, 514, 522, 526**
La travesía de Lewis y Clark **516**
Sacagawea, Línea cronológica **519**
Capítulo 12, Línea cronológica de Repaso **534**
Capítulo 13, Líneas cronológicas de la lección **540, 550, 558, 568**
Miguel Hidalgo, Línea cronológica **555**
Yung Wing, Línea cronológica **565**
Harriet Tubman, Línea cronológica **575**
Capítulo 13, Línea cronológica de Repaso **578**

Míralo en detalle

53	La vida de los pueblo
62	Una aldea del Pacífico Noroeste
70	La vida en las Llanuras
77	Una aldea iroquesa
85	Una familia inuit
163	Jamestown
179	Nueva Amsterdam en la década de 1640
217	Un pueblo de Nueva Inglaterra
285	Una plantación del sur
292	El arroz de la granja al mercado
345	La batalla de Bunker Hill
393	La batalla de Yorktown
436	Washington, D.C.
504	El canal Erie
569	Una fábrica textil

Introducción

Una historia bien contada

"La historia de cada país comienza en el corazón de un hombre o una mujer."*

Willa Cather, *O Pioneers*

¿Alguna vez te has preguntado cómo llegó Estados Unidos de América a ser el país que es, y de qué manera su pasado influye en tu vida? Este año lo sabrás. Estudiarás la geografía de Estados Unidos y la historia de sus comienzos. Leerás sobre cómo era vivir en los **tiempos** en que se produjeron los acontecimientos más importantes para el desarrollo de nuestra nación. También conocerás a algunas de las **personas** que participaron en estos acontecimientos y los **lugares** donde ocurrieron. Lee ahora la historia de *Estados Unidos: Creando una nueva nación*.

*Willa Cather. *O Pioneers!* Buccaneer Books, Inc. 1993.

Estados Unidos:
CREANDO UNA NUEVA NACIÓN

Los tiempos en la historia de Estados Unidos

Estudiar historia te ayudará a comprender cómo se relacionan el pasado y el presente, y a identificar sus semejanzas y sus diferencias. También te ayudará a comprender que, aunque algunas cosas cambian a través del tiempo, otras permanecen iguales. A medida que aprendas a reconocer estas relaciones, comenzarás a pensar como un historiador, es decir, como una persona que estudia el pasado.

Los historiadores **investigan**, o estudian, los tiempos en que se produjeron los acontecimientos. Buscan pistas en los objetos y documentos de quienes vivieron en el pasado. Los historiadores leen diarios personales, cartas, artículos periodísticos y otros textos que fueron escritos por las personas que participaron en los acontecimientos. También observan fotografías, películas y obras de arte. Además, prestan atención a la historia oral, es decir, a los relatos contados por personas de esa época. Estudiando cuidadosamente estas **evidencias**, o pruebas, los historiadores pueden reconstruir el contexto histórico de cada evento, o sea, cómo era el mundo cuando ese evento ocurrió. El contexto ayuda a los historiadores a **interpretar** el pasado y a explicar por qué ocurrieron los acontecimientos.

Para interpretar con precisión el pasado, los historiadores deben prestar mucha atención al modo en que están relacionados los acontecimientos. Para ver más claramente pueden estudiar la **cronología**, o sea, el orden por fechas, en que sucedieron los eventos. Una manera de hacerlo es usando líneas cronológicas. Una línea cronológica permite ordenar cronológicamente los eventos clave del período, o época, que están estudiando. En ella también puede observarse cómo un evento puede haber llevado a que ocurriera otro.

Las personas en la historia de Estados Unidos

Los historiadores investigan acerca de las personas que vivieron en diferentes épocas. A partir de las evidencias que reúnen, los historiadores tratan de imaginar cómo era la vida de esas personas. Tratan de comprender por qué actuaban de cierta forma y cómo los distintos acontecimientos afectaban sus sentimientos y sus creencias.

Los historiadores también estudian los puntos de vista de las personas. El **punto de vista** de una persona es la forma en que percibe las cosas. Ese punto de vista está moldeado por el origen y las experiencias de esa persona. Cambia según su condición o estado: joven o vieja, rica o pobre, hombre o mujer. Las personas con distintos puntos de vista pueden percibir el mismo evento de manera muy diferente.

Quienes vivieron en el pasado pueden servir como modelos de conducta para saber cómo actuar o cómo no actuar ante acontecimientos problemáticos. Los historiadores tratan de identificar los **rasgos de personalidad**, tales como integridad, respeto, responsabilidad, equidad, bondad y patriotismo, que las personas del pasado demostraron a través de sus actos. Los historiadores observan cómo estos rasgos de personalidad han influido y aún influyen en la formación de buenos líderes.

Los lugares en la historia de Estados Unidos

Además de estudiar los tiempos en que se desarrollaron los acontecimientos y las personas que participaron en ellos, los historiadores también deben considerar los lugares donde se produjeron estos acontecimientos. Cada lugar de la Tierra tiene características que lo hacen diferente del resto. A menudo, esas características determinaron que los acontecimientos ocurrieran en cierto lugar y se desarrollaran de cierta manera.

Con el objetivo de comprender mejor las características propias de un lugar, los historiadores usan mapas. Los mapas muestran la ubicación de un lugar, pero además pueden brindarles información acerca de la tierra y de los pueblos que vivieron allí. Pueden mostrar las rutas que recorrieron las personas, los lugares donde se asentaron y el uso que le daban a la tierra.

Los mapas, al igual que otros tipos de evidencia, ayudan a los historiadores a escribir con mayor precisión acerca del pasado. También son una valiosa herramienta para comprender mejor cómo se relacionan las personas, los lugares y los tiempos.

Cómo usar este libro

PARA COMENZAR

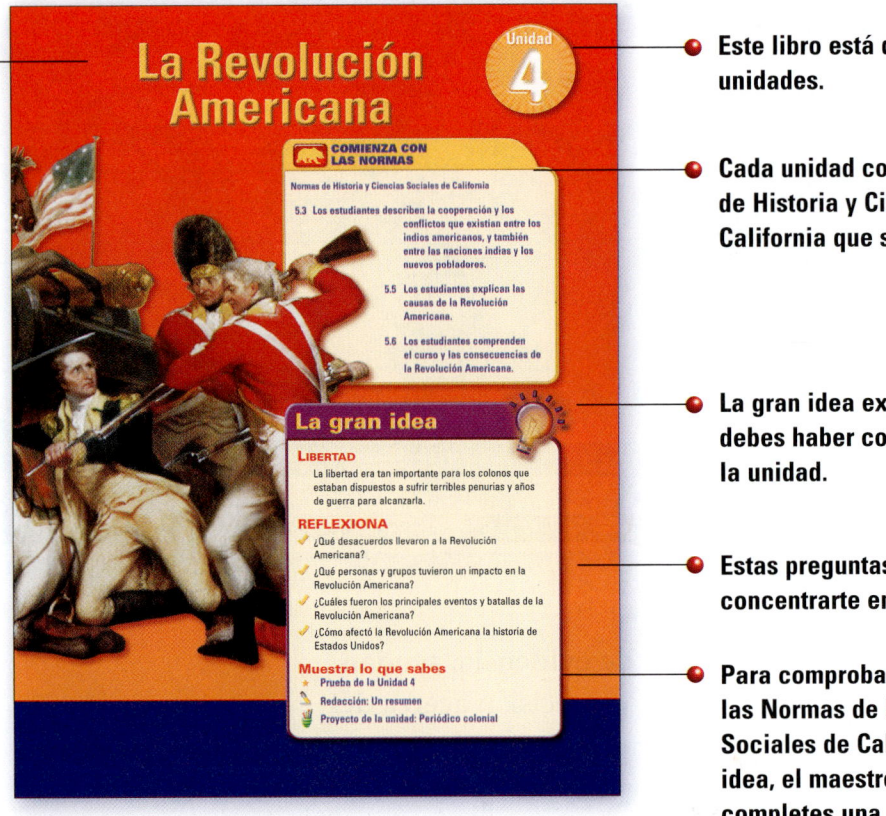

Título de la unidad

Este libro está dividido en seis unidades.

Cada unidad comienza con las Normas de Historia y Ciencias Sociales de California que se tratan en la unidad.

La gran idea expone la idea clave que debes haber comprendido al finalizar la unidad.

Estas preguntas te ayudarán a concentrarte en La gran idea.

Para comprobar que has comprendido las Normas de Historia y Ciencias Sociales de California y La gran idea, el maestro puede pedirte que completes una o más de estas tareas.

OBSERVAR TIEMPOS, PERSONAS Y LUGARES

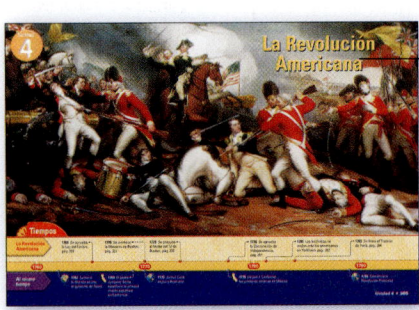

TIEMPOS Estas páginas muestran los acontecimientos más importantes y cuándo ocurrieron. Leerás acerca de esos eventos a lo largo de la unidad.

PERSONAS Estas páginas te presentan a algunos hombres y mujeres sobre los que leerás en la unidad.

LUGARES Estas páginas te muestran dónde ocurrieron algunos de los eventos que se estudiarán en la unidad.

LA LECTURA EN LOS ESTUDIOS SOCIALES

La lectura en los Estudios Sociales es una destreza clave que te ayudará a comprender mejor los eventos sobre los que lees y a establecer relaciones entre esos eventos.

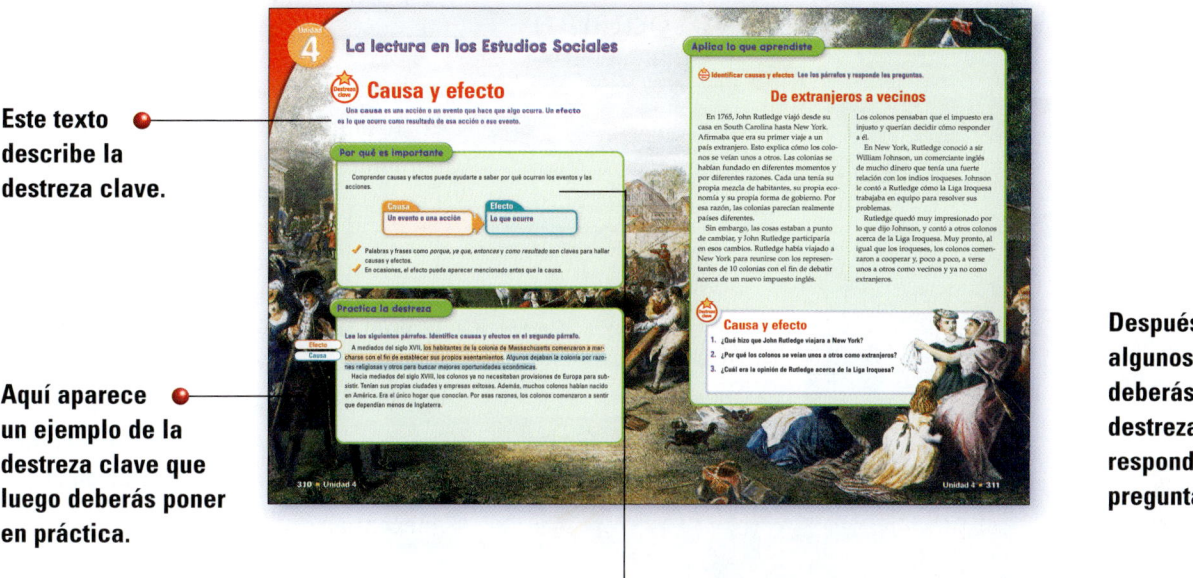

Este texto describe la destreza clave.

Aquí aparece un ejemplo de la destreza clave que luego deberás poner en práctica.

Después de leer algunos párrafos, deberás aplicar la destreza clave para responder estas preguntas.

Este texto explica por qué esta destreza clave es importante.

COMENZAR UN CAPÍTULO

Cada unidad está dividida en capítulos, y los capítulos están divididos en lecciones.

La sección de destrezas de estudio te brinda estrategias que puedes usar para recordar y organizar lo que lees.

Cada capítulo tiene una lista de las Normas de Historia y Ciencias Sociales que se tratan en el capítulo.

Título y número del capítulo

Cada capítulo comienza con una canción, un poema, un diario, un cuento o algún otro material de lectura.

Introducción ■ I9

LEER UNA LECCIÓN

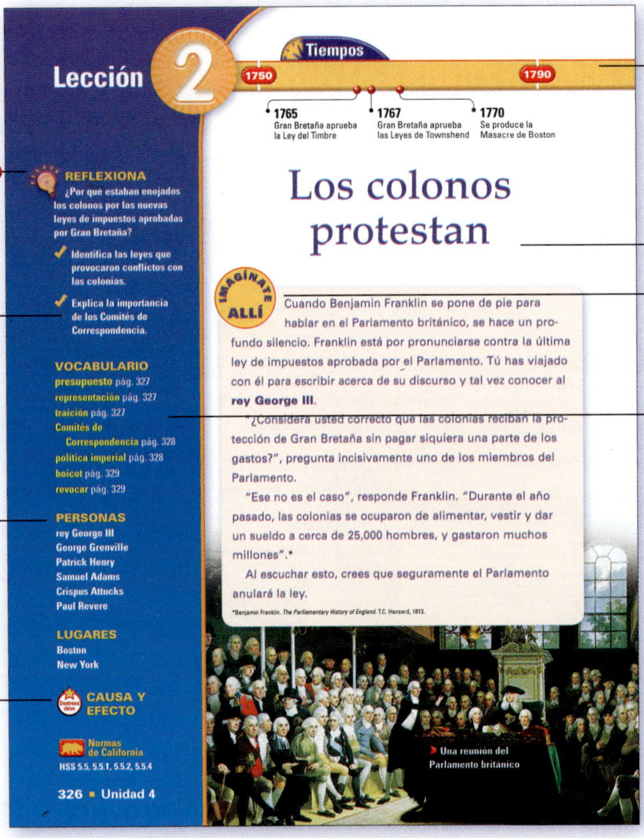

Lección 2

Tiempos

1750 — 1790

1765 Gran Bretaña aprueba la Ley del Timbre

1767 Gran Bretaña aprueba las Leyes de Townshend

1770 Se produce la Masacre de Boston

Los colonos protestan

REFLEXIONA

¿Por qué estaban enojados los colonos por las nuevas leyes de impuestos aprobadas por Gran Bretaña?

- ✓ Identifica las leyes que provocaron conflictos con las colonias.
- ✓ Explica la importancia de los Comités de Correspondencia.

VOCABULARIO

presupuesto pág. 327
representación pág. 327
traición pág. 327
Comités de Correspondencia pág. 328
política imperial pág. 328
boicot pág. 329
revocar pág. 329

PERSONAS

rey George III
George Grenville
Patrick Henry
Samuel Adams
Crispus Attucks
Paul Revere

LUGARES

Boston
New York

CAUSA Y EFECTO

Normas de California
HSS 5.5, 5.5.1, 5.5.2, 5.5.4

IMAGÍNATE ALLÍ

Cuando Benjamin Franklin se pone de pie para hablar en el Parlamento británico, se hace un profundo silencio. Franklin está por pronunciarse contra la última ley de impuestos aprobada por el Parlamento. Tú has viajado con él para escribir acerca de su discurso y tal vez conocer al **rey George III**.

"¿Considera usted correcto que las colonias reciban la protección de Gran Bretaña sin pagar siquiera una parte de los gastos?", pregunta incisivamente uno de los miembros del Parlamento.

"Ese no es el caso", responde Franklin. "Durante el año pasado, las colonias se ocuparon de alimentar, vestir y dar un sueldo a cerca de 25,000 hombres, y gastaron muchos millones".*

Al escuchar esto, crees que seguramente el Parlamento anulará la ley.

*Benjamin Franklin. *The Parliamentary History of England*. T.C. Hansard, 1813.

Una reunión del Parlamento británico

326 ■ Unidad 4

Esta pregunta te ayudará a concentrarte en la idea principal de la lección.

Este texto te indica las habilidades que deberás tener cuando termines la lección.

En esta lista se mencionan algunas de las personas y lugares de la lección.

A medida que leas la lección, recuerda aplicar la destreza clave de La lectura en los Estudios Sociales.

La línea cronológica muestra cuándo sucedieron algunos eventos clave de la lección.

Título de la lección

Imagínate allí te lleva a la época en que ocurrieron los acontecimientos que se mencionan en la lección.

Estas son las nuevas palabras de vocabulario que aprenderás en la lección.

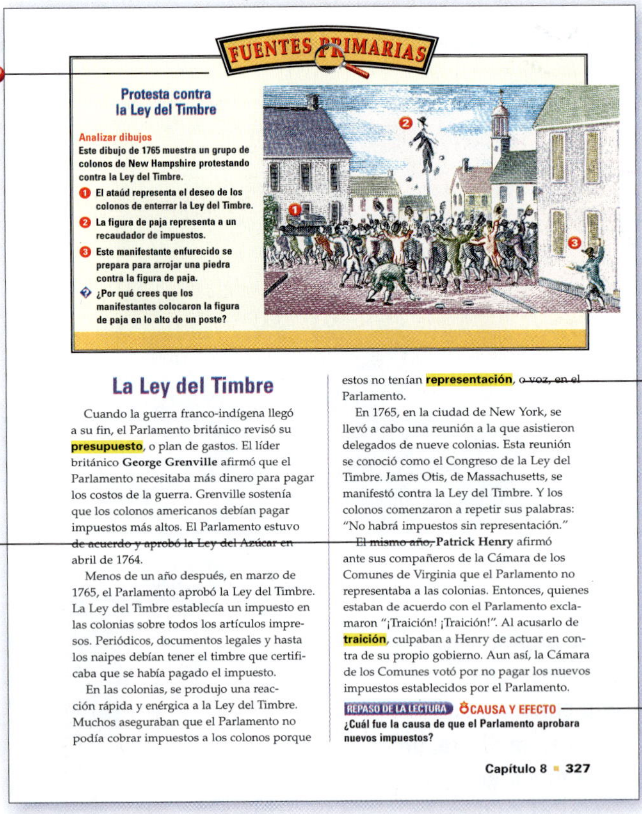

FUENTES PRIMARIAS

Protesta contra la Ley del Timbre

Analizar dibujos

Este dibujo de 1765 muestra un grupo de colonos de New Hampshire protestando contra la Ley del Timbre.

1. **El ataúd representa el deseo de los colonos de enterrar la Ley del Timbre.**
2. **La figura de paja representa a un recaudador de impuestos.**
3. **Este manifestante enfurecido se prepara para arrojar una piedra contra la figura de paja.**

¿Por qué crees que los manifestantes colocaron la figura de paja en lo alto de un poste?

La Ley del Timbre

Cuando la guerra franco-indígena llegó a su fin, el Parlamento británico revisó su **presupuesto**, o plan de gastos. El líder británico **George Grenville** afirmó que el Parlamento necesitaba más dinero para pagar los costos de la guerra. Grenville sostenía que los colonos americanos debían pagar impuestos más altos. El Parlamento estuvo de acuerdo y aprobó la Ley del Azúcar en abril de 1764.

Menos de un año después, en marzo de 1765, el Parlamento aprobó la Ley del Timbre. La Ley del Timbre establecía un impuesto en las colonias sobre todos los artículos impresos. Periódicos, documentos legales y hasta los naipes debían tener el timbre que certificaba que se había pagado el impuesto.

En las colonias, se produjo una reacción rápida y enérgica a la Ley del Timbre. Muchos aseguraban que el Parlamento no podía cobrar impuestos a los colonos porque estos no tenían **representación**, o voz, en el Parlamento.

En 1765, en la ciudad de New York, se llevó a cabo una reunión a la que asistieron delegados de nueve colonias. Esta reunión se conoció como el Congreso de la Ley del Timbre. James Otis, de Massachusetts, se manifestó contra la Ley del Timbre. Y los colonos comenzaron a repetir sus palabras: "No habrá impuestos sin representación."

El mismo año, **Patrick Henry** afirmó ante sus compañeros de la Cámara de los Comunes de Virginia que el Parlamento no representaba a las colonias. Entonces, quienes estaban de acuerdo con el Parlamento exclamaron "¡Traición! ¡Traición!". Al acusarlo de **traición**, culpaban a Henry de actuar en contra de su propio gobierno. Aun así, la Cámara de los Comunes votó por no pagar los nuevos impuestos establecidos por el Parlamento.

REPASO DE LA LECTURA — CAUSA Y EFECTO
¿Cuál fue la causa de que el Parlamento aprobara nuevos impuestos?

Capítulo 8 ■ 327

Algunas lecciones tienen secciones especiales donde puedes leer sobre Civismo, Los niños en la historia, Fuentes primarias y Puntos de vista.

Las personas y los lugares clave aparecen en letra negrita.

Las palabras de vocabulario están resaltadas en amarillo.

Cada sección breve concluye con una pregunta de REPASO DE LA LECTURA que te permite verificar si has comprendido lo que leíste. Asegúrate de que puedas responder correctamente la pregunta antes de seguir leyendo la lección.

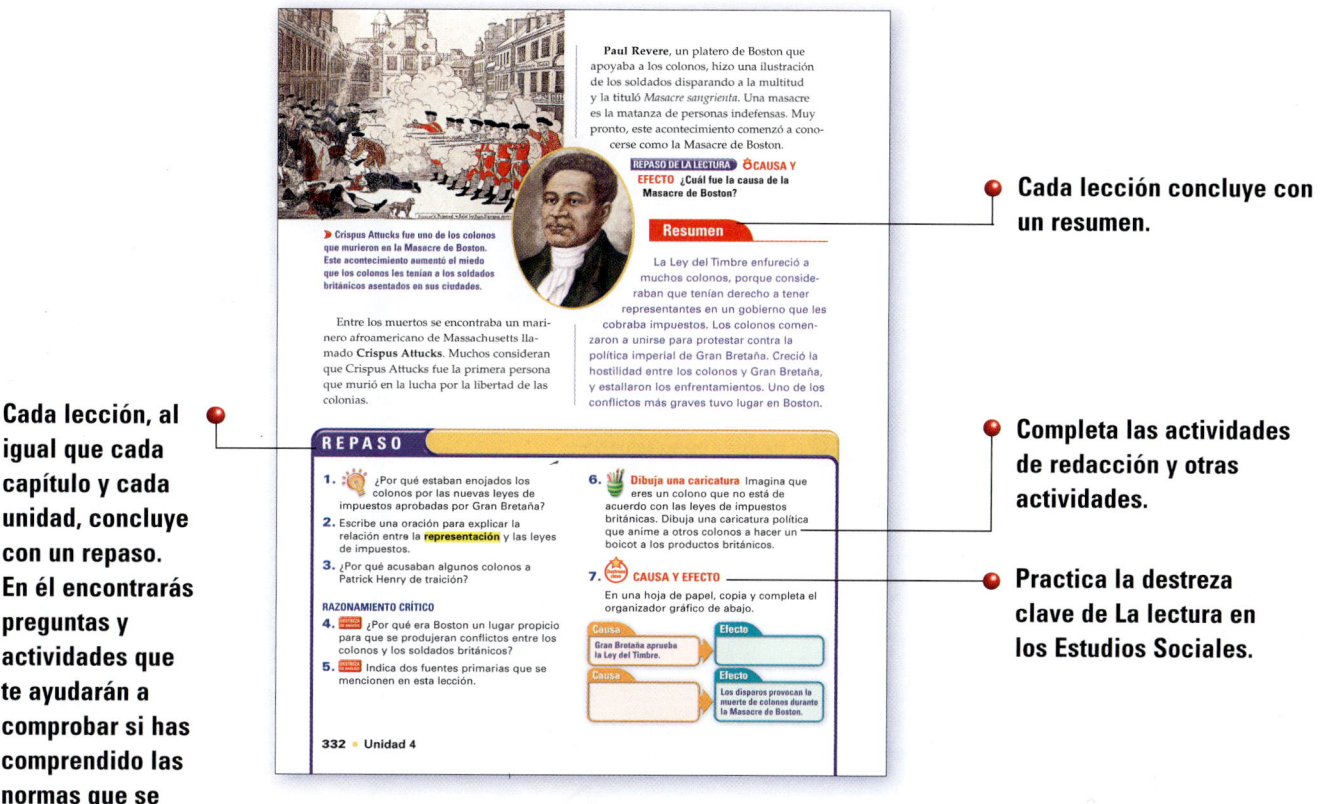

Cada lección, al igual que cada capítulo y cada unidad, concluye con un repaso. En él encontrarás preguntas y actividades que te ayudarán a comprobar si has comprendido las normas que se tratan en la lección.

Cada lección concluye con un resumen.

Completa las actividades de redacción y otras actividades.

Practica la destreza clave de La lectura en los Estudios Sociales.

APRENDER LAS DESTREZAS DE ESTUDIOS SOCIALES

Tu libro de texto tiene lecciones que te ayudarán a desarrollar destrezas de participación, destrezas con mapas y globos terráqueos, destrezas con tablas y gráficas y destrezas de razonamiento crítico.

Este texto muestra por qué es importante aprender esta destreza.

Podrás practicar y aplicar la destreza.

Introducción ■ I11

SECCIONES ÚTILES

La sección Biografía te brinda abundante información sobre algunas de las personas que vivieron en la época que se estudia.

Harriet Tubman

Biografía

Integridad
Respeto
Responsabilidad
Equidad
Bondad
Patriotismo

*"Fui guía del ferrocarril clandestino durante ocho años y puedo decir lo que la mayoría de los guías no puede: nunca descarrilé mi tren, nunca perdí a ningún pasajero."**

Harriet Tubman nació en la esclavitud en Bucktown, Maryland. En 1849, cuando tenía alrededor de 29 años, escuchó rumores de que la venderían. Para impedir que lo hicieran, partió hacia el norte, siguiendo un camino secreto que la condujo a Philadelphia y la libertad.

Tubman podría haber comenzado una nueva vida y olvidar su pasado. Sin embargo, no podía olvidar a las personas esclavas que había dejado atrás. Decidió intentar llevar hacia la libertad a cuantas personas esclavas pudiera. En 1850 regresó por primera vez al sur para guiar a los fugitivos por el ferrocarril clandestino. Haría 18 viajes más. En total, rescató a más de 300 personas.

Más tarde, Tubman imaginó otras formas de ayudar a los otros. Por ejemplo, fundó una casa en la que afroamericanos ancianos podían vivir y ser cuidados. La casa permaneció abierta incluso después de su muerte.

Este sello de correos honra a Harriet Tubman.

La importancia del carácter

¿Cómo demostró Harriet Tubman su bondad hacia los demás?

*Harriet Tubman. *Bound for the Promised Land: Harriet Tubman, Portrait of an American Hero* por Kate Larson. Ballantine, 2004.

Biografía breve

1820 Nace en 1820
1849 Tubman escapa de Maryland
1860 Tubman hace su decimonoveno y último viaje al sur
1911 Muere en 1911

APRENDE en línea: Visita MULTIMEDIA BIOGRAPHIES en www.harcourtschool.com/hss para hallar biografías multimedia.

Capítulo 13 ■ 575

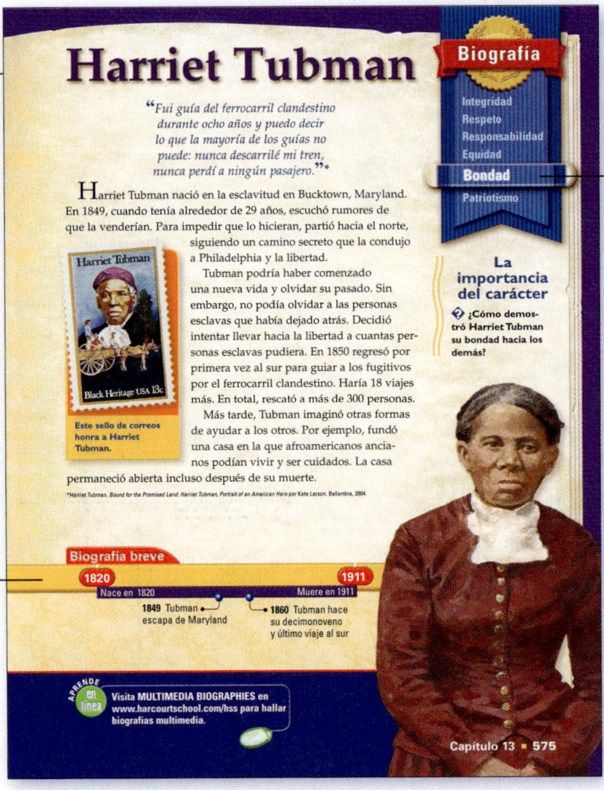

Cada biografía está centrada en uno de los rasgos de carácter de la persona.

Una línea cronológica te muestra las fechas de nacimiento y muerte de la persona, como también, acontecimientos clave de su vida.

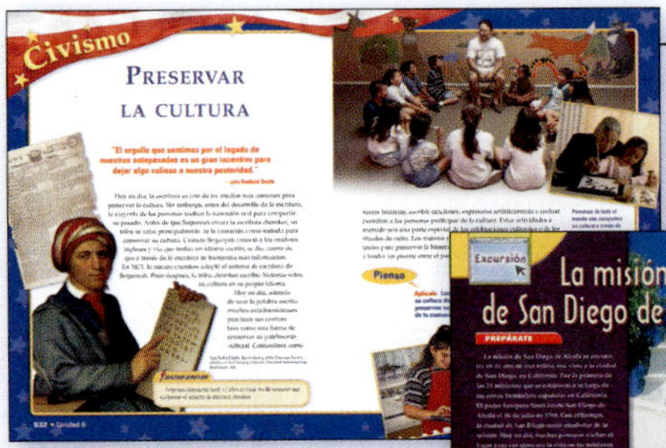

La sección Civismo te muestra cómo, al igual que las personas del pasado, las personas en la actualidad pueden ser ciudadanos activos.

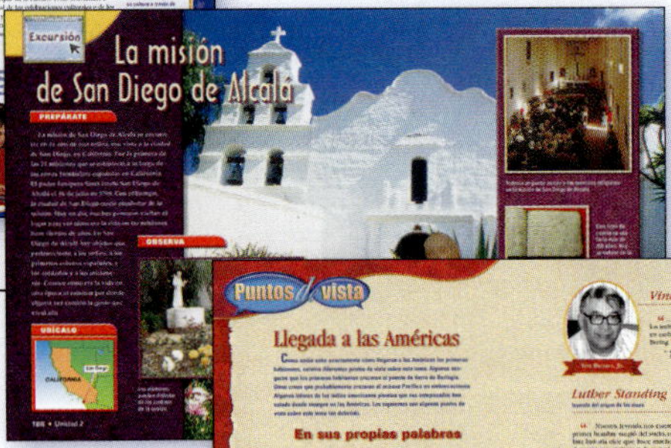

La sección Excursión te permite "visitar" muchos lugares interesantes.

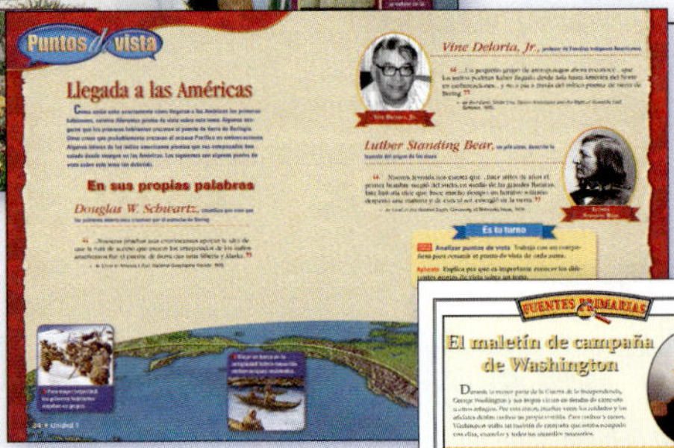

La sección Puntos de vista te permite examinar diferentes puntos de vista, o múltiples perspectivas, sobre cierto tema.

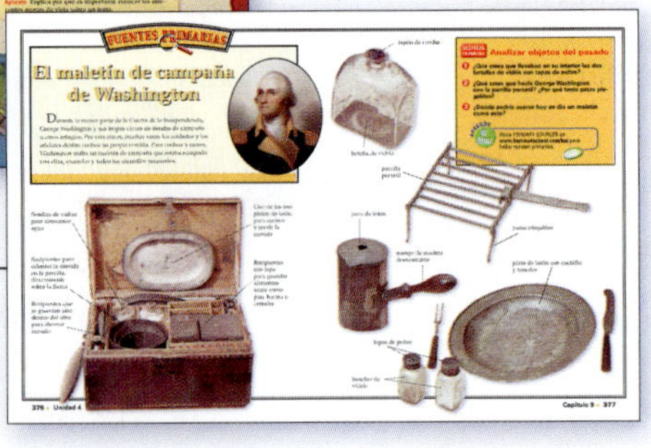

La sección Fuentes primarias te muestra formas de aprender acerca de diferentes tipos de objetos y documentos.

PARA TU REFERENCIA

Al final del libro encontrarás diferentes herramientas de consulta. Puedes usar estas herramientas para buscar palabras o para encontrar información acerca de personas, lugares y otros temas.

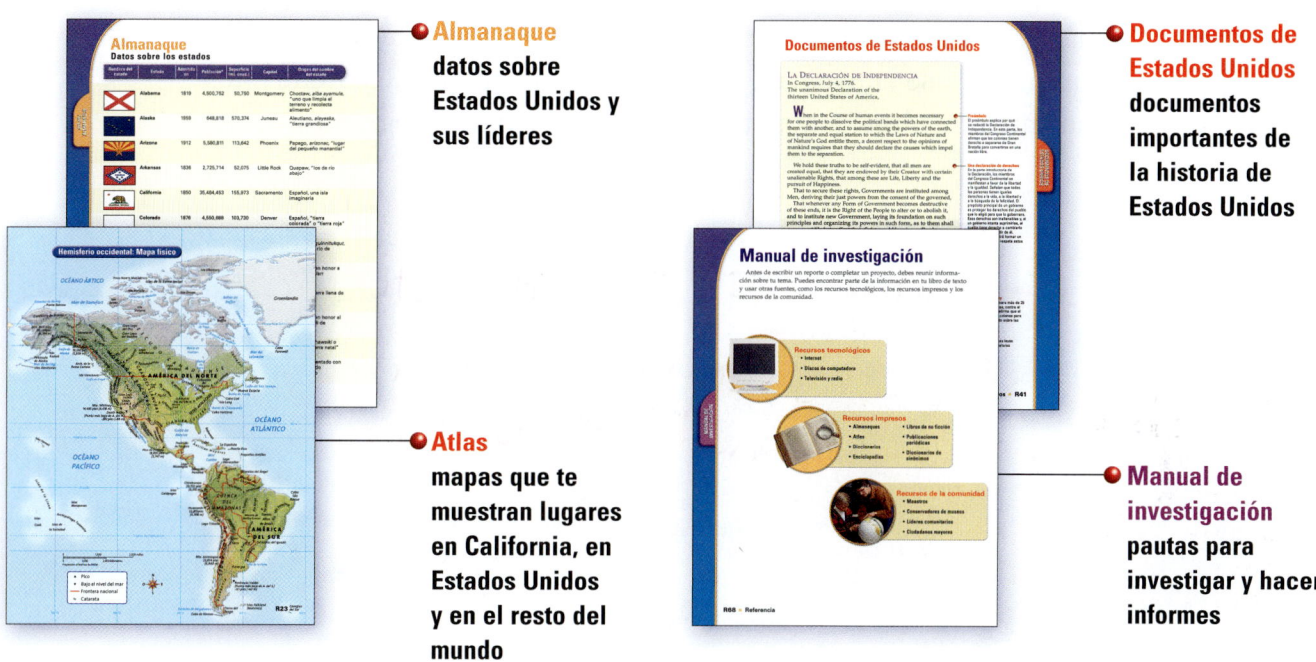

Almanaque datos sobre Estados Unidos y sus líderes

Atlas mapas que te muestran lugares en California, en Estados Unidos y en el resto del mundo

Documentos de Estados Unidos documentos importantes de la historia de Estados Unidos

Manual de investigación pautas para investigar y hacer informes

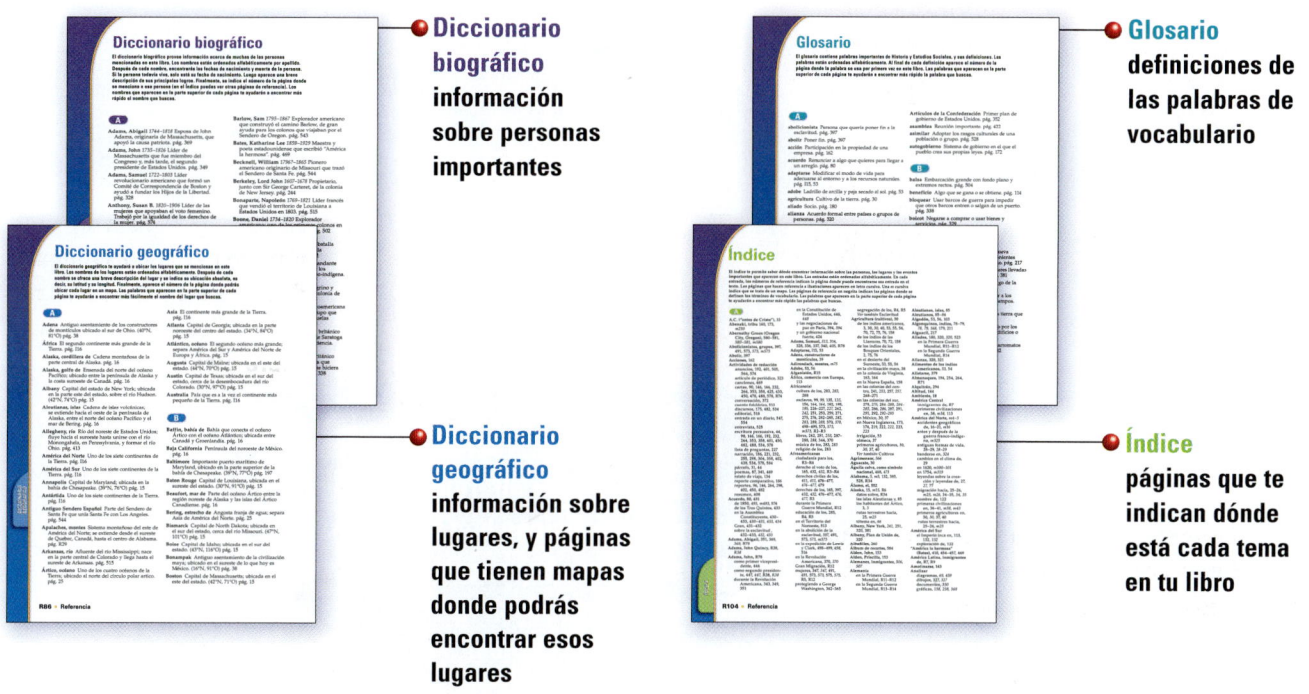

Diccionario biográfico información sobre personas importantes

Diccionario geográfico información sobre lugares, y páginas que tienen mapas donde podrás encontrar esos lugares

Glosario definiciones de las palabras de vocabulario

Índice páginas que te indican dónde está cada tema en tu libro

Introducción ■ I13

REPASO DE GEOGRAFÍA

Los cinco temas de la Geografía

Aprender sobre los lugares es una parte importante de la Historia y la Geografía, es decir, el estudio de la superficie terrestre y el uso que le dan las personas. Para estudiar la Tierra y su geografía, los geógrafos a menudo se enfocan en cinco temas principales. Recordar estos temas mientras lees te ayudará a pensar como un geógrafo.

Ubicación
Todo en la Tierra tiene su propia **ubicación**, o sea, el lugar donde se encuentra.

Lugar
Todos los lugares tienen características físicas y humanas que los hacen diferentes del resto. Las **características físicas** han sido formadas por la naturaleza. Las **características humanas** han sido creadas por las personas.

TEMAS DE

GEOGRAFÍA

Interacciones entre los seres humanos y el ambiente

Los seres humanos y el ambiente interaccionan, es decir, se afectan mutuamente. Las actividades de las personas pueden **modificar**, o cambiar, su entorno. A su vez, el ambiente puede afectar a las personas de modo tal que estas deben **adaptarse**, o ajustar su forma de vida a lo que los rodea.

Movimiento

Los habitantes de diferentes partes de nuestro estado, del país y del mundo intercambian productos e ideas todos los días.

Regiones

Las áreas de la Tierra que tienen características propias que las hacen diferentes de otras áreas reciben el nombre de regiones. Una **región** puede describirse a partir de sus características físicas o de sus características humanas.

Introducción ■ I15

Observar la Tierra

Si observamos la Tierra desde el espacio, podremos ver su forma redonda. Probablemente en tu salón de clases haya un globo terráqueo. Un globo terráqueo es una esfera que es un modelo de la Tierra. Muestra sus principales masas de agua y los siete **continentes**, o grandes extensiones de tierra. Los continentes ordenados de mayor a menor tamaño, son: Asia, África, América del Norte, América del Sur, Antártida, Europa y Australia.

Debido a su forma, cuando miras un globo terráqueo solo puedes ver una mitad de la Tierra a la vez. En el globo terráqueo, a la misma distancia del Polo Norte que del Polo Sur, se encuentra una línea llamada **ecuador**.

El ecuador divide la Tierra en dos partes iguales, o **hemisferios**. El hemisferio norte se encuentra al norte del ecuador y el hemisferio sur, al sur del ecuador. Otra línea que corre de norte a sur, llamada **primer meridiano**, divide la Tierra en hemisferio occidental y hemisferio oriental.

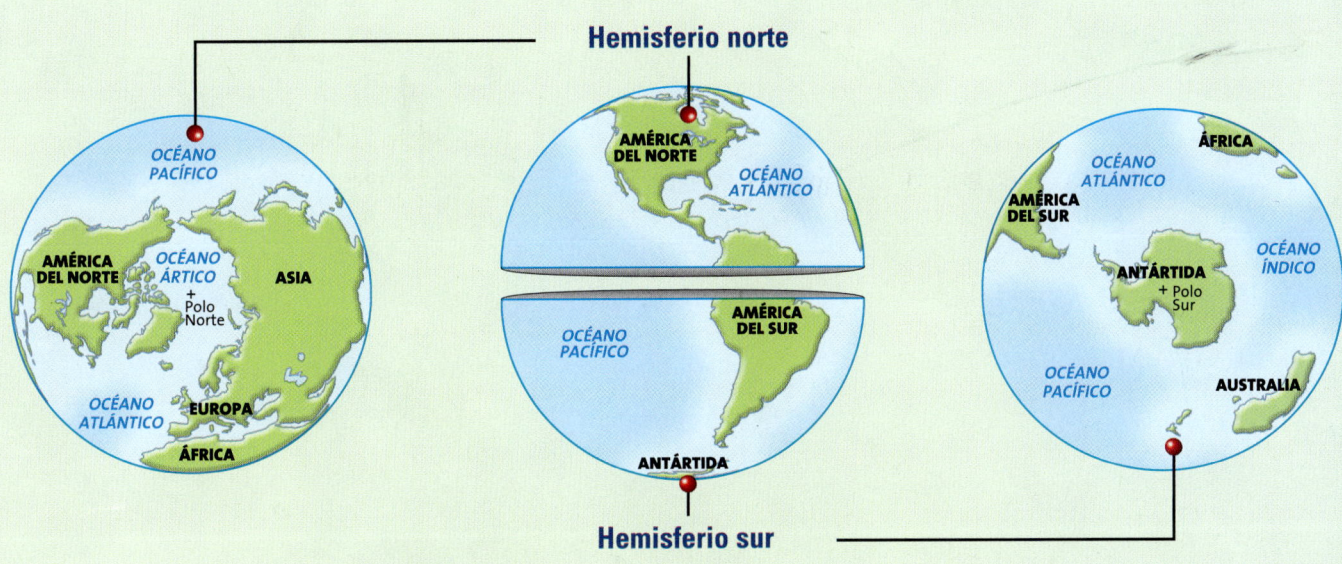

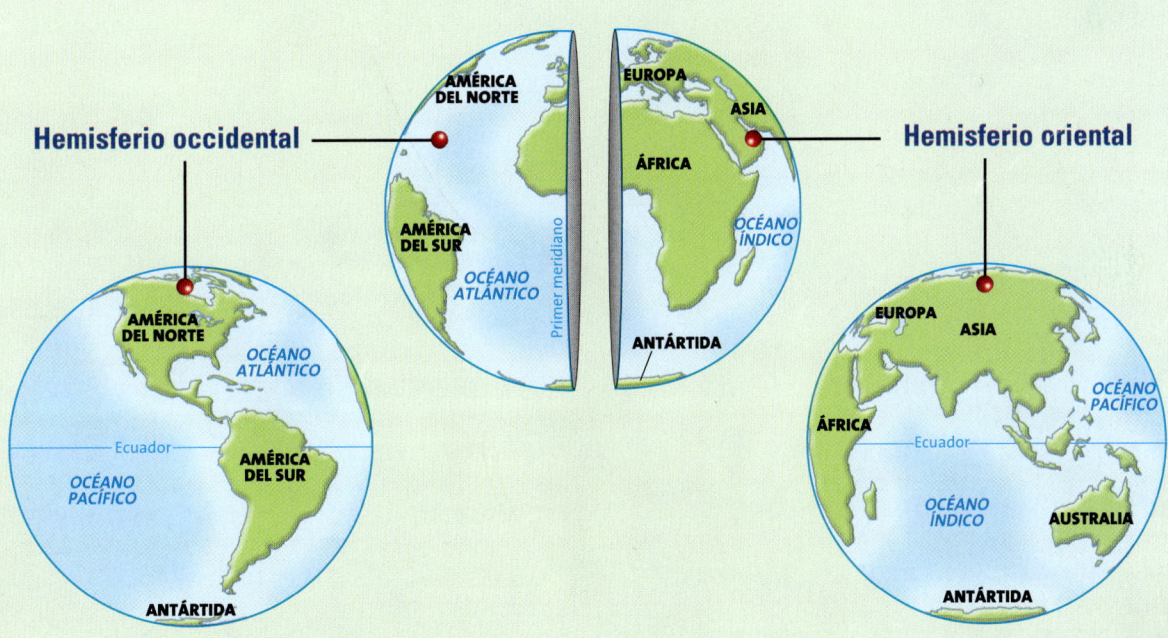

REPASO DE GEOGRAFÍA

Términos geográficos

1. **cuenca** gran depresión de terreno en forma de tazón, rodeada de terreno alto
2. **bahía** entrada del mar u otra masa de agua en un continente, normalmente más pequeña que un golfo
3. **acantilado** pared alta y escarpada de roca o tierra
4. **cañón** valle angosto y profundo bordeado de paredes abruptas
5. **cabo** punta de tierra que penetra en el mar
6. **catarata** cascada de grandes dimensiones
7. **canal** parte más profunda de una masa de agua
8. **risco** pared alta y escarpada de roca o tierra
9. **costa** franja de tierra a orillas de un mar u océano
10. **llanura costera** región de tierra plana situada a lo largo de un mar u océano
11. **delta** área triangular de tierra situada en la desembocadura de un río
12. **desierto** región seca con escasa vegetación
13. **duna** colina de arena acumulada por el viento
14. **línea de declive** línea donde los ríos forman cascadas o rápidos al caer desde tierras elevadas a tierras más bajas
15. **terreno aluvial** llanura a orillas de un río, su terreno está formado por los sedimentos que el río deposita al inundarla
16. **estribaciones** zona de colinas al pie de una montaña
17. **glaciar** gran masa de hielo que se desplaza lentamente por una montaña o a través de un terreno
18. **golfo** gran porción de mar que se interna en el continente, normalmente más grande que una bahía
19. **colina** terreno que se eleva por encima del área que lo rodea
20. **ensenada** parte de una masa de agua que entra en la tierra
21. **isla** área de tierra rodeada totalmente de agua
22. **istmo** franja muy angosta de tierra que une dos grandes áreas de tierra

I18 ■ Introducción

- **23 laguna** masa de agua de poca profundidad
- **24 lago** masa de agua totalmente rodeada de tierra
- **25 marisma** terreno bajo y húmedo donde crecen pastos y juncos
- **26 mesa** terreno elevado y llano con laderas escarpadas
- **27 montaña** gran elevación del terreno
- **28 paso** parte transitable entre dos montañas
- **29 cordillera** cadena de montañas
- **30 desembocadura de un río** parte del río donde su caudal se une con otra masa de agua
- **31 oasis** área con agua y tierra fértil dentro de un desierto
- **32 océano** masa de agua salada más grande que un mar
- **33 pico** cima de una montaña
- **34 península** tierra que está casi completamente rodeada de agua
- **35 llanura** terreno plano o ligeramente ondulado
- **36 meseta** terreno plano y elevado
- **37 arrecife** banco de arena, roca o coral que se encuentra cerca de la superficie de un mar u océano
- **38 río** extensa corriente de agua que fluye a través de la tierra
- **39 ribera** terreno a orillas de un río
- **40 sabana** llanura cubierta de pastos y matorrales
- **41 mar** masa de agua salada más pequeña que un océano
- **42 nivel del mar** altitud a la que se encuentra la superficie de un mar u océano
- **43 ladera** lado de una colina o montaña
- **44 fuente de río** lugar donde nace un río
- **45 estrecho** canal angosto que comunica dos grandes masas de agua
- **46 pantano** terreno bajo y húmedo con árboles
- **47 límite forestal** altitud por encima de la cual no crecen árboles debido al frío
- **48 afluente** arroyo o río que desemboca en un arroyo o río mayor
- **49 valle** terreno bajo rodeado de colinas o montañas
- **50 volcán** apertura de la corteza terrestre, a menudo elevada, a través de la cual salen rocas, lava, ceniza y gas durante una erupción
- **51 cascada** caída de las aguas de un río, producida por un desnivel abrupto del terreno

Introducción ■ I19

REPASO DE GEOGRAFÍA

Leer mapas

Los mapas ofrecen diferentes tipos de información acerca de la Tierra y el mundo que te rodea. Un mapa es un dibujo que representa la Tierra, o parte de ella, en una superficie plana.

Con el fin de ayudarnos a interpretar y a usar con mayor facilidad los mapas, los cartógrafos a menudo agregan ciertos elementos, tales como el título, la leyenda del mapa, la rosa de los vientos, un mapa de ubicación y la escala del mapa.

En ocasiones, los cartógrafos necesitan mostrar detalladamente algunos lugares del mapa. Otras veces, deben mostrar lugares que están fuera del área que se muestra en el mapa.

El **título del mapa** indica el tema del mapa. También puede ayudarte a identificar de qué tipo de mapa se trata.
- Los mapas políticos muestran ciudades, estados y países.
- Los mapas físicos muestran accidentes geográficos y masas de agua.
- Los mapas históricos muestran partes del mundo tal como eran en el pasado.

La **leyenda del mapa**, o clave, explica qué representan los símbolos que se usan en el mapa. Los símbolos pueden ser colores, patrones, líneas o algún otro tipo de marca especial.

El **mapa de recuadro** es un mapa pequeño dentro de un mapa más grande.

I20 • Introducción

Encuentra Alaska y Hawaii en el mapa de Estados Unidos de las páginas R24-R25. El mapa muestra la ubicación de los dos estados en relación con el resto del país.

Ahora, ubica Alaska y Hawaii en el mapa de abajo. Para representar con tantos detalles estos dos estados y el resto del país se necesitaría un mapa mucho más grande. Por eso, Alaska y Hawaii aparecen en el mapa de recuadro, es decir, un mapa más pequeño dentro del mapa principal.

Un **mapa de ubicación** es un pequeño mapa o globo terráqueo que indica la ubicación del área que se muestra en el mapa principal con relación a un área mayor.

La **escala del mapa** indica la relación entre las distancias representadas y las distancias reales. Las escalas permiten conocer la distancia real entre los diferentes lugares representados en el mapa.

La **rosa de los vientos**, o indicador de direcciones, indica los puntos cardinales en un mapa.
- Los **puntos cardinales** son norte, sur, este y oeste.
- Los **puntos cardinales intermedios**, o puntos que se encuentran entre los puntos cardinales, son: noreste, noroeste, sureste y suroeste.

REPASO DE GEOGRAFÍA

Ubicar un lugar

Para que resulte más fácil ubicar un lugar en un mapa, los cartógrafos dibujan líneas que se entrecruzan formando un patrón de cuadrados llamado **cuadrícula**. Observa nuevamente el mapa de Estados Unidos de esta página. Alrededor de la cuadrícula podrás ver letras y números. Las columnas, que cruzan el mapa de arriba abajo se indican con números. Las hileras que lo cruzan de izquierda a derecha, se indican con letras. Cada cuadrado del mapa puede identificarse con una letra y un número. Por ejemplo, la primera hilera de cuadrados del mapa está formada por los cuadrados A1, A2, A3, y así sucesivamente.

Estados Unidos

I22 ■ Introducción

Los primeros americanos

Unidad 1

COMIENZA CON LAS NORMAS

Normas de Historia y Ciencias Sociales de California

5.1 Los estudiantes describen los principales asentamientos precolombinos, como los pobladores de acantilados y los indios *pueblo* del desierto del Suroeste, los indios americanos del Pacífico Noroeste, las naciones nómadas de las Grandes Llanuras y los habitantes de los bosques al este del río Mississippi.

5.9 Los estudiantes conocen la ubicación de los actuales 50 estados y los nombres de sus capitales.

La gran idea

Geografía
Las personas interaccionan con el ambiente y el ambiente afecta a las personas.

Reflexiona
- ¿Cómo cambian la geografía y el clima de Estados Unidos de una región a otra?
- ¿Cuál fue la influencia de las primeras civilizaciones de América del Norte?
- ¿Cómo afectaron la geografía y el clima a los grupos de indios americanos?

Muestra lo que sabes
- ★ Prueba de la Unidad 1
- 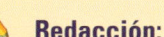 Redacción: Un informe
- Proyecto de la unidad: Libro de los indios americanos

Unidad 1

Tiempos

Los primeros americanos

• **Hace aproximadamente 12,000 años**
Los antiguos indios cazan animales de gran tamaño, pág. 28

| Hace 12,000 años | Hace 8,000 años |

Al mismo tiempo

 Hace aproximadamente 9,000 años
Los antiguos indios viven en las islas Channel

 Hace aproximadamente 8,500 años
Pueblos de Asia comienzan a trabajar la cerámica

Los primeros americanos

- **Hace aproximadamente 5,000 años**
  Los antiguos indios comienzan a cultivar la tierra, pág. 30

- **Hace aproximadamente 1,000 años**
  Los navajos se trasladan al desierto del Suroeste, pág. 56

- **Hace aproximadamente 800 años**
  Más de 30,000 personas viven en Cahokia, pág. 39

Hace 4,000 años — PRESENTE

Hace aproximadamente 4,500 años
Pueblos de Asia comienzan a amaestrar caballos

Unidad 1

Unidad 1

Habitantes del desierto del Suroeste

Personas

Los habitantes del desierto del Suroeste

- Vivían en lo que hoy es México, Texas, New Mexico y Arizona
- Eran expertos fabricantes de canastas y cerámica
- Su principal cultivo era el maíz

Los habitantes de los Bosques Orientales

- Vivían principalmente al este del río Mississippi, en lo que hoy es Estados Unidos
- Usaban madera para construir canoas, herramientas y viviendas
- Sus principales cultivos eran el maíz, los frijoles y la calabaza

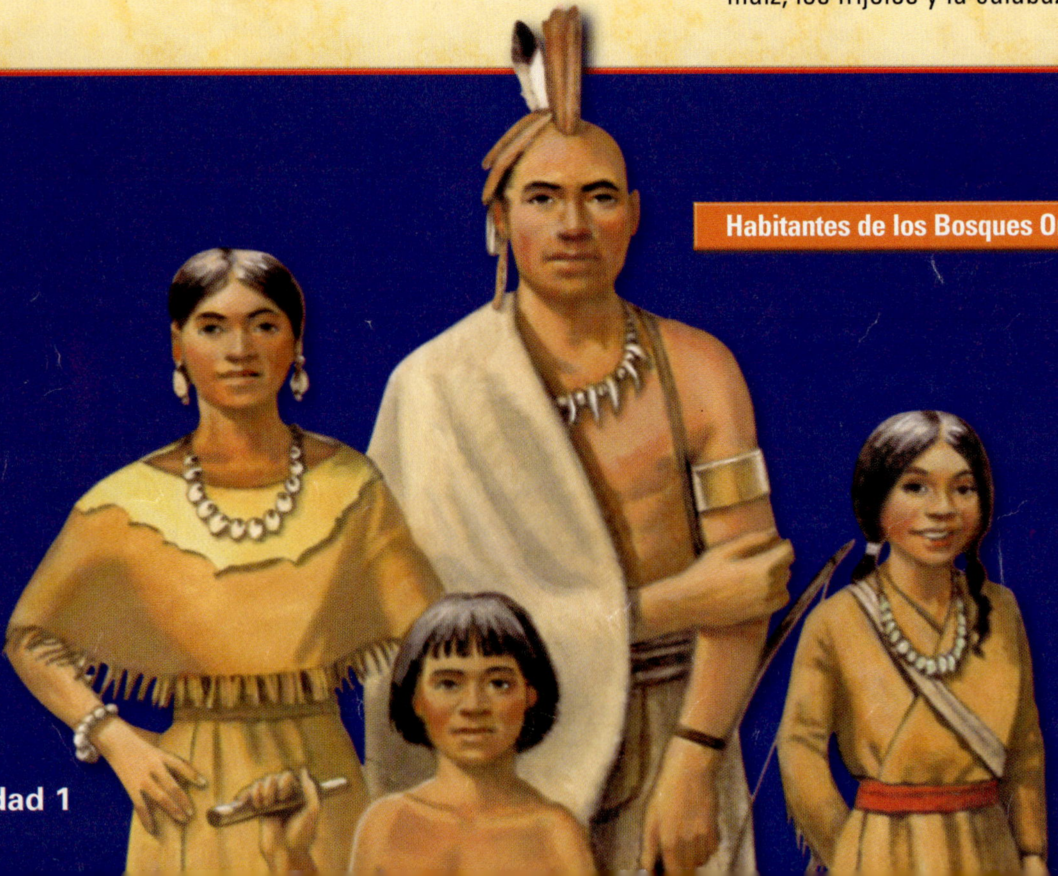

Habitantes de los Bosques Orientales

Habitantes del Pacífico Noroeste

Habitantes de las Llanuras

Los habitantes del Pacífico Noroeste

- Vivían en lo que hoy es Canadá, Washington y Oregon
- Eran hábiles pescadores y cazadores de ballenas
- Recorrían largas distancias para comerciar

Los habitantes de las Llanuras

- Vivían en una amplia región, desde lo que hoy es Texas hasta Canadá
- Su principal fuente de alimento era el bisonte

Los habitantes del Ártico

- Vivían en gran parte de lo que hoy es Canadá y Alaska
- Usaban kayaks para pescar
- Eran hábiles cazadores de focas

Habitantes del Ártico

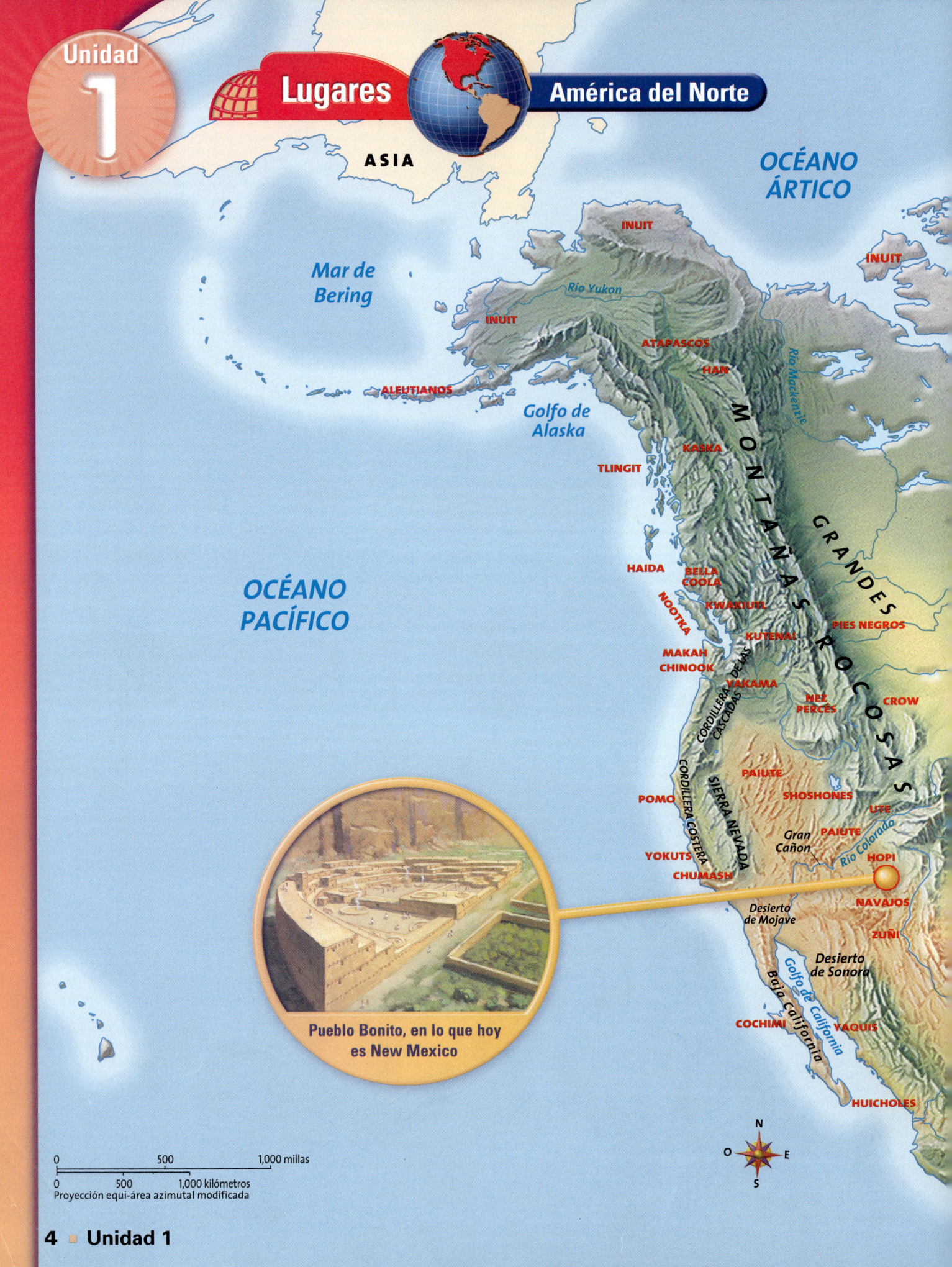

Unidad 1
La lectura en los Estudios Sociales

⭐ Destreza clave: Comparar y contrastar

Cuando **comparas**, dices en qué se parecen, o son similares, dos o más cosas. Cuando **contrastas**, dices en qué se diferencian.

Por qué es importante

Comparar y contrastar personas, lugares, objetos y eventos puede ayudarte a comprender en qué se parecen y en qué se diferencian.

Tema 1	Semejanzas	Tema 2
Qué es diferente	Qué es semejante	Qué es diferente

✓ Los términos *como, ambos, todos, también, además, semejante* y *mismo* se usan para comparar.

✓ Los términos *pero, en vez de, a diferencia de, sin embargo, diferente* y *diferenciarse* se usan para contrastar.

Practica la destreza

Lee el párrafo, y compara y contrasta a los primeros americanos con los modernos.

Durante miles de años, los habitantes del desierto del Suroeste soportaron temperaturas muy altas. <mark>Los primeros habitantes construían casas con gruesas paredes de adobe que les permitían mantenerse frescos. Muchas casas modernas de la región están construidas de la misma forma.</mark> **Semejante**
<mark>Sin embargo, a diferencia de los primeros habitantes, hoy en día la gente tiene aire acondicionado.</mark> **Diferente**

En el desierto, las altas temperaturas y las escasas lluvias hacen que resulte difícil cultivar la tierra. Los primeros habitantes del desierto del Suroeste recolectaban agua de lluvia y cavaban zanjas para llevar el agua hasta la zona de cultivos. Hoy en día, los habitantes del desierto del Suroeste siguen usando zanjas, pero también cuentan con bombas eléctricas que les ayudan a obtener agua.

Aplica lo que aprendiste

 Comparar y contrastar Lee los párrafos y responde las preguntas.

La historia se repite

Es sorprendente que los estadounidenses de hoy en día tengan algunas cosas en común con los primeros americanos. Muchas cosas han cambiado desde que los primeros habitantes se establecieron en las Américas, hace miles de años. Pero, en cierta forma, la historia sigue viva.

Hace mucho tiempo, los frijoles y el maíz eran alimentos importantes en muchos lugares de las Américas. Hoy en día lo siguen siendo. En realidad, los frijoles y el maíz han sido parte de la alimentación durante miles de años. Muchos de los primeros americanos también disfrutaban de las palomitas de maíz, al igual que los estadounidenses de hoy en día.

A menudo, los primeros americanos usaban canoas y kayaks para recorrer ríos y atravesar lagos. De hecho, las palabras *canoa* y *kayak* provienen de palabras indias. Mucha gente aún usa estas mismas embarcaciones. Sin embargo, actualmente la mayoría las usa por placer, y no como medio de transporte.

Algunos de los primeros grupos americanos construían grandes ciudades con cientos de edificios. Antes de construir una ciudad, planeaban y destinaban lugares para las tiendas, las viviendas y los edificios religiosos. Los urbanistas modernos organizan las ciudades y los vecindarios de forma similar.

Comparar y contrastar

1. ¿En qué se parecen los alimentos de hoy en día a los alimentos de los primeros americanos?

2. ¿En qué se diferencian las formas en que los primeros americanos usaban los kayaks y las canoas de las formas en que se usan hoy en día?

3. ¿En qué se parece la forma en que los estadounidenses de hoy planean las ciudades a la forma en que las planeaban los primeros americanos? ¿En qué se diferencia?

Destrezas de estudio

ANTICIPAR Y PREGUNTAR

Anticipar el contenido de la lección para identificar las ideas principales y hacerte preguntas sobre esas ideas te ayudará a encontrar información importante durante la lectura.

- **Para anticipar el contenido de una lección, lee el título de la lección y de las secciones. Observa las ilustraciones y lee lo que dice debajo de ellas. Intenta hacer una idea del tema principal y piensa qué preguntas te surgen sobre ese tema.**
- **Lee para encontrar las respuestas a tus preguntas. Luego, recita o di tus respuestas en voz alta. Por último, repasa lo que has leído.**

Los primeros habitantes

Anticipación	Preguntas	Leer	Recitar	Repasar
Lección 1 Se puede dividir a Estados Unidos de distintas formas.	¿Cómo está dividido el territorio de Estados Unidos?	✓	✓	✓
Lección 2				

Aplica la destreza mientras lees

Mientras lees este capítulo, acuérdate de anticipar el contenido de cada lección. Usa una tabla como la de arriba para hacer una lista de los temas principales y tus preguntas.

Normas de Historia y Ciencias Sociales de California, Grado 5

5.1 Los estudiantes describen los principales asentamientos precolombinos, como los pobladores de acantilados y los indios *pueblo* del desierto del Suroeste, los indios americanos del Pacífico Noroeste, las naciones nómadas de las Grandes Llanuras y los habitantes de los bosques al este del río Mississippi.
5.9 Los estudiantes conocen la ubicación de los actuales 50 estados y los nombres de sus capitales.

CAPÍTULO 1

Los primeros habitantes

▶ Pueblo Acoma, en Acoma, New Mexico

Comienza con un poema

Entre la Tierra y el cielo

por Joseph Bruchac
ilustrado por John Martin

A menudo se usan poemas, canciones o relatos para hablar de los eventos y personas importantes del pasado. Algunas de estas historias son leyendas. Una leyenda es una historia que se transmite de generación en generación, a través del tiempo. Algunas leyendas hablan de personas valientes o heroicas. Otras intentan explicar el origen de los animales, las plantas y las características físicas de la Tierra.

Si viajamos muy lejos hacia el sur,
a la tierra de pantanos y de sierras,
oiremos una historia muy antigua,
sobre cómo se formó la Tierra.

Un Escarabajo de Agua se asomaba
a contemplar la Tierra terminada.
Pero el suelo húmedo vacilaba,
y nada podía mantenerse en pie.

Entonces el Gran Pájaro dijo:
"Ayudaré a secar la Tierra".
Desplegó sus enormes alas
y comenzó a volar.
Sus alas bajaban,
y se formaban los valles.
Sus alas subían,
y aparecían las montañas.

En aquel lugar lejano
llamado Great Smokies,
brotaron valles y colinas onduladas,
y así quedaron para siempre.
Los cherokees descubrieron
que su vasta tierra había nacido
como un regalo sagrado
que había que compartir y respetar.

Capítulo 1 ■ 11

Lejos de aquí, hacia el oeste,
hay una tierra desértica e imponente.
Allí, I'itoi, el Gran Hermano,
contempló la tierra y se dirigió a su gente:
"Podrán vivir aquí, pero recuerden
que todo lo que nos rodea es sagrado".

Aunque pueda parecer vacío y seco,
el desierto está lleno de vida.
Los altos cactos, con sus brazos al cielo,
son ancestros que protegerán por siempre
a aquellos que hayan elegido poblar
este lugar de arena.
También tienen vida las nubes del cielo.
Son seres ancestrales que nos cuidan.
Y, cuando pidas ayuda,
las nubes te responderán con lluvia.

Aquí, en el desierto, donde el aire es puro,
podrás oír el sonido de la lluvia,
esa bendición del cielo que viene
después de las plegarias de la gente.
Las plegarias piden que las nubes traigan
la humedad sagrada de sus tormentas,
y que lleguen entonando su canto
desde el horizonte del este.
Entonces, mientras el ocotillo se hace verde
y florecen los cactos de saguaro,
todos ven que el ciclo de la vida
comienza nuevamente.

Responde

1. ¿Qué describe el autor en cada poema?
2. Explica por qué la gente usa poemas, canciones e historias para explicar el mundo que la rodea.

Lección 1

La tierra y los estados

REFLEXIONA
¿Cómo cambian la geografía y el clima a medida que recorres los 50 estados?

✓ Identifica y describe algunos de los principales accidentes geográficos y masas de agua de Estados Unidos.

✓ Aprende la ubicación de los 50 estados y sus capitales.

VOCABULARIO
región geográfica pág. 15
clima pág. 16
ambiente pág. 18

PERSONAS
Robert Louis Stevenson

LUGARES
llanura Costera
montes Apalaches
llanuras del Interior
río Mississippi
Grandes Lagos
montañas Rocosas
Gran Cuenca
sierra Nevada

Destreza clave COMPARAR Y CONTRASTAR

Normas de California
HSS 5.1, 5.1.1, 5.9

IMAGÍNATE ALLÍ

Imagina que puedes elegir cualquier lugar de la Tierra para vivir. ¿Elegirías vivir cerca del océano o de las montañas? ¿Preferirías vivir en una región donde los inviernos sean largos y con nieve o en un lugar donde casi todos los días sean soleados y cálidos?

Cualquiera sea tu respuesta a estas preguntas, puedes encontrar todos estos diferentes lugares en el mismo país. Estados Unidos es un extenso país formado por 50 estados. Tal vez sepas cómo son la tierra y el clima de un estado, pero es posible que te preguntes cuáles son las diferencias con otras zonas del país.

▶ Los montes San Juan, en el suroeste de Colorado, cubren más de 12,000 millas cuadradas.

14 • Unidad 1

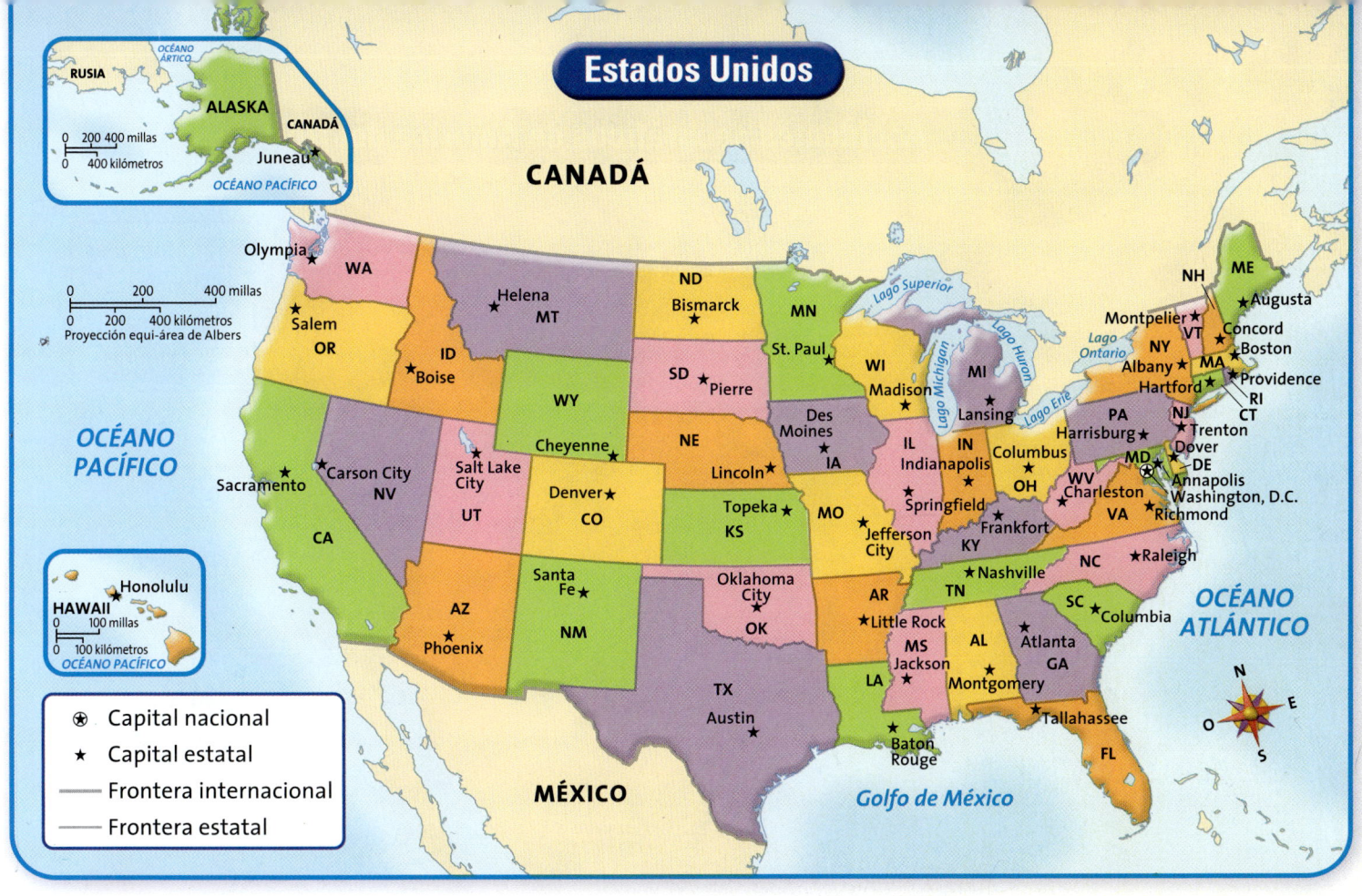

Analizar mapas Puedes usar este mapa para aprender los nombres de todos los estados y de sus capitales.

Ubicación ¿Cuál es la capital estatal que se encuentra más cerca de Sacramento?

Una nación de 50 estados

Estados Unidos es una nación de increíble belleza, formada por 50 estados, cada uno con su propia capital. De esos 50 estados, dos están separados del resto. El estado de Hawaii es una isla alejada que se encuentra al oeste, en el océano Pacífico. Alaska, el estado ubicado más al norte, está separado del resto de los estados por Canadá.

Como Estados Unidos es muy extenso, los geógrafos a veces dividen el país en regiones geográficas. Una **región geográfica** tiene un mismo tipo de accidente geográfico, como montañas, colinas, mesetas o llanuras. Cada región es única, o diferente de las demás, debido a la forma de sus accidentes geográficos y a la manera en que estos se formaron. La división del país en regiones geográficas permite comparar y contrastar más fácilmente las diferentes zonas del país.

REPASO DE LA LECTURA **COMPARAR Y CONTRASTAR** ¿En qué se diferencia el estado de Hawaii de los otros estados de la nación?

Analizar mapas

Regiones ¿Qué región montañosa se extiende al este del río Mississippi?

La llanura Costera

A finales del siglo XIX, un conocido escritor llamado **Robert Louis Stevenson** viajó a través de Estados Unidos. Stevenson vivía en Escocia cuando supo que su enamorada, Fanny Osbourne, había enfermado. Osbourne vivía en Estados Unidos y Stevenson decidió visitarla. No imaginaba todo lo que su viaje le enseñaría sobre la geografía y el clima de Estados Unidos.

El **clima** es el tipo de tiempo que tiene un lugar durante un período de muchos años.

El 7 de agosto de 1879, Stevenson dejó Escocia. Subió a un barco y, durante diez días de tormenta, atravesó el océano Atlántico. Cuando el barco se acercaba a la ciudad de New York, Stevenson pudo observar una amplia llanura con hileras de árboles. Este terreno plano y bajo que se encuentra frente al océano Atlántico forma parte de una región más extensa, llamada **llanura Costera**.

La llanura Costera comienza junto a la costa de Massachusetts como una estrecha franja de tierra de no más de 10 millas de ancho. Más hacia el sur, cerca de Florida, se hace mucho más ancha. Desde Florida, la llanura Costera se extiende hacia el oeste a lo largo del golfo de México, hasta llegar a Texas y México.

REPASO DE LA LECTURA 🔥 **COMPARAR Y CONTRASTAR** ¿Cuál es la diferencia entre la llanura Costera en Massachusetts y la llanura Costera en Florida?

Los Apalaches

Stevenson no se quedó mucho tiempo en la ciudad de New York. Osbourne vivía en San Francisco, California, en la costa del Pacífico. Para llegar a California, Stevenson tomó un tren y emprendió un largo viaje hacia la costa oeste.

Cuando el tren llegó a Pennsylvania, el terreno comenzó a cambiar. Ya no era plano, y ahora estaba repleto de amplios valles y colinas. Esta zona de valles y colinas en el lado este de los **montes Apalaches** se llama Piedmont. La palabra *piedemonte* significa "al pie del monte". El Piedmont comienza en New Jersey y se extiende hacia el sur hasta Alabama.

Tras el Piedmont se elevan, cubiertos de árboles, los montes Apalaches. Esta cordillera, o grupo de montañas conectadas, tiene 2,000 millas de largo y se extiende desde el sureste de Canadá hasta la zona central de Alabama.

Los montes Apalaches son las montañas más antiguas de América del Norte. Con el paso del tiempo, los picos de las montañas se han erosionado, o desgastado, debido a la lluvia y el viento. Los picos más altos de los Apalaches tienen 7,000 pies de altura.

Una gran parte de los Apalaches está formada por una serie de cadenas montañosas y valles que corren unos junto a otros. Algunas de estas cadenas montañosas son Great Smoky, Blue Ridge, Catskill y White Mountains.

REPASO DE LA LECTURA 🔥 **COMPARAR Y CONTRASTAR** ¿En que se diferencia el Piedmont de la llanura Costera?

▶ Los montes Apalaches tienen más de 250 millones de años.

UBÍCALO

TENNESSEE — NORTH CAROLINA

Parque Nacional Great Smoky Mountains

Capítulo 1 17

Las llanuras del Interior

Al oeste de los montes Apalaches, el terreno se vuelve plano nuevamente. Allí, en la zona central de Estados Unidos, Stevenson pudo contemplar otras llanuras, que conocemos como llanuras del Interior.

Las **llanuras del Interior** se extienden a través del centro de Estados Unidos, cubriendo un extenso territorio desde los montes Apalaches, al este, hasta las montañas Rocosas, al oeste. La mayor parte de las tierras de las llanuras del Interior son planas y tienen numerosos arroyos y ríos. En la zona central del país, estas aguas desembocan en el **río Mississippi**. Allí, el enorme Mississippi se nutre de grandes ríos como el Arkansas, el Illinois, el Ohio y el Missouri. En las llanuras del Interior también se encuentran los cinco **Grandes Lagos,** que forman el grupo de lagos de agua dulce más grande del mundo.

En la parte oriental de las llanuras del Interior, también llamadas llanuras Centrales, el terreno es mayormente plano, con numerosos arroyos y ríos. Durante su viaje a través de las llanuras Centrales, Stevenson escribió que "el campo era plano... pero estaba lejos de ser monótono. Tanto en Ohio como en Indiana, Illinois y Iowa..., era rico y variado". *

Cuando el tren se detuvo en medio de Nebraska, Stevenson observó que el **ambiente**, o el entorno en el que viven las personas, las plantas y los animales, había cambiado una vez más. Esta zona del oeste de las llanuras del Interior se conoce como Grandes Llanuras e incluye partes de 10 estados.

En las Grandes Llanuras, la tierra se vuelve mucho más plana y el clima se hace más seco. Hay pocos ríos y casi ningún árbol. A Stevenson le pareció que el terreno se veía igual milla tras milla. Escribió que una persona "puede caminar cinco millas sin ver ninguna cosa, o incluso diez, y es como si no se hubiera movido".*

REPASO DE LA LECTURA 🔆**COMPARAR Y CONTRASTAR** ¿En qué se diferencian las llanuras Centrales de las Grandes Llanuras?

*Robert Louis Stevenson. *From Scotland to Silverado*. Harvard University Press, 1966.

▶ Este campo de Nebraska es parte de las miles de millas de terreno plano que forman las Grandes Llanuras.

Las montañas Rocosas y más allá

Cuando el tren en el que viajaba Stevenson avanzó hacia el oeste, las planas llanuras del Interior dieron paso a las imponentes **montañas Rocosas**. Esta cordillera cubre gran parte del oeste de Estados Unidos y es la cadena montañosa más grande y más larga de nuestro país. Las Rocosas comienzan en México, atraviesan Canadá y se internan en Alaska. Al igual que los Apalaches, las Rocosas están formadas por cadenas más pequeñas.

Las montañas Rocosas son mucho más jóvenes que los Apalaches. Los picos de las Rocosas se ven filosos e irregulares porque no han sufrido la erosión durante tanto tiempo. En Colorado existen más de 50 picos que superan los 14,000 pies de altura. En las montañas, el clima puede cambiar a medida que el terreno se hace más elevado. Debido a su gran altura, varios de los picos de las Rocosas están cubiertos de nieve todo el año.

El tren avanzaba lentamente. Dos días tardó Stevenson en cruzar las montañas Rocosas. Luego, el paisaje cambió una vez más. Ahora Stevenson miraba por la ventana y veía solo "escenarios desérticos, un calor abrasador y un aburrimiento total".*

Entre las montañas Rocosas al este y otras montañas más hacia el oeste, se encuentra una gran extensión de tierra mayormente seca, que suele conocerse como la región Intermontañosa. La palabra *intermontañosa* significa "que está entre montañas". En esta región se encuentra la **Gran Cuenca**, que incluye Nevada y partes de cinco estados vecinos. Una cuenca es un terreno bajo, con forma de tazón, rodeado de tierras más altas. En el borde suroeste de la Gran Cuenca, en California, está *Death Valley*. Una parte de *Death Valley* se encuentra a 250 pies bajo el nivel del mar. Este es el punto más bajo de América del Norte.

REPASO DE LA LECTURA COMPARAR Y CONTRASTAR ¿En qué se diferencian las montañas Rocosas de los montes Apalaches?

*Robert Louis Stevenson. *From Scotland to Silverado*. Harvard University Press, 1966.

Más montañas y valles

El tren en el que viajaba Stevenson dejó atrás el desierto y continuó en dirección oeste, hacia otra zona de montañas. En California se encuentra la **sierra Nevada**. La ladera este de la sierra Nevada es tan empinada que, cuando el tren subía las montañas, ¡los pasajeros no podían levantarse de sus asientos!

Al norte de la sierra Nevada, en Washington y Oregon, se encuentran las montañas que forman la cordillera de las Cascadas. Al oeste de la sierra Nevada y de la cordillera de las Cascadas, hay tres grandes valles fértiles. El más grande es el valle Central, en California, con más de 400 millas de largo. Los otros dos son el valle Puget Sound Lowland, en Washington, y el valle Willamette, en Oregon.

A lo largo del océano Pacífico, en California, Oregon y Washington, se encuentra la cordillera Costera. Estas montañas bajas dan un aspecto rocoso y escarpado al Pacífico. En muchos lugares, las montañas se internan abruptamente en el océano. A diferencia de la costa atlántica, la costa del Pacífico tiene muy pocas tierras planas.

DESTREZA DE ANÁLISIS **Analizar mapas** En todas las zonas de Estados Unidos, el clima influye en la vida de las personas.

◆ **Regiones** ¿En qué región climática se encuentra tu comunidad?

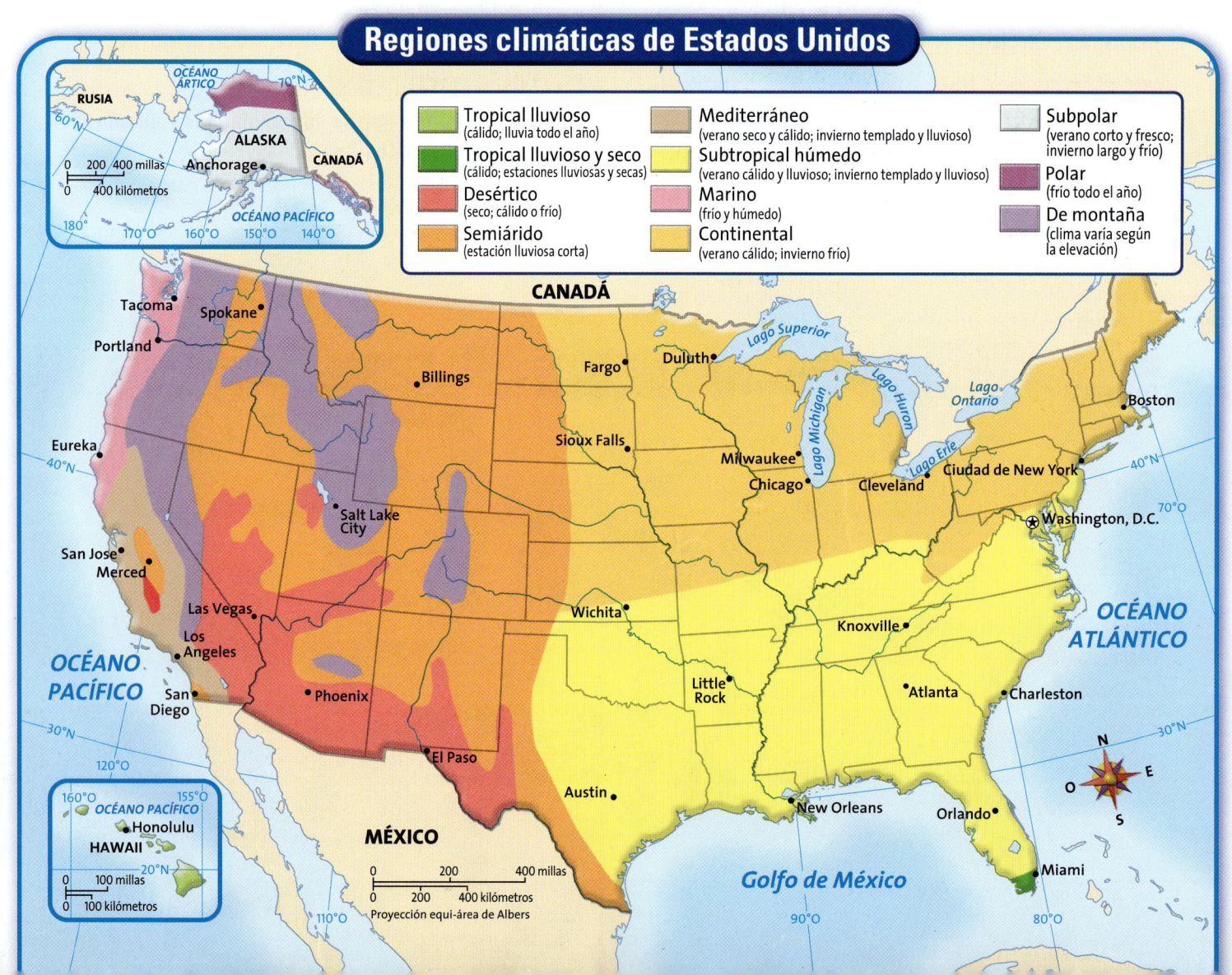

Regiones climáticas de Estados Unidos

> En Big Sur, California, donde la cordillera Costera se encuentra con el océano Pacífico, se han formado abruptos acantilados.

Stevenson llegó a San Francisco 24 días después de haber partido de su hogar. Y se encontró finalmente con Osbourne, que ya se había recuperado. Stevenson había viajado de una costa de Estados Unidos a la otra. Había visto gran parte del país y muchos de sus accidentes geográficos más importantes. Al cruzar Estados Unidos en tren, Stevenson había aprendido mucho sobre la variedad de la geografía y del clima del país.

REPASO DE LA LECTURA **COMPARAR Y CONTRASTAR** ¿En qué se diferencia la cordillera Costera de la sierra Nevada?

Resumen

Estados Unidos está formado por 50 estados, cada uno con su propia capital. Debido a su gran extensión, la geografía y el clima del país cambian según la zona. A veces, los geógrafos dividen Estados Unidos en regiones geográficas.

REPASO

1. ¿Cómo cambian la geografía y el clima a medida que recorres los 50 estados?

2. Escribe una oración que incluya los términos **región geográfica** y **ambiente**.

3. ¿Cuáles son los dos estados que están separados del resto?

RAZONAMIENTO CRÍTICO

4. **DESTREZA DE ANÁLISIS** ¿Por qué crees que Robert Louis Stevenson escribió sobre la geografía y el clima de Estados Unidos durante su viaje?

5. **Haz tarjetas** Usa tarjetas de apuntes o corta 50 tarjetas pequeñas de cartulina. En uno de los lados de cada tarjeta, escribe el nombre de un estado y, en el otro, el nombre de su capital. Estudia las tarjetas y luego trabaja con un compañero preguntándose uno al otro los nombres de las capitales de cada estado.

6. **COMPARAR Y CONTRASTAR**

En una hoja de papel, copia y completa el organizador gráfico de abajo.

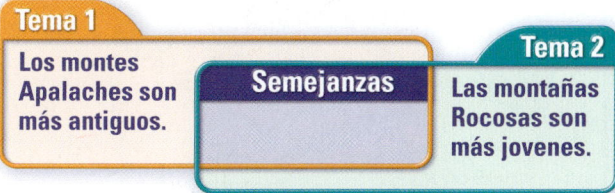

Capítulo 1 ■ 21

Destrezas con mapas y globos terráqueos

Usar latitud y longitud

▶ POR QUÉ ES IMPORTANTE

La **ubicación relativa** es la posición de un lugar comparado con otros lugares de la Tierra. Por ejemplo, la llanura Costera está ubicada entre el Piedmont y el océano Atlántico. Las líneas de latitud y longitud te ayudan a describir la **ubicación absoluta**, o la posición exacta, de cualquier lugar de la Tierra.

▶ LO QUE NECESITAS SABER

Los cartógrafos usan líneas imaginarias para crear sistemas de cuadrícula en mapas y globos terráqueos. Las líneas que van de este a oeste son las **líneas de latitud**. Las líneas de latitud también se llaman **paralelos**, porque están siempre a la misma distancia unas de otras.

Las líneas de latitud se miden en grados norte y sur desde el ecuador, que se representa con 0°, o cero grado. Los paralelos al norte del ecuador se indican con una N, que significa *latitud norte*. Los paralelos al sur del ecuador se indican con una S, que significa *latitud sur*.

Las líneas que van de norte a sur en un mapa o un globo terráqueo son las **líneas de longitud** o **meridianos**. Los meridianos van del Polo Norte al Polo Sur, y se cruzan en los polos.

El meridiano 0° se llama primer meridiano. Las líneas de longitud al oeste del primer meridiano se indican con una O, para *longitud oeste*, y están ubicadas en el hemisferio occidental. Los meridianos al este del primer meridiano se indican con una E, para *longitud este*, y están ubicados en el hemisferio oriental.

Latitud y longitud

Latitud y longitud de Estados Unidos

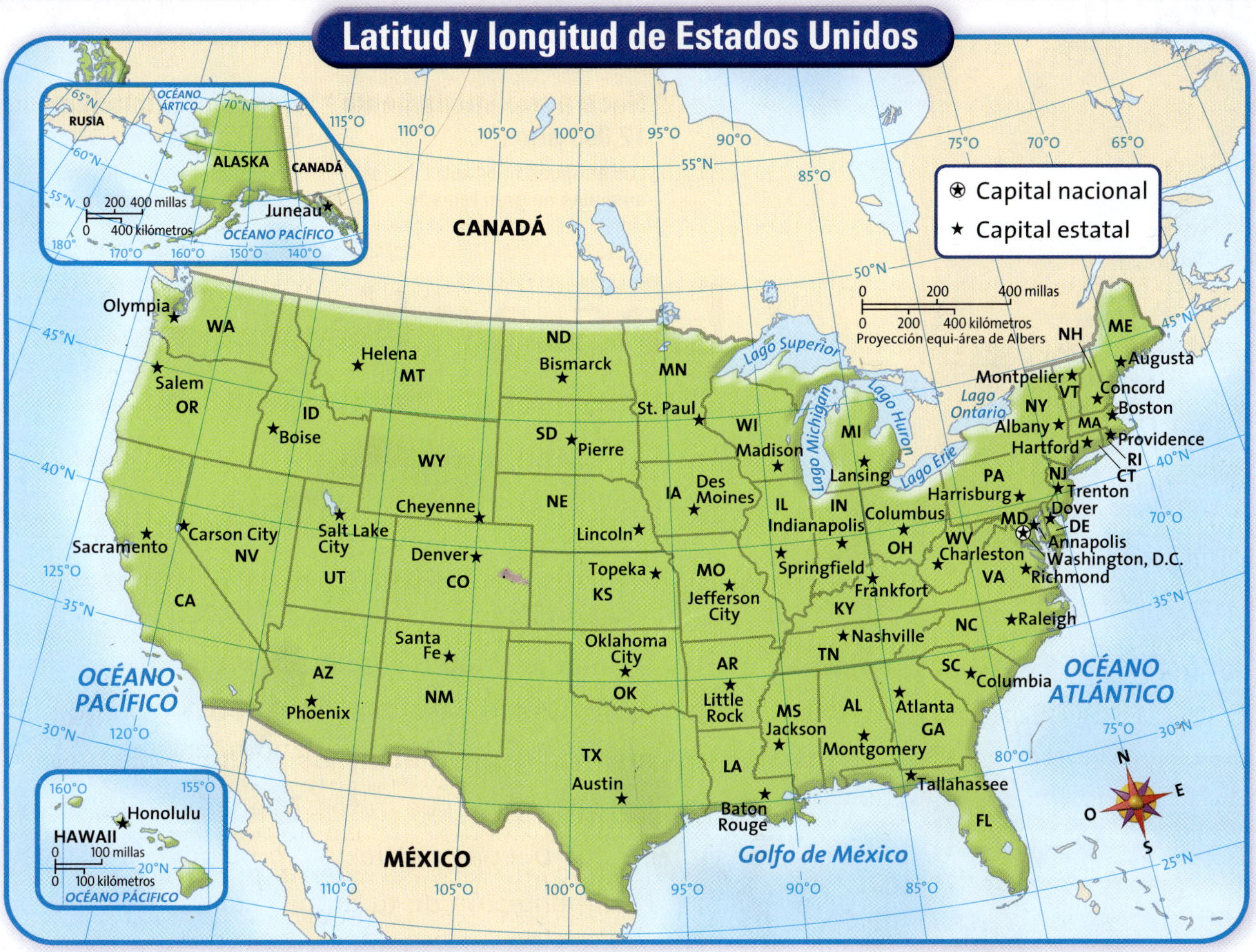

▶ PRACTICA LA DESTREZA

El mapa de arriba muestra las capitales estatales de Estados Unidos. El mapa indica las líneas de latitud y longitud para determinar la ubicación absoluta de un lugar.

Busca 40°N en la parte izquierda del mapa. En la parte de abajo, busca 120°O. Sigue esas líneas con tus dedos hasta el punto en que se cruzan. Carson City, en Nevada, cerca de la frontera con California, no está lejos de ese punto. Entonces, puedes decir que Carson City está cerca de 40°N, 120°O.

Usa el mapa para responder estas preguntas:

1. ¿Qué capital estatal se encuentra más cerca de 40°N, 105°O?

2. ¿Qué capital estatal se encuentra más cerca de 30°N, 85°O?

3. ¿Qué capital estatal se encuentra más al norte: Salem, Oregon, o Madison, Wisconsin?

▶ APLICA LO QUE APRENDISTE

DESTREZA DE ANÁLISIS **Aplícalo** Usa latitud y longitud para describir la ubicación de la capital de tu estado. Luego, escribe un párrafo breve que explique cómo hallaste la ubicación de la capital.

Practica tus destrezas con mapas y globos terráqueos con el **CD-ROM GeoSkills**.

Lección 2

Tiempos

Hace 12,000 años — PRESENTE

Hace aproximadamente 12,000 años
Los antiguos habitantes cazan animales de gran tamaño

Hace aproximadamente 5,000 años
Los antiguos habitantes comienzan a cultivar la tierra

Los antiguos indios

REFLEXIONA
¿Cómo llegaron a las Américas los primeros habitantes?

✓ Identifica posibles explicaciones acerca de cómo llegaron a las Américas los primeros habitantes.

✓ Explica cómo vivían, cazaban y cultivaban los primeros habitantes de las Américas.

✓ Comprende cómo los cambios en el ambiente afectaron la vida de los primeros habitantes.

VOCABULARIO
antepasado pág. 25
teoría pág. 25
migración pág. 25
objeto del pasado pág. 26
leyenda pág. 27
generación pág. 27
nómada pág. 28
agricultura pág. 30
cultura pág. 31

LUGARES
Beringia
Clovis

COMPARAR Y CONTRASTAR

Normas de California
HSS 5.1, 5.1.1

IMAGÍNATE ALLÍ

Es el pasado lejano, hace más de 10,000 años. Tú y tu familia están ocupados asentándose en un nuevo campamento. Desde hace días, tu grupo ha estado persiguiendo una manada de mamuts, y los adultos esperan que en este lugar la cacería rinda sus frutos. Mientras tanto, trabajas lo más rápido que puedes recolectando plantas silvestres para ayudar a la alimentación de tu grupo. Hace un frío glacial, pero la velocidad de tu tarea ayuda a soportarlo. Mañana el grupo se reunirá para la primera cacería, y esperas que sea un verdadero éxito.

24 ▪ Unidad 1

La historia del puente de tierra

La historia de Estados Unidos comienza hace muchos miles de años, con la llegada de los primeros habitantes a América del Norte. Esos habitantes son los **antepasados**, o los primeros familiares, de los actuales indios americanos. ¿Cómo llegaron a América del Norte y América del Sur los primeros habitantes?

Después de muchos años de estudio, los científicos siguen sin conocer la respuesta exacta. Sin embargo, tienen varias explicaciones posibles, o teorías. Una **teoría** es una idea basada en estudios e investigaciones.

Una de estas teorías afirma que alguna vez existió un "puente" de tierra seca que unía los continentes de Asia y América del Norte. Los científicos llaman **Beringia** a este puente de tierra. Su nombre proviene del estrecho de Bering, una angosta masa de agua que separa en la actualidad Rusia y Alaska.

Los científicos que estudian el pasado de la Tierra han encontrado evidencias de que, hace miles de años, se produjeron varios períodos glaciales, o épocas de frío extremo. Durante esos períodos, unos enormes bloques de hielo que se mueven lentamente, llamados glaciares, cubrieron grandes regiones de la Tierra.

Los científicos piensan que gran cantidad de agua quedó atrapada en los glaciares, lo que

Analizar mapas

Movimiento ¿Aproximadamente cuántas millas hay desde Asia hasta el extremo de América del Sur?

hizo descender el nivel de los océanos unos 350 pies. Por esta razón, había en ese entonces mucha más tierra seca que hoy en día. Beringia es un ejemplo de esto.

Muchos científicos creen que, hace miles de años, grupos de cazadores y sus familias cruzaron a pie el puente de tierra desde Asia hasta América del Norte. Es probable que esta **migración**, o movimiento de personas, se haya producido muy lentamente. Algunos grupos tal vez hayan podido recorrer solo unas pocas millas en toda su vida. ¡A ese paso, les habría llevado cientos de años llegar hasta Alaska!

REPASO DE LA LECTURA COMPARAR Y CONTRASTAR ¿En qué se diferencian la geografía y el clima de los períodos glaciales y los de hoy en día?

Geografía

Isla San Miguel

La isla San Miguel, ubicada frente a la costa del sur de California, es una de las cinco islas que forman el Parque Nacional Channel Island. Muchos de los objetos del pasado encontrados allí permiten suponer que los habitantes de San Miguel usaban embarcaciones para internarse en el mar.

Otras teorías

Durante muchos años, los científicos creyeron que los primeros habitantes habían llegado a las Américas hace unos 12,000 años. Sin embargo, recientemente los arqueólogos han encontrado objetos que podrían tener más de 12,000 años. Los arqueólogos son científicos que estudian los rastros de los primeros habitantes.

En Meadowcroft Rock Shelter, en Pennsylvania, algunos arqueólogos han encontrado herramientas de piedra que podrían tener 14,000 años de antigüedad. Los objetos desenterrados hace poco en Monte Verde, en Chile, podrían tener 13,000 años. Estos **objetos del pasado**, creados por personas, pueden ser chozas, palos para cavar o incluso la huella de la pisada de un niño.

Algunos científicos no se han puesto de acuerdo acerca de las fechas de ciertos objetos del pasado, pero hoy en día la mayoría cree que los primeros habitantes llegaron a las Américas hace más de 12,000 años. De ser así, habrían cruzado Beringia durante un período glacial anterior.

Otros descubrimientos sugieren que los primeros habitantes llegaron a las Américas de otra forma. Probablemente hayan llegado en embarcaciones. En la isla San Miguel, ubicada a 25 millas de la costa de California, los arqueólogos han encontrado objetos del pasado que pueden tener 10,000 años de antigüedad. Los arqueólogos saben que quienes crearon esos objetos del pasado usaban embarcaciones, ya que vivían en una isla y comían peces de aguas profundas, que solo podían pescar lejos de la costa. Para atrapar esos peces, hacían anzuelos con conchas marinas.

REPASO DE LA LECTURA COMPARAR Y CONTRASTAR ¿En qué se diferencian las teorías sobre la migración a las Américas?

26 ■ Unidad 1

Leyendas sobre la creación

Los descendientes de los primeros americanos también tienen algunas ideas acerca de la llegada de sus antepasados. En la antigüedad, casi todos los pueblos memorizaban relatos para transmitir su propia historia. Contaban **leyendas**, o historias que se transmiten desde el pasado, a sus hijos y nietos. Como consecuencia, generaciones de indios americanos han aprendido esos relatos. Una **generación** es el tiempo promedio entre el nacimiento de los padres y el nacimiento de sus hijos.

Todos los grupos de indios americanos han usado leyendas para contar su pasado. Las historias que tratan sobre sus orígenes, o comienzos, se conocen como leyendas sobre la creación.

Algunas de esas leyendas explican la creación del mundo. Los pies negros, por ejemplo, cuentan la historia del Anciano Creador.

▶ Esta escultura representa el Árbol de la Paz de los iroqueses.

Según esta historia, el Anciano Creador creó los animales y las plantas, y también las llanuras y las montañas.

Los hurones cuentan que en un principio la Tierra estaba cubierta por agua. Y el mundo se formó a partir de un poco de tierra que una tortuga había recogido del fondo del océano. A causa de esta historia y de otras similares, algunos indios americanos usan el nombre *Isla de la Tortuga* para referirse a las Américas.

Nadie sabe con exactitud cuándo llegaron los primeros americanos. Sin embargo, muchos indios americanos creen que su gente ha vivido siempre en las Américas.

REPASO DE LA LECTURA **RESUMIR**
¿Cuál es otra fuente de ideas sobre el origen de los primeros habitantes de las Américas?

▶ Entre los indios americanos, los narradores comparten las historias del pasado para mantener viva su cultura.

Antiguas formas de vida

Sea cual fuera la forma en que los primeros habitantes llegaron a las Américas, es muy probable que hayan sido **nómadas**, es decir, personas sin una vivienda permanente. Los primeros habitantes vivían en cuevas o en tiendas hechas con pieles de animales. Se movían constantemente, siguiendo las manadas de animales que cazaban. Los arqueólogos saben esto porque han encontrado puntas de lanza cerca de huesos de animales primitivos.

Después de terminado el último período glacial, el clima de América del Norte era frío y húmedo. Las plantas silvestres proveían de alimento a los animales de gran tamaño, como los mastodontes gigantes y los mamuts lanudos. Los mamuts eran animales parecidos a los actuales elefantes, pero más grandes y peludos. Medían hasta 14 pies de altura, llegaban a pesar 10,000 libras y sus colmillos podían alcanzar los 14 pies de largo.

Los antiguos indios, que cazaban estos animales gigantes, comían su carne y usaban la piel y los huesos para hacer ropa y construir sus viviendas y herramientas. También recolectaban alimentos silvestres, como hongos. Por esta razón, los científicos a veces se refieren a estos grupos como pueblos cazadores y recolectores.

Comparados con los enormes animales que cazaban, los antiguos indios eran pequeños y débiles. Para atraparlos, tenían que aprender a trabajar en grupo. Con el tiempo, los antiguos indios aprendieron a afilar piedras y atarlas a palos de madera resistentes.

Varios grupos de antiguos indios inventaron diferentes herramientas que los ayudaban a cazar. Algunos hacían garrotes y hachas que tenían hojas de piedra. Más tarde, otros grupos inventaron el atlatl, un nuevo tipo de herramienta que permitía a los cazadores arrojar las puntas de lanzas más lejos y a mayor velocidad.

Una antigua cacería

Para poder subsistir, los antiguos indios tuvieron que mejorar sus herramientas. En la misma época que el atlatl, crearon también un nuevo tipo de punta de lanza. Usando un hueso o una piedra, quitaban las escamas, o pequeñas astillas, a un trozo de sílex u otra piedra. Labraban la piedra hasta que la punta quedaba bien afilada. Después, hacían un agujero en la piedra y la sujetaban fuertemente a una lanza de madera. De esta manera, las lanzas resultaban armas de caza mucho mejores que las que habían usado hasta entonces.

Estas mortíferas puntas de lanza se conocen como puntas Clovis. Toman su nombre del pueblo de **Clovis**, en New Mexico, donde los arqueólogos las encontraron por primera vez.

▶ Punta Clovis

El clima de América del Norte fue cambiando lentamente. Se volvió más cálido y más seco. Por eso, la mayoría de las plantas que comían los animales gigantes ya no crecían. Esta puede ser una de las razones por las que esos animales se extinguieron. Hace unos 10,000 años, la mayor parte de ellos desapareció.

Como tenían que encontrar nuevas fuentes de alimento, los antiguos indios comenzaron a pescar y cazar animales más pequeños, como venados y conejos. Y crearon nuevas herramientas para la caza, como el arco y la flecha. También comenzaron a comer una mayor variedad de plantas.

REPASO DE LA LECTURA 🔥 **COMPARAR Y CONTRASTAR** ¿Cómo cambió la vida de los antiguos indios cuando se extinguieron los animales gigantes?

Analizar ilustraciones Los primeros habitantes trabajaban en grupo para cazar animales de gran tamaño.

❶ Perezoso gigante ❸ Armadillo primitivo ❺ Oso gigante de cara corta
❷ Mamut lanudo   ❹ Camellos primitivos

¿Por qué se necesitaban muchas personas para cazar un mamut lanudo?

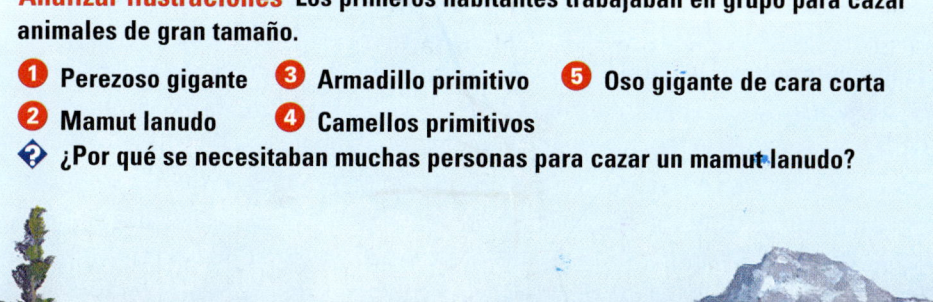

Capítulo 1 ■ 29

Una nueva forma de vida

CUÁNDO Hace aproximadamente 5,000 años
DÓNDE América del Norte

Cuando los antiguos indios comenzaron a recolectar más alimento del que podían consumir, buscaron formas de almacenarlo. Usaban juncos, enredaderas y tiras de madera para hacer canastas. Más tarde, aprendieron a construir recipientes con otros materiales, como la arcilla.

Con el tiempo, algunos indios cambiaron sus formas de vida. En lugar de recolectar su alimento, comenzaron a sembrar y cultivar. Este cambio significó el comienzo de la **agricultura**, o cultivo de la tierra, en las Américas.

La agricultura comenzó en distintas épocas en diferentes partes del mundo. En las Américas, los antiguos indios comenzaron a cultivar la tierra probablemente hace unos 5,000 años. Algunos de los primeros agricultores vivían en el valle de Tehuacán, en la zona central de México. En ese valle fértil cultivaban al menos 12 clases de maíz, además de aguacate, calabazas y frijoles. El maíz era el cultivo más importante para muchos habitantes de América del Norte y se cultivaba en todo el continente.

La agricultura cambió la vida de muchos grupos de indios, porque ahora tenían una razón para permanecer en un mismo lugar durante períodos más largos. Hace 5,000 años, algunos ya construían viviendas más resistentes y comenzaban a establecer aldeas. Algunos grupos también formaron lo que hoy llamamos tribus. Una tribu es un grupo de personas que habla el mismo idioma, comparte la tierra y tiene los mismos líderes.

▶ Los primeros habitantes trabajaban juntos para cultivar la tierra.

> Muchos arqueólogos creen que esta suela de zapato y estas pinturas en una caverna (izquierda) en Pedra Furada, Brasil, prueban que los primeros habitantes llegaron a las Américas antes de lo que se suponía.

El clima y los recursos naturales del lugar de asentamiento afectaron la forma de vida de los distintos grupos. Con el tiempo, cada grupo desarrolló su propia cultura. Una **cultura** es una forma de vida que diferencia a un grupo de otros. A veces, los científicos agrupan estas culturas únicas para poder estudiarlas en busca de pistas sobre sus antiguas formas de vida.

REPASO DE LA LECTURA GENERALIZAR
¿Cómo afectó la agricultura la forma en que vivían los antiguos habitantes?

Resumen

Existen muchas teorías sobre la llegada de los primeros habitantes a las Américas. Los cambios climáticos obligaron a los primeros habitantes a aprender a vivir en nuevos entornos. Cuando comenzaron a cultivar la tierra, formaron aldeas. Estos primeros grupos desarrollaron diferentes culturas según el lugar donde vivían.

REPASO

1. ¿Cómo llegaron a las Américas los primeros habitantes?
2. ¿Cómo se relacionan las palabras **migración** y **nómada**?
3. ¿De qué forma los cambios en el ambiente afectaron a los animales de gran tamaño?

RAZONAMIENTO CRÍTICO

4. ¿Cómo cambió la importancia de la ubicación relativa del estrecho de Bering cuando desapareció el puente de tierra?
5. ¿Los antiguos habitantes cazaban animales gigantes antes o después de comenzar a cultivar la tierra?

6. **Escribe un párrafo** Describe cómo hacían los antiguos indios sus herramientas para cazar.

7. **COMPARAR Y CONTRASTAR**
   En una hoja de papel, copia y completa el organizador gráfico de abajo.

Capítulo 1 • 31

Destrezas con tablas y gráficas

Leer líneas cronológicas

> **POR QUÉ ES IMPORTANTE**

Una forma fácil de ver las relaciones entre eventos históricos es observar una **línea cronológica**. Una línea cronológica es un diagrama que muestra eventos ocurridos durante un período determinado. Al igual que un calendario, una línea cronológica te ayuda a comprender el orden de los eventos y el tiempo transcurrido entre ellos.

> **LO QUE NECESITAS SABER**

Una línea cronológica es como una regla que muestra fechas en lugar de pulgadas. Al igual que las pulgadas en una regla, las fechas están distribuidas regularmente en la línea cronológica. Sin embargo, no todas las líneas cronológicas son iguales ni se leen de la misma forma. Casi todas son horizontales y se extienden a lo ancho de la página. Pero algunas son verticales y se extienden de arriba hacia abajo. Las líneas cronológicas horizontales, como la que aparece abajo, se leen de izquierda a derecha. La fecha más lejana a nosotros se encuentra en el extremo izquierdo, y la fecha más reciente, en el extremo derecho. La línea cronológica de la página 33 es una línea cronológica vertical, y se lee de arriba hacia abajo. La fecha más lejana se encuentra en la parte superior de la línea, y la más reciente aparece abajo.

Las líneas cronológicas pueden mostrar eventos ocurridos en cualquier período histórico. Algunas líneas cronológicas muestran eventos ocurridos a lo largo de una **década**, o período de 10 años. Otras muestran eventos que ocurrieron a lo largo de un **siglo**, o período de 100 años. La línea cronológica horizontal de abajo muestra una década y un siglo. Algunas líneas cronológicas muestran eventos a lo largo de un **milenio**, o período de 1,000 años. La línea cronológica vertical de la página 33 muestra un milenio.

Esta línea cronológica vertical muestra las fechas desde la antigüedad hasta nuestros días.

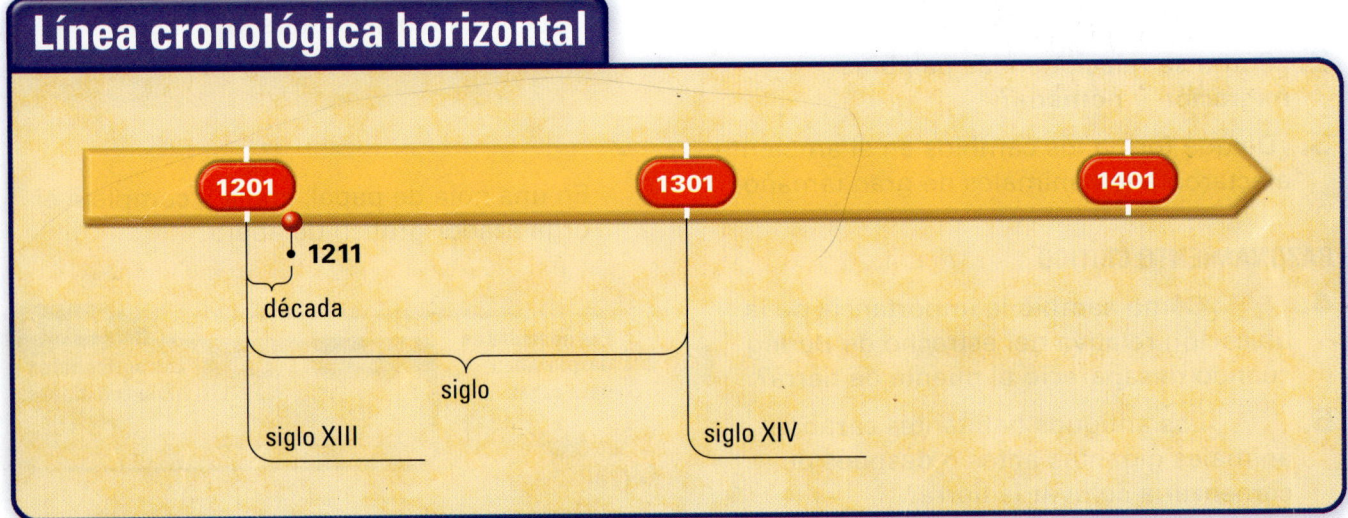

Línea cronológica horizontal

Observa las letras a.C. y d.C. en la mitad de la línea cronológica. Hoy en día es muy común usar el nacimiento de Jesucristo como referencia para identificar los años. Los años anteriores al nacimiento se indican como *a.C.*, que significa "antes de Cristo". Los años posteriores al nacimiento se identifican como *d.C.*, que significa "después de Cristo".

Un evento ocurrido en el año 100 a.C. tuvo lugar 100 años antes del nacimiento de Jesucristo. Un evento ocurrido en el año 100 d.C. tuvo lugar 100 años después del nacimiento de Jesucristo. Como todos los años de la era moderna son *d.C.*, muchas veces estas letras no son necesarias.

También podrás encontrar las letras *a.E.C.* o *E.C.* en líneas cronológicas. La abreviatura *a.E.C.* significa "antes de la Era Común" y a veces se usa en lugar de *a.C.* La abreviatura *E.C.* significa "Era Común" y suele usarse en lugar de *d.C.*

▶ PRACTICA LA DESTREZA

Usa la línea cronológica horizontal de la página 32 para responder las siguientes preguntas.

1 ¿Cuántos siglos se muestran en esta línea cronológica?

2 ¿Cuál fue el primer año del siglo XIII?

Usa la línea cronológica vertical de esta página para responder estas preguntas.

3 ¿Cuántos milenios se muestran en esta línea cronológica?

4 ¿Qué año es anterior, 1000 a.C. o 500 a.C.?

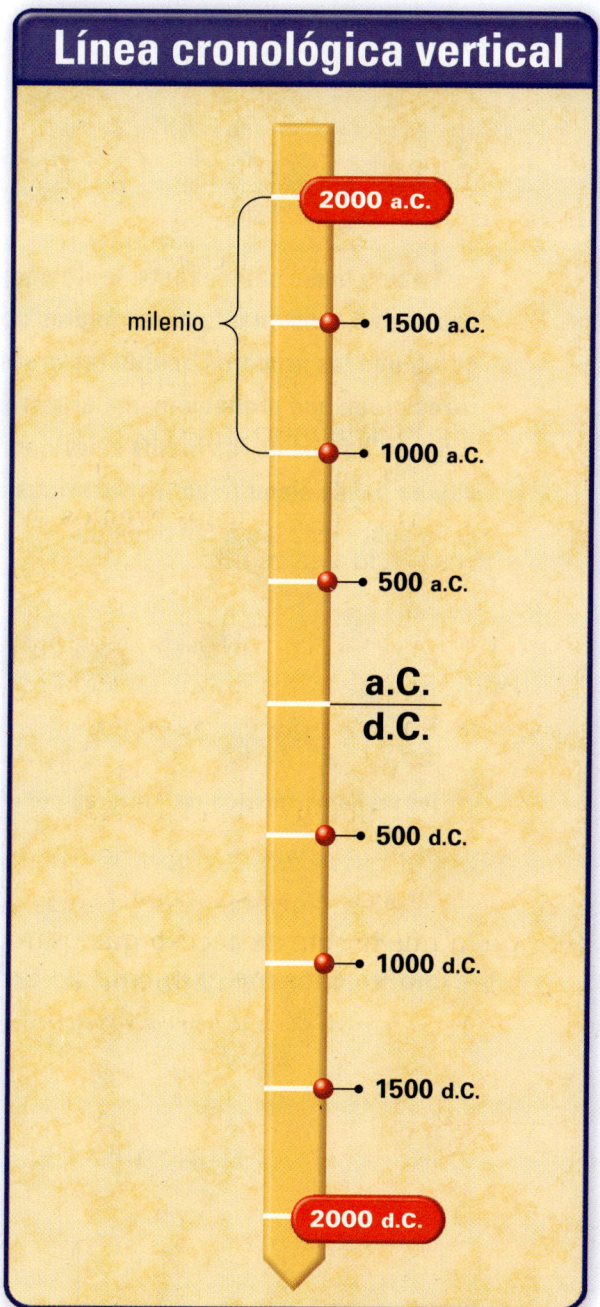

▶ APLICA LO QUE APRENDISTE

DESTREZA DE ANÁLISIS **Aplícalo** Diseña una línea cronológica que muestre los últimos 20 años en períodos de 5 años. Luego, ubica en tu línea cronológica los eventos importantes de tu vida. Muestra tu línea cronológica a otros estudiantes.

Llegada a las Américas

Como nadie sabe exactamente cómo llegaron a las Américas los primeros habitantes, existen diferentes puntos de vista sobre este tema. Algunos aseguran que los primeros habitantes cruzaron el puente de tierra de Beringia. Otros creen que probablemente cruzaron el océano Pacífico en embarcaciones. Algunos líderes de los indios americanos piensan que sus antepasados han estado desde siempre en las Américas. Los siguientes son algunos puntos de vista sobre este tema tan debatido.

En sus propias palabras

Douglas W. Schwartz, científico que cree que los primeros americanos cruzaron por el estrecho de Bering

" …Nuestras pruebas más convincentes apoyan la idea de que la ruta de acceso que usaron los antepasados de los indios americanos fue el puente de tierra que unía Siberia y Alaska. "

— de *Clues to America's Past*. National Geographic Society, 1976.

❯ Para mayor seguridad, los primeros habitantes viajaban en grupos.

❯ Viajar en barco en la antigüedad habría requerido embarcaciones resistentes.

Vine Deloria, Jr., profesor de Estudios Indígenas Americanos

"…Un pequeño grupo de antropólogos ahora reconoce… que los indios podrían haber llegado desde Asia hasta América del Norte en embarcaciones… y no a pie a través del mítico puente de tierra de Bering."

— de *Red Earth, White Lies: Native Americans and the Myth of Scientific Fact.* Scribner, 1995.

VINE DELORIA, JR.

Luther Standing Bear, un jefe sioux, describe la leyenda del origen de los sioux

"…Nuestra leyenda nos cuenta que… hace miles de años el primer hombre surgió del suelo, en medio de las grandes llanuras. Esta historia dice que, hace mucho tiempo, un hombre solitario despertó una mañana y, de cara al sol, emergió de la tierra."

— de *Land of the Spotted Eagle.* University of Nebraska Press, 1978.

LUTHER STANDING BEAR

Es tu turno

DESTREZA DE ANÁLISIS **Analizar puntos de vista** Trabaja con un compañero para resumir el punto de vista de cada autor.

Aplícalo Explica por qué es importante conocer los diferentes puntos de vista sobre un tema.

▶ Algunos de los sitios arqueológicos de los indios americanos tienen más de 10,000 años de antigüedad.

Capítulo 1 ■ 35

Lección 3

Tiempos

Hace 12,000 años — PRESENTE

- **Hace aproximadamente 3,500 años** La civilización olmeca se vuelve poderosa
- **Hace aproximadamente 1,700 años** La civilización maya se vuelve poderosa

Las primeras civilizaciones

REFLEXIONA
¿De qué formas crearon los habitantes de las Américas civilizaciones avanzadas?

✓ Explica cómo la ubicación afectó el modo de vida de las primeras civilizaciones americanas.

✓ Describe los logros y las costumbres de las primeras civilizaciones americanas.

VOCABULARIO
civilización pág. 37
gobierno pág. 37
costumbre pág. 37
tradición pág. 38
jeroglífico pág. 38
clase pág. 38
pueblo pág. 40

LUGARES
San Lorenzo
Cahokia
Moundville

COMPARAR Y CONTRASTAR

Normas de California
HSS 5.1, 5.1.1, 5.1.2, 5.1.3

IMAGÍNATE ALLÍ

A tu alrededor, sentadas codo a codo, una multitud de personas espera ansiosamente que comience el juego. Cuando los jugadores de pelota entran al campo, el aire se llena del sonido de los tambores. Algunos jugadores llevan rodilleras para protegerse. Y tú puedes ver por qué: la pelota de goma con que juegan parece muy dura. En este juego de pelota se disputa el honor. De acuerdo con las reglas de tu gente, el equipo ganador recibirá obsequios, y el equipo derrotado perderá la vida.

▶ El juego de pelota olmeca fue uno de los primeros deportes en equipo de la historia.

> San Lorenzo (arriba) fue una importante ciudad olmeca. Allí, artistas esculpieron gigantescas cabezas de piedra como esta.

Los olmecas

Las civilizaciones comenzaron a desarrollarse cuando los grupos de indios alcanzaron formas de vida más sedentarias. Una **civilización** es una cultura avanzada que por lo general tiene ciudades y sistemas de educación, religión y gobierno desarrollados. Un **gobierno** es un sistema que sirve para decidir qué es lo mejor para un grupo de personas. El gobierno protege a los miembros del grupo, resuelve sus disputas y permite crear reglas y elegir a los líderes.

La civilización olmeca fue una de las primeras de las Américas. Aproximadamente desde el año 1500 a.C. hasta el 300 d.C., los olmecas dominaron la mayor parte de lo que hoy es el sur de México. El clima de la zona donde vivían los olmecas era tropical, con una estación de lluvias y otra seca. La ciudad olmeca más antigua descubierta por los arqueólogos es **San Lorenzo**. Al igual que muchas ciudades olmecas, se encuentra cerca de un río. La ubicación de las ciudades olmecas cerca de los ríos sugiere que estos indios usaban los ríos para viajar de una ciudad a otra y formar un sistema de comercio. Se han hallado objetos del pasado de origen olmeca en numerosas regiones de México.

Pero su poderoso sistema de comercio no fue el único logro de los olmecas. También desarrollaron un sistema para contar y un calendario en el que llevaban un registro de las estaciones. Para regar sus cultivos, los olmecas dependían de la estación de lluvias.

Aunque no se sabe con certeza por qué declinó, la civilización olmeca tuvo una gran influencia sobre otras civilizaciones. Hoy en día, algunos historiadores llaman a la cultura olmeca la "cultura madre" de las Américas, porque muchas de las **costumbres** de los olmecas, es decir, la forma en que hacían las cosas, fueron continuadas por otras civilizaciones.

REPASO DE LA LECTURA **COMPARAR Y CONTRASTAR** ¿En qué se parecía la civilización olmeca a nuestra actual civilización?

Las primeras civilizaciones de América del Norte

Analizar mapas Las civilizaciones maya y olmeca se desarrollaron en lo que hoy es México.

Ubicación ¿Dónde estaba ubicada la civilización maya?

Los mayas

Las tradiciones olmecas influyeron en la civilización maya. Una **tradición** es una forma de vida o una idea transmitida a través del tiempo. Entre los años 300 d.C. y 900 d.C., los mayas dominaron gran parte de lo que hoy es México, Guatemala y el norte de Belice. El clima de la región donde vivían los mayas era tropical, es decir, caluroso y húmedo.

Los mayas desarrollaron su propio sistema de escritura, que les sirvió para contar su propia historia. Su sistema de escritura estaba basado en **jeroglíficos**, o símbolos visuales. Al igual que los olmecas, los mayas también usaban un sistema para contar.

Los mayas estaban organizados en clases. Una **clase** es un grupo de personas de una sociedad que tiene algo en común. Los líderes religiosos formaban la clase más alta de la sociedad maya. Luego, seguían las familias importantes, los comerciantes y los campesinos.

Los científicos no saben con certeza por qué declinó la civilización maya. Algunos lo atribuyen a las epidemias y otros piensan que fue como consecuencia de las guerras. Sin embargo, la cultura maya perduró aun después de que su civilización perdiera poder.

REPASO DE LA LECTURA **COMPARAR Y CONTRASTAR** ¿En qué se parecían la sociedad maya y la sociedad olmeca?

Los constructores de montículos

Los arqueólogos usan el nombre *constructores de montículos* para agrupar a muchas tribus de indios americanos. Todos estos grupos construían montículos de tierra. Sin embargo, sus culturas, el lugar donde vivían e incluso las razones por las que construían montículos eran diferentes.

Los primeros constructores de montículos fueron los adena. La civilización adena se desarrolló en el valle del río Ohio desde el año 1000 a.C. hasta el 200 d.C. Los adena usaban sus montículos como tumbas. A medida que enterraban a más personas, los montículos se hacían cada vez más grandes. ¡Y algunos llegaron a medir 90 pies de altura!

Hacia el año 300 a.C., los hopewell desarrollaron otra cultura de constructores de montículos, en lo que hoy es la región central de Estados Unidos. Al igual que las civilizaciones anteriores, los hopewell tenían un poderoso sistema de comercio. Sus rutas comerciales se extendían desde las montañas Rocosas hasta el lago Superior.

La civilización constructora de montículos más grande fue la de los mississippi. Esta cultura se desarrolló hacia el año 700 d.C. en el valle del río Mississippi. La ciudad más grande de la civilización mississippi era **Cahokia**, en el actual estado de Illinois. Hacia el año 1200 d.C., Cahokia tenía más de 30,000 habitantes.

Otra gran ciudad era **Moundville**, ubicada en la actual Alabama. Los líderes religiosos gobernaban la ciudad y sus alrededores. Esta zona estuvo habitada aproximadamente entre los años 900 d.C. y 1500 d.C.

▶ Una cabeza de concha

REPASO DE LA LECTURA **IDEA PRINCIPAL Y DETALLES** ¿Cuál era una manera en que los grupos de indios americanos usaban los montículos?

▶ Esta pintura muestra cómo eran probablemente los asentamientos de los constructores de montículos.

Los antiguos pueblo

Observa el mapa de América del Norte de la página 38. Busca el lugar en el Suroeste donde Utah, Colorado, Arizona y New Mexico se encuentran. Esta región se llama *Four Corners*, o "cuatro esquinas". Uno de los primeros grupos en asentarse en esta zona fue el de los antiguos pueblo. El clima de esa región era caluroso y muy seco.

Los antiguos pueblo comenzaron a desarrollar su civilización hacia el año 100 d.C. Vivían en casas de varios pisos y numerosas habitaciones. A menudo, estas casas se construían contra las paredes de un cañón o en cuevas. Cuando los españoles llegaron al Suroeste 1,400 años más tarde llamaron **pueblo** a este tipo de vivienda.

Por lo general, estas casas no tenían entrada en la planta baja. Las personas subían por las escaleras hasta el techo, y entraban por allí. En caso de un ataque enemigo, los antiguos pueblo simplemente quitaban las escaleras.

Para alimentarse, los antiguos pueblo cultivaban maíz, frijoles y calabazas. Parte del maíz se almacenaba en depósitos, como reserva para tiempos difíciles.

Los antiguos pueblo también eran hábiles fabricantes de canastas. De hecho, algunas canastas estaban tan fuertemente tejidas que resultaban impermeables. Estas canastas servían para almacenar y a veces para cocinar alimentos. Se podía colocar maíz molido en ellas, y luego poner adentro una piedra caliente para cocinarlo.

La cultura de los antiguos pueblo prosperó durante 1,000 años. En su momento de mayor esplendor, la población pudo haber alcanzado los 20,000 habitantes.

Más tarde, comenzaron a marcharse. Los científicos creen que esto se debió en parte a un cambio climático. Existen evidencias de que, hacia el año 1276 d.C., comenzó en la región una terrible sequía.

Una planificación cuidadosa había ayudado a esta cultura a sobrevivir sequías anteriores, pero esta sequía duró 25 años e

▶ Pueblo Bonito es el sitio arqueológico más grande del cañón del Chaco, en New Mexico. Cubre una superficie de más de dos acres y en sus cuatro pisos de altura pudo haber albergado a unas 1,200 personas.

> En la zona conocida actualmente como Parque Nacional Mesa Verde, en Colorado los primeros americanos excavaron las paredes del cañón para formar aldeas de piedra.

hizo que la tierra se secara por completo. Hacia el año 1300 d.C., la civilización de los antiguos pueblo había desaparecido de la zona de *Four Corners*.

REPASO DE LA LECTURA ⚫ **COMPARAR Y CONTRASTAR** ¿Cuál era la diferencia entre el clima de la zona donde vivían los antiguos pueblo y el clima de la región donde vivían los olmecas?

Resumen

La geografía y el clima de las regiones en que vivían las primeras civilizaciones de las Américas influyó en su modo de vida. Todas estas civilizaciones desarrollaron diferentes costumbres y tradiciones.

REPASO

1. ¿De qué formas crearon los habitantes de las Américas civilizaciones avanzadas?
2. Escribe una descripción de un **pueblo**.
3. ¿Qué tenían en común las culturas adena, hopewell y mississippi?
4. ¿Qué forma importante de comunicación permitió a los mayas contar su propia historia?

RAZONAMIENTO CRÍTICO

5. ¿Por qué crees que algunas de las primeras civilizaciones estaban divididas en clases?

6. **Dibuja un plano** Imagina que estás diseñando una ciudad de constructores de montículos. Dibuja un plano de construcción que incluya montículos de tierra y otras estructuras.

7. **COMPARAR Y CONTRASTAR**

En una hoja de papel, copia y completa el organizador gráfico de abajo.

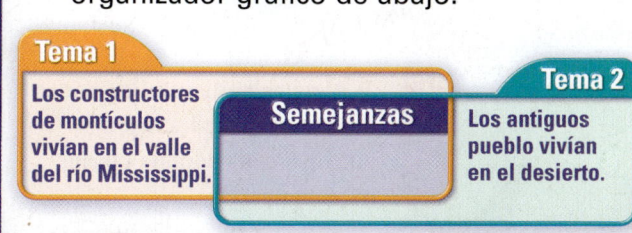

Tema 1: Los constructores de montículos vivían en el valle del río Mississippi.

Semejanzas

Tema 2: Los antiguos pueblo vivían en el desierto.

Capítulo 1 ■ 41

Destrezas con mapas y globos terráqueos

Usar un mapa cultural

▶ POR QUÉ ES IMPORTANTE

Como ya sabes, los diferentes tipos de mapas permiten apreciar distintos tipos de información. Un mapa cultural muestra las **regiones culturales** de un lugar. Comprender qué es una región cultural te ayudará a saber qué tenían en común los grupos que vivían allí.

▶ LO QUE NECESITAS SABER

En un mapa cultural, a menudo se identifican las regiones con colores y símbolos. El mapa de la página 43 usa colores para mostrar las antiguas regiones culturales de América del Norte. Se usan 11 colores en total y cada uno representa una región cultural diferente.

Como puedes observar en el mapa, en cada región cultural vivían diferentes grupos de indios. Cada grupo era diferente de los otros grupos de la región. Pero los modos de vida y las tradiciones de todos los grupos fueron afectadas por el mismo clima y similares accidentes geográficos, así como por los mismos animales y la misma vegetación.

▶ PRACTICA LA DESTREZA

Usa el mapa de la página siguiente para responder estas preguntas.

1. ¿Qué región cultural cubre la mayor parte del este de Estados Unidos?
2. ¿Qué región cultural cubre la mayor parte de lo que hoy es New Mexico y Arizona?
3. ¿Qué región cultural cubre la mayor parte del centro de Estados Unidos?

▶ APLICA LO QUE APRENDISTE

DESTREZA DE ANÁLISIS Busca un compañero para participar en un juego de adivinanzas. Cada uno debe elegir un grupo de indios americanos que aparezca en el mapa. Luego, háganse uno al otro preguntas sobre las regiones e intenten adivinar qué grupo ha elegido el compañero.

▶ Algunos bailarines indígenas usaban títeres para manejar con los dedos durante ciertas ceremonias.

Practica tus destrezas con mapas y globos terráqueos con el **CD-ROM GeoSkills**.

Repaso del Capítulo 1

Hace aproximadamente 12,000 años

Hace aproximadamente 12,000 años
Los primeros habitantes llegan a las Américas

La lectura en los Estudios Sociales

Cuando **comparas**, dices en qué se parecen dos o más cosas.
Cuando **contrastas**, dices en qué se diferencian.

 Comparar y contrastar

Completa este organizador gráfico para comparar y contrastar las primeras civilizaciones de América del Norte. Una copia de este organizador gráfico aparece en la página 12 del cuaderno de Tarea y práctica.

Las primeras civilizaciones

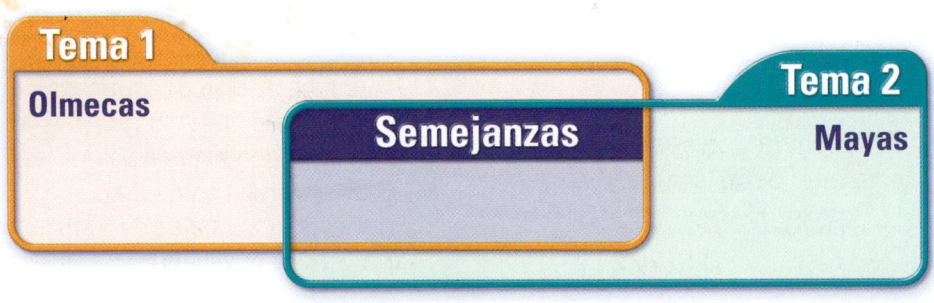

Tema 1: Olmecas
Semejanzas
Tema 2: Mayas

Pautas de redacción de California

Escribe un párrafo persuasivo Escribe un párrafo para convencer a los lectores de que la agricultura ayudó al desarrollo de las primeras aldeas. Apoya tu argumento con evidencia.

Escribe un reporte investigativo Elige uno de los grupos mencionados en la lección titulada Las primeras civilizaciones. Luego, investiga y escribe un reporte sobre ese grupo. Asegúrate de incluir información acerca de la cultura del grupo.

Hace aproximadamente 7,000 años — PRESENTE

Hace aproximadamente 5,000 años Los habitantes comienzan a cultivar la tierra en América del Norte

Hace aproximadamente 3,500 años La civilización olmeca se vuelve poderosa

Hace aproximadamente 3,000 años Se desarrollan los primeros grupos de constructores de montículos

Usa el vocabulario

Identifica el término que corresponda a cada definición.

clima, pág. 16
antepasado, pág. 25
leyenda, pág. 27
costumbre, pág. 37
jeroglíficos, pág. 38

1. un antiguo miembro de la familia
2. una historia que ha sido transmitida desde el pasado
3. el tipo de tiempo que tiene un lugar a lo largo de los años
4. una forma en que un grupo de personas hace las cosas
5. símbolos visuales

Usa la línea cronológica

 Usa la línea cronológica que aparece arriba para responder estas preguntas.

6. ¿Hace cuánto tiempo comenzaron a cultivar la tierra los habitantes de América del Norte?
7. ¿Cuánto tiempo transcurrió desde que la civilización de los olmecas se volvió poderosa hasta que se desarrollaron los primeros grupos de constructores de montículos?

Aplica las destrezas

 Usar latitud y longitud

8. Usa el mapa de la página 23 para hallar qué capital estatal se encuentra cerca de 30ºN, 85ºO.

Recuerda los datos

Responde estas preguntas.

9. ¿Qué cordillera cubre gran parte del este de Estados Unidos? ¿Y del oeste de Estados Unidos?
10. ¿Qué era Beringia?
11. ¿Cuál fue un logro importante de los olmecas?

Escribe la letra que corresponda a la respuesta correcta.

12. Si estuvieras en los montes Apalaches, ¿en qué dirección viajarías para llegar a las Grandes Llanuras?
    A este
    B oeste
    C norte
    D sur

13. ¿Qué declaración describe mejor a los primeros habitantes de América del Norte?
    A A menudo cazaban solos.
    B Vivían en un solo lugar.
    C Cazaban animales de gran tamaño.
    D Construían viviendas de piedra.

Piensa críticamente

14. **DESTREZA DE ANÁLISIS** ¿Qué características físicas hacen de la región Intermontañosa un lugar único?

15. **DESTREZA DE ANÁLISIS** ¿En qué se parece la vida actual en el Suroeste a la civilización de los antiguos pueblo? ¿En qué se diferencia?

Capítulo 1 ■ 45

Destrezas de estudio

GUÍA DE PREPARACIÓN

Una guía de preparación puede ayudarte a anticipar, o predecir, lo que aprenderás durante la lectura.

- Lee los títulos de las lecciones y de las secciones. Los títulos te darán pistas sobre lo que leerás.
- Lee la pregunta de Repaso de la lectura que se encuentra al final de cada sección.
- Haz una predicción sobre lo que aprenderás cuando leas.

El desierto del Suroeste		
Los pueblo		
Repaso de la lectura	Predicción	¿Es correcta?
¿En qué se parecían los pueblo a los antiguos pueblo?	En esta lección, aprenderemos en qué se parecía el modo de vida de los pueblo al de los antiguos pueblo.	✓
La cultura pueblo		
Repaso de la lectura	Predicción	¿Es correcta?

Aplica la destreza mientras lees

Mientras lees este capítulo, completa una guía de preparación para cada lección. Cuando hayas terminado de leer, comprueba si tus predicciones fueron correctas.

Normas de Historia y Ciencias Sociales de California, Grado 5

5.1 Los estudiantes describen los principales asentamientos precolombinos, como los pobladores de acantilados y los indios *pueblo* del desierto del Suroeste, los indios americanos del Pacífico Noroeste, las naciones nómadas de las Grandes Llanuras y los habitantes de los bosques al este del río Mississippi.

Los indios americanos

CAPÍTULO 2

▶ Festival de indios americanos en Charlotte, North Carolina

Comienza con un cuento

CARRERA HACIA LA SALIDA DE LA LUNA
UNA ANTIGUA TRAVESÍA

ESCRITO POR SALLY CRUM
ILUSTRADO POR SHONTO BEGAY

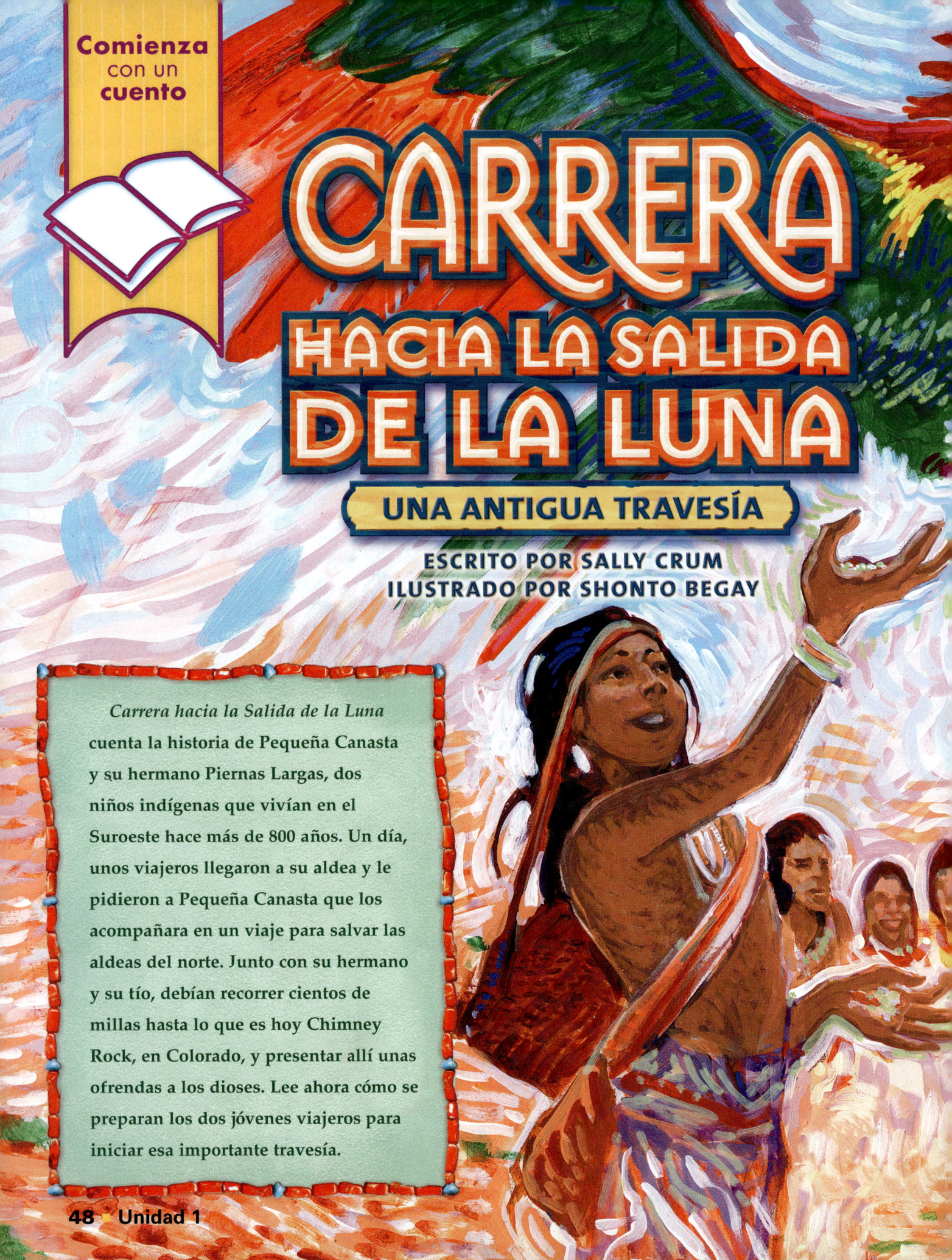

Carrera hacia la Salida de la Luna cuenta la historia de Pequeña Canasta y su hermano Piernas Largas, dos niños indígenas que vivían en el Suroeste hace más de 800 años. Un día, unos viajeros llegaron a su aldea y le pidieron a Pequeña Canasta que los acompañara en un viaje para salvar las aldeas del norte. Junto con su hermano y su tío, debían recorrer cientos de millas hasta lo que es hoy Chimney Rock, en Colorado, y presentar allí unas ofrendas a los dioses. Lee ahora cómo se preparan los dos jóvenes viajeros para iniciar esa importante travesía.

Nervioso, Piernas Largas acomodó por cuarta vez su bolsa y pensó en lo agradable que era llevar mercancías de verdad en lugar de piedras. Puso cuatro pelotas de sal en el fondo de la bolsa.

—A todos les gusta la sal en el guiso de conejo —murmuró.

Después, puso dos pequeñas pelotas de goma sobre la sal.

"Dicen que a los pobladores del Lejano Norte no les gustan los juegos de pelota, pero tal vez en el camino encontremos otros a quienes sí les gusten", pensó.

La noche anterior, su madre le había dado varias campanas de cobre. Muchos años antes de que su papá naciera, su bisabuelo las había traído al sur desde la Gran Ciudad. Las campanitas eran muy valiosas. Piernas Largas las envolvió cuidadosamente con una tela de algodón y las guardó entre las pelotas de goma. Llenó el resto de la bolsa con pulseras de conchas marinas, pequeños sacos con harina de maíz, mezquite y carne seca de venado.

Pequeña Canasta se acercó a su hermano. Traía una jaula de madera con un guacamayo rojo y verde.

—Saqué a Graznido del <u>aviario</u>. Vendrá con nosotros, ¿verdad? —preguntó ella.

El enorme pájaro de la familia de los loros se <u>acicalaba</u> con calma las largas plumas. Su cola era de color escarlata y parecía tocar el piso.

—Sí. Para mí, Graznido es mucho más que una mascota. No quiero venderlo, pero podemos intercambiar muchas de sus plumas —dijo Piernas Largas—.

aviario pajarera, lugar donde se guardan pájaros

acicalaba limpiaba, alisaba

Le he enseñado tantas palabras que ya lo considero mi amigo.

Graznido parecía enojado.

—Graznido pájaro bueno —chilló.

Piernas Largas y Pequeña Canasta se rieron.

—Te quedarán suficientes plumas para abrigarte durante la noche en el Lejano Norte —dijo Piernas Largas a su pájaro.

—Y yo llevaré todas las semillas de girasol que necesites para comer —añadió Pequeña Canasta.

En ese momento, el tío y los tres viajeros del Lejano Norte cruzaban la plaza, avanzando hacia ellos. El tío estaba preocupado.

—Tenemos por delante un viaje más largo de lo que pensábamos —dijo—. Nuestros visitantes me dijeron que Pequeña Canasta tiene que conseguir ofrendas especiales para la Salida de la Luna.

El viajero más joven miró a Piernas Largas.

—Voz de Trueno exige una hermosa vasija del pueblo Montaña, una antigua muñeca de arcilla del pueblo Canal, caparazones de almeja blanca de la Bahía de Sal, una fina capa de algodón del pueblo Volcán y un tazón pintado de los habitantes de los acantilados del Lejano Norte. Voz de Trueno cree que, si se esfuerza por conseguir estas ofrendas, los dioses seguramente hablarán con Pequeña Canasta.

—Tenemos que partir pronto y mantener un buen paso —les dijo el tío a Piernas Largas y Pequeña Canasta—. Visitaremos en primer lugar al pueblo Montaña, pero solo tenemos un día para comerciar con ellos. Luego iremos al oeste, hacia los campos desérticos del pueblo Canal…

La madre abrazó al tío y a sus hijos.

—Todas las noches, miraré la Estrella de los Viajeros. Entonces sabré que brilla sobre mis seres queridos y que los guía en la dirección correcta —les dijo con una valiente sonrisa.

Los ojos de Pequeña Canasta se llenaron de lágrimas. Piernas Largas ayudó a su pequeña hermana a cargar la bolsa.

—Estaremos bien, madre. ¡Y tal vez regresemos con nuestro padre! —dijo con alegría.

Los tres visitantes del Lejano Norte se apresuraron a partir antes que ellos. Viajarían hacia el norte, directamente hacia sus hogares. Mientras se alejaban, el más joven les gritó:

—¡Nos veremos en la Ceremonia de la Salida de la Luna, Piernas Largas!

Poco después, los viajeros desaparecieron tras una colina.

El sendero seguía la orilla del río, bordeado por álamos y sauces. Era tan estrecho que los viajeros debían marchar en fila. Miles de años de viaje a

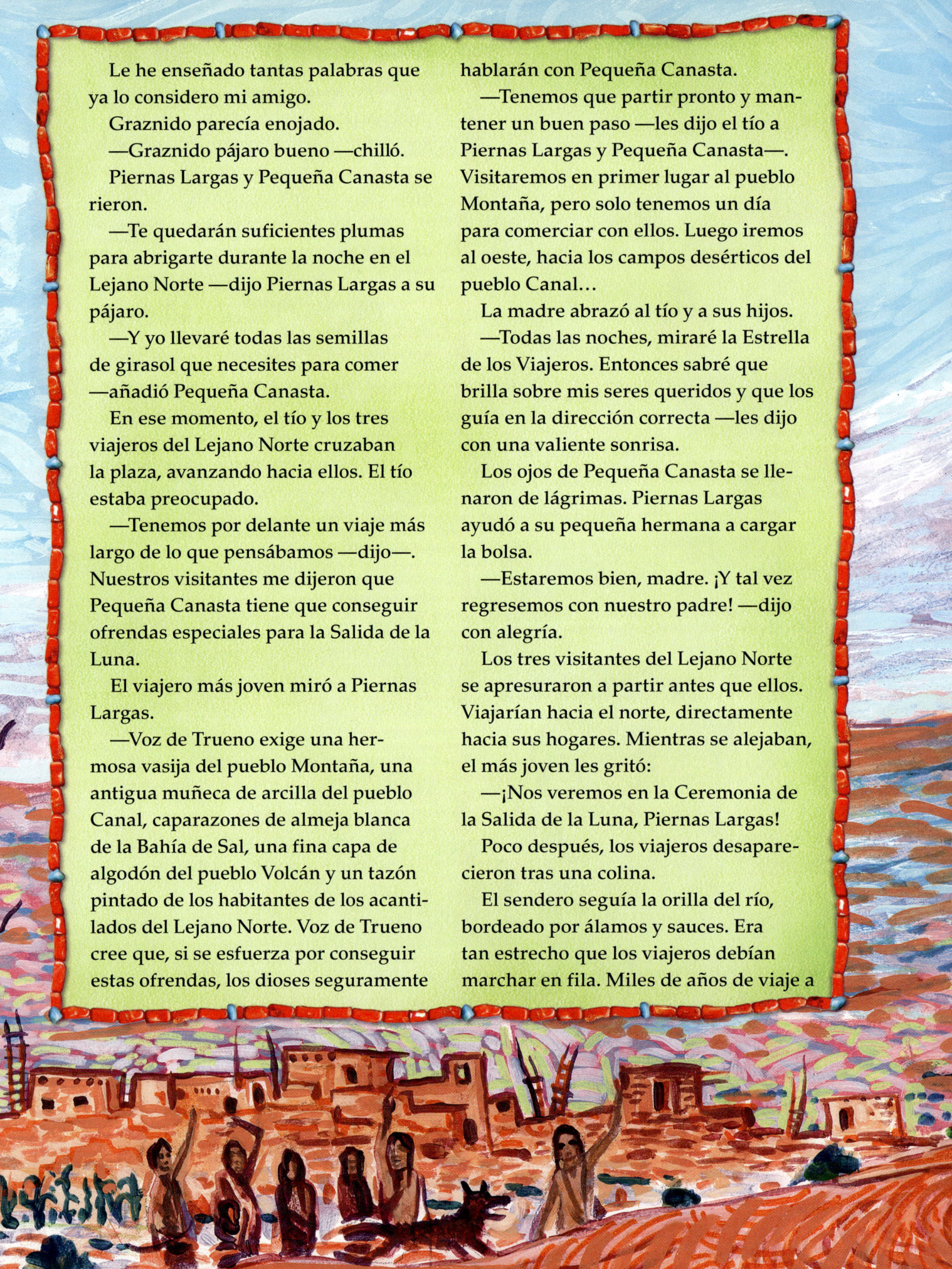

pie habían dejado una profunda huella en el suelo del desierto. El tío decía que los antiguos cazadores habían usado el sendero antes de aprender a cultivar la tierra y aun antes de que se formaran las grandes rutas de comercio. Piernas Largas no podía imaginarse un mundo sin cultivos ni comercio.

Piernas Largas lanzó una breve y última mirada hacia su aldea. Su mirada se cruzó con la mirada de Pequeña Canasta, que corría detrás de él, y le sonrió para tranquilizarla. Luego se concentró en su propia respiración, ya que trotarían sin detenerse durante gran parte del día.

—Si logramos mantener este paso —se dijo—, ¿podremos llegar a tiempo para la Ceremonia de la Salida de la Luna?

Responde

1. ¿Qué ofrendas especiales debía llevar Pequeña Canasta a la Ceremonia de la Salida de la Luna?

2. Imagina que vives en el desierto del Suroeste en la misma época que Pequeña Canasta y Piernas Largas. Escribe un cuento y describe tu vida diaria como agricultor o como comerciante.

Lección 1

El desierto del Suroeste

REFLEXIONA
¿Cómo afectaron la geografía y el clima del desierto del Suroeste a los indios americanos que vivían en esa región?

✓ Describe cómo se adaptaron los indios pueblo a su ambiente.

✓ Identifica la importancia de la agricultura para los habitantes del desierto del Suroeste.

VOCABULARIO
adaptarse pág. 53
adobe pág. 53
dieta básica pág. 53
división del trabajo pág. 54
excedente pág. 54
ceremonia pág. 55
hogan pág. 56

PERSONAS
antiguos pueblo
hopi
zuñi
navajo

LUGARES
Arizona
New Mexico

COMPARAR Y CONTRASTAR

Normas de California
HSS 5.1, 5.1.1, 5.1.2, 5.1.3

IMAGÍNATE ALLÍ

La oscuridad esconde las mesas de cima plana y los profundos precipicios que rodean el valle donde tu gente ha vivido durante siglos. Te encuentras de pie en la parte alta del pueblo y ves las siluetas de la gente reunida en una habitación de abajo. Tu hermano te llama para que te apresures. Ha guardado un lugar para ti junto al fuego. Estás animado, pues el narrador está por comenzar. Esta noche contará historias de tus antepasados, los **antiguos pueblo**.

DATOS BREVES

Los hopi cultivaban 24 tipos de maíz. El maíz azul y el blanco eran los más comunes.

52 ▪ Unidad 1

Los pueblo

El desierto del Suroeste, con sus mesas, sus profundos cañones, sus precipicios empinados y sus escarpadas montañas, era un lugar difícil para vivir. Tras el intenso calor del verano solía llegar el riguroso frío del invierno.

Los **hopi** y los **zuñi** fueron dos de los grupos de indios americanos capaces de **adaptarse**, o acomodarse, a su ambiente y a los recursos naturales. Los hopi vivían en lo que hoy es el estado de **Arizona**. Los zuñi vivían más al este, en lo que es actualmente **New Mexico**. Con el tiempo, estos y otros grupos de la región fueron conocidos como los indios pueblo. Al igual que sus antepasados, los hopi y los zuñi también vivían en pueblos construidos en mesas o en las laderas de empinados cañones.

Los árboles eran escasos en el desierto del Suroeste, porque llovía muy poco. Para construir sus pueblos, los hopi y los zuñi usaban piedras y barro. Otros grupos construían sus viviendas con **adobe**, es decir, ladrillos de arcilla mezclada con paja y secados al sol. También se usaba un poco de madera para construir los techos de los pueblos. Para hallar los pinos y árboles de enebro con los que hacían las vigas, debían recorrer largas distancias a través de las montañas.

Aun en su ambiente seco, los pueblo podían cultivar su **dieta básica**, o alimentos principales, compuesta por maíz, frijoles y calabaza. Sembraban las plantas en la base de las mesas, donde podían recibir el agua de la lluvia. Además, aprovechaban manantiales subterráneos y canales de irrigación para regar los cultivos. Se llama irrigación al uso de canales, diques o tuberías para llevar agua a áreas secas. Los pueblo también cultivaban algodón, con el que tejían mantas y prendas de vestir.

REPASO DE LA LECTURA **COMPARAR Y CONTRASTAR** ¿En qué se parecían los pueblo a los antiguos pueblo?

Míralo en detalle

La vida de los pueblo

Algunos pueblos tenían hasta cinco niveles. El techo de un nivel era el piso del siguiente nivel.

1. Se usaban hornos de adobe para cocinar pan.
2. Se usaba un marco, llamado telar, para tejer telas y mantas.
3. Se molía el maíz para hacer la harina con que se cocinaba.
4. Se hacían vasijas de arcilla para almacenar alimentos y agua.

¿Qué objetos hechos por los pueblo puedes ver en la ilustración?

Capítulo 2 • 53

Los niños EN LA HISTORIA

Los niños hopi

Durante cientos de años, los niños hopi han recibido pequeñas muñecas de madera llamadas kachina. Estas muñecas no son simples juguetes. Por el contrario, son herramientas de aprendizaje. Cada muñeca está decorada de una manera especial y representa un valor humano importante, como la amabilidad, la disciplina o el respeto a los mayores. Con las kachina, los niños aprenden la importancia de estos valores en sus propias vidas.

Aplícalo ¿Por qué crees que es importante que los niños aprendan a respetar a sus mayores?

La cultura pueblo

En la sociedad hopi, las tareas estaban divididas entre hombres y mujeres. Los hombres gobernaban las aldeas, cazaban y cuidaban los cultivos, mientras que las mujeres tenían a su cargo la casa y los bienes. Además, las mujeres cocinaban y cuidaban a los niños. Esta **división del trabajo** hizo que los hopi pudieran satisfacer más fácilmente sus necesidades.

Las mujeres hopi pasaban muchas horas moliendo maíz, con piedras lisas y planas, para hacer harina. En todas las casas había recipientes repletos de harina de maíz. Tener un **excedente**, o una cantidad mayor a la necesaria, permitía a los pueblo sobrevivir durante los tiempos de sequía.

Al igual que la mayoría de los indios americanos, los indios pueblo comerciaban con otros grupos para obtener cosas que querían. A veces viajaban largas distancias, a lo largo de senderos estrechos, para intercambiar sus vasijas de cerámica y sus canastas con otras tribus. Estos objetos del pasado de los pueblo se han hallado en lugares tan lejanos al norte como lo que actualmente es Colorado.

A menudo, los hopi intercambiaban vasijas de cerámica por campanas de cobre, puntas de flecha y conchas marinas. Una de las mercancías más importantes para los hopi era la sal, que usaban para dar sabor y preservar la comida. Otro uso de la sal, aún más importante, era ayudar a curar las heridas cuando alguien se lastimaba.

Los hopi, los zuñi y otros indios pueblo creían en los dioses del sol, de la lluvia y de la Tierra. Ciertos espíritus, a los que llamaban kachina, eran parte importante de la religión hopi. Los hopi creían que estos espíritus actuaban como mensajeros entre la gente y los dioses. También creían que los kachina podían entrar en los cuerpos de los bailarines durante las danzas que se practicaban en ocasiones especiales.

> Esta kachina hopi representa una lagartija.

Los bailarines kachina participaban en muchas ceremonias hopi. Una **ceremonia** es una serie de acciones realizadas durante un evento especial, como un servicio religioso. Algunas ceremonias se llevaban a cabo en habitaciones subterráneas llamadas kivas.

Muchas ceremonias hopi se concentraban en cuestiones como el clima y la agricultura. Los hopi creían que una ceremonia exitosa podía ayudar a obtener una buena cosecha. Después de un día de preparación, las ceremonias hopi duraban por lo general ocho días. Otras ceremonias podían durar mucho más.

Además de su importancia en la vida de todos los días, la religión tenía un papel importante en el gobierno de los indios pueblo. Por lo general, el jefe que dirigía la aldea hopi era también su líder religioso. El jefe hacía las reglas e imponía los castigos.

Al igual que los hopi, los zuñi tenían una forma de gobierno religiosa. El Consejo de los Sacerdotes Superiores controlaba el gobierno zuñi. Estos líderes religiosos gobernaban en grupo. Un miembro estaba a cargo de las ceremonias, mientras que otros dos miembros tomaban las decisiones en los casos de crímenes y hacían cumplir los castigos.

REPASO DE LA LECTURA COMPARAR Y CONTRASTAR ¿En qué se diferenciaban las tareas de los hombres de las tareas de las mujeres en la sociedad hopi?

> Esta pintura histórica muestra a bailarines kachina preparándose para una ceremonia.

Los navajos

No todos los habitantes del desierto del Suroeste eran indios pueblo. Antes de asentarse en la región, grupos como los **navajos** vivían principalmente como nómadas. Viajaban en grupo, cazando y recolectando alimentos. Los navajos comenzaron a trasladarse al Suroeste hacia el año 1025 d.C. y se establecieron en el área conocida como *Four Corners*. Aún hoy viven allí muchos indios navajos.

Parte de esas tierras pertenecía también a los hopi. Durante un período de sequía, algunos hopi se mudaron con los navajos. Con el tiempo, los navajos aprendieron las costumbres hopi. Comenzaron a cultivar alimentos y hacer ropa de algodón como los hopi. Y también aprendieron a sembrar en el desierto.

Los navajos no se llamaban a sí mismos navajos, ya que este era el nombre que les daban los pueblo. En cambio, se llamaban a sí mismos *diné*. Esta palabra quiere decir "la gente" en idioma navajo.

Las viviendas de los navajos, llamadas **hogans**, eran diferentes de las de los hopi y los zuñi. Al principio, para construir sus *hogans*, los navajos cubrían una estructura de madera con corteza de árbol y barro. Más tarde, comenzaron a cubrir la estructura de madera con adobe. A diferencia de las viviendas de los pueblo, que estaban agrupadas en aldeas, los *hogans* de los navajos a menudo estaban apartados varias millas uno de otro.

REPASO DE LA LECTURA **COMPARAR Y CONTRASTAR** ¿En qué se parecían y en qué eran diferentes los modos de vida de los navajos y los pueblo?

▶ Estos *hogans* (abajo) se construyeron en el territorio de los navajos, en Utah.

▶ Dos curanderos navajos usan arena de distintos colores para hacer una pintura dentro de un *hogan*.

Las creencias de los navajos

Los navajos creían en dioses a los que llamaban Gente Sagrada. Algunos de ellos, como la Madre Tierra, eran generosos. Otros, como el dios sol, podían hacer que las cosechas se secaran. Los navajos creían que necesitaban honrar a sus dioses para que no usaran sus poderes contra ellos.

Como los indios pueblo, los navajos honraban a sus dioses en ceremonias dirigidas por líderes religiosos y curanderos. Los curanderos invocaban a los dioses para proteger a las familias, los hogares y los cultivos de los navajos o para curar a los enfermos. Memorizaban e interpretaban canciones que, según creían, tenían poderes curativos. Gran parte de estas canciones tenían cientos de años de antigüedad y a menudo se interpretaban con música, a veces durante muchas horas.

En otras ceremonias de curación, los curanderos hacían pinturas de arena, también llamadas pinturas secas, que según creían podían ayudar a las personas. Primero, el curandero dibujaba con arena de distintos colores un conjunto de símbolos en la tierra. Luego, el enfermo se sentaba o acostaba sobre la pintura de arena.

► Los navajos aprendieron de los hopi a usar los hilos de algodón. Más tarde, fueron famosos por su habilidad como tejedores. Aquí, una mujer navajo enseña a tejer a su nieta.

Después, el curandero realizaba una ceremonia para transmitir al enfermo poderes curativos. Al terminar la ceremonia, siempre se borraba la pintura. Las creencias religiosas de los navajos llevaron a desarrollar formas de arte que aún se practican.

REPASO DE LA LECTURA ○ **COMPARAR Y CONTRASTAR** ¿Cuáles eran las semejanzas entre las creencias de los navajos y las creencias de los hopi?

Resumen

Los indios americanos del desierto del Suroeste hallaron maneras de establecer prósperas comunidades en un ambiente seco y rocoso. Dividían el trabajo entre hombres y mujeres, y su principal cultivo era el maíz. La religión formaba parte importante de sus vidas.

REPASO

1. ¿Cómo afectaron la geografía y el clima del desierto del Suroeste a los indios americanos que vivían en esa región?

2. Escribe una oración sobre los navajos usando el término **ceremonia**.

3. ¿Por qué era importante para los hopi almacenar un excedente de alimento?

RAZONAMIENTO CRÍTICO

4. **DESTREZA DE ANÁLISIS** ¿Qué influencia tenía la ubicación de los indios pueblo en el tipo de viviendas que construían?

5. **DESTREZA DE ANÁLISIS** ¿Cómo usaban los hopi las kachina para enseñar a sus hijos valores importantes?

6. **Dibuja un mapa** Dibuja un mapa de Estados Unidos y sombrea el área donde vivían los indios americanos del desierto del Suroeste.

7. **Destreza clave** **COMPARAR Y CONTRASTAR**
En una hoja de papel, copia y completa el organizador gráfico de abajo.

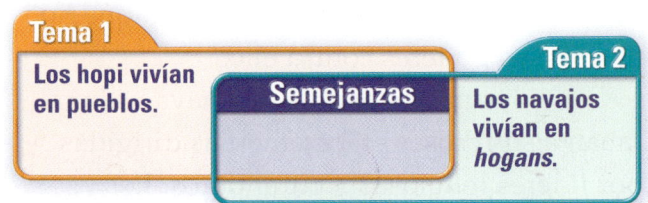

58 ■ Unidad 1

Luci Tapahonso

Biografía

Integridad
Respeto
Responsabilidad
Equidad
Bondad
Patriotismo

> "*Nos educaron así.
> Nos educaron con atención y cuidado
> porque siempre ha sido de este modo.
> Ha funcionado bien durante siglos.*"*

Luci Tapahonso es una poeta navajo que ayuda a preservar su cultura a través de la literatura. Nació en Shiprock, New Mexico, y creció en una de las comunidades indígenas más grandes del país. Comenzó a escribir poesía a los 9 años. Su primer libro se publicó en 1981.

Hoy en día, es profesora de la Universidad de Arizona. Continúa escribiendo poesía y ha leído muchos de sus poemas en radio y televisión. Usa tanto el idioma navajo como el inglés en sus textos, que a menudo tratan sobre los paisajes del Suroeste y la historia de su pueblo.

Participó recientemente en un grupo que ayudó a planificar y organizar el Museo Nacional de los Indios Americanos, *The National Museum of the American Indian*, en Washington, D.C. El museo, que abarca diez mil años de historia indígena, se inauguró en septiembre de 2004.

*Luci Tapahonso. *The Women Are Singing*. University of Arizona Press, 1993.

La importancia del carácter

¿Qué hace Luci Tapahonso para que la comunidad navajo se mantenga fuerte?

Biografía breve

1953 — **PRESENTE**

Nace en 1953

- **1953** Luci Tapahonso nace
- **1981** Luci publica su primer libro de poesía

APRENDE en línea
Visita MULTIMEDIA BIOGRAPHIES en www.harcourtschool.com/hss para hallar biografías multimedia.

Lección 2

El Pacífico Noroeste

REFLEXIONA
¿Cómo afectaron la geografía y el clima del Pacífico Noroeste a los indios americanos que vivían en esa región?

✓ Describe cómo satisfacían sus necesidades y se adaptaban al ambiente los habitantes del Pacífico Noroeste.

✓ Describe las culturas de los indios americanos del Pacífico Noroeste.

VOCABULARIO
arpón pág. 60
vivienda comunal pág. 62
clan pág. 62
tótem pág. 63
economía pág. 63
red comercial pág. 64
trueque pág. 64
potlatch pág. 64

PERSONAS
kwakiutl
makah
chinook

LUGARES
río Columbia
The Dalles

COMPARAR Y CONTRASTAR

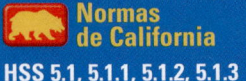
Normas de California
HSS 5.1, 5.1.1, 5.1.2, 5.1.3

IMAGÍNATE ALLÍ

Finalmente, llegó la primavera. Durante semanas, los ancianos de la tribu han observado el color del cielo, han considerado la dirección del viento y han mirado la posición de las estrellas. Finalmente decidieron que hoy es un buen día para cazar ballenas.

Los cazadores de ballenas tomarán las canoas más grandes de la aldea. Llevarán los más grandes y pesados **arpones**, largas lanzas con afiladas puntas de conchas marinas. ¡Si la caza tiene éxito, habrá danzas y cantos para recibir a los cazadores!

▶ El objeto de hueso de ballena de abajo pudo haber sido una obra de arte o una herramienta. El objeto de hueso de ballena de arriba es la figura tallada de una morsa.

60 ▪ Unidad 1

> Durante la caza de la ballena, el jefe de los arponeros mostraba su respeto al gran animal cantando una canción especial. Su canción prometía ofrendas a la ballena si esta se dejaba atrapar.

Una región de abundancia

Los indios americanos de la región cultural del Pacífico Noroeste, también conocida como región de la Costa Noroeste, vivían en un lugar muy diferente al desierto del Suroeste. Ubicada entre el océano Pacífico al oeste y montañas escarpadas al este, la región del Pacífico Noroeste incluye partes de lo que actualmente son Oregon, Washington y el oeste de Canadá. Los frescos vientos del océano traían a la región abundantes lluvias que alimentaban los bosques tupidos y altos. Estos bosques y los ríos que los atraviesan estaban repletos de animales y peces.

Entre los muchos grupos que vivían en el Pacífico Noroeste se encontraban los **kwakiutl**, los **makah** y los **chinook**. En lugar de cultivar sus alimentos, los indios del Pacífico Noroeste satisfacían sus necesidades pescando, cazando y recolectando plantas y frutos secos. El salmón formaba parte de la dieta básica de la mayoría de las tribus.

Las ballenas también eran una importante fuente de recursos. Las ballenas no solo se aprovechaban por su carne sino también por su grasa, que se derretía para hacer aceite para lámparas. La mayoría de los grupos, entre ellos los kwakiutl, capturaba solo las ballenas que se atascaban en la costa. Por el contrario, los makah construían piraguas para cazar ballenas en el mar. Estos botes, hechos de un gran tronco ahuecado, tenían hasta 6 pies de ancho y podían llevar hasta 60 personas.

REPASO DE LA LECTURA **COMPARAR Y CONTRASTAR** ¿En qué se diferenciaban los métodos de caza de ballena de los makah de los métodos de los kwakiutl?

Capítulo 2 • 61

Recursos y comercio

Los makah y otros grupos obtenían la madera con que construían sus botes, viviendas y herramientas de los enormes árboles que crecen en los bosques del Pacífico Noroeste. Los makah establecían sus aldeas cerca del océano Pacífico, una ubicación habitual para muchos indios del Pacífico Noroeste. De hecho, las puertas de las casas de los makah daban al océano.

Los makah construían grandes casas de madera llamadas **viviendas comunales**, o *longhouses*. Estas viviendas rectangulares tenían a veces 60 pies de largo. Al igual que las viviendas comunales construidas por los kwakiutl y otros grupos, las viviendas de los makah tenían una estructura hecha con vigas de madera. Se usaban tablones, o tablas anchas, para cubrir las paredes y los techos.

Las viviendas comunales tenían techos inclinados para permitir que el agua de lluvia se escurriera. Por lo general, no tenían ventanas. Como a menudo no estaban fijos, los tablones podían quitarse con facilidad. Esto permitía airear el interior de la vivienda cuando se acumulaba humo del fuego que usaban para preparar la comida.

Todos los miembros de un **clan**, o familia extendida, habitaban la misma vivienda comunal. De esta manera, abuelos, padres, tías, tíos e hijos solían vivir juntos. Cada clan estaba encabezado por su miembro más anciano. Los más ancianos del clan enseñaban a los miembros más jóvenes canciones, bailes, cuentos y métodos para tallar madera.

La madera era muy útil para los habitantes del Pacífico Noroeste, que hacían casi todo con ese material. Sus platos, cucharas y otros utensilios eran de madera. Y también las máscaras ceremoniales que se usaban en las narraciones.

Míralo en detalle

Una aldea del Pacífico Noroeste

Se cree que la gran cantidad de aldeas que había a lo largo de la Costa Noroeste tenían cientos de habitantes.

1. Los indios del Pacífico Noroeste usaban piraguas para pescar salmón y cazar ballenas.
2. El salmón se secaba en bastidores para poder conservarlo durante largos períodos.
3. Los tótems se colocaban en el frente de muchas casas.
4. Las canastas hechas con largas y delgadas tiras de madera eran mercancías valiosas.

¿Qué actividades puedes ver en esta aldea del Pacífico Noroeste?

Entre los objetos de madera tallados por los indios del Pacífico Noroeste estaban los **tótems**, postes altos que a menudo mostraban uno o más personajes. Los personajes representaban diferentes animales o espíritus que, juntos, contaban una historia.

Algunos tótems montaban guardia en el frente de las casas. Las personas entraban en estas casas a través de un hueco en la parte inferior del tótem. Otros tótems estaban aislados, alejados de las viviendas, a menudo frente al mar. Estos tótems se tallaban para indicar el lugar donde había una tumba o para dar la bienvenida a los visitantes.

Las escarpadas montañas y los tupidos bosques del Pacífico Noroeste hacían difíciles los viajes por tierra, pero sus habitantes podían recorrer largas distancias por los ríos de la región. A veces usaban estas "autopistas" acuáticas para pescar o cazar, o para hacer viajes comerciales. El comercio era una parte importante de la economía de la región. **Economía** es la manera en la que los habitantes de un estado, región o condado usan los recursos para satisfacer sus necesidades.

Uno de los mayores centros de comercio estaba ubicado en el **río Columbia**, en un lugar hoy llamado **The Dalles**. Miembros de docenas de tribus, que incluso hablaban idiomas muy diferentes, viajaban cientos de millas para comerciar en ese lugar.

REPASO DE LA LECTURA · GENERALIZAR
¿Por qué era importante la madera para los indios del Pacífico Noroeste?

Comercio y riqueza

Entre los indios del Pacífico Noroeste, los chinook eran los comerciantes más conocidos. Los chinook vivían en la desembocadura del río Columbia y controlaban cerca de 200 millas del río, desde la costa hasta The Dalles.

Los chinook y otros indios del Pacífico Noroeste formaban parte de una gran red comercial. Esta **red comercial** permitía que las mercancías y las ideas viajaran de una aldea a otra recorriendo distancias muy largas.

Como muchos grupos se reunían allí, The Dalles era uno de los centros de esa red comercial. Sin embargo, la comunicación entre los distintos grupos era difícil, porque hablaban idiomas diferentes. Para solucionar este problema y beneficiarse con el comercio de The Dalles, los chinook desarrollaron un idioma específico para el comercio, que estaba formado por palabras chinook y también por términos tomados de otros idiomas indias. Este idioma les permitía realizar **trueques**, o intercambio de bienes, en nombre de dos grupos que no podían comerciar directamente entre ellos.

Los abundantes recursos naturales y la gran red comercial hizo que muchos de los grupos del Pacífico Noroeste se enriquecieran. Para demostrar su buena fortuna, realizaban una celebración conocida como **potlatch**. Estas fiestas servían para mostrar riqueza. De hecho, la palabra *potlatch* proviene de un término comercial que significa "dar".

Los historiadores creen que los kwakiutl, que vivían a lo largo de la costa de lo que hoy es Canadá, ayudaron a desarrollar la costumbre del *potlatch*. Realizaban los *potlatch* para señalar los eventos más importantes de

▶ El río Columbia (abajo) recorre 1,200 millas hasta su desembocadura en el océano Pacífico. Este recurso natural proveía de pescado a muchos grupos de indios americanos, incluyendo a los chinook del Pacífico Noroeste.

la vida, como nacimientos, muertes y casamientos.

Un *potlatch* kwakiutl era una gran celebración, que podía durar hasta diez días, e incluía bailes, banquetes y discursos. Los anfitriones daban importantes regalos a sus invitados. Debido a su gran costo, los miembros de un clan podían pasar años en la organización de un *potlatch*.

REPASO DE LA LECTURA **CAUSA Y EFECTO**
¿Cuál fue el resultado de las poderosas redes comerciales en la vida de los indios del Pacífico Noroeste?

Resumen

Los abundantes recursos naturales del Pacífico Noroeste ayudaron a crear una sociedad especializada en la caza, la recolección y el comercio. Numerosos miembros de esta sociedad eran muy ricos. Demostraban esta riqueza organizando costosas ceremonias.

▶ En esta pintura de un *potlatch* se ve a un jefe y su esposa vestidos para exhibir su riqueza.

REPASO

1. ¿Cómo afectaron la geografía y el clima del Pacífico Noroeste a los indios americanos que vivían en esa región?

2. Escribe una oración explicando cómo se relaciona el término **trueque** con los chinook.

3. ¿Cuál era el propósito de un *potlatch*?

RAZONAMIENTO CRÍTICO

4. ¿En qué se parecen un *potlatch* y una moderna celebración de cumpleaños? ¿En qué se diferencian?

5. ¿Cómo afectaba la ubicación relativa de The Dalles a la riqueza de los chinook?

6. **Dibuja una tabla** Dibuja una tabla que muestre algunas de las muchas cosas que los indios americanos del Pacífico Noroeste construían con madera. Asegúrate de identificar cada uno de los dibujos de la tabla.

7. **COMPARAR Y CONTRASTAR**

En una hoja de papel, copia y completa el organizador gráfico de abajo.

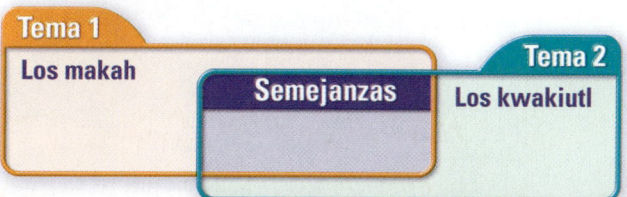

FUENTES PRIMARIAS

Tótems

Los tótems, también conocidos como postes de historias, son parte importante de la cultura de los indios americanos del Pacífico Noroeste. Por lo general, los tótems se hacían con madera de cedro. Sobre la madera se tallaban figuras de animales y seres humanos. Estas figuras a menudo narraban la historia de una familia o de los antepasados de una familia. Hoy en día, los talladores de tótems continúan creando postes que cuentan la historia de los habitantes nativos del Pacífico Noroeste.

Algunos tótems del Parque Histórico Nacional Sitka, en Alaska, tienen más de 50 pies de alto.

Las herramientas de los talladores estaban bellamente decoradas. Este cuchillo tiene un detalle de águila.

Algunos talladores hacían tótems en miniatura en una piedra negra llamada argilita.

La azuela es una herramienta con forma de hacha que se usaba para dar forma a los tótems.

Los tótems también se usaban en las ceremonias de *potlatch*. Hoy en día, los tótems exhibidos en los parques estatales enseñan a los visitantes las historias de los indios del Pacífico Noroeste.

DESTREZA DE ANÁLISIS
Analizar objetos del pasado

1. ¿Por qué crees que los indios del Pacífico Noroeste tallaban tótems para contar sus historias?

2. ¿En qué se parecen las decoraciones de estos tótems? ¿En qué se diferencian?

APRENDE en línea

Visita PRIMARY SOURCES en www.harcourtschool.com/hss para hallar fuentes primarias.

Lección 3

Las Llanuras

REFLEXIONA
¿Cómo afectaron la geografía y el clima de las Llanuras a los indios americanos que vivían en esa región?

✓ Describe cómo se adaptaron los indios de las Llanuras a su ambiente.

✓ Compara y contrasta los modos de vida de los habitantes de las Llanuras.

VOCABULARIO
casa comunal pág. 70
tepe pág. 70
tipi pág. 71
travois pág. 71
consejo pág. 72

PERSONAS
pawnee
sioux
cheyenes
kiowa
pies negros

LUGARES
río Missouri
río Platte

COMPARAR Y CONTRASTAR

Normas de California
HSS 5.1, 5.1.1, 5.1.2, 5.1.3

IMAGÍNATE ALLÍ

El sonido de un trueno te ha despertado y te sientas rápidamente. ¡Pero este no es un trueno común! Sientes que el suelo tiembla a tu alrededor. Poco después te das cuenta de que el sonido que oyes es la carrera de miles de bisontes que huyen de los cazadores de tu tribu.

Escuchas a tu madre y a tu abuela hablar de la cacería. Pronto habrá carne fresca para cocinar y poner a secar. Además, la abuela ha prometido hacerte un nuevo par de mocasines de piel de bisonte.

DATOS BREVES

Hace cientos de años, las manadas de bisontes de las Llanuras eran tan grandes que a veces oscurecían el horizonte.

La vida en las Llanuras

Los indios de las Llanuras vivían en las llanuras del Interior, entre el río Mississippi y las montañas Rocosas. En estos vastos campos de verdes pastizales, cazaban bisontes. Para los indios de las Llanuras, el bisonte era el recurso natural más importante después del agua. Millones de bisontes solían vagar por las amplias praderas de América del Norte.

Imagina un grupo de cazadores acercándose a una manada de bisontes. Camuflados con pieles de animales sobre los hombros, los cazadores se deslizan hasta acercarse a un grupo de bisontes. A una determinada señal, todos los cazadores comienzan a gritar. Los bisontes, asustados, comienzan a correr. Entonces, los cazadores guían a la manada hacia un barranco empinado. Sin poder detenerse, muchos animales caen del barranco y los cazadores pueden matarlos.

El bisonte era la principal fuente de alimento de todos los grupos de indios americanos que vivían en las Llanuras. Comían la carne cruda o cocida, o la mezclaban con grasa y bayas para hacer tasajo, un tipo de carne seca que puede guardarse durante meses.

Además, los indios de las Llanuras obtenían del bisonte los materiales para hacer ropa, herramientas, utensilios y viviendas. En realidad, usaban casi todas las partes del bisonte. Hacían mantas, telas y mocasines con la piel. Aprovechaban, incluso, el estómago del animal para hacer bolsas en las que transportaban agua. Con el pelo de bisonte trenzado hacían cuerdas, y con los huesos y cuernos hacían agujas y otras herramientas.

REPASO DE LA LECTURA COMPARAR Y CONTRASTAR ¿Cuál era la diferencia entre el uso que le daban los indios de las Llanuras a las pieles del bisonte y el uso que le daban a los huesos y cuernos?

Analizar diagramas Esta tabla muestra solo algunos de los muchos usos que los indios de las Llanuras daban al bisonte.

❓ ¿Cómo usaban los indios de las Llanuras el bisonte para ser mejores cazadores?

Usos del bisonte por los indios americanos

Cuernos tazas, cucharas

Piel vestimenta, viviendas, escudos, tambores

Huesos herramientas, puntas de flecha, pipas

Capítulo 2 ■ 69

Agricultores y cazadores

Aunque todos dependían del bisonte para satisfacer la mayor parte de sus necesidades, los distintos grupos de indios de las Llanuras desarrollaron diferentes modos de vida. En parte, estos modos de vida dependían de dónde vivían.

Entre los que vivían principalmente en el este de las Llanuras, en el área conocida como llanuras Centrales, se encontraban los mandan, los **pawnee**, los wichita y pequeños grupos de sioux, que se llamaban a sí mismos nakota. Estos grupos eran cazadores, recolectores y agricultores. Recolectaban plantas, cazaban venados, alces y bisontes, y cultivaban la tierra de los fértiles valles del **río Missouri** y el **río Platte**. Cultivaban principalmente frijoles, maíz, calabaza y girasoles, que a veces intercambiaban por otros bienes.

Estos indios de las llanuras Centrales vivían en aldeas formadas por grandes casas circulares llamadas **casas comunales**. Cada casa comunal era el hogar de varias familias y en algunas podían vivir hasta 60 personas.

Las casas comunales se construían con tierra sobre una excavación poco profunda. En el centro había un fuego común, que se encendía debajo de un agujero en el techo. Ese agujero permitía que el humo saliera de la casa. Las casas comunales permitían a las familias estar al resguardo durante los fríos inviernos. En las praderas del norte, las casas comunales se cubrían con **tepe**, es decir, bloques de tierra unida por raíces de pasto. En las praderas del sur, las casas comunales se cubrían con pasto o pieles de animales.

Dos veces al año, las aldeas quedaban vacías porque hombres, mujeres y niños partían a las grandes cacerías de bisontes. Para llegar a las praderas donde vivían los bisontes, los indios de las Llanuras realizaban largas caminatas desde sus aldeas en los valles de los ríos. Estos viajes podían durar varios días.

REPASO DE LA LECTURA **COMPARAR Y CONTRASTAR** ¿Cuáles eran las diferencias entre los dos tipos de casas comunales?

Míralo en detalle

La vida en las Llanuras

Los indios de las Llanuras aprovechaban el ambiente para obtener alimentos y hacer ropa y viviendas.

1. Un *travois* hecho con postes de tipi servía como carretilla, que podía ser arrastrada por un perro.
2. Los postes de madera usados para construir tipis eran valiosos porque la madera era escasa.
3. Cuando hacía calor, las puertas de los tipis podían dejarse abiertas para que la brisa refrescara el interior.
4. Las pieles de los animales se estiraban y pulían con una mezcla de ceniza y grasa.

¿Qué actividades puedes ver en esta ilustración?

Una sociedad nómada

Temprano por la mañana, se puede ver el humo del fuego en el que una mujer **cheyene** prepara comida. Como en ese lugar la madera es escasa, la mujer usa excremento seco de bisonte como combustible. Trabaja con rapidez, ya que su pueblo se prepara para partir.

Los cheyenes vivían en la parte oeste de las llanuras del Interior, en lo que se conoce como Grandes Llanuras. Los cheyenes y otros grupos que vivían allí, como los **kiowa**, los crow y los comanches, eran nómadas que se trasladaban de un lugar a otro, siguiendo las manadas de bisontes. No se dedicaban al cultivo, ya que las raíces de pasto corto y seco eran tan duras que resultaba muy difícil labrar la tierra.

Como no tenían hogares permanentes, los indios de las Grandes Llanuras construían viviendas que se podían trasladar con facilidad. Una de estas viviendas era un tipo de tienda con forma de cono llamada **tipi**. Para construir un tipi, se colocaban postes de madera en círculo y se amarraban en la parte superior. Luego, los postes se cubrían con pieles de bisonte y se dejaba un hueco en la parte de arriba para que saliera el humo de las fogatas.

Además, los indios de las Grandes Llanuras usaban sus postes de madera para hacer un tipo de carretilla sin ruedas llamada **travois**. Los *travois* se construían con dos postes atados en uno de sus extremos, que luego se sujetaban al arnés de un perro. Entre los postes, se extendía una piel de bisonte donde se colocaba la carga.

REPASO DE LA LECTURA ⚙ **COMPARAR Y CONTRASTAR** ¿Por qué los indios de las Grandes Llanuras vivían como nómadas en vez de cultivar la tierra?

Culturas de las Llanuras

Al igual que todos los indios americanos, los indios de las Llanuras tenían diferentes costumbres y sistemas de gobierno. Los lakota, otra rama de los sioux, eran siete grupos nómadas, y cada uno de ellos tomaba sus propias decisiones. Aun así, ser miembro de los lakota garantizaba que cada grupo respetara las zonas de caza de los otros y que no se produjeran luchas.

Los cheyenes se gobernaban de manera diferente. Eran diez grupos independientes. Sin embargo, cada grupo enviaba a sus líderes para reunirse en un **consejo** de jefes. Todos los grupos cheyenes debían obedecer las decisiones de este consejo.

Entre los indios de las Llanuras, cada miembro de un grupo era igual a los otros y nadie tenía privilegios de nacimiento. Cualquier hombre podía convertirse en jefe si demostraba ser buen cazador y buen líder. Los jefes eran elegidos por el pueblo, que confiaba en ellos.

▶ Esta muñeca de trapo es un objeto del pasado de los pies negros.

Aunque tenían diferentes formas de gobierno, muchos indios de las Llanuras compartían ciertas tradiciones folclóricas y creencias religiosas. Entre estas creencias se encontraba la explicación de su origen. Los **pies negros**, por ejemplo, creían que habían sido creados por un espíritu llamado Anciano Creador. Además, el Anciano Creador había creado a los animales y también había decidido dónde vivirían.

Entre los indios de las Llanuras que practicaban la agricultura, el cultivo del maíz jugaba un papel importante. Todos los años, realizaban ceremonias para celebrar y dar gracias por la cosecha de maíz.

Otras ceremonias señalaban el comienzo y el final de las cacerías de bisontes, la elección del nombre de un niño o el comienzo de un matrimonio.

FUENTES PRIMARIAS

Túnicas indígenas

Analizar objetos del pasado

Muchos indios de las Llanuras registraban la historia de su grupo en túnicas. Cada año, los líderes se reunían para decidir qué evento registrarían en la túnica. Un indio dakota llamado Lone Dog decoró esta túnica, que abarca el período de 1800–1871.

1. 1837–1838: Exitosa cacería de alces.
2. 1840–1841: Los dakota y los cheyenes hacen la paz.
3. 1845–1846: Abundancia de carne de bisonte.

❓ ¿Por qué es importante registrar eventos históricos?

Durante el verano, muchos indios de las Llanuras practicaban la ceremonia de la Danza del Sol, que creían que podía ayudar a conservar la fuerza del bisonte. La Danza del Sol mostraba también el respeto de los indios de las Llanuras por la naturaleza. Diferentes grupos de las Llanuras se reunían para la Danza del Sol. Esta ceremonia los ayudaba a establecer un sentimiento de unidad.

REPASO DE LA LECTURA **COMPARAR Y CONTRASTAR** ¿En qué se parecían y en qué se diferenciaban el gobierno de los lakota y el gobierno de los cheyenes?

Resumen

Los indios de las Llanuras vivían en una enorme región que cubría el centro de América del Norte. Muchos grupos diversos formaban parte de los indios de las Llanuras. Sin embargo, estos grupos tenían viviendas similares, dependían de las mismas fuentes de alimentos y compartían ciertas creencias religiosas.

> Los curanderos eran importantes en las ceremonias religiosas de los pies negros.

REPASO

1. ¿Cómo afectaron la geografía y el clima de las Llanuras a los indios americanos que vivían en esa región?

2. Explica cómo se relaciona el **tepe** con una **casa comunal** de los indios de las Llanuras.

3. ¿Para qué servía un *travois*?

4. ¿Cómo podía una persona convertirse en jefe de un grupo de indios de las Llanuras?

RAZONAMIENTO CRÍTICO

5. **DESTREZA DE ANÁLISIS** ¿Para qué usaban los perros los indios de las Llanuras? ¿Para qué los usamos hoy en día?

6. **Dibuja un plano** Describe los pasos necesarios para construir un tipi. Asegúrate de ilustrar cada paso e incluye una lista de materiales, basada en lo que sabes sobre los tipis de los indios de las llanuras.

7. **Destreza clave** **COMPARAR Y CONTRASTAR**

En una hoja de papel, copia y completa el organizador gráfico de abajo.

Capítulo 2 ■ 73

Lección 4

Los Bosques Orientales

REFLEXIONA
¿Cómo afectaron la geografía y el clima de los Bosques Orientales a los indios americanos que vivían en esa región?

- ✓ Describe cómo se adaptaron los habitantes de los Bosques Orientales a su ambiente.
- ✓ Ubica la región cultural de los Bosques Orientales y compara sus modos de vida.
- ✓ Explica el sistema de gobierno iroqués.

VOCABULARIO
empalizada pág. 76
wampum pág. 77
confederación pág. 77
wigwam pág. 78

PERSONAS
iroqueses
Hiawatha
Deganawida
algonquino

LUGARES
Grandes Lagos

COMPARAR Y CONTRASTAR

Normas de California
HSS 5.1, 5.1.1, 5.1.2, 5.1.3

IMAGÍNATE ALLÍ

Imagina que juegas a la pelota con otros niños iroqueses. Atrapas la pelota con la pequeña canasta de cuero que está en el extremo de tu palo y corres hacia la meta de tu oponente, pasando en velocidad a los otros jugadores. Puedes escuchar los gritos de aliento de tu familia mientras atraviesas el largo campo de juego. Cuando arrojas la pelota hacia la meta, tu corazón late con entusiasmo. Con tu valiente jugada, ganarás respeto para ti y para tu familia. ¡Has anotado un punto!

▶ En el juego de pelota iroqués se usaban palos de madera y una pelota de cuero de venado.

DATOS BREVES
El lacrosse es un juego de pelota actual similar al juego que practicaban los iroqueses. En el lacrosse se usan palos que tienen una red en el extremo. De esa manera, los miembros de un equipo pueden pasarse la pelota uno al otro.

> Para construir sus viviendas y hacer herramientas, los habitantes de los Bosques Orientales usaban la madera de los bosques de la región.

La vida en los Bosques Orientales

La región cultural de los Bosques Orientales se extendía al este del río Mississippi, ocupando la mayor parte de lo que hoy es la mitad oriental de Estados Unidos. El nombre de la región proviene de los tupidos bosques que alguna vez cubrieron la región. Los habitantes de los Bosques Orientales construían sus aldeas a lo largo de las orillas de los ríos y arroyos que atraviesan esos bosques.

Los árboles eran un importante recurso natural. Estos grupos usaban los árboles y sus cortezas para hacer canoas y viviendas. También tallaban herramientas y armas de madera. Además, obtenían alimentos de los árboles, como frutos silvestres.

Los habitantes de los Bosques Orientales eran agricultores, cazadores y recolectores. En la zona noreste de los bosques, donde el suelo es rocoso, los habitantes cazaban y recolectaban más de lo que cultivaban. Los hombres cazaban animales para alimentarse, y usaban las astas y los huesos para hacer herramientas. Pescaban con lanzas y redes en los numerosos lagos y ríos de la región. Por su parte, las mujeres preparaban la comida y usaban las pieles de los animales para hacer mantas, ropa y mocasines.

En las zonas del sur, donde el suelo y el clima eran mejores para la agricultura, cultivaban maíz, frijoles, calabazas y otras plantas. Por lo general, los hombres preparaban la tierra, y las mujeres y los niños eran responsables de sembrar, cuidar y cosechar los cultivos.

REPASO DE LA LECTURA COMPARAR Y CONTRASTAR ¿En qué se diferenciaba la vida en la zona noreste de los Bosques Orientales de la vida en la zona sur?

Capítulo 2 ■ 75

Los iroqueses

Uno de los grupos de la región noreste de los Bosques Orientales eran los **iroqueses**. Los iroqueses vivían en el área que rodea los **Grandes Lagos**, en donde hoy se encuentran Pennsylvania, New York y la región del lago Ontario, en Canadá.

Al igual que otros indios de los Bosques Orientales, los iroqueses cultivaban y vivían en aldeas. La mayoría de las tribus construían sus aldeas en los márgenes de ríos y arroyos, para tener agua dulce. Estas aldeas eran a menudo muy grandes e incluían varias casas y un edificio para reuniones y ceremonias. Para protegerse de sus enemigos, muchos iroqueses construían **empalizadas**, o murallas de altos postes de madera, alrededor de sus aldeas.

Los iroqueses, como los makah, vivían en viviendas comunales. Sin embargo, las viviendas comunales de los iroqueses eran diferentes. Aunque eran más pequeñas, podían albergar hasta 20 familias. Para construir la estructura de una vivienda comunal, se cortaban postes de árboles jóvenes, se ataban y finalmente se cubrían con corteza de árbol. Cada vivienda comunal estaba dividida en secciones y cada sección era el hogar de una o dos familias.

En las cercanías de la aldea, los iroqueses sembraban maíz, frijoles y calabaza, sus tres cultivos principales. Los iroqueses llamaban a estos cultivos "tres hermanas", porque se sembraban juntos en un mismo campo. Después de cultivar el mismo campo durante varios años seguidos, el suelo perdía su fertilidad. Entonces, los iroqueses comenzaban a sembrar en otro lugar.

Al igual que muchos indios americanos, los iroqueses hacían diseños con cuentas, o *wampum*. Los diseños representaban decisiones, eventos o historias importantes.

Además, los **wampum**, cordeles de cuentas de conchas marinas, se comerciaban e intercambiaban por otras mercancías.

Los mohawk, los oneida, los onondaga, los cayuga y los seneca eran cinco de los grupos iroqueses más numerosos. Conocidos como las Cinco Naciones, estos grupos luchaban a menudo entre sí por el dominio de las zonas de caza. Incluso, los miembros de un mismo grupo a veces luchaban entre sí para resolver sus disputas.

Una leyenda sobre una de estas disputas tiene como protagonista a un guerrero iroqués llamado **Hiawatha**. Se decía que Hiawatha había visto cómo miembros de otro grupo mataban a su familia. Por tradición, se esperaba que Hiawatha matara a su vez a aquellos que habían acabado con su familia. Pero Hiawatha quería poner fin a las luchas entre iroqueses.

Entonces, Hiawatha dejó su aldea y se reunió con otro iroqués, llamado **Deganawida**, que más tarde fue conocido como el Pacificador. Con el tiempo, estos dos hombres persuadieron a las Cinco Naciones para que se unieran y colaboraran entre sí.

Ese grupo de naciones se llamó la Liga Iroquesa. La Liga Iroquesa actuaba como una **confederación**, es decir, un grupo de gobiernos independientes que trabajan juntos. Las cinco tribus enviaban sus representantes al Gran Consejo, un grupo creado por la liga para solucionar las disputas de manera pacífica.

REPASO DE LA LECTURA **IDEA PRINCIPAL Y DETALLES** ¿Qué era la Liga Iroquesa?

Míralo *en detalle*

Una aldea iroquesa

Las aldeas iroquesas estaban a menudo ubicadas en la cima de colinas empinadas. El declive pronunciado de las colinas ayudaba a proteger las aldeas iroquesas de los enemigos.

1. Cerca de las aldeas iroquesas se sembraban maíz, frijoles y calabaza.
2. Los iroqueses eran hábiles cazadores y hacían afiladas puntas de flecha de pedernal.
3. Las mujeres iroquesas tejían canastas de juncos.
4. Los iroqueses usaban pieles de animales para hacer ropa.

¿Por qué crees que las aldeas iroquesas solían tener en el centro un área abierta?

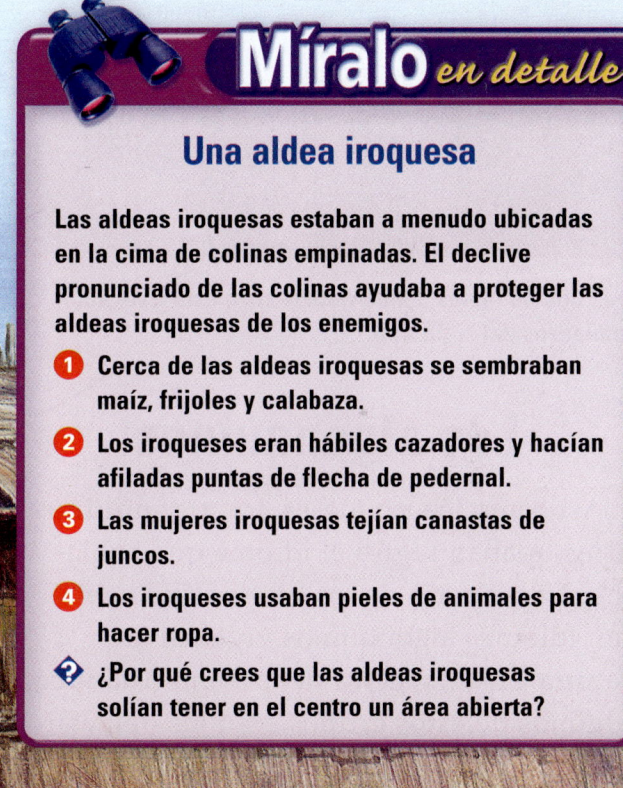

▶ El colono inglés John White realizó esta ilustración de indios algonquinos a comienzos del siglo XVII.

Los algonquinos

Así como los iroqueses, los **algonquinos** se agrupaban según el idioma que hablaban. La mayoría de los grupos que hablaban idiomas algonquinos vivía en la llanura Costera, cerca del océano Atlántico. Algunos de estos grupos eran los delaware, los wampanoag y los powhatan. Otros grupos algonquinos vivían tierra adentro, cerca de los Grandes Lagos. Entre estos grupos se encontraban los ottawa, los chippewa y los miami.

La mayor parte de los grupos algonquinos tenían entre 1 y 20 aldeas. Algunos grupos construían viviendas comunales parecidas a las de los iroqueses. Otros construían **wigwams**, viviendas redondas, cubiertas con corteza de árbol. Excepto por su forma, los *wigwams* se construían de manera muy similar a las viviendas comunales. Se ataban los troncos de árboles pequeños, se sujetaban en forma de cúpula y luego se cubrían con corteza de árbol.

Al igual que sus vecinos iroqueses, los algonquinos eran cazadores y recolectores. Aunque ambos grupos cultivaban la tierra, los algonquinos que vivían cerca de la costa disponían de grandes cantidades de pescado y no dependían tanto de sus cultivos para obtener alimentos.

Los algonquinos construían canoas de corteza de abedul para pescar en los ríos y a lo largo de la costa. Además, hacían anzuelos y trampas para peces con madera y huesos de animales.

La ropa de los algonquinos se hacía principalmente con piel de venado. Esta ropa los mantenía abrigados durante los fríos inviernos. Los hombres vestían túnicas, un tipo de pantalones y mocasines. Por lo general, se ataban una o dos plumas de águila en el cabello. Las mujeres usaban vestidos y tanto la ropa de los hombres como la de las mujeres se adornaba con plumas, conchas marinas y púas de puerco espín.

Numerosos grupos algonquinos tenían líderes que gobernaban más de una aldea. Algunos tenían dos jefes, uno para gobernar en tiempos de paz y otro para gobernar en tiempos de guerra.

Entre los grupos algonquinos, las ceremonias de casamiento eran muy parecidas. Si un hombre quería casarse con una mujer, debía llevarle como regalo carne de un animal que él mismo había cazado. Esto demostraba que era buen cazador. Si la mujer quería casarse con ese hombre, aceptaba la carne y la cocinaba. Esto demostraba que era buena en las tareas de la casa. Se consideraba que la pareja estaba casada después de haber compartido la comida.

REPASO DE LA LECTURA **COMPARAR Y CONTRASTAR** ¿En qué se diferenciaba la dieta de los algonquinos de la dieta de los iroqueses?

▸ Los algonquinos usaban cera de abejas para hacer muñecas.

Resumen

Los habitantes de los Bosques Orientales dependían de los árboles para conseguir alimento y construir sus viviendas y medios de transporte. Los iroqueses y los algonquinos eran los dos grupos lingüísticos principales de los Bosques Orientales.

REPASO

1. ¿Cómo afectaron la geografía y el clima de los Bosques Orientales a los indios americanos que vivían en esa región?

2. ¿Cómo se relaciona el término **confederación** con la Liga Iroquesa?

3. ¿Por qué el pescado era un importante recurso alimenticio para los algonquinos?

RAZONAMIENTO CRÍTICO

4. **DESTREZA DE ANÁLISIS** ¿Por qué los indios americanos de la misma región desarrollaban a menudo diferentes modos de vida? Explica tu respuesta.

5. **DESTREZA DE ANÁLISIS** ¿Por qué los grupos iroqueses eligieron unirse para formar la Liga Iroquesa?

6. **Da un discurso** Escribe y pronuncia un discurso para intentar persuadir a los líderes iroqueses de que se unan a la Liga Iroquesa. Asegúrate de incluir los beneficios de trabajar unidos.

7. **Destreza clave** **COMPARAR Y CONTRASTAR**

En una hoja de papel, copia y completa el organizador gráfico de abajo.

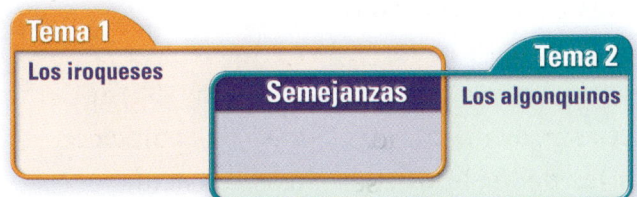

Capítulo 2 ▪ 79

Destrezas de participación

Resolver conflictos

▶ POR QUÉ ES IMPORTANTE

El objetivo de Hiawatha era encontrar una manera en que las Cinco Naciones pudieran **resolver**, o solucionar, sus conflictos sin entrar en guerra. Sin embargo, incluso antes de que Hiawatha comenzara su tarea, cada tribu tenía su propia manera de solucionar desacuerdos.

En la tribu mohawk, por ejemplo, si un miembro de un clan ofendía a otro miembro del mismo clan, todos los clanes colaboraban para resolver el conflicto. La habilidad para resolver conflictos permitió a los distintos clanes ser parte de una misma tribu.

Hoy en día, las personas a menudo deben resolver conflictos cuando trabajan juntas. Muchas veces esto significa tener que hacer acuerdos. Un **acuerdo** es renunciar a algo para obtener otra cosa. Cuando se quiere resolver un conflicto, es importante ser capaz de hacer acuerdos.

▶ LO QUE NECESITAS SABER

Aquí se indican algunos pasos que puedes seguir para resolver un conflicto y llegar a un acuerdo.

Paso 1 Identifica el problema.

Paso 2 Cuenta tu versión de lo que pasó. Explica qué quieres que ocurra.

Paso 3 Escucha con atención la versión de la otra persona. Pídele que explique qué quiere que ocurra.

▶ A menudo, los conflictos entre los indios americanos eran resueltos por un líder o jefe respetado.

▶ Los líderes del gobierno de Estados Unidos se reúnen para resolver conflictos.

Paso 4 Conversa sobre las diferencias entre las dos versiones.

Paso 5 Juntos, propongan varias ideas para llegar a posibles acuerdos. Recuerda que es probable que ambos deban renunciar a algo.

Paso 6 Elige un acuerdo que crees que funcionará. Para que el acuerdo tenga éxito, las dos partes deben coincidir.

Paso 7 Intenten aplicar el acuerdo al que han llegado. Más tarde, comprueben que el acuerdo aún funciona.

▶ PRACTICA LA DESTREZA

Piensa en un conflicto que hayas enfrentado recientemente. Determina si el conflicto se resolvió. ¿A qué renunciaste para lograr un acuerdo? ¿Qué obtuviste a través del acuerdo?

▶ APLICA LO QUE APRENDISTE

Aplícalo Con la ayuda de tus compañeros, elige un conflicto que exista en la clase o en la escuela. Formen dos grupos. Cada grupo debe tomar una de las posiciones en el conflicto. Luego, sigan los pasos indicados para llegar a un acuerdo entre ambas partes.

Destrezas de participación

Capítulo 2 ■ 81

Civismo

El bien común

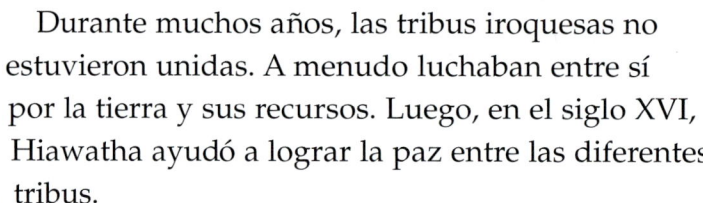

*"Observa y escucha para lograr el bienestar de todos y ten siempre en cuenta no solo el presente sino también a las futuras generaciones..."**

—de la Constitución Iroquesa

Para asegurarse de que sus decisiones eran para el bien de todos, los líderes iroqueses llegaron a la conclusión de que todos debían estar de acuerdo sobre cualquier acción que decidieran emprender.

Durante muchos años, las tribus iroquesas no estuvieron unidas. A menudo luchaban entre sí por la tierra y sus recursos. Luego, en el siglo XVI, Hiawatha ayudó a lograr la paz entre las diferentes tribus.

Según la leyenda, un líder espiritual llamado Deganawida se acercó a Hiawatha y le pidió que llevara la paz a los iroqueses. Entonces, con la esperanza de lograr la unión entre las tribus, Hiawatha habló con todos los líderes iroqueses.

Con el tiempo, Hiawatha logró unir a los iroqueses. Las cinco tribus formaron una confederación llamada la Liga Iroquesa. La Liga Iroquesa se basaba en la idea de que las tribus podían trabajar en conjunto para lograr el bien común. Esto significaba que se

DATOS BREVES

La canción de Hiawatha, un poema escrito por Henry Wadsworth Longfellow en 1855, es uno de los poemas más famosos de la historia estadounidense. Este poema inspiró los argumentos de muchos libros y películas a lo largo de los años.

The Iroquois Constitution: A Primary Source Investigation of the Law of the Iroquois por Lesli J. Favor. Rosen Publishing Group, 2003.

Personas de todas las edades pueden hacer trabajo voluntario. Con su voto, la gente puede elegir lo que creen que será mejor para sus comunidades.

ayudaban unas a otras y pensaban en lo que era mejor para todos. También reconocían a aquellos que trabajaban por el bien del pueblo y a quienes tenían talento para enseñar.

Hoy en día, muchos estadounidenses continúan trabajando por el bien común, ofreciéndose como voluntarios o trabajando en el gobierno. Estas personas ayudan a construir viviendas, alimentar a los necesitados, registrar a los votantes y contar las boletas electorales en las elecciones. Estas personas prestan muchas horas de servicio a quienes necesitan ayuda. A menudo, las comunidades estatales y locales honran a los voluntarios y maestros que ofrecen su tiempo y esfuerzo para servir a otros.

Piensa

Aplícalo ¿Por qué es importante que los ciudadanos trabajen juntos por el bien común?

Ofrecerse como voluntario para alimentar a los necesitados es una forma de trabajar por el bien común.

Capítulo 2 ■ 83

Lección 5

El Ártico

REFLEXIONA
¿Cómo afectaron la geografía y el clima del Ártico a los indios americanos que vivían en esa región?

- Describe cómo se adaptaron los aleutianos y los inuit a su ambiente.
- Analiza las costumbres y las creencias de los habitantes del Ártico.

VOCABULARIO
kayak pág. 86
iglú pág. 86

PERSONAS
aleutianos
inuit

LUGARES
islas Aleutianas

COMPARAR Y CONTRASTAR

Normas de California
HSS 5.1, 5.1.1, 5.1.2, 5.1.3

IMAGÍNATE ALLÍ

Observas cómo tu padre comienza a construir tu vivienda. No es una casa de madera o piedra, sino que está hecha completamente con hielo. Tu padre corta grandes bloques de hielo del suelo y comienza a apilarlos. Moldea los bloques para que encajen bien y no queden huecos entre unos y otros.

Después de unas pocas horas, tu hogar está construido y tu familia puede entrar. Tu madre despliega una piel de oso en el suelo y todos se reúnen allí. Esta noche estarás abrigado, mientras el viento frío sopla alrededor de tu casa de hielo.

84 ■ Unidad 1

Una tierra fría

La región Ártica, cercana al Polo Norte, tiene uno de los climas más rigurosos de la Tierra. Como la región se encuentra muy al norte, el sol permanece por debajo del horizonte casi todo el invierno, y no se oculta durante gran parte del verano. La tierra es principalmente una llanura plana y sin árboles, de suelo congelado. Las temperaturas del verano muy rara vez superan los 40°F y las temperaturas del invierno tienen, por lo general, un promedio de -25°F.

Los científicos creen que los habitantes de la región Ártica de las Américas llegaron después de que los otros grupos se habían establecido más al sur. Estos científicos piensan que el Ártico no estaba habitado hasta hace 5,000 o 3,000 años.

Los **aleutianos** eran uno de los grupos que vivían en el Ártico. Se les llama aleutianos porque construyeron sus viviendas a lo largo de la costa de las **islas Aleutianas**. Este archipiélago de alrededor de 100 islas comienza cerca de lo que actualmente es el extremo suroeste de Alaska y se extiende aproximadamente 1,200 millas en el océano Pacífico. El nombre de *Alaska* proviene de una palabra aleutiana que significa "continente".

Los **inuit** eran antiguos habitantes del Ártico estrechamente relacionados con los aleutianos. Los inuit vivían en lo que hoy es Alaska y el norte de Canadá. Como la región Ártica era demasiado fría para cultivar la tierra, los inuit cazaban y recolectaban sus alimentos. También hacían su vestimenta y herramientas con los animales que cazaban.

▶ **Punta de lanza**

REPASO DE LA LECTURA ⭕ **COMPARAR Y CONTRASTAR** ¿En qué se diferenciaba la vida de los habitantes del Ártico de la vida de los grupos que vivían más al sur?

Míralo *en detalle*

Una familia inuit

Los inuit aprendieron las destrezas que necesitaban para subsistir en su tierra helada.

1. Los iglúes se hacían con bloques de hielo que se cortaban con un largo cuchillo de hueso.
2. Usaban afiladas herramientas de hueso para quitar la piel a los pescados.
3. Usaban arcos especiales para taladrar o cortar huesos de animales.

❓ ¿Por qué crees que las herramientas eran tan valiosas para los inuit?

Modos de vida del Ártico

Para subsistir en este entorno difícil, los aleutianos y los inuit desarrollaron destrezas como cazadores y pescadores. Con arcos y flechas, cazaban zorros, liebres, caribúes, osos polares y otros animales. Además, usaban arpones y kayaks para cazar focas, morsas y ballenas. Un **kayak** es una canoa para una persona hecha con pieles impermeables que se estiran sobre madera o hueso.

Nada se desperdiciaba en esta tierra fría e inhóspita. Por ejemplo, no solo se cazaban focas por su carne sino también por sus pieles. Las pieles de las focas se usaban para hacer vestimenta y tiendas. El aceite de grasa de foca se usaba para iluminar y calentar las viviendas. Además, se masticaba la grasa de foca para quitar el hambre. Los habitantes del Ártico también aprovechaban los esqueletos de los animales y fabricaban herramientas tallando los huesos y los colmillos.

Los aleutianos vivían en grandes casas con vigas hechas con huesos de ballena y paredes de tepe. Tenían como costumbre exhibir su riqueza en forma de conchas marinas y canastos.

Los inuit tenían otro tipo de vivienda. Algunos construían **iglúes**, o casas de hielo, en los que vivían durante los meses de invierno. Un agujero en la parte superior del iglú dejaba salir el humo del fuego que se usaba para cocinar. Durante el verano, los inuit vivían en tiendas hechas con pieles de animales. Otros inuit vivían todo el año en tiendas o casas de tepe.

Por lo general, los grupos inuit formaban bandas de 60 a 300 personas, formadas por varias familias. Estos grupos cazaban y viajaban juntos, y a menudo compartían carne de foca para subsistir. Al igual que los otros habitantes del Ártico, los inuit aprendieron a explotar al máximo los limitados recursos que tenían.

Los inuit creen que el nombre de una persona tiene el poder de protegerla del peligro. Creen que los nombres actúan como espíritus guardianes.

> Hoy en día, muchos inuit viven en las mismas zonas que sus antepasados.

UBÍCALO
Bahía de Inglefield
GROENLANDIA

Por esta razón, los inuit tienen generalmente muchos nombres. Además, creen que todas las cosas tienen un espíritu y que el espíritu de una persona es la fuente de su fuerza. Los nombres inuit se derivan a menudo de palabras usadas para describir el ambiente o los animales.

REPASO DE LA LECTURA **COMPARAR Y CONTRASTAR** ¿En qué se diferenciaban las viviendas de los aleutianos de las viviendas de los inuit?

Resumen

Las culturas de los aleutianos y de los inuit fueron marcadas por el ambiente hostil en el que vivían. Se adaptaron a las dificultades que los rodeaban y aprendieron a trabajar en conjunto para poder subsistir.

► Esta pieza de marfil tallada (izquierda) representa dos focas. Se usaba para ajustar un cinturón. Un tallador inuit (arriba) continúa haciendo su trabajo.

REPASO

1. ¿Cómo afectaron la geografía y el clima del Ártico a los indios americanos que vivían en esa región?

2. Describe un **iglú**.

3. ¿Por qué crees que los grupos inuit tenían que compartir el alimento para subsistir?

RAZONAMIENTO CRÍTICO

4. **DESTREZA DE ANÁLISIS** ¿Cómo afectaron las aguas del Ártico el modo de vida de los habitantes de la región?

5. **DESTREZA DE ANÁLISIS** ¿Cómo puede afectar el modo de vida de las personas el hecho de tener recursos limitados?

6. **Escribe un poema** Escribe un poema sobre la vida de una familia de indios americanos del Ártico.

7. **Destreza clave** **COMPARAR Y CONTRASTAR**

En una hoja de papel, copia y completa el organizador gráfico de abajo.

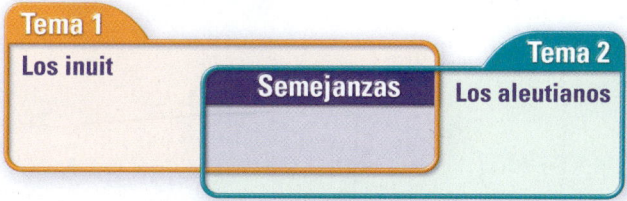

Capítulo 2 ■ 87

Destrezas con tablas y gráficas

Usar tablas para agrupar información

▶ POR QUÉ ES IMPORTANTE

A menudo es más fácil hallar información y comprenderla si los datos están agrupados. Crear una tabla es una manera eficaz de **clasificar**, o agrupar, distintos tipos de información. Saber cómo crear una tabla para clasificar información puede hacer que la información resulte más fácil de encontrar y de aprender.

▶ LO QUE NECESITAS SABER

Acabas de leer sobre diferentes grupos de indios americanos. Para que sea más fácil recordar los nombres de estas tribus y las regiones donde vivían, puedes poner estos datos en una tabla.

Observa las dos tablas de la página 89. Las tablas muestran la misma información. Sin embargo, en cada tabla la información está clasificada de manera diferente. Las dos tablas identifican los diferentes grupos y también la región en la que vivía cada grupo. La Tabla A clasifica la información por región. La Tabla B presenta la información por grupo.

▶ PRACTICA LA DESTREZA

Usa las tablas para responder estas preguntas.

1. ¿Qué grupos vivían en el desierto del Suroeste? ¿Qué tabla usaste para hallar la respuesta?

▶ Esta pintura muestra indios americanos en lo que hoy es Canadá.

Tabla A: Las regiones y sus grupos	
REGIÓN	GRUPO
Desierto del Suroeste	hopi
	zuñi
	navajos
Pacífico Noroeste	makah
	chinook
	kwakiutl
Llanuras	lakota
	cheyenes
	pies negros
Bosques Orientales	mohawk
	powhatan
	seneca
Ártico	aleutianos
	inuit

Tabla B: Los grupos y sus regiones	
GRUPO	REGIÓN
aleutianos	Ártico
pies negros	Llanuras
mohawk	Bosques Orientales
cheyenes	Llanuras
chinook	Pacífico Noroeste
hopi	Desierto del Suroeste
powhatan	Bosques Orientales
inuit	Ártico
makah	Pacífico Noroeste
lakota	Llanuras
zuñi	Desierto del Suroeste
kwakiutl	Pacífico Noroeste
navajos	Desierto del Suroeste

2 ¿En qué región vivían los cheyenes? ¿Qué tabla usaste para responder esa pregunta?

3 ¿Qué tabla te permite saber más fácilmente cuántos grupos vivían en el Ártico?

4 Si quisieras saber en que región vivía un grupo en particular, ¿qué tabla usarías?

APLICA LO QUE APRENDISTE

En la Lección 3 del Capítulo 1, has leído sobre otros antiguos habitantes de las Américas, como los olmecas y los adena. Haz una tabla de dos columnas. Usa la tabla para agrupar las culturas y el territorio que ocupaban de la forma en que se presentan en esa lección. Cuando hayas terminado, compara tu tabla con las tablas de tus compañeros. ¿Todos agruparon la información de la misma manera?

› Este objeto del pasado kiowa está decorado con cuentas que tienen forma de hojas.

Destrezas con tablas y gráficas

Repaso del Capítulo 2

La lectura en los Estudios Sociales

Cuando **comparas**, dices en qué se parecen dos o más cosas.
Cuando **contrastas**, dices en qué se diferencian.

Destreza clave: Comparar y contrastar

Completa este organizador gráfico para comparar y contrastar a los indios americanos que vivían en las diferentes regiones de América del Norte. Una copia de este organizador gráfico aparece en la página 24 del cuaderno de Tarea y práctica.

Indios americanos

- **Tema 1: Habitantes del Pacífico Noroeste**
- **Semejanzas**
- **Tema 2: Habitantes de los Bosques Orientales**

Pautas de redacción de California

Escribe una composición persuasiva Las tribus de la Liga Iroquesa trabajaban juntas para resolver disputas. Para discutir los problemas, cada tribu enviaba a un representante para que hablara en nombre de sus miembros ante el Gran Consejo. Escribe una composición persuasiva sobre los beneficios de este tipo de gobierno.

Escribe un reporte investigativo Imagina que eres un científico que estudia un sitio histórico de los indios pueblo. Escribe un reporte investigativo que describa el paisaje del desierto del Suroeste y cómo los pueblo construían sus viviendas.

Usa el vocabulario

Identifica el término que corresponda a cada definición.

excedente, pág. 54
hogan, pág. 56
arpón, pág. 60
clan, pág. 62
trueque, pág. 64
consejo, pág. 72
wigwam, pág. 78
kayak, pág. 86

1. una familia extendida
2. un grupo de líderes
3. una canoa para una persona
4. una cantidad mayor a la necesaria
5. una vivienda redonda cubierta con corteza de árbol
6. una vivienda con estructura de madera cubierta de corteza de árbol y barro
7. una larga lanza con una punta afilada
8. intercambio de bienes

Aplica las destrezas

Resolver conflictos

9. Piensa en algo sobre lo que tú y un amigo estén en desacuerdo. Haz una lista sobre los pasos que podrían seguir para resolver el conflicto. Incluye un acuerdo que podría resolver el conflicto.

Comparar tablas

10. Observa las tablas de la página 89. Identifica qué grupos vivían en los Bosques Orientales.

Recuerda los datos

Responde estas preguntas.

11. ¿Cómo obtenían agua para sus cultivos los indios pueblo?
12. ¿Cómo ayudaba el idioma chinook al comercio entre los indios del Pacífico Noroeste?
13. ¿Qué significaba la frase "tres hermanas" para los iroqueses?
14. ¿Qué tres usos daban a la foca los habitantes del Ártico?

Escribe la letra que corresponda a la respuesta correcta.

15. ¿Qué usaban frecuentemente los habitantes de las Grandes Llanuras como combustible para el fuego?
    A madera
    B tepe
    C excremento de bisonte
    D aceite de ballena

16. ¿Cuál era el recurso más importante de los habitantes de los Bosques Orientales?
    A adobe
    B árboles
    C ballenas
    D bisonte

Piensa críticamente

17. **DESTREZA DE ANÁLISIS** ¿Qué llevó a que las tribus del desierto del Suroeste hicieran sus casas de adobe?

18. **DESTREZA DE ANÁLISIS** ¿Qué características humanas y físicas hicieron de la región Ártica un lugar único para la vida de sus primeros habitantes?

Excursión

La Nación Hopi

PREPÁRATE

La nación hopi está formada por 12 aldeas. Estas aldeas están situadas en la cima y en la base de tres mesas del noroeste de Arizona. La vida de muchos hopi aún se rige según sus costumbres tradicionales. Llevan a cabo ceremonias kachina, hacen artesanías y cultivan la tierra de la misma manera que lo han hecho durante siglos. Si visitas la nación hopi, podrás aprender muchas cosas sobre su cultura y ver cómo mantienen vivas sus tradiciones.

OBSERVA

Los visitantes a la nación hopi tienen la oportunidad de ver una ceremonia kachina. Esta ceremonia expresa el deseo de que llueva, de que el pueblo goce de buena salud y de que la cosecha sea abundante.

UBÍCALO

Esta niña está vestida para la Danza de la Mariposa, en celebración de la cosecha.

Los artesanos hopi crean joyas, canastas y cerámica. Usan diseños y estilos que han pasado de generación en generación.

UN PASEO VIRTUAL

APRENDE en línea Visita VIRTUAL TOURS en www.harcourtschool.com/hss para realizar un paseo virtual.

Unidad 1 Repaso

💡 LA GRAN IDEA

Geografía Las personas interaccionan con el ambiente y el ambiente afecta a las personas.

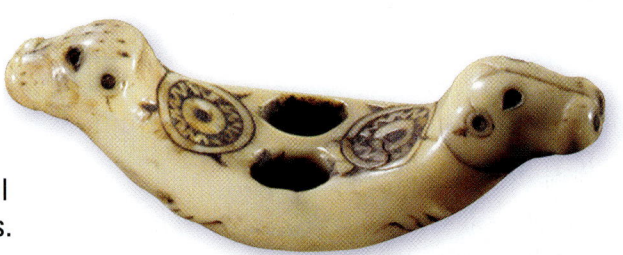

Resumen

Los primeros americanos

América del Norte y América del Sur han estado habitadas desde hace muchos miles de años. La teoría del puente de tierra es una idea que explica cómo llegaron aquí los primeros habitantes. Hace aproximadamente 5,000 años se comenzó a cultivar la tierra en las Américas. Hace aproximadamente 3,500 años, los olmecas construyeron una poderosa civilización.

El modo de vida de los indios americanos se vio afectado por la geografía y el clima de la región donde vivían. Los habitantes del desierto del Suroeste construyeron viviendas y desarrollaron métodos de cultivo que eran apropiados para una región calurosa y seca. En el Pacífico Noroeste, los abundantes recursos naturales permitieron a sus habitantes prosperar por medio de la caza, la recolección y el comercio. Los indios de las Llanuras tenían culturas variadas. Algunos dependían en gran medida de los bisontes para satisfacer sus necesidades. Otros combinaban la caza y la agricultura. Los habitantes de los Bosques Orientales usaban árboles para hacer sus viviendas, canoas y herramientas. Los indios de la región Ártica tuvieron que aprender a adaptarse a una tierra fría e inhóspita. Cazaban focas y ballenas.

Ideas principales y vocabulario

Lee el resumen de arriba. Luego, contesta las preguntas.

1. ¿Qué es una teoría?
   A un objeto hecho por seres humanos
   B una historia que se transmite desde el pasado
   C una idea basada en estudios e investigaciones
   D una persona que no tiene vivienda permanente

2. ¿Cuál fue uno de los desafíos que enfrentaron los habitantes del desierto del Suroeste?
   A tupidos bosques
   B un clima caluroso y seco
   C inviernos largos y fríos
   D inundaciones frecuentes

3. ¿Cuál era el animal más importante para los indios de las Llanuras?
   A el salmón
   B la ballena
   C el bisonte
   D el mamut lanudo

4. ¿Qué significa adaptarse?
   A acomodarse
   B llevar a cabo acciones en un evento especial
   C intercambiar bienes
   D tomar decisiones en grupo

Recuerda los datos

Responde estas preguntas.

5. ¿En qué se diferencia la ubicación de Alaska de la ubicación de los otros estados?

6. ¿Cómo cambió la vida de los antiguos habitantes cuando las temperaturas aumentaron?

7. ¿Por qué se llama a menudo "cultura madre" a la cultura olmeca?

8. ¿Qué tres recursos naturales eran importantes para los habitantes del Pacífico Noroeste?

9. ¿Qué dos materiales usaban los indios de las Llanuras para construir sus viviendas?

Escribe la letra que corresponda a la respuesta correcta.

10. ¿Qué animales cazaban los antiguos indios durante el último período glacial?
    A mamuts lanudos
    B venados
    C conejos
    D peces

11. ¿Cuál era el cultivo principal de los habitantes del desierto del Suroeste?
    A arroz
    B maíz
    C trigo
    D cebada

12. ¿En qué dos regiones cazaban ballenas los indios americanos?
    A en las Llanuras y el Pacífico Noroeste
    B en los Bosques Orientales y las Llanuras
    C en el Ártico y los Bosques Orientales
    D en el Pacífico Noroeste y el Ártico

13. ¿Con qué se hacía un *wampum*?
    A árboles
    B venados
    C conchas marinas
    D piedras

Piensa críticamente

14. **DESTREZA DE ANÁLISIS** ¿Por qué la Liga Iroquesa era un ejemplo de cooperación entre tribus?

15. **DESTREZA DE ANÁLISIS** ¿Cuáles son las características físicas del Pacífico Noroeste? ¿De qué manera estas características hacían que la región fuera un lugar único para la vida de los indios?

16. **DESTREZA DE ANÁLISIS** ¿Cómo afecta el ambiente de América del Norte a sus actuales habitantes?

Aplica las destrezas

DESTREZA DE ANÁLISIS Usar un mapa cultural

Usa el mapa cultural de abajo para responder las siguientes preguntas.

17. ¿Qué tribu iroquesa tenía la mayor cantidad de territorio?

18. ¿Qué tribu vivía más al oeste?

19. ¿Qué tribu controlaba la menor cantidad de territorio?

20. ¿Cómo influía la ubicación de las tribus para que fuera tan importante trabajar en conjunto?

Naciones iroquesas

Unidad 1 ■ 95

Unidad 1 Actividades

Lecturas adicionales

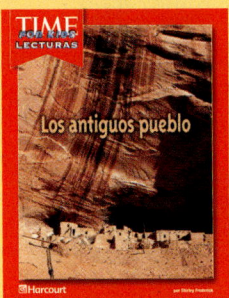

- *Los antiguos pueblo* por Shirley Frederick.

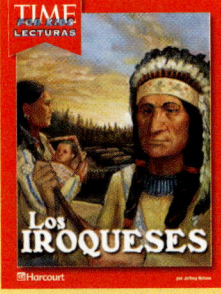

- *Los iroqueses* por Jeffrey Nelson.

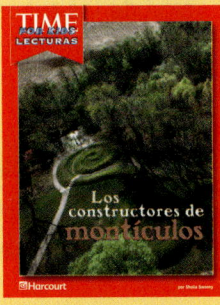

- *Los constructores de montículos* por Sheila Sweeny.

Muestra lo que sabes

Actividad de redacción

Escribe un reporte Elige dos grupos de indios americanos sobre los que hayas leído en esta unidad. Luego escribe un reporte que compare y contraste cómo el ambiente afectó el modo de vida de cada grupo. Indica dónde estaban ubicadas sus aldeas, los tipos de viviendas que construían, los alimentos que comían y cómo hacían sus ropas y herramientas. En tu reporte, incluye datos, detalles, ejemplos y explicaciones.

Proyecto de la unidad

Libro de los indios americanos Escribe e ilustra un libro sobre los grupos de indios americanos que se mencionan en esta unidad. Tu libro debe incluir dibujos, tablas, poemas y mapas que describan cómo el ambiente de cada grupo afectaba su modo de vida. Cuando hayas terminado el libro, haz una cubierta que muestre un mapa de América del Norte con los nombres de cada grupo y de la región en que vivían.

Visita ACTIVITIES en **www.harcourtschool.com/hss** para hallar otras actividades.

Encuentros de culturas

Unidad 2

COMIENZA CON LAS NORMAS

Normas de Historia y Ciencias Sociales de California

5.2 Los estudiantes trazan las rutas de los primeros exploradores y describen las primeras exploraciones de las Américas.

5.3 Los estudiantes describen la cooperación y los conflictos que existían entre los indios americanos, y también entre las naciones indias y los nuevos pobladores.

5.4 Los estudiantes comprenden las instituciones políticas, religiosas, sociales y económicas que surgieron en la era colonial.

La gran idea

COOPERACIÓN Y CONFLICTO

Los europeos llegaron a las Américas para hallar riquezas, construir asentamientos y dar a conocer su religión a otros.

Reflexiona

✓ ¿Por qué comenzaron los europeos a explorar diferentes zonas del mundo?

✓ ¿Qué exploradores dirigieron las expediciones clave y qué rutas siguieron?

✓ ¿Cómo afectaron las exploraciones europeas a los indios americanos?

Muestra lo que sabes

★ Prueba de la Unidad 2

✏ Redacción: Un anuncio persuasivo

🖍 Proyecto de la unidad: Museo de la exploración

Unidad 2

Tiempos

Encuentros de culturas

- **1418** El príncipe Enrique inaugura una escuela de navegación en Portugal, pág. 112
- **1492** Cristóbal Colón se posesiona en nombre de España de tierras en las Américas, pág. 116

1400 — 1450 — 1500

Al mismo tiempo

- **1450** Johannes Gutenberg desarrolla una nueva imprenta
- **1506** El artista italiano Leonardo da Vinci pinta la *Mona Lisa*

Encuentros de culturas

1610 España establece un asentamiento en Santa Fé, pág. 157

1620 Peregrinos ingleses establecen la colonia de Plymouth, pág. 170

| 1550 | 1600 | 1650 |

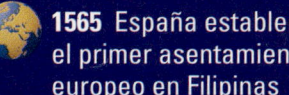 **1542** Juan Rodríguez Cabrillo explora la costa de Alta California

 1565 España establece el primer asentamiento europeo en Filipinas

1632 Comienza la construcción del Tāj Mahal en la India

Unidad 2 ■ 97

Unidad 2

Personas

Cristóbal Colón
1451–1506
- **Navegante italiano que exploró las Américas para España**
- Realizó cuatro viajes a las Américas

Bartolomé de Las Casas
1484–1566
- **Sacerdote católico que denunció el trato cruel que recibían los indios americanos**
- Escribió un libro llamado *Las lágrimas de los indios*

1450 — **1500** — **1550**

- 1451 • Cristóbal Colón — 1506
- 1484 • Bartolomé de Las Casas — 1566
- 1503? • Estevanico — 1539
- 1510 • Francisco Vázquez de Coronado — 1554

John Smith
1580–1631
- **Navegante inglés que recorrió muchas partes del mundo**
- Fue líder del asentamiento de Jamestown

Tisquantum (Squanto)
1585?–1622
- **Indio americano que vivió cerca de la colonia de Plymouth**
- Trabajó como intérprete entre los colonos y los indios

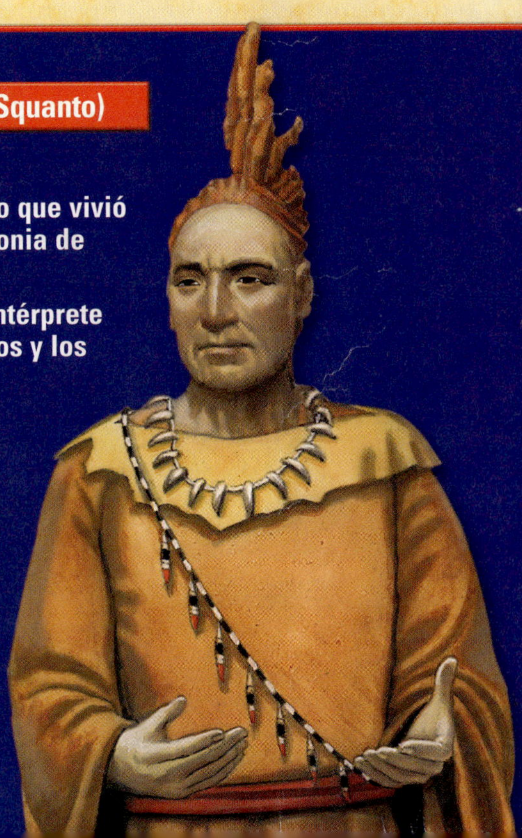

Estevanico
1503?–1539
- Esclavo africano que participó en varias exploraciones españolas
- Aprendió a hablar varias lenguas indias americanas

Francisco Vázquez de Coronado
1510–1554
- Explorador español
- Lideró una expedición en busca de las Siete Ciudades de Oro

| 1600 | 1650 | 1700 |

- 1580 • John Smith — 1631
- 1585? • Tisquantum (Squanto) — 1622
- 1590 • William Bradford — 1657
- 1595? • Pocahontas — 1617

William Bradford
1590–1657
- Líder inglés que condujo a los peregrinos a América del Norte
- Fue gobernador de la colonia de Plymouth

Pocahontas
1595?–1617
- Hija de un jefe powhatan
- Se casó con un colono inglés llamado John Rolfe

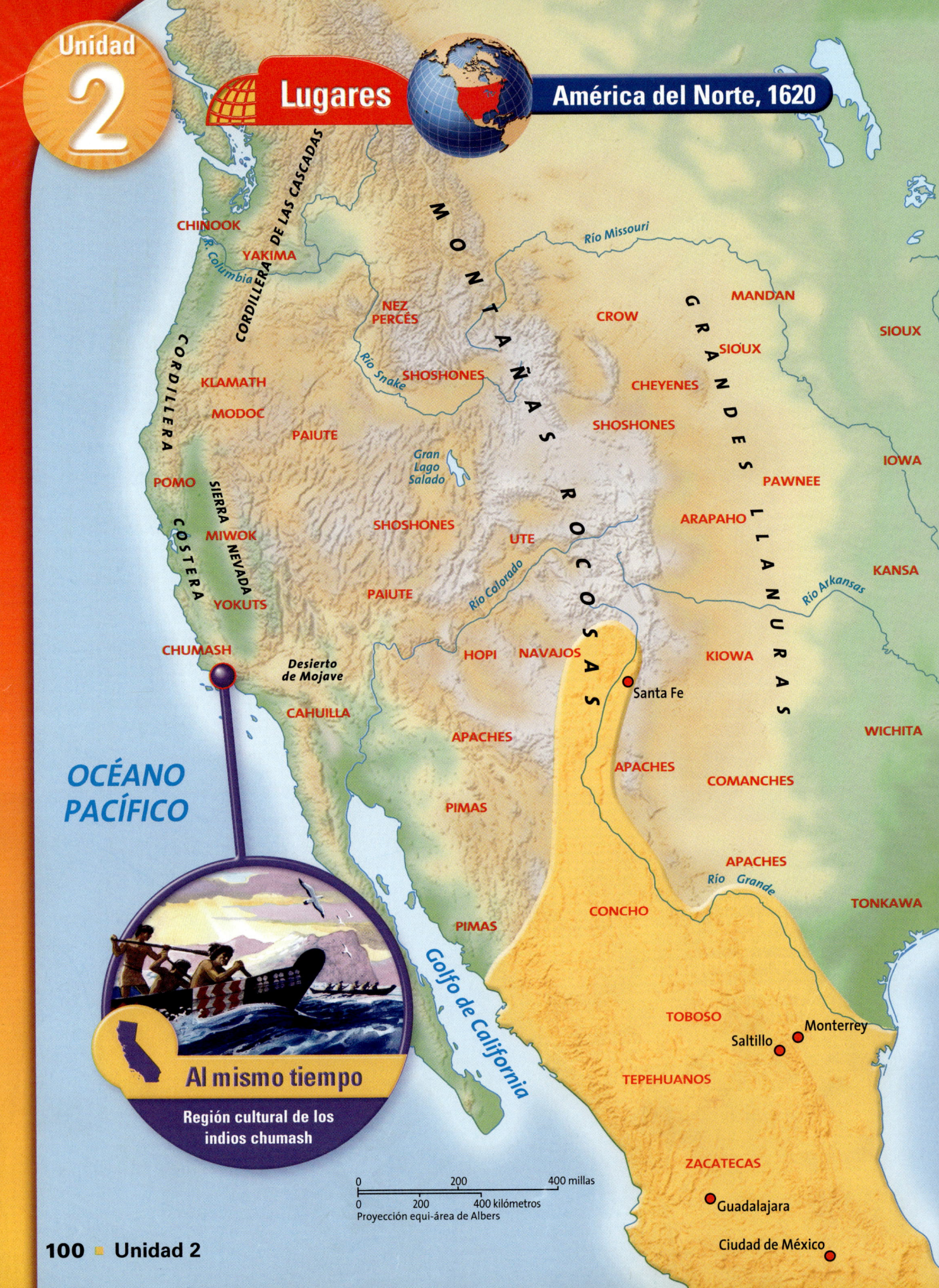

Unidad 2: La lectura en los Estudios Sociales

 Idea principal y detalles

La **idea principal** es la idea más importante de un párrafo o pasaje.
Los **detalles** dan más información acerca de la idea principal.

Por qué es importante

Cuando identificas y comprendes la idea principal y los detalles, puedes comprender mejor lo que lees.

Idea principal
La idea más importante de un párrafo o pasaje

Detalles
| Datos sobre la idea principal | Datos sobre la idea principal | Datos sobre la idea principal |

✓ La idea principal suele estar expresada al comienzo del texto.
✓ En un artículo largo, cada párrafo tiene una idea principal y detalles. El artículo completo también tiene una idea principal y detalles.

Practica la destreza

Lee los párrafos e identifica los detalles que apoyan la idea principal.

Idea principal
Detalles

Los taínos eran indios americanos que vivían en las islas del mar Caribe. Cultivaban la tierra, pescaban y cazaban. Eran un pueblo pacífico.

Los caribes eran otro grupo de indios americanos que vivía en las islas del mar Caribe. Como los taínos, los caribes también cultivaban la tierra, cazaban y pescaban. A diferencia de los taínos, los caribes eran guerreros. Eran expertos navegantes que viajaban largas distancias en grandes canoas.

Aplica lo que aprendiste

 Idea principal y detalles Lee los párrafos y responde las preguntas.

Encuentro entre americanos y europeos

Los taínos fueron de los primeros americanos en tener contacto con los exploradores europeos. Eran amistosos y generosos. Cristóbal Colón escribió sobre ellos: "Cuando se les pide algo, nunca dicen no. Por el contrario, ofrecen compartirlo con todos."*

Entre los taínos, los hombres pasaban gran parte del tiempo pescando. Se internaban en el mar en canoas, algunas de ellas tan grandes como barcos. Usaban lanzas para atrapar peces grandes y redes para atrapar peces más pequeños. También cazaban animales pequeños.

Las mujeres cultivaban mandioca, una planta con la que hacían harina para pan. También cultivaban batata, maíz y algodón. Usaban el algodón para hacer hamacas. Como resultan frescas, las hamacas son camas ideales para dormir al aire libre en un clima cálido. Además, quien duerme en una hamaca se mantiene alejado del suelo y de las serpientes.

Los niños taínos jugaban y recolectaban alimentos. Comían uvas de playa, huevos de aves e incluso caracoles. Muchos niños tenían perros y pericos como mascotas. También practicaban un juego de pelota parecido al fútbol.

La vida de los taínos no estaba libre de ciertas preocupaciones. Su promedio de vida seguramente era bajo, porque casi la mitad de los taínos eran niños. Además, tenían como vecinos a los caribes, un pueblo guerrero que vivía en islas cercanas.

Aunque los taínos recibieron amistosamente a los europeos, el encuentro resultó desastroso para ellos. Los europeos mataron a muchos taínos y esclavizaron a muchos otros. Y aún más taínos murieron de enfermedades europeas. En poco tiempo, los pacíficos taínos habían sido aniquilados.

Idea principal y detalles

1. ¿Cuál es la idea principal del primer párrafo?
2. ¿Qué punto principal destaca el tercer párrafo acerca de cómo pasaban el tiempo las mujeres taínos?
3. ¿Qué detalles explican la idea de que, aunque eran pacíficos, los taínos enfrentaban peligros?

*Cristóbal Colón. *The Four Voyages of Christopher Columbus.* Penguin Books, 1992.

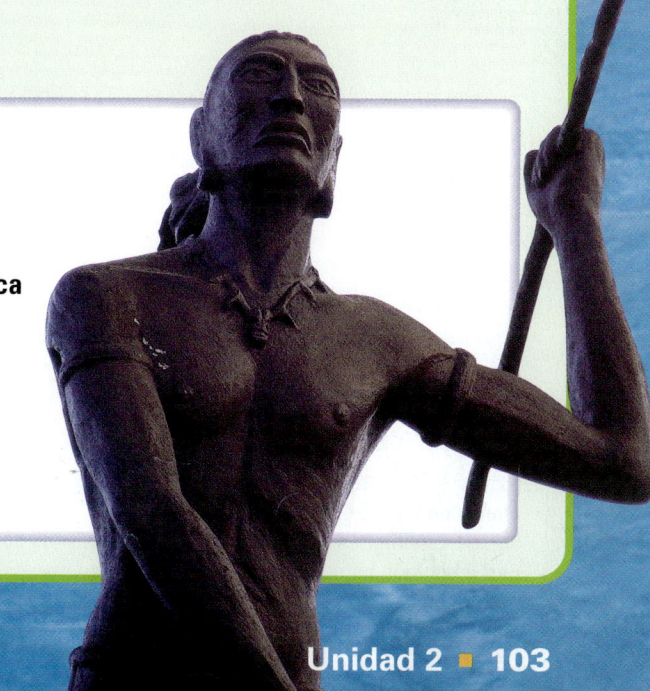

Destrezas de estudio

USAR RECURSOS VISUALES

Los recursos visuales pueden ayudarte a comprender y recordar mejor lo que lees.

- **Las fotografías, las ilustraciones, los diagramas, las tablas y los mapas son diferentes clases de recursos visuales.**
- **Los recursos visuales a menudo muestran de manera diferente la información que aparece en el texto.**
- **Muchos recursos visuales tienen títulos, leyendas o rótulos que ayudan al lector a comprender lo que se muestra.**

✓	¿Qué clase de recurso visual se muestra? _____
✓	¿Qué muestra el recurso visual? _____
✓	¿Cómo se relaciona el recurso visual con el capítulo, la lección, la lección de destreza o el material que estás leyendo? _____
✓	¿Cómo te ayuda el recurso visual a comprender mejor el tema de lo que estás leyendo? _____

Aplica la destreza mientras lees

Mientras lees este capítulo, usa los recursos visuales y la lista de control de recursos visuales para ayudarte a obtener nueva información del texto.

 **Normas de Historia y Ciencias Sociales de California, Grado 5**

5.2 Los estudiantes trazan las rutas de los primeros exploradores y describen las primeras exploraciones de las Américas.
5.3 Los estudiantes describen la cooperación y los conflictos que existían entre los indios americanos, y también entre las naciones indias y los nuevos pobladores.

La época de las exploraciones

CAPÍTULO 3

▶ Réplicas de las naves de Cristóbal Colón

Comienza con un diario

El diario de Cristóbal Colón

selección de Steve Lowe
ilustrado por Robert Sabuda

En 1492, la mayoría de los europeos pensaba que el mundo se reducía a los continentes de Europa, Asia y África. Nadie sabía qué había al otro lado del océano Atlántico. Sin embargo, algunos querían saber. El explorador italiano Cristóbal Colón creía que, si viajaba hacia el oeste, podía llegar a Asia. Enfrentando lo desconocido, Colón y su tripulación navegaron a través del océano con la esperanza de hallar una nueva ruta comercial y riquezas. Lo que descubrieron fue una tierra completamente nueva. Durante el viaje, Colón llevó un registro diario de los hechos. Lee ahora algunas entradas de su diario.

Domingo 9 de septiembre de 1492

Hoy perdimos de vista tierra por completo, y muchos hombres suspiraron y lloraron por miedo de no volver a verla durante largo tiempo. Los consolé con grandes promesas de tierras y riquezas. Para mantener su esperanza y disipar sus temores de tan extenso viaje, decidí calcular menos leguas de las que realmente navegamos. Así, creerán que se encontraban más cerca de España de lo que en realidad estaban.

Jueves 11 de octubre de 1492

Hacia las 10 de la noche, mientras estaba en el castillo de popa, creí ver una luz hacia el oeste. Parecía una pequeña vela de cera que subía y bajaba... Soy el primero en admitir que estaba tan ansioso por descubrir tierra que no confié en mis propios sentidos, así que llamé a Pedro Gutiérrez, el representante de la casa real, y le pedí que observara. Tras un momento, él también la vio.

Viernes 12 de octubre de 1492

La luna, en su tercer cuarto, apareció sobre el este poco antes de la medianoche... Dos horas después de la medianoche, la *Pinta* disparó un cañón... yo recogí todas las velas menos la vela mayor y decidí reposar hasta el alba. La tierra está unas 6 millas al oeste.

Viernes 12 de octubre de 1492

Al amanecer... me dirigí a la costa en el bote de la nave y desplegué el estandarte real. Después de dar gracias a Dios, ordené a los capitanes de la *Pinta* y de la *Niña*... que dieran fe y testimonio de que estaba tomando posesión de esa isla para el Rey y la Reina... A esa isla le di el nombre de *San Salvador*...

Apenas terminamos las formalidades de tomar posesión de la isla, comenzó a llegar gente a la playa... Son gente de cuerpo bien formado... sus ojos son grandes y muy hermosos... Muchos de los nativos se pintan la cara... otros se pintan el cuerpo entero... Son amistosos...

castillo de popa en un barco, construcción o estructura que se eleva en la cubierta, en la parte trasera de la nave

reposar descansar

Martes 27 de noviembre de 1492

Mientras recorría la costa del río, era maravilloso ver los bosques y la vegetación, el agua muy clara, las aves y el hermoso escenario, y casi no quería dejar el lugar. Les dije a los hombres que me acompañaban que mil bocas no alcanzarían para describir ante los <u>soberanos</u> todo lo que estábamos viendo, y tampoco mi mano podría escribirlo, pues esta parece una tierra encantada.

soberanos el rey y la reina

Responde

1. ¿Por qué crees que Colón mantuvo un registro privado de las millas que realmente habían recorrido sus barcos?

2. Escribe un párrafo sobre lo que pudo haber pensado Colón acerca de las personas que encontró al final de su viaje.

Lección 1

Tiempos

1400 — **1650**

- **1450** Johannes Gutenberg desarrolla una nueva imprenta
- **1492** Cristóbal Colón desembarca en San Salvador

REFLEXIONA
¿Por qué comenzaron los europeos a buscar rutas marítimas para llegar a Asia?

- ✓ Explica las razones de las exploraciones europeas.
- ✓ Identifica la tecnología que hizo posible las exploraciones marítimas.

VOCABULARIO
tecnología pág. 111
navegación pág. 112
expedición pág. 112
imperio pág. 113
empresario pág. 114
costo pág. 114
beneficio pág. 114
Reconquista pág. 115

PERSONAS
Marco Polo
príncipe Enrique
Cristóbal Colón
rey Fernando
reina Isabel

LUGARES
Portugal
España
San Salvador

IDEA PRINCIPAL Y DETALLES

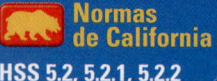
Normas de California
HSS 5.2, 5.2.1, 5.2.2

110 ■ Unidad 2

Exploración y tecnología

IMAGÍNATE ALLÍ

Es el invierno de 1470 en tu pequeña aldea en España. El fuego arde en la chimenea mientras tu padre lee un libro en voz alta. Las palabras describen una lejana región de Asia llamada Catay. Es un lugar de inventos sorprendentes y ricos gobernantes.

Un explorador llamado **Marco Polo** escribió esas palabras hace mucho tiempo. Ahora, gracias a la imprenta, muchos europeos leen por primera vez el libro de Marco Polo. Mientras escuchas a tu padre, sueñas con viajar a Asia para encontrar riquezas y vivir aventuras.

▶ Marco Polo escribió acerca de Asia en *Los viajes de Marco Polo*.

▶ La imprenta de Gutenberg usaba pequeñas piezas de metal, cada una con una letra o un número en relieve. Se colocaba tinta sobre las piezas y se hacía girar un enorme tornillo para prensarlas e imprimirlas sobre el papel.

Un torrente de nuevas ideas

En el siglo XV, los europeos ingresaron en una nueva época de conocimientos, ciencia y arte. A este período de nuevas ideas, los historiadores lo llaman Renacimiento, que significa "volver a nacer". El Renacimiento comenzó en Italia y se extendió luego a Portugal, España, Francia, Inglaterra y otros países europeos.

Johannes Gutenberg contribuyó a la difusión de esas ideas al inventar una imprenta en la década de 1450. Hasta ese momento, la mayoría de los libros se escribían a mano. La nueva imprenta hacía los libros de manera más rápida.

Uno de los libros más populares del Renacimiento fue *Los viajes de Marco Polo*. Escrito casi 200 años antes, el libro describía el viaje de Marco Polo a Catay, como se llamaba a China en ese entonces.

Los europeos se sorprendían al leer sobre los inventos de los chinos tales como la pólvora y la brújula, un instrumento que sirve para orientarse.

Los comerciantes europeos estaban interesados en la gran riqueza descrita por Marco Polo. Querían comprar y luego revender seda, especias y otras mercancías de Asia. Pronto, comerciantes de Europa comenzaron a viajar por las largas y difíciles rutas terrestres que llevaban a Asia.

En aquel tiempo, ningún europeo había viajado a Asia por mar. No había mapas que mostraran el mundo con precisión. Además, los navegantes no tenían la **tecnología**, es decir, el conocimiento científico y los instrumentos, para realizar un viaje tan largo. Navegantes y científicos comenzaron a trabajar para resolver esos obstáculos, o problemas.

REPASO DE LA LECTURA ⚙ **IDEA PRINCIPAL Y DETALLES** ¿Qué obstáculos impedían a los europeos navegar hasta Asia?

El mundo espera

El **príncipe Enrique** de **Portugal** resolvió algunos de esos problemas al crear una escuela de navegación. **Navegación** es la ciencia de planificar y seguir una ruta. El objetivo de la escuela era perfeccionar los barcos, los mapas y la tecnología de navegación.

En la escuela, los navegantes aprendían a conducir una nueva clase de embarcación llamada carabela. Comparada con otros barcos, la carabela era mejor para viajar por los mares. Esta embarcación larga y angosta podía llevar más carga, navegar rápidamente distancias largas y moverse en cualquier dirección.

Los cartógrafos de la escuela del príncipe Enrique leían los diarios de los primeros exploradores. Allí encontraban descripciones de masas de agua y contornos de la tierra, y usaban esa información para dibujar mapas nuevos y más precisos.

Para mantener sus barcos en la dirección correcta, los marineros usaban instrumentos de navegación. El príncipe Enrique contrató científicos para perfeccionar la brújula y el astrolabio, dos de esos instrumentos. Los navegantes usaban la brújula para tener una estimación aproximada de su longitud, o la distancia al este o al oeste de un determinado punto en la Tierra. Usaban el astrolabio para calcular la posición del Sol, la Luna y las estrellas. Esa información los ayudaba a determinar la latitud, o su distancia al norte o al sur del ecuador.

Estos y otros avances permitieron la exploración de los océanos. En busca de una ruta marítima a Asia, decenas de barcos portugueses realizaron **expediciones**, o viajes con el objetivo de explorar. El príncipe Enrique creía que la ruta marítima más directa a Asia desde Europa sería navegar hacia el sur, rodeando África, y luego hacia el este, atravesando el océano Índico. Finalmente, los portugueses hallaron esa ruta.

Los europeos tenían conocimiento de Asia por el comercio y los textos de Marco Polo. Los comerciantes usaban desde hacía mucho la Ruta de la Seda, una serie de rutas terrestres entre China e Italia. En esa época, los europeos se referían a toda Asia como "las Indias".

Patrimonio cultural

Tecnología asiática

Las ideas y los inventos provenientes de China cambiaron la vida de los europeos. Por ejemplo, la pólvora recién se conoció en Europa cuando se hizo contacto con China. Los chinos usaban la pólvora en cohetes y fuegos artificiales. En Europa, la pólvora llevó a la fabricación de nuevas armas.

Algunos historiadores creen que la brújula también fue un invento de los chinos, adoptado luego por los europeos. Las brújulas ayudaban a los marineros a saber en qué dirección estaban navegando.

▶ Instrumentos como esta brújula hacían más fácil la navegación.

Los europeos también viajaban a África. Comerciaban con mercaderes de Gao, Tombouctou, Jenné y otras ciudades del norte de África. Esas ciudades eran los centros de ricos imperios. Un **imperio** es un conjunto de tierras gobernadas por la nación que las conquistó.

Como el resto de los continentes estaba mucho más lejos de Europa, los europeos ni siquiera sospechaban que existían. Tampoco sabían que algunos pueblos habían construido allí grandes civilizaciones. En América del Sur, el Imperio inca controlaba 12 millones de personas.

En América Central, el Imperio azteca cubría 80,000 millas cuadradas de lo que hoy es México. Cinco millones de personas vivían bajo el dominio azteca. En América del Norte había indios americanos desde la costa del Pacífico hasta la del Atlántico.

REPASO DE LA LECTURA **IDEA PRINCIPAL Y DETALLES** ¿Cuál era el objetivo de la escuela de navegación del príncipe Enrique?

▶ Las carabelas eran más pequeñas, livianas y rápidas que otras embarcaciones de la época.

Capítulo 3 ■ 113

▶ La información para este planisferio provenía de Tolomeo, un astrónomo griego que vivió en el siglo II d.C. El mapa, que se dio a conocer nuevamente en 1482, muestra únicamente Europa, África y Asia.

El negocio de la exploración

En muchos países europeos, la mayoría de los navegantes consideraba que el único modo de llegar a Asia era navegar hacia el este. Sin embargo, algunos pensaban que se podía llegar a Asia navegando por el océano Atlántico hacia el oeste. Uno de ellos era un marinero italiano que ya había recorrido las costas de Europa y África. Este navegante se llamaba **Cristóbal Colón**. Colón creía que navegar hacia el oeste por el "Mar Océano", tal como llamaban entonces al océano Atlántico, era más directo que rodear el continente africano. Pero Colón no podría probarlo mientras no tuviera el dinero para un barco, una tripulación y provisiones.

Además de navegantes, los exploradores debían ser **empresarios**. Organizaban y administraban sus expediciones como un empresario establece y dirige una empresa. A menudo, los exploradores necesitaban convencer a otras personas de que el **costo**, o el esfuerzo hecho para obtener algo, de una expedición, era un riesgo que valía la pena correr. Los barcos y las provisiones eran costosos, y había muchos riesgos. Por ejemplo, un barco podía hundirse en el mar o no encontrar nada valioso.

Sin embargo, el **beneficio**, o recompensa obtenida, era la posibilidad de hallar riquezas que valieran muchas veces el costo.

Eso lograría pagar con creces los gastos de quienes financiaran el viaje.

Encontrar un gobernante que pagara el viaje de Colón no resultaría fácil. Su idea de navegar hacia el oeste parecía riesgosa. Nadie sabía a qué distancia al oeste se hallaba Asia. Primero, Colón pidió dinero al rey Juan II de Portugal, sobrino del príncipe Enrique. El rey no estaba interesado en el plan de Colón y lo rechazó. Los portugueses ya habían descubierto una ruta marítima a Asia desde Europa, navegando alrededor de las costas de África.

Tres años más tarde, en 1485, Colón solicitó a los monarcas de **España**, el **rey Fernando** y la **reina Isabel**, que apoyaran su proyecto. Fernando e Isabel eran católicos, y en aquel momento estaban concentrados en una guerra para expulsar a los musulmanes de España. Ese movimiento para lograr que España fuera por completo católica se llamó la **Reconquista**. Bajo la Reconquista, los musulmanes tenían que renunciar a la religión islámica y convertirse al catolicismo, o abandonar el país. Para 1492, Fernando e Isabel habían recuperado todas las tierras que los musulmanes alguna vez habían tenido en España. También se había obligado a muchos miles de judíos a abandonar el territorio español.

Una vez que España se unificó bajo una sola religión, Colón solicitó otra vez a Fernando e Isabel apoyo para su viaje. Prometió a los monarcas grandes riquezas y nuevas tierras. También afirmó que llevaría la religión católica a los habitantes de Asia. El rey y la reina aceptaron apoyar su proyecto.

REPASO DE LA LECTURA **IDEA PRINCIPAL Y DETALLES** ¿Cómo convenció Colón al rey y a la reina de España de que apoyaran su expedición?

> Esta pintura muestra a Cristóbal Colón solicitando al rey Fernando y a la reina Isabel de España que apoyaran su expedición.

Dos mundos se encuentran

CUÁNDO 1492
DÓNDE San Salvador

El 3 de agosto de 1492, Colón y una tripulación de 90 marineros zarparon de España en tres naves, la *Niña*, la *Pinta* y la *Santa María*. Luego de navegar durante más de dos meses, Colón y sus hombres seguían aún en el mar, enfrentando muchos obstáculos, o dificultades. Con frecuencia, violentas tormentas azotaban los barcos. Cuando el viento no era suficiente para impulsar las velas, podían quedarse a la deriva durante días. Los marineros estaban cada vez más inquietos y extrañaban su hogar.

Con el tiempo, comenzaron a notar que el clima estaba cambiando. Luego vieron aves que volaban hacia el sur. Colón cambió el rumbo, esperando seguir a las aves hasta tierra firme.

La noche del 11 de octubre de 1492 era una buena noche para navegar. Un fuerte viento empujaba los barcos. La luna también estaba allí, iluminando como una linterna el mar que tenían por delante. En las primeras horas de la mañana del 12 de octubre, los navegantes finalmente vieron lo que estaban aguardando: ¡Tierra!

Las tres naves anclaron frente a una isla que Colón llamó **San Salvador**. Colón se posesionó en nombre de España de esa y otras islas que visitó. Colón creía que había llegado a Asia y que se encontraba en las Indias. Por esa razón, llamó *indios* a los habitantes que encontró allí.

Las personas que encontró Colón pertenecían a la tribu de los taínos. Los taínos dieron la bienvenida a Colón y a sus hombres, pero los europeos se desilusionaron al no hallar seda ni especias asiáticas. Colón sólo reunió unos pocos artículos de oro y algunos animales y plantas de la isla. Al regresar a España, también llevó consigo a varios taínos.

Los niños EN LA HISTORIA

Diego Bermúdez

Algunos de los marineros de la expedición de Colón tenían apenas 12 años. Esa era la edad de Diego Bermúdez cuando se embarcó en la *Santa María*, en 1492. Diego era paje, que era el rango más bajo en la tripulación de un barco. Los pajes hacían los trabajos que la mayoría de los marineros no querían hacer, como cocinar, limpiar y llevar la cuenta del tiempo. Diego llevaba la cuenta de la hora usando un reloj de arena. En realidad, llevaba la cuenta de a media hora. Cada 30 minutos, cuando toda la arena había caído a la parte de abajo del reloj, Diego hacía sonar una campana y decía en voz alta una breve plegaria. Así, todos podían saber qué hora era.

Aplícalo ¿Qué trabajos tienes que hacer en casa o en la escuela?

Cuando Colón y sus hombres volvieron a España, fueron recibidos como héroes. Habían cruzado el océano Atlántico y habían regresado a casa. Cuando el rey Fernando y la reina Isabel vieron el oro, los animales, las plantas y los habitantes de las Indias, decidieron financiar otra expedición. Los gobernantes españoles dejaron en claro que las razones para ese segundo viaje eran hallar más riquezas, establecer asentamientos en las Indias y convertir a los indios a la religión católica.

REPASO DE LA LECTURA **IDEA PRINCIPAL Y DETALLES** ¿Qué obstáculos enfrentaron Colón y su tripulación?

Resumen

En el siglo XV, las historias sobre las riquezas de Asia despertaban en los navegantes el deseo de explorar. Nuevas embarcaciones y nuevos instrumentos hicieron posible la exploración. Mientras que la mayoría de los exploradores buscaba una ruta para llegar a Asia por el este, Colón navegó hacia el oeste y desembarcó al otro lado del océano Atlántico.

REPASO

1. ¿Por qué comenzaron los europeos a buscar rutas marítimas para llegar a Asia?

2. Explica cómo ayudó la **tecnología** a mejorar la **navegación**.

3. ¿Qué descubrió Colón en su viaje de 1492?

RAZONAMIENTO CRÍTICO

4. **DESTREZA DE ANÁLISIS** ¿Cuáles eran las ventajas y desventajas de navegar a Asia por el oeste?

5. ¿Por qué necesitaba Colón pensar como un empresario?

6. **Dibuja una tabla** Imagina que eres un gobernante y que te han pedido dinero para una expedición. Dibuja una tabla que muestre los costos y los beneficios de financiar una expedición.

7. **IDEA PRINCIPAL Y DETALLES**

En una hoja de papel, copia y completa el organizador gráfico de abajo.

Idea principal
Los europeos enfrentaron obstáculos para hallar una ruta marítima a Asia.

Detalles

Capítulo 3 ■ 117

FUENTES PRIMARIAS

Instrumentos de navegación

Los instrumentos de navegación permitían a los navegantes explorar tierras lejanas y hallar el camino de regreso. Con la mayoría de esos instrumentos, los marineros usaban la posición del Sol, la Luna y las estrellas para determinar la ubicación. En el siglo XV, los navegantes europeos usaban el astrolabio para medir la latitud. También se usaba la brújula, aunque no siempre era confiable. Hacia el siglo XVIII ya se habían desarrollado instrumentos más precisos, entre ellos, el sextante y el cronómetro.

Esta brújula tiene un mapa que muestra ciudades y pueblos del norte de Europa.

El cronómetro indicaba la hora con mucha precisión y se usaba para medir la posición de determinadas estrellas a diferentes horas del día.

118 ▪ Unidad 2

El astrolabio calculaba la posición del Sol, la Luna y las estrellas.

DESTREZA DE ANÁLISIS

Analizar objetos del pasado

1. ¿Qué instrumento crees que era el más eficaz para la navegación? Explica tu respuesta.

2. ¿De qué manera crees que se usaba el sextante?

3. ¿Cuáles de estos instrumentos crees que usan hoy los navegantes?

APRENDE en línea Visita PRIMARY SOURCES en **www.harcourtschool.com/hss** para hallar fuentes primarias.

Los sextantes (derecha) se usaban para determinar la altitud, o altura sobre el horizonte del Sol o las estrellas. Abraham Ortelius creó este planisferio en 1574.

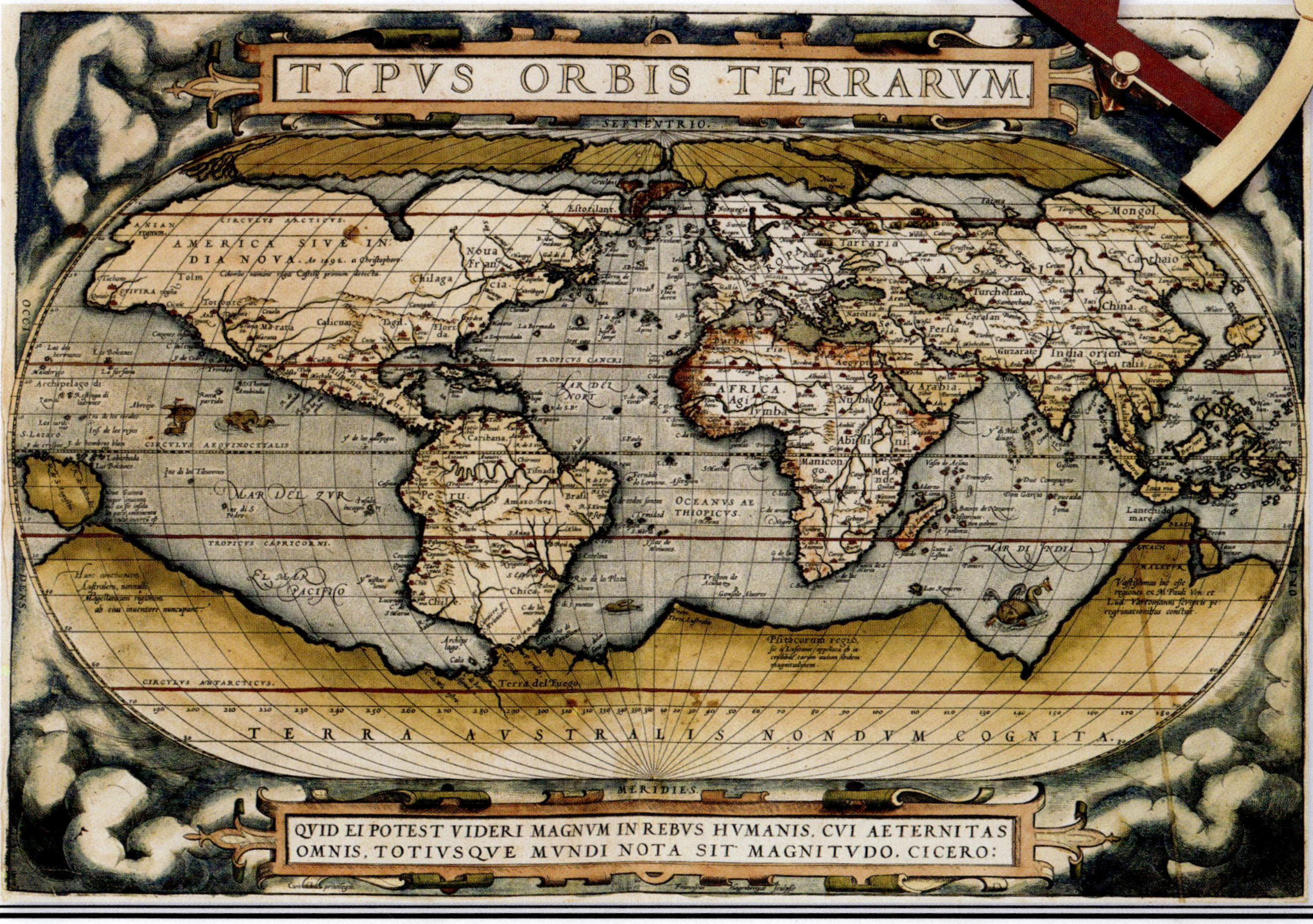

Capítulo 3 ■ 119

Lección 2

Tiempos

1400 — 1650

- **1497** Caboto llega a Terranova
- **1513** Balboa divisa el océano Pacífico
- **1522** La expedición de Magallanes completa un viaje alrededor del mundo

Un mundo cambiante

REFLEXIONA
¿Por qué exploraron los europeos las Américas y qué encontraron allí?

✓ Describe los objetivos, obstáculos y logros de los primeros exploradores.

✓ Traza las rutas de los exploradores e identifica las áreas de las que se posesionaron.

VOCABULARIO
istmo pág. 123
tratado pág. 125

PERSONAS
Giovanni Caboto
Amerigo Vespucci
Vasco Núñez de Balboa
Fernando de Magallanes

LUGARES
Inglaterra
Terranova
islas Filipinas

IDEA PRINCIPAL Y DETALLES

Normas de California
HSS 5.2, 5.2.2, 5.2.3, 5.2.4

IMAGÍNATE ALLÍ
Es junio de 1497 y llevas más de un mes en el mar. Te enrolaste en Inglaterra para este viaje luego de oír acerca de las exitosas expediciones de Colón. Sin embargo, comienzas a dudar de tu decisión. La niebla envuelve tu barco y a bordo casi todo el mundo se ve preocupado. "Este frío me llega hasta los huesos", dice un miembro de la tripulación. Entrecierras los ojos tratando de ver a través de la niebla, pero es inútil. Lo que sea que haya allí afuera aún es un misterio.

❯ Caboto clava la bandera inglesa en lo que hoy es Canadá.

▶ Caboto navegó hasta la actual Terranova.

La expedición de Caboto

Luego de su primer viaje, Colón volvió tres veces a las Indias. Nunca halló riquezas, pero sí demostró que era posible atravesar el Atlántico. Poco después del regreso de Colón, la mayoría de los monarcas europeos quisieron enviar sus propios barcos a las Indias. Estaban decididos a posesionarse de nuevas tierras, aumentar su poder y descubrir riquezas.

En **Inglaterra**, el rey Henry VII se enteró del éxito que Colón había tenido navegando para España. El rey contrató entonces a un marinero italiano llamado **Giovanni Caboto**, a quien los ingleses llamaban John Cabot, para que comandara una expedición. El objetivo del rey Henry era que la expedición de Caboto ayudara a Inglaterra a competir por esas tierras y riquezas.

En mayo de 1497, Caboto y una tripulación de 18 hombres zarparon hacia el oeste, siguiendo una ruta que estaba muy al norte de la ruta original de Colón. Tras un viaje largo y lento, alcanzaron tierra firme el 24 de junio. Caboto desembarcó y se posesionó en nombre de Inglaterra de estas tierras. Antes de volver a Inglaterra, navegó hacia el sur, siguiendo la línea de la costa. Años más tarde, el hijo de Caboto, Sebastiano, describió el lugar al que habían llegado: "Es una tierra muy estéril [solitaria]. Hay en ella muchos osos blancos y venados tan grandes como caballos…"*

Cuando Caboto regresó a Inglaterra, dijo que había llegado a China. Al igual que Colón, Caboto creía que había estado en Asia. Hoy en día, se cree que Caboto llegó en realidad a la costa de la actual **Terranova**, hoy parte de Canadá.

REPASO DE LA LECTURA **IDEA PRINCIPAL Y DETALLES** ¿Cuál era el objetivo del rey Henry VII cuando pagó la expedición de Caboto?

*Sebastiano Caboto, notas al mapa de 1544. *North American Exploration*, por Michael Golay y John S. Bowman. John Wiley & Sons, Inc., 2003.

Puntos de vista

Los exploradores tenían diferentes opiniones sobre sus expediciones a las Américas.

Cristóbal Colón
Explorador italiano que navegó para España

"Debo ser juzgado como un capitán que ha sido enviado por España a las Indias..."

—de *Four Voyages to the New World*, editado por R. H. Major. Corinth Books, 1961.

Amerigo Vespucci
Explorador italiano que navegó para España y Portugal

"He hallado un continente... más poblado y más repleto de animales que Europa, Asia o África..."

—de *The Letters of Amerigo Vespucci*, editado por Clements R. Markham. Burt Franklin, 1960.

Es tu turno

DESTREZA DE ANÁLISIS **Analizar puntos de vista** Resume el punto de vista de cada explorador sobre su expedición.

Un nuevo mapa del mundo

No todos creían que Colón y Caboto hubieran llegado a Asia. El navegante italiano **Amerigo Vespucci** se propuso descubrirlo por sí mismo. En 1499 llegó a un lugar ubicado exactamente al sur de donde Colón había desembarcado. Dos años más tarde, recorrió en una expedición la costa de América del Sur.

Vespucci buscaba señales de que había llegado a Asia, pero no pudo encontrar ninguna. No halló grandes ciudades ni ricos gobernantes en las zonas que exploró. Además, los lugares que veía no se ajustaban a las descripciones de Asia que había hecho Marco Polo. Vespucci comenzó a pensar que tal vez la Tierra era más grande de lo que la mayoría de la gente suponía. Si eso era cierto, significaba que Asia estaba más lejos de Europa de lo que creía Colón.

Vespucci se dio cuenta entonces de que él, Colón y Caboto habían hallado un continente hasta ese momento desconocido para los europeos. En 1507, el cartógrafo alemán Martin Waldseemüller dio a conocer un planisferio, o mapa del mundo, que incluía el nuevo continente. Lo llamó América, en honor a Amerigo Vespucci. Las tierras de ese nuevo mapa representaban el actual continente de América del Sur. Más tarde, la palabra *América* también se aplicó a los territorios que pertenecen a lo que hoy se llama continente de América del Norte.

REPASO DE LA LECTURA **IDEA PRINCIPAL Y DETALLES** ¿Cuál fue el logro más importante de Amerigo Vespucci?

Llegar al Pacífico

Después de los viajes de Vespucci, otros exploradores navegaron hacia las misteriosas "nuevas" tierras, pero ninguno pudo llegar a China. Cada vez parecía más posible que Vespucci estuviera en lo cierto. Aun así, los europeos no estaban seguros de no estar en Asia. Se preguntaban qué podían ser esas tierras si no formaban parte de Asia.

El explorador español **Vasco Núñez de Balboa** respondió esa pregunta. Balboa fue uno de los primeros europeos que se asentaron en las Américas. Había establecido una granja en la isla La Española, pero no era un buen granjero y pronto se encontró debiendo dinero a muchas personas. En lugar de pagar sus deudas, Balboa huyó de La Española escondido dentro de un barril, en un barco que se dirigía a la actual Colombia. Allí conoció a los sobrevivientes de un asentamiento español que había fracasado y los ayudó a establecerse en lo que hoy es Panamá.

Mientras buscaba oro en esa región, Balboa encontró a un grupo de indios que le contaron acerca de un vasto océano que se encontraba al oeste. En 1513, Balboa y otros exploradores viajaron hacia el oeste atravesando el istmo de Panamá, que conecta los continentes de América del Norte y América del Sur. Un **istmo** es una franja angosta de tierra que une dos extensiones de tierra más grandes. Finalmente, el grupo de Balboa llegó hasta el enorme océano que hoy conocemos como océano Pacífico.

REPASO DE LA LECTURA CAUSA Y EFECTO
¿Qué llevó a Balboa a buscar un océano al oeste de las Américas?

▶ Balboa tenía 38 años cuando emprendió su marcha hacia el océano Pacífico.

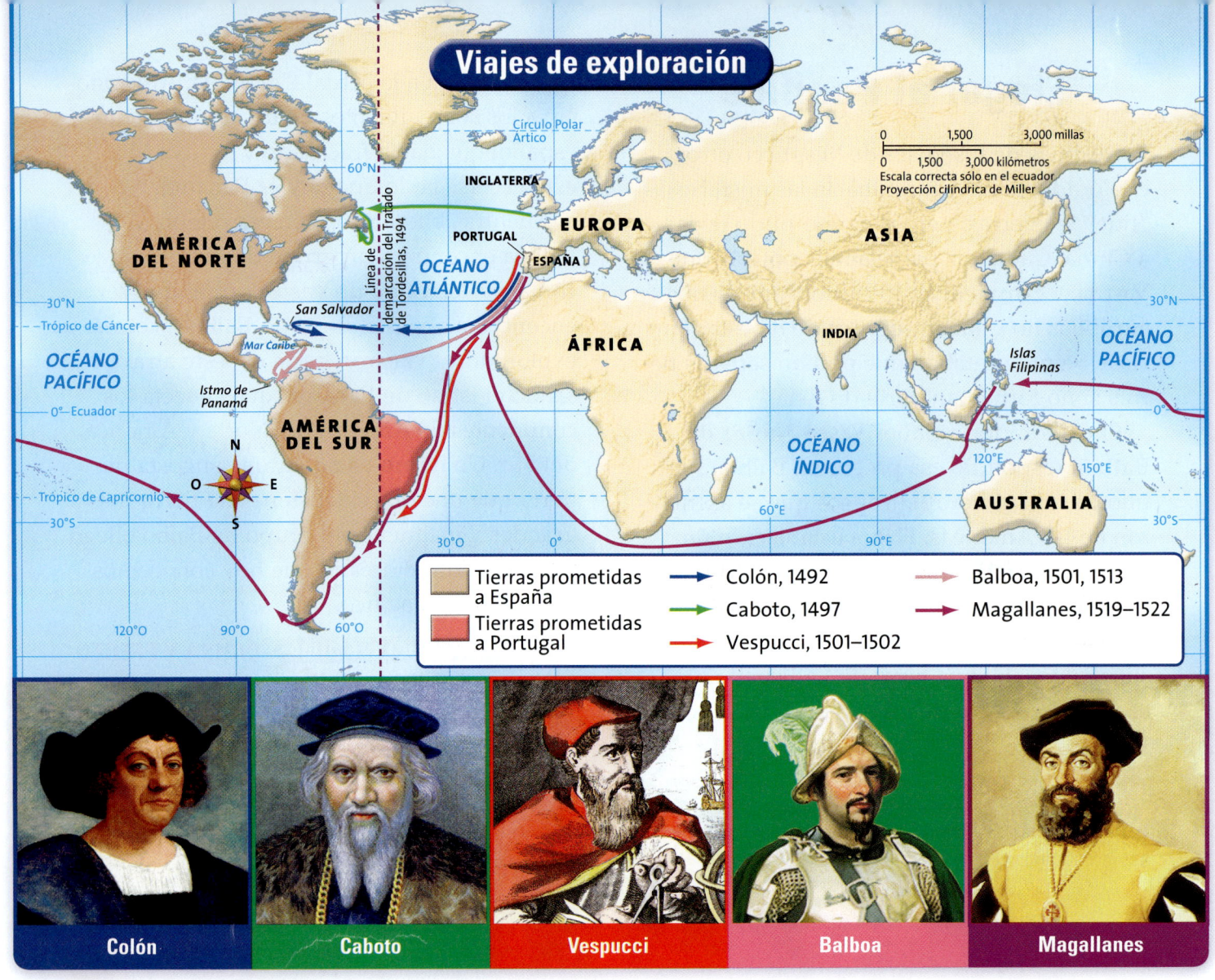

Analizar mapas

Movimiento ¿Qué explorador navegó a través del océano Pacífico?

Una nueva visión del mundo

Con el objetivo de hallar una ruta a Asia por el oeste, el explorador portugués **Fernando de Magallanes** también demostró que Vespucci tenía razón. En 1519, Magallanes zarpó de España con cinco naves y unos 250 marineros. Navegaron hasta lo que hoy en día es Brasil. Luego de atravesar una vía navegable en el extremo sur de América del Sur, se encontraron en el mismo océano que Balboa había visto. Magallanes lo llamó *Pacífico*, porque sus aguas parecían tranquilas comparadas con las del océano Atlántico.

Magallanes esperaba atravesar el Pacífico en pocos días, pero le llevó más de tres meses. Muchos marineros murieron de hambre o por enfermedades. El propio Magallanes murió en una batalla en las **islas Filipinas**, situadas a 500 millas de la costa sureste de Asia. A pesar de los obstáculos, la última de las naves consiguió regresar a España en 1522. Los tripulantes de este barco fueron los primeros marineros en viajar alrededor del mundo.

A medida que se organizaban más expediciones, los exploradores se posesionaban de más tierras. A menudo, un mismo territorio era ocupado por más de un país. Los gobernantes católicos de España y Portugal pidieron a las autoridades de la Iglesia Católica que resolvieran el conflicto. En 1493, los líderes de la Iglesia trazaron en un mapa una línea que dividía el océano Atlántico. A Portugal se le prometieron las tierras ubicadas al este de esa línea, y a España, los territorios situados al oeste.

En 1494, España y Portugal firmaron el Tratado de Tordesillas. Un **tratado** es un acuerdo entre países. En ese tratado, España y Portugal acordaron trasladar más al oeste la línea divisoria. Ese cambio concedió a Portugal las tierras que se convertirían en parte de Brasil.

REPASO DE LA LECTURA **IDEA PRINCIPAL Y DETALLES** ¿Qué logró la expedición de Magallanes?

Resumen

Después de los viajes de Colón, los gobernantes querían financiar viajes al otro lado del Atlántico. Exploradores como Caboto, Vespucci, Balboa y Magallanes exploraron muchas zonas diferentes. España y Portugal se dividieron las tierras de las Américas.

> Una cara de esta moneda de oro muestra al rey Fernando y a la reina Isabel (izquierda).

REPASO

1. ¿Por qué exploraron los europeos las Américas y qué encontraron allí?
2. Usa el término **tratado** para explicar cómo se dividieron España y Portugal las tierras de las Américas.
3. ¿Qué dos océanos cruzaron los exploradores cuando navegaron hacia el oeste desde Europa hasta Asia?

RAZONAMIENTO CRÍTICO

4. **DESTREZA DE ANÁLISIS** ¿Cómo afectó la ubicación relativa de lo que hoy es Brasil las posesiones de tierras en las Américas que tenía Portugal?
5. **DESTREZA DE ANÁLISIS** ¿Cuáles fueron las razones para las expediciones europeas a través del océano Atlántico?

6. **Haz una tabla de exploradores** Haz una tabla que indique el nombre de cada explorador mencionado en esta lección y la zona explorada por cada uno. Luego, usa tu tabla y el mapa de la página 124 para trazar sus rutas y describir las distancias que recorrieron.

7. **IDEA PRINCIPAL Y DETALLES**
En una hoja de papel, copia y completa el organizador gráfico de abajo.

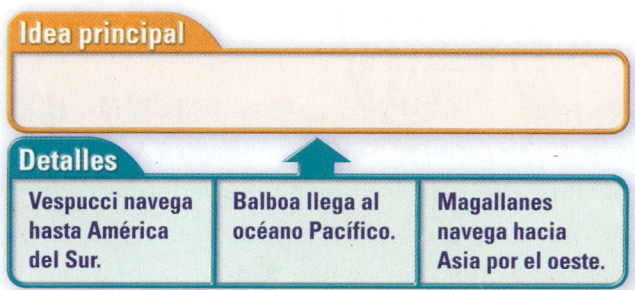

Capítulo 3 • 125

Puntos de vista

Los viajes de Cristóbal Colón

No hay duda de que los cuatro viajes de Colón cambiaron el mundo. Sin embargo, el impacto y el significado exactos de esos acontecimientos históricos todavía continúan debatiéndose en la actualidad. Algunos ven a Colón como una figura heroica, un hombre valiente, curioso y audaz. Otros creen que Colón trajo grandes calamidades a personas que no querían hacerle ningún daño. Aquí puedes ver diferentes puntos de vista de este debate aún no concluido.

En su primer viaje, Colón navegó unas 4,100 millas antes de llegar a la isla que llamó San Salvador.

En sus propias palabras

Russell Means, líder indio americano, en un texto sobre el tratamiento que dio Colón a los indios

"La llegada de Colón fue un desastre desde el principio… inició de inmediato la esclavización… de los pueblos indios de las islas del Caribe."

— de un artículo publicado en *Denver Post*. 12 de octubre de 1991.

RUSSELL MEANS

Robert S. McElvaine, maestro y autor, en un texto sobre los viajes de Colón

"La principal consecuencia a largo plazo de los viajes de Colón fue llevar la mezcla de pueblos de todo el mundo a una escala sin precedentes y poner en marcha el proceso de convertir lo que luego sería Estados Unidos en la sociedad étnicamente más diversa que el mundo haya conocido."

— de un artículo publicado en *Los Angeles Times*. 12 de octubre de 1992.

ROBERT S. McELVAINE

Kathleen Deagan, maestra y autora, en un texto sobre el efecto de los viajes de Colón en los indios

"Sin importar cuántos taínos vivían en La Española cuando llegó Colón, la fenomenal reducción de su número fue la repercusión [efecto] inmediata más escandalosa del contacto con los europeos."

— de *Columbus's Outpost Among the Taínos*. Yale University Press, 2002.

KATHLEEN DEAGAN

Es tu turno

Analizar puntos de vista Trabaja con un compañero para resumir el punto de vista de cada escritor. Decide cómo ve cada escritor los viajes de Colón.

Aplícalo ¿Por qué crees que las personas tienen diferentes puntos de vista sobre Cristóbal Colón y sus viajes?

Lección 3

Tiempos

1400 — 1650

- **1513** Ponce de León llega a Florida
- **1521** Cortés destruye la capital azteca
- **1539** De Soto comienza la exploración de Florida

REFLEXIONA
¿Por qué exploraron y conquistaron los españoles grandes áreas de las Américas?

- Describe los objetivos, obstáculos y logros de los exploradores españoles.
- Traza las rutas de los exploradores españoles e identifica sus posesiones de tierras.

VOCABULARIO
subvención pág. 129
conquistador pág. 129
reformar pág. 133
Reforma pág. 133
Contrarreforma pág. 133
misionero pág. 133

PERSONAS
Juan Ponce de León
Hernán Cortés
Estevanico
Francisco Coronado
Hernando de Soto
Martín Lutero

LUGARES
Florida
Ciudad de México
Nueva España

IDEA PRINCIPAL Y DETALLES

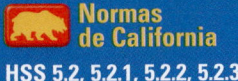
Normas de California
HSS 5.2, 5.2.1, 5.2.2, 5.2.3

Exploraciones españolas

IMAGÍNATE ALLÍ

Avanzas con dificultad entre la tupida vegetación, apartando de tu cara las moscas que te molestan. El aire es cálido y húmedo, y tu gruesa armadura parece volverse más pesada a cada paso. Tu comandante ha anunciado que están en busca de la "fuente de la juventud". La idea te parece absurda, pero sabes que sería imprudente discutir. Cuando se acercan a un claro en el bosque, un soldado que va al frente da la orden de detenerse. Tu grupo acaba de encontrarse cara a cara con un grupo de indios americanos.

▶ El explorador español Juan Ponce de León lideró la primera expedición europea a Florida.

Juan Ponce de León

 1513

DÓNDE Florida

Poco después de que los españoles se posesionaran de tierras en las Américas, más exploradores y soldados españoles se embarcaron rumbo al nuevo continente. Algunos buscaban aventura y riquezas. Otros querían alcanzar la gloria y convertir a los indios americanos al cristianismo. Para alentar a los exploradores, el monarca de España ofreció grandes sumas de dinero, llamadas **subvenciones**, a aquellos que lideraran expediciones. A esos exploradores y soldados españoles se los conoció como **conquistadores**.

Juan Ponce de León había viajado a América en el segundo viaje de Colón y había ayudado más tarde a conquistar Puerto Rico. Los indios que vivían allí le hablaron de una isla ubicada al norte, a la que llamaban Bimini. También puede haber oído que en la isla se encontraba la llamada "fuente de la juventud", que supuestamente volvía jóvenes a los ancianos.

GEOGRAFÍA

La corriente del Golfo

Ponce de León se convirtió en uno de los primeros exploradores en experimentar la corriente del Golfo, una de las corrientes oceánicas más fuertes del mundo. Una corriente es una parte de una masa de agua que fluye más rápidamente. La corriente del Golfo comienza en el golfo de México y fluye a través del estrecho de Florida. Luego se dirige al norte por el océano Atlántico. Los barcos españoles que transportaban tesoros desde América del Norte seguían la corriente del Golfo para regresar más rápido a Europa.

En 1513, Ponce de León partió en busca de Bimini. En cambio, desembarcó en lo que actualmente es el estado de **Florida**. Se posesionó en nombre de España de estas tierras y les dio el nombre de *La Florida*. Aunque Ponce de León nunca halló la fuente de la juventud, fue el primer explorador español en pisar tierras que más tarde formarían parte de Estados Unidos.

REPASO DE LA LECTURA **IDEA PRINCIPAL Y DETALLES** ¿Qué buscaba Ponce de León cuando llegó a Florida?

Los primeros conquistadores

En 1519, España envió a **Hernán Cortés** a buscar oro en el territorio de los aztecas. Cortés desembarcó en lo que hoy es México con unos 650 soldados. Desde la costa, Cortés y sus hombres se dirigieron al oeste hacia Tenochtitlan, la capital azteca. En el camino, encontraron indios que estaban descontentos con el severo dominio de los aztecas. Estos indios dieron comida a los españoles e incluso aceptaron ayudarlos a luchar contra los aztecas. Malinche, una india que hablaba la lengua azteca, hizo de intérprete para los españoles.

A Cortés también lo ayudó la creencia de los aztecas en un dios de piel blanca que un día llegaría para gobernarlos. Moctezuma, el emperador azteca, pensó que Cortés podía ser ese dios y le dio la bienvenida. Sin embargo, la paz no duró mucho.

Cortés tomó prisionero a Moctezuma y estallaron los enfrentamientos entre españoles y aztecas. Los aztecas eran guerreros feroces, pero no tenían los caballos ni las armas de fuego de los españoles. Además, muchos aztecas murieron a causa de enfermedades traídas accidentalmente por los soldados. Hacia 1521, Cortés había conquistado a los aztecas. Sobre las ruinas de Tenochtitlan fundó la **Ciudad de México**, que se convirtió en un importante centro del nuevo imperio español en las Américas.

Después de que Cortés hallara riquezas entre los aztecas, los españoles comenzaron a buscar nuevas riquezas en otros lugares. Los líderes españoles de la Ciudad de México habían oído una historia de indios americanos acerca de ciudades hechas de oro. Para ver si la historia era cierta, enviaron a un sacerdote llamado Marcos de Niza en una expedición. De Niza llevó consigo a un esclavo africano llamado **Estevanico**, que conocía bien el Suroeste.

Un conquistador español y un guerrero azteca

Analizar ilustraciones
El conquistador español (izquierda) tenía armas más poderosas que el guerrero azteca (derecha).

1. Arcabuz, un arma de fuego inventada en el siglo XV
2. Armadura de acero
3. Caballo
4. Garrote de madera
5. Armadura de cuero acolchado
6. Escudo de madera con orla de cuero

¿Qué ventajas podrían haber tenido los conquistadores, que montaban a caballo, sobre los guerreros aztecas, que iban a pie?

Analizar mapas

Movimiento ¿Qué conquistador recorrió parte de lo que hoy es el suroeste de Estados Unidos?

Durante la expedición, los indios zuñi mataron a Estevanico. De Niza, sin embargo, consiguió regresar y dijo que había visto una ciudad de oro.

Tras escuchar la historia de Marcos de Niza, **Francisco Vázquez de Coronado** partió en 1540 con 300 españoles, varios africanos y más de 1,000 indios americanos en busca de esas misteriosas ciudades. Coronado y sus hombres exploraron las tierras de lo que actualmente es el suroeste de Estados Unidos. En ninguno de sus viajes encontraron oro. Coronado regresó a la Ciudad de México sin riquezas, pero se había posesionado en nombre de España de esas tierras. Estos territorios españoles, que se encontraban en lo que hoy es México, el suroeste de Estados Unidos y Florida, se conocerían más tarde como la Nueva España.

REPASO DE LA LECTURA **IDEA PRINCIPAL Y DETALLES** ¿Cuál era el objetivo de la expedición de Coronado?

Capítulo 3 ■ 131

De Soto en el Sureste

El conquistador español **Hernando de Soto** participó en la conquista del Imperio inca, en Perú, consiguiendo allí abundantes riquezas. De Soto creía que en Florida podría encontrar imperios similares al de los incas, y deseaba la riqueza y la gloria que lograría si los conquistaba.

En 1539, de Soto y 600 hombres zarparon desde Cuba y desembarcaron cerca de la bahía de Tampa. Desde allí, recorrieron todos los estados que actualmente forman parte del sureste de Estados Unidos. Fueron los primeros europeos en ver el río Mississippi.

De Soto y sus soldados encontraron muchos indios americanos durante su expedición, y esos encuentros terminaron muchas veces en terribles batallas. Una de las peores tuvo lugar en Alabama. Allí, los españoles se enfrentaron a la tribu mobile. Un soldado español que fue testigo de la batalla escribió más tarde que los indios muertos podían haber llegado a 11,000. Durante el enfrentamiento, los españoles perdieron la mayoría de sus provisiones. Después, muchos de los hombres de de Soto murieron de hambre o huyeron.

En 1542, de Soto murió a causa de una fiebre. Los soldados lo enterraron a orillas del río Mississippi, y luego se dirigieron a México. Al finalizar la expedición, en septiembre de 1543, solo habían sobrevivido unos 300 de los 600 hombres que habían iniciado el viaje.

Aunque de Soto y sus soldados no hallaron oro, se posesionaron en nombre de España de muchas tierras. Para ese entonces, las posesiones de tierras de España cubrían gran parte de la mitad sur de lo que hoy es Estados Unidos.

REPASO DE LA LECTURA 🔴 **IDEA PRINCIPAL Y DETALLES** ¿Qué parte de lo que hoy es Estados Unidos exploró y ocupó de Soto?

▶ Además de soldados, la expedición de Hernando de Soto incluía sacerdotes, granjeros y exploradores indios.

Misioneros a América

Mientras los conquistadores exploraban las Américas, en Europa se producían numerosos cambios. Algunas personas comenzaron a cuestionar el poder de la Iglesia Católica. En esa época, la Iglesia obligaba a las personas a obedecer sus reglas y a pagar impuestos. Incluso tenía sus propios tribunales, que podían castigar a la gente por estar en desacuerdo con las reglas y las enseñanzas de la Iglesia.

Un sacerdote alemán llamado **Martín Lutero** comenzó a exigir abiertamente **reformar**, o cambiar, la Iglesia Católica. Ese período de reformas se conoce como la **Reforma**. Lutero fue expulsado de la Iglesia, pero ganó muchos seguidores. Quienes protestaban contra las acciones de los líderes católicos pasaron a conocerse como protestantes. Los protestantes fundaron nuevas iglesias, entre ellas la Iglesia Luterana.

La Iglesia Católica hizo algunos cambios, pero también trató de mantener su poder a través de una serie de esfuerzos conocidos como la **Contrarreforma**. La Iglesia prohibió libros que estaban en contra de sus enseñanzas y usó sus tribunales para castigar a quienes protestaban o rechazaban las reglas y creencias católicas.

Durante la Contrarreforma, la Iglesia Católica se concentró en extender su poder a las Américas. Los líderes de la Iglesia querían ganar nuevos seguidores y tener participación en las riquezas de las tierras ocupadas por países europeos. Para contribuir a lograr esos objetivos, la Iglesia envió maestros, o **misioneros**, que convertirían a los indios americanos a la religión católica.

Al poco tiempo de llegar a las Américas, los misioneros celebraron ceremonias para grandes cantidades de indios americanos, con el objetivo de convertirlos al catolicismo. Solo después comenzaron realmente a enseñar

> San Ignacio fundó la orden de los jesuitas, un grupo católico cuya principal actividad era la obra misionera.

a los indios las creencias católicas. Algunos misioneros obligaban a los indios a aceptar el cristianismo y a trabajar para ellos. Otros los ayudaban con comida y cuidados médicos. Aunque muchos indios conservaron sus religiones tradicionales, otros fueron forzados a cambiar su culto y sus modos de vida.

REPASO DE LA LECTURA **IDEA PRINCIPAL Y DETALLES** ¿Cuál fue la principal consecuencia de la Contrarreforma en las Américas?

Resumen

Los conquistadores españoles, como Juan Ponce de León, Hernán Cortés, Francisco Coronado y Hernando de Soto, exploraron y se posesionaron en nombre de España de grandes áreas de las Américas. Los misioneros llevaron las creencias católicas a los indios americanos.

REPASO

1. ¿Por qué exploraron y conquistaron los españoles grandes áreas de las Américas?

2. Describe los efectos de la **Reforma** en las Américas.

3. ¿Qué territorios formaban parte del Imperio español de las Américas conocido como la Nueva España?

RAZONAMIENTO CRÍTICO

4. ¿Cuáles fueron algunos efectos de la exploración española de las Américas?

5. ¿Por qué crees que los españoles construyeron la Ciudad de México en el lugar donde antes estaba la capital azteca?

6. **Escribe un relato de viajes** Imagina que viajas con uno de los exploradores mencionados en esta lección. Escribe un relato de viajes que cuente las cosas que has visto y las personas que has encontrado.

7. **IDEA PRINCIPAL Y DETALLES**

En una hoja de papel, copia y completa el organizador gráfico de abajo.

Idea principal

Los españoles tenían como objetivo explorar y establecerse en las Américas.

Detalles

134 ■ Unidad 2

Estevanico

Biografía
Integridad
Respeto
Responsabilidad
Equidad
Bondad
Patriotismo

Estevanico no era español. Era un africano al que habían vendido como esclavo. Aunque nunca lideró una expedición, posiblemente haya recorrido América del Norte más que ningún otro explorador de su tiempo.

Estevanico y su dueño sobrevivieron a una desastrosa expedición española a Florida. Más tarde, un comandante español de la Ciudad de México escogió a Estevanico y a otro hombre para que buscaran las Siete Ciudades de Oro. El comandante seguramente confiaba en la habilidad de Estevanico para subsistir en lugares inhóspitos. Además, confiaba en que Estevanico volvería y brindaría un informe fiel de lo que había visto.

Estevanico recorrió gran parte de América del Norte.

Estevanico no era un explorador por elección propia. Como esclavo, tenía que ir a donde su dueño lo enviara. Sin embargo, tenía mucha libertad cuando exploraba tierras salvajes. De otros exploradores había aprendido a usar plantas para curar algunas enfermedades, y muchos indios lo respetaban como médico. Estevanico no sobrevivió a su viaje en busca de las Siete Ciudades de Oro. Aun así, su nombre es recordado hoy junto con el de muchos otros exploradores que recorrieron América del Norte.

La importancia del carácter

¿De qué manera las acciones de Estevanico demuestran su integridad?

Biografía breve

- **1503** Nace en 1503?
- **1528** Estevanico se une a la expedición de Narváez
- **1539** Estevanico muere en una expedición en busca de las Siete Ciudades de Oro
- **1539** Muere en 1539

APRENDE en línea Visita MULTIMEDIA BIOGRAPHIES en www.harcourtschool.com/hss para hallar biografías multimedia.

Capítulo 3 • 135

Destrezas de razonamiento crítico

Distinguir entre hecho y opinión

▶ POR QUÉ ES IMPORTANTE

Reconocer hechos y opiniones te ayuda a comprender lo que lees. Un **hecho** es una declaración que puede comprobarse o verificarse. Un hecho es verdadero para todos. Una **opinión** es una declaración que dice lo que una persona siente o cree. Una opinión es algo que sostiene una sola persona o un solo grupo.

▶ LO QUE NECESITAS SABER

Estas son algunas formas de verificar si una declaración es un hecho:

- Observa si la declaración es verdadera según tu propia experiencia y según la experiencia de otras personas. *En los días de sol, el cielo es azul.* Sabes que ese es un hecho porque tú y otros han visto que el cielo se ve de ese modo.
- Consulta fuentes de información confiables, tales como una enciclopedia o un atlas, u otra fuente.

Las opiniones no pueden comprobarse o verificarse. Una opinión puede parecer verdadera a la persona que tiene esa opinión, pero otras personas pueden tener opiniones distintas. Aquí puedes ver un ejemplo:

- Hecho: Está nevando.
- Opinión: El tiempo está muy feo.
- Opinión: El tiempo está hermoso.

Algunas declaraciones contienen pistas de que son opiniones. Las opiniones suelen

▶ Muchos historiadores creen que los miembros de la expedición de Francisco Coronado fueron los primeros europeos que vieron el Gran Cañón y el río Colorado.

comenzar con palabras o frases como *creo*, *siento* o *en mi opinión*. Palabras como *mejor*, *peor*, *maravilloso* y *feo* a menudo son indicios de una opinión.

Con frecuencia, los escritores combinan hechos y opiniones. Los lectores deben prestar mucha atención para notar la diferencia. Observa esta oración: *Fuimos al Parque Nacional Yellowstone, el lugar más hermoso del Oeste*. La primera parte de la oración es un hecho, pero la segunda parte es una opinión.

No todas las declaraciones son hechos u opiniones. Por ejemplo, la declaración *Los Angeles está en Canadá* no es un hecho porque no es verdadera.

▶ PRACTICA LA DESTREZA

Lee ahora estas oraciones del informe que Coronado presentó a quien lo había enviado en su expedición. Decide si la oración expresa una opinión, un hecho o ambas cosas. Si la oración contiene un hecho y una opinión, indica qué parte corresponde a cada tipo de declaración.

1. "El alimento de esta región es el maíz, del que tienen una gran abundancia."
2. "Hacen las mejores tortas de maíz que jamás haya visto en ninguna parte, y eso es lo que todos comen normalmente."
3. "Tienen el mejor sistema y las mejores máquinas para moler que jamás se hayan visto."
4. "Tienen muy buena sal en cristales, que traen de un lago que se encuentra a un día de viaje desde aquí."*

▶ APLICA LO QUE APRENDISTE

Escribe tres hechos que hayas aprendido en este capítulo. Luego, escribe tres opiniones sobre lo que aprendiste.

*Informe de Coronado al virrey Mendoza, 1540. *History of Hawikuh*, por Frederick W. Lodge. Ward Ritchie Press, 1937.

Lección 4

Tiempos

- **1524** Verrazano busca el Pasaje del Noroeste
- **1534** Cartier comienza a explorar el río San Lorenzo
- **1610** Hudson explora la bahía de Hudson

(1400 — 1650)

REFLEXIONA
¿Por qué exploraron los europeos América del Norte y qué encontraron allí?

✓ Describe los objetivos, obstáculos y logros de los exploradores europeos.

✓ Traza las rutas de los primeros exploradores e identifica las áreas de las que se posesionaron en lo que hoy es Estados Unidos.

VOCABULARIO
Pasaje del Noroeste pág. 139
amotinarse pág. 143

PERSONAS
Giovanni da Verrazano
Jacques Cartier
Henry Hudson

LUGARES
Terranova
río San Lorenzo
Holanda
bahía de Hudson

IDEA PRINCIPAL Y DETALLES

Normas de California
HSS 5.2, 5.2.1, 5.2.2, 5.2.3

Otras naciones exploran

IMAGÍNATE ALLÍ

"¡Verrazano lo encontrará!", dice tu padre, golpeando la mesa con emoción. Es 1524, y vives con tu familia en París, Francia. "Su objetivo es atravesar América y llegar a Asia, y va a lograrlo. ¡Los franceses controlarán la ruta comercial más rica del mundo y todos seremos ricos!"

"Sí, siempre y cuando Verrazano encuentre el Pasaje del Noroeste", dice tu madre, cortando una rebanada de pan. "Pero enfrenta muchos obstáculos, y su viaje es muy peligroso."

Mientras los oyes hablar, tu cabeza está llena de preguntas. ¿Qué es el Pasaje del Noroeste? ¿Por qué ha ido Verrazano a América, y qué es lo que encontrará allí?

▶ Giovanni da Verrazano

Analizar mapas

- **Lugar** ¿Qué vías navegables exploró Hudson?
- **Movimiento** ¿Por qué lugares pasó Cartier?

El Pasaje del Noroeste

A comienzos del siglo XVI, España se había convertido en un imperio muy rico y enorme. Los barcos españoles regresaban a Europa con cofres llenos de oro y plata gracias a las conquistas en México y América del Sur. Las expediciones agregaban enormes porciones de las Américas a las posesiones de tierras en nombre de España. Los gobernantes de otros países europeos creían que, si lograban hallar un camino más corto hacia las riquezas de Asia, podrían obtener también riquezas y poder.

La ruta a Asia que había seguido la expedición de Magallanes, bordeando América del Sur, era larga y peligrosa. Muchos creían que podía llegarse a Asia de manera más fácil, atravesando o rodeando América del Norte. Esa creencia llevó a muchos exploradores a buscar una ruta que se llamó el **Pasaje del Noroeste**. El país que encontrara primero esa vía navegable entre Europa y Asia podría controlar una nueva ruta comercial muy valiosa. La búsqueda del Pasaje del Noroeste comenzó en el siglo XVI y duró cientos de años.

REPASO DE LA LECTURA **IDEA PRINCIPAL Y DETALLES** ¿Por qué querían los exploradores europeos hallar el Pasaje del Noroeste?

Capítulo 3 ■ 139

Verrazano y Cartier

El rey francés Francisco I era uno de los gobernantes europeos que querían hallar el Pasaje del Noroeste a través de América del Norte. En 1524, envió a un navegante italiano, **Giovanni da Verrazano**, con la misión de encontrar ese pasaje.

Verrazano partió en enero de 1524 y desembarcó a principios de marzo en la costa de lo que actualmente es North Carolina. Desde allí, Verrazano navegó hacia el norte, siguiendo la costa atlántica y recorriendo diversas bahías y ríos en busca de una vía navegable que llevara a Asia. A lo largo de su ruta, Verrazano encontró indios americanos. Escribió que los indios narragansett eran amistosos, pero cuando se encontró con los abenakis le resultó difícil comunicarse con ellos.

En su búsqueda del pasaje, Verrazano no llegó más al norte de **Terranova**. El navegante escribió:

> **Mi finalidad [objetivo] en este viaje era llegar a Catay y la costa del extremo oriental de Asia, pero no esperaba hallar un obstáculo de nuevas tierras como las que he hallado.** *

Verrazano hizo dos viajes más a las Américas para tratar de hallar una ruta navegable a Asia. En esos viajes, recorrió las costas de América del Norte y América del Sur, pero tampoco logró encontrar el pasaje.

Diez años después de la expedición de Verrazano, el rey Francisco envió al navegante francés **Jacques Cartier** a buscar el Pasaje del Noroeste. El rey también ordenó a Cartier que buscara oro. Entre 1534 y 1541, Cartier hizo tres viajes a América del Norte. En su primer viaje, llegó a la desembocadura del **río San Lorenzo** y se posesionó en nombre de Francia de las tierras de los alrededores.

*Giovanni da Verrazano a Francisco I, North American Exploration, por Michael Golay y John S. Bowman. John Wiley & Sons, Inc., 2003.

> Jacques Cartier informó que había visto muchos castores y nutrias en el río San Lorenzo. Esto interesó a los comerciantes de Europa, donde las pieles podían venderse a precios elevados.

En su segundo viaje, Cartier remontó el río San Lorenzo. Durante el recorrido, escribió que veía "peces que parecen caballos"*. En realidad, no se trataba de peces sino de morsas. La expedición tierra adentro llegó hasta donde hoy se encuentra Montreal. Pero, en lugar del Pacífico, Cartier se encontró con los rápidos del río San Lorenzo. Como ninguna embarcación podía atravesar las vertiginosas corrientes, Cartier tuvo que regresar.

*Jacques Cartier. *The Voyage of Jacques Cartier*, editado por Henry P. Biggar. University of Toronto Press, 1993.

En 1541, Cartier volvió a recorrer el río San Lorenzo, nuevamente sin hallar el Pasaje del Noroeste. En busca de oro, navegó río arriba pasando por el lugar donde hoy se encuentra Quebec, pero no tuvo éxito y regresó a Francia. Aunque no lograron sus objetivos, las expediciones de Cartier ampliaron el conocimiento de los europeos sobre América del Norte.

REPASO DE LA LECTURA 🔎 **IDEA PRINCIPAL Y DETALLES** ¿Cuáles eran los objetivos de las expediciones de Cartier?

DATOS BREVES

Cuando Cartier dejó América del Norte para volver a Francia, llevó consigo un cargamento de maíz que le habían entregado los iroqueses. Muchos europeos nunca antes habían visto maíz.

Exploración de América del Norte

1520 | **1570** | **1620**

- **1524** Giovanni da Verrazano explora lo que hoy es la bahía de New York
- **1535** Jacques Cartier explora lo que actualmente es Canadá
- **1609** Henry Hudson se encuentra con indios americanos en lo que hoy es New York

DESTREZA DE ANÁLISIS **Analizar líneas cronológicas** Los europeos tardaron varios cientos de años en explorar todo el territorio de América del Norte.

❓ ¿Cartier exploró lo que actualmente es Canadá antes o después de que Hudson explorara New York?

Los viajes de Hudson

Hacia el siglo XVII, la exploración ya era un negocio muy importante. Los reyes y las reinas no eran los únicos que trataban de aumentar sus riquezas y su poder financiando esas expediciones. Compañías comerciales europeas también comenzaron a enviar exploradores en busca del Pasaje del Noroeste. Su objetivo era establecer rutas comerciales para poder comprar y luego revender mercancías de Asia.

Un explorador inglés llamado **Henry Hudson** realizó cuatro viajes en busca del Pasaje del Noroeste. Una compañía inglesa financió sus dos primeros viajes. En 1608, su primera expedición llegó hasta una isla al este de Groenlandia. En su siguiente intento, exploró el océano Ártico más al norte, pero tampoco logró su objetivo.

En su tercer viaje, Hudson fue contratado por la Compañía Holandesa de las Indias Orientales. En esta expedición, llegó hasta el río Hudson, en lo que hoy es New York. Exploró durante un mes el río que llamó con su nombre. Se posesionó en nombre de los gobernantes de **Holanda** de todo el valle del río Hudson.

Una compañía inglesa pagó el último viaje de Hudson, en 1610. En ese viaje recorrió la costa norte de América del Norte hasta la bahía que también lleva su nombre, la **bahía de Hudson**, y se posesionó en nombre de Inglaterra de las tierras que lo rodeaban.

142 ▪ Unidad 2

Hudson recorrió durante tres meses la enorme bahía, ubicada en la parte centro-este de Canadá, al norte de lo que actualmente es Ontario y Quebec.

En noviembre, el barco de Hudson encalló en el hielo y, tras un invierno crudo y mucho sufrimiento, su tripulación **se amotinó**, o se rebeló. Hudson y otros ocho hombres fueron abandonados a la deriva en un pequeño bote y nunca más se los volvió a ver.

REPASO DE LA LECTURA ★**IDEA PRINCIPAL Y DETALLES** ¿En nombre de qué dos países se posesionó de tierras Hudson?

Resumen

Los exploradores esperaban hallar en América del Norte riquezas y el Pasaje del Noroeste que los llevara a Asia. Cartier y Hudson se posesionaron de tierras en nombre de los países que los habían enviado. Sin embargo, no lograron hallar el Pasaje del Noroeste.

▶ **Hudson desembarca en las costas de América del Norte.**

REPASO

1. ¿Por qué exploraron los europeos América del Norte y qué encontraron allí?

2. Usa la palabra **amotinarse** para describir el último viaje de Henry Hudson.

3. ¿Por qué realizaron Cartier y Hudson exploraciones tan al norte?

4. ¿Por qué enviaron algunas compañías comerciales exploradores a América del Norte?

RAZONAMIENTO CRÍTICO

5. ¿Cuáles fueron los costos y los beneficios de las expediciones de Hudson?

6. **Haz un dibujo** Investiga cómo eran las banderas de España, Inglaterra, Francia y Holanda en 1600. Dibuja y rotula cada bandera.

7. **IDEA PRINCIPAL Y DETALLES**

En una hoja de papel, copia y completa el organizador gráfico de abajo.

Idea principal

Detalles

| Los exploradores no hablaban las lenguas de los indios americanos. | El barco de Cartier no pudo atravesar los rápidos. | La tripulación de Hudson se amotinó. |

Destrezas con mapas y globos terráqueos

Usar un mapa de altitud

▶ POR QUÉ ES IMPORTANTE

Los diferentes mapas dan diferentes tipos de información. Si quieres saber cuán alto o bajo es un terreno, necesitas usar un mapa de altitud. **Altitud** es la altura del terreno en relación con el nivel del mar. Para los primeros exploradores era importante considerar la altitud. Los cambios en la altitud pueden afectar la cantidad de tiempo, de alimento o de descanso necesaria para completar una expedición.

▶ LO QUE NECESITAS SABER

La altitud del terreno se mide desde el nivel del mar, generalmente en pies o metros. La altitud del terreno a nivel del mar es 0 pies. Halla el nivel del mar en el Dibujo A. Las líneas de la montaña en ese dibujo son curvas de nivel. Una **curva de nivel** conecta todos los puntos de igual altitud. En el Dibujo A, halla la curva de nivel para 1,640 pies. Esa curva une todos los puntos de la montaña que tienen 1,640 pies sobre el nivel del mar.

El Dibujo B muestra la montaña tal como la verías desde arriba. En la ladera más empinada de la montaña, las curvas de nivel están más cerca entre sí. En la ladera menos empinada, las líneas están más apartadas una de otra.

En el Dibujo C se añade color entre las curvas de nivel. En ese dibujo se usa una clave en lugar de rótulos. La clave muestra que todos los lugares de color verde están entre el nivel del mar y 655 pies de altitud. El límite entre el verde y el amarillo es una curva de nivel para 655 pies. Los límites entre los otros colores también son curvas de nivel.

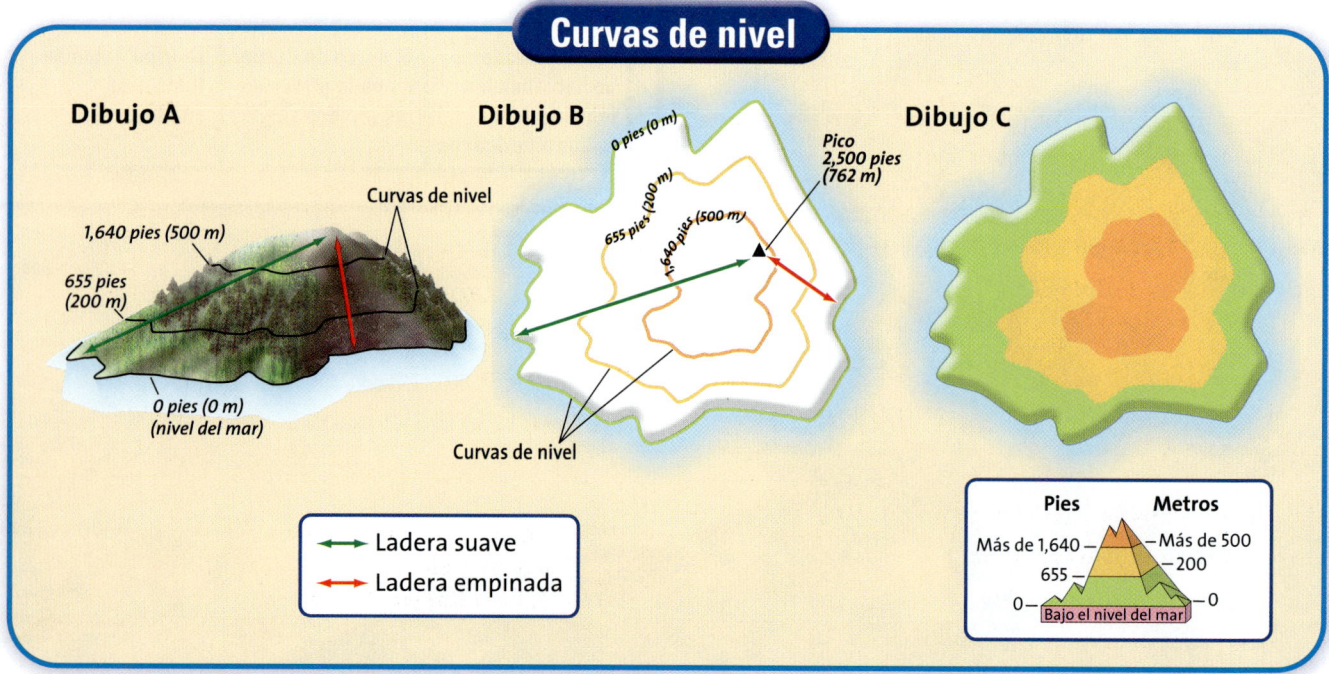

Curvas de nivel

144 ■ Unidad 2

Ruta de Cartier, 1535

Destrezas con mapas y globos terráqueos

La mayoría de los mapas de altitud usan solo unas pocas curvas de nivel importantes, añadiendo colores entre las líneas. Observa el mapa de altitud de América del Norte que se encuentra en esta página. Ten en cuenta que este mapa no muestra altitudes exactas. En su lugar, la clave muestra el rango de altitud que representa cada color. En este mapa, se usa el color verde para los terrenos que se encuentran en el rango entre el nivel del mar y 655 pies.

▶ PRACTICA LA DESTREZA

Usa el mapa para responder las siguientes preguntas.

1. ¿Cuál es la altitud del terreno donde está ubicada Montreal?

2. ¿Qué cambio en la altitud habría visto Cartier si se hubiera dirigido desde Montreal hacia el norte?

3. ¿Qué rango de altitud se muestra con el color amarillo?

▶ APLICA LO QUE APRENDISTE

DESTREZA DE ANÁLISIS Imagina que te han pedido que sigas la misma ruta de la expedición de Cartier y que lleves un registro de tus experiencias. Usando el mapa de arriba, describe los cambios en la altitud a lo largo del camino. ¿Cómo podrían afectar esos cambios el progreso de la expedición?

 Practica tus destrezas con mapas y globos terráqueos con el **CD-ROM GeoSkills**.

Capítulo 3 ■ 145

Repaso del Capítulo 3

Tiempos

1492 Colón desembarca en San Salvador

1513 Balboa divisa el océano Pacífico

La lectura en los Estudios Sociales

La **idea principal** es la idea más importante de un texto.
Los **detalles** dan más información que apoya la idea principal.

 Idea principal y detalles

Completa este organizador gráfico para mostrar que comprendes la idea principal y los detalles secundarios sobre las exploraciones europeas en las Américas. Una copia de este organizador gráfico aparece en la página 34 del cuaderno de Tarea y práctica.

La época de las exploraciones

Idea principal

Los europeos exploraron y se posesionaron de tierras en las Américas.

Detalles

Pautas de redacción de California

Escribe una carta persuasiva Imagina que eres un explorador y quieres realizar una expedición. Escribe una carta para persuadir a un rey o una reina de que financien tu viaje. Asegúrate de describir los beneficios de tu expedición.

Escribe un reporte Escribe un reporte sobre el Pasaje del Noroeste. Explica qué era y por qué los europeos esperaban hallarlo. Describe también a algunos exploradores que lo buscaron.

146 ■ Unidad 2

| 1600 | 1700 |

1539 De Soto comienza a explorar el Sureste

1610 Hudson explora la costa del Atlántico

Usa el vocabulario

Identifica el término que corresponda a cada definición.

- expedición, pág. 112
- empresario, pág. 114
- tratado, pág. 125
- subvención, pág. 129
- amotinarse, pág. 143

1. suma de dinero u otro pago dado para un fin específico
2. viaje que se hace con el objetivo de explorar
3. acuerdo entre dos o más naciones
4. acción de rebelarse
5. persona que establece y dirige una empresa

Usa la línea cronológica

DESTREZA DE ANÁLISIS Usa la línea cronológica del capítulo, que aparece arriba, para responder estas preguntas.

6. ¿Cuántos años después de que Colón llegara a San Salvador vio Balboa el océano Pacífico?
7. ¿La expedición de Hudson tuvo lugar antes o después de la exploración de de Soto?

Aplica las destrezas

Distinguir entre hecho y opinión

8. Elige a uno de los exploradores sobre los que leíste en este capítulo. Escribe dos afirmaciones que expresen tus opiniones sobre ese explorador. Luego, escribe dos hechos que respalden cada opinión.

Recuerda los datos

Responde estas preguntas.

9. ¿Qué nuevas tecnologías permitieron a los europeos explorar el mundo?
10. ¿Cuál era el objetivo principal de los primeros exploradores que llegaron a las Américas?
11. ¿Qué naciones europeas se posesionaban de tierras en América del Norte hacia 1610?
12. ¿Qué parte de América del Norte exploraron los franceses?

Escribe la letra que corresponda a la respuesta correcta.

13. ¿Qué buscaba Coronado en el Suroeste?
    A el Pasaje del Noroeste
    B las Siete Ciudades de Oro
    C la fuente de la juventud
    D las Indias

14. ¿Qué explorador europeo dio el nombre a Florida?
    A Cristóbal Colón
    B Juan Ponce de León
    C Giovanni da Verrazano
    D Amerigo Vespucci

Piensa críticamente

15. **DESTREZA DE ANÁLISIS** ¿Cómo afectó la Reconquista española a la expedición de Colón?
16. **DESTREZA DE ANÁLISIS** ¿Cuáles fueron algunos de los costos y beneficios de la expedición de Coronado?

Capítulo 3 ■ 147

Destrezas de estudio

USAR UNA TABLA DE S-QS-A

Una tabla de S-QS-A puede ayudarte a concentrarte en lo que ya sabes y lo que quieres saber acerca de un tema.

- Usa la columna S para hacer una lista de lo que sabes acerca de un tema.
- Usa la columna QS para hacer una lista de lo que quieres saber acerca del tema.
- Usa la columna A para hacer una lista de lo que has aprendido después de leer acerca del tema.

Formación de las primeras colonias

S-Sé	QS-Quiero saber	A-Aprendí
• Los españoles construyeron asentamientos en América del Norte. • _____	• ¿Cómo construyeron los asentamientos? • ¿Qué desafíos enfrentaron los colonos? • _____	• _____ • _____ • _____

Aplica la destreza mientras lees

Mientras lees este capítulo, completa tu propia tabla de S-QS-A.

Normas de Historia y Ciencias Sociales de California, Grado 5

5.2 Los estudiantes trazan las rutas de los primeros exploradores y describen las primeras exploraciones de las Américas.
5.3 Los estudiantes describen la cooperación y los conflictos que existían entre los indios americanos, y también entre las naciones indias y los nuevos pobladores.
5.4 Los estudiantes comprenden las instituciones políticas, religiosas, sociales y económicas que surgieron en la era colonial.

Formación de las primeras colonias

CAPÍTULO 4

▶ El Sitio Histórico Nacional Jamestown, en Jamestown, Virginia

Comienza con un diario

Varados en la plantación Plimoth
1626

escrito e ilustrado por Gary Bowen

El 12 de octubre de 1626, un barco zarpó de Inglaterra con destino al asentamiento de Jamestown. El 6 de noviembre, el barco encalló junto a las costas de Nueva Inglaterra, cerca de la plantación Plimoth, en lo que actualmente se conoce como Plymouth, Massachusetts. Los colonos rescataron a los pasajeros del barco, que se quedaron varados allí. El siguiente es un diario imaginario de un pasajero de 13 años, llamado Christopher Sears. Luego del rescate, Sears permaneció con la familia del peregrino William Brewster, líder de la iglesia. Con la familia Brewster también vivía otro niño, Richard More. Lee ahora acerca de las experiencias de Christopher en la plantación Plimoth.

24 de noviembre de 1626

Su señoría el gobernador [William Bradford] se reunió esta tarde en el fuerte con todos los que viajábamos en el *Sparrowhawk*. Nos dijo que en seis años habían llegado 21 barcos a Plimoth y que podían pasar varios meses antes de que llegara otro. Para ganarnos el sustento, debemos trabajar para las familias que nos reciben, e informar del progreso de nuestras tareas al capitán Sibsey o al señor Fells, cada siete días.

Me alegra saber que Richard también trabaja y vive aquí. Richard llegó a bordo del *Mayflower* cuando tenía seis años. Con él, venían dos

hermanos y una hermana que no lograron sobrevivir su primer año en la colonia. Richard cuenta que les dijeron que su madre y padre murieron, pero él no recuerda que estuvieran enfermos. Tampoco recuerda los funerales. Dice que sus padres no se llevaban bien.

Me duele la rodilla y tengo frío porque mi ropa no es suficientemente abrigada para este clima.

23 de diciembre de 1626

El gobernador Bradford conversó hoy conmigo y me mostró las notas que ha estado escribiendo desde que llegó, en 1620. Me elogió por registrar mis experiencias en este lugar y me dijo que yo formaba parte de un "gran acontecimiento que es la fundación de la comunidad de Dios".

Su señoría me sugirió que hiciera grabados de madera más grandes, y que usara colores. El doctor me dio unos preparados de colores.

30 de diciembre de 1626

Me tomaron medidas para hacerme unos pantalones de lana, ya que los míos me quedan pequeños. La señora de la casa piensa hacerlos con la tela de una falda que ya no usa. Teñirá la prenda con raíces de agrimonia y cáscaras de nuez, porque aquí todos los productos textiles son importados y difíciles de conseguir.

Me sorprende no haber visto en Plimoth ruecas ni telares, tan comunes en Inglaterra.

23 de enero de 1627

El señor Brewster se hará cargo de mi educación, tal como hace con Richard, Oceanus Hopkins (quien nació a bordo del *Mayflower*) y Peregrine White. El señor Brewster dice que Peregrine es el primer anglosajón nacido en Nueva Inglaterra.

Hoy cenamos pastel de anguila frío servido en barquillo.

3 de febrero de 1627

Estoy contento de avanzar con mi educación.

Por las tardes, el señor Brewster me enseña sobre plantas, agricultura, lectura y sobre las escrituras. Dice que en Plimoth las personas son más educadas que en la mayoría de las aldeas inglesas, ya que todos los padres deben educar a sus hijos, aun cuando esto requiera educarse en otra casa.

3 de marzo de 1627

Fui al bosque a cortar madera acompañando a un grupo de hombres organizados por el gobernador.

Los indios se acercaron a nosotros para intercambiar algunas frutas, tres pavos y un venado a cambio de granos. Su señoría aceptó el trueque y los indios recibirán una fanega de maíz.

5 de abril de 1627

Traje 24 cubos de agua de manantial para calentar. Hoy se bañaron todos los miembros de la familia Brewster. Fue agradable lavarse.

Love, el hijo de Brewster, me advirtió que no es saludable bañarse más de tres o cuatro veces al año, porque si se hace muy seguido, el agua quita la protección natural del cuerpo contra las enfermedades.

barquillo pasta de harina crujiente y tostada

Mañana iremos a pescar arenques, que durante este mes y el siguiente son abundantes.

1 de junio de 1627

Como el señor Brewster pronostica que se acerca un tiempo lluvioso, trabajamos el doble para plantar nuestros guisantes, frijoles, trigo, centeno, cebada y sorgo. Hay algunas familias que aún no han sembrado nada.

La señora Priscilla Alden dio a luz al pequeño John. El señor John Alden, su esposo, estaba muy feliz.

Love preparó otra vez mejillones.

1 de julio de 1627

Nuestra huerta ha padecido el clima cálido y seco. Richard y yo acarreamos cubos de agua para regar los cultivos.

Como parece que no lloverá, pensamos segar un campo de granos mañana. Daremos vuelta la cebada para que se seque por completo al sol, y luego la apilaremos.

Herví agua de mar para reabastecer la reserva de sal de la familia Brewster.

¡Love dice que estoy creciendo mucho!

18 de agosto de 1627

Hoy, al regresar del asentamiento indio, me enteré de que llegaron dos barcos de Jamestown para llevarse a los pasajeros del *Sparrowhawk* a Virginia. Esta no fue una buena noticia para mí.

Responde

1. ¿Cómo obtenían los habitantes de la plantación Plimoth los bienes que necesitaban?

2. Compara las actividades diarias de Christopher Sears con las tuyas. Escribe un párrafo que describa en qué se parecen y en qué se diferencian.

Lección 1

Tiempos

- **1400**
- **1535** Se forma la Nueva España
- **1565** Se construye St. Augustine
- **1650**

REFLEXIONA
¿Por qué estableció España colonias en América del Norte?

✓ Ubica las tierras de las que España se posesionó en América del Norte.

✓ Describe las relaciones entre los colonos españoles y los indios americanos.

VOCABULARIO
colonia pág. 155
plantación pág. 156
esclavitud pág. 156
zonas fronterizas pág. 157
presidio pág. 157
misión pág. 157
hacienda pág. 158

PERSONAS
rey Felipe II
Bartolomé de Las Casas
Pedro Menéndez de Avilés

LUGARES
Nueva España
Ciudad de México
St. Augustine
Santa Fé

IDEA PRINCIPAL Y DETALLES

Normas de California
HSS 5.3, 5.3.1, 5.3.2, 5.3.3, 5.3.4, 5.4, 5.4.6

Las colonias españolas

IMAGÍNATE ALLÍ

—¡Cuando el rey se enoja, todo el palacio tiembla! —dice tu hermana en un murmullo.

—¡Shhh! Deberíamos estar trabajando en la cocina —respondes en voz baja. Ambos están escondidos en un corredor y escuchan una conversación.

—Quienes ignoren mis posesiones de tierra lo lamentarán —brama el **rey Felipe II**—. Necesito marineros y colonos. ¡América del Norte será nuestra de una vez y para siempre! Llamen a uno de mis capitanes.

Tú y tu hermana saben muy bien que el rey no permitirá que nadie se atreva a invadir tierras españolas.

Batallas por posesiones de tierras

Hacia el siglo XVI, España y otras naciones europeas habían enviado exploradores a las Américas para tomar posesión de tierras. A menudo, un explorador clavaba una cruz en el lugar de desembarco. La cruz era una señal de que se había posesionado de la tierra. Sin embargo, después de ocuparla, la expedición continuaba su camino sin dejar a nadie que protegiera esos territorios.

La mayoría de los exploradores simplemente se detenían en una playa y se posesionaban de toda la tierra a cientos o miles de millas a la redonda. A menudo se posesionaban de tierras que desconocían por completo. Como los países europeos competían entre sí para apropiarse de la mayor cantidad posible de tierras en las Américas, con frecuencia más de un país se posesionaba de la misma tierra. Además, en la mayoría de los lugares ocupados por los exploradores vivían indios americanos. En general, nadie hacía caso de los derechos o de las posesiones de los otros grupos.

España ya había tomado posesión de grandes porciones de América del Norte y América del Sur, pero pronto aprendió que tomar posesión de la tierra no era lo mismo que controlarla. Con el tiempo, España entendió que debía proteger las tierras de las que se habían posesionado en América del Norte.

Tras establecer la **Nueva España** en 1535, España formó colonias para proteger sus tierras y gobernar a sus habitantes. Una **colonia** es un territorio gobernado por otro país. España estableció colonias en América del Norte y América Central, y en islas del mar Caribe. Los líderes españoles gobernaban la mayoría de las colonias desde la **Ciudad de México**, capital de la Nueva España.

REPASO DE LA LECTURA **IDEA PRINCIPAL Y DETALLES** ¿Qué hizo España para competir por el control de las tierras en las Américas?

› España construyó fuertes para proteger las tierras de las que se había posesionado en América del Norte.

La Nueva España

Al principio, muy pocos españoles se asentaron en la Nueva España. Pero después de oír que había allí oro y plata, muchos colonos partieron en busca de riquezas. Otros llegaron allí para establecer grandes granjas, llamadas **plantaciones**. Hacia 1550, unos 100,000 colonos españoles vivían en todo el territorio de las Américas.

Los españoles necesitaban muchos trabajadores para cultivar la tierra y para extraer oro y plata. Por esa razón, esclavizaron a muchos de los indios americanos que habían conquistado. La **esclavitud** es la práctica de retener personas contra su voluntad y forzarlas a cumplir órdenes. Muchos miles de esclavos indios murieron de hambre y de agotamiento por exceso de trabajo. Otros miles murieron a causa de enfermedades como sarampión, gripe y viruela, que los colonos habían traído de Europa sin saberlo. A veces, estas enfermedades acababan con tribus enteras.

Algunos colonos se preocuparon por la forma en que se trataba a los indios. Uno de ellos fue **Bartolomé de Las Casas**, un terrateniente que liberó a sus esclavos y más tarde se convirtió en sacerdote. De Las Casas afirmaba que los indios debían recibir mejor trato porque tenían una civilización avanzada y tenían almas como cualquier otro ser humano.

Como cada vez morían más indios, los colonos debían buscar otros trabajadores. Entonces, comenzaron a traer africanos para obligarlos a trabajar como esclavos en muchas zonas de la Nueva España. Muy pronto, los esclavos africanos comenzaron a trabajar bajo las mismas terribles condiciones que habían padecido los indios.

REPASO DE LA LECTURA IDEA PRINCIPAL Y DETALLES ¿Cómo afectaron los asentamientos españoles la vida de los indios americanos?

› Misiones como esta se construyeron en la Nueva España para difundir la fe católica.

Analizar mapas Con el tiempo, los límites y las misiones de la Nueva España se extendieron hacia el norte. Muchos asentamientos se conectaban con la Ciudad de México a través de El Camino Real.

◆ **Ubicación** ¿Qué misión se encontraba más al norte?

El establecimiento de zonas fronterizas

España también quería proteger sus tierras al norte de la Ciudad de México. Los territorios que se encontraban sobre el límite de las tierras de las que los españoles habían tomado posesión se llamaban **zonas fronterizas**. Las zonas fronterizas se extendían a lo largo de lo que hoy es el norte de México y el sur de Estados Unidos, desde Florida hasta California.

Los soldados españoles marcharon hacia las zonas fronterizas, donde construyeron **presidios**, o fuertes. En 1565, **Pedro Menéndez de Avilés** zarpó de España con 1,500 soldados, marineros y colonos. Desembarcaron en el área de Florida que actualmente es **St. Augustine**. Allí establecieron el primer asentamiento europeo permanente, o duradero, en lo que hoy es Estados Unidos.

Los españoles se asentaron en las zonas fronterizas con el objetivo de proteger su imperio. El rey de España también envió misioneros para convertir al cristianismo a los indios americanos.

▶ Moneda de oro española

Los misioneros construyeron asentamientos religiosos, llamados **misiones**, en gran parte de la mitad sur de América del Norte. También ayudaron a construir el asentamiento de **Santa Fé**, capital de la colonia de Nuevo México. En las misiones vivían indios y misioneros.

Capítulo 4 ■ 157

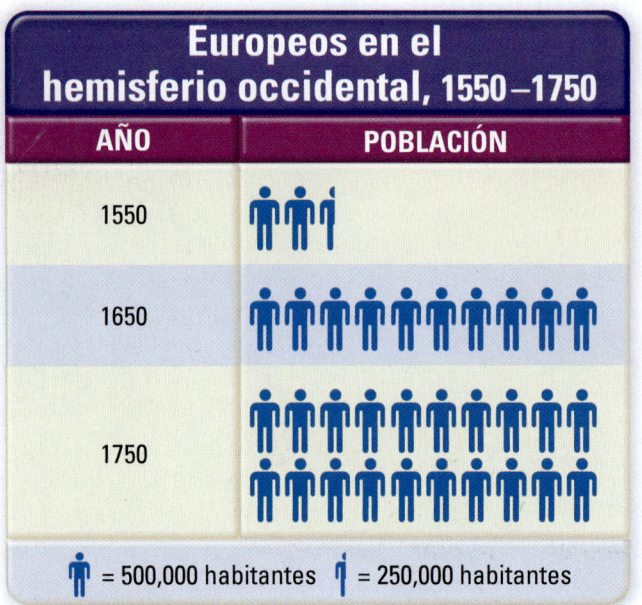

Analizar gráficas

¿Cuántos europeos vivían en el hemisferio occidental en 1550?

Al principio, algunos indios americanos decidieron quedarse en las misiones, donde aprendían nuevos modos de vida y de trabajo. Pero muchos eran forzados a trabajar en las granjas y los ranchos de las misiones. Algunos se opusieron y destruyeron las iglesias y otras construcciones de la misión.

En las zonas fronterizas del norte de México, algunos colonos construyeron grandes fincas llamadas **haciendas**, donde criaban vacas y ovejas. Los españoles, y los animales que trajeron consigo, transformaron la vida de muchos grupos indios. Los caballos, que estaban extinguidos en las Américas desde hacía tiempo, volvieron a vagar por las tierras. Los indios de las llanuras aprendieron a domar caballos para usarlos en la caza y la guerra. Los navajos aprendieron a criar ovejas y a aprovechar su lana para hacer ropa y mantas.

REPASO DE LA LECTURA ⊙**IDEA PRINCIPAL Y DETALLES** ¿Cómo transformaron los nuevos animales la vida de los indios?

Resumen

En el siglo XVI los exploradores a menudo ignoraban las tierras de las que otros países habían tomado posesión. Para proteger sus tierras, los españoles establecieron asentamientos. Como necesitaban trabajadores, los españoles esclavizaron a africanos e indios americanos.

REPASO

1. ¿Por qué estableció España colonias en América del Norte?

2. Usa los términos **hacienda** y **presidio** en una oración que describa la vida en las zonas fronterizas.

3. ¿Qué papel jugó la religión en los asentamientos españoles?

RAZONAMIENTO CRÍTICO

4. ¿Cuáles fueron algunos de los costos y beneficios de la formación de colonias?

5. ¿Cuáles fueron algunos de los efectos de la construcción de misiones?

6. **Construye un modelo** Haz un modelo de arcilla de un presidio español. El modelo debe mostrar las diferentes áreas donde las personas vivían y trabajaban.

7. **IDEA PRINCIPAL Y DETALLES**

En una hoja de papel, copia y completa el organizador gráfico de abajo.

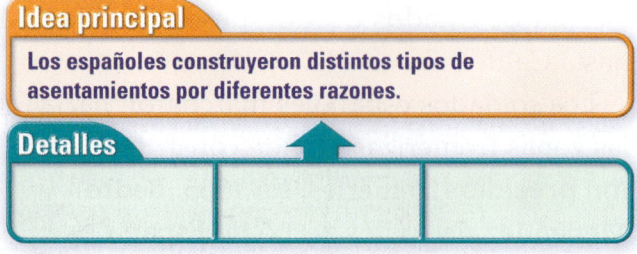

Bartolomé de Las Casas

Biografía

Integridad
Respeto
Responsabilidad
Equidad
Bondad
Patriotismo

"Porque todas las personas del mundo son... seres racionales. Todos poseen entendimiento..."*

Bartolomé de Las Casas fue uno de los primeros europeos en hacer algo para mejorar el trato que recibían los indios americanos. Cuando llegó a la isla La Española en 1502, de Las Casas estableció una plantación donde trabajaban indios americanos como esclavos. Al poco tiempo, se dio cuenta de que era incorrecto esclavizar a los indios.

En 1509, liberó a sus esclavos e inició una campaña para que los indios recibieran un trato más justo. Tres años después se hizo sacerdote y comenzó a escribir cartas y ensayos donde cuestionaba el trato que recibían los indios que habían sido esclavos.

Sus cuestionamientos llegaron a oídos del rey de España, Carlos I, quien aceptó dictar leyes que protegieran a los indios. Gracias a los escritos del sacerdote, el rey dispuso en 1550 que los españoles ya no podían esclavizar a los indios. Sin embargo, algunos no respetaron esta orden. Hasta su muerte, en 1566, de Las Casas continuó sus esfuerzos para lograr que los indios recibieran un trato más justo.

De Las Casas intercedió por los indios ante el rey Carlos I.

La importancia del carácter

¿De qué manera Bartolomé de Las Casas tomó a su cargo la responsabilidad por el trato que recibían los indios americanos?

*Bartolomé de Las Casas. *Bartolomé de Las Casas in History: Toward an Understanding of the Man and His Work,* por Juan Friede y Benjamin Keen. Northern Illinois University Press, 1971.

Biografía breve

- **1484** Nace en 1484
- **1512** De Las Casas se hace sacerdote
- **1566** De Las Casas publica *En defensa de los indios*
- **1566** Muere en 1566

APRENDE en línea
Visita MULTIMEDIA BIOGRAPHIES en www.harcourtschool.com/hss para hallar biografías multimedia.

Capítulo 4 • 159

Lección 2

Tiempos

1400 — 1650

- **1585** Los primeros colonos llegan a Roanoke
- **1607** Se establece el asentamiento de Jamestown
- **1619** Los primeros africanos llegan a Virginia

REFLEXIONA
¿Por qué llegaron los colonos ingleses a América del Norte, y dónde establecieron su primer asentamiento?

✓ Aprende cómo se estableció la colonia de Virginia.

✓ Describe las relaciones entre los colonos y los indios americanos.

VOCABULARIO
materia prima pág. 161
acción pág. 162
cultivo comercial pág. 164
sirviente por contrato pág. 164
legislatura pág. 165
representar pág. 165
iglesia establecida pág. 165
colonia real pág. 166
gobernador pág. 166

PERSONAS
reina Elizabeth I
John Smith
Pocahontas
John Rolfe

LUGARES
isla Roanoke
Jamestown

IDEA PRINCIPAL Y DETALLES

Normas de California
HSS 5.3, 5.3.1, 5.3.3, 5.4, 5.4.1, 5.4.2, 5.4.3, 5.4.5, 5.4.6, 5.4.7

La colonia de Virginia

IMAGÍNATE ALLÍ

"¡Bajaremos aquí!", grita tu amigo. Es el año 1587. Tú y otros 116 colonos están en barcos anclados frente a la **isla Roanoke**, sobre la costa de lo que hoy es North Carolina.

Anteriormente, colonos ingleses habían construido casas y un fuerte en Roanoke, pero no les gustó la isla y regresaron a Inglaterra. "Tal vez podamos usar las casas que construyeron", dices mientras contemplas tu nuevo hogar. Aun así, este lugar no termina de agradarte del todo.

▶ La reina Elizabeth I quería tener una colonia inglesa en América del Norte.

160 ▪ Unidad 2

> Cuando John White regresó a la isla Roanoke, vio que los colonos se habían marchado dejando la palabra *Croatoan* tallada en un tronco.

La colonia perdida

Inglaterra comprendió que España se había enriquecido gracias a sus colonias en las Américas. Con la esperanza de obtener parte de esas riquezas, la **reina Elizabeth I** de Inglaterra alentó a sus capitanes a atacar los barcos españoles que transportaban tesoros. De este modo, los tesoros capturados aumentaron la riqueza y el poder de Inglaterra.

Al igual que muchos de sus vecinos europeos, Inglaterra quería establecer colonias en todo el mundo. Los líderes ingleses sabían que podían obtener beneficios de la madera y otras materias primas de las colonias. Una **materia prima** es un recurso natural que se usa para elaborar un producto.

En 1584, la reina Elizabeth I ordenó a Walter Raleigh que estableciera una colonia en América del Norte. Un año después, Raleigh envió a unos 100 colonos a la isla Roanoke, en un área a la que dio el nombre de Virginia. Los primeros colonos no permanecieron allí mucho tiempo. Como se había terminado el alimento, se marcharon cuando llegó otro barco inglés a la isla.

En 1587, John White lideró un nuevo grupo de colonos que llegaron a la isla Roanoke. Estos colonos también sufrieron de escasez de alimentos y fueron atacados por los indios americanos. White regresó a Inglaterra para buscar provisiones. Pero a su regreso a la isla, tres años más tarde, ¡vio que todos los colonos habían desaparecido!

Lo que ocurrió con esos colonos es un misterio. Algunos historiadores piensan que se fueron a vivir con los indios a la isla Croatoan, ya que hallaron la palabra *Croatoan* tallada en un tronco. Otros creen que los colonos murieron en una batalla contra los indios. Por esto, Roanoke fue conocida como la "colonia perdida".

REPASO DE LA LECTURA **IDEA PRINCIPAL Y DETALLES** ¿Cuáles son algunos de los motivos por los que Inglaterra quería establecer colonias en América del Norte?

Capítulo 4 ■ 161

Jamestown

CUÁNDO 1607
DÓNDE Jamestown, Virginia

A pesar del fracaso de los dos asentamientos en Roanoke, algunos comerciantes ingleses quisieron establecer una nueva colonia en Virginia. Con el permiso del rey James I, estos comerciantes formaron la Compañía de Virginia.

Muchas personas habían contribuido con dinero a la formación de la Compañía de Virginia. A cambio, cada uno de estos propietarios recibía **acciones** de la compañía, es decir, una participación en la propiedad de esa empresa. Los propietarios esperaban que la compañía generara ganancias suficientes para enriquecer a todos.

En 1607, tres barcos enviados por la Compañía de Virginia llegaron a las profundas aguas de la bahía que hoy se conoce como bahía de Chesapeake. Los barcos llevaban una tripulación de 105 colonos, todos ellos hombres. Las primeras mujeres no llegaron sino hasta 1619. Los nuevos colonos remontaron un río al que llamaron río James, en honor al rey. Eligieron un sitio sobre la costa y comenzaron a construir un asentamiento al que dieron el nombre de **Jamestown**.

La ubicación de Jamestown no resultó muy adecuada para el asentamiento, ya que la tierra era baja y pantanosa. Los pantanos atraen a los mosquitos, y los mosquitos pueden transmitir enfermedades mortales.

Muchos colonos no estaban habituados a los trabajos de granja y no podían cazar ni pescar en esas tierras desconocidas. Habían llegado a Virginia con la idea de enriquecerse y estaban tan atareados buscando oro que

John Smith

162

ninguno se ocupó de sembrar o recolectar alimento. Cuando se terminó el alimento que habían llevado, no les quedó casi nada para comer. Más de la mitad de los colonos murió durante el primer invierno.

Jamestown pudo haberse convertido en otro Roanoke de no haber sido por la intervención del capitán **John Smith**, que era soldado, explorador y escritor. Al convertirse en líder de Jamestown, Smith estableció una regla básica para los colonos: el que no trabajaba, no comía. Muy pronto, los colonos comenzaron a plantar huertas, construir viviendas y levantar empalizadas para proteger el asentamiento de los ataques de los indios.

En aquella época, vivían en Virginia más de 30 tribus de indios de los Bosques Orientales. Gran parte de las tribus eran miembros de la Confederación Powhatan y estaban unificadas bajo el mando de un jefe principal. Al enterarse de esto, los colonos llamaron *powhatan* a todas las tribus y también al jefe de la Confederación.

Desde un principio, se produjeron conflictos entre los powhatan y los colonos. A menudo, los colonos robaban las cosechas de los powhatan. Esto provocó luchas en las que ambos bandos capturaban prisioneros.

Un día, mientras exploraba la zona, el capitán Smith fue capturado. Cuenta la leyenda que el jefe powhatan ordenó la ejecución de Smith, pero **Pocahontas**, la hija del jefe, le salvó la vida. Los historiadores no saben si esta leyenda es verdadera, pero lo cierto es que hubo una tregua, o período de paz, entre los colonos y la Confederación Powhatan. Durante ese período, ambos grupos se ayudaron uno al otro mediante el intercambio de bienes.

REPASO DE LA LECTURA ☼**IDEA PRINCIPAL Y DETALLES** ¿Cómo contribuyó John Smith a la supervivencia del asentamiento de Jamestown?

Míralo *en detalle*

Jamestown

Este dibujo muestra una posible imagen de Jamestown a comienzos del siglo XVII. Los primeros colonos construyeron el fuerte. Cuando llegaron más colonos, se agregaron nuevas casas alrededor del fuerte.

1. pastura
2. cultivos
3. cañón
4. muelle
5. río James
6. iglesia
7. fuerte

◆ ¿Por qué crees que los colonos construyeron Jamestown cerca del río James?

UBÍCALO
Jamestown, VIRGINIA
Fronteras actuales

Capítulo 4 ■ 163

Crecimiento y cambio

Como las condiciones de vida en Jamestown eran todavía difíciles, muchas personas murieron durante los primeros años de la colonia. Sin embargo, todos los años llegaban nuevos colonos y la población aumentó. Con el tiempo, los colonos hallaron incluso el modo de obtener ganancias. Pero no fue por el oro que Jamestown logró prosperar, sino por un cultivo llamado tabaco.

Uno de los líderes de Jamestown, llamado **John Rolfe**, experimentó con el cultivo de varias clases de tabaco. Hacia 1613, Rolfe había logrado un tabaco de las Indias Occidentales que tuvo mucha aceptación en Inglaterra. Muy pronto, los colonos de Jamestown comenzaron a producir tabaco como un **cultivo comercial**, es decir, un cultivo producido para vender. La Compañía de Virginia ganó mucho dinero vendiendo tabaco en toda Europa.

Los granjeros cultivaban tabaco en plantaciones distribuidas en las cercanías de Jamestown. Como el cultivo de tabaco requiere muchos trabajadores, la Compañía de Virginia ofreció pagar los pasajes de quienes quisieran viajar a Virginia. A cambio, esas personas debían trabajar sin recibir paga por un período, que por lo general era de cuatro a siete años. Después de este período, estos **sirvientes por contrato** obtenían su libertad.

En 1619 llegaron los primeros africanos a Jamestown. Los historiadores no han podido determinar si estos africanos trabajaban como sirvientes por contrato o como esclavos. Sin embargo, con el tiempo, la economía de Virginia comenzó a depender cada vez más de los esclavos. Por esa razón, se trajeron más africanos a la colonia y se les obligó a trabajar como esclavos.

REPASO DE LA LECTURA **IDEA PRINCIPAL Y DETALLES** ¿Por qué se introdujo la esclavitud en Virginia?

▶ Los comerciantes holandeses vendieron los primeros africanos a los colonos de Jamestown en 1619.

CIVISMO

Instituciones democráticas

La Cámara de los Comunes ayudó a establecer la creencia de que el pueblo podía gobernarse a sí mismo.

A principios del siglo XVII, los ciudadanos de Inglaterra tenían un rey, pero también líderes elegidos por voto. Estos líderes creaban las leyes reunidos en un grupo llamado Parlamento. La Cámara de los Comunes de Virginia se formó siguiendo el modelo del Parlamento inglés. Sus miembros se reunían una vez al año para dictar las leyes de la colonia de Virginia y decidir sobre los impuestos. La elección de una legislatura para tomar decisiones en representación de los ciudadanos es aún hoy un importante derecho de los americanos.

▶ La Cámara de los Comunes de Virginia

Primer gobierno

Hacia 1619, la colonia de Virginia tenía más de 1,000 habitantes. Con tantos colonos, la colonia necesitaba crear leyes para mantener el orden. La Compañía de Virginia afirmaba que los colonos debían tener los mismos derechos que los habitantes de Inglaterra. Por esa razón, los colonos decidieron formar una **legislatura**, es decir, la rama del gobierno que crea las leyes.

La legislatura de Virginia, llamada Cámara de los Comunes, se reunió por primera vez en 1619. Fue la primera asamblea representativa en las colonias inglesas. Ahora, los colonos podían elegir miembros que los **representaran**, o actuaran en su nombre, en el gobierno. Solo los hombres que tenían propiedades podían ser miembros y votar en la Cámara de los Comunes. Las mujeres, los sirvientes por contrato y los esclavos no podían ejercer cargos públicos ni votar.

La Cámara de los Comunes aprobó varias leyes para Virginia. Una de esas leyes decía que todos debían asistir a la iglesia los domingos. En Virginia, la religión y el gobierno no estaban separados. Virginia tenía una **iglesia establecida**, es decir, una iglesia que tenía apoyo del gobierno. En Virginia, esta iglesia era la Iglesia de Inglaterra, también conocida como la Iglesia Anglicana. Tanto las leyes como los impuestos favorecían a la Iglesia de Inglaterra.

REPASO DE LA LECTURA ⊙ **IDEA PRINCIPAL Y DETALLES** ¿Qué es una iglesia establecida?

Capítulo 4 ■ 165

▶ Este grabado muestra a un jefe powhatan.

Las guerras contra los powhatan

Los colonos que llegaban a Virginia seguían ocupando territorios de los powhatan, que ya habían perdido muchas tierras. En 1622, los powhatan atacaron y mataron a más de 340 colonos para defender sus tierras. Los colonos respondieron en una serie de guerras en las que hicieron retroceder a los powhatan y se apoderaron del resto de sus tierras.

A causa de las sangrientas guerras contra los powhatan y de las deudas que tenía la Compañía de Virginia, el rey James I decidió tomar el control de Virginia y convertirla en una **colonia real**. Una colonia real es propiedad del rey. Para poder controlarla, el rey nombró un **gobernador** que compartía el poder con la Cámara de los Comunes.

REPASO DE LA LECTURA **IDEA PRINCIPAL Y DETALLES** ¿Qué originó las guerras con los powhatan?

Resumen

A partir de la década de 1580, los ingleses establecieron colonias en América del Norte. La colonia de Virginia se desarrolló lentamente. Cuando la colonia comenzó a crecer, se introdujo la esclavitud y se produjeron las guerras contra los powhatan.

REPASO

1. ¿Por qué llegaron los colonos ingleses a América del Norte, y dónde establecieron su primer asentamiento?

2. Usa el término **colonia real** en una oración acerca de Virginia.

3. ¿Qué tarea desempeñaba la Cámara de los Comunes?

RAZONAMIENTO CRÍTICO

4. **DESTREZA DE ANÁLISIS** ¿De qué manera la ubicación relativa de Jamestown dificultó la vida de los colonos ingleses?

5. ¿Cómo crees que se sentían los africanos que habían sido llevados a Virginia?

6. **Escribe una carta persuasiva** Escribe una carta para persuadir a la gente de que se establezca en la colonia de Virginia. Asegúrate de describir los beneficios de vivir en Virginia.

7. **IDEA PRINCIPAL Y DETALLES**

En una hoja de papel, copia y completa el organizador gráfico de abajo.

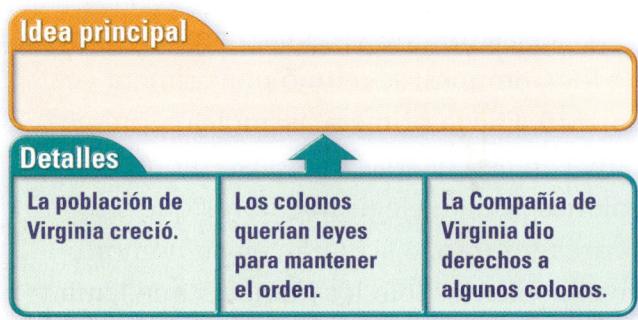

166 ▪ Unidad 2

Pocahontas

Biografía

Integridad
Respeto
Responsabilidad
Equidad
Bondad
Patriotismo

En la lengua de los algonquinos, el nombre Pocahontas significa "alegre". Pocahontas era hija de un poderoso jefe powhatan. Cuando los primeros colonos ingleses llegaron a Jamestown, Pocahontas tenía aproximadamente 12 años. En 1607, los powhatan capturaron a John Smith y lo llevaron ante su jefe. Smith creyó que iban a matarlo, pero Pocahontas no permitió que lo lastimaran. Aunque no se sabe con certeza, es posible que este famoso hecho solo haya formado parte de una ceremonia.

Durante un tiempo, la amistad de Pocahontas con los colonos ayudó a calmar los conflictos entre su pueblo y los ingleses. En una oportunidad, ella logró convencer a los colonos de que liberaran a varios guerreros que habían sido capturados.

Sin embargo, este período de cooperación entre los ingleses y los powhatan no duró mucho. En 1613, un colono inglés secuestró a Pocahontas y pidió a su padre que pagara un rescate. Durante el tiempo que pasó en poder de los ingleses, Pocahontas se enamoró de John Rolfe, otro colono, con quien se casó en 1614. En 1616, Pocahontas, Rolfe y su pequeño hijo Thomas se marcharon a Inglaterra. Más tarde, Pocahontas enfermó y murió en el viaje de regreso a Virginia. Tenía solo 22 años, pero la historia de su vida aún se relata en libros y obras de arte.

Esta pintura muestra el momento en que se supone que Pocahontas salva la vida de John Smith.

La importancia del carácter

¿Cómo demuestran las acciones de Pocahontas que era una persona bondadosa?

Biografía breve

1595			1617
Nace en 1595?			Muere en 1617
	1607 Pocahontas se encuentra con los colonos ingleses	1614 Pocahontas se casa con John Rolfe	

APRENDE en línea Visita MULTIMEDIA BIOGRAPHIES en www.harcourtschool.com/hss para hallar biografías multimedia.

Destrezas de razonamiento crítico

Comparar fuentes primarias y secundarias

▶ POR QUÉ ES IMPORTANTE

Para saber realmente lo que ocurrió en el pasado, necesitas hallar pruebas. Para ello, puedes estudiar y comparar dos clases de fuentes, las fuentes primarias y las fuentes secundarias.

▶ LO QUE NECESITAS SABER

Las **fuentes primarias** son los registros y objetos del pasado hechos por personas que presenciaron o participaron en un acontecimiento. Esas personas pueden haber escrito sus pensamientos en un diario personal, o haber contado su historia a través de una carta o un poema. O tal vez hayan pronunciado un discurso, filmado una película documental, tomado una fotografía o pintado un cuadro. Las fuentes primarias también pueden ser objetos o documentos oficiales que brindan información acerca de la época en que fueron creados o escritos. Una fuente primaria ofrece a las personas del presente una conexión directa con un acontecimiento del pasado.

Una **fuente secundaria** no tiene una conexión directa con un acontecimiento del pasado, sino que es un registro del evento hecho por una persona que no estuvo presente en ese momento. Si alguien que solo ha escuchado o leído acerca de un evento escribe un artículo en una revista, una nota en un periódico o un relato en un libro, esos registros serán fuentes secundarias.

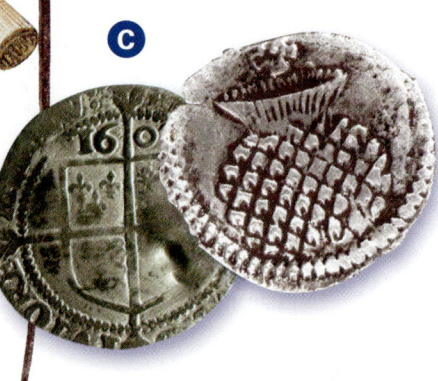

▶ Esta portada del libro de John Smith Ⓐ, el indio algonquino dibujado por John Smith Ⓑ y estas monedas halladas en Jamestown Ⓒ son fuentes primarias.

En ocasiones, una fuente puede ser primaria o secundaria según la forma en que se presente la información sobre un evento. Los periódicos son un buen ejemplo. Un artículo de periódico escrito por un reportero que vio un evento es una fuente primaria. Un artículo de periódico escrito por un reportero que escuchó a un testigo del evento es una fuente secundaria. Las historias orales, los libros de texto y los recursos de Internet también pueden ser tanto fuentes primarias como secundarias.

PRACTICA LA DESTREZA

Observa estas fotografías de objetos y materiales impresos que proveen información sobre la colonia de Virginia. Úsalas para responder las siguientes preguntas.

1. ¿En qué se parecen las ilustraciones B y E? ¿En qué se diferencian?
2. ¿Qué clase de información puede hallarse en la ilustración A que no se encuentra en la F?
3. ¿Por qué las fuentes secundarias D y F podrían considerarse también como fuentes primarias?

APLICA LO QUE APRENDISTE

DESTREZA DE ANÁLISIS Busca en tu libro de texto algunos ejemplos de fuentes primarias y secundarias. Explica a un compañero por qué es primaria o secundaria cada una de las fuentes que escogiste.

> Esta página de Internet de Jamestown **D**, la fotografía de actores, que representan la fabricación de una piragua **E**, y este libro reciente sobre Jamestown **F** son fuentes secundarias.

Destrezas de razonamiento crítico

Capítulo 4 ■ 169

Lección 3

Tiempos

- **1620** El *Mayflower* zarpa hacia Plymouth
- **1621** Los peregrinos y los wampanoag celebran el primer Día de Acción de Gracias

(1400 – 1650)

La colonia de Plymouth

REFLEXIONA
¿Por qué se asentaron los ingleses en Nueva Inglaterra?

- Aprende cómo vivían los habitantes de la colonia de Plymouth.
- Describe la cooperación y los conflictos entre los colonos ingleses y los indios americanos.
- Explica cómo los colonos ingleses desarrollaron modos de gobernarse a sí mismos.

VOCABULARIO
peregrino pág. 171
pacto pág. 172
autogobierno pág. 172
gobierno por mayoría pág. 172

PERSONAS
rey Henry VIII
William Bradford
Samoset
Tisquantum

LUGARES
Plymouth

IDEA PRINCIPAL Y DETALLES

Normas de California
HSS 5.3, 5.3.2, 5.3.3, 5.3.5, 5.4, 5.4.2, 5.4.3, 5.4.5

IMAGÍNATE ALLÍ

Estás en las profundidades de la bodega de un barco. La luz apenas te alcanza para ver y el aire está tan viciado que preferirías no respirar. El barco sube y baja al ritmo de las olas, pero ya estás acostumbrándote a ese movimiento. Tu madre te trae la cena. Pan duro, carne seca fría y una cebolla.

Así has vivido durante dos meses, bajo la cubierta del *Mayflower*. Piensas que América del Norte debe ser un lugar maravilloso como para que este horrible viaje valga la pena.

170 ▪ Unidad 2

El viaje de los peregrinos

En 1614, John Smith dejó Jamestown para explorar tierras ubicadas al norte, a lo largo de la costa atlántica. Smith trazó un mapa de las tierras que había explorado, a las que dio el nombre de Nueva Inglaterra, y escribió un libro llamado *Una descripción de Nueva Inglaterra*. Esta región incluye actualmente seis estados: Connecticut, Rhode Island, Massachusetts, New Hampshire, Vermont y Maine.

Muchas personas leyeron el libro de Smith en Inglaterra. El libro los hizo pensar en la posibilidad de construir nuevas comunidades en los territorios que allí se describían. Algunos querían trasladarse a la región para ganar dinero, y otros por razones religiosas.

Unos años antes, en Inglaterra, el **rey Henry VIII** había prohibido la Iglesia Católica y la había reemplazado por la Iglesia de Inglaterra. Todos los ingleses estaban obligados a pertenecer a la Iglesia de Inglaterra, y aquellos que no lo hacían eran castigados.

Con la esperanza de poder practicar sus propias creencias religiosas, un grupo de ingleses se fue a vivir a Holanda. Se conocieron como separatistas porque habían dejado de pertenecer a la Iglesia de Inglaterra o se habían separado de ella. Con el tiempo, recibieron el nombre de peregrinos. Un **peregrino** es alguien que hace un viaje por motivos religiosos.

Aunque en Holanda los peregrinos gozaban de libertad religiosa, no les agradaba el modo de vida de ese lugar. Querían construir su propia sociedad donde pudieran ejercer sus creencias. En América del Norte, los peregrinos tendrían su oportunidad de lograrlo.

La Compañía de Virginia aceptó pagar el viaje de los peregrinos a América del Norte. A cambio, los peregrinos pagarían a la compañía con madera y pieles que hallaran en su nuevo hogar. Los peregrinos zarparon de Inglaterra en 1620, a bordo de un barco llamado el *Mayflower*.

REPASO DE LA LECTURA
IDEA PRINCIPAL Y DETALLES
¿Por qué los peregrinos querían ir a América del Norte?

> Esta pintura muestra a peregrinos que abordan botes de remo para llegar hasta el *Mayflower*.

> Como en esa época tenían menos derechos que los hombres, las mujeres no tuvieron la posibilidad de firmar el Pacto del Mayflower.

El Pacto del Mayflower

El *Mayflower* se dirigió a Virginia, pero las cosas no salieron como estaban planeadas, porque las tormentas desviaron el rumbo del barco. El *Mayflower* llegó al cabo Cod, en lo que actualmente es Massachusetts.

Los colonos habían arribado a un territorio sin gobierno. Para mantener el orden, los hombres del *Mayflower* firmaron un **pacto**, o acuerdo. Este documento se conoce como el Pacto del Mayflower. Los firmantes acordaron promulgar leyes justas para el bien de la colonia, y prometieron obedecerlas. Esto significaba que tendrían su propio gobierno.

En la época en que gobernaban los monarcas, la idea del **autogobierno** era muy novedosa. El Pacto del Mayflower daba a todos los que lo firmaron el derecho de participar en la creación de leyes. Sin embargo, las mujeres no pudieron colaborar en la creación de leyes ya que no se les permitió firmar. El pacto también incluía la idea de **gobierno por mayoría**. Si más de la mitad de las personas aprobaba una ley, el resto debía aceptarla.

Los colonos tardaron varias semanas en hallar un lugar para su colonia. Escogieron un sitio en un puerto natural, con agua dulce y campos para cultivar. John Smith había llamado **Plymouth** a ese sitio.

William Bradford, uno de los líderes de los peregrinos, escribió:

> 66 Tras llegar a buen puerto, y a salvo en tierra, todos se arrodillaron y rezaron al Dios del cielo. 99 *

REPASO DE LA LECTURA **IDEA PRINCIPAL Y DETALLES** ¿Por qué fue importante el Pacto del Mayflower?

* William Bradford. *Of Plymouth Plantation 1620–1647*. Modern Library, 1981.

Formación de una colonia

Aunque los colonos intentaron tomar decisiones sensatas, el primer invierno resultó muy duro. Fue tan largo y frío que, al llegar la primavera, ya habían muerto 50 de los 102 colonos que habían llegado a cabo Cod.

En la primavera, los sobrevivientes se llevaron una grata sorpresa cuando un indio abenaki llamado **Samoset** los saludó en inglés diciendo "bienvenidos, ingleses". Samoset había aprendido inglés de unos marineros que pescaban a lo largo de la costa atlántica.

Varios días más tarde, Samoset regresó a Plymouth con **Tisquantum**, o Squanto, como lo llamaron los ingleses. Tisquantum era un indio wampanoag que hablaba inglés bastante bien. Años antes, había sido capturado y vendido como esclavo en España. Logró escapar y pasó varios años en Inglaterra hasta que finalmente logró regresar a su hogar.

Tisquantum se quedó con los colonos de Plymouth. Les enseñó a plantar calabaza y maíz, y les mostró buenos lugares para pescar. Como la comida era escasa, los peregrinos estaban contentos de vivir en paz con los wampanoag. Ambos grupos se beneficiaban de la cooperación, ya que tanto los colonos como los indios poseían valiosos bienes que el otro grupo quería.

Tisquantum ayudó a los colonos a intercambiar pieles con las tribus vecinas. Los indios podían intercambiar pieles por artículos de metal y ropa. Los indios apreciaban particularmente los objetos metálicos, ya que el metal puede fundirse para hacer herramientas o joyas.

REPASO DE LA LECTURA **IDEA PRINCIPAL Y DETALLES** ¿Cómo ayudó Tisquantum a los peregrinos?

> Las personas pueden visitar esta recreación del asentamiento de Plymouth para ver cómo vivían los colonos.

Capítulo 4

Patrimonio cultural

Día de Acción de Gracias

En el otoño de 1621, los peregrinos recogieron su primera cosecha. El gobernador de la colonia de Plymouth, William Bradford, propuso realizar una celebración para "festejar juntos" y dar gracias a Dios. Como esta fiesta coincidía con la celebración de la cosecha de otoño de los indios, Bradford invitó a sus vecinos wampanoag a unirse a los peregrinos en un festival de tres días.

Hoy en día, mucha gente considera que esa celebración fue el primer Día de Acción de Gracias. En 1863, Abraham Lincoln declaró el último jueves de noviembre como Día de Acción de Gracias y es, desde entonces, día de fiesta nacional.

> Este cuadro muestra la visión de un artista sobre el primer Día de Acción de Gracias.

Plymouth prospera

Cuando los primeros colonos llegaron a Plymouth, tenían muy poca cantidad de comida. Para resolver este problema, los líderes de la colonia decidieron repartir la cosecha entre las familias, en partes iguales. Más tarde, en 1623, los líderes decidieron dividir la tierra entre los colonos. El resultado fue que las personas comenzaron a trabajar más duro.

Los colonos de Plymouth comenzaron a prosperar gracias al cultivo, la pesca y el comercio de pieles. Cuando llegaron nuevos colonos, los primeros colonos ya habían acumulado un excedente de bienes para comerciar. Sin embargo, durante los primeros diez años, la población de Plymouth era poca. Hacia 1630, había tan solo unos 300 colonos.

Después de 1630, otros colonos ingleses comenzaron a asentarse en distintas zonas de Nueva Inglaterra, y entonces la vida comenzó a cambiar. Muchos de los nuevos colonos no eran amistosos con los indios y se asentaban cada vez más sobre sus tierras. Algunos colonos consideraban que no era necesario cooperar con los indios. Así, comenzaron a producirse cada vez más conflictos entre colonos e indios, hasta que el intercambio entre los dos grupos llegó a su fin.

Esto hizo más difícil la vida de los indios y los colonos. Con el tiempo, las buenas relaciones que se habían establecido entre ambos grupos comenzaron a cambiar. William Bradford, uno de los primeros gobernadores de Plymouth, había logrado la paz con los indios locales, pero más tarde apoyó una guerra para expulsar de Nueva Inglaterra a muchos indios. Este tipo de acciones también provocaron problemas entre las tribus. A medida que disminuía la cantidad de territorio disponible, las tribus comenzaron a luchar entre sí por el control de las tierras de caza.

REPASO DE LA LECTURA **IDEA PRINCIPAL Y DETALLES** ¿Cómo cambió la relación entre los indios y los colonos?

Resumen

Los peregrinos abandonaron Europa en busca de libertad religiosa. Cuando llegaron a Plymouth, los colonos redactaron el Pacto del Mayflower para establecer un autogobierno. Al principio, los indios americanos ayudaron a los colonos, pero más tarde la cooperación entre ambos grupos llegó a su fin.

> Esta india americana muestra los modos de vida de los indígenas en el sitio histórico de la plantación Plymouth.

REPASO

1. ¿Por qué se asentaron los ingleses en Nueva Inglaterra?

2. Usa los términos **pacto** y **autogobierno** en una oración acerca de la colonia de Plymouth.

3. ¿Por qué no podían participar las mujeres en la creación de leyes en la colonia de Plymouth?

RAZONAMIENTO CRÍTICO

4. **DESTREZA DE ANÁLISIS** ¿Crees que las ideas del Pacto del Mayflower continúan siendo importantes en la actualidad? ¿Por qué?

5. **DESTREZA DE ANÁLISIS** ¿Es el Pacto del Mayflower una fuente primaria? ¿Por qué?

6. **Escribe un discurso** Escribe un discurso para los peregrinos desde el punto de vista de un indio americano.

7. **IDEA PRINCIPAL Y DETALLES**

En una hoja de papel, copia y completa el organizador gráfico de abajo.

Idea principal
La Compañía de Virginia aceptó pagar el viaje de los peregrinos a América del Norte.

Detalles

Capítulo 4 ■ 175

Lección 4

Tiempos
1400 — 1650
- **1608** Champlain funda Quebec
- **1626** Los holandeses establecen Nueva Amsterdam

Los franceses y los holandeses

REFLEXIONA
¿Por qué establecieron colonias los franceses y los holandeses?

✓ Describe las luchas de las naciones europeas por el control de América del Norte.

✓ Describe las relaciones entre los colonos franceses y holandeses y los indios americanos.

VOCABULARIO
interna pág. 180
aliado pág. 180
colonia de propiedad pág. 182

PERSONAS
Samuel de Champlain
Peter Minuit
Jacques Marquette
Louis Joliet
La Salle

LUGARES
Quebec
Nueva Holanda
Nueva Amsterdam
Nueva Suecia
New Orleans

IDEA PRINCIPAL Y DETALLES

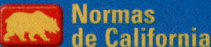
Normas de California
HSS 5.2, 5.2.2, 5.2.3, 5.3, 5.3.1, 5.3.2, 5.3.4, 5.3.5, 5.4.1, 5.4.2, 5.4.5

IMAGÍNATE ALLÍ

Corre el año 1608 y viajas con tu padre en una misión comercial. Los hurones, tu pueblo, han comenzado a comerciar pieles con los franceses, y tu padre quiere que aprendas a negociar con los recién llegados.

Al llegar al lugar donde se comercia, te quedas quieto y observas. Los hombres se comunican a través de señas y, cuando llegan a un acuerdo, dicen que sí con la cabeza. Tu padre ha llevado varias pieles, de modo que esperas volver a casa con muchas cosas nuevas. ¡Y solo deseas que no sean demasiado pesadas para poder cargarlas!

176 ▪ Unidad 2

Nueva Francia

Mientras España e Inglaterra formaban sus colonias en América del Norte, Francia se posesionaba de más tierras en lo que actualmente es Canadá y el noreste de Estados Unidos. Las posesiones francesas en esta zona, más tarde conocida como Nueva Francia, se iniciaron con Jacques Cartier. Cartier exploró el río San Lorenzo a principios del siglo XVI y comenzó una importante asociación comercial con los indios hurones.

Los comerciantes franceses buscaban enriquecerse por medio del intercambio de pieles. El rey de Francia quería aumentar el poder de su país y alentó a los comerciantes para que establecieran colonias en América del Norte.

Con el tiempo, un grupo de comerciantes contrató a **Samuel de Champlain** para que hallara un lugar adecuado para construir un asentamiento. En 1608, a orillas del río San Lorenzo, Champlain fundó **Quebec**. Aunque Quebec fue el primer asentamiento francés en América del Norte, en 1625 su población era de apenas unas 60 personas.

A partir de la década de 1630, algunos misioneros católicos franceses comenzaron a llegar a Nueva Francia. Para aprender la lengua de los indios, los misioneros vivían a menudo con las tribus. Su objetivo era convertir a los indios a la religión católica.

Algunos comerciantes de pieles franceses también vivían con las tribus indias. Con ellos aprendieron su idioma y su modo de vida. Como pasaban la mayor parte del tiempo viajando con los indios, estos comerciantes no formaron muchos asentamientos permanentes.

A diferencia de las colonias españolas e inglesas, Nueva Francia se desarrolló lentamente. La mayoría de los habitantes de Francia no estaban interesados en asentarse en América del Norte. Durante el siglo XVII, los franceses solo formaron dos grandes asentamientos importantes en toda América del Norte: Quebec y Montreal.

> Esta estatua de Samuel de Champlain se encuentra en Canadá.

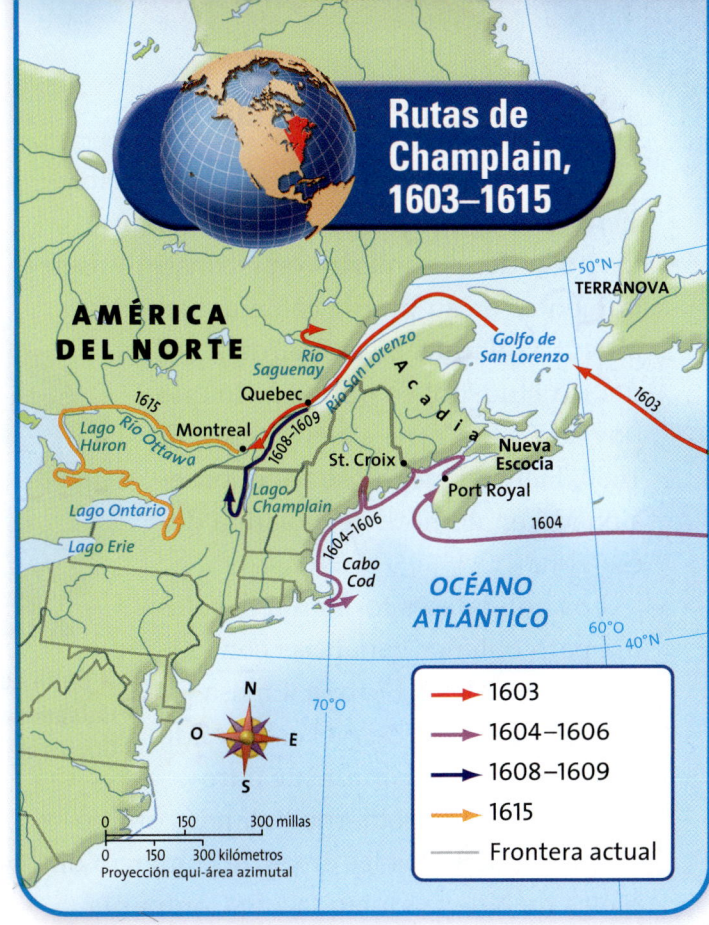

Analizar mapas

Movimiento ¿Qué distancia aproximada recorrió Champlain para llegar desde Montreal al lago Huron?

REPASO DE LA LECTURA **IDEA PRINCIPAL Y DETALLES** ¿Por qué se desarrolló lentamente Nueva Francia?

Nueva Holanda

Poco después de que los ingleses establecieran sus colonias en América del Norte, los holandeses comenzaron a construir asentamientos en su propia colonia, llamada **Nueva Holanda**. Se asentaron a orillas del río Hudson, en partes de lo que hoy son New York y New Jersey. En 1609, Henry Hudson se había posesionado en nombre de Holanda de esa zona.

Los holandeses formaron la colonia para obtener ganancias con la venta de pieles a Europa. En esa época, los gorros de piel estaban de moda en todo el continente europeo. En 1621, el gobierno holandés otorgó el control de todas las áreas de comercio de pieles de Nueva Holanda a la Compañía Holandesa de las Indias Occidentales.

Peter Minuit era el gobernador de Nueva Holanda en 1626. Los holandeses compraron la isla de Manhattan a los indios que la habitaban. Al igual que en otros lugares, las ideas de los indios acerca de la tierra eran diferentes de las de los nuevos colonos. Los indios creían que la tierra era para que todos la usaran. Por eso, creyeron que los holandeses les habían pagado solo para usar los recursos de la tierra, no por la tierra misma.

> Sello de la Compañía Holandesa de las Indias Occidentales

En 1626, los holandeses comenzaron a construir un asentamiento en el extremo sur de la isla de Manhattan, al que llamaron **Nueva Amsterdam** en honor a la ciudad holandesa de Amsterdam. Nueva Amsterdam se construyó junto a un puerto natural donde el río Hudson desemboca en el océano Atlántico. Esta ubicación era adecuada para el comercio. Los comerciantes navegaban el río Hudson hacia Nueva Amsterdam para descargar sus pieles y abastecerse. Y los barcos esperaban en el puerto para transportar las pieles a Europa.

Hacia la década de 1630, Nueva Amsterdam tenía cerca de 200 habitantes y 30 casas. También había un lugar especial donde los trabajadores podían mantener un registro de las pieles y el dinero, y un depósito para almacenar alimentos y pieles. Para protegerse, los colonos construyeron un fuerte de altos muros de piedra.

En 1638, los colonos suecos fundaron la colonia de **Nueva Suecia** al sur de Nueva Holanda. Nueva Suecia incluía partes de lo que hoy son Pennsylvania, New Jersey y Delaware. A los holandeses les preocupaba que los nuevos colonos suecos, que habían comenzado a construir sus asentamientos, participaran en el comercio de pieles. Los colonos holandeses y los indios algonquinos habían logrado una buena relación en el comercio de pieles, pero esta relación pronto enfrentaría dificultades.

A fines de la década de 1630, los conflictos con los indios aumentaron porque los colonos habían ocupado más tierras para cultivar. Se produjeron ataques de ambos grupos a poblados y granjas, y los colonos enviaron un ejército que destruyó todas las aldeas indias de Nueva Holanda.

En 1645, tras la muerte de muchos colonos e indios, ambos grupos firmaron un tratado de paz. Para entonces, la población algonquina de Nueva Holanda prácticamente había sido aniquilada.

REPASO DE LA LECTURA **IDEA PRINCIPAL Y DETALLES** ¿Cómo afectaron los conflictos con los holandeses a los indios de Nueva Holanda?

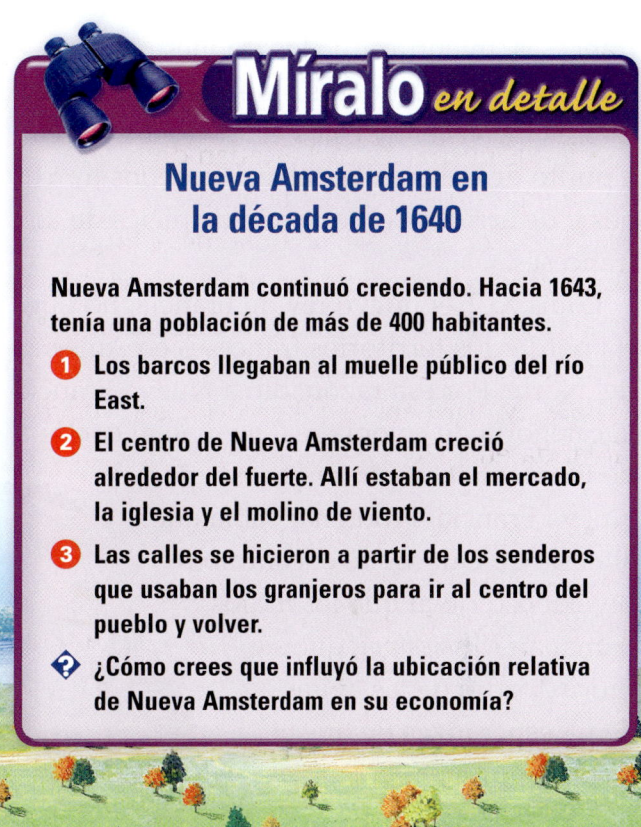

Míralo en detalle

Nueva Amsterdam en la década de 1640

Nueva Amsterdam continuó creciendo. Hacia 1643, tenía una población de más de 400 habitantes.

1. Los barcos llegaban al muelle público del río East.
2. El centro de Nueva Amsterdam creció alrededor del fuerte. Allí estaban el mercado, la iglesia y el molino de viento.
3. Las calles se hicieron a partir de los senderos que usaban los granjeros para ir al centro del pueblo y volver.

¿Cómo crees que influyó la ubicación relativa de Nueva Amsterdam en su economía?

La exploración de Nueva Francia

Cuando ingleses y holandeses comenzaron a trasladarse a diferentes partes de Nueva Francia, se produjeron luchas entre los colonos por el control del comercio de pieles. Las tribus indias también experimentaron luchas **internas**, es decir, conflictos entre grupos. Tanto los hurones como los iroqueses querían controlar las tierras de lo que hoy es Canadá. Los hurones eran **aliados**, o socios, de los franceses, mientras que los iroqueses eran socios de los holandeses y de los ingleses. Las feroces luchas entre estos grupos estuvieron a punto de destruir la población de los hurones y de arruinar el comercio de pieles de los franceses.

Louis XIV, el nuevo rey de Francia, no quería perder los territorios franceses en América del Norte. Por esa razón, dio a Nueva Francia la categoría de colonia real y envió al conde de Frontenac a explorar el oeste de Nueva Francia. Frontenac sabía que al oeste de Quebec se encontraba un extenso río al que los indios llamaban *Mississippi*, que significa "padre de las aguas". Tenía esperanzas de que el Mississippi fuera el Pasaje del Noroeste.

En 1673, un pequeño grupo encabezado por el misionero católico **Jacques Marquette** y el comerciante de pieles **Louis Joliet** partió en busca del río Mississippi. Con la ayuda de los indios, hallaron el río. Sin embargo, como el Mississippi los llevaba hacia el sur, se dieron cuenta de que no se trataba del Pasaje del Noroeste. Navegaron río abajo hasta el actual estado de Mississippi, y allí encontraron a algunos indios por los que supieron que más al sur vivía un grupo de europeos. Temiendo que esos europeos fueran soldados españoles, los franceses decidieron regresar.

Más tarde, el explorador francés René-Robert Cavelier, también conocido como Sieur de la Salle, o "Señor" La Salle, se dispuso a encontrar la desembocadura del río Mississippi. En 1682, **La Salle** dirigió una expedición desde el río Illinois hacia el sur. Durante el difícil trayecto, un miembro de la expedición escribió que, tras quedarse sin comida, estaban "viviendo solo de papas y caimanes".*

Dos meses después, los exploradores llegaron a la desembocadura del Mississippi, en el golfo de México. La Salle se posesionó en nombre de Francia de todo el valle del río Mississippi y dio a esta región el nombre de Louisiana, en honor al rey Louis XIV.

En 1684, La Salle intentó formar un asentamiento cerca de la desembocadura del río Mississippi, pero las dificultades provocaron desacuerdos entre los colonos. Tres años más tarde, La Salle fue asesinado y el asentamiento fracasó.

REPASO DE LA LECTURA **IDEA PRINCIPAL Y DETALLES** ¿Cómo promovieron los exploradores franceses los objetivos del rey?

*de un miembro de la expedición de La Salle en *North American Exploration* por Michael Golay y John S. Bowman. Wiley and Sons, Inc., 2003.

> Estatua de un indio hurón

La Exploración del Mississippi

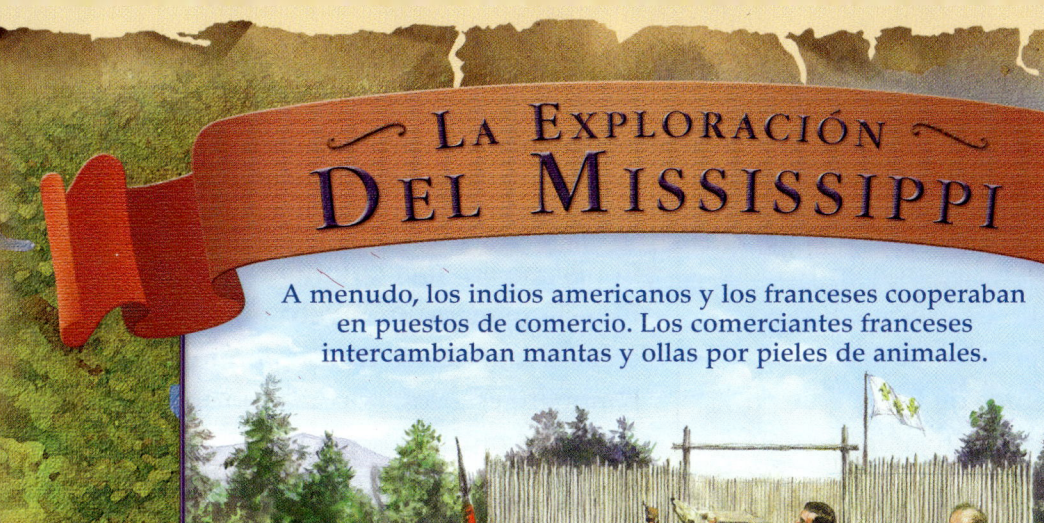

A menudo, los indios americanos y los franceses cooperaban en puestos de comercio. Los comerciantes franceses intercambiaban mantas y ollas por pieles de animales.

Marquette y Joliet en las costas del Mississippi, en 1673.

Champlain establece un asentamiento en Quebec, en 1608.

La Salle reclama el valle del Mississippi en 1682.

- Lago Superior
- Lago Huron
- Lago Michigan
- Lago Ontario
- Lago Erie
- Río Mississippi
- Quebec
- GOLFO DE MÉXICO
- OCÉANO ATLÁNTICO

← Ruta de Marquette y Joliet
← Ruta de La Salle
* Quebec

Capítulo 4 ■ 181

Una colonia y una capital

El rey de Francia envió entonces otra expedición a Louisiana. Pierre Le Moyne y su hermano Jean-Baptiste llegaron en 1699 a la costa norte del golfo de México. Poco después, hallaron la desembocadura del río Mississippi. Los miembros de la expedición establecieron un asentamiento a orillas del río. Más tarde llegaron allí nuevos colonos, pero experimentaron las mismas dificultades que había enfrentado La Salle.

En 1712, el rey de Francia declaró que Louisiana era una **colonia de propiedad**. De esta manera, entregaba el control de la colonia a un único dueño. John Law, un banquero escocés, se convirtió en propietario de Louisiana en 1717. Law formó una compañía para construir plantaciones y poblados, y trajo a miles de nuevos colonos. **New Orleans**, uno de los primeros pueblos de la colonia, se convirtió en la capital de Louisiana en 1722.

A pesar de los esfuerzos de Law, la colonia necesitaba aún más trabajadores. Muchos dueños de plantaciones comenzaron a traer esclavos africanos para trabajar. Poco después, el gobierno francés aprobó leyes que restringían los lugares donde podían vivir los africanos en Louisiana y establecían el tipo de tareas que debían cumplir.

Al igual que el resto de Nueva Francia, Louisiana fracasó en el intento de atraer

GEOGRAFÍA

New Orleans

New Orleans está ubicada 110 millas al norte de la desembocadura del río Mississippi. En el siglo XVIII, la ciudad tenía el diseño de un rectángulo de 44 manzanas. Al principio, New Orleans tenía más casas que habitantes. Junto al río se encontraba el centro del pueblo, una gran plaza pública rodeada por edificios gubernamentales y religiosos. La Iglesia Católica jugó un importante papel en el desarrollo de New Orleans. La ciudad también contaba con una colorida vida social y habitantes de todo el mundo.

suficientes pobladores que la hicieran prosperar. Hacia 1763, tan solo 80,000 colonos franceses vivían en Nueva Francia, en una zona que se extendía desde Canadá hasta Louisiana. Ese mismo año, en un área mucho más pequeña, había más de 1,500,000 colonos ingleses en América del Norte.

REPASO DE LA LECTURA **IDEA PRINCIPAL Y DETALLES** ¿Por qué fue difícil para los franceses controlar sus territorios en América del Norte?

Sistemas coloniales en América del Norte

	COLONIAS ESPAÑOLAS	COLONIAS INGLESAS	COLONIAS FRANCESAS
Ubicación	América Central y sur de América del Norte	Costa atlántica de América del Norte	Noreste de América del Norte y valle del río Mississippi
Gobierno	Gobernadas por líderes leales al monarca español	Gobernadas por líderes leales al monarca inglés y por asambleas coloniales	Gobernadas por líderes leales al monarca francés
Religión	Solo se permitía el asentamiento de católicos	La mayoría de los primeros colonos eran protestantes	La mayoría de los colonos eran católicos
Economía	Mayormente minas de oro y plata	Agricultura, pesca y comercio	Mayormente comercio de pieles

Analizar tablas

¿Cuál era la diferencia entre el gobierno colonial inglés y los gobiernos coloniales de España y Francia?

Resumen

Los franceses y los holandeses establecieron asentamientos en América del Norte durante el siglo XVII. Ambos grupos querían controlar el comercio de pieles, y a menudo esto produjo conflictos entre los colonos y los indios. Los franceses y los holandeses tuvieron problemas para atraer colonos a América del Norte. Por esa razón, la población de sus colonias se mantuvo baja.

REPASO

1. ¿Por qué establecieron colonias los franceses y los holandeses?
2. Escribe las definiciones de los términos **aliado** y **colonia de propiedad**.
3. ¿Por qué la ubicación de Nueva Amsterdam representaba una ventaja?

RAZONAMIENTO CRÍTICO

4. ¿Por qué crees que algunas tribus se aliaron con los colonos?
5. Ordena los siguientes asentamientos del primero al último: Nueva Amsterdam, New Orleans, Quebec.

6. **Dibuja un anuncio** Usa lo que has aprendido para dibujar un anuncio que diga a las personas por qué deberían asentarse en Nueva Francia o Nueva Holanda.

7. **IDEA PRINCIPAL Y DETALLES** En una hoja de papel, copia y completa el organizador gráfico de abajo.

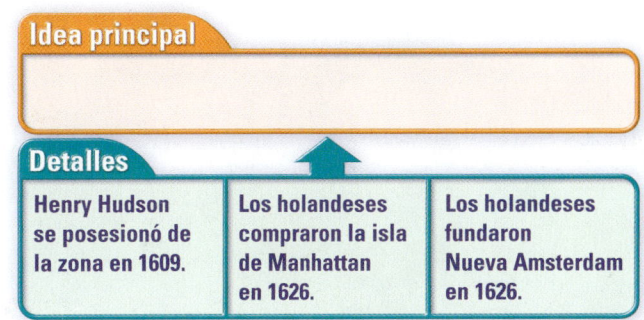

Capítulo 4 ■ 183

Destrezas con mapas y globos terráqueos

Leer un mapa histórico

▶ POR QUÉ ES IMPORTANTE

A mediados del siglo XVII, muchas naciones europeas se habían posesionado de tierras en América del Norte. El mapa histórico de la página 185 muestra las posesiones de esas naciones. Un mapa histórico brinda información acerca de un lugar en un determinado momento de la historia.

▶ LO QUE NECESITAS SABER

En los mapas, los colores son símbolos importantes. A menudo, los colores de un mapa te ayudan a distinguir entre el agua y la tierra. Los colores también te indican las posesiones adquiridas por distintas ciudades, estados o países.

▶ PRACTICA LA DESTREZA

Usa el mapa de la página 185 para responder las siguientes preguntas.

① ¿Qué color se usa para mostrar las posesiones inglesas? ¿Y las posesiones francesas? ¿Y las españolas? ¿Y las holandesas? ¿Y las suecas?

② ¿Qué país se posesionó de la mayor cantidad de tierra a lo largo de la costa atlántica?

③ ¿Qué país se posesionó de la mayor cantidad de tierra en el Oeste?

④ ¿Qué país se posesionó de la menor cantidad de tierra?

▶ APLICA LO QUE APRENDISTE

DESTREZA DE ANÁLISIS Escribe un párrafo que describa lo que muestra este mapa histórico y de qué manera lo muestra. Luego, explica la utilidad de los mapas históricos.

Practica tus destrezas con mapas y globos terráqueos con el **CD-ROM GeoSkills**.

▶ Henry Hudson se posesionó en nombre de Holanda de tierras en América del Norte.

Repaso del Capítulo

Tiempos

1400 — 1500

1535 Se forma la Nueva España

La lectura en los Estudios Sociales

La **idea principal** es la idea más importante de un texto.
Los **detalles** dan más información que apoya la idea principal.

Idea principal y detalles

Completa este organizador gráfico para mostrar que comprendes la idea principal y algunos detalles secundarios sobre las primeras colonias europeas en las Américas. Una copia de este organizador gráfico aparece en la página 46 del cuaderno de Tarea y práctica.

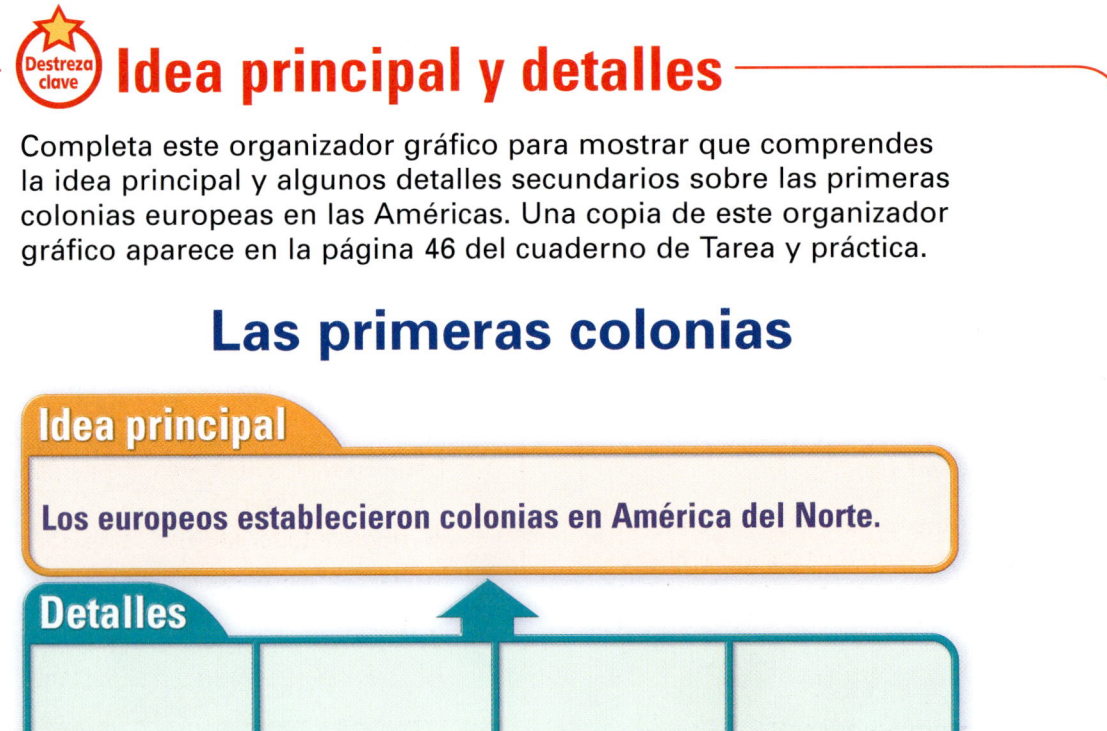

Las primeras colonias

Idea principal: Los europeos establecieron colonias en América del Norte.

Detalles:

 ## Pautas de redacción de California

Escribe un reporte comparativo Escribe un reporte para comparar y contrastar la colonia de Virginia con la colonia de Plymouth. Indica al menos dos elementos que las colonias tengan en común y dos elementos que las diferencien.

Escribe una narración Imagina que eres un periodista en St. Augustine, Nueva Amsterdam o New Orleans. Escribe un breve artículo periodístico que describa la ciudad que elegiste. Incluye su ubicación y las razones por las que se fundó.

186 ▪ Unidad 2

1607
Se funda el asentamiento de Jamestown

1620
El *Mayflower* zarpa hacia Plymouth

1684
La Salle se posesiona en nombre de Francia de Louisiana

Usa el vocabulario

Escribe una oración para explicar cómo se relaciona cada par de términos.

1. **plantación** (pág. 156), **esclavitud** (pág. 156)
2. **materia prima** (pág. 161), **cultivo comercial** (pág. 164)
3. **legislatura** (pág. 165), **representar** (pág. 165)
4. **colonia real** (pág. 166), **colonia de propiedad** (pág. 182)
5. **interna** (pág. 180), **aliado** (pág. 180)

Usa la línea cronológica

 DESTREZA DE ANÁLISIS Usa la línea cronológica del capítulo, que aparece arriba, para responder estas preguntas.

6. ¿Cuándo se formó la Nueva España?
7. ¿Cuánto tiempo transcurrió entre el año en que los ingleses fundaron Jamestown y el año en que el *Mayflower* zarpó hacia Plymouth?

Aplica las destrezas

DESTREZA DE ANÁLISIS **Comparar fuentes primarias y secundarias**

8. Observa las páginas 178 y 179. Identifica la fuente primaria y la fuente secundaria. Explica tus elecciones.

DESTREZA DE ANÁLISIS **Leer un mapa histórico**

9. Usa el mapa de la página 185 para identificar qué nación se posesionó de la mayor cantidad de tierra a lo largo del Río Grande en 1650.

Recuerda los datos

Responde estas preguntas.

10. ¿Por qué construyó España misiones en las zonas fronterizas de la Nueva España?
11. ¿Quién estableció la colonia de Plymouth y por qué?
12. ¿Por qué esclavizaron algunos colonos a los indios y a los africanos?

Escribe la letra que corresponda a la respuesta correcta.

13. ¿Qué cultivo comercial ayudó a la colonia de Virginia a crecer y prosperar?
    A algodón
    B arroz
    C tabaco
    D caña de azúcar

14. ¿Cuál fue el principal motivo por el que los franceses y los holandeses establecieron colonias en América del Norte?
    A Querían tener libertad religiosa.
    B Querían enriquecerse con la venta de pieles en Europa.
    C Querían formar plantaciones.
    D Querían gobernarse a sí mismos.

Piensa críticamente

15. **DESTREZA DE ANÁLISIS** ¿Cuáles son dos ejemplos de cooperación y dos ejemplos de conflicto entre los primeros colonos europeos y los indios americanos?

16. **DESTREZA DE ANÁLISIS** ¿Cómo afectó la ubicación relativa de la colonia de Plymouth el comercio con Inglaterra?

Capítulo 4 ■ 187

Excursión

La misión de San Diego de Alcalá

PREPÁRATE

La misión de San Diego de Alcalá, en San Diego, California, fue la primera de las 21 misiones que se estableció a lo largo de las zonas fronterizas españolas en California. El padre Junípero Serra fundó San Diego de Alcalá el 16 de julio de 1769. Con el tiempo, la ciudad de San Diego creció alrededor de la misión. Hoy en día, muchas personas visitan el lugar para ver cómo era la vida en las misiones hace cientos de años. En San Diego de Alcalá hay objetos que pertenecieron a los indios, a los primeros colonos españoles, a los soldados y a los misioneros. Conoce cómo era la vida en otra época al caminar por donde alguna vez caminó la gente que vivió allí.

OBSERVA

Los visitantes pueden disfrutar de los jardines de la misión.

UBÍCALO

Todavía se puede asistir a los servicios religiosos en la misión de San Diego de Alcalá.

Este libro de cantos se usó hace más de 200 años. Hoy se exhibe en la misión.

En los jardines de la misión hay una estatua del padre Junípero Serra.

UN PASEO VIRTUAL

APRENDE en línea — Visita VIRTUAL TOURS en www.harcourtschool.com/hss para realizar un paseo virtual.

Unidad 2 Repaso

💡 LA GRAN IDEA

Cooperación y conflicto Los europeos llegaron a las Américas para hallar riquezas, construir asentamientos y dar a conocer su religión a otros.

Resumen

Encuentros de culturas

A fines del siglo XV, las nuevas tecnologías permitieron que los europeos comenzaran a explorar el mundo. Muchos tenían la esperanza de hallar una ruta marítima que facilitara el comercio con Asia. Estas exploraciones los llevaron a las Américas. Pronto, los países europeos enviaron más exploradores para tomar posesión de nuevas tierras y formar asentamientos.

Como resultado de estas expediciones, España se posesionó de tierras en América del Norte y fundó la Nueva España en lo que hoy es México y gran parte del suroeste de Estados Unidos. Por su parte, Inglaterra se posesionó de gran parte de la costa atlántica y construyó asentamientos en lo que actualmente son Virginia y Massachusetts. Los holandeses fundaron la colonia de Nueva Holanda donde hoy se encuentran New York y New Jersey. Francia se posesionó de una gran extensión de tierra y fundó Nueva Francia en lo que son actualmente Canadá y todo el valle del río Mississippi.

Aunque los indios americanos vivían allí desde antes, hacia el año 1700 las naciones europeas se habían repartido casi todo el territorio de América del Norte. Algunos colonos establecieron relaciones pacíficas con los indios e intercambiaban con ellos bienes e ideas. Pero muchos otros lucharon por el control de la tierra y sus recursos.

Ideas principales y vocabulario

Lee el resumen de arriba. Luego, contesta las preguntas.

1. ¿Qué es una expedición?
   A un barco diseñado para hacer largos viajes
   B un viaje que se hace con el objetivo de explorar
   C un método para hallar y seguir una ruta
   D un acuerdo entre dos naciones

2. ¿Qué buscaban los europeos cuando llegaron por primera vez a las Américas?
   A más tierras para cultivo y ganadería
   B pieles y madera para vender en Europa
   C una ruta marítima hacia Asia
   D libertad religiosa

3. ¿Qué es una colonia?
   A un grupo de personas que hacen leyes
   B una persona que conquista otros pueblos
   C una propiedad compartida
   D un territorio gobernado por un país extranjero

4. ¿Qué país europeo exploró y se posesionó del territorio que actualmente es Canadá?
   A Inglaterra
   B Francia
   C Holanda
   D España

Recuerda los datos

Responde estas preguntas.

5. ¿Quién fue el primer explorador que se posesionó en nombre de España de tierras en las Américas?

6. ¿Qué buscaban Verrazano y Cartier cuando exploraron las Américas?

7. ¿Cuál fue el primer asentamiento permanente de Inglaterra en América del Norte?

8. ¿Qué fue el Pacto del Mayflower?

9. ¿Quién se posesionó en nombre de Francia de todo el valle del río Mississippi?

Escribe la letra que corresponda a la respuesta correcta.

10. ¿Qué instrumentos usaban los navegantes para determinar la latitud y la longitud?
    A la brújula y la carabela
    B el reloj de arena y el astrolabio
    C la brújula y el astrolabio
    D el telescopio y la carabela

11. ¿De qué región de América del Norte se posesionó en nombre de España Francisco Vázquez de Coronado?
    A el Noreste
    B el Noroeste
    C el Sureste
    D el Suroeste

12. ¿Cuál de los siguientes asentamientos se fundó primero?
    A Jamestown
    B Nueva Amsterdam
    C New Orleans
    D St. Augustine

13. En las guerras contra los powhatan, ¿contra qué grupo de colonos lucharon principalmente los indios?
    A holandeses
    B ingleses
    C franceses
    D españoles

Piensa críticamente

14. **DESTREZA DE ANÁLISIS** ¿Cuáles fueron algunos de los posibles costos y beneficios de las expediciones?

15. **DESTREZA DE ANÁLISIS** ¿Qué papel jugó la religión en las exploraciones y los asentamientos de América del Norte?

Aplica las destrezas

DESTREZA DE ANÁLISIS Leer un mapa histórico

Usa el mapa histórico de abajo para responder las siguientes preguntas.

16. ¿Qué nación se posesionó de la mayor cantidad de tierras en la costa atlántica?

17. ¿Qué grupo indígena vivía en las tierras de las que se posesionó Francia?

Posesiones en América del Norte, 1650

Unidad 2 ■ 191

Unidad 2: Actividades

Lecturas adicionales

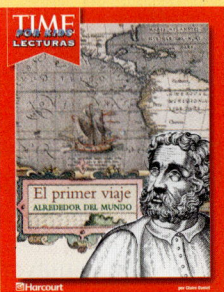
- *El primer viaje alrededor del mundo* por Claire Daniel.

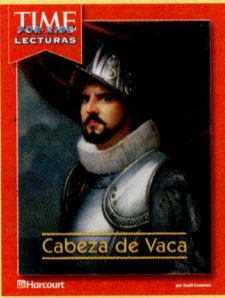
- *Cabeza de Vaca* por Scott Cameron.

- *La antigua Nueva Amsterdam* por Randi Hacker.

Muestra lo que sabes

Actividad de redacción

Escribe un anuncio persuasivo
Imagina que es el siglo XVII y vives en un país que ha establecido una colonia en América del Norte. Tu trabajo consiste en persuadir a las personas para que vayan a la nueva colonia. Escribe un anuncio que describa la ubicación de la colonia, por qué se fundó y cómo es la vida allí. Organiza tus ideas y apoya tu posición con pruebas importantes.

Proyecto de la unidad

Museo de la exploración Diseña una exposición acerca de las exploraciones y las primeras colonias en América del Norte. Decide qué personas, lugares y eventos incluirás en tu museo, y de qué manera los presentarás. Incluye en el museo breves informes, entradas de diarios, dibujos, mapas y modelos.

Aprende en línea — Visita ACTIVITIES en **www.harcourtschool.com/hss** para hallar otras actividades.

Se establecen las colonias

Unidad 3

COMIENZA CON LAS NORMAS

Normas de Historia y Ciencias Sociales de California

5.3 Los estudiantes describen la cooperación y los conflictos que existían entre los indios americanos, y también entre las naciones indias y los nuevos pobladores.

5.4 Los estudiantes comprenden las instituciones políticas, religiosas, sociales y económicas que surgieron en la era colonial.

La gran idea

IGUALDAD Y DIVERSIDAD

Las 13 colonias inglesas se fundaron en distintas regiones de América del Norte y por diferentes razones.

Reflexiona

✓ ¿Por qué llegaron a las colonias inglesas personas diferentes y dónde se asentaron?

✓ ¿Qué impacto tuvieron las nuevas colonias en los grupos de indios americanos?

✓ ¿Qué tipos de gobiernos, economías y nuevas ideas se desarrollaron en las colonias?

Muestra lo que sabes

★ Prueba de la Unidad 3

 Redacción: Una narración

 Proyecto de la unidad: Feria colonial

Unidad 3

Tiempos

Se establecen las colonias

- **1619** Llegan a la colonia de Virginia los primeros africanos, pág. 283
- **1632** Lord Baltimore funda la colonia de Maryland, pág. 273

1600 — 1650

Al mismo tiempo

- **1602** Sebastián Vizcaíno traza el mapa de la costa de Alta California
- **1636** Los holandeses establecen puestos comerciales en las costas de Taiwan

Se establecen las colonias

- **1681** William Penn funda la colonia de Pennsylvania, pág. 245
- **1733** James Oglethorpe funda la colonia de Georgia, pág. 276

1700 — **1750**

 1707 Mediante la Ley de Unión, Inglaterra se une con Escocia y forman Gran Bretaña

 1742 Indios americanos luchan contra el régimen español en Perú

Unidad 3 ■ 193

Unidad 3

Personas

John Winthrop
1588–1649
- Líder puritano inglés
- Fue gobernador de la colonia de Massachusetts

Anne Hutchinson
1591–1643
- Puritana que predicaba en su hogar
- Forzada a abandonar Massachusetts a causa de sus ideas

| 1550 | 1600 | 1650 |

- 1588 • John Winthrop — 1649
- 1591 • Anne Hutchinson — 1643
- 1638? • Metacomet
- 1644 • William Penn

Benjamin Franklin
1706–1790
- Líder de Pennsylvania y famoso inventor
- Publicó *Poor Richard's Almanack*

George Whitefield
1714–1770
- Ministro inglés que ayudó a liderar el Gran Despertar
- Conocido en Inglaterra y las 13 colonias

Metacomet
1638?–1676
- Conocido como el rey Philip por los ingleses
- Lideró a los indios wampanoag en la guerra del rey Philip

William Penn
1644–1718
- Cuáquero inglés que fundó la colonia de Pennsylvania
- Alentó las relaciones justas y pacíficas con los indios americanos

1700 — **1750** — **1800**

- 1676
- 1718
- 1706 • Benjamin Franklin — 1790
- 1714 • George Whitefield — 1770
- 1722 • Eliza Lucas Pinckney — 1793
- 1745? • Olaudah Equiano — 1797

Eliza Lucas Pinckney
1722–1793
- Hija del propietario de una plantación en South Carolina
- Experimentó con cultivos como el índigo y la seda

Olaudah Equiano
1745?–1797
- Esclavo africano que llegó a comprar su libertad
- Habló en contra de la esclavitud en sus escritos y discursos

Unidad 3 ■ 195

Unidad 3

La lectura en los Estudios Sociales

 # Resumir

Cuando **resumes**, dices con tus propias palabras una versión más corta de lo que leíste.

Por qué es importante

Resumir te ayudará a comprender y recordar la información más importante de un párrafo o texto.

Dato clave	Resumen
Idea importante de la lectura	Versión más corta de lo que leíste
Dato clave	
Idea importante de la lectura	

 Un resumen incluye solo las ideas más importantes de lo que leíste.
 Usa siempre tus propias palabras cuando hagas un resumen.

Practica la destreza

Lee los párrafos. Luego, escribe un resumen del segundo párrafo.

Datos
Resumen

Los colonos llegaron a América del Norte de diferentes países de Europa, pero España estableció el primer asentamiento europeo permanente en lo que hoy es Estados Unidos. En 1565, los colonos españoles fundaron St. Augustine, en Florida. (En 1565, España fundó St. Augustine, el primer asentamiento europeo permanente en lo que hoy es Estados Unidos.)

La mayoría de los colonos que llegaron a América del Norte en el siglo XVII eran ingleses. Uno de los motivos fue que Inglaterra tenía más habitantes de los que podía alimentar. La población pobre y huérfana se enviaba a veces a América, en ocasiones contra su propia voluntad.

198 ■ Unidad 3

Aplica lo que aprendiste

 Resumir Lee los párrafos y responde las preguntas.

Colonos jóvenes

Muchos niños llegaron de Inglaterra a América del Norte sin su familia. Algunos eran huérfanos. Otros eran hijos de familias pobres. En Inglaterra, muchos padres no ganaban dinero suficiente para alimentar a sus hijos. Los niños huían a las ciudades para mendigar alimento. Aunque Inglaterra tenía una ley que obligaba a amparar y cuidar a los niños pobres, por lo general había más niños que adultos que pudieran cuidarlos.

En la colonia de Virginia se necesitaban muchos trabajadores para las plantaciones de tabaco. Los dueños de la Compañía de Virginia vieron la oportunidad de poner a trabajar a los niños ingleses. Pidieron a los líderes ingleses que autorizaran a la compañía a emplear a niños en la colonia de Virginia como sirvientes por contrato. De este modo, los niños tenían que trabajar para la compañía durante un período determinado, que por lo general era de siete años. Cuando completaban su servicio, recibían algunas provisiones básicas, algo de alimento y su libertad.

Sin embargo, muchos niños morían antes de obtener su libertad. El clima y las condiciones de vida de América del Norte eran muy diferentes de las de Inglaterra. Muchos sirvientes por contrato morían en sus primeros dos años de servicio a causa de enfermedades.

Trabajar como sirvientes por contrato era a menudo la única opción para muchos niños y adultos pobres. Si lograban terminar su contrato, podían comenzar otra vida en la nueva tierra.

Resumir

1. ¿Por qué se convertían muchos huérfanos y niños pobres en sirvientes por contrato?

2. ¿Por qué quería la Compañía de Virginia llevar niños a la colonia de Virginia?

3. ¿Cómo describirías la vida de los colonos jóvenes en América del Norte?

Destrezas de estudio

FORMULAR PREGUNTAS

Formular, o hacer, preguntas mientras lees puede ayudarte a mejorar la comprensión del texto.

- **Piensa en preguntas que podrían responderse con la lectura. Por ejemplo, puedes preguntar cómo se relacionan los eventos.**
- **Usa las preguntas como guía de lectura. Busca las respuestas mientras lees.**

Preguntas	Respuestas
¿En qué se parecían los colonos de Massachusetts a los de Plymouth?	Al igual que los colonos de Plymouth, los de Massachusetts querían vivir de acuerdo con sus ideas cristianas.
¿Por qué se establecieron algunos colonos en áreas cercanas a la colonia de Massachusetts?	

Aplica la destreza mientras lees

Antes de leer el capítulo, escribe una lista de preguntas. Busca las respuestas mientras lees. Asegúrate de buscar también la respuesta para completar la tabla de arriba.

Normas de Historia y Ciencias Sociales de California, Grado 5

5.3 Los estudiantes describen la cooperación y los conflictos que existían entre los indios americanos, y también entre las naciones indias y los nuevos pobladores.
5.4 Los estudiantes comprenden las instituciones políticas, religiosas, sociales y económicas que surgieron en la era colonial.

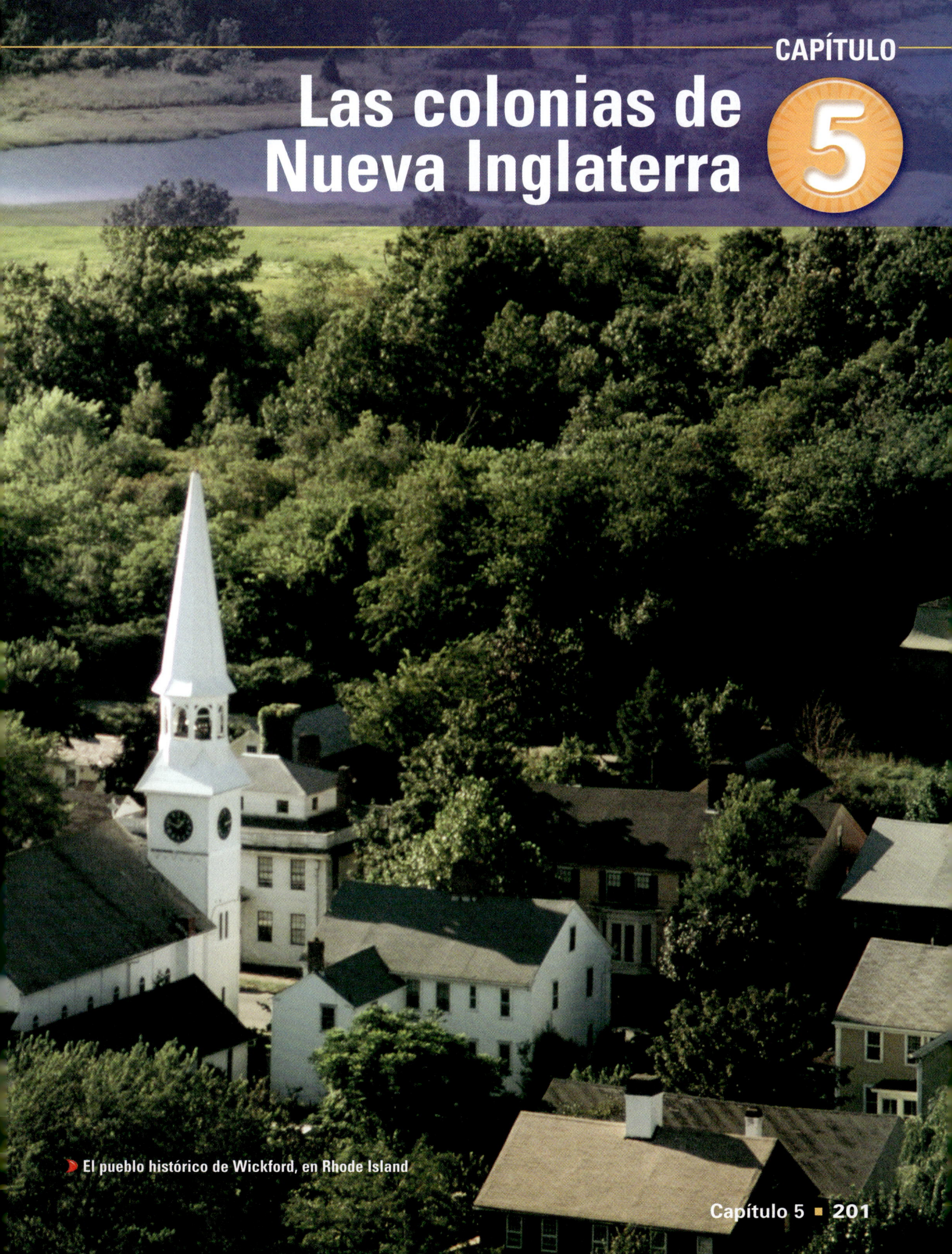

Las colonias de Nueva Inglaterra

CAPÍTULO 5

El pueblo histórico de Wickford, en Rhode Island

Comienza con un cuento

El coraje de Sarah Noble

escrito por Alice Dalgliesh
ilustrado por Greg Newbold

En 1707, la pequeña Sarah Noble, de ocho años, vivía en Westfield, Massachusetts, con su madre, su padre y siete hermanos y hermanas. Cuando su padre, John, decidió trasladar a la familia a Connecticut, Sarah se ofreció a ir con él para cocinar mientras su padre construía la nueva casa.

En su nuevo hogar, Sarah se hizo amiga de Tall John y su familia, unos indios americanos que vivían en las cercanías. Cuando el padre de Sarah regresó a Massachusetts a buscar al resto de la familia, la familia de Tall John cuidó a la pequeña. Lee para conocer las experiencias de Sarah en la aldea india.

Los días de octubre eran cálidos y soleados. Las mujeres indias preparaban el maíz para secarlo. Por la noche, Sarah las ayudaba a cubrir el maíz con cuidado para evitar que el intenso rocío lo mojara.

Había mucho que hacer. La esposa de Tall John le enseñó a tejer cestas. Y como la ropa de Sarah era dura y pesada, la mujer india le hizo ropas con piel de venado, las mismas que llevaban los indios cuando los días se volvían más frescos. Con ese material, también le hizo un par de mocasines. Sarah sentía ahora los pies libres y livianos, y caminaba con agilidad como lo hacían los niños de la tribu.

A menudo pensaba en su familia. ¿Estarían ya en camino? ¿Acaso Hannah y Margaret se asustarían de los lobos? Stephen no tendría miedo. Y el bebé era demasiado pequeño como para entender el peligro...

Junto a Tall John y su familia, Sarah creía que no tenía nada que temer. Pero, en realidad, sí había razones para tener miedo.

Los días tranquilos y placenteros llegaron a su fin y, de pronto, Sarah sintió temor y notó cierto <u>alboroto</u> en el ambiente.

alboroto desorden, problemas

Había más indios de guardia en la Colina del Centinela. Los indios del norte debían de estar acercándose.

A Sarah le costaba dormirse por las noches. "Qué pasaría si...", pensaba. Pero cansada de los largos días al sol, finalmente el sueño la vencía y se quedaba siempre dormida con un pliegue de su capa en la mano. Y antes de dormir se decía a sí misma:

Conserva tu coraje, Sarah Noble.
Conserva tu coraje.

Una vez se despertó bien entrada la noche y prestó atención a los ruidos. Tall John le había dicho, parte en palabras y parte con señas, que a lo largo del Gran Río había otras colinas como la Colina del Centinela, donde los hombres montaban guardia. Si los indios del norte se acercaban, se correría la voz de colina en colina y las aldeas estarían preparadas.

Sarah se esforzaba por escuchar. En un momento le pareció oír un <u>gemido</u> largo y profundo. ¿Era esa la señal? ¿Los indios del norte habían llegado?

gemido grito de tristeza o dolor

Sarah esperaba que la aldea se despertara, pero todo estaba en calma. Hasta podía oír en la oscuridad cómo respiraban dormidos Tall John, su esposa, Small John y Mary.

"¿Y eso? ¡No es más que un lobo!" se dijo Sarah. Pronto, su corazón comenzó a latir más tranquilo, y también ella se durmió profundamente.

Por la mañana, Tall John le dijo que habían estado en peligro, pero que ya había pasado. Nadie atacaría ahora sus aldeas.

Entonces, olvidando todos sus temores de la noche anterior, Sarah jugó con otros niños. Era un juego encantador. Bajo un sol cálido y radiante, todos se quitaron los mocasines y los colocaron en fila. Luego, escondieron una piedra en uno de ellos. Sarah estaba contenta cuando le llegó el turno de adivinar,... ¡y acertó! La piedra estaba escondida en su propio zapato. De repente, en la mitad del juego, sintió que alguien la estaba observando y se dio vuelta.

¡Era su padre! Allí estaba John Noble, de pie, sin decir palabra, con los ojos entrecerrados como cuando estaba contento.

—¡Sarah! ¡Creí que eras uno de los niños de la tribu! —dijo.

—¡Papá! —dijo Sarah, y corrió hacia él—. ¿Has venido con mamá?

—Estamos todos aquí —respondió su padre—. He venido para llevarte a casa. Pero, hija, creo que sería bueno que te pusieras tu ropa, o tu madre no te reconocerá.

Entonces, Sarah se puso una a una todas sus rígidas prendas. Ahora los botones le resultaban molestos, y en cuanto a las <u>enaguas</u>...

Pero se quedó con los mocasines, porque sus pies se negaban a usar los pesados zapatos de cuero. Cuando estaba lista para partir, observó que Tall John la miraba con tristeza.

—Tú debes ir, Sarah... —dijo Tall John.

—Tengo que hacerlo —respondió Sarah—. Mi madre está aquí.

Tall John no dijo nada, pero alzó a Sarah sobre los hombros, como ya lo había hecho tantas veces.

Responde

1. ¿Por qué tenía miedo Sarah?
2. ¿En qué se diferenciaba la ropa de Sarah de la ropa que le habían dado los indios?
3. ¿Crees que a Sarah le gustaba vivir en su nuevo ambiente? Escribe un párrafo para explicar tu respuesta.

enagua una falda que se lleva debajo de otra prenda

Lección 1

Tiempos

1600 — 1750

- **1630** Se funda la colonia de Massachusetts
- **1636** Roger Williams funda Providence
- **1675** Comienza la guerra del rey Philip

REFLEXIONA
¿Por qué se establecieron colonias en Nueva Inglaterra?

- Describe la ubicación de las colonias de Nueva Inglaterra.
- Identifica a las personas que fundaron colonias en Nueva Inglaterra.
- Analiza la relación entre los indios americanos y los colonos.

VOCABULARIO
cédula real pág. 207
disenso pág. 208
expulsar pág. 208
consenso pág. 209
sedición pág. 209
frontera pág. 212

PERSONAS
John Winthrop
Roger Williams
Anne Hutchinson

LUGARES
Massachusetts
Rhode Island
Connecticut
New Hampshire

RESUMIR

Normas de California
HSS 5.3, 5.3.2, 5.3.3, 5.4, 5.4.1, 5.4.2, 5.4.3, 5.4.7

206 ■ Unidad 3

Asentamientos en Nueva Inglaterra

IMAGÍNATE ALLÍ

Sales de tu pequeña aldea y miras hacia el mar. Hace diez años, tú y tu familia llegaron aquí desde Inglaterra para construir una comunidad religiosa. Al principio, estabas triste por haber dejado Inglaterra. Pero ya has aprendido a adaptarte a tu nueva vida. Tus experiencias te han enseñado que la vida en esta colonia exige trabajo duro y fortaleza de espíritu. Te has enterado hace poco de que pronto llegarán nuevos colonos de Inglaterra. Y esperas que estén preparados para enfrentar todos los desafíos.

▶ La colonia de Plymouth, fundada en 1620, fue la primera colonia de Nueva Inglaterra.

> Más de 20,000 puritanos dejaron Europa para establecerse en Nueva Inglaterra entre 1630 y 1643.

Una ciudad sobre una colina

En 1628, un pequeño grupo de colonos llegó a América del Norte con una **cédula real** otorgada por el rey de Inglaterra. Este documento oficial los autorizaba a fundar una colonia en Nueva Inglaterra. Construyeron un pueblo llamado Salem, sobre una bahía que llamaron bahía de Massachusetts.

Al igual que los peregrinos, estos colonos llegaron a Nueva Inglaterra para practicar sus creencias religiosas y establecer granjas y comercios. Pero, a diferencia de los peregrinos, no querían separarse de la Iglesia de Inglaterra. Ellos querían cambiar la iglesia para hacerla más "pura". Por este motivo, se les llamó puritanos.

En 1630, **John Winthrop** guió al segundo grupo de puritanos que se asentó en la colonia de **Massachusetts**. Tenía la esperanza de que la colonia fuera un modelo de vida cristiana. En uno de sus sermones, Winthrop dijo:

> 66 ...Debemos ser como una ciudad sobre una colina. Los ojos de todo el mundo nos observan... 99 *

El grupo de puritanos de Winthrop eligió construir su "ciudad sobre una colina" al sur de Salem, cerca de la desembocadura del río Charles. El asentamiento recibió el nombre de Boston, en honor a una ciudad de Inglaterra. La mayoría de los primeros asentamientos de Nueva Inglaterra se construyeron a lo largo de la costa atlántica. De ese modo, a los colonos les resultaba más fácil recibir las provisiones de los barcos mercantes ingleses.

> John Winthrop

REPASO DE LA LECTURA **RESUMIR**
¿Por qué fundaron los puritanos la colonia de Massachusetts?

*John Winthrop. *Pilgrims and Puritans: 1620–1676*, por Christopher Collier y James Collier, Benchmark Books, 1998.

Nuevas ideas, nuevos asentamientos

En 1630, John Winthrop fue elegido gobernador de la colonia de Massachusetts. Con la intención de crear una sociedad perfecta, los líderes puritanos llevaban un estricto control de la vida en la colonia. No aceptaban a personas con creencias diferentes porque creían que el **disenso**, o desacuerdo, podía dañar la colonia.

Pero algunos colonos estaban en desacuerdo con los líderes puritanos. Uno de esos colonos era **Roger Williams**, un ministro de Salem. Al igual que sus seguidores, Williams creía que su iglesia debía separarse del gobierno colonial y de la autoridad de la Iglesia de Inglaterra. Estos colonos también pensaban que los líderes puritanos no debían castigar a quienes tenían creencias diferentes.

Además, Williams se oponía al trato que los líderes puritanos daban a los indios. Pensaba que los colonos tenían que vivir en paz con los indios. Al poco tiempo, Winthrop y los demás líderes puritanos decidieron castigar a Williams por su disenso. Organizaron un tribunal y lo hallaron culpable de difundir "opiniones nuevas y peligrosas".* En 1635, los líderes votaron por **expulsar** a Williams, es decir, obligarlo a abandonar la colonia de Massachusetts.

*Registros del tribunal de asistentes de la colonia de la bahía de Massachusetts, 1630–1692, AMS Press, 1928.

▶ **Los indios narragansett dieron refugio a Roger Williams después de su expulsión de Massachusetts.**

› Las reuniones semanales de Anne Hutchinson eran vistas como un desafío a la autoridad de los hombres que lideraban la Iglesia Puritana.

Williams y su familia se mudaron al sur de Salem, en la actual bahía de Narragansett. Durante un breve período vivieron con los indios narragansett cerca de la costa. Pronto, llegaron allí muchos seguidores de Williams. En 1636, Williams compró tierras a los narragansett y fundó un asentamiento al que llamó Providence.

Williams organizó el asentamiento basado en el **consenso**, o acuerdo, de sus habitantes y en un espíritu de cooperación con los indios. El nuevo asentamiento daba a las personas la libertad de practicar cualquier religión.

Una mujer llamada **Anne Hutchinson** representó otro desafío a la autoridad, o poder, de los líderes de la colonia de Massachusetts. Hutchinson cuestionaba las enseñanzas de los ministros puritanos y comenzó a organizar concurridas reuniones religiosas en su casa.

Las acciones de Hutchinson enfurecieron a muchos líderes puritanos. En 1637, la llevaron ante un tribunal y la acusaron por cargos de **sedición**, es decir, por incitar a otras personas a actuar en contra del gobierno. Hutchinson fue hallada culpable y fue expulsada de la colonia.

Junto a su familia y a varios seguidores, Hutchinson se marchó y fundó un asentamiento en una isla cercana a Providence. Ese asentamiento se unió más tarde al de Williams bajo la cédula real que formó la colonia de **Rhode Island** en 1647.

REPASO DE LA LECTURA ⭐ **RESUMIR** ¿Por qué quería Roger Williams formar un nuevo asentamiento?

Analizar mapas

Regiones ¿Cuál de las colonias de Nueva Inglaterra tenía la menor cantidad de tierra?

Nueva Inglaterra crece

Otros colonos se marcharon de la colonia de Massachusetts en busca de mejores tierras para el cultivo. Se mudaron hacia el oeste, dejando atrás el suelo pobre y rocoso de la costa de Nueva Inglaterra y hacia el valle fértil del río Connecticut.

Aunque la mayoría de los primeros colonos de Connecticut llegaba allí en busca de buenas tierras para cultivar, muchos también lo hacían por sus creencias. Uno de estos colonos era el ministro puritano Thomas Hooker, que había dejado la colonia de Massachusetts por estar en desacuerdo con la forma de gobierno de sus líderes. Junto a sus seguidores, Hooker fundó el asentamiento de Hartford. En 1636, Hartford y otros asentamientos cercanos se unieron para formar la colonia de **Connecticut**.

En 1639, los líderes de la colonia de Connecticut redactaron un plan de gobierno llamado Órdenes Fundamentales. Este plan permitía a los votantes elegir a sus líderes. Sin embargo, los únicos que podían votar eran los hombres blancos que poseían tierras.

Otros colonos se trasladaron al norte de Massachusetts en busca de oportunidades económicas. En 1623, un colono escocés llamado David Thomson partió con un grupo para establecer un asentamiento pesquero cerca de la desembocadura de un río. Este asentamiento, conocido más tarde como Portsmouth, se unió en 1679 a otros poblados de la zona para formar la colonia de **New Hampshire**.

REPASO DE LA LECTURA CAUSA Y EFECTO ¿Qué llevó a los agricultores a establecerse en el valle del río Connecticut?

El crecimiento trae conflictos

Los colonos se asentaban en Nueva Inglaterra, ocupando tierras donde ya vivían y cazaban los indios americanos. En el valle del río Connecticut se desataron las luchas entre los colonos y los indios pequot. Los pequot querían detener a los colonos para que no se apoderaran de sus tierras. Con la ayuda de los narragansett y los soldados de Massachusetts, los colonos de Connecticut derrotaron a los pequot en la década de 1630. El conflicto se conoció como la guerra de los pequot.

Los colonos y los indios tenían conceptos diferentes acerca de la posesión de la tierra. Los mohicanos, los narragansett, los wampanoag y otras tribus creían que nadie podía adueñarse de la tierra. Pensaban que, al "vender" sus tierras, estaban en realidad haciendo un acuerdo para compartirlas. Sin embargo, los ingleses esperaban que los indios se marcharan.

Metacomet, conocido como el rey Philip por los ingleses, era el líder de los indios wampanoag. Cuando nuevos colonos ingleses comenzaron a mudarse a las tierras indias, Metacomet decidió que los indios tenían que unirse en contra de los colonos. Dijo:

> **Estoy decidido a no ver el día en el que no tenga más tierras.** *

▶ Metacomet

En 1675, las diferencias entre colonos e indios llevaron a una guerra abierta, que los colonos llamaron guerra del rey Philip. La guerra comenzó cuando un grupo de indios atacó el pueblo de Swansea, en Rhode Island. En respuesta, los colonos destruyeron una aldea indígena cercana. Al año siguiente, la guerra del rey Philip se extendió al norte, hasta el actual estado de Maine, y al sur, hasta lo que hoy es el estado de Connecticut. Ambos bandos sufrieron terribles pérdidas. Entre los colonos, 1 de cada 16 hombres murió en batalla. Al menos 3,000 indios americanos, incluyendo a Metacomet, perdieron la vida. Algunas tribus fueron prácticamente aniquiladas, y la mayoría se vio obligada a entregar sus tierras.

*Metacomet. *The Rhode Island Colony* por Dennis Fradin, Children's Press, 1989.

▶ El río Connecticut atraviesa los actuales estados de New Hampshire, Vermont, Massachusetts y Connecticut.

Patrimonio cultural

Lugares con nombres indios

La mayoría de los pueblos nativos de Nueva Inglaterra pertenecía al grupo de la lengua algonquina. Muchos nombres de lugares de Nueva Inglaterra reflejan esta herencia algonquina. Por ejemplo, el nombre *Massachusetts* significa "en la gran colina" en la lengua algonquina. El nombre *Connecticut* proviene de la palabra mohicana *quinnituqut*, que significa "en el río de larga marea". Otros lugares de la región, como la bahía de Narragansett, recibieron el nombre de las tribus que vivían allí.

Capítulo 5 ■ 211

Los colonos pronto se trasladaron a esos territorios. Algunos comenzaron a asentarse en el oeste de Connecticut, mientras que otros se mudaron al actual estado de Vermont, al norte de New Hampshire y a Maine. La **frontera**, o los territorios que se encontraban más allá de las zonas ya ocupadas por los colonos, también se desplazó hacia el oeste. En el siglo XVIII, vivían en Nueva Inglaterra más de 90,000 colonos.

REPASO DE LA LECTURA **RESUMIR** ¿Cuáles fueron los dos principales efectos de la guerra del rey Philip?

Resumen

Los colonos ingleses llegaron a Nueva Inglaterra y construyeron colonias a lo largo de la costa Atlántica. Muchos vivían de acuerdo con sus creencias religiosas. Con el tiempo, llegaron nuevos colonos que forzaron a los indios americanos a abandonar sus tierras.

▶ Los indios niantic, al igual que otros grupos, no participaron en la guerra del rey Philip.

REPASO

1. ¿Por qué se establecieron colonias en Nueva Inglaterra?
2. Usa el término **disenso** en una oración sobre Roger Williams.
3. ¿Cómo influyeron las características físicas de Nueva Inglaterra en las decisiones de los colonos sobre la ubicación de los asentamientos?

RAZONAMIENTO CRÍTICO

4. ¿Por qué crees que los líderes de la colonia de Massachusetts obligaban a marcharse a los colonos que estaban en desacuerdo con su gobierno?
5. **DESTREZA DE ANÁLISIS** ¿De qué manera las acciones de John Winthrop, Roger Williams, Anne Hutchinson y Thomas Hooker muestran la importancia de las creencias religiosas en los primeros gobiernos de Nueva Inglaterra?

6. **Dibuja un mapa** Haz un mapa que muestre la ubicación de las colonias de Nueva Inglaterra. Indica la fecha en la que se estableció cada colonia y la persona o el grupo que la fundó.

7. **RESUMIR**

   En una hoja de papel, copia y completa el organizador gráfico de abajo.

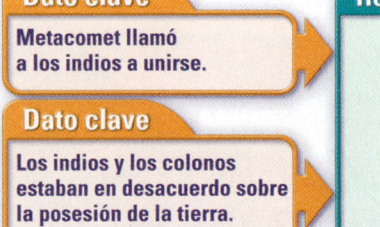

Anne Hutchinson

Biografía

Integridad
Respeto
Responsabilidad
Equidad
Bondad
Patriotismo

*"Me condenan por decir lo que en mi conciencia sé que es verdad."**

Anne Hutchinson pronunció esas palabras durante su juicio, en 1637, conmoviendo a los otros colonos de su comunidad puritana. Al defender el derecho a tener sus propias creencias religiosas, ella desafió la autoridad de los líderes de la colonia.

Anne Marbury Hutchinson nació en Inglaterra en 1591. De niña admiraba a su padre, un funcionario religioso que expresaba públicamente sus opiniones en contra de la Iglesia de Inglaterra. A los 21 años, Anne Marbury se casó con William Hutchinson, con quien crió a 15 hijos. En 1634, la familia Hutchinson se mudó a Massachusetts.

En Boston, su nuevo hogar, Anne compartía sus creencias en reuniones de oración. Decía que las personas no necesitaban seguir las leyes de la iglesia para complacer a Dios. Los líderes de la colonia la acusaron de desobedecer la ley, por lo que la enjuiciaron y votaron para expulsarla de Massachusetts.

En 1638, junto a su familia y sus seguidores, Anne se estableció en lo que más tarde sería la colonia de Rhode Island. Después de la muerte de su esposo, trasladó a su familia a lo que actualmente es New York, donde murió en un ataque indio sorpresivo en 1643. La lucha de Anne Hutchinson por la libertad religiosa fue un ejemplo para las personas de su época.

*Anne Hutchinson. *Anne Hutchinson, Guilty or Not? A Closer Look at Her Trials*, por Jean Cameron. Peter Lang Publishing, 1994.

La importancia del carácter

¿De qué manera Anne Hutchinson luchó para ser tratada con equidad?

Biografía breve

1591 Nace en 1591
1634 Hutchinson se muda a Boston y comienza a organizar reuniones religiosas
1637 Hutchinson es enjuiciada y expulsada de Massachusetts
1643 Muere en 1643

APRENDE en línea
Visita MULTIMEDIA BIOGRAPHIES en www.harcourtschool.com/hss para hallar biografías multimedia.

Lección 2

Tiempos

1600 — 1750

- **1636** Se funda Harvard College
- **1647** Massachusetts aprueba la primera ley de enseñanza pública

REFLEXIONA
¿Cómo influyeron las creencias religiosas puritanas en la vida y el gobierno de las colonias de Nueva Inglaterra?

- Describe las creencias y prácticas religiosas de los puritanos.
- Analiza la importancia de los cabildos y el autogobierno en las colonias inglesas.
- Describe cómo estaban organizadas las ciudades de Nueva Inglaterra.

VOCABULARIO
ejido pág. 216
cabildo pág. 217
cargo público pág. 217

LUGARES
Universidad de Harvard

RESUMIR

Normas de California
HSS 5.4, 5.4.2, 5.4.3, 5.4.5, 5.4.7

La vida en Nueva Inglaterra

IMAGÍNATE ALLÍ

Estás sentada junto a tu madre en un duro banco de madera de la iglesia. Del otro lado del pasillo, tu padre y otros hombres y niños puritanos escuchan el sermón en silencio. Esta mañana hace frío en la iglesia, pero un cajón con carbón caliente te entibia los pies. Observas cómo cae la arena del reloj de arena que está sobre el púlpito del ministro. ¡Su sermón ha comenzado hace tres horas! Haces un esfuerzo por no dormirte, porque te castigarán si te encuentran durmiendo. Te gustaría que los puritanos no fueran tan estrictos sobre el comportamiento en la iglesia.

▶ Los ministros puritanos pasaban muchas horas preparando sus sermones dominicales. Los sermones se daban en iglesias como esta, en Hingham, Massachusetts.

> A menudo, los primeros colonos de Nueva Inglaterra llevaban consigo armas a todas partes, incluso a la iglesia.

DATOS BREVES
El primer libro impreso en las colonias inglesas fue un libro de oraciones impreso en Boston en 1630.

Una vida religiosa

La vida de los puritanos se basaba en el cumplimiento estricto de sus creencias religiosas cristianas. Antes de realizar cualquier acción, consideraban las leyes establecidas por la Biblia. También pensaban en cómo serían juzgados por Dios y por su comunidad. Sus creencias religiosas determinaban cómo debían vivir, trabajar y utilizar su tiempo libre.

Los domingos, todos los habitantes de los pueblos puritanos tenían que asistir al servicio religioso. Las iglesias puritanas no tenían pinturas, estatuas ni campanas. Los puritanos creían en las prácticas religiosas sencillas. Pensaban que rezar y leer la Biblia eran las mejores maneras de honrar a Dios.

El servicio religioso de una iglesia puritana ocupaba la mayor parte del día, con un descanso para comer al mediodía. Las personas se sentaban en bancos de madera y no podían dormitar. Si alguien se quedaba dormido o no se comportaba adecuadamente era castigado en frente de todos.

Los puritanos castigaban con severidad a las personas que no asistían a la iglesia o que expresaban públicamente su disenso. El castigo habitual era pasar varias horas en el cepo. En los cepos, se ataba a la persona castigada por la cabeza, las manos y los pies. Y cualquiera que pasaba por allí podía regañarla.

Los puritanos vivían de acuerdo con reglas estrictas. Por ejemplo, desalentaban las obras de teatro y los juegos de cartas. Creían que estas actividades eran una pérdida de tiempo y deshonraban a Dios. En su lugar, se dedicaban a trabajar intensamente.

REPASO DE LA LECTURA **RESUMIR** ¿Cómo influían las creencias religiosas en la vida diaria de los puritanos?

Un pueblo de Nueva Inglaterra

La mayoría de los habitantes de la Nueva Inglaterra colonial vivía en pueblos pequeños. Esto despertaba un sentimiento de pertenencia a la comunidad y hacía más fácil que los colonos se ayudaran unos a otros.

Las personas confiaban en su comunidad en caso de necesitar ayuda. Para estar unidos, vivían, trabajaban y asistían juntos a la iglesia.

En el centro de cada ciudad se encontraba el **ejido**. El ejido era un espacio abierto, similar a un parque, que compartían todos los pobladores y donde pastaban vacas, ovejas y otros tipos de ganado. Los colonos construían sus casas alrededor del ejido.

Con el tiempo, se añadían otras construcciones. Los pueblos más grandes de Nueva Inglaterra tenían por lo general una posada para los viajeros. En casi todos los pueblos se construía una escuela cerca del ejido. La mayoría tenía también un almacén general, un aserradero y una herrería.

Para satisfacer sus necesidades económicas, los habitantes de la mayoría de los pequeños pueblos de las colonias dependían de un sistema de trueque. En lugar de usar dinero, intercambiaban productos y servicios. Algunos colonos se especializaban en determinados tipos de trabajo. Como obtenían lo que necesitaban mediante el trueque, los

Míralo en detalle

Un pueblo de Nueva Inglaterra

La mayoría de los pueblos de Nueva Inglaterra eran comunidades autosuficientes. Allí los habitantes cultivaban o hacían la mayor parte de las cosas que necesitaban.

1. campos de cultivo
2. tonelero
3. ejido
4. pozo de agua
5. almacén general
6. cepos
7. centro comunitario
8. escuela
9. molino

¿Por qué el centro comunitario era el centro de la vida del pueblo?

---

colonos dependían unos de otros. Por ejemplo, un herrero podía hacer herramientas de hierro para su vecino tonelero, y este, a cambio, podía hacer toneles para el herrero.

Otro edificio que se encontraba cerca del ejido era la iglesia, o centro comunitario. Este era el centro de la vida del pueblo, ya que allí se practicaban todos los servicios religiosos. El centro comunitario era también el lugar donde los puritanos dirigían el gobierno del pueblo. Todos los habitantes podían asistir a un **cabildo**, o reunión de la comunidad, pero solo los hombres que eran miembros de la iglesia tenían derecho a votar. Sin embargo, para fines del siglo XVII, ya podía votar cualquier hombre que tuviera propiedades. Las mujeres, los sirvientes por contrato y los esclavos no gozaban de este derecho.

Los pueblos de Nueva Inglaterra organizaban cabildos todos los años. Allí, los votantes elegían a las personas que ocuparían **cargos públicos**, o trabajos para la comunidad. Algunos de estos trabajos eran el de alguacil, pregonero, sepulturero e inspector de cercas.

La tarea del alguacil era mantener el orden y la paz. El pregonero recorría el pueblo anunciando noticias importantes para la comunidad. El inspector de cercas se aseguraba de que todas las cercas que rodeaban los cultivos estuvieran en buenas condiciones.

REPASO DE LA LECTURA **SACAR CONCLUSIONES**
¿Por qué eran importantes los cabildos para los colonos de Nueva Inglaterra?

La vida en el hogar

La habitación principal de un hogar puritano tenía una gran chimenea en la que siempre se mantenía el fuego encendido. Allí se preparaba la comida. En su mayoría, los alimentos se asaban sobre la llama o se cocían a fuego lento en grandes calderos de hierro que colgaban sobre el fuego. En los calderos también se calentaba el agua para cocinar y lavar. El pan se hacía en un pequeño horno que estaba en el interior de la chimenea.

Las mujeres y las niñas destinaban muchas horas a preparar la comida para sus familias. También usaban mantequeras para convertir la crema en mantequilla. Secaban y conservaban frutas, coles en vinagre y otras verduras que cultivaban en sus huertas. Las conservas en vinagre y la conservación de frutas y verduras en recipientes les permitía mantener una reserva de alimentos para el invierno, que era duro y frío.

Las mujeres y las niñas también hacían las ropas sencillas que llevaba la mayoría de los colonos. Como las telas eran escasas, se usaban las prendas gastadas para hacer nueva ropa y se cosían retazos para hacer colchas. Nada se desperdiciaba.

Las mujeres y las niñas hacían muchas otras cosas que sus familias usaban todos los días. Con grasa animal, hacían jabón y velas, y usaban pelo de cerdo para hacer cepillos. Las mujeres también se ocupaban del cuidado de los niños. La mayoría de las familias puritanas tenían siete hijos o más.

Los hombres y los niños cazaban para obtener alimento, pieles y cueros de animales. Además, cortaban leña y hacían la mayor

> Los actores que representan personajes históricos, como estas mujeres, trabajan en museos y sitios de historia viviente para mostrar cómo era la vida en el pasado.

CIVISMO

Valores democráticos

Estados Unidos tiene una larga tradición de gobierno representativo.

En los cabildos de Nueva Inglaterra, los votantes elegían a los líderes de la colonia. Cada pueblo de la colonia de Massachusetts ayudaba a elegir al gobernador. Los votantes también elegían a dos personas de su pueblo para que los representaran en el gobierno colonial. El gobernador, sus asistentes y una asamblea de representantes de la ciudad formaban el Tribunal General, que aprobaba leyes y tomaba decisiones para la colonia. La mayoría de las colonias de Nueva Inglaterra tenía formas similares de gobierno. Sin embargo, todas las cédulas reales decían que las colonias debían ser leales al gobierno inglés.

parte de sus herramientas con madera. Los hombres se turnaban para patrullar los límites del pueblo.

La mayoría de los hombres y niños trabajaban todo el día en los campos de las afueras del pueblo. Después de talar árboles y quitar piedras, araban el suelo y sembraban. Los colonos cultivaban maíz, trigo, centeno y cebada. Entre los surcos de maíz, los granjeros sembraban también distintos tipos de calabazas. Habían aprendido algunos de sus métodos de cultivo de los indios wampanoag.

En otoño, todos los habitantes del pueblo trabajaban juntos en la cosecha. Enviaban parte de lo cosechado a Inglaterra a cambio de artículos como papel, plomo y pintura. También enviaban sus cultivos a las colonias inglesas de las islas del Caribe y recibían azúcar a cambio.

Los puritanos criaban ganado, cerdos y ovejas como fuente de alimento, cuero y lana. Hacían sus propios zapatos de cuero y llevaban prendas abrigadas hechas con lana de oveja.

Aunque para los primeros puritanos la vida era difícil, hallaban tiempo para algunas actividades recreativas. Los niños por lo general tenían pocos juguetes, pero disfrutaban de juegos y deportes. Por la noche, las familias se sentaban alrededor del fuego para leer la Biblia u otros libros religiosos. En su tiempo libre, los puritanos solían combinar el juego con el trabajo. A algunos niños, por ejemplo, les gustaba pescar y cazar, y a otros, coser y hacer colchas.

REPASO DE LA LECTURA ◯ **RESUMIR** ¿Cuál era la contribución de las mujeres a las comunidades de Nueva Inglaterra?

Las escuelas

Las escuelas eran muy importantes para los puritanos porque creían que todos debían ser capaces de leer la Biblia. Al principio, los padres enseñaban a sus hijos en sus propias casas o los enviaban a estudiar a casa de los maestros de la colonia. Más tarde, en 1647, Massachusetts aprobó una ley que establecía que los pueblos con más de 50 familias debían tener una escuela. Excepto Rhode Island, todas las colonias de Nueva Inglaterra aprobaron leyes similares. De esta manera, las colonias de Nueva Inglaterra pronto tuvieron más escuelas que ninguna otra colonia inglesa.

Las escuelas puritanas fueron de las primeras escuelas públicas en las colonias inglesas. Una escuela típica tenía solo un salón de clases y un maestro. La mayoría de los maestros eran hombres, y muchos de ellos eran muy estrictos. Algunos a menudo azotaban a los estudiantes por mal comportamiento, ¡o incluso por dar una respuesta incorrecta!

La principal materia que se enseñaba en las escuelas puritanas era la lectura. Muchos niños usaban un texto escolar llamado *New England Primer*, o Libro de lectura de Nueva Inglaterra. En los días de la colonia, el papel y la tinta eran muy costosos. Por eso, la mayoría de los estudiantes aprendían a leer con una cartilla. La cartilla era un trozo de papel pegado a un marco con forma de remo, que mostraba el alfabeto. Para protegerlo, el papel se cubría con una ligera hoja de cuerno de animal, tan delgada que podía verse a través de ella.

Eran pocos los niños puritanos que pasaban mucho tiempo en la escuela, porque sus padres querían que ayudaran en las tareas de la casa y la granja. Muchos puritanos creían que aprender a leer era suficiente educación en la mayor parte de los casos.

Sin embargo, algunos niños continuaban su educación. Asistían a escuelas especiales donde se preparaban para ingresar en la universidad. En 1636, los puritanos fundaron Harvard College,

FUENTES PRIMARIAS

Una cartilla

Analizar objetos del pasado

Muchas cartillas tenían un agujero en el mango por el cual los estudiantes pasaban un trozo de cuerda. Luego, anudaban la cuerda y llevaban sus cartillas colgadas al cuello, camino a la escuela.

1. El alfabeto aparece en letras minúsculas y mayúsculas.
2. La siguiente sección comienza con las vocales y luego continúa con combinaciones de vocales y consonantes.
3. Una oración cristiana completa la página.

❓ ¿Por qué crees que era importante aprender a leer para muchos colonos?

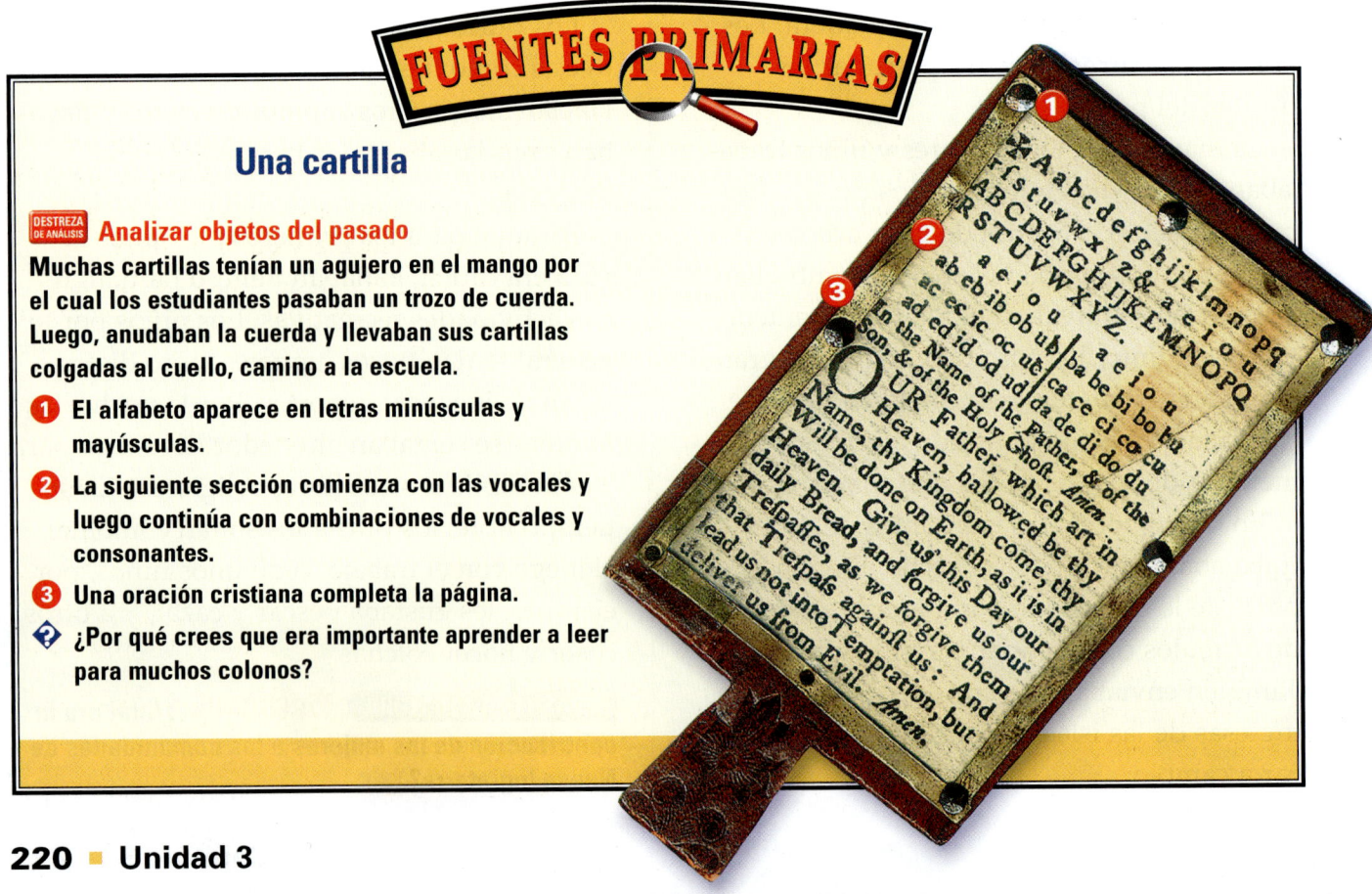

> Este grabado muestra Harvard College tal como se habría visto en 1725, casi 100 años después de su fundación.

hoy **Universidad de Harvard**, para preparar a los ministros. Esta fue la primera universidad en las colonias inglesas y, durante su primer año, tuvo solo nueve estudiantes. Sin embargo, al igual que las colonias, la universidad crecería en forma constante durante los siglos XVII y XVIII.

REPASO DE LA LECTURA **RESUMIR** ¿Por qué era importante la educación para los puritanos?

Resumen

La forma de vida puritana se basaba en la religión. Las creencias religiosas también influían en las leyes y en el gobierno puritano. Los colonos de Nueva Inglaterra creían en la importancia de la educación. Por esta razón, la mayoría de los pueblos tenían escuelas.

REPASO

1. ¿Cómo influyeron las creencias religiosas puritanas en la vida y el gobierno de las colonias de Nueva Inglaterra?

2. Escribe una oración que describa cómo podría haber sido un **cabildo**.

3. ¿De qué manera los colonos de Nueva Inglaterra practicaban el autogobierno?

4. ¿Qué hacían los habitantes de las colonias inglesas para obtener los productos y los servicios que necesitaban?

RAZONAMIENTO CRÍTICO

5. **Aplícalo** ¿En qué crees que se parece uno de los primeros pueblos de Nueva Inglaterra a tu ciudad? ¿En qué se diferencia?

6. **Escribe una narración** Escribe un cuento sobre cómo era ir a la escuela en la Nueva Inglaterra colonial. Describe cómo era la escuela y cómo estaba organizada, cómo eran los libros que usaban los estudiantes y cómo enseñaban los maestros.

7. **RESUMIR**

En una hoja de papel, copia y completa el organizador gráfico de abajo.

Capítulo 5 ■ 221

Lección 3

Tiempos

- **Siglo XVIII** — Se establecen las rutas triangulares de comercio
- **1750** — La población de Boston supera los 15,000 habitantes

REFLEXIONA
¿De qué manera dependía la economía de Nueva Inglaterra de los recursos naturales de la región?

- Explica cómo se desarrolló una economía de libre mercado en las colonias.
- Describe las rutas triangulares de comercio y el efecto que tuvieron en el comercio de esclavos.

VOCABULARIO
libre mercado pág. 223
industria pág. 224
productos navales pág. 224
producto de exportación pág. 226
producto de importación pág. 226
ruta triangular de comercio pág. 226
recorrido intermedio pág. 226

RESUMIR

Normas de California
HSS 5.4, 5.4.7, 5.4.5, 5.4.6

La economía de Nueva Inglaterra

IMAGÍNATE ALLÍ

Has cavado surcos para plantar durante toda la mañana. Te duele la espalda, pero aún no has terminado el trabajo. Tu madre se acerca y se limpia el sudor de la frente. Sonríe y dice: "En pocas semanas, esta huerta nos dará más verduras para ti y para tus hermanos y hermanas". Tu estómago se queja. Miras la tierra, y te preguntas por qué las verduras no crecen más rápido.

▶ La mayoría de las familias de Nueva Inglaterra tenía una huerta.

> En casi todas las granjas de Nueva Inglaterra se criaban vacas, caballos, pollos y cabras.

Las granjas de Nueva Inglaterra

Hacia 1750, varios pueblos de Nueva Inglaterra se habían convertido en grandes ciudades. Boston, una de las principales ciudades de las colonias inglesas, tenía más de 15,000 habitantes. Sin embargo, la mayoría de la población de Nueva Inglaterra aún vivía en pequeños pueblos rodeados de granjas.

Al principio, los granjeros de Nueva Inglaterra tuvieron que luchar contra el suelo duro y rocoso de la región. Antes de sembrar, debían quitar las piedras y cortar los árboles. Los largos inviernos de Nueva Inglaterra también dificultaban las tareas de cultivo.

Con el tiempo, los productores hallaron formas de adaptarse al ambiente. Muchos comenzaron a criar vacas lecheras y ovejas. Poco a poco, los colonos comenzaron a obtener excedentes de los productos de granja, es decir, cantidades sobrantes que podían vender o intercambiar por otros bienes en las tiendas locales.

Los granjeros intercambiaban o vendían grandes excedentes de animales, granos, lana, fruta y madera en las ciudades portuarias. En los muelles, los granjeros negociaban con los comerciantes los precios o los artículos. Luego, los comerciantes enviaban los productos de granja a Inglaterra o a otras colonias. En esos lugares, los productos se vendían por más dinero del que los comerciantes habían pagado. Muchos comerciantes se enriquecieron con el comercio estable con Inglaterra.

Este sistema de negociación entre granjeros y comerciantes formaba parte del sistema económico de **libre mercado** que se desarrolló en las colonias. Los colonos tenían la libertad de elegir los bienes y servicios que compraban y producían. Las personas competían libremente en el comercio y fijaban distintos precios para los bienes y servicios.

REPASO DE LA LECTURA **RESUMIR** ¿Qué hacían los granjeros con sus productos excedentes?

> Como los colonos usaban muchas cosas hechas de madera, los carpinteros estaban siempre ocupados. En esta representación histórica, este actor cepilla una tabla de madera con el mismo tipo de herramientas que usaban los colonos.

La industria de la madera y la construcción naval

La industria de la madera era una parte importante de la economía de libre mercado de los colonos. Una **industria** son todas las empresas que hacen un mismo tipo de producto o proveen un mismo tipo de servicio. En los vastos bosques de Nueva Inglaterra, en especial en lo que hoy son New Hampshire y Maine, los leñadores cortaban árboles y los enviaban a los aserraderos, donde los troncos se convertían en tablas. Otros colonos usaban sus destrezas y conocimientos, o capital humano, para construir casas, graneros e iglesias. Sin embargo, gran parte de la madera se enviaba a los mercados de Inglaterra, donde había menos árboles.

Los bosques de Nueva Inglaterra suministraban también la materia prima para construir barcos. Los troncos que se cortaban en el bosque se enviaban flotando por los ríos hasta las ciudades costeras. Allí, los trabajadores usaban los troncos para hacer **productos navales**, es decir, productos que se usan en la construcción y reparación de barcos. Con las tablas de roble, los constructores navales hacían el casco de los barcos. Para el mástil, usaban pinos altos. Del pino también se extraía la trementina y el alquitrán para fabricar la brea, un revestimiento que sirve para sellar la madera e impermeabilizar los barcos.

Los europeos apreciaban los resistentes barcos que se construían en Nueva Inglaterra. Hacia fines del siglo XVIII, casi un tercio de todos los barcos ingleses se habían construido en esta región. Uno de los motivos era el bajo costo de construcción. La madera no abundaba en Europa y por eso la construcción de barcos era allí más costosa que en Nueva Inglaterra.

La industria de la construcción naval contribuyó mucho al crecimiento y la prosperidad de las ciudades y pueblos costeros. Varias ciudades de Nueva Inglaterra, entre ellas Boston y Portsmouth, se convirtieron en importantes centros de construcción naval.

REPASO DE LA LECTURA **RESUMIR** ¿Qué usos daban los colonos a los bosques de Nueva Inglaterra?

La pesca y la caza de ballenas

La abundante pesca en las aguas del océano ayudó a la prosperidad de muchas ciudades costeras de las colonias de Nueva Inglaterra. Los pescadores se ganaban la vida pescando bacalao, arenque y caballa.

Como la pesca era muy abundante, los pescadores de Nueva Inglaterra obtenían más de lo que necesitaban. Secaban el pescado excedente y lo envasaban en toneles. Luego, esos toneles se cargaban en barcos y se enviaban a Europa o a otras colonias inglesas.

Además de peces, miles de ballenas nadaban en las aguas frías del Atlántico. Los cazadores de ballenas de Nueva Inglaterra las atrapaban cerca de la costa. Después de capturar y matar una ballena, la llevaban hasta la playa. Luego cortaban y hervían la grasa para obtener el aceite que se usaba para encender lámparas.

Como los cazadores de ballenas eran tantos, el número de ballenas comenzó a disminuir. Entonces, los cazadores de ballenas comenzaron a navegar mar adentro. Con el tiempo, los viajes para la caza de ballenas se hicieron cada vez más largos. Algunas embarcaciones dejaban los puertos y no regresaban en meses o incluso en años.

REPASO DE LA LECTURA **RESUMIR** ¿Por qué la pesca y la caza de ballenas se convirtieron en industrias importantes en la Nueva Inglaterra colonial?

GEOGRAFÍA

New Bedford, Massachusetts

Los primeros colonos ingleses en lo que hoy es New Bedford, Massachusetts, se establecieron en 1634. Hasta el siglo XVIII, el asentamiento era un tranquilo pueblo pesquero. Pero la industria de la caza de ballenas comenzó a expandirse y New Bedford pronto se convirtió en uno de los puertos con mayor actividad de la región. En su momento de mayor desarrollo, contaba con una flota de 329 barcos balleneros.

Analizar mapas Inglaterra, África, las Indias Occidentales y las colonias inglesas se comunicaban a través de rutas comerciales.

◆ **Movimiento** ¿Qué bienes de Inglaterra obtenían las colonias?

El comercio colonial

Debido a los numerosos barcos que se construían en Nueva Inglaterra, el comercio se convirtió en el centro de la economía de la región. El gobierno inglés estableció reglas estrictas para la actividad comercial. El gobierno inglés insistía en que los colonos enviaran sus **productos de exportación**, o productos que se venden a otro país, solo a Inglaterra o a otras colonias inglesas. Y esperaba que los colonos compraran solo **productos de importación**, o productos que se compran a otro país, de origen inglés.

Los barcos mercantes dejaban Nueva Inglaterra cargados con pieles, madera, granos, aceite de ballena y pescado seco. Y luego regresaban con té, especias y vino, y también con productos manufacturados en Inglaterra, como telas, calzado y papel.

Algunos barcos mercantes coloniales hacían viajes oceánicos aún más largos. Los barcos seguían lo que se conocía como **rutas triangulares de comercio**, que unían Inglaterra, las colonias inglesas y África. En un mapa, estas rutas formaban triángulos sobre el océano Atlántico.

Los barcos mercantes llevaban productos manufacturados de Inglaterra y materias primas de las colonias inglesas y las Indias Occidentales. Los barcos también transportaban personas que capturaban en África central y occidental para convertirlas en esclavos y venderlas como trabajadores esclavos en las colonias inglesas. En aquella época, millones de esclavos africanos eran forzados a realizar este viaje por el océano Atlántico, desde África hasta las Indias Occidentales. Esta larga travesía recibió el nombre de **recorrido intermedio**.

> En los barcos de esclavos, los africanos no tenían prácticamente lugar para moverse. Este modelo (arriba) muestra el interior de un barco de esclavos.

En los barcos de esclavos, los africanos sufrían enormemente. Muchos de ellos morían durante el recorrido intermedio. El largo viaje en barcos atestados era tan solo una parte del extenso y cruel comercio de esclavos. En el siglo XVIII, algunos colonos mostraron preocupación por la crueldad del comercio de esclavos. Con el tiempo, algunos colonos de Nueva Inglaterra comenzaron a formar grupos con el objetivo de poner fin a la esclavitud.

REPASO DE LA LECTURA **RESUMIR** ¿Qué eran las rutas triangulares de comercio?

Resumen

En el siglo XVIII, numerosas industrias dieron forma a la economía de libre mercado de Nueva Inglaterra. Muchas de esas industrias dependían de los recursos naturales de la región. Algunos colonos cultivaban la tierra, cortaban madera o pescaban. Otros usaban esos recursos para fabricar productos. Los comerciantes se ganaban la vida con el comercio. Las rutas de comercio conectaban las colonias inglesas con Inglaterra y África. Los esclavos africanos debían soportar el recorrido intermedio.

REPASO

1. ¿De qué manera dependía la economía de Nueva Inglaterra de los recursos naturales de la región?
2. Usa los términos **producto de importación** y **producto de exportación** en una oración acerca del comercio.
3. ¿Qué era el recorrido intermedio?

RAZONAMIENTO CRÍTICO

4. **DESTREZA DE ANÁLISIS** ¿Cómo influía el sistema económico de libre mercado en la vida de Nueva Inglaterra?
5. **DESTREZA DE ANÁLISIS** ¿Cómo favorecía la ubicación relativa de las ciudades de Nueva Inglaterra a la industria de la caza de ballenas en la región? ¿Cómo cambió esto con el paso del tiempo?

6. **Escribe una lista de preguntas**
Imagina que eres un colono que intenta decidir el tipo de trabajo que le gustaría hacer. Escribe una lista de preguntas que podrías hacer a un granjero, a un comerciante, a un constructor naval y a un cazador de ballenas.

7. **RESUMIR**
En una hoja de papel, copia y completa el organizador gráfico de abajo.

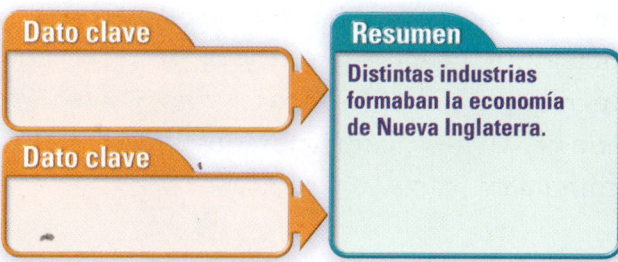

Capítulo 5 ■ 227

FUENTES PRIMARIAS

Hogares coloniales

La mayoría de las primeras casas coloniales eran construcciones sencillas, de una o dos habitaciones. Por lo tanto, la mayoría de los colonos no tenía muchas herramientas ni muebles. Cuidaban sus posesiones porque los bienes no podían reemplazarse fácilmente. La mayor parte de los objetos hallados en las casas coloniales habían sido hechos a mano. Los colonos hacían muchas de sus herramientas, pero los productos más elaborados se fabricaban por lo general en Inglaterra o en otros países europeos. Esta muñeca (derecha) es el tipo de objeto costoso que solo unos pocos colonos podían comprar.

En la mayoría de las casas coloniales, la comida se preparaba en grandes calderos que colgaban directamente sobre la llama.

Las telas de este tipo se llamaban dechados. Se hacían para practicar diferentes tipos de puntos.

> ### Destreza de Análisis: Analizar objetos del pasado
>
> 1. ¿Qué tipo de objetos crees que se hacían en las colonias? ¿Qué objetos piensas que provenían de Europa?
> 2. ¿En qué se parece la decoración del plato a la del baúl para el ajuar de novia?
>
> **APRENDE en línea** Visita PRIMARY SOURCES en www.harcourtschool.com/hss para hallar fuentes primarias.

En muchas casas coloniales se encontraron cántaros de arcilla como este.

Este plato probablemente se usó como decoración y no como vajilla.

La ropa de cama, como colchas, edredones y sábanas, se guardaba a menudo en baúles para el ajuar de novia como este.

La crema de leche se convertía en mantequilla en mantequeras de madera como esta.

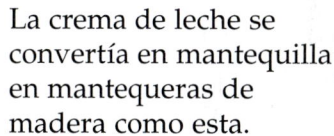

Capítulo 5 ■ 229

Destrezas con tablas y gráficas

Leer una gráfica lineal

▶ POR QUÉ ES IMPORTANTE

Los primeros colonos llegaron a Nueva Inglaterra en 1620. A partir de entonces, la población de las colonias de Nueva Inglaterra creció. Y aumentó rápidamente entre los años 1650 y 1700.

Los números que representan la población son por lo general muy grandes, y puede resultar difícil comprender su significado. Si ubicas estos números en una gráfica lineal, podrás observar más fácilmente los cambios de población que los números representan. Una **gráfica lineal** es una gráfica que usa una línea para indicar cambios.

▶ LO QUE NECESITAS SABER

Puedes seguir estos pasos para leer la información que muestra una gráfica lineal.

Paso 1 Lee el título de la gráfica para ver qué información muestra.

Paso 2 Lee los rótulos de la parte inferior y del costado de la gráfica. Los rótulos indican el tipo de información que provee la gráfica.

Paso 3 Usa los puntos de la gráfica y los números de la parte inferior y del costado para hallar los datos exactos.

Paso 4 Para ver cómo cambian los datos con el tiempo, sigue la línea de la gráfica de izquierda a derecha.

▶ En la Nueva Inglaterra colonial, la edad promedio para casarse era de veintitrés años.

Destrezas con tablas y gráficas

▶ En esta representación histórica, un grupo de actores muestra cómo vivían las primeras familias de Nueva Inglaterra.

▶ PRACTICA LA DESTREZA

Usa la gráfica lineal que aparece en esta página para responder las siguientes preguntas.

1. ¿Qué tipo de información muestra esta gráfica? ¿Cómo lo sabes?
2. ¿Qué tipo de información dan los números ubicados en la parte inferior y en el lado izquierdo de la gráfica?
3. ¿En qué año se registró la menor cantidad de población? ¿Y la mayor? ¿Alrededor de cuántas personas vivían en Nueva Inglaterra en cada uno de estos años?
4. ¿Qué población tenían las colonias de Nueva Inglaterra en 1670?

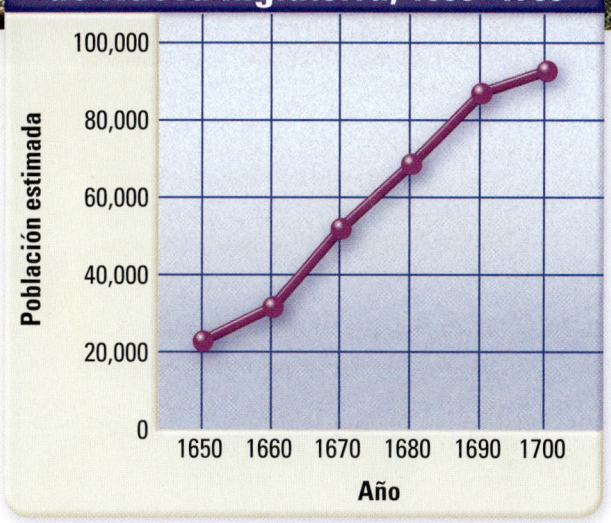

Población de las colonias de Nueva Inglaterra, 1650–1700

▶ APLICA LO QUE APRENDISTE

Escribe un párrafo que explique qué puede aprenderse al leer la gráfica lineal que aparece en esta página. Incluye la información importante que muestra la gráfica. Luego, decide si crees que puedes aprender más del párrafo o de la gráfica. Explica tu respuesta.

Capítulo 5 ■ 231

Repaso del Capítulo 5

Tiempos

1600 — **1650**

1630 Los puritanos ingleses zarpan hacia Massachusetts

1635 Roger Williams es expulsado de Massachusetts

La lectura en los Estudios Sociales

Cuando **resumes**, dices una versión más corta de lo que acabas de leer.

Resumir

Completa este organizador gráfico para demostrar que puedes resumir el papel que desempeñó la religión en las colonias de Nueva Inglaterra. Una copia de este organizador gráfico aparece en la página 56 del cuaderno de Tarea y práctica.

La religión en Nueva Inglaterra

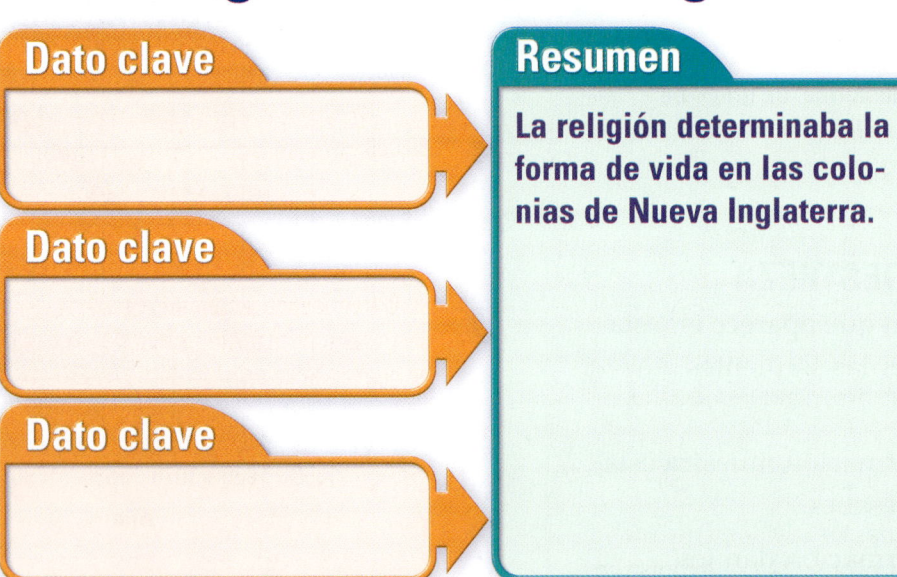

Dato clave

Dato clave

Dato clave

Resumen

La religión determinaba la forma de vida en las colonias de Nueva Inglaterra.

 Pautas de redacción de California

Escribe una narración Imagina que es 1630 y estás por partir hacia Nueva Inglaterra. Piensa cómo te sientes al dejar tu hogar e irte a un lugar desconocido. Escribe un cuento que describa el escenario y lo que estás sintiendo.

Escribe una carta persuasiva Imagina que es el año 1650 y formas parte de un grupo que quiere establecer una colonia en América del Norte. Escribe una carta para persuadir a una compañía de pagar el costo de los barcos y las provisiones para tu colonia.

1675 Comienza la guerra del rey Philip

1750 Varios pueblos de Nueva Inglaterra se convierten en ciudades de mucha actividad

Usa el vocabulario

Identifica el término que corresponda a cada definición.

consenso, pág. 209
ejido, pág. 216
industria, pág. 224
productos navales, pág. 224
productos de importación, pág. 226

1. acuerdo
2. productos que se traen desde otro país
3. todas las empresas que hacen un mismo tipo de producto
4. espacio abierto, similar a un parque, en el centro de un pueblo
5. productos que se usan para construir y reparar barcos

Usa la línea cronológica

DESTREZA DE ANÁLISIS Usa la línea cronológica del capítulo, que aparece arriba, para responder estas preguntas.

6. ¿Cuándo comenzó la guerra del rey Philip?
7. ¿Cuántos años después de que los puritanos zarparan hacia Massachusetts fue expulsado Roger Williams?

Aplica las destrezas

Leer una gráfica lineal

8. Observa la gráfica lineal que aparece en la página 231. ¿Cuánto creció aproximadamente la población de las colonias de Nueva Inglaterra entre 1666 y 1670? Explica cómo obtuviste la respuesta.

Recuerda los datos

Responde estas preguntas.

9. ¿A qué grupo religioso pertenecía la mayoría de los primeros colonos de Nueva Inglaterra?
10. ¿Cuáles eran cuatro industrias importantes de las colonias de Nueva Inglaterra?

Escribe la letra que corresponda a la respuesta correcta.

11. ¿Cómo practicaban el autogobierno los colonos de Nueva Inglaterra?
    A Asistían a los cabildos.
    B Dejaban que el gobierno inglés tomara todas las decisiones importantes.
    C Permitían que España los gobernara.
    D Prohibían la esclavitud.

12. ¿Por qué la mayoría de los primeros colonos se asentaron en Nueva Inglaterra?
    A para comerciar pieles con los indios americanos
    B para establecer plantaciones
    C para establecer minas de oro y plata
    D para vivir de acuerdo con sus creencias religiosas

Piensa críticamente

13. **DESTREZA DE ANÁLISIS** ¿Cuáles fueron algunos de los efectos de los asentamientos puritanos en Nueva Inglaterra?

14. **DESTREZA DE ANÁLISIS** Haz una lista con los nombres de todas las colonias de Nueva Inglaterra en el orden en que fueron fundadas.

Capítulo 5 ■ 233

Destrezas de estudio

RELACIONES ENTRE PREGUNTAS Y RESPUESTAS

Si sabes que cada tipo de pregunta requiere un tipo distinto de respuesta, sabrás de qué manera escribir las respuestas apropiadas.

- Las preguntas que incluyen palabras como *quién*, *qué*, *dónde*, *cuándo* y *cómo* requieren que uses detalles en tus respuestas.
- Las preguntas que te piden que busques relaciones entre distintos temas requieren que hagas conexiones en tus respuestas.

Preguntas sobre detalles	Preguntas sobre conexiones
Pregunta: ¿Quién fue William Penn?	Pregunta: ¿En qué se diferenciaban la colonia de William Penn y la de Massachusetts?
Respuesta: Cuáquero y fundador de Pennsylvania	Respuesta: En Pennsylvania vivía gente que practicaba distintas religiones. En Massachusetts la mayoría practicaba una única religión.
Pregunta: ¿Qué fue el Gran Despertar?	Pregunta: ¿Qué efecto tuvo el Gran Despertar?
Respuesta:	Respuesta:

Aplica la destreza mientras lees

Mientras lees, anota cualquier pregunta que tengas sobre las personas, los lugares o las ideas de este capítulo.

 **Normas de Historia y Ciencias Sociales de California, Grado 5**

5.3 Los estudiantes describen la cooperación y los conflictos que existían entre los indios americanos, y también entre las naciones indias y los nuevos pobladores.
5.4 Los estudiantes comprenden las instituciones políticas, religiosas, sociales y económicas que surgieron en la era colonial.

Las colonias del centro

CAPÍTULO 6

▶ Pennsbury Manor en Morrisville, Pennsylvania.

Antes de ser inventor, tipógrafo y uno de los grandes líderes de nuestra nación, Benjamin Franklin era simplemente el hijo de un fabricante de jabones de Boston. A los 10 años, ya trabajaba con su padre. A Ben no le interesaba mucho la fabricación de jabones, pero sí disfrutaba de los libros. Su padre notó ese interés y le consiguió un empleo con su medio hermano James, que era tipógrafo. En la imprenta, Ben colaboró redactando folletos, colocando tipos de imprenta y hasta vendiendo periódicos en la calle.

Luego de trabajar tres años para James, Ben decidió dejar Boston. Recorrió New York y New Jersey en busca de empleo, pero no tuvo mucha suerte. Sin un centavo y con la urgente necesidad de trabajar, Ben llegó a Philadelphia, una de las más apasionantes ciudades de las colonias americanas. Allí, Ben consiguió empleo con otro tipógrafo. Lee ahora para conocer cómo fueron los primeros días de Ben en Philadelphia.

Ben Franklin tuvo muchos oficios y era bueno para los negocios, pero siempre se consideró un tipógrafo. Había llegado a Philadelphia para ser tipógrafo y no podía pensar en ningún otro tipo de empleo.

Luego de darle el pan que tenía a una anciana y a un niño que se veían más hambrientos que él, siguió a las elegantes multitudes por las calles de Philadelphia. Finalmente, notó que esa gente se dirigía a la casa de reuniones de los cuáqueros.

Ben entró y se sentó con la idea de meditar, pero se quedó dormido. Y no despertó hasta que alguien le dio un golpecito en el hombro y le dijo que la misa había terminado. Entonces, decidió que era mejor dormir un poco antes de comenzar a buscar empleo. Rentó una habitación y durmió varias horas. Luego, fue en busca de Andrew Bradford, el hijo de William Bradford.

—Lamentablemente, acabo de contratar a alguien —dijo el Sr. Bradford.

Ben se puso muy triste. Le parecía que las oportunidades se le escapaban una tras otra.

—Pero tal vez puedas serle útil a Samuel Keimer —agregó Bradford, mirando a Ben con simpatía.

Los dos fueron a ver al Sr. Keimer, que era otro tipógrafo.

—Vecino —le dijo el Sr. Bradford a Samuel Keimer—, te he traído un joven de tu oficio para que lo conozcas. Tal vez necesites de alguien como él.

El Sr. Keimer se acarició la barba y miró a Ben, cuyo aspecto había mejorado considerablemente luego de un baño y ropa limpia. El Sr. Keimer finalmente decidió darle empleo al joven, y así Ben comenzó a recibir un salario.

Capítulo 6 ■ 237

Durante ese primer verano en Philadelphia, Benjamin la pasó de maravillas. Era un hombre libre con dinero en sus bolsillos. Su padre ya no estaba para decirle lo que debía hacer, y tampoco su hermano para intimidarlo...

En ese entonces, Philadelphia era la ciudad más grande de las colonias americanas, más grande aun que Boston y New York juntas, y sus habitantes eran los más ricos y educados. Aunque podría parecer pequeña si se la compara con una gran ciudad de hoy en día, Philadelphia era "la ciudad" de las colonias. Boston era un grupo de casas descoloridas y grises que se elevaban sobre el puerto, pero Philadelphia era una ciudad de brillantes colores. Casi todos los frentes de las tiendas estaban pintados de rojo, azul, verde y amarillo, y el dorado de sus letreros colgantes resplandecía. Los carruajes que avanzaban a los saltos por las calles embarradas y llenas de surcos también estaban pintados en forma reluciente.

Los habitantes de Philadelphia vestían colores brillantes y preferían la ropa fina, a pesar de que algunos cuáqueros aún usaban prendas grises de la cabeza a los pies. Sin embargo, otros cuáqueros estaban más a la moda y llevaban pelucas, joyas y ropas de satén, seda y terciopelo con los colores del arco iris. Las mujeres se veían muy bonitas con sus prendas refinadas y sus altos peinados. Los habitantes de Philadelphia disfrutaban de las reuniones donde conversaban, cantaban y comían. Como en esa época no existían muchos lugares de entretenimiento, se quedaban en casa y hablaban mucho. La conversación era algo importante.

A Ben Franklin le encantaba conversar, y leía tantos libros que tenía muchos temas de que hablar. En Philadelphia, Ben conoció a personas de su edad que también tenían interés en la lectura y en otras cosas que él disfrutaba. Comenzó a hacerse de amigos, algo que nunca le resultó difícil y que continuaría haciendo el resto de su vida.

Su jefe, el Sr. Keimer, le consiguió una habitación y servicio de comida en la casa del Sr. Read. Este hombre era el padre de Deborah Read, una niña que se había reído al ver al joven y engreído Franklin llevando sus rollos de papel por la calle.

Así comenzaron los días felices de Ben en Philadelphia. Aunque más tarde viviría en muchos lugares del mundo, esta ciudad se convertiría en su verdadero hogar por el resto de su vida.

Responde

1. ¿Por qué viajó Ben Franklin a Philadelphia?
2. ¿En qué se diferenciaba Philadelphia de las otras ciudades coloniales?
3. ¿Por qué crees que Philadelphia resultaría un lugar apasionante para el joven Ben Franklin?

Lección 1

Tiempos

1600 — **1750**

- **1647** Peter Stuyvesant llega a Nueva Holanda
- **1664** Inglaterra toma el control de Nueva Holanda y cambia su nombre por New York
- **1681** William Penn funda la colonia de Pennsylvania

REFLEXIONA
¿Por qué se asentaron personas de lugares y orígenes diferentes en las colonias del centro?

- Identifica la ubicación de las colonias del centro y a las personas que las fundaron.
- Describe qué efecto tuvo la religión en las colonias del centro.

VOCABULARIO
refugio pág. 244
propietario pág. 245
juicio con jurado pág. 245
justicia pág. 245

PERSONAS
rey Charles II
Peter Stuyvesant
William Penn
Tamanend

LUGARES
New York
New Jersey
Pennsylvania
Delaware

RESUMIR

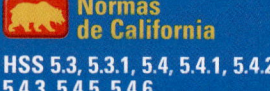
Normas de California
HSS 5.3, 5.3.1, 5.4, 5.4.1, 5.4.2, 5.4.3, 5.4.5, 5.4.6

Asentamientos en las colonias del centro

IMAGÍNATE ALLÍ

Es el año 1660 y el **rey Charles II** te ha pedido que examines con él un mapa de las colonias inglesas. El rey está contento con el rendimiento de las colonias. En el norte, Nueva Inglaterra produce mucha madera y, en el sur, el tabaco de Virginia le está reportando grandes riquezas. "El problema está aquí, justo en el medio", dice el rey. "¡Esa colonia holandesa es un estorbo!"

▶ Rey Charles II

240 ▪ Unidad 3

> El Fuerte Orange, construido cerca de donde hoy se encuentra Albany, New York, nació como un puesto comercial holandés.

Las colonias graneras

Mientras los puritanos se asentaban en Nueva Inglaterra, otros grupos estaban formando colonias más hacia el sur. Estas áreas, que incluían lo que hoy son New York, New Jersey, Delaware y Pennsylvania, recibieron el nombre de colonias del centro, debido a la ubicación relativa entre las colonias de Nueva Inglaterra y los asentamientos del sur, en Virginia.

Cuando llegaron a las colonias del centro, los europeos observaron llanuras planas, colinas ondulantes, praderas y tupidos bosques. Se dieron cuenta de que, luego de quitar árboles y rocas, el suelo era más propicio para los cultivos que la tierra de Nueva Inglaterra. También descubrieron que el clima era favorable para la agricultura. Los veranos eran largos, y la cantidad de lluvia por año era la necesaria para cultivar trigo, maíz y centeno. Como producían una gran cantidad de granos, las colonias del centro recibieron el nombre de colonias "graneras".

Además de la tierra fértil, la región tenía varios puertos naturales de gran tamaño cerca del océano Atlántico. Los colonos descubrieron que estos puertos naturales estaban conectados a muchos de los profundos ríos de la región, como el Hudson y el Delaware. Estas profundas vías fluviales que se internaban tierra adentro permitían la navegación de grandes embarcaciones hasta los asentamientos del interior. Esto facilitaba enormemente el comercio. Las características especiales de la región atrajeron a muchos colonos.

REPASO DE LA LECTURA 🔥 **RESUMIR** ¿Qué atrajo a los colonos a las colonias del centro?

Nueva Holanda crece

Los holandeses mantuvieron el control de Nueva Holanda, región que incluía el valle del río Hudson y las tierras que lo rodeaban. Sin embargo, llegaban pocos holandeses a la colonia, porque Holanda era un país rico y ofrecía a sus ciudadanos muchas libertades. Por esta razón, hacia 1640, había solo 2,000 habitantes en la colonia. La mayor parte de ellos vivía en Nueva Amsterdam. Además, la colonia enfrentaba problemas. Los colonos tenían conflictos por el control de la tierra con los indios americanos y los colonos ingleses vecinos.

▶ La decoración de esta tapa de una caja de madera es de estilo holandés.

La Compañía Holandesa de las Indias Occidentales, que controlaba el comercio de la colonia, decidió entonces que era necesario un nuevo líder para aumentar sus ganancias y poner orden. En 1647, envió a un antiguo soldado llamado **Peter Stuyvesant** para gobernar la colonia.

En la década de 1650, Stuyvesant expandió Nueva Holanda hasta lo que hoy es New Jersey. Luego avanzó hacia el sur, hasta lo que hoy es Delaware, ocupando la pequeña colonia de Nueva Suecia en 1655. Aunque ahora controlaba una mayor cantidad de tierras, Nueva Holanda todavía no tenía suficientes habitantes para prosperar.

Con el objetivo de aumentar la población de Nueva Holanda, la Compañía Holandesa de las Indias Occidentales permitió que personas provenientes de Bélgica, Dinamarca, Francia, Italia, España y Brasil se asentaran en la colonia. Entre estos nuevos colonos se encontraba uno de los primeros grupos de judíos que se asentó en América del Norte.

En Nueva Holanda también había africanos. La mayor parte habían sido capturados y traídos a la colonia como esclavos, a partir de 1626. Pero no todos los africanos de Nueva Holanda eran esclavos, ya que algunos de ellos habían podido comprar su libertad. Aun así, no eran completamente libres. Cada año, debían pagar a sus empleadores con dinero o bienes para mantener su libertad.

REPASO DE LA LECTURA ⭕ **RESUMIR** ¿Por qué se asentaron pocos holandeses en Nueva Holanda?

▶ La primera subasta de esclavos de Nueva Amsterdam se realizó en 1655.

> Peter Stuyvesant abandonó Nueva Holanda después de la rendición de la colonia, pero luego regresó y vivió en New York el resto de su vida.

Los ingleses toman el control

El rey Charles II quería que Inglaterra controlara por completo la costa atlántica de América del Norte. Quería construir más asentamientos, controlar el comercio de pieles y obtener nuevas tierras ricas en recursos naturales. Solo la colonia de Nueva Holanda impedía al rey cumplir con estos objetivos.

Tanto los ingleses como los holandeses reclamaban la propiedad de las tierras del valle de Connecticut y de Long Island. Charles II le dijo a su hermano James, duque de York, que podría quedarse con Nueva Holanda si lograba quitar la colonia a los holandeses.

En 1664, el duque de York envió cuatro barcos de guerra para que tomaran el control de Nueva Holanda. Cuando los barcos llegaron a la costa de Nueva Holanda, los ingleses ordenaron a Stuyvesant que se rindiera. Le aseguraron que, si no lo hacía, atacarían.

Stuyvesant quería combatir a los ingleses e intentó llevar a los colonos a la lucha. Pero, sabiendo que eran superados en número, los colonos se negaron. En total, la colonia tenía menos de 150 soldados. Stuyvesant se vio obligado a rendirse y los ingleses tomaron el control de Nueva Holanda sin disparar un tiro.

REPASO DE LA LECTURA   **RESUMIR**
¿Por qué los ingleses querían controlar Nueva Holanda?

Fundación de las colonias del centro

1650 — **1675** — **1700**

- **1664** Se establece la colonia de New York
- **1664** Se establece la colonia de New Jersey
- **1681** William Penn funda la colonia de Pennsylvania

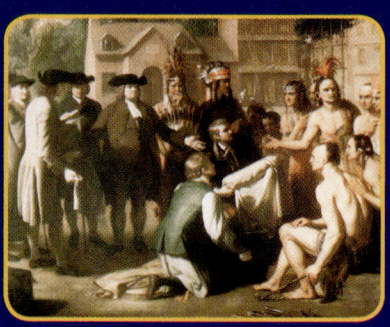

DESTREZA DE ANÁLISIS **Analizar líneas cronológicas** Todas las colonias del centro se fundaron en el siglo XVII.

¿En qué siglo se fundó Pennsylvania?

New York y New Jersey

El duque de York dividió la colonia holandesa en dos partes llamadas **New York** y **New Jersey**. James se quedó con New York. La ciudad de Nueva Amsterdam se convirtió entonces en la ciudad de New York. El duque de York entregó New Jersey a dos de sus amigos, John Berkeley y George Carteret.

Los ingleses dieron un trato justo a los colonos holandeses. Les prometieron proteger sus derechos y propiedades, y les permitieron elegir a algunos de sus líderes. La mayor parte de los colonos holandeses decidieron quedarse.

Al principio, casi todos los colonos vivían en New York. Para atraer más colonos a New Jersey, Berkeley y Carteret pusieron en venta tierras a bajos precios. Pronto comenzaron a llegar ingleses a New Jersey. Muchos de ellos eran miembros de la Sociedad de Amigos, un grupo religioso también conocido como cuáqueros.

Los cuáqueros creen que todas las personas son iguales. Se niegan a participar en guerras y a jurar lealtad a rey o país alguno. Quienes no compartían esas creencias a menudo maltrataban a los cuáqueros. En Inglaterra, miles de cuáqueros eran arrestados y enviados a prisión, y muchos de ellos eran obligados a abandonar las otras colonias inglesas.

En New Jersey, los cuáqueros esperaban encontrar un **refugio**, o lugar seguro, donde vivir y practicar libremente su culto. En 1674, un grupo de cuáqueros compró la parte de New Jersey que pertenecía a Berkeley y fundó el primer asentamiento cuáquero de América del Norte.

REPASO DE LA LECTURA **RESUMIR** ¿Por qué eran maltratados los cuáqueros por quienes no compartían sus creencias?

Pennsylvania y Delaware

En la década de 1680, las colonias del centro comenzaron a expandirse. En 1681, el rey Charles II otorgó una cédula real a un cuáquero inglés llamado **William Penn**. La cédula real convertía a William Penn en el **propietario**, o dueño, de lo que hoy es Pennsylvania.

Penn recibió esas tierras porque el rey le debía una gran cantidad de dinero a su padre. La nueva colonia se llamó Pennsylvania, que significa "los bosques de Penn". Penn describió la colonia como un "experimento sagrado". Quería que todos los habitantes de Pennsylvania, tanto los cuáqueros como los que no lo eran, vivieran juntos y en paz.

En 1682, Penn escribió el *Marco de Gobierno de Pennsylvania*. Este plan de gobierno puso en marcha una legislatura, llamada Asamblea General, que crearía las leyes de la colonia. El Marco de Gobierno de Penn daba a los ciudadanos de Pennsylvania libertad de expresión, libertad de culto y derecho a un juicio con jurado justo. **Juicio con jurado** significa que las personas acusadas de violar la ley tienen el derecho a que un grupo de ciudadanos decida si son culpables o inocentes.

Penn también se convirtió en dueño de lo que hoy es **Delaware**. Cuando los colonos de Delaware pidieron su propia asamblea, Penn se las concedió gustoso. Penn también quería que los indios americanos fueran tratados con **justicia**,

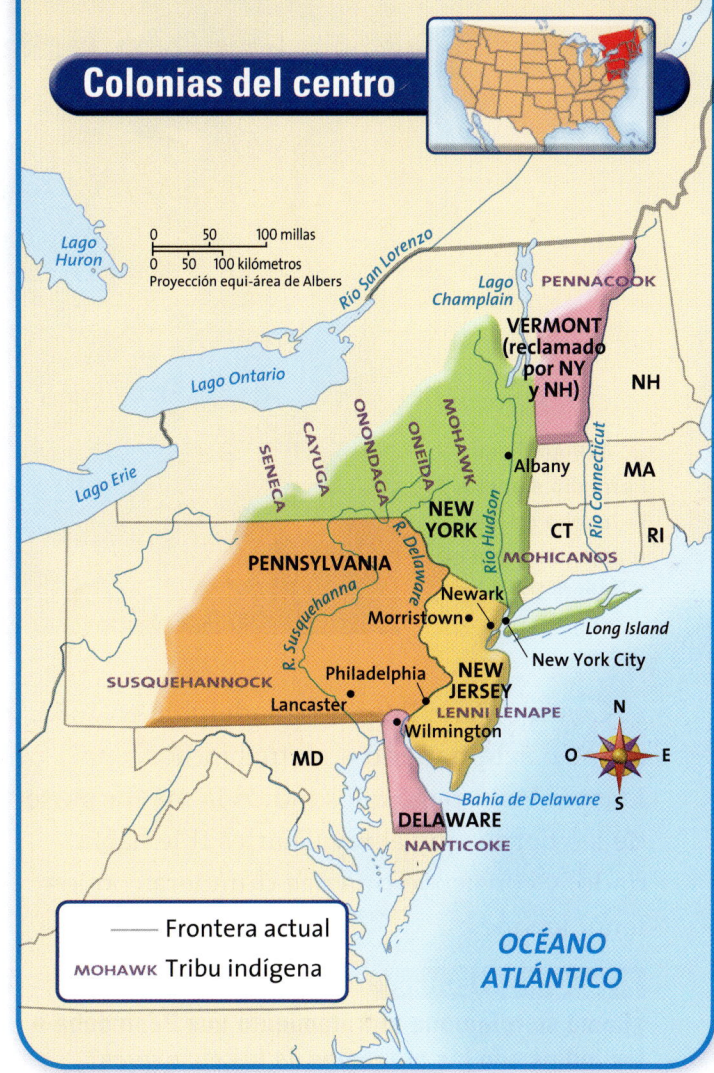

Colonias del centro

Analizar mapas

Ubicación ¿Qué ciudad de Pennsylvania estaba ubicada cerca del río Delaware?

es decir, en forma justa. En una carta a los lenni lenape, una tribu india local, explicaba cuáles eran sus expectativas para Pennsylvania:

> **Espero que, con vuestro amor y consentimiento, vivamos siempre juntos como vecinos y amigos.** *

*William Penn. *William Penn's Own Account of the Lenni Lenape*, editado por Albert Cook Myers. Middle Atlantic Press, 1970.

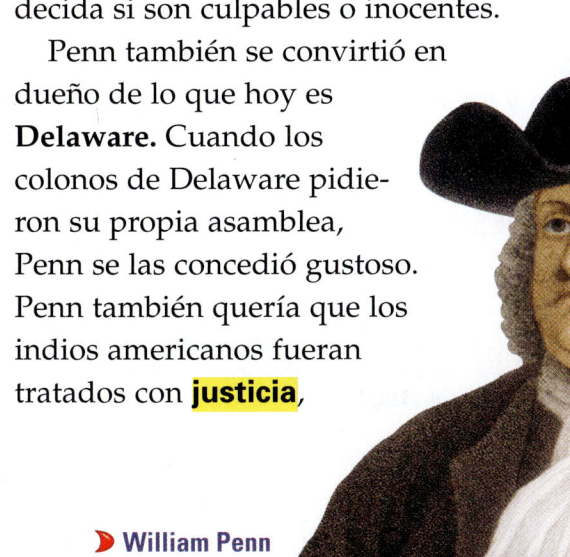

▶ William Penn

Capítulo 6 ■ 245

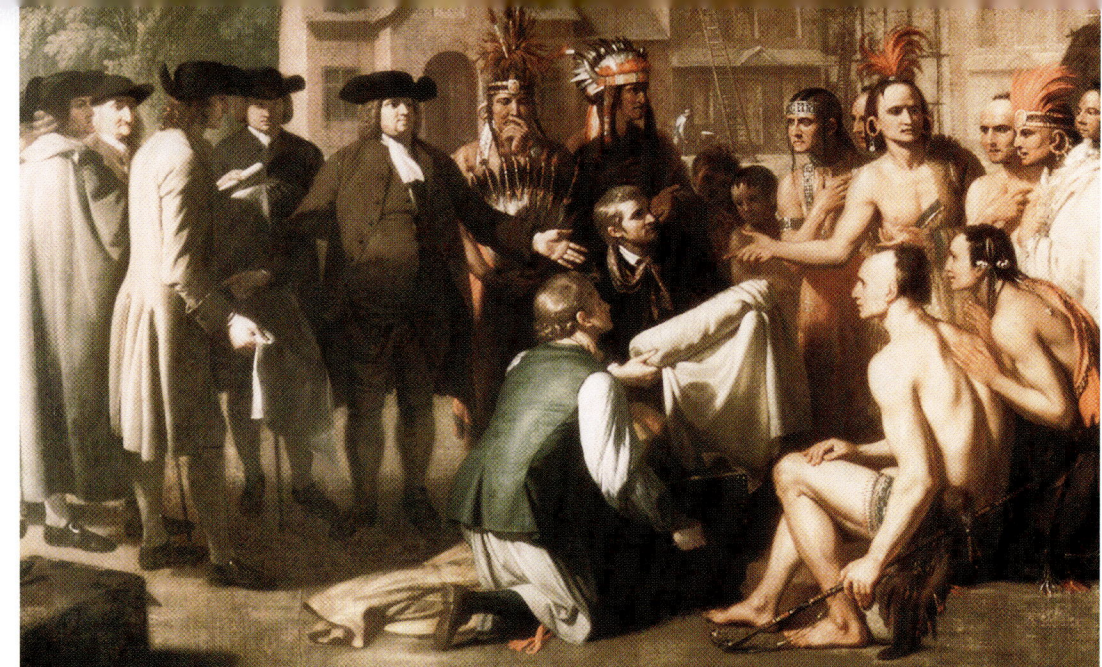

> William Penn aprendió a hablar la lengua de los indios lenni lenape e intentó tratarlos con justicia.

Cuando Penn llegó a Philadelphia en 1682, conoció a **Tamanend** y a otros indios lenni lenape. Penn pagó a los indios la mayor parte de las tierras que el rey Charles II le había dado, y construyó una paz duradera con los lenni lenape.

REPASO DE LA LECTURA **SACAR CONCLUSIONES**
¿Cómo se relaciona el tratamiento que Penn daba a los indios con las creencias de los cuáqueros?

Resumen

Las colonias del centro estaban formadas por las colonias de New York, New Jersey, Pennsylvania y Delaware. Personas de muchos lugares y orígenes diferentes se asentaron en las colonias del centro. Algunos colonos llegaron en busca de las ricas tierras de cultivo; otros, a practicar libremente su religión.

REPASO

1. ¿Por qué se asentaron personas de lugares y orígenes diferentes en las colonias del centro?

2. Usa el término **juicio con jurado** en una oración sobre la colonia de Pennsylvania.

3. ¿Por qué las colonias de New York, New Jersey, Pennsylvania y Delaware recibieron el nombre de colonias del centro?

RAZONAMIENTO CRÍTICO

4. ¿Por qué crees que William Penn quería que hubiera libertad de culto en Pennsylvania?

5. **Haz un retrato** Haz un dibujo que muestre una reunión entre William Penn y los líderes de los indios americanos en Pennsylvania.

6. **RESUMIR**
En una hoja de papel, copia y completa el organizador gráfico de abajo.

Dato clave	Resumen
Los holandeses controlaban Nueva Holanda.	
Inglaterra quería expandirse.	

Tamanend

*"Viviremos en paz con William Penn y sus hijos mientras haya agua que corra por ríos y arroyos."**

Biografía

Integridad
Respeto
Responsabilidad
Equidad
Bondad
Patriotismo

Nadie se sorprendió al oír a Tamanend decir estas palabras amistosas. Era un líder cordial, respetado por todos los que lo conocían. Tamanend se crió cerca del arroyo Neshaminy, en los bosques de lo que hoy es Pennsylvania. Pertenecía a la tribu de los lenni lenape, que los ingleses llamaban delaware. En su lengua, *tamanend* significa "afable", es decir, alguien amigable y accesible. El nombre le sentaba bien. Un ministro describió a Tamanend como alguien que tenía "todas las cualidades buenas y nobles que un ser humano puede tener".**

El cinturón de wampum de Tamanend simbolizaba la cooperación entre los lenni lenape y los ingleses.

La importancia del carácter

❓ ¿De qué forma Tamanend se ganó el respeto de su gente y de William Penn?

Tamanend se reunió con los líderes coloniales de Pennsylvania en cinco oportunidades. En cada reunión aceptaba vender tierras. Los colonos pagaban esas tierras con armas, ropa, herramientas, mantas y otros artículos. Tamanend distribuía equitativamente esos artículos entre los miembros de su tribu. No todos los líderes coloniales eran tan justos como William Penn. Pero Tamanend siempre se esforzó por honrar la paz que habían alcanzado los lenni lenape y los habitantes de Pennsylvania.

* Tamanend. *The Encyclopedia of Pennsylvania* por Frank H. Gille. Somerset Publishing, 1983.
** John Heckewelder. *History, Manners, and Customs of the Indian Nations.* Heritage Books, 1991.

Biografía breve

1628 Nace en 1628?
1683 Tamanend se reúne por primera vez con William Penn
1697 Tamanend asiste a su última reunión con los líderes de Pennsylvania
1701 Muere en 1701?

 Visita MULTIMEDIA BIOGRAPHIES en www.harcourtschool.com/hss para hallar biografías multimedia.

Civismo

Justicia

"Allí donde rigen las leyes, todo gobierno es libre y el pueblo es parte de, y puede ayudar a crear, esas leyes."*

—del Marco de Gobierno de Pennsylvania

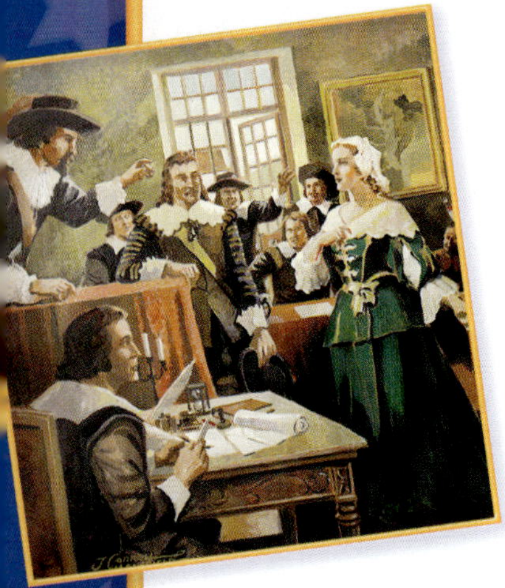

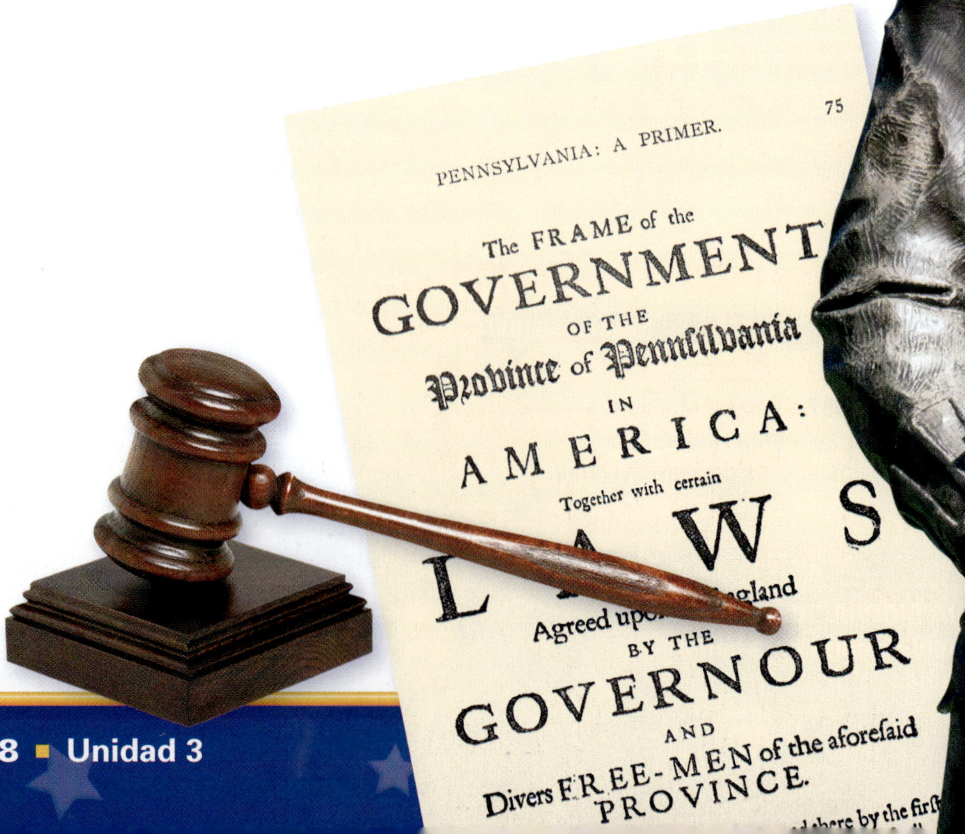

En algunas colonias, las personas acusadas de delitos no tenían derecho a un juicio con jurado.

En su Marco de Gobierno, William Penn incluyó la idea de que todos los pobladores de la colonia de Pennsylvania debían ser tratados de igual forma ante la ley. Esta es la idea fundamental de justicia en el gobierno. Penn entendía que era más probable que las personas obedecieran las leyes si tenían voz a la hora de crearlas. Creía que tratar a la gente con justicia era la clave de un buen gobierno.

*William Penn. *Frame of the Government of the Province of Pennsylvania in America*. Kessinger Publishing, 2003.

PENNSYLVANIA: A PRIMER. 75

The FRAME of the
GOVERNMENT
OF THE
Province of Pennsilvania
IN
AMERICA:
Together with certain
LAWS
Agreed up...
BY THE
GOVERNOUR
AND
Divers FREE-MEN of the aforesaid
PROVINCE.

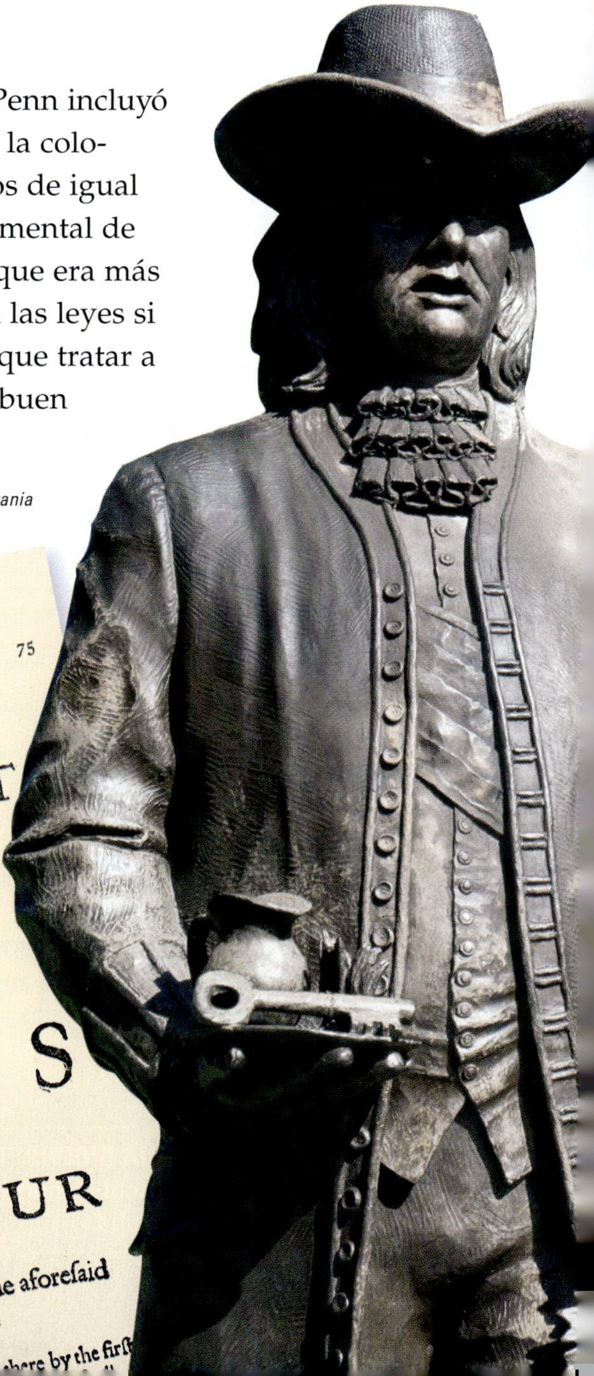

Abogados, jueces y jurados se esfuerzan para asegurarse de que las personas tengan juicios justos.

Para garantizar la justicia de su gobierno, Penn otorgaba a los pobladores, entre otras cosas, el derecho a un juicio con jurado. En aquella época, muy pocos gobiernos concedían este derecho. En los juicios con jurado, un grupo de ciudadanos, en lugar de un único juez, decide si una persona ha violado la ley. Un juicio con jurado deposita el poder de tomar decisiones en manos de los ciudadanos.

Hoy en día, la justicia igualitaria es una idea importante en el gobierno de Estados Unidos. La Declaración de Derechos afirma que ningún ciudadano puede ser "privado de su vida, su libertad o su propiedad sin el proceso legal debido". Esto significa que todos los habitantes de Estados Unidos tienen el derecho a ser tratados de igual forma ante la ley.

La figura de la Justicia lleva los ojos vendados para simbolizar que la ley debe tratar a todos de igual forma.

Piensa

Aplícalo La Declaración de Derechos garantiza a los ciudadanos de Estados Unidos el derecho a un juicio público justo y con jurado. ¿Por qué crees que es importante que los juicios sean públicos?

Lección 2

Tiempos

1600 — 1750

- **1682** William Penn llega a Philadelphia
- **Década de 1730** El Gran Despertar se extiende por las colonias

REFLEXIONA
¿Cómo contribuyó la tolerancia religiosa a atraer a personas de culturas diferentes a las colonias del centro?

- ✓ Comprende la importancia de la religión en la vida de las colonias del centro.
- ✓ Identifica la importancia del Gran Despertar y de sus líderes.

VOCABULARIO
diversidad pág. 251
inmigrante pág. 251
Gran Despertar pág. 252
tolerancia religiosa pág. 252
milicia pág. 254

PERSONAS
George Whitefield
Jonathan Edwards
Benjamin Franklin

LUGARES
Philadelphia
ciudad de New York

RESUMIR

Normas de California
HSS 5.3, 5.4, 5.4.2, 5.4.3, 5.4.4, 5.4.6

La vida en las colonias del centro

IMAGÍNATE ALLÍ

Es un día soleado de 1699. Luego de un paseo matinal por la ciudad, sientes hambre. Decides detenerte a almorzar en la Taberna del León Blanco, donde los comerciantes ingleses se reúnen a hacer tratos y conversar.

Mientras esperas tu comida, lees las últimas noticias en el periódico. Están derribando el muro holandés, con el fin de tener más espacio para nuevas casas. Donde se encontraba el muro, ahora están empedrando una nueva calle, llamada Wall Street. No te sorprendes al leer que la ciudad de New York es la ciudad de las 13 colonias que más rápidamente ha crecido.

▶ Muchos edificios de la colonia de New York eran de estilo holandés, recuerdo de los fundadores de la colonia.

250 ▪ Unidad 3

Patrimonio cultural

Festivales

Las personas que se establecieron en las colonias del centro trajeron sus tradiciones a América del Norte. Hoy en día, los habitantes de New York, New Jersey, Pennsylvania y Delaware aún celebran su patrimonio cultural en los festivales locales. Todos los años, los habitantes de New Jersey presencian los Juegos Escoceses de Highlands. En el Festival Alemán de Kutztown, en Pennsylvania, la gente disfruta los típicos pasteles y delicados *pretzels*. En Albany, New York, los vecinos, vestidos con trajes holandeses, comienzan el Festival de los Tulipanes barriendo las calles locales. Participar en estos festivales ayuda a preservar el rico patrimonio de la región.

Una mezcla de pueblos

Hacia 1700, las colonias del centro tenían más de 50,000 habitantes, de muchos lugares y orígenes diferentes. El ministro de una iglesia describió a los habitantes de las colonias del centro como un grupo de personas de distintas partes del mundo reunido en un mismo lugar. Esa **diversidad** hizo de las colonias del centro un lugar interesante para vivir.

¿Quiénes eran los habitantes de las colonias del centro? Al principio, la mayoría era de origen holandés, francés, belga o sueco. Luego llegaron los puritanos y los cuáqueros ingleses, y también colonos alemanes, irlandeses y escoceses. La mayoría de los africanos eran traídos a las colonias del centro como esclavos, pero algunos africanos vivían y trabajaban como personas libres.

La variedad de la población de las colonias del centro podía apreciarse en la ciudad de Philadelphia. William Penn eligió el nombre de la ciudad, que significa "amor fraternal" en griego. Como toda Pennsylvania, Philadelphia se fundó sobre la idea de que los pueblos de orígenes diversos podían vivir juntos y en paz. La ciudad ocupaba una franja de tierra ubicada entre los ríos Schuylkill y Delaware. Su concurrido puerto recibía inmigrantes de diferentes países.

Un **inmigrante** es una persona que llega a un país para formar un nuevo hogar. Algunos inmigrantes abandonaron sus países de origen para escapar de la guerra o practicar su religión libremente. La mayoría de los inmigrantes buscaba mejores oportunidades económicas, especialmente la posibilidad de comprar sus propias tierras. Muchos encontraron en las colonias del centro mayor libertad y aceptación que en ningún otro lugar.

REPASO DE LA LECTURA **RESUMIR** ¿Por qué llegaron inmigrantes a las colonias del centro?

El Gran Despertar

En la década de 1720 nació en las colonias del centro un nuevo movimiento religioso conocido como el **Gran Despertar**. Este movimiento, que cambió la forma que tenían los habitantes de practicar la religión, se difundió en las 13 colonias durante las décadas de 1730 y 1740.

Con sus prédicas, ministros como **George Whitefield** y **Jonathan Edwards** marcaron un cambio en las ideas y prácticas religiosas. Estos ministros a menudo hablaban acerca de tener una relación directa con Dios. No solo predicaban nuevas ideas, sino que además practicaban la religión de manera diferente. Acostumbraban viajar largas distancias para dar emotivos discursos a personas que no habían visto nunca antes.

El Gran Despertar ayudó a acercar a las personas, lo que generó una mayor **tolerancia religiosa**, o aceptación de las diferentes religiones. Todos eran bienvenidos en los grandes encuentros de oración del Gran Despertar. Las personas pobres podían asistir, y las mujeres cumplían un papel importante en el movimiento. Durante el Gran Despertar, tanto los africanos libres como los que eran esclavos participaban de las reuniones religiosas. En esa época, no era frecuente este tipo de participación igualitaria.

Pero no todos simpatizaban con el Gran Despertar y, con el tiempo, las diferencias hicieron que el movimiento se dividiera, aumentando aún más la diversidad de creencias religiosas. De esta manera, el número de miembros de la iglesia de las colonias aumentó, y también el libre ejercicio de la religión.

REPASO DE LA LECTURA **RESUMIR** ¿Qué fue el Gran Despertar?

▶ El ministro George Whitefield (derecha) usaba este púlpito portátil (abajo) para predicar al aire libre.

> Los agricultores de las colonias del centro a menudo contrataban a afroamericanos libres para que los ayudaran a cuidar de sus granjas.

Vida religiosa y social

A diferencia de las colonias de Nueva Inglaterra, en las colonias del centro había una gran cantidad de grupos religiosos. Las ciudades de estas colonias tenían a menudo más de un tipo de iglesia. Una iglesia presbiteriana, por ejemplo, podía encontrarse a solo una cuadra de una casa de reuniones de los cuáqueros. La primera sinagoga judía de las colonias del centro se construyó en la **ciudad de New York** en 1730.

La religión era una parte importante de la vida social de las colonias del centro. Después de un servicio religioso, los vecinos conversaban y se comentaban las noticias. Algunos comenzaron a pensar que esclavizar a los africanos no era correcto. En 1688, los cuáqueros de Germantown, Pennsylvania, fueron el primer grupo en protestar contra la esclavitud en las colonias inglesas.

La vida social de los colonos era tan diversa como sus creencias religiosas. Según el lugar en que vivieran, los colonos encontraban muchas formas de divertirse. En ciudades como Philadelphia y en la ciudad de New York había bailes, obras de teatro, conciertos y clubes sociales. Las carreras de caballos eran populares, así como el juego de bolos, los paseos en trineo y el patinaje sobre hielo.

En el campo, la construcción de un granero era un importante evento social. Las familias de granjeros invitaban a sus vecinos para que ayudaran en la construcción. Luego, todos disfrutaban de una gran comida.

REPASO DE LA LECTURA ö**RESUMIR** ¿En qué se diferenciaban las colonias del centro de las colonias de Nueva Inglaterra?

Philadelphia crece

Como propietario de la colonia de Pennsylvania, William Penn planificó no solo su gobierno sino también sus asentamientos. Penn diseñó Philadelphia, la ciudad más importante de la colonia, con amplias calles y numerosos parques públicos. Penn quería que la ciudad contara con mucho espacio para que sus habitantes trabajaran y descansaran.

Cuando Penn visitó Philadelphia por primera vez en 1682, la ciudad tenía solo diez casas. Cincuenta años después, vivían allí más de 11,000 personas. Con el tiempo, Philadelphia se convirtió en la ciudad más grande y rica de las 13 colonias. Hacia 1770, tenía más de 28,000 habitantes. Aunque esta población parece pequeña para los parámetros de una ciudad actual, era muy grande para aquella época.

A medida que crecía, Philadelphia se convirtió en el hogar de muchos científicos y artistas famosos. El habitante más célebre de Philadelphia fue **Benjamin Franklin**, quien ayudó a mejorar la ciudad de muchas formas. Franklin organizó la primera compañía de bomberos entrenados de las 13 colonias y recaudó dinero para ayudar a construir el primer hospital de la ciudad. Además, organizó una **milicia**, o ejército de voluntarios, para proteger la ciudad y el resto de la colonia. Para educar a la gente, Franklin fundó la primera universidad y la primera biblioteca pública.

Benjamin Franklin se ganaba la vida como tipógrafo. Imprimía el periódico llamado *Pennsylvania Gazette*. También escribía y publicaba *Poor Richard's Almanack*, un almanaque, o libro publicado una vez al año, que incluía un calendario, pronósticos del tiempo, historias, chistes y sabios proverbios. *Poor Richard's Almanack* se hizo muy popular y ayudó a convertir a Franklin en un hombre rico.

Los ciudadanos de Philadelphia se preguntaban cómo encontraba Franklin tiempo suficiente para hacer tantas cosas. Era tipógrafo, escritor, científico e inventor. También se convirtió en líder del gobierno de la colonia. Al parecer, Franklin seguía el consejo de su propio almanaque: "Quien se levanta y se acuesta temprano es un hombre rico, sabio y sano."*

REPASO DE LA LECTURA ★ **RESUMIR** ¿Cuáles fueron algunas de las formas en las que Benjamin Franklin mejoró la ciudad de Philadelphia?

*Benjamin Franklin. *Poor Richard's Almanack*. Peter Pauper Press, 1980.

> Philadelphia era una de las ciudades más diversas de todas las colonias. Su concurrido puerto marítimo convirtió la ciudad en un centro de comercio que atrajo a comerciantes y hábiles artesanos.

▶ Benjamin Franklin (arriba a la izquierda) ayudó a establecer un hospital (arriba a la derecha) y una compañía de bomberos en Philadelphia.

Resumen

Las colonias del centro albergaban a una gran diversidad de personas, culturas y religiones. El Gran Despertar añadió diversidad a la región. Philadelphia era un centro de cultura y la ciudad más grande de las colonias del centro.

REPASO

1. 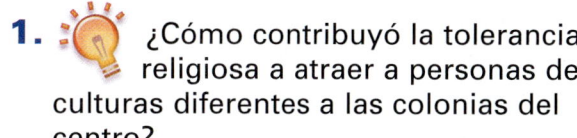 ¿Cómo contribuyó la tolerancia religiosa a atraer a personas de culturas diferentes a las colonias del centro?

2. Escribe una oración sobre la **diversidad** de las colonias del centro usando el término **inmigrante**.

3. ¿Cuándo tuvo lugar el Gran Despertar y quiénes fueron algunos de sus líderes?

RAZONAMIENTO CRÍTICO

4. **Aplícalo** Si vivieras en las colonias del centro, ¿te gustaría vivir en una ciudad o en una comunidad dedicada a la agricultura? Explica tu elección.

5. **DESTREZA DE ANÁLISIS** ¿Por qué crees que el Gran Despertar tuvo tanta influencia en la vida religiosa de las colonias?

6. **Escribe una narración** Escribe una historia sobre la vida en la antigua Philadelphia. Asegúrate de incluir una descripción de la ubicación de la ciudad, sus habitantes y sus negocios.

7. **Destreza clave** **RESUMIR**
En una hoja de papel, copia y completa el organizador gráfico de abajo.

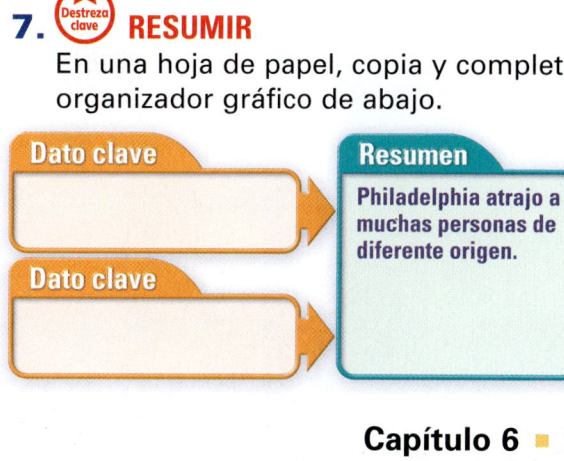

Capítulo 6 ■ 255

Lección 3

Tiempos

1600 — 1750

1750 New York se convierte en el segundo puerto más activo de las colonias del centro

REFLEXIONA
¿Qué efecto tuvo la geografía sobre la economía de las colonias del centro?

✓ Explica por qué decidieron asentarse en las colonias del centro sus habitantes.

✓ Comprende los tipos de empleos y de actividades comerciales a los que se dedicaban los habitantes de las colonias del centro.

VOCABULARIO
prosperidad pág. 258
artesano pág. 260
aprendiz pág. 260

LUGARES
ciudad de New York
río Hudson
Philadelphia
río Delaware

RESUMIR

Normas de California
HSS 5.4, 5.4.1, 5.4.5

Granjas y puertos de gran actividad

IMAGÍNATE ALLÍ

Corre el año 1700 y vives en Inglaterra. Tu amigo Thomas lee con entusiasmo un folleto que describe la nueva colonia de Pennsylvania, sus magníficos puertos y sus productivas granjas.

—Todavía hay muchísimas tierras que cualquiera puede comprar —dice.

—La tierra es barata y fértil. Los veranos son largos y hay dos cosechas anuales.

—Entonces, ¿por qué estamos aún en Inglaterra? —preguntas.

Una molienda

256 ■ Unidad 3

Ricas tierras de cultivo

Cuando llegaron a las colonias del centro, los colonos se asombraron por la riqueza de la tierra y la abundancia de recursos naturales. A diferencia de Nueva Inglaterra, las colonias del centro tenían grandes extensiones de suelo fértil. Como la mayoría de los habitantes de las 13 colonias vivía de la agricultura, las colonias del centro atrajeron a muchos colonos.

Richard Frame describió sus sentimientos acerca de la tierra fértil de las colonias del centro. Frame escribió:

> "Los campos, tan hermosos, dan cultivos como el trigo y otros alimentos de excelente calidad."*

En las colonias del centro, los campos de trigo se extendían hasta el horizonte. El trigo, el maíz y el centeno eran los cultivos principales, pero los colonos también usaban esas ricas tierras con otros fines. Las vacas lecheras pastaban entre la hierba espesa y los cerdos vagaban por los bosques, alimentándose de bellotas y fresas silvestres.

A menudo, los agricultores de las colonias del centro viajaban a las ciudades mercado para vender o intercambiar su ganado y sus cultivos. Todas las ciudades mercado tenían una molienda, donde se molían los granos para convertirlos en harina. Casi todos los pueblos tenían también un aserradero. Durante sus visitas a estas ciudades, las familias de agricultores visitaban la tienda general para comprar las cosas que no podían cultivar o hacer por sus propios medios, como herramientas de hierro, zapatos, pintura y botones.

REPASO DE LA LECTURA ⭐**RESUMIR** ¿Qué efecto tuvo la geografía sobre la economía de las colonias del centro?

*Richard Frame. *Making Thirteen Colonies* por Joy Hakim. Oxford University Press, 1999.

Analizar ilustraciones
Las primeras moliendas usaban la energía del agua, o hidráulica, para hacer funcionar las máquinas.

1. Los granjeros siembran y cosechan granos.
2. Los granjeros llevan los granos al molino.
3. La rueda del molino muele los granos y los convierte en harina.
4. La harina se envía al mercado.

❓ ¿Cómo llega la harina al mercado?

Capítulo 6 257

Ciudades portuarias

Los comerciantes que compraban ganado y cultivos a los granjeros llevaban estos bienes a las ciudades portuarias. Estas ciudades eran los principales centros de comercio de las colonias del centro. La **prosperidad** de las colonias, o su éxito económico, dependía en gran medida de estos puertos.

La **ciudad de New York** era una de las ciudades portuarias más importantes de las colonias del centro. El **río Hudson** hacía más fácil el comercio. Los agricultores, los comerciantes de pieles y los leñadores que vivían en el campo podían enviar sus bienes en barco hasta la ciudad de New York. Además, el profundo puerto natural del río East ofrecía un buen lugar para fondear los barcos.

La cantidad de barcos que entraban y salían de la ciudad de New York aumentaba año a año. Cuando los ingleses ocuparon la ciudad en 1664, unos 35 barcos al año usaban el puerto. Hacia 1750 ese número había aumentado a 600 barcos, transformando a la ciudad de New York en el segundo puerto más concurrido de las colonias inglesas.

En ese entonces, el puerto colonial más importante era **Philadelphia**, que había sido construido tierra adentro sobre el río Delaware, a unas 90 millas de su desembocadura. Los agricultores y comerciantes de Pennsylvania, New Jersey y Delaware dependían del puerto de Philadelphia. Muchos enviaban sus bienes al puerto por el **río Delaware**. Aquellos que estaban más cerca de la ciudad transportaban sus bienes en carromatos. Desde Philadelphia, los barcos navegaban río abajo hasta la bahía de Delaware, y luego cruzaban el océano Atlántico.

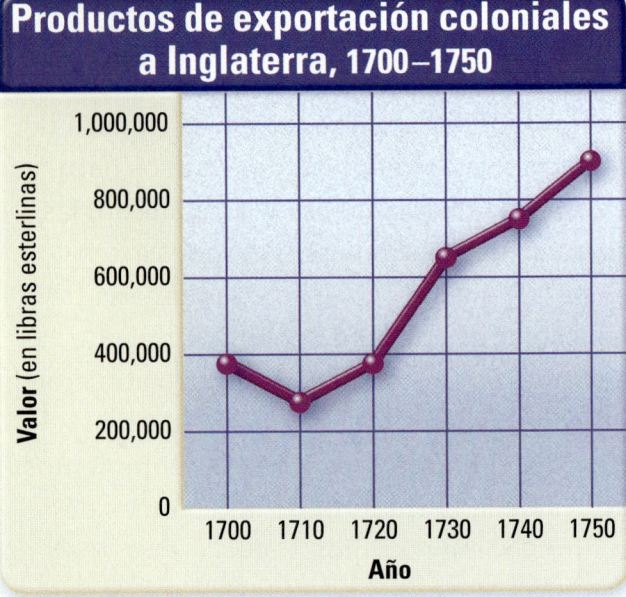

Analizar gráficas El valor de los productos de exportación coloniales está expresado en moneda inglesa, o libras.

❖ ¿En qué año alcanzaron las exportaciones de las colonias su valor más alto?

▶ De Inglaterra se embarcaban relojes, bandejas de plata y jarras a las colonias. Muchos de estos bienes entraban a las colonias a través de ciudades portuarias como la ciudad de New York (abajo).

Las ciudades portuarias coloniales eran lugares atractivos. Sus calles bulliciosas estaban repletas de marineros y, a veces, incluso de piratas. En los activos talleres se fabricaban sogas, velas y barriles. Los constructores navales fabricaban barcos. Los comerciantes discutían precios mientras los trabajadores de los muelles transportaban toneladas de mercancías. Para muchos inmigrantes, la primera imagen de América del Norte era una de estas agitadas ciudades portuarias.

Al igual que en Nueva Inglaterra, casi todo el comercio de las colonias del centro se hacía con Inglaterra o con otras colonias inglesas. Nueva Inglaterra y las colonias del centro exportaban los mismos tipos de bienes, como pieles, carne salada y madera. Sin embargo, las colonias del centro exportaban mucho más trigo y otros granos. También superaban al resto de las colonias en la exportación de harina.

La mayoría de los productos de importación de las colonias del centro provenía de Inglaterra. Los barcos traían muebles, té, pólvora, medicinas y diferentes metales. Algunos barcos también traían esclavos africanos. Casi todos los esclavos africanos de las colonias del centro eran artesanos o sirvientes.

REPASO DE LA LECTURA 🔆 **RESUMIR** ¿Por qué los sitios donde se ubicaban la ciudad de New York y Philadelphia eran adecuados como puertos?

Empleos coloniales

Los inmigrantes que llegaban a las colonias del centro podían escoger entre una variedad de empleos. Además de la agricultura y el transporte marítimo, muchos colonos trabajaban en oficios especializados. Muchos de estos **artesanos** llegaron a las colonias como sirvientes por contrato.

La mayoría de los artesanos usaba materia prima para fabricar sus productos. Los herreros usaban hierro para hacer herraduras y herramientas. Los toneleros hacían barriles con madera. Los carpinteros y los constructores navales usaban madera para construir casas y barcos. Los albañiles y mamposteros usaban piedra y arcilla para empedrar calles y construir edificios.

> En las colonias había una gran demanda de herraduras.

Algunos trabajadores, entre ellos los panaderos, carniceros, molineros y fabricantes de jabón, dependían de los productos de granja. Las modistas y los sastres usaban lana, hilo y algodón para fabricar ropa. Con pieles de animales, los curtidores preparaban el cuero con que los zapateros hacían y reparaban los zapatos.

Ninguno de estos oficios se enseñaba en la escuela. Para aprender estos trabajos especializados, los jóvenes se hacían aprendices. Un **aprendiz** vivía y trabajaba con la familia de un artesano durante muchos años, y aprendía el oficio con el que se ganaría la vida. Unos pocos colonos jóvenes de familias ricas asistían a la universidad para convertirse en abogados, ministros o en líderes militares o del gobierno. Aun así, la mayoría de los profesionales aprendían

Los niños EN LA HISTORIA

Aprendices

En las colonias, cientos de niños y algunas niñas se convertían en aprendices. La mayoría comenzaba a los 10 años, pero algunos lo hacían aun desde más pequeños. Un aprendiz solía trabajar siete años para un artesano a quien llamaba "maestro". A cambio de su trabajo, el aprendiz recibía un lugar donde dormir y comida. También aprendía un oficio.

Cuando tenía 12 años, Benjamin Franklin fue aprendiz de un tipógrafo en Boston. Franklin nunca terminó su aprendizaje. A los 17 años se mudó a Philadelphia, donde estableció su propia imprenta.

Aplícalo ¿Qué tipo de oficio elegirías si fueras un aprendiz?

> En la época colonial, se llamaba candeleros a los fabricantes de velas. Las velas se hacían con sebo, o grasa animal.

trabajando, al igual que los aprendices. Los profesionales eran, por lo general, hombres.

Las mujeres y las niñas tenían menos oportunidades de trabajar fuera del hogar. Sin embargo, eran parte importante de la creciente economía de las colonias del centro. A menudo, las mujeres hacían productos artesanales que luego vendían.

REPASO DE LA LECTURA   RESUMIR
¿Cómo se aprendía a ser un artesano?

Resumen

La tierra fértil, el clima templado, los anchos ríos y los profundos puertos naturales de las colonias del centro llevaron a la prosperidad económica. La economía de la región también dependía de sus numerosos agricultores, artesanos, comerciantes y marineros.

REPASO

1. ¿Qué efecto tuvo la geografía sobre la economía de las colonias del centro?
2. Usa el término **artesano** para describir un oficio de las colonias del centro.
3. ¿Qué tipo de trabajo hacían los esclavos africanos en las colonias del centro?

RAZONAMIENTO CRÍTICO

4. ¿Cuál fue uno de los efectos de que los ingleses tomaran el control de la ciudad de New York?
5. ¿Cuáles eran algunos de los costos y beneficios de ser un aprendiz?

6. **Haz una tabla** Haz una tabla de dos columnas. Anota en una columna los empleos de las colonias; en la otra, los productos que hacían las personas que tenían esos empleos.

7. **RESUMIR** En una hoja de papel, copia y completa el organizador gráfico de abajo.

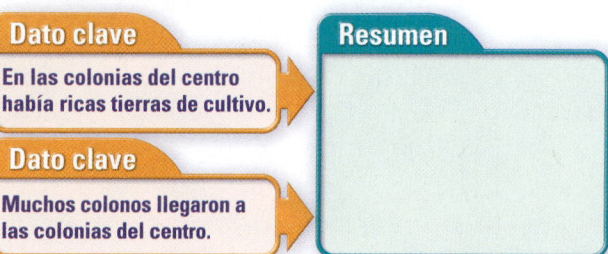

Capítulo 6 ■ 261

Destrezas de razonamiento crítico

Tomar una decisión económica

▶ POR QUÉ ES IMPORTANTE

Las decisiones económicas son elecciones relacionadas con gastar, ahorrar o ganar dinero. Por ejemplo, podrías decidir trabajar y ganar dinero con el objetivo de ahorrar y comprar algo.

Por lo general, las personas ahorran dinero en los bancos, donde reciben un interés. El **interés** es el dinero que un banco o un prestador pagan por el uso del dinero. Las personas también compran bienes a crédito, por los cuales pagan una determinada suma y un interés hasta completar el pago total.

Sin importar cómo lo pagues, cuando compras algo que deseas probablemente la **consecuencia económica** es que debas renunciar a comprar otra cosa, en el presente o en el futuro. El costo de renunciar a algo con el objetivo de comprar otra cosa se llama **costo de oportunidad**. Comprender qué significan consecuencia económica y costo de oportunidad te ayudará a administrar tus recursos y a tomar decisiones económicas bien pensadas.

▶ LO QUE NECESITAS SABER

Algunas decisiones económicas resultan difíciles de tomar y exigen una evaluación cuidadosa. Estos son algunos pasos que puedes seguir para ayudarte a tomar esas decisiones.

Paso 1 Identifica tu objetivo y los recursos con que cuentas para alcanzarlo.

Paso 2 Identifica tus alternativas.

Paso 3 Examina las ventajas y desventajas de cada alternativa.

Paso 4 Elige e identifica el costo de oportunidad de tu elección.

▶ Establecer una imprenta era muy costoso. Los tipógrafos tenían que comprar máquinas y materiales como papel, tinta y caracteres tipográficos.

> En esta representación histórica, un actor muestra cómo los toneleros fabricaban barriles en la época colonial.

Destrezas de razonamiento crítico

▶ PRACTICA LA DESTREZA

Has leído que la mayoría de los aprendices de las colonias trabajaba para un artesano durante siete años. Después de ese tiempo, los aprendices se convertían en trabajadores y ganaban un salario. Casi todos los trabajadores seguían trabajando para el mismo artesano durante muchos años más. Durante esos años, ahorraban dinero para poder establecer su propio negocio.

Imagina que eres un trabajador y que has ganado tu primer salario. Quieres gastar el dinero en ropa nueva, pero también quieres comprar nuevas y mejores herramientas. No tienes suficiente dinero para hacer las dos cosas. Tendrás que tomar una decisión económica.

1. ¿Qué decisión debes tomar? ¿Por qué tienes que elegir una opción?
2. ¿Cuál es la consecuencia económica por comprar la ropa?
3. ¿Cuál es el costo de oportunidad si compras las herramientas?
4. ¿Qué comprarás? Explica tu respuesta.

▶ APLICA LO QUE APRENDISTE

Aplícalo Imagina que quieres comprar un regalo de cumpleaños para un amigo y un juego de computadora para ti. No tienes suficiente dinero para comprar ambas cosas. Explica a un compañero las consecuencias económicas y los costos de oportunidad de tus posibilidades. Luego, explica tu elección.

Capítulo 6 ■ 263

Repaso del Capítulo 6

Tiempos

1600 — 1650

1647 Peter Stuyvesant llega a Nueva Holanda

La lectura en los Estudios Sociales

Cuando **resumes**, dices una versión más corta de lo que acabas de leer.

 **Resumir**

Completa este organizador gráfico para demostrar que puedes resumir datos sobre las colonias del centro. Una copia de este organizador gráfico aparece en la página 65 del cuaderno de Tarea y práctica.

Las colonias del centro

Dato clave: Los veranos de las colonias del centro eran largos.

Dato clave: En las colonias del centro, la lluvia era abundante.

Dato clave: Las colonias del centro tenían ricas tierras de cultivo.

Resumen:

 Pautas de redacción de California

Escribe un reporte investigativo William Penn estableció buenas relaciones con las tribus de indios americanos. Escribe un reporte con datos y detalles que expliquen qué hizo Penn para lograr esto. Si es necesario, investiga más.

Escribe una carta persuasiva Imagina que es el año 1700 y que te gustaría trabajar como aprendiz. Escoge el tipo de trabajo que te gustaría hacer, y luego escribe una carta al dueño de un negocio para convencerlo de que te contrate.

264 ■ Unidad 3

1664 Inglaterra toma el control de Nueva Holanda y cambia su nombre por New York

1681 William Penn funda Pennsylvania

Década de 1730 El Gran Despertar se extiende por las colonias

Usa el vocabulario

Identifica el término que corresponda a cada definición.

refugio, pág. 244
propietario, pág. 245
milicia, pág. 254
artesano, pág. 260
aprendiz, pág. 260

1. ejército de voluntarios
2. dueño
3. alguien que aprende
4. lugar seguro
5. trabajador que tiene un oficio especializado

Usa la línea cronológica

DESTREZA DE ANÁLISIS Usa la línea cronológica del capítulo, que aparece arriba, para responder estas preguntas.

6. ¿Cuándo fundó William Penn su colonia?
7. ¿Durante cuánto tiempo Peter Stuyvesant gobernó Nueva Holanda antes de que fuera ocupada por los ingleses?

Aplica las destrezas

Tomar una decisión económica

8. Repasa la información de las páginas 262 y 263. Luego, describe una decisión económica que hayas tomado, y también sus consecuencias económicas y sus costos de oportunidad.

Recuerda los datos

Responde estas preguntas.

9. ¿Cómo obtuvieron su libertad algunos de los esclavos de Nueva Holanda?
10. ¿Cuáles fueron dos efectos del Gran Despertar?

Escribe la letra que corresponda a la respuesta correcta.

11. ¿A qué grupo religioso pertenecía William Penn?
    A puritanos
    B católicos
    C cuáqueros
    D anglicanos

12. ¿Cuál era el cultivo más extendido en las colonias del centro?
    A tabaco
    B algodón
    C arroz
    D trigo

13. ¿Cómo se ganaba la vida Benjamin Franklin?
    A Era pescador.
    B Era tipógrafo.
    C Era agricultor.
    D Era constructor de barcos.

Piensa críticamente

14. **DESTREZA DE ANÁLISIS** ¿Por qué personas de muchos grupos religiosos diferentes se asentaron en las colonias del centro?

15. **DESTREZA DE ANÁLISIS** ¿En qué se parecen la población de las colonias del centro y la actual población de Estados Unidos?

Capítulo 6 ■ 265

Destrezas de estudio

TOMAR APUNTES

Tomar apuntes te ayuda a recordar lo que has aprendido. También puede ayudarte a repasar para las pruebas.

- Anota datos e ideas importantes. No es necesario que escribas oraciones completas.
- Organiza los apuntes de tal forma que luego resulte fácil volver a leerlos.
- Una forma de organizar los apuntes es colocarlos en una tabla. Anota las ideas principales en una columna y los datos y detalles en otra.

Las colonias del sur

Apuntes de lectura	Apuntes de clase
Lección 1 • Los primeros colonos llegaron a Maryland en 1633. • _____	• Muchos católicos llegaron a Maryland porque no podían practicar libremente su religión en Inglaterra. • _____

Aplica la destreza mientras lees

Mientras lees este capítulo, usa una tabla de dos columnas para tomar apuntes sobre cada lección.

Normas de Historia y Ciencias Sociales de California, Grado 5

5.3 Los estudiantes describen la cooperación y los conflictos que existían entre los indios americanos, y también entre las naciones indias y los nuevos pobladores.
5.4 Los estudiantes comprenden las instituciones políticas, religiosas, sociales y económicas que surgieron en la era colonial.

Las colonias del sur

CAPÍTULO 7

Museo Frontier Culture, en Staunton, Virginia.

Comienza con un cuento

Molly Bannaky

escrito por Alice McGill ilustrado por Chris K. Soentpiet

En 1683, la joven Molly Bannaky trabajaba para un rico propietario de tierras en Inglaterra. Se levantaba todas las mañanas a las cinco para ordeñar la vaca del terrateniente. Una mañana, Molly derramó una cubeta con leche. Por ese error, se le llevó ante un tribunal y se le acusó de robo. El tribunal determinó que Molly debía abandonar el país y marcharse a las colonias de América.

Molly trabajó como sirviente por contrato en la colonia de Maryland durante siete años. Más tarde obtuvo su libertad, y su vida experimentó un gran cambio. Lee sobre la nueva vida de Molly en la colonia de Maryland.

Después de trabajar siete años para un hacendado, Molly obtuvo su libertad. Tal como lo establecía la ley, el hacendado le entregó un buey con un carro, un arado, dos azadas, una bolsa con semillas de tabaco, otra con semillas de maíz, ropas y un arma.

Molly observaba los cientos de acres de tierra fértil que se extendían frente a ella. Ese mismo día, poco antes del atardecer, abandonó el camino y se internó cuatro millas en tierras inexploradas. Allí, Molly marcó con estacas los límites del campo que reclamaría.

Aunque una mujer sola que reclamara tierras era algo insólito, sus vecinos vieron la fuerte determinación de Molly y decidieron ayudarla. Juntos, cargaron el tabaco hasta el almacén, para venderlo. Molly comprendió que administrar una granja sería una tarea muy pesada para ella sola.

Un día, Molly leyó un anuncio sobre la próxima llegada de un barco. Como necesitaba ayuda para ocuparse de sus tierras, decidió ir al puerto a ver la llegada del barco, que era un barco de esclavos. Molly vio una larga fila de hombres provenientes de África, parados uno detrás de otro. Vio también la miseria, la ira y la vergüenza que estos hombres mostraban en sus rostros cuando eran obligados a subir a la plataforma de subasta. Entonces, Molly notó la presencia de un hombre alto y majestuoso que desafiaba con su mirada a los participantes de la subasta. Molly decidió comprar a ese esclavo y juró tratarlo bien y dejarlo libre tan pronto sus tierras estuvieran listas para cultivar.

Con gestos, Molly le contó al hombre sobre su tierra natal y sus años como sirviente por contrato… y el hombre le dijo su nombre: Bannaky.

Molly y Bannaky habían nacido uno para el otro. La mujer firmó los papeles para liberarlo, y un pastor itinerante celebró el casamiento… Los vecinos terminaron por aceptar ese matrimonio y aprendieron a respetar a Bannaky. En tiempos de sequía, Bannaky compartía sus conocimientos sobre irrigación y rotación de los cultivos, que había aprendido de niño en su país.

Pasaron los años. Molly y Bannaky tuvieron cuatro hijas… y más tarde, un nieto… En su Biblia, Molly escribió el nombre de su nieto: Benjamin Banneker. Molly enseñó al niño a leer y escribir. Además, le contó acerca de su abuelo, un príncipe que había sido el hijo de un rey de África, y también sobre la época en que ella ordeñaba vacas en Inglaterra, al otro lado del océano.

Cuando creció, Benjamin Banneker se convirtió en científico y matemático. Estudió astronomía y topografía por sus propios medios. En 1791 y 1792 trabajó junto a Andrew Ellicot, otro topógrafo, en la planificación de la ciudad de Washington D.C. Banneker fue autor de un almanaque muy famoso en aquella época. En 1791, envió una copia de su almanaque a Thomas Jefferson e incluyó una carta en que expresaba su opinión sobre la injusticia de la esclavitud.

Responde

1. ¿Por qué llevó Molly a Bannaky a su granja?

2. Imagina que te envían a la colonia de Maryland para trabajar como sirviente por contrato en 1683. Escribe una breve descripción de cómo es tu vida diaria.

Lección 1

Tiempos

- **1632** Lord Baltimore funda la colonia de Maryland
- **1712** Se fundan las colonias de North Carolina y South Carolina
- **1733** James Oglethorpe funda la colonia de Georgia

REFLEXIONA
¿Qué efecto tuvo la geografía sobre los lugares que los colonos escogieron para asentarse en las colonias del sur?

- Describe la ubicación y el entorno físico de las colonias del sur.
- Explica por qué se fundaron las colonias del sur.
- Comenta sobre el modo en que la esclavitud afectó a las colonias del sur.

VOCABULARIO
constitución pág. 275
deudor pág. 276
interior pág. 277

PERSONAS
George Calvert
Cecilius Calvert
James Oglethorpe

LUGARES
Maryland
Virginia
North Carolina
South Carolina
Georgia

 RESUMIR

 Normas de California

HSS 5.3, 5.3.4, 5.4, 5.4.1, 5.4.2, 5.4.3, 5.4.6, 5.4.7

Asentamientos en el sur

IMAGÍNATE ALLÍ

El año es 1650, y estás en la ladera de una colina, observando la enorme bahía que se encuentra a tus pies. Dos meses antes, te habías embarcado en Inglaterra para venir a la colonia de **Maryland**. Esta tierra se ve muy diferente de las atestadas calles de Londres. Los campos cultivados se extienden hasta el horizonte. Has dejado Londres porque no podías conseguir empleo. Aquí trabajarás para un rico terrateniente y, al parecer, trabajarás mucho.

DATOS BREVES

> El nombre de la bahía de Chesapeake proviene de la palabra india *Chesepiooc*, que significa "gran bahía de las conchas".

272 ■ Unidad 3

> Esta ilustración muestra la visión de un artista sobre la fundación de Maryland. ¿Por qué crees que hay personas que llevan una cruz?

Maryland

Los Calvert, una familia de ricos terratenientes ingleses, fundaron la colonia de Maryland. Esta familia católica quería establecer una colonia en América del Norte, no solo por interés económico sino también para brindar refugio a los católicos. Los católicos, al igual que los cuáqueros que fundaron Pennsylvania, no podían practicar libremente su religión en Inglaterra.

George Calvert, también llamado Lord Baltimore, era miembro de la Compañía de Virginia. Calvert solicitó al rey Charles I que le otorgara una cédula real para establecer una nueva colonia sobre la bahía de Chesapeake, al norte de Virginia.

Calvert murió en 1632, antes de que se firmara la cédula real. Su hijo mayor, **Cecilius Calvert**, heredó entonces el título de Lord Baltimore y también la propiedad de la nueva colonia, a la que llamó colonia de Maryland.

Cecilius Calvert eligió a su hermano Leonard como primer gobernador de Maryland. Los hermanos Calvert, que conocían las desafortunadas experiencias de Jamestown, en la colonia de Virginia, decidieron planificar su colonia cuidadosamente. No habría "épocas de hambrunas" en Maryland.

En 1633, los Calvert enviaron a los primeros colonos a Maryland. En su mayoría, estos colonos llegaban como sirvientes por contrato, en barcos que atracaban cerca de la desembocadura del río Potomac. Los colonos fundaron allí su primer asentamiento, ahora conocido como la ciudad de St. Mary.

REPASO DE LA LECTURA RESUMIR
¿Por qué motivos se fundó la colonia de Maryland?

> Cuando Lord Baltimore aprobó la Ley de Tolerancia, Maryland comenzó a ser reconocida en todas las colonias inglesas por su libertad religiosa.

La vida en Maryland y Virginia

La colonia de Maryland tenía mucho en común con su antigua vecina, **Virginia**. Las dos colonias compartían la misma ubicación relativa, cerca de la bahía de Chesapeake y del río Potomac. Ambas tenían el mismo clima templado y cultivaban tabaco en las tierras fértiles de la llanura Costera.

Algunos colonos de Maryland se hicieron ricos con las enormes plantaciones de tabaco. Sin embargo, la mayoría luchaba por subsistir en sus pequeñas granjas. Muchos granjeros habían llegado a la colonia como sirvientes por contrato. El gobierno de Maryland ayudó a quienes habían sido sirvientes entregándoles tierras, ropas, herramientas y barriles de maíz.

A comienzos del siglo XVIII, la población de Virginia era mayor que la de Maryland. De hecho, Virginia se había convertido en ese entonces en la colonia inglesa más grande de América del Norte. En 1699, Virginia trasladó su capital a Williamsburg.

Virginia y Maryland tenían gobiernos similares. Ambas colonias tenían gobernadores y también elegían representantes para las asambleas. Sin embargo, Virginia era una colonia real, controlada por el rey, mientras que Maryland era una colonia de propiedad, controlada por los Calvert.

A diferencia de Virginia, Maryland recibió a personas de distintas religiones. En 1649, la asamblea de Maryland aprobó la Ley de Tolerancia. Esa ley permitió a todos los cristianos de la colonia practicar libremente su religión.

REPASO DE LA LECTURA COMPARAR Y CONTRASTAR ¿Qué características físicas tenían en común Maryland y Virginia?

Las colonias de Carolina

Con el crecimiento de la población de Maryland y Virginia, algunos colonos comenzaron a establecer aldeas y granjas más al sur. En 1663, el nuevo rey de Inglaterra, Charles II, entregó cesiones de tierra para formar una nueva colonia, llamada Carolina. La nueva colonia se extendía desde Virginia hasta la Florida española.

La cédula real repartía Carolina entre ocho líderes ingleses, conocidos como "nobles propietarios". En 1669, estos líderes redactaron para Carolina una **constitución**, o plan escrito de gobierno. La constitución permitía a los hombres de la colonia elegir a algunos líderes y redactar ciertas leyes. Sin embargo, la mayor parte del poder quedaba en manos de los propietarios y del rey.

El gobierno de la colonia de Carolina pronto enfrentó problemas. La colonia tenía una superficie enorme, y los colonos a menudo no tenían en cuenta las leyes que no les gustaban.

En 1712, la colonia se dividió en dos nuevas colonias, **North Carolina** y **South Carolina**. En las colinas de North Carolina, los granjeros podían cultivar tabaco y maíz.

En cambio, los agricultores tenían dificultades para cultivar tabaco en las tierras planas y pantanosas de South Carolina. Luego, colonos provenientes de las Indias Occidentales, que traían consigo esclavos africanos, comenzaron a cultivar arroz. Entonces la colonia prosperó y el arroz se convirtió rápidamente en el cultivo más importante de South Carolina.

REPASO DE LA LECTURA **RESUMIR** ¿Por qué era difícil gobernar la colonia de Carolina?

Colonias del sur

Analizar mapas El tabaco (abajo) se cultivaba sobre todo en el alto Sur.

Ubicación ¿Cuál era la ciudad que se encontraba más al sur?

Georgia

Inglaterra, Francia y España reclamaban el área ubicada al sur de South Carolina. En 1727, el nuevo gobernante de Inglaterra, el rey George II, comprendió que podía perder el control de la región si no enviaba colonos a esas tierras.

Un adinerado líder inglés llamado **James Oglethorpe** tuvo entonces una idea. ¿Por qué no enviar **deudores**, es decir, personas que debían dinero, y que estaban en la cárcel, para poblar la colonia? Esos colonos seguramente defenderían las tierras. Además, se daría a los deudores la posibilidad de comenzar una nueva vida. Oglethorpe escribió:

> 66 Con una colonia como esta, muchas familias, que de otro modo habrían pasado hambre, recibirán y serán dueñas de sus propios hogares y tierras. 99*

*James Oglethorpe. *Some Account of the Designs of the Trustees for Establishing the Colony of Georgia in America.* W. Q. Force, 1839.

▶ James Oglethorpe

La idea parecía una solución perfecta, y el rey George II otorgó a Oglethorpe y sus socios una cédula real. En honor al rey, dieron a la nueva colonia el nombre de **Georgia**. En 1733, llegaron los primeros colonos a Georgia y fundaron el asentamiento de Savannah.

Para evitar conflictos, Oglethorpe no permitió a los habitantes de la colonia comerciar con los indios americanos. También limitó el tamaño de las granjas y no permitió la esclavitud. Por estas razones, en sus comienzos Georgia no tuvo plantaciones.

Sin embargo, la cuestión de la esclavitud dividía a los colonos. En la década de 1740, algunos comenzaron a importar ilegalmente esclavos a la colonia. En 1751, los líderes de Georgia decidieron permitir la esclavitud. Con el tiempo, el éxito de la economía de Georgia se debió a las plantaciones y al trabajo de los esclavos africanos.

REPASO DE LA LECTURA IDEA PRINCIPAL Y DETALLES ¿Por qué fundó James Oglethorpe la colonia de Georgia?

Hacia el oeste

A comienzos del siglo XVIII, la mayor parte de las ciudades, pueblos, granjas y plantaciones de las 13 colonias estaban ubicadas cerca de la costa, sobre la llanura Costera. En esa época, unos pocos colonos se habían asentado en el Piedmont, es decir, en la zona que se encuentra entre la llanura Costera y los montes Apalaches. Esa región fronteriza se conocía como **interior**, ya que estaba "más allá" o "más adentro" de la región poblada por los europeos.

Los espesos bosques, las colinas y la escasez de rutas dificultaban los viajes al interior. Sin embargo, hacia mediados del siglo XVIII, muchos colonos de las 13 colonias comenzaron a trasladarse a zonas ubicadas al oeste de la llanura Costera. Un gran número de inmigrantes alemanes había comenzado a mudarse desde Pennsylvania al interior de Virginia y de las colonias de Carolina. Para llegar hasta allí, los colonos seguían un antiguo sendero de los indios americanos. Como lo transitaban numerosas personas, ese camino se ensanchó hasta permitir el paso de los carromatos. Con el tiempo, el sendero recibiría el nombre de Gran Ruta de los Carromatos.

REPASO DE LA LECTURA ★ RESUMIR ¿Por qué era difícil llegar al interior?

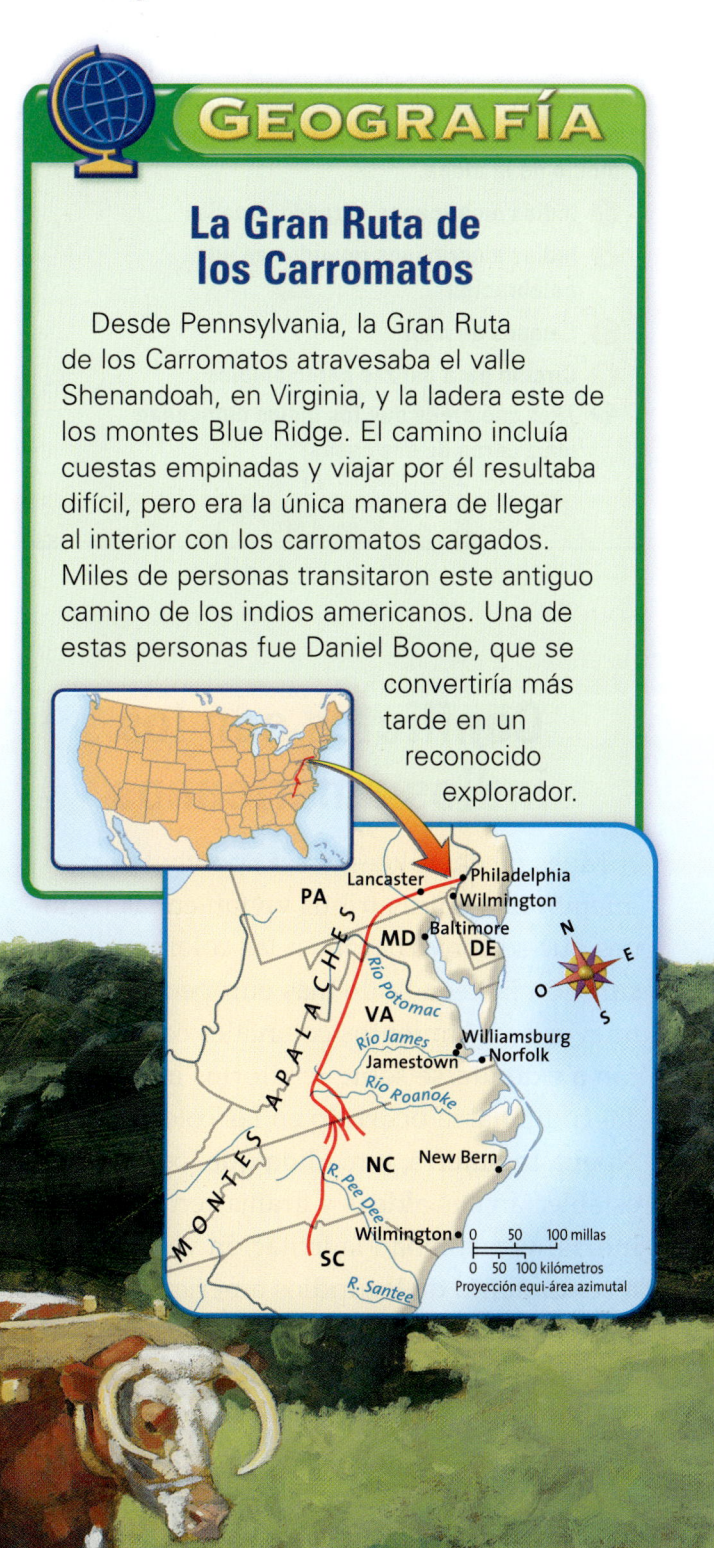

GEOGRAFÍA

La Gran Ruta de los Carromatos

Desde Pennsylvania, la Gran Ruta de los Carromatos atravesaba el valle Shenandoah, en Virginia, y la ladera este de los montes Blue Ridge. El camino incluía cuestas empinadas y viajar por él resultaba difícil, pero era la única manera de llegar al interior con los carromatos cargados. Miles de personas transitaron este antiguo camino de los indios americanos. Una de estas personas fue Daniel Boone, que se convertiría más tarde en un reconocido explorador.

Capítulo 7 ■ 277

FUENTES PRIMARIAS

La aldea de Secotan

Analizar dibujos

La aldea de Secotan era un asentamiento de indios americanos próximo al río Pamlico, en lo que hoy es North Carolina. John White, uno de los primeros colonos ingleses, hizo este dibujo de la aldea.

1. Indios americanos cazando venados
2. Indios americanos reunidos en una celebración
3. Campos de maíz
4. Círculo para danzas ceremoniales

♦ ¿Por qué crees que los indios cultivaban maíz cerca de sus casas?

Conflictos con los indios americanos

Miles de cherokees, creek, powhatan y miembros de otras tribus vivían en las regiones que se convirtieron en las colonias del sur. Con la llegada de más europeos, los nuevos asentamientos coloniales comenzaron a extenderse sobre territorios indígenas. Tal como había ocurrido en las colonias de Nueva Inglaterra, a medida que los colonos establecían sus aldeas y granjas en tierras indias, aumentaban la irritación y el resentimiento de los indios americanos.

En North Carolina, por ejemplo, colonos alemanes y suizos destruyeron la aldea de Chattawka, perteneciente a la tribu tuscarora, para construir el asentamiento de New Bern. Algunos colonos creían que los indios eran tratados de manera injusta. Durante esa época, alguien se refirió al comportamiento de otros colonos de la siguiente manera:

> **"Han engañado a estos indios en el intercambio, no les permiten cazar cerca de sus plantaciones y... les han quitado sus presas [animales], armas y municiones."** *

En 1711, las pérdidas de esas y otras tierras provocaron el ataque de los tuscarora a varios asentamientos. Estos ataques llevaron a la guerra de los tuscarora. En 1713, cuando la guerra llegó a su fin, 950 indios tuscarora habían sido capturados y vendidos como esclavos, o habían muerto.

En las colonias del sur, los colonos seguían expulsando a los indios. Algunos indios fueron capturados y enviados a las Indias Occidentales para trabajar en plantaciones de caña de azúcar. Otros murieron luchando contra los colonos por tierras o cuestiones comerciales. Un gran número de indios pacíficos murió a causa de enfermedades europeas como la viruela y el sarampión.

*Baron Christopher De Graffenreid. *North Carolina: The History of a Southern State*. Umi Research Press, 1973.

> La aldea creek Indian Mound era un centro religioso y de gobierno de los indios americanos que vivían en el valle del río Pee Dee, en North Carolina.

Al disminuir en número, varios grupos indígenas decidieron trasladarse hacia el oeste, a territorios que los colonos europeos todavía no habían alcanzado. Sin embargo, a medida que los indios dejaban sus tierras, los colonos las ocupaban y seguían avanzando hacia el interior.

REPASO DE LA LECTURA **CAUSA Y EFECTO** ¿Qué efecto tuvo la acción de los colonos sobre los indios americanos de las colonias del sur?

Resumen

Virginia, Maryland, North Carolina, South Carolina y Georgia formaban las colonias del sur. Algunos colonos llegaron allí en busca de tierras, y otros, por razones religiosas. Para trabajar en la región se trajeron sirvientes por contrato y esclavos africanos. Con el tiempo, aumentaron los conflictos entre colonos e indios americanos.

REPASO

1. ¿Qué efecto tuvo la geografía sobre los lugares que los colonos escogieron para asentarse en las colonias del sur?

2. Usa el término **deudor** en una oración sobre la fundación de Georgia.

3. ¿Qué colonia del sur se fundó como refugio para los católicos? ¿Quién fue su fundador?

RAZONAMIENTO CRÍTICO

4. **DESTREZA DE ANÁLISIS** ¿De qué manera las características físicas del interior afectaron el movimiento de los colonos?

5. **DESTREZA DE ANÁLISIS** Identifica una fuente primaria y una fuente secundaria en esta lección. Explica de qué manera identificaste cada fuente.

6. **Haz una línea cronológica ilustrada** Haz una línea cronológica desde 1600 hasta 1750. Luego, marca las fechas de los eventos importantes que ocurrieron en el asentamiento de las colonias del sur. Haz ilustraciones acerca de las marcas.

7. **RESUMIR**

En una hoja de papel, copia y completa el organizador gráfico de abajo.

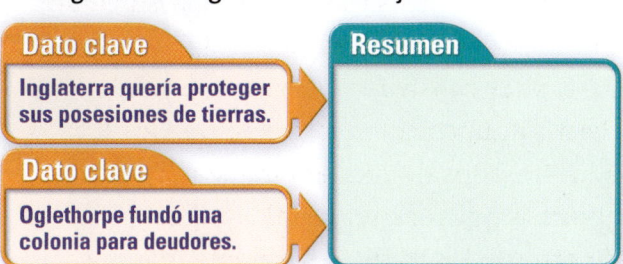

Capítulo 7 ▪ 279

Destrezas con tablas y gráficas

Leer gráficas circulares

▶ POR QUÉ ES IMPORTANTE

Puedes aprender acerca de la población de las colonias inglesas de diferentes formas. Para comparar la población de las distintas colonias, podrías utilizar una gráfica circular. Una **gráfica circular** es una gráfica que muestra los datos como partes de un todo.

A veces, este tipo de gráfica se llama gráfica de pastel, porque tiene forma de círculo y está dividida en partes que parecen porciones de un pastel. Probablemente hayas visto este tipo de gráfica en diarios, Internet, televisión y libros de texto. Para comprender la información que contienen, necesitas saber cómo leer una gráfica circular.

▶ LO QUE NECESITAS SABER

La primera gráfica circular de la página 281 presenta información sobre la población de las colonias de Nueva Inglaterra, del centro y del sur, a mediados del siglo XVIII. La segunda gráfica brinda información sobre los diferentes grupos étnicos que vivían en esas colonias. Un **grupo étnico** es un grupo de personas de la misma nación, de la misma raza o que comparten una cultura.

▶ Hacia 1750, más de 1 millón de personas vivían en las 13 colonias. Virginia tenía la mayor población. Hoy en día, grupos de actores representan en Williamsburg colonial la vida en Virginia durante la época colonial.

Población de las 13 colonias por región, 1750

- 44% colonias del sur
- 25% colonias del centro
- 31% colonias de Nueva Inglaterra

Población de las 13 colonias por grupo étnico, 1750

- 51% ingleses y galeses
- 20% africanos
- 2% otros europeos
- 3% holandeses
- 4% escoceses
- 5% irlandeses
- 7% alemanes
- 8% escoceses-irlandeses

Como ocurre en muchas gráficas circulares, los datos se muestran en porcentajes representados con el símbolo %. Un **porcentaje** es una centésima parte de un todo o de un total. Por ejemplo, si cortas un pastel en 100 porciones iguales, las 100 porciones juntas serán el 100% del pastel. Cincuenta porciones serán entonces la mitad, o el 50%. Diez porciones serán una décima parte, o el 10% del pastel. Cada porción será una centésima parte, es decir, 1% del pastel.

▶ PRACTICA LA DESTREZA

Utiliza las gráficas circulares de esta página para responder las siguientes preguntas.

1. ¿Qué porcentaje del total de la población vivía en las colonias del sur?
2. ¿Qué región colonial tenía la mayor población? ¿Cuál tenía la menor población? ¿Cómo lo sabes?
3. En 1750, ¿qué porcentaje de la población total de las colonias era de origen alemán?
4. ¿Qué grupo étnico tenía la segunda mayor población en 1750?

▶ APLICA LO QUE APRENDISTE

Aplícalo Busca un ejemplo de una gráfica circular en periódicos, revistas o Internet. Escribe tres preguntas que puedan responderse con la información de esa gráfica. Luego, intercambia las gráficas circulares y las preguntas con un compañero, y responde las preguntas que te haga tu compañero.

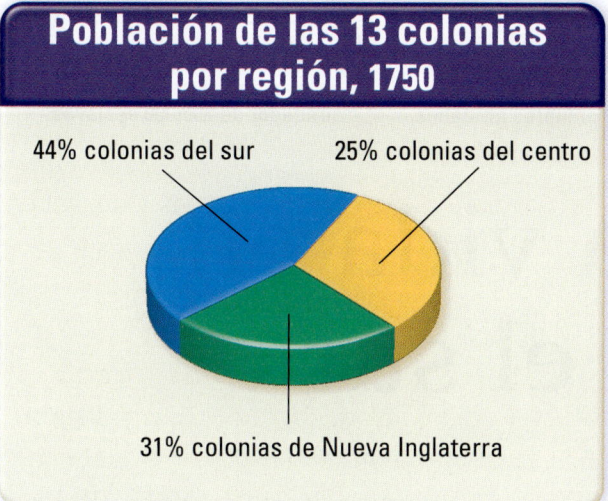

▶ En esta representación histórica, un actor muestra las destrezas que los trabajadores debían tener en la época colonial.

Destrezas con tablas y gráficas

Capítulo 7 • 281

Lección 2

Tiempos

- **1619** Llegan a Virginia los primeros africanos
- **1750** En las colonias del sur viven alrededor de 200,000 esclavos

La vida en el sur

REFLEXIONA
¿Cómo afectaron las plantaciones la vida en las colonias del sur?

- ✓ Describe cómo influyó la esclavitud en la vida diaria de las colonias del sur.
- ✓ Identifica algunas formas en que los esclavos afrontaron sus dificultades.
- ✓ Describe cómo era el gobierno de las colonias del sur.
- ✓ Explica el papel que desempeñaba la religión en la vida de los colonos del sur.

VOCABULARIO
institucionalizar pág. 283
hacendado pág. 284
capataz pág. 284

PERSONAS
Anthony Johnson

LUGARES
Florida española
Fuerte Mose

 Destreza clave RESUMIR

 **Normas de California**
HSS 5.4, 5.4.3, 5.4.5, 5.4.6, 5.4.7

IMAGÍNATE ALLÍ

La multitud reunida en el centro de la plaza del pueblo observa a dos personas, que están de pie sobre una plataforma y con grilletes en los pies. Esos dos hombres han llegado recientemente desde África en un barco de esclavos y hoy serán vendidos. Tratas de imaginar lo asustados y apenados que pueden sentirse, ya que los han llevado por la fuerza muy lejos de sus hogares y familias.

▶ A menudo se usaban grilletes de hierro como estos (arriba) para atar las manos o los pies de los esclavos.

Esclavitud y sociedad

Los primeros africanos probablemente llegaron a Virginia en 1619. En pocos años, comerciantes de Europa y de las Indias Occidentales llevaron a las colonias a miles de esclavos africanos, que habían sido sacados de sus hogares. Los africanos viajaban encadenados en barcos y luego eran enviadors a las ciudades de la colonia, donde eran vendidos. Al comienzo, eran vendidos como sirvientes por contrato. Sin embargo, cuando creció la necesidad de trabajadores, las asambleas aproberon leyes que legalizaban la esclavitud.

Con el tiempo, la esclavitud en las colonias se **institucionalizó**, es decir, pasó a formar parte de la vida diaria. Para mediados del siglo XVIII, la esclavitud ya era legal en las 13 colonias. Por ley, los hijos de un esclavo también eran esclavos. A menudo se separaba a las familias, y sus miembros eran vendidos a distintos dueños.

Muchos esclavos africanos terminaron trabajando en plantaciones de las colonias del sur. Hacia 1750, en esa región vivían unos 200,000 esclavos. El trato que recibían variaba según sus dueños, que tenían la libertad de golpear, azotar o insultar a sus esclavos. Los esclavos tenían pocas posibilidades de escapar, y la ley no los protegía.

Los esclavos no podían manifestarse contra la esclavitud. A menudo, los esclavos hacían todo lo que estaba a su alcance para resistir su condición. Rompían herramientas, fingían estar enfermos o trabajaban lentamente. Esas acciones eran peligrosas, y los esclavos debían ser cuidadosos para evitar los castigos.

Los esclavos africanos intentaron convivir con sus penurias. Preservaban su cultura narrando historias sobre África o cantando canciones africanas. Hacia finales del siglo XVIII, la religión cristiana también se convirtió en una fuente de fortaleza para algunos esclavos.

REPASO DE LA LECTURA **RESUMIR** ¿Cómo ayudaron las leyes a institucionalizar la esclavitud?

> La música era una de las formas en que los esclavos africanos preservaban su cultura. El banjo de calabaza (izquierda) es un instrumento desarrollado en África. Este retrato (derecha) muestra a una esclava de South Carolina.

La vida en las plantaciones

La mayoría de los esclavos de las colonias del sur vivían y trabajaban en las plantaciones. El trabajo de los esclavos y los cultivos comerciales, como el tabaco y el arroz, hicieron muy ricos a algunos **hacendados**, o dueños de plantaciones.

Pero no todos los dueños de plantaciones eran iguales. Unos pocos habían comenzado como sirvientes por contrato y lentamente lograron comprar más tierras y esclavos. Otros eran ricos colonos ingleses a quienes el rey o los gobernadores reales habían cedido enormes extensiones de tierra.

Las primeras plantaciones se establecieron sobre los ríos de la llanura Costera. Los ríos permitían transportar los cultivos comerciales a las ciudades portuarias. Para 1750, los colonos se habían mudado más hacia el oeste y comenzaron a establecer allí grandes plantaciones. Junto con la riqueza de los hacendados, crecía también la cantidad de tierras que poseían. Algunas plantaciones parecían pequeños pueblos. El edificio principal de una plantación era la casa del hacendado, que tenía a menudo dos o tres pisos. Los esclavos solían ayudar a construir esas grandes casas.

En general, había dos tipos de esclavos: los esclavos del campo y los esclavos de la casa. Los esclavos del campo trabajaban la tierra, sembraban y cosechaban tabaco, arroz y caña de azúcar. Los esclavos de la casa trabajaban en el hogar del hacendado.

Muchos edificios rodeaban la casa del hacendado. Había talleres donde los esclavos hacían clavos, ladrillos, barriles y otros artículos que se usaban en las plantaciones. La cocina se encontraba en un edificio separado.

Los dueños de plantaciones, cuando eran ricos, contrataban **capataces** para vigilar a los esclavos que trabajaban en el campo. La

Míralo en detalle

Una plantación del sur

Muchas plantaciones de las colonias del sur eran autosuficientes. Los hacendados cultivaban alimentos, y trabajadores calificados producían los bienes que se necesitaban.

1. campos de cultivo
2. casa del capataz
3. casas de los esclavos
4. hospital
5. cocina
6. casa del hacendado

¿Cómo lograban las plantaciones ser autosuficientes?

casa de los capataces a menudo estaba cerca de la casa del hacendado. En cambio, las casas de los esclavos se encontraban por lo general alejadas. Una típica casa de esclavos era una vivienda de madera de una sola habitación. Algunos esclavos tenían cerca de sus casas pequeñas huertas, que cuidaban después del día de trabajo en los campos del hacendado.

Aunque la mayoría no trabajaba en las plantaciones, los hacendados tenían muchas responsabilidades. Dirigir una plantación era parecido a administrar una pequeña ciudad y una empresa al mismo tiempo. Los hacendados tenían que proveer alimento y alojamiento a todas las personas que vivían en la plantación.

Además de cuidar la plantación, los hacendados tenían la obligación de prestar algún servicio público, es decir, hacer un trabajo para la comunidad. A menudo actuaban como jueces o miembros de la asamblea colonial. Algunos también se desempeñaban como consejeros del gobernador.

Como las plantaciones estaban apartadas de los centros urbanos, no había muchas escuelas. Para educar a sus hijos, los hacendados contrataban a maestros privados. Los maestros solían vivir y enseñar en la plantación. Sin embargo, los hijos de los esclavos no tenían permitido recibir educación.

REPASO DE LA LECTURA **RESUMIR** ¿Por qué las plantaciones parecían pequeños pueblos?

› En esta representación, un grupo de actores muestra cómo se preparaban los campos para el cultivo en las pequeñas granjas.

La vida en las pequeñas granjas

La mayor parte de la economía del sur dependía de las grandes plantaciones. Sin embargo, la mayoría de los colonos del sur vivía y trabajaba en pequeñas granjas, sembrando y cosechando sus propios cultivos.

A menudo, los antiguos sirvientes por contrato se convertían en dueños de pequeñas granjas. Pero solo unos pocos se enriquecieron. Muchas familias vivían en casas de una planta y los hijos dormían en el altillo, que funcionaba también como depósito.

A fines del siglo XVII, las familias que vivían en pequeñas granjas solo tenían una cama y muy pocos muebles. Para mediados del siglo XVIII, algunos granjeros habían logrado mejorar un poco su situación y podían comprar almohadones, espejos y platos de porcelana.

Los habitantes de las pequeñas granjas a menudo vivían alejados unos de otros. Por eso, los servicios religiosos de las iglesias eran también un acontecimiento social. Allí, los padres conversaban acerca de las noticias mientras los niños jugaban. Los miembros de las familias granjeras pobres esperaban ansiosos el día del servicio religioso. Algunas familias debían viajar durante horas para llegar a la iglesia más cercana.

Los dueños de granjas pequeñas no solían tener esclavos. Si había esclavos en una granja, rara vez eran más de uno o dos. Los dueños de la granja y los esclavos trabajaban juntos, pero aun así los esclavos no eran tratados como iguales. Aunque ciertos colonos creían que era incorrecta, la esclavitud continuaba practicándose porque los propietarios de las plantaciones aseguraban que ellos dependían del trabajo de los esclavos africanos.

REPASO DE LA LECTURA ◉ **RESUMIR** ¿Cómo se ganaban la vida la mayoría de los colonos del sur?

Los africanos libres

No todos los esclavos africanos de las colonias del sur continuaron viviendo como esclavos. Algunos lograron huir y otros tuvieron la posibilidad de comprar su libertad. Sin embargo, era difícil escapar de la esclavitud.

Algunos africanos libres pudieron comprar tierras y establecer sus propias granjas. Durante la década de 1640, un antiguo esclavo llamado **Anthony Johnson** compró tierras en Virginia y pronto se convirtió en un rico hacendado tabacalero. Johnson incluso compró a un esclavo africano, llamado Casor.

Otros pocos africanos libres también habían llegado a ser suficientemente ricos como para comprar esclavos. Pero la mayoría no quería formar parte del sistema de esclavitud. Algunos africanos libres compraban a sus propios familiares que eran esclavos para luego liberarlos.

Pocos esclavos tuvieron la suerte de obtener su libertad. En cambio, arriesgaban sus vidas para escapar de sus dueños. Los esclavos fugitivos eran por lo general capturados y devueltos a sus dueños. Los que lograban huir a menudo encontraban ayuda en la **Florida española** o en tribus indias.

Los indios seminolas brindaron comida y refugio a muchos esclavos que escapaban a la Florida española. Allí, los esclavos fugitivos recibían tierras para cultivar y a cambio entregaban a los indios una tercera parte de sus cosechas. Estos antiguos esclavos se vestían a menudo como seminolas y aprendieron su lengua. Con el tiempo, se llegaron a conocer como los seminolas negros.

Otros africanos libres crearon sus propias comunidades en la Florida española. En

Patrimonio cultural

Fuerte Mose

En 1738, el gobernador español de Florida fundó el pueblo de Fuerte Mose para africanos libres. El gobernador creía que ese asentamiento protegería a St. Augustine de los ataques ingleses. En muchos aspectos, Fuerte Mose era similar a otros pueblos españoles, y los colonos africanos que vivían allí eran leales a España. Estos colonos formaron una unidad militar que luchó junto a los soldados españoles y ayudó a defender St. Augustine.

▶ Este medallón de plata fue hallado en el Sitio Histórico de Fuerte Mose.

▶ Cuando escapaban, los esclavos africanos a menudo tenían que viajar cientos de millas para encontrarse a salvo.

1738, se estableció allí un nuevo pueblo para africanos libres. El gobernador de la Florida española decidió fundar un pueblo llamado **Fuerte Mose**, el primer asentamiento de africanos libres de América del Norte. Mientras vivían en la Florida española, los habitantes de Fuerte Mose podían practicar libremente sus costumbres y formas de vida.

REPASO DE LA LECTURA 🔥**RESUMIR** ¿Cómo alcanzaron su libertad algunos africanos de las colonias del sur?

Resumen

La vida en las colonias del sur estaba llena de contrastes. Los propietarios de las plantaciones eran muy ricos y dependían del trabajo de los esclavos africanos. En las pequeñas granjas, muchos antiguos sirvientes por contrato vivían en la pobreza. No todos los africanos eran esclavos. Algunos pudieron comprar su libertad o lograron escapar.

REPASO

1. ¿Cómo afectaron las plantaciones la vida en las colonias del sur?

2. Describe la función de un **hacendado** y la función de un **capataz**.

3. ¿De qué manera los esclavos lograron mantener su cultura?

RAZONAMIENTO CRÍTICO

4. ¿Cómo crees que se sentían las personas esclavas cuando separaban a los miembros de sus familias?

5. **DESTREZA DE ANÁLISIS** ¿Por qué crees que la mayoría de los habitantes de las colonias no protestaban contra la esclavitud?

6. **Dibuja una escena** Elige un párrafo de esta lección que describa una escena de la vida diaria en las colonias del sur. Luego, dibuja esa escena y escribe una breve descripción sobre lo que muestra acerca de la vida en la colonia.

7. **RESUMIR**

En una hoja de papel, completa el organizador gráfico de abajo.

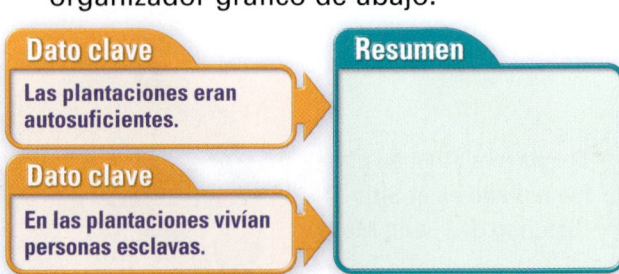

288 ▪ Unidad 3

Olaudah Equiano

Biografía

Integridad
Respeto
Responsabilidad
Equidad
Bondad
Patriotismo

*"Cuando en el barco observé a mi alrededor y vi... personas negras de todo tipo encadenadas unas a otras,... no tuve dudas sobre mi propio destino."**

Olaudah Equiano tenía apenas 11 años cuando fue separado de su tierra natal y fue enviado a las colonias inglesas en un barco de esclavos. Era el año 1756, y por los próximos diez años viviría como esclavo.

Olaudah Equiano nació en el reino africano de Benín. Era el menor de siete hermanos, y su padre era líder de su aldea. Un día, tratantes de esclavos entraron en la aldea y secuestraron a Equiano y a su hermana. Equiano no volvería a ver nunca más a su familia.

El barco de esclavos se dirigió a las Indias Occidentales. Luego, Equiano fue enviado a la colonia de Virginia. Allí fue vendido a un oficial inglés de la marina que lo llevó consigo en varios viajes. Con el tiempo, Equiano logró ahorrar suficiente dinero y, cuando tenía 21 años, pudo comprar su libertad.

Más tarde, escribió un libro donde contaba su vida en África, sus días como esclavo y su regreso a la libertad. Equiano dedicó el resto de su vida a recorrer el mundo hablando públicamente en contra de la esclavitud.

*Olaudah Equiano. *The Interesting Narrative of the Life of Olaudah Equiano, or Gustavus Vassa, The African*, editado por Shelly Eversley. Modern Library, 2004.

La importancia del carácter

? ¿Por qué demostró Equiano su bondad al dedicarse a combatir la esclavitud?

Biografía breve

- **1745** Nace en 1745?
- **1756** Equiano es secuestrado y vendido como esclavo
- **1780** Primera publicación de la autobiografía de Equiano
- **1797** Muere en 1797

 Visita MULTIMEDIA BIOGRAPHIES en www.harcourtschool.com/hss para hallar biografías multimedia.

Lección 3

Tiempos

1600 — 1750

1729 Se funda Baltimore, Maryland

Década de 1740 Charles Town exporta 30 millones de libras de arroz por año

REFLEXIONA
¿Cómo usaban los recursos naturales los habitantes de las colonias del sur para ganarse la vida?

✓ Comprende qué efecto tuvo la geografía en la economía de las colonias del sur.

✓ Identifica las principales industrias de las colonias del sur.

✓ Explica por qué la economía del sur dependía de la esclavitud.

VOCABULARIO
índigo pág. 291
interdependencia pág. 292
corredor pág. 292

PERSONAS
Eliza Lucas Pinckney

LUGARES
Charles Town
Baltimore
Wilmington

 RESUMIR

 **Normas de California**
HSS 5.4, 5.4.1, 5.4.5, 5.4.6

La economía del sur

IMAGÍNATE ALLÍ

Hace tanto calor que la camisa se pega a tu espalda. Junto a otros trabajadores, te encuentras en **Charles Town**, en South Carolina, cargando cientos de barriles de arroz en un barco. El enorme barco había llegado de Inglaterra dos días antes. La sombra del alto mástil se proyecta sobre el muelle. Te detienes un momento a observar las velas del barco. Mientras te limpias el sudor de la frente, piensas que te gustaría navegar en alta mar en lugar de estar en el muelle.

▶ Charles Town, en South Carolina, se convirtió en la ciudad más grande de las colonias del sur.

290 ▪ Unidad 3

Los niños EN LA HISTORIA

Eliza Lucas Pinckney

Eliza Lucas Pinckney llegó a South Carolina con sus padres en 1738. Cuando tenía 16 años, su padre tuvo que regresar a las Indias Occidentales. Más tarde, Eliza comenzó a experimentar con semillas de índigo que le había enviado su padre. Trabajaba tan intensamente que llegó a escribir: "Apenas me permito tiempo para dormir y comer".*

Tres años más tarde, Eliza logró cultivar una planta de índigo que producía una excelente tintura. Eliza entregó algunas semillas a vecinos y amigos. Pocos años más tarde, los hacendados de South Carolina ya vendían 1 millón de libras de índigo por año a los fabricantes de tela en Europa.

Aplícalo ¿Por qué es importante trabajar intensamente en cualquier tarea que debas hacer?

*Eliza Lucas Pinckney. *The Letterbook of Eliza Lucas Pinckney.* University of South Carolina Press, 1997.

Cultivos comerciales

Las ciudades portuarias como Charles Town eran importantes para la economía de las colonias del sur. Las plantaciones producían toneladas de cultivos comerciales por año. Esos cultivos se enviaban en barco para su venta en los mercados de Inglaterra y las Indias Occidentales.

Las plantaciones de las distintas colonias producían diferentes cultivos. El tabaco seguía siendo el principal cultivo comercial en Maryland, Virginia y el norte de North Carolina. El cultivo del tabaco requería muchos trabajadores y grandes extensiones de tierra. Después de unos siete años, las plantas de tabaco agotaban los nutrientes del suelo. Para cultivar más tabaco, los granjeros necesitaban nuevas tierras.

Más al sur, en el sur de North Carolina, South Carolina y Georgia, las plantaciones de tabaco no prosperaban. El clima allí era muy caluroso y húmedo para las plantas de tabaco. Con el trabajo de sus esclavos, muchos dueños de plantaciones y de pequeñas granjas comenzaron a cultivar arroz. El arroz se convirtió en un cultivo comercial tan importante en South Carolina que a menudo se le llamaba "el oro de Carolina".

En tierras más secas, el arroz no crecía bien. Los terratenientes de estas zonas se dieron cuenta de que podían cultivar allí plantas de índigo. De esas plantas se extraía el **índigo**, una tintura azul que se usaba en el proceso de fabricación de telas.

El índigo se convirtió en un importante cultivo comercial después de que **Eliza Lucas Pinckney** experimentara con esa planta. Pinckney dedicó varios años al cultivo de diferentes tipos de índigo con semillas que se habían traído del Caribe. En la década de 1740, los hacendados comenzaron también a cultivar índigo en South Carolina.

REPASO DE LA LECTURA **RESUMIR** ¿Cuáles eran algunos de los cultivos comerciales de las colonias del sur?

La economía crece

Las plantaciones eran la parte más importante de la economía de las colonias del sur. Los hacendados eran dueños de muchas de las mejores tierras y de la mayoría de los esclavos. Además, producían casi todos los cultivos comerciales de la región.

Míralo en detalle

El arroz de la granja al mercado

Se requería una enorme cantidad de trabajadores para establecer una plantación de arroz. La mayoría de las plantaciones de arroz estaban ubicadas sobre pantanos y ríos que desbordaban. Los esclavos drenaban, limpiaban y nivelaban los pantanos.

1. Después de sembrar el arroz, los campos se inundaban varias veces durante el crecimiento de la planta. Esto ayudaba a que el arroz creciera. Cuando se drenaba el agua de los campos, los trabajadores se ocupaban de las plantas.

2. Los trabajadores cosechaban el arroz. Luego trillaban, o separaban, los granos de arroz de la planta.

3. Cuando el arroz estaba listo para enviarse a los mercados, los corredores llegaban a un acuerdo para llevar la cosecha a Inglaterra.

4. En Inglaterra, un corredor intercambiaba el arroz por productos ingleses.

❓ ¿Quién crees que cumplía el rol más importante en el envío del arroz a los mercados?

Aunque las plantaciones eran autosuficientes, sus economías eran **interdependientes**. Interdependencia significa depender de otros para obtener bienes o servicios. Los dueños de las grandes plantaciones necesitaban vender sus cultivos. Con frecuencia contrataban corredores. Un **corredor** es una persona a quien se le paga para comprar y vender bienes en nombre de otra persona. Los hacendados enviaban sus cosechas a Inglaterra o a las Indias Occidentales junto con una lista de la cosas que el corredor debía comprar para ellos. El corredor vendía la cosecha, compraba lo que el hacendado había pedido y luego enviaba esos bienes a las colonias.

A medida que las plantaciones crecían y se volvían más productivas, aumentaba también la exportación de cultivos comerciales. Esto llevó a un rápido enriquecimiento de los comerciantes de las ciudades portuarias del sur. A mediados del siglo XVIII, algunos asentamientos del sur de la costa Atlántica, como Norfolk y Savannah, se habían transformado en grandes ciudades.

Cuando llegaban los barcos que transportaban bienes desde Inglaterra, los hacendados y los habitantes de las ciudades podían comprar té, café, muebles y objetos de plata. Luego, los barcos regresaban a Inglaterra cargados de tabaco, arroz e índigo.

La ubicación relativa de las ciudades y las plantaciones determinaba su éxito o su fracaso. Las plantaciones más prósperas a menudo se encontraban cerca de puertos o ríos profundos. Esta ubicación facilitaba el envío de los cultivos a Inglaterra y a otros mercados. Y lo mismo ocurría con las ciudades que estaban ubicadas cerca de los ríos.

Charles Town, en South Carolina, se construyó en el punto donde los ríos Ashley y Cooper se encuentran y desembocan en un puerto natural de aguas profundas. Uno de los primeros visitantes de Charles Town escribió que la gran cantidad de barcos que había allí la convertirían pronto en una ciudad de gran actividad. Ese visitante estaba en lo cierto, ya que para la década de 1740, los barcos que partían de Charles Town hacia Inglaterra transportaban por año alrededor de 30 millones de libras de arroz.

DATOS BREVES

Los colonos no tenían moneda oficial. Usaban monedas y billetes europeos. Cada colonia también emitía su propio dinero, como estas monedas.

Baltimore, en Maryland, se fundó en 1729 a orillas del río Patapsco, que desemboca en la bahía de Chesapeake. Baltimore prosperó a medida que su puerto aumentó la exportación de granos y tabaco producidos en Maryland. Como la demanda de barcos también creció, Baltimore se convirtió en un importante centro de construcción naval.

REPASO DE LA LECTURA **RESUMIR** ¿Qué efecto tuvo la ubicación relativa de Charles Town en su crecimiento?

Otras industrias

Aunque la agricultura y el comercio eran muy importantes para la economía de las colonias del sur, la región contaba también con otras industrias. Casi todas estas industrias, al igual que la agricultura, estaban basadas en los recursos naturales de la región.

Miles de venados, castores y otros animales habitaban los bosques de las colonias del sur. Al comienzo, los colonos compraban pieles de animales a los indios americanos para venderlas en Europa. Más tarde, muchos colonos se asentaron en el interior para ganarse la vida como cazadores y tramperos. Estos grupos vivían más allá de las regiones pobladas por otros colonos y solían cooperar con los indios americanos y compartir las ganancias.

Los bosques de la región eran también una fuente de importantes recursos naturales. Por su ubicación sobre el río Cape Fear, la ciudad portuaria de **Wilmington**, en North Carolina, se convirtió en un importante centro de transporte de productos forestales. Wilmington se fundó en la década de 1720, después de que colonos de South Carolina comenzaran a trasladarse al norte. Esos colonos buscaban suelo fértil para establecer nuevas plantaciones. Pero, en cambio, hallaron una gran cantidad de árboles. Entonces trajeron trabajadores para cortar los árboles y construir aserraderos.

Los colonos también usaban los árboles para construir productos navales. Los pinos del sur proveían alquitrán, trementina y brea que se usaba para impermeabilizar la madera y las sogas de los barcos. En 1734, un gobernador de la colonia afirmó: "Hay más brea y alquitrán en las Carolinas que en todas las otras provincias del continente".*

La mayor parte de los productos navales se enviaban a Inglaterra desde Wilmington y otras ciudades portuarias. El resto se usaba en las colonias del sur.

*Gabriel Johnston. *The Way We Lived in North Carolina*. University of North Carolina Press, 2003.

▶ Baltimore, debido a su ubicación cerca de la bahía de Chesapeake, se convirtió en una ciudad portuaria de mucha actividad.

La construcción naval se convirtió en una importante industria de las colonias. A fines del siglo XVIII, los astilleros de Baltimore, en Maryland, se conocieron por mejorar el método de construcción de embarcaciones. Allí, los constructores navales desarrollaron un nuevo tipo de barco, llamado clíper de Baltimore, que era uno de los más veloces de esa época.

REPASO DE LA LECTURA ☆RESUMIR ¿En qué se basaban las otras industrias de la economía del sur?

Resumen

La economía de las colonias del sur era interdependiente. Los esclavos africanos y otros trabajadores producían cultivos comerciales, pieles, madera y productos navales. Después, en las ciudades portuarias, los comerciantes embarcaban estos bienes a Inglaterra y a otras colonias.

▶ Los tramperos y cazadores de las colonias del sur debían viajar a menudo largas distancias.

REPASO

1. ¿Cómo usaban los recursos naturales los habitantes de las colonias del sur para ganarse la vida?
2. ¿Qué pistas puedes usar para recordar el significado del término **interdependencia**?
3. ¿Cuáles eran las ciudades portuarias más activas de las colonias del sur? ¿De qué manera la ubicación de esas ciudades ayuda a explicar su crecimiento?

RAZONAMIENTO CRÍTICO

4. **DESTREZA DE ANÁLISIS** Da un ejemplo de una fuente primaria en esta lección. ¿Cómo sabes que es una fuente primaria?
5. **DESTREZA DE ANÁLISIS** ¿Cómo afectaba la ubicación de una granja de las colonias del sur el tipo de cultivos que esa granja podía producir?

6. **Haz una tabla** Haz una tabla de tres columnas. En la primera columna, ubica las colonias del sur. En la segunda, las principales industrias de cada colonia. En la tercera columna, haz una lista de los bienes que se producían en cada colonia.

7. **Destreza clave** **RESUMIR**

En una hoja de papel, completa el organizador gráfico de abajo.

Dato clave	→	Resumen
Dato clave	→	Los corredores jugaban un papel importante en la economía de las colonias del sur.

Capítulo 7 ■ 295

Destrezas con mapas y globos terráqueos

Leer un mapa de uso de la tierra y productos

🚩 POR QUÉ ES IMPORTANTE

Los colonos de América del Norte dependían de los recursos naturales para subsistir. Como no todas las colonias disponían de los mismos recursos, tampoco producían los mismos bienes. Para identificar los recursos y productos de cada colonia, puedes usar un mapa de uso de la tierra y productos. El **uso de la tierra** es la forma en la que se aprovecha o usa la tierra en cada lugar.

🚩 LO QUE NECESITAS SABER

La clave del mapa de la siguiente página muestra símbolos que representan los recursos de las 13 colonias y también los bienes que allí se producían. Estos bienes eran importantes, no solo porque se vendían en las colonias sino también porque se exportaban a Europa. El mapa muestra únicamente los bienes y recursos más importantes de las colonias.

🚩 PRACTICA LA DESTREZA

Usa el mapa de uso de la tierra y productos de la página 297 para responder las preguntas.

1. ¿Cuáles eran los principales cultivos de las colonias del sur?
2. ¿En qué colonias era la madera un producto importante?
3. ¿En qué colonias se hacían productos navales?
4. Según este mapa, ¿qué generalizaciones puedes hacer sobre la economía de cada una de las tres regiones coloniales?

🚩 APLICA LO QUE APRENDISTE

DESTREZA DE ANÁLISIS **Aplícalo** Busca un mapa de uso de la tierra y productos de tu estado en enciclopedias, atlas, almanaques o Internet. Luego, usa la información del mapa para escribir tres oraciones sobre la economía de tu estado.

Practica tus destrezas con mapas y globos terráqueos con el **CD-ROM GeoSkills**.

🚩 **La madera (abajo) se enviaba a Inglaterra para la construcción de barcos y productos navales. Antes de embalarse en barriles y embarcarse, el tabaco (derecha) se curaba, es decir, se colgaba para secarlo.**

Productos coloniales

Destrezas con mapas y globos terráqueos

Capítulo 7 ◼ 297

Repaso del Capítulo 7

Tiempos

1600 — 1650

1632 Lord Baltimore funda la colonia de Maryland

La lectura en los Estudios Sociales

Cuando **resumes**, dices una versión más corta de lo que acabas de leer.

 **Resumir**

Completa este organizador gráfico para demostrar que puedes resumir datos relacionados con las colonias del sur. Una copia de este organizador gráfico aparece en la página 76 del cuaderno de Tarea y práctica.

La vida en las colonias del sur

Dato clave
Los hacendados producían tabaco y otros cultivos comerciales.

Dato clave
Los hacendados intercambiaban cultivos comerciales por bienes y servicios.

Dato clave
Los hacendados vendían sus cultivos comerciales en Inglaterra.

Resumen

 Pautas de redacción de California

Escribe un reporte Los esclavos africanos fueron capaces de preservar su cultura, a pesar de las severas condiciones en que vivían. Escribe un reporte con datos y detalles que explique de qué manera pudieron lograr esto.

Escribe una narración Imagina que tu familia se ha asentado en el interior de las colonias del sur. Escribe una historia sobre tu nueva vida en la frontera. Asegúrate de describir tu entorno y los desafíos que podrías enfrentar.

1700

- **1712** Se fundan las colonias de North Carolina y South Carolina

- **1729** Se funda la ciudad de Baltimore, en Maryland

1750

- **1733** James Oglethorpe funda Georgia, la última de las 13 colonias

Usa el vocabulario

Identifica el término que corresponda a cada definición.

constitución, pág. 275
deudores, pág. 276
institucionalizar, pág. 283
índigo, pág. 291
corredor, pág. 292

1. pasar a formar parte de la vida de todos los días
2. persona que compra y vende en nombre de otra
3. plan escrito de gobierno
4. personas que estaban en prisión porque debían dinero
5. tintura de color azul

Usa la línea cronológica

DESTREZA DE ANÁLISIS Usa la línea cronológica del capítulo, que aparece arriba, para responder estas preguntas.

6. ¿En qué año se dividió Carolina en dos colonias?
7. ¿Cuándo se fundó la última de las 13 colonias?

Aplica las destrezas

Leer una gráfica circular

8. La gráfica circular de la página 281 muestra los diferentes grupos étnicos que vivían en las colonias. ¿Qué porcentaje de la población era africana?

Recuerda los datos

Responde estas preguntas.

9. ¿A qué grupo religioso pertenecía la familia Calvert?
10. ¿Cómo actuaban las personas esclavas contra la esclavitud?
11. ¿Por qué había pocas escuelas en las colonias del sur?
12. ¿Por qué fue importante Fort Mose?

Escribe la letra que corresponda a la respuesta correcta.

13. ¿Cuál era el principal cultivo comercial de Virginia, Maryland y North Carolina?
    A arroz
    B tabaco
    C índigo
    D trigo

14. ¿Qué ciudad era un importante centro de construcción naval?
    A Jamestown, en Virginia
    B Baltimore, en Maryland
    C New Bern, en North Carolina
    D Savannah, en Georgia

Piensa críticamente

15. **DESTREZA DE ANÁLISIS** ¿Por qué eran importantes las vías navegables del sur?

16. **DESTREZA DE ANÁLISIS** ¿Qué efecto tuvo la ubicación relativa de South Carolina en el tipo de cultivos de esa colonia?

Capítulo 7 ■ 299

Excursión

Williamsburg colonial

PREPÁRATE

Williamsburg colonial es la capital restaurada y reconstruida de Virginia, tal como era en el siglo XVIII. La ciudad es un museo histórico viviente, donde puedes experimentar imágenes, sonidos y aromas de la vida colonial. También puedes hablar con personas vestidas con trajes de esa época, que pasean por las calles o van de compras. Los guías reviven la historia al representar a los ciudadanos que vivían en Williamsburg durante el siglo XVIII. En Williamsburg colonial, la historia es más que un grupo de nombres y fechas. Es la historia de personas como tú, pero que vivieron en otra época.

OBSERVA

Los visitantes de Williamsburg colonial pueden viajar en carromato para ver y aprender sobre los edificios que se encuentran en la calle Duke of Gloucester.

UBÍCALO

Cerca de James Geddy House, puedes jugar con aros, caminar sobre zancos, jugar a los bolos y entretenerte con otros juegos infantiles de la colonia.

En esta tienda, un artesano usa herramientas tradicionales para hacer un violín.

Los sombrereros de esa época estaban muy ocupados, ya que los sombreros eran un accesorio femenino muy importante. En las tiendas de sombreros se mostraban los modelos de última moda.

El Capitolio es donde se reunían los representantes de Virginia para aprobar leyes y debatir los asuntos importantes.

UN PASEO VIRTUAL

APRENDE en línea Visita VIRTUAL TOURS en www.harcourtschool.com/hss para realizar un paseo virtual.

Unidad 3 ■ 301

Unidad 3 Repaso

💡 LA GRAN IDEA

Igualdad y diversidad Las 13 colonias inglesas se fundaron en distintas regiones de América del Norte y por diferentes razones.

Resumen

Se establecen las colonias

Miles de puritanos ingleses llegaron a Nueva Inglaterra en la década de 1630. Sus creencias religiosas determinaban la forma en que vivían estos colonos. En los cabildos, los hombres propietarios de tierras elegían a los funcionarios públicos. Los cabildos permitieron que los colonos aprendieran a gobernarse a sí mismos.

Las colonias del centro, es decir, New York, New Jersey, Pennsylvania y Delaware, estaban ubicadas al sur de Nueva Inglaterra. Personas provenientes de muchas partes del mundo se asentaron allí. La tierra fértil, el clima templado, los ríos y los puertos ayudaron a la prosperidad de la región.

Maryland, Virginia, North Carolina, South Carolina y Georgia formaban las colonias del sur. Muchos esclavos africanos vivían en esta región. La mayoría de los colonos se convirtieron en propietarios de pequeñas granjas. Unos pocos vivían en plantaciones y tenían esclavos. Los habitantes del sur producían cultivos comerciales. Al igual que en otras colonias, estos productos se vendían como productos de exportación a Inglaterra.

Los primeros colonos solían cooperar con los indios americanos, pero el crecimiento de los asentamientos provocó conflictos. Muchos indios murieron y otros se mudaron al oeste.

Ideas principales y vocabulario

Lee el resumen de arriba. Luego, contesta las preguntas.

1. ¿Qué hacían los colonos de Nueva Inglaterra en los cabildos?
   A elegían a los funcionarios públicos
   B construían graneros
   C construían escuelas
   D se reunían con indios americanos

2. ¿Qué significa la palabra prosperidad?
   A pobreza
   B multitud
   C éxito
   D justicia

3. ¿Dónde vivía la mayoría de los esclavos africanos en América del Norte?
   A en las colonias de Nueva Inglaterra
   B en las colonias del centro
   C en la Florida española
   D en las colonias del sur

4. ¿Qué es un producto de exportación?
   A un producto hecho en Nueva Inglaterra
   B un producto robado a otro país
   C un producto que no puede venderse
   D un producto que se vende a otro país

Recuerda los datos

Responde estas preguntas.

5. ¿Qué líder ayudó a fundar la colonia de Massachusetts?

6. ¿Cuáles eran los cuatro productos que exportaban los colonos de Nueva Inglaterra?

7. ¿Quiénes eran los cuáqueros?

8. ¿Qué dos ministros ayudaron a difundir el Gran Despertar?

9. ¿Cómo resistían su condición los esclavos africanos?

Escribe la letra que corresponda a la respuesta correcta.

10. ¿Qué región se conocía como "las colonias graneras"?
    A Nueva Inglaterra
    B las colonias del centro
    C las colonias del sur
    D el interior

11. ¿Qué material trabajaban los herreros?
    A hierro
    B madera
    C semillas
    D cera

12. ¿Quién fundó la colonia de Georgia?
    A William Penn
    B John Winthrop
    C el rey George II
    D James Oglethorpe

13. ¿Qué afirmación describe mejor la relación entre los colonos y los indios americanos en las colonias del sur?
    A Los indios atemorizaron a la mayoría de los colonos y los expulsaron.
    B Ambos grupos convivían pacíficamente.
    C Los colonos expulsaron a los indios de sus tierras.
    D Los indios engañaron a los nuevos colonos

Piensa críticamente

14. **DESTREZA DE ANÁLISIS** Indica dos razones por las cuales era más fácil cultivar la tierra en las colonias del centro que en Nueva Inglaterra.

15. **DESTREZA DE ANÁLISIS** Describe el papel que cumplió la religión en la fundación de Maryland y Pennsylvania.

Aplica las destrezas

DESTREZA DE ANÁLISIS Leer un mapa de uso de la tierra y productos

Usa el mapa de esta página para responder las siguientes preguntas.

16. ¿Qué colonia producía pieles?

17. ¿Qué colonia producía la mayor cantidad de hierro?

18. ¿En qué dos colonias se criaba ganado?

Productos de las colonias del centro

Unidad 3 ■ 303

Unidad 3 — Actividades

Lecturas adicionales

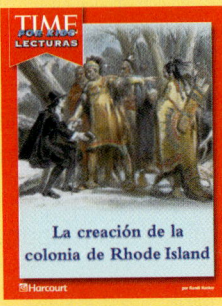
- *La creación de la colonia de Rhode Island* por Randi Hacker.

- *William Penn: Fundador de Pennsylvania* por Jeffrey Nelson.

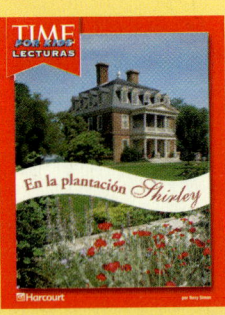
- *En la plantación Shirley* por Terry Simon.

Muestra lo que sabes

Actividad de redacción

Escribe una narración Imagina que eres un colono recién llegado a una de las colonias sobre las que has leído. Escribe un cuento sobre la forma de vida en tu colonia. Incluye información sobre la religión, la organización de tu sociedad, cómo los colonos se gobiernan a sí mismos y de qué manera se ganan la vida. Asegúrate de que tu narración tenga un escenario, o ubicación, y una trama, o historia.

Proyecto de la unidad

Feria colonial Prepara una exposición sobre la vida en las 13 colonias inglesas para una feria. Concéntrate en una de ellas: puede ser una colonia de Nueva Inglaterra, una de las colonias del centro o una de las colonias del sur. Decide de qué manera vas a mostrar cómo era la vida allí. Tu exposición debe mostrar el rol de la religión en tu colonia, cómo está organizada tu sociedad, cómo los colonos se gobiernan a sí mismos y cómo se ganan la vida.

APRENDE en línea  Visita ACTIVITIES en www.harcourtschool.com/hss para hallar otras actividades.

La Revolución Americana

Unidad 4

COMIENZA CON LAS NORMAS

Normas de Historia y Ciencias Sociales de California

5.3 Los estudiantes describen la cooperación y los conflictos que existían entre los indios americanos, y también entre las naciones indias y los nuevos pobladores.

5.5 Los estudiantes explican las causas de la Revolución Americana.

5.6 Los estudiantes comprenden el curso y las consecuencias de la Revolución Americana.

La gran idea

LIBERTAD
La libertad era tan importante para los colonos que estaban dispuestos a sufrir terribles penurias y años de guerra para alcanzarla.

REFLEXIONA
- ¿Qué desacuerdos llevaron a la Revolución Americana?
- ¿Qué personas y grupos tuvieron un impacto en la Revolución Americana?
- ¿Cuáles fueron los principales eventos y batallas de la Revolución Americana?
- ¿Cómo afectó la Revolución Americana la historia de Estados Unidos?

Muestra lo que sabes
- ★ Prueba de la Unidad 4
- Redacción: Un resumen
- Proyecto de la unidad: Periódico colonial

Unidad 4

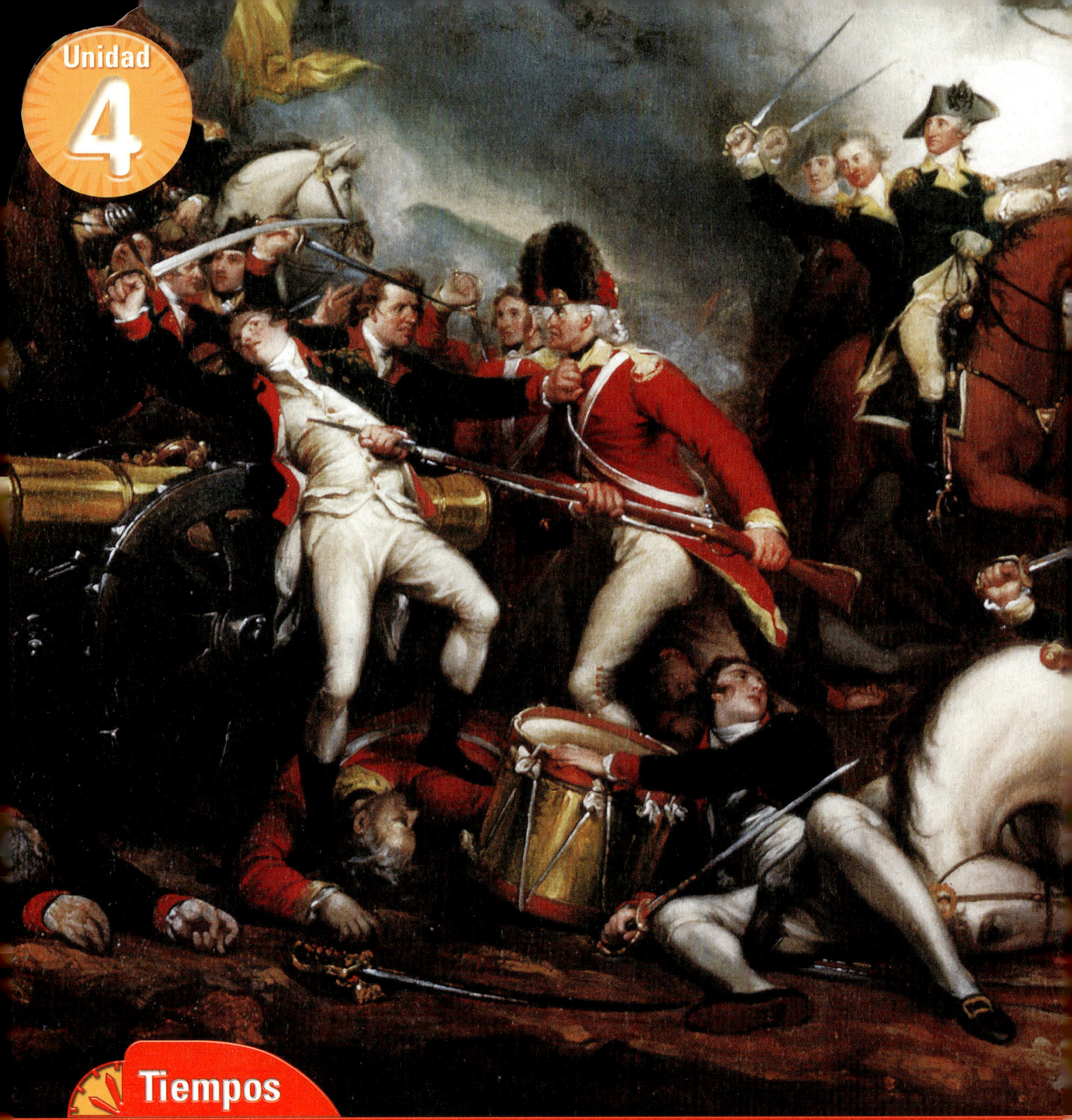

Tiempos

La Revolución Americana

- **1765** Se aprueba la Ley del Timbre, pág. 327
- **1770** Se produce la Masacre de Boston, pág. 331
- **1773** Se produce el Motín del Té de Boston, pág. 337

1760 — 1770

Al mismo tiempo

 1762 Catalina la Grande asume el gobierno de Rusia

1769 El padre Junípero Serra establece la primera misión española en California

 1770 James Cook explora Australia

La Revolución Americana

- **1776** Se aprueba la Declaración de Independencia, pág. 351
- **1781** Los británicos se rinden ante los americanos en Yorktown, pág. 392
- **1783** Se firma el Tratado de París, pág. 394

1780 • 1790

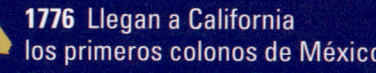 **1776** Llegan a California los primeros colonos de México

 1789 Comienza la Revolución Francesa

Unidad 4 ■ 305

Unidad 4

Personas

Crispus Attucks
1725?–1770
- Murió a manos de soldados británicos durante la Masacre de Boston
- Frecuentemente se dice que fue la primera víctima en la lucha por la libertad americana

Mercy Otis Warren
1728–1814
- Patriota de Massachusetts que escribió obras de teatro para protestar contra el gobierno británico
- Escribió una historia de la Revolución Americana

1725	1750	1775
1725? • Crispus Attucks — 1770		
1728 • Mercy Otis Warren		
1732 • George Washington		
1736 • Patrick Henry		
1742 • Thayendanegea		
1743 • Thomas Jefferson		
1746 • Bernardo de Gálvez — 1786		
1754? • Mary Ludwig Hays McCauley		

Thayendanegea
1742–1807
- Líder de los indios mohawk que más tarde adoptó el nombre de Joseph Brant
- Ayudó a los británicos durante la Revolución Americana

Thomas Jefferson
1743–1826
- Principal redactor de la Declaración de Independencia
- Tercer presidente de Estados Unidos

George Washington
1732–1799
- Guió a los americanos a la victoria en la Revolución Americana
- Primer presidente de Estados Unidos

Patrick Henry
1736–1799
- Miembro de la Cámara de los Comunes de Virginia
- Habló en contra del gobierno y de los impuestos británicos

| 1800 | 1825 | 1850 |

- 1814
- 1799
- 1799
- 1807
- 1826
- 1832

Bernardo de Gálvez
1746–1786
- Gobernador español de Louisiana
- Ayudó a los americanos durante la Guerra de la Independencia

Mary Ludwig Hays McCauley
1754?–1832
- Se ganó el apodo de "Molly Pitcher" por llevar agua a las tropas durante la batalla de Monmouth
- Cuando su esposo cayó herido, ella continuó disparando los cañones

Unidad 4 • 307

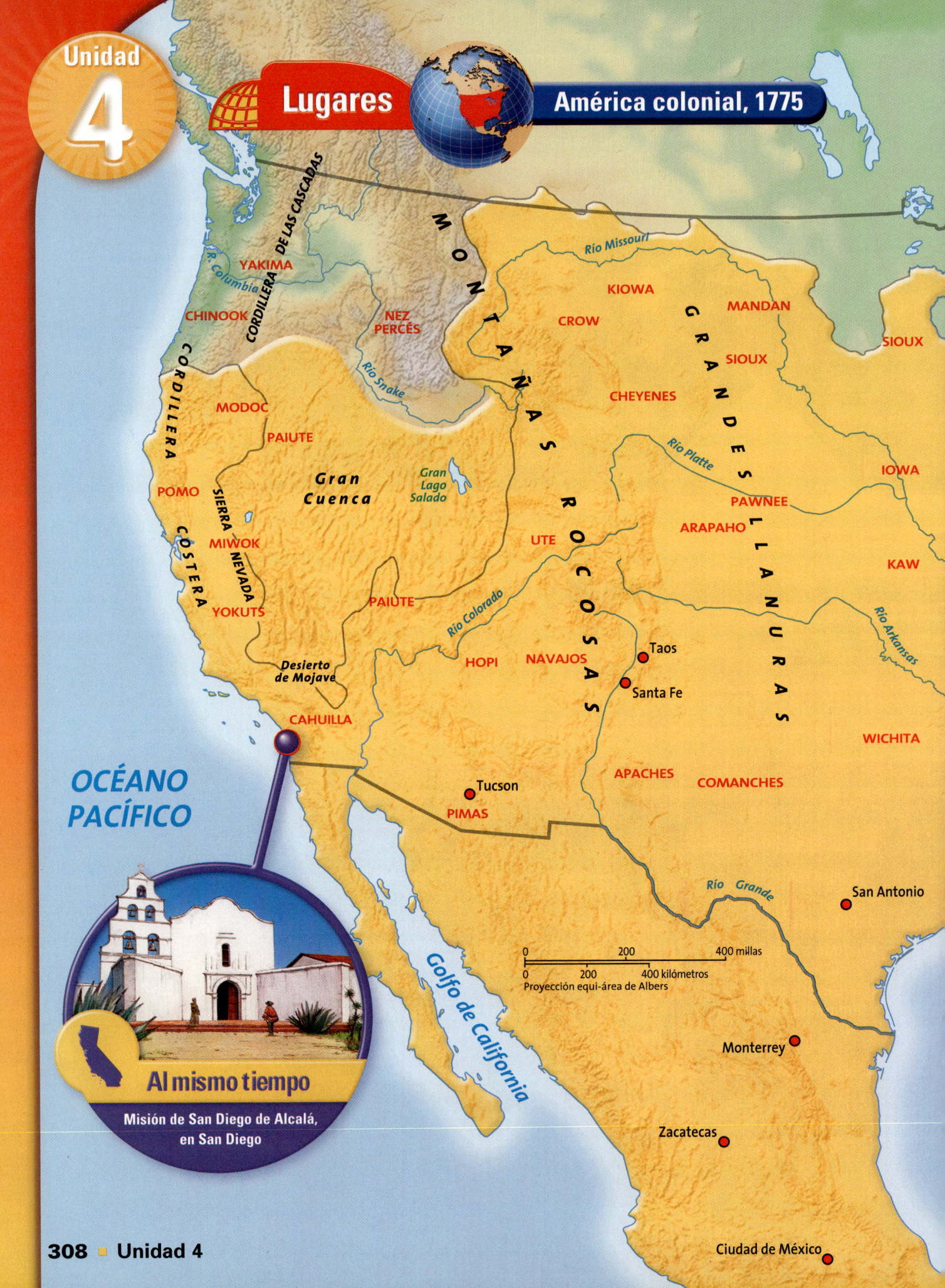

Unidad 4

La lectura en los Estudios Sociales

Destreza clave: Causa y efecto

Una **causa** es una acción o un evento que hace que algo ocurra. Un **efecto** es lo que ocurre como resultado de esa acción o ese evento.

Por qué es importante

Comprender causas y efectos puede ayudarte a saber por qué ocurren los eventos y las acciones.

- Palabras y frases como *porque, ya que, entonces* y *como resultado* son claves para hallar causas y efectos.
- En ocasiones, el efecto puede aparecer mencionado antes que la causa.

Practica la destreza

Lee los siguientes párrafos. Identifica causas y efectos en el segundo párrafo.

A mediados del siglo XVII, los habitantes de la colonia de Massachusetts comenzaron a marcharse con el fin de establecer sus propios asentamientos. Algunos dejaban la colonia por razones religiosas y otros para buscar mejores oportunidades económicas.

Hacia mediados del siglo XVIII, los colonos ya no necesitaban provisiones de Europa para subsistir. Tenían sus propias ciudades y empresas exitosas. Además, muchos colonos habían nacido en América. Era el único hogar que conocían. Por esas razones, los colonos comenzaron a sentir que dependían menos de Inglaterra.

Aplica lo que aprendiste

 Identificar causas y efectos Lee los párrafos y responde las preguntas.

De extranjeros a vecinos

En 1765, John Rutledge viajó desde su casa en South Carolina hasta New York. Afirmaba que era su primer viaje a un país extranjero. Esto explica cómo los colonos se veían unos a otros. Las colonias se habían fundado en diferentes momentos y por diferentes razones. Cada una tenía su propia mezcla de habitantes, su propia economía y su propia forma de gobierno. Por esa razón, las colonias parecían realmente países diferentes.

Sin embargo, las cosas estaban a punto de cambiar, y John Rutledge participaría en esos cambios. Rutledge había viajado a New York para reunirse con los representantes de 10 colonias con el fin de debatir acerca de un nuevo impuesto inglés.

Los colonos pensaban que el impuesto era injusto y querían decidir cómo responder a él.

En New York, Rutledge conoció a Sir William Johnson, un comerciante inglés de mucho dinero que tenía una fuerte relación con los indios iroqueses. Johnson le contó a Rutledge cómo la Liga Iroquesa trabajaba en equipo para resolver sus problemas.

Rutledge quedó muy impresionado por lo que dijo Johnson, y contó a otros colonos acerca de la Liga Iroquesa. Muy pronto, al igual que los iroqueses, los colonos comenzaron a cooperar y, poco a poco, a verse unos a otros como vecinos y ya no como extranjeros.

Causa y efecto

1. ¿Qué hizo que John Rutledge viajara a New York?
2. ¿Por qué los colonos se veían unos a otros como extranjeros?
3. ¿Cuál era la opinión de Rutledge acerca de la Liga Iroquesa?

Destrezas de estudio

CONECTAR IDEAS

Los organizadores gráficos son ilustraciones que te ayudan a organizar información. También pueden ser útiles para conectar ideas.

▶ **Un mapa de burbujas es un tipo de organizador. En un mapa de burbujas, la idea principal se escribe en la burbuja del centro. Las ideas relacionadas con la idea principal se escriben en las burbujas que rodean a la burbuja central.**

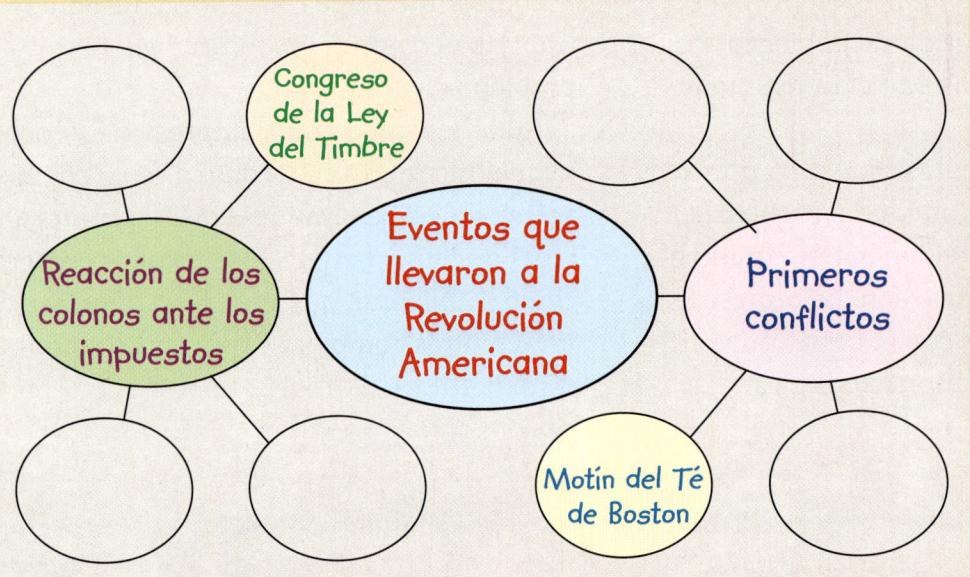

Aplica la destreza mientras lees

Mientras lees el capítulo, copia y completa el organizador gráfico de arriba. Escribe en cada burbuja los datos y los detalles que apoyan la idea principal.

 **Normas de Historia y Ciencias Sociales de California, Grado 5**

5.3 Los estudiantes describen la cooperación y los conflictos que existían entre los indios americanos, y también entre las naciones indias y los nuevos pobladores.
5.5 Los estudiantes explican las causas de la Revolución Americana.
5.6 Los estudiantes comprenden el curso y las consecuencias de la Revolución Americana.

CAPÍTULO 8
Las colonias se unen

▶ Faneuil Hall en Boston, Massachusetts

Comienza con un poema

La cabalgata de Paul Revere
Cuento del posadero

Escrito por Henry Wadsworth Longfellow
Ilustrado por Charles Santore

La noche del 18 de abril de 1775, las tropas británicas dejaron Boston con rumbo a los pueblos de Lexington y Concord. Tenían instrucciones de arrestar a Samuel Adams y John Hancock, líderes de los colonos. Al enterarse del plan, los colonos enviaron a varios hombres para que avisaran a los pobladores. Uno de esos hombres era un platero de Boston llamado Paul Revere. Revere cabalgó por el campo, arriesgando su vida, para llevar la noticia del avance británico. Casi cien años después de la legendaria cabalgata, el poeta Henry Wadsworth Longfellow escribió un poema para rememorar la valiente hazaña de Revere. Lee un pasaje del poema.

Escuchen, niños míos, y oirán
de la cabalgata nocturna de Paul Revere,
el dieciocho de abril del setenta y cinco.
Hoy ya no hay nadie vivo que recuerde
ese famoso día de ese famoso año.

Revere dijo a su amigo: "Si por tierra o por mar
los británicos marchan desde el pueblo esta noche,
cuelga, como señal luminosa, un farol en lo alto
del campanario de la torre de la Iglesia del Norte:
Un farol si vienen por tierra y dos si vienen por mar.
Y yo estaré allí, en la otra orilla,
listo para cabalgar y dar la alarma
a cada aldea y a cada granja de Middlesex
para que la gente de esta tierra se levante en armas."...

———

Entonces vio, oh, en la altura del campanario,
un resplandor, ¡el resplandor de una luz!
Saltó a la montura y tomó las riendas
pero se detuvo a contemplar que, ante sus ojos,
¡brillaba en el campanario un segundo farol!

campanario torre con campanas

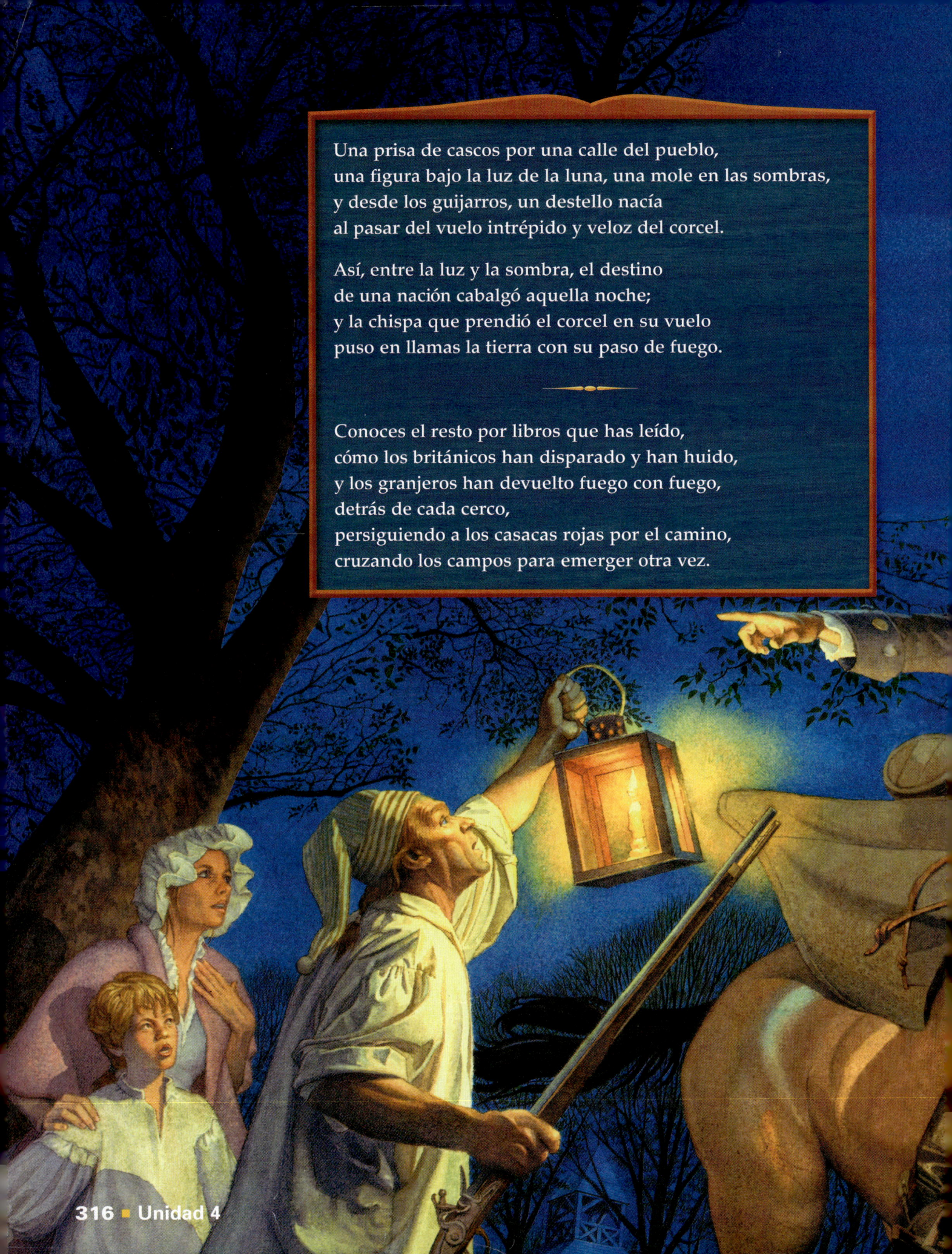

Una prisa de cascos por una calle del pueblo,
una figura bajo la luz de la luna, una mole en las sombras,
y desde los guijarros, un destello nacía
al pasar del vuelo intrépido y veloz del corcel.

Así, entre la luz y la sombra, el destino
de una nación cabalgó aquella noche;
y la chispa que prendió el corcel en su vuelo
puso en llamas la tierra con su paso de fuego.

Conoces el resto por libros que has leído,
cómo los británicos han disparado y han huido,
y los granjeros han devuelto fuego con fuego,
detrás de cada cerco,
persiguiendo a los casacas rojas por el camino,
cruzando los campos para emerger otra vez.

Así Paul Revere cabalgó por la noche,
y, a través de la noche, su grito de alarma
llegó a cada aldea y a cada granja de Middlesex.
Sin temor, aquel grito desafiaba el peligro,
era una voz en la sombra, un golpe a la puerta,
una palabra que resonará eternamente
llevando el viento nocturno de nuestro pasado,
a través de la historia, hasta el fin de los días.
En tiempos de oscuridad, peligro y necesidad,
el pueblo despertará y abrirá sus oídos para
escuchar los cascos presurosos de aquel corcel,
y el mensaje de medianoche de Paul Revere.

Responde

1. ¿Qué quiere decir el autor con: "y la chispa que prendió el corcel en su vuelo puso en llamas la tierra con su paso de fuego"?

2. Escribe un poema sobre un episodio famoso de la Revolución Americana o sobre alguien que haya vivido en esa época.

Lección 1

Tiempos

- **1754** La batalla del Fuerte Necessity
- **1763** La guerra franco-indígena llega a su fin
- **1764** Los británicos aprueban la Ley del Azúcar

(1750 — 1790)

REFLEXIONA
¿Qué eventos provocaron la guerra franco-indígena?

- ✓ Describe la lucha por el control de América del Norte.
- ✓ Describe cómo las alianzas entre los indios americanos y los colonos afectaron la guerra franco-indígena.
- ✓ Explica las nuevas leyes que se aprobaron después de la guerra franco-indígena.

VOCABULARIO
- alianza pág. 320
- delegado pág. 320
- Parlamento pág. 321
- proclamación pág. 322

PERSONAS
George Washington
Benjamin Franklin
William Pitt
rey George III

LUGARES
Fuerte Necessity
Albany

CAUSA Y EFECTO

Normas de California
HSS 5.3, 5.3.1, 5.3.2, 5.3.3, 5.5, 5.5.1, 5.5.4

Competencia por el control

IMAGÍNATE ALLÍ

Es un día soleado en el **Fuerte Necessity**, pero no estás interesado en el clima. Los bosques de Pennsylvania que rodean el fuerte parecen oscuros y peligrosos. Puede haber un ataque en cualquier momento. Aunque tienes miedo, lucharás para evitar que estas tierras se conviertan en una colonia francesa.

Escuchas atentamente y oyes el crujido de una rama que se rompe en el bosque. "¿Has oído eso?", preguntas al soldado que se encuentra a tu lado.

Ahora, aparece otro soldado de tu grupo, gritando. Su uniforme está rasgado y sucio. "¡Son los franceses!", exclama. "¡Estamos rodeados!".

▶ Esta réplica del Fuerte Necessity original puede visitarse en el Campo de Batalla Nacional Fuerte Necessity, *Fort Necessity National Battlefield*, cerca de Farmington, en Pennsylvania.

318 ■ Unidad 4

Tierras en conflicto

A mediados del siglo XVIII, España, Francia y Gran Bretaña, tal como comenzó a llamarse Inglaterra, intentaban mantener el control de sus territorios en América del Norte. España se posesionó de la mayor parte de las tierras ubicadas al suroeste. Por su parte, Francia se posesionó de tierras en el norte y centro de lo que actualmente es Estados Unidos. La mayor parte de la tierra de la que se posesionó Gran Bretaña se encontraba a lo largo de la costa atlántica o en lo que hoy es Canadá.

Tanto Francia como Gran Bretaña reclamaban el valle del río Ohio, una región de unas 1,000 millas a lo largo del río Ohio, de los montes Apalaches al río Mississippi. Para los franceses, el valle del río Ohio significaba una importante vía de comunicación entre Louisiana y los territorios franceses. Los británicos consideraban que era un área importante para el comercio.

Hacia 1750, los franceses enviaron soldados al valle del río Ohio para expulsar a los comerciantes británicos y comenzaron a construir fuertes cerca del extremo este del valle. Los británicos entendieron estas acciones como una declaración de guerra.

REPASO DE LA LECTURA ⭘ **CAUSA Y EFECTO**
¿Por qué competían los franceses y los británicos por el valle del río Ohio?

América del Norte en 1754

- Británico
- Francés
- Español
- Ruso
- En disputa
- Sin reclamar

DESTREZA DE ANÁLISIS **Analizar mapas**

◆ **Regiones** ¿Cuáles eran los dos grupos de europeos que reclamaban tierras al este y al oeste del valle del río Ohio?

UBÍCALO
PENNSYLVANIA
Fuerte Necessity

Capítulo 8 ■ 319

Comienza la guerra franco-indígena

Uno de los fuertes construidos por los franceses era el Fuerte Duquesne, donde hoy está Pittsburgh, en Pennsylvania. En 1754, el gobernador de Virginia envió a 150 soldados británicos al valle del río Ohio para recuperar el control de la región.

George Washington, que tenía entonces solo 21 años, lideraba a los virginianos. Camino al fuerte, los virginianos se enfrentaron a algunos soldados franceses. Washington pensó que estos soldados formaban parte de un grupo militar francés más grande. Para protegerse, los virginianos rápidamente construyeron el Fuerte Necessity. Unos días después, los franceses y sus aliados indios atacaron el fuerte. Los virginianos, superados en número, se vieron obligados a rendirse. Esta batalla daría comienzo a la guerra franco-indígena.

A mediados del siglo XVIII, tanto los franceses como los británicos habían formado alianzas con muchas tribus de indios del valle del río Ohio. Una **alianza** es un acuerdo formal entre grupos o individuos. Cuando comenzaron los conflictos, franceses y británicos pidieron la ayuda de sus aliados indios.

En 1754, los líderes coloniales se reunieron en **Albany**, New York, para debatir sobre la guerra. Siete colonias enviaron sus **delegados**, o representantes. **Benjamin Franklin**, de Pennsylvania, propuso lo que luego se conoció como el Plan de Unión de Albany. Franklin afirmaba que las colonias debían unirse bajo un solo gobierno con el objetivo de luchar contra los franceses. El plan de Franklin fue rechazado porque las colonias aún no estaban preparadas para trabajar en conjunto.

REPASO DE LA LECTURA 🔥 **CAUSA Y EFECTO**
¿Por qué fue rechazado el Plan de Unión de Albany?

▶ Al comienzo de la guerra, los británicos todavía no se habían adaptado a luchar en los bosques. Las chaquetas rojas de sus uniformes los convertían en blancos fáciles.

El camino hacia la victoria británica

Mientras la guerra franco-indígena continuaba, los colonos comprendieron que para ganar la guerra necesitaban más ayuda. Entonces, el cuerpo legislativo del gobierno británico, llamado **Parlamento**, envió un ejército encabezado por el general Edward Braddock para ayudar a los colonos a luchar contra los franceses y sus aliados indios.

En abril de 1755, Braddock marchó hacia el Fuerte Duquesne al mando de 1,800 soldados británicos y coloniales, con el objetivo de atacar a los franceses. Braddock invitó a George Washington a unirse al grupo como consejero. Más tarde, Washington describió cómo se veían los soldados en sus coloridos y brillantes uniformes, los británicos de rojo y los coloniales de azul, marchando contra el fondo verde del bosque.

Los soldados británicos estaban entrenados para luchar en campo abierto y se sorprendieron al ver que los franceses combatían, al igual que sus aliados indios, ocultos detrás de los árboles y las rocas. Por esta razón, las primeras batallas fueron difíciles para los británicos, y Braddock murió en la lucha. Con el objetivo de ganar la guerra, el líder británico **William Pitt** envió a las colonias más tropas y provisiones.

A principios de 1758, Gran Bretaña dio un paso decisivo para ganar la guerra. Los soldados británicos capturaron varios fuertes franceses, incluyendo el Fuerte Duquesne. Poco a poco, las tropas y los barcos británicos cercaron Nueva Francia y derrotaron a los franceses en Quebec y luego en Montreal.

En los últimos meses de la guerra, que se había extendido a Europa, España se unió a Francia. Sin embargo, gracias a su poderosa

La guerra franco-indígena, 1754–1763

- Territorio británico
- Territorio francés
- Territorio en disputa
- Fuerte británico
- Fuerte francés
- Batalla importante
- Frontera actual

Analizar mapas

Ubicación ¿En qué fuerte francés ubicado en la actual Pennsylvania se produjo una de las principales batallas?

armada, Gran Bretaña venció a las fuerzas españolas en 1762. Para compensar sus pérdidas en la guerra, Francia cedió a España la mayor parte de sus tierras al oeste del río Mississippi.

La guerra franco-indígena llegó a su fin en 1763, cuando franceses y británicos firmaron el Tratado de París. Este tratado daba a Gran Bretaña la mayor parte de Canadá, todas las tierras francesas al este del río Mississippi y las tierras españolas en Florida. De esa manera, los franceses perdieron casi todos sus territorios en América del Norte.

REPASO DE LA LECTURA **CAUSA Y EFECTO**
¿Cuál fue el efecto del Tratado de París?

Más problemas

El fin de la guerra franco-indígena no significó el fin de los problemas de Gran Bretaña en las colonias. En 1763, un jefe de los indios ottawa llamado Pontiac unificó a las tribus que vivían a lo largo del río Mississippi. Juntos, estos indios tomaron el control de algunos fuertes británicos. Esperaban destruir los asentamientos de los colonos que estaban cerca de esos fuertes.

El **rey George III** de Gran Bretaña intentó detener las luchas entre indios y colonos a través de una **proclamación**, o anuncio público. La Proclamación de 1763 establecía que todas las tierras al oeste de los montes Apalaches pertenecían a los indios y que los colonos blancos que vivían allí debían marcharse.

La mayoría de los colonos ignoraron la Proclamación de 1763, y otros miles se mudaron al oeste. Como resultado, las luchas entre indios y colonos continuaron. Un líder británico no estaba de acuerdo con el modo en que los colonos ocupaban las tierras indias. Este líder predijo que, si más colonos avanzaban hacia el oeste de New York, estallaría una guerra con los indios que vivían allí.

> El jefe Pontiac

La Proclamación de 1763 enfureció a muchos colonos. Pensaban que la guerra en que habían luchado tenía como objetivo evitar que los franceses bloquearan sus asentamientos en la frontera oeste. Por esta razón, los colonos se disgustaron cuando el gobierno británico los obligó a dejar esas tierras.

Los colonos también estaban enojados por los nuevos impuestos aprobados por el Parlamento. Los británicos creían que los colonos debían ayudar a pagar los costos de defender las colonias. En 1764, el Parlamento aprobó la Ley del Azúcar con el fin de recaudar dinero para Gran Bretaña. Esta ley exigía a los colonos que pagaran impuestos sobre el azúcar y la melaza que llegaban a las colonias desde de las Indias Occidentales.

La Ley del Azúcar afectó principalmente a la industria del transporte marítimo de las colonias de Nueva Inglaterra. Muchos comerciantes protestaron por ese impuesto. Sin embargo, los británicos siguieron aplicando impuestos sobre los productos que se comerciaban en las colonias. Muy pronto, el gobierno británico aprobaría aún más impuestos.

REPASO DE LA LECTURA **SACAR CONCLUSIONES**
¿Cuál era la opinión de los colonos sobre el dominio británico después de la Proclamación de 1763?

▶ Muchos líderes británicos culparon a los colonos de la frontera por la rebelión de Pontiac. Estos colonos a menudo vivían en cabañas construidas con troncos.

Resumen

Los conflictos por reclamos de tierras en América del Norte llevaron a la guerra franco-indígena, en la que Gran Bretaña derrotó a Francia. Después, Gran Bretaña aprobó la Proclamación de 1763, pero la mayoría de los colonos la ignoraron y siguieron trasladándose hacia el oeste.

REPASO

1. ¿Qué eventos provocaron la guerra franco-indígena?

2. Usa el término **alianza** en una oración acerca de la guerra franco-indígena.

3. ¿Cómo reaccionaron los colonos ante la Proclamación de 1763?

RAZONAMIENTO CRÍTICO

4. **DESTREZA DE ANÁLISIS** ¿Por qué crees que los soldados franceses eligieron combatir de la misma manera que sus aliados indios?

5. **DESTREZA DE ANÁLISIS** ¿Cuál fue el principal efecto de la victoria británica en la guerra franco-indígena?

6. **Escribe un artículo periodístico**
Imagina que eres un reportero en 1763. Escribe un artículo que describa las preocupaciones de los colonos ante la Proclamación de 1763.

7. **Destreza clave** **CAUSA Y EFECTO**
En una hoja de papel, copia y completa el organizador gráfico de abajo.

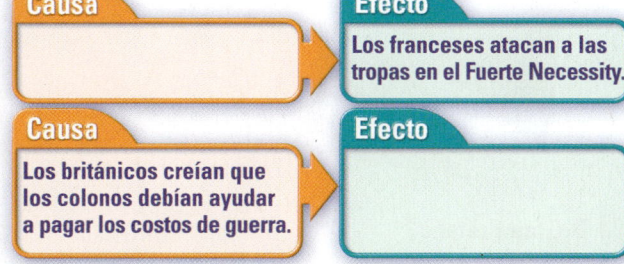

Causa	Efecto
	Los franceses atacan a las tropas en el Fuerte Necessity.
Los británicos creían que los colonos debían ayudar a pagar los costos de guerra.	

Capítulo 8 ■ 323

Destrezas con mapas y globos terráqueos

Comparar mapas históricos

▶ POR QUÉ ES IMPORTANTE

El Tratado de París, que oficialmente puso fin a la guerra franco-indígena, cambió el mapa de América del Norte. Puedes aprender acerca de esos cambios si comparas los mapas históricos de la página 325. Un mapa histórico muestra información de un lugar en un momento determinado de la historia. Saber comparar mapas históricos puede ayudarte a observar cómo cambiaron los límites de un lugar con el paso del tiempo.

▶ LO QUE NECESITAS SABER

Sigue estos pasos para comparar los mapas históricos de la página 325.

Paso 1 Examina la leyenda de cada mapa. Identifica los colores en ambos mapas. Estos colores te muestran las posesiones de tierras de Gran Bretaña, Francia, España y Rusia.

Paso 2 Observa el mapa B y halla el patrón de líneas que los cartógrafos llaman líneas de sombreado. Las líneas de sombreado pueden mostrar dos modos de identificar territorios. Las líneas de sombreado del mapa B muestran las áreas que los británicos reservaban para los indios americanos.

Banderas en América del Norte

▶ España

▶ Gran Bretaña

▶ Francia

▶ Rusia

▶ A mediados del siglo XVIII, estas banderas flameaban en diferentes lugares de América del Norte.

324 ■ Unidad 4

Paso 3 Examina el mapa B y halla una línea azul gruesa. Esta línea identifica la frontera creada por la línea de la Proclamación de 1763.

PRACTICA LA DESTREZA

Usa los mapas A y B para responder estas preguntas.

1. ¿Qué país se posesionó de Florida antes de la guerra franco-indígena? ¿Y después de la guerra?

2. ¿Por qué la frontera creada por la línea de la Proclamación de 1763 solo aparece en el mapa B?

3. ¿España ganó o perdió tierras como resultado de la guerra franco-indígena?

4. ¿Por qué el mapa A tiene más zonas de color morado que el mapa B?

APLICA LO QUE APRENDISTE

DESTREZA DE ANÁLISIS Examina los mapas de esta página. Luego, usa la información de los mapas para escribir un resumen de los cambios provocados por la guerra franco-indígena. Muestra tu resumen a un compañero.

 Practica tus destrezas con mapas y globos terráqueos con el **CD-ROM GeoSkills**.

Lección 2

Tiempos

- **1765** Gran Bretaña aprueba la Ley del Timbre
- **1767** Gran Bretaña aprueba las Leyes de Townshend
- **1770** Se produce la Masacre de Boston

(1750 – 1790)

REFLEXIONA
¿Por qué estaban enojados los colonos por las nuevas leyes de impuestos aprobadas por Gran Bretaña?

- ✓ Identifica las leyes que provocaron conflictos con las colonias.
- ✓ Explica la importancia de los Comités de Correspondencia.

VOCABULARIO
presupuesto pág. 327
representación pág. 327
traición pág. 327
Comités de Correspondencia pág. 328
política imperial pág. 328
boicot pág. 329
revocar pág. 329

PERSONAS
rey George III
George Grenville
Patrick Henry
Samuel Adams
Crispus Attucks
Paul Revere

LUGARES
Boston
New York

CAUSA Y EFECTO

Normas de California
HSS 5.5, 5.5.1, 5.5.2, 5.5.4

Los colonos protestan

IMAGÍNATE ALLÍ

Cuando Benjamin Franklin se pone de pie para hablar en el Parlamento británico, se hace un profundo silencio. Franklin está por pronunciarse contra la última ley de impuestos aprobada por el Parlamento. Tú has viajado con él para escribir acerca de su discurso y tal vez conocer al **rey George III**.

"¿Considera usted correcto que las colonias reciban la protección de Gran Bretaña sin pagar siquiera una parte de los gastos?", pregunta incisivamente uno de los miembros del Parlamento.

"Ese no es el caso", responde Franklin. "Durante el año pasado, las colonias se ocuparon de alimentar, vestir y dar un sueldo a cerca de 25,000 hombres, y gastaron muchos millones".*

Al escuchar esto, crees que seguramente el Parlamento anulará la ley.

*Benjamin Franklin. *The Parliamentary History of England*. T.C. Hansard, 1813.

▶ Una reunión del Parlamento británico

FUENTES PRIMARIAS

Protesta contra la Ley del Timbre

Analizar dibujos
Este dibujo de 1765 muestra un grupo de colonos de New Hampshire protestando contra la Ley del Timbre.

① El ataúd representa el deseo de los colonos de enterrar la Ley del Timbre.

② La figura de paja representa a un recaudador de impuestos.

③ Este manifestante enfurecido se prepara para arrojar una piedra contra la figura de paja.

◆ ¿Por qué crees que los manifestantes colocaron la figura de paja en lo alto de un poste?

La Ley del Timbre

Cuando la guerra franco-indígena llegó a su fin, el Parlamento británico revisó su **presupuesto**, o plan de gastos. El líder británico **George Grenville** afirmó que el Parlamento necesitaba más dinero para pagar los costos de la guerra. Grenville sostenía que los colonos americanos debían pagar impuestos más altos. El Parlamento estuvo de acuerdo y aprobó la Ley del Azúcar en abril de 1764.

Menos de un año después, en marzo de 1765, el Parlamento aprobó la Ley del Timbre. La Ley del Timbre establecía un impuesto en las colonias sobre todos los artículos impresos. Periódicos, documentos legales y hasta los naipes debían tener el timbre que certificaba que se había pagado el impuesto.

En las colonias, se produjo una reacción rápida y enérgica a la Ley del Timbre. Muchos aseguraban que el Parlamento no podía cobrar impuestos a los colonos porque estos no tenían **representación**, o voz, en el Parlamento.

En 1765, en la ciudad de New York, se llevó a cabo una reunión a la que asistieron delegados de nueve colonias. Esta reunión se conoció como el Congreso de la Ley del Timbre. James Otis, de Massachusetts, se manifestó contra la Ley del Timbre. Y los colonos comenzaron a repetir sus palabras: "No habrá impuestos sin representación."

El mismo año, **Patrick Henry** afirmó ante sus compañeros de la Cámara de los Comunes de Virginia que el Parlamento no representaba a las colonias. Entonces, quienes estaban de acuerdo con el Parlamento exclamaron "¡Traición! ¡Traición!". Al acusarlo de **traición**, culpaban a Henry de actuar en contra de su propio gobierno. Aun así, la Cámara de los Comunes votó por no pagar los nuevos impuestos establecidos por el Parlamento.

REPASO DE LA LECTURA ◉ **CAUSA Y EFECTO**
¿Cuál fue la causa de que el Parlamento aprobara nuevos impuestos?

Los colonos se unen

El Congreso de la Ley del Timbre demostró que los colonos podían trabajar juntos. Pero, para lograr esto, necesitaban nuevas formas de comunicarse. En esa época, las noticias viajaban lentamente. Podían pasar semanas antes de que los habitantes de una colonia supieran lo que ocurría en las otras.

Para que la información llegara más rápido, los colonos formaron **Comités de Correspondencia**. Los miembros de estos comités comenzaron a enviar correspondencia, o cartas, unos a otros. Luego, usaban el correo para difundir las noticias. En 1764 se formó en **Boston** un Comité de Correspondencia para responder a la Ley del Azúcar. Al año siguiente, los colonos de **New York** formaron otro comité. Estos colonos informaban acerca de acontecimientos importantes, como las protestas contra la Ley del Timbre en New York.

En 1772, **Samuel Adams** propuso a los líderes de Boston formar un nuevo Comité de Correspondencia. El comité de Boston comenzó a enviar cartas a otras ciudades y pueblos llamando a sus habitantes a protestar contra las **políticas imperiales**, es decir, las leyes y las órdenes emitidas por el gobierno británico.

Pronto, los colonos comenzaron a manifestar la necesidad de que cada colonia tuviera un Comité de Correspondencia. Virginia formó un comité en 1773. Sus miembros escribieron que todos los colonos deberían sentirse "muy inquietos por los rumores e informes de medidas que tienden a privarlos de sus… derechos".* Entonces, los colonos de Virginia llamaron a las otras colonias a formar sus propios Comités de Correspondencia para fortalecer su causa y compartir noticias e información.

*Virginia Resolutions Establishing a Committee of Correspondence, 1773. Lillian Goldman Law Library, Yale University.

Repartir el correo

Analizar ilustraciones Durante la época colonial, repartir el correo tomaba mucho más tiempo del que toma hoy.

¿Aproximadamente cuánto tiempo tardaba el correo en llegar de Boston a New York? ¿Y de Boston a Williamsburg?

Los colonos escribían cartas para expresar sus puntos de vista acerca de las leyes británicas.

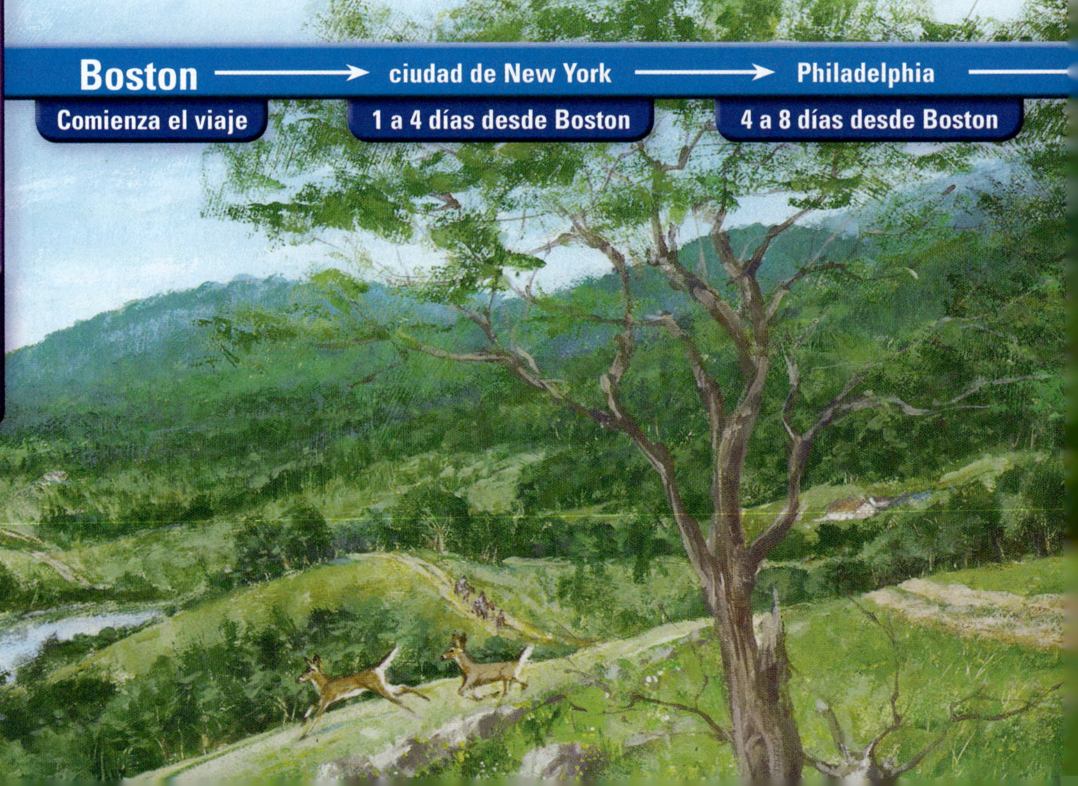

Boston → ciudad de New York → Philadelphia
Comienza el viaje | 1 a 4 días desde Boston | 4 a 8 días desde Boston

Trabajando en conjunto, muchos colonos intentaron forzar a Gran Bretaña para que anulara la Ley del Timbre. Los colonos decidieron dejar de comprar artículos que tuvieran impuestos. Cada vez más habitantes de las colonias se unían al **boicot** a los productos británicos, es decir, se negaban a comprar esos artículos.

Poco tiempo después de que se aprobara la Ley del Timbre, un grupo de colonos, conocidos como los Hijos de la Libertad, comenzó a luchar para detener esa ley. Este grupo tomó su nombre de un discurso pronunciado en el Parlamento, donde se había llamado a los colonos "esos hijos de la libertad".*

Los Hijos de la Libertad capturaron a varios oficiales británicos que intentaban recaudar el impuesto. Cubrían a los oficiales con brea y los llenaban de plumas. Esta práctica, conocida como 'embreado y emplumado', ya se había usado en Gran Bretaña para ahuyentar a los recaudadores de impuestos.

▶ **Tetera de la época colonial**

Las mujeres también tuvieron un papel importante en la resistencia, ya que formaron su propio grupo, conocido como Hijas de la Libertad. En Rhode Island, las mujeres de este grupo comenzaron a hilar y tejer para que los colonos no compraran tela de origen británico. Como la ropa tenía tanta aceptación, las mujeres tuvieron que mudarse a un lugar más grande para fabricarla, ¡y eligieron el Palacio de Justicia de la ciudad!

Hacia 1776, los comerciantes británicos habían perdido una gran cantidad de dinero a causa del boicot. En varias colonias, las ventas de productos británicos cayeron casi hasta la mitad. Las protestas contra la Ley del Timbre crecieron también en Gran Bretaña. Poco después del discurso de Benjamin Franklin, el Parlamento votó por **revocar**, o anular, la ley.

REPASO DE LA LECTURA **IDEA PRINCIPAL Y DETALLES** ¿Qué intentaban lograr los colonos al formar los Comités de Correspondencia?

*Isaac Barré. *Liberty: The American Revolution* por Thomas Fleming. Viking, 1997.

Baltimore — 8 a 12 días desde Boston
Williamsburg — 12 a 16 días desde Boston

Con sus cartas, los colonos podían lograr apoyo en las ciudades lejanas.

Los niños EN LA HISTORIA

Apoyar el boicot

En todas las colonias se formaron círculos de costureras para apoyar el boicot a los artículos británicos. Gran parte del trabajo de hilado, tejido y costura lo hacían las niñas.

Anna Green, de doce años, vivía en Boston y pertenecía al círculo de costureras de su iglesia. Cada mañana, mientras el ministro leía la Biblia, Anna trabajaba en su rueca.

Charity Clark, de quince años, hilaba algodón en su casa de New York. En una carta a su prima en Gran Bretaña, Charity escribió: "Es posible que las heroínas no se distingan como jefas del ejército, pero la libertad también se logrará gracias a un ejército [de mujeres]… armado con ruecas".*

Aplícalo ¿Habrías trabajado para apoyar el boicot?

*Charity Clark. *We Were There, Too! Young People in U.S. History* por Philip Hoose. Melanie Kroupa Books, 2001.

Las Leyes de Townshend

Poco después, cuando el Parlamento propuso nuevos impuestos para las colonias, surgieron otros problemas. En 1767, el Parlamento aprobó un conjunto de leyes, llamadas las Leyes de Townshend, que establecían impuestos sobre muchos artículos importados enviados a las colonias, como vidrio, té, pintura y papel. Las Leyes de Townshend también ordenaban formar un nuevo grupo de recaudadores. Con las Leyes de Townshend, el gobierno británico demostró que el Parlamento todavía tenía el poder de sancionar leyes para los colonos.

Las Hijas de la Libertad propusieron que los colonos dejaran de beber té británico, y muchos colonos comenzaron a beber té elaborado con plantas locales. Los comerciantes de Boston dejaron de importar artículos que tenían impuestos. Algunos colonos de Boston se negaron a pintar sus casas porque no querían pagar el impuesto a la pintura.

Al igual que la Ley del Timbre, las Leyes de Townshend resultaron un fracaso para Gran Bretaña. Las ventas de productos británicos en las colonias disminuyeron y los recaudadores de impuestos recaudaban muy poco dinero. En 1770, el Parlamento revocó todas las Leyes de Townshend, excepto la que establecía un impuesto sobre el té. Aun así, muchos colonos continuaban resistiéndose a la política imperial y se negaron a comprar té británico.

Como la rebeldía de las colonias aumentaba, el Parlamento envió más soldados a Boston y a la ciudad de New York. Hacia 1770, había cerca de 9,000 soldados británicos en las colonias, de los cuales unos 4,000 estaban asentados en Boston.

REPASO DE LA LECTURA **CAUSA Y EFECTO**
¿Cuáles fueron algunos de los efectos de las Leyes de Townshend?

La Masacre de Boston

CUÁNDO 5 de marzo de 1770
DÓNDE Boston, Massachusetts

La presencia de los soldados en las ciudades irritaba a muchos colonos, que se burlaban de ellos por sus uniformes rojos, llamándolos "langostas" y "casacas rojas". Algunos soldados respondían a estas burlas destrozando las propiedades de los colonos.

La hostilidad entre los colonos y los soldados británicos era cada vez mayor, y las peleas comenzaron a ser más y más frecuentes. Uno de los peores enfrentamientos ocurrió en Boston, el 5 de marzo de 1770, cuando una multitud de colonos se reunió cerca de un grupo de soldados británicos. Los colonos comenzaron a insultar a los soldados y a arrojarles piedras y bolas de nieve.

Al ver que la multitud avanzaba, los soldados abrieron fuego. Debido a los disparos, tres colonos cayeron muertos, y dos murieron más tarde.

GEOGRAFÍA

Boston

Busca la antigua Casa de Gobierno en el mapa de Boston que aparece abajo. Luego, observa la pintura de Boston en 1770. En el centro de la pintura puedes ver la antigua Casa de Gobierno. Allí funcionaba la oficina central de la Aduana Real Británica en Boston, donde se pagaban los impuestos al comercio. La Masacre de Boston tuvo lugar exactamente al este de ese edificio.

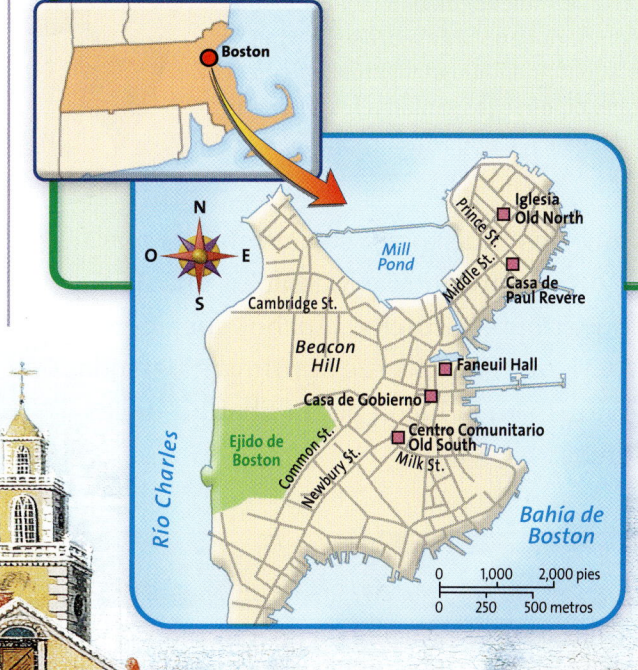

▶ Crispus Attucks fue uno de los colonos que murieron en la Masacre de Boston. Este acontecimiento aumentó el miedo que los colonos les tenían a los soldados británicos asentados en sus ciudades.

Entre los muertos se encontraba un marinero afroamericano de Massachusetts llamado **Crispus Attucks**. Muchos consideran que Crispus Attucks fue la primera persona que murió en la lucha por la libertad de las colonias.

Paul Revere, un platero de Boston que apoyaba a los colonos, hizo una ilustración de los soldados disparando a la multitud y la tituló *Masacre sangrienta*. Una masacre es la matanza de personas indefensas. Muy pronto, este acontecimiento comenzó a conocerse como la Masacre de Boston.

REPASO DE LA LECTURA **CAUSA Y EFECTO** ¿Cuál fue la causa de la Masacre de Boston?

Resumen

La Ley del Timbre enfureció a muchos colonos, porque consideraban que tenían derecho a tener representantes en un gobierno que les cobraba impuestos. Los colonos comenzaron a unirse para protestar contra la política imperial de Gran Bretaña. Creció la hostilidad entre los colonos y Gran Bretaña, y estallaron los enfrentamientos. Uno de los conflictos más graves tuvo lugar en Boston.

REPASO

1. ¿Por qué estaban enojados los colonos por las nuevas leyes de impuestos aprobadas por Gran Bretaña?

2. Escribe una oración para explicar la relación entre la **representación** y las leyes de impuestos.

3. ¿Por qué acusaban algunos colonos a Patrick Henry de traición?

RAZONAMIENTO CRÍTICO

4. ¿Por qué era Boston un lugar propicio para que se produjeran conflictos entre los colonos y los soldados británicos?

5. Indica dos fuentes primarias que se mencionen en esta lección.

6. **Dibuja una caricatura** Imagina que eres un colono que no está de acuerdo con las leyes de impuestos británicas. Dibuja una caricatura política que anime a otros colonos a hacer un boicot a los productos británicos.

7. **CAUSA Y EFECTO**

En una hoja de papel, copia y completa el organizador gráfico de abajo.

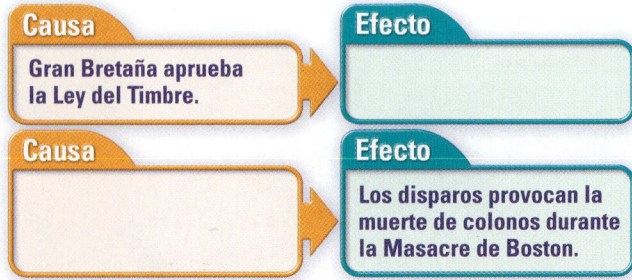

332 ▪ Unidad 4

Patrick Henry

Biografía

Integridad
Respeto
Responsabilidad
Equidad
Bondad
Patriotismo

*"No sé qué curso seguirán los demás, pero por lo que a mí concierne, ¡denme la libertad o denme la muerte!"**

Estas palabras resonaron en la Cámara de los Comunes de Virginia el 23 de marzo de 1775, solo seis meses después de que el Primer Congreso Continental enviara su petición al Parlamento. El orador era un líder colonial llamado Patrick Henry. El objetivo de su discurso era convencer a los habitantes de Virginia de prepararse para la guerra contra Gran Bretaña.

Patrick Henry usaba anteojos para leer.

Patrick Henry nació en Virginia en 1736. En su juventud trabajó como tendero y granjero. Más tarde, estudió leyes y se recibió de abogado.

Patrick Henry era muy admirado por sus conocimientos y su capacidad como orador. En 1765, fue elegido representante ante la Cámara de los Comunes de Virginia y se convirtió en una voz importante entre los colonos que se oponían al gobierno británico. Henry alentó a los colonos a trabajar juntos y a considerarse no solo colonos sino también americanos. En 1776, Henry se convirtió en gobernador de Virginia. A diferencia de otros líderes, Henry nunca ocupó un alto cargo nacional, pero sus palabras y discursos ayudaron a unir a todos los americanos.

La importancia del carácter

¿De qué manera las palabras de Patrick Henry demuestran que creía en la libertad?

*Patrick Henry. *Patrick Henry, Life, Correspondence, and Speeches* por William Wirt Henry. Charles Scribner's Sons, 1891.

Biografía breve

1736 Nace en 1736
1765 Henry es elegido como miembro de la Cámara de los Comunes
1775 Henry pronuncia su famoso discurso "libertad o muerte"
1799 Muere en 1799

Visita MULTIMEDIA BIOGRAPHIES en www.harcourtschool.com/hss para hallar biografías multimedia.

Capítulo 8 ■ 333

Destrezas de razonamiento crítico

Distinguir entre hecho y ficción

▶ POR QUÉ ES IMPORTANTE

Para escribir un trabajo de investigación o hacer una exposición en clase, necesitas conocer los hechos de la historia. Por eso, es importante saber si los relatos históricos que lees son verdaderos o inventados. En otras palabras, debes ser capaz de reconocer la diferencia entre la escritura basada en hechos reales y la escritura de ficción, o basada en hechos inventados.

▶ LO QUE NECESITAS SABER

Una manera de confirmar si una información es verdadera es encontrar la misma información en una fuente confiable, como un diccionario o una enciclopedia, o en un libro de no ficción, como un libro de texto.

Otras fuentes de hechos reales son las cartas, los diarios y otras fuentes documentales. A menudo, las **fuentes documentales** se producen en el mismo momento en que ocu-

▶ No fue posible probar en la corte si el capitán Preston había ordenado a sus soldados disparar sobre los colonos en la Masacre de Boston.

334 ■ Unidad 4

rre el acontecimiento y generalmente su autor es alguien que experimentó ese acontecimiento. Aun así, las fuentes documentales deben estudiarse cuidadosamente, ya que a veces contienen opiniones o afirmaciones del autor que pueden no ser verdaderas.

En ocasiones, los escritores de ficción basan sus relatos en personajes reales o en eventos históricos. Pero agregan detalles inventados, como palabras que las personas nunca dijeron.

▶ PRACTICA LA DESTREZA

A continuación se presentan dos descripciones de la Masacre de Boston. La primera descripción es de Ebenezer Bridgham, un testigo de los acontecimientos que ocurrieron en Boston ese día. Su testimonio fue registrado en la corte. La segunda descripción cuenta cómo fue participar en la Masacre de Boston. Es un relato de ficción, porque ninguno de los presentes ese día registró lo ocurrido.

En el relato de ficción, el escritor describe un evento real. Sin embargo, inventa detalles para hacer el relato más emocionante. Lee estos dos relatos y responde las preguntas que siguen.

> **"[Los soldados] se detuvieron frente a ellos con sus [armas], para defenderse; cuando ya estaban apostados, un grupo de unos doce, con palos en sus manos...rodeó de inmediato a los soldados, y comenzaron a golpear sus armas... Vi a las personas a mi izquierda que golpeaban las armas de los soldados, desafiándolos a disparar."** *

> **"Entonces, quienes estaban al frente de la multitud se acercaron, empujando a los soldados. Una vez más, escuché la voz de Henry Knox que, desde algún lugar cercano, llamaba a la calma. Pero ya era demasiado tarde. La multitud y los soldados se empujaban unos a otros, tan cerca que era imposible distinguir quién era quién. El aire se llenó de gritos e insultos. Luego, escuché la orden que retumbó en la noche: '¡Fuego!' El mundo explotó en mis oídos. El sonido resonó en mi alma. Y cerré fuertemente los ojos cuando los mosquetes dispararon."** **

1. ¿En qué se parecen las descripciones? ¿En qué se diferencian?
2. ¿Qué descripción es una fuente documental? ¿Qué descripción es ficción? ¿Cómo lo sabes?

▶ APLICA LO QUE APRENDISTE

DESTREZA DE ANÁLISIS Elige una afirmación de esta lección. Luego, revisa otro libro de no ficción para comprobar si esa afirmación es un hecho.

*Ebenezer Bridgham. *A History of the Boston Massacre* por Frederic Kidder. J. Munsell, 1870.
**Ann Rinaldi. *The Fifth of March: A Story of the Boston Massacre.* Gulliver Books, 1993.

Lección 3

Tiempos
1750 — 1790
- **1773** El Motín del Té de Boston
- **1775** Las batallas de Lexington y Concord

Crecen los desacuerdos

REFLEXIONA
¿Qué hicieron los colonos cuando el Parlamento aprobó más leyes de impuestos?

- ✓ Explica por qué los colonos se negaron a aceptar las nuevas leyes aprobadas por el Parlamento.
- ✓ Describe por qué estalló la lucha en Lexington y Concord.

VOCABULARIO
monopolio pág. 337
coaccionar pág. 338
bloquear pág. 338
hospedar pág. 338
congreso pág. 339
petición pág. 339
Minutemen pág. 340
revolución pág. 341

PERSONAS
Edmund Burke
John Hancock
Paul Revere

LUGARES
Philadelphia
Lexington
Concord

CAUSA Y EFECTO

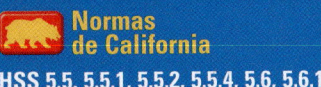
Normas de California
HSS 5.5, 5.5.1, 5.5.2, 5.5.4, 5.6, 5.6.1

IMAGÍNATE ALLÍ

Es el año 1773. Es tarde y deberías estar durmiendo. Oyes que tu padre sale de la casa y cierra la puerta suavemente. Esta noche asistirá a una reunión con Samuel Adams. Tu padre dice que planean dar una lección a los británicos.

Se escuchan gritos en las calles, y temes que tu padre esté herido. Aunque te ha prometido cuidarse, sabes que no podrás dormir hasta que haya regresado a casa sano y salvo.

DATOS BREVES
Después del Motín del Té de Boston, que se muestra en la ilustración, los colonos comenzaron a cantar una nueva canción:
"¡Vengan, mohawk,
traigan sus hachas
y díganle al rey George
que no pagaremos impuestos!"
—canción anónima

El Motín del Té de Boston

CUÁNDO 16 de diciembre de 1773
DÓNDE Boston, Massachusetts

En 1773, el Parlamento aprobó la Ley del Té, que daba el monopolio del té a una empresa británica llamada Compañía de las Indias Orientales. **Monopolio** significa que una sola persona o grupo tiene el control absoluto de un producto o servicio en una región determinada. Como consecuencia de este monopolio, solo la Compañía de las Indias Orientales tenía derecho legal a vender té a las colonias. Además, la compañía lo podía vender a un precio más bajo que los comerciantes de las colonias, razón por la cual el comercio del té dejó de ser negocio para los comerciantes de las colonias. El gobierno británico creía que ahora los colonos comprarían el té más barato y pagarían el impuesto. Sin embargo, muchos colonos decidieron hacer un boicot al té británico.

Barcos cargados con cientos de libras de té partían hacia las colonias. En noviembre de 1773, tres barcos llegaron al puerto de Boston. Contra el deseo de muchos colonos, el gobernador de Massachusetts tomó partido por los británicos y permitió que los barcos entraran en el puerto. Más de 1,000 colonos de Boston protestaron.

Se cree que fue Samuel Adams quien planeó lo que ocurriría después. La noche del 16 de diciembre de 1773, cerca de 150 miembros de los Hijos de la Libertad entraron al puerto de Boston disfrazados de indios mohawk.

Cientos de personas se habían reunido en el puerto para presenciar el evento. Los Hijos de la Libertad llegaron al puerto, abordaron los barcos, rompieron 342 cajones de té y arrojaron la carga al mar. Esta enérgica protesta se conoció como el Motín del Té de Boston.

REPASO DE LA LECTURA
CAUSA Y EFECTO ¿Qué llevó a los colonos a participar en el Motín del Té de Boston?

Las Leyes Coercitivas

El Motín del Té de Boston enfureció a los líderes británicos. En marzo de 1774, el Parlamento aprobó una serie de leyes para castigar a los colonos de Massachusetts. Los colonos las llamaron Leyes Coercitivas, ya que **coaccionaban**, o forzaban, a las personas a aceptar ciertas restricciones.

Una de las leyes decretaba el cierre del puerto de Boston hasta que los colonos pagaran el té que habían arrojado al mar. Para hacer cumplir esta ley, el Parlamento ordenó a la armada británica que **bloqueara** el puerto de Boston. Los barcos de guerra británicos impidieron que otros barcos entraran o salieran del puerto.

Para castigar aun más a los colonos, Gran Bretaña suspendió el derecho de la legislatura de Massachusetts a dictar leyes. Además, entregó el control de la colonia al general británico Thomas Gage, que tenía el derecho de autorizar o prohibir cualquier reunión. Gran Bretaña también ordenó a los colonos dar alimento y vivienda a los soldados británicos. Esta orden obligaba a los colonos a **hospedar** a los soldados en sus hogares.

Muchos colonos consideraron que las nuevas leyes eran "intolerables". Por esa razón, se conocieron también como las Leyes Intolerables. La severidad de estas leyes hizo que muchos colonos comprendieran que tenían un enemigo en común: Gran Bretaña.

No todos los líderes británicos estaban de acuerdo con las nuevas leyes. En abril de 1774, **Edmund Burke** dijo ante el Parlamento: "¿Los forzarán [a comprar productos con impuestos]? ¿Acaso siete años de lucha han logrado forzarlos?"* Sin embargo, el Parlamento ignoró la propuesta de cooperación de Burke.

REPASO DE LA LECTURA **CAUSA Y EFECTO** ¿Por qué aprobó el Parlamento las Leyes Coercitivas?

*Edmund Burke. *The Writings and Speeches of Edmund Burke*, editado por Paul Langford. Oxford University Press, 1981.

CIVISMO

Valores democráticos

En Estados Unidos, el derecho a la privacidad es hoy uno de los derechos más valorados.

La Declaración de Derechos inglesa garantizaba a los ciudadanos británicos ciertos derechos. Uno de ellos era el derecho a la privacidad en el interior de su hogar. Ningún soldado u oficial del gobierno podía ingresar en una casa sin el permiso del dueño o una orden de un juzgado. Como cada vez llegaban más soldados británicos a América del Norte, el gobierno británico necesitaba más lugares para alojarlos. Algunos soldados iban a los hogares de los colonos y se instalaban allí, a menudo sin permiso de los dueños.

▶ Muchos colonos eran obligados a alojar a los soldados británicos en sus hogares.

El camino a la guerra

- **Diciembre de 1773** Se produce el Motín del Té de Boston
- **Septiembre de 1774** El Primer Congreso Continental se reúne en Carpenters' Hall, en Philadelphia
- **Abril de 1775** Las fuerzas británicas se enfrentan a las fuerzas coloniales en Lexington y Concord

Analizar líneas cronológicas

¿El Primer Congreso Continental se reunió antes o después del Motín del Té de Boston?

El Primer Congreso Continental

La gente de Gran Bretaña estaba preocupada por los disturbios en las colonias. En junio de 1774, un miembro del Parlamento llamado William Pitt pidió paciencia a los líderes británicos: "Quisiera sugerir a los nobles caballeros del recinto que adopten un modo más gentil para gobernar América..."*

Muchos colonos temían que el gobierno británico tomara medidas más duras con el fin de hacer más fuerte su control. En septiembre de 1774, los representantes de las colonias se reunieron en **Philadelphia** para debatir de qué manera debían responder a Gran Bretaña. Por ser la primera reunión de ese tipo en el continente de América del Norte, recibió más tarde el nombre de Primer Congreso Continental. Un **congreso** es una reunión formal de representantes.

Los delegados decidieron enviar al rey una solicitud escrita. Esta **petición** establecía los derechos básicos de los colonos como ciudadanos británicos. Afirmaba que los colonos tenían el derecho a la vida y a la libertad, el derecho a organizar asambleas o reuniones y el derecho a tener un juicio con jurado.

El Congreso estableció que el Parlamento tenía plazo hasta el 10 de mayo de 1775 para responder a la petición. Los miembros acordaron suspender la mayor parte del comercio con Gran Bretaña. Además, pidieron a las colonias que formaran milicias.

REPASO DE LA LECTURA **RESUMIR**
¿Qué solicitaba la petición enviada por el Primer Congreso Continental?

*William Pitt. *William Pitt, Earl of Chatham* por Walford Davis Green. G. P. Putnam's Son, 1901.

Capítulo 8 ■ 339

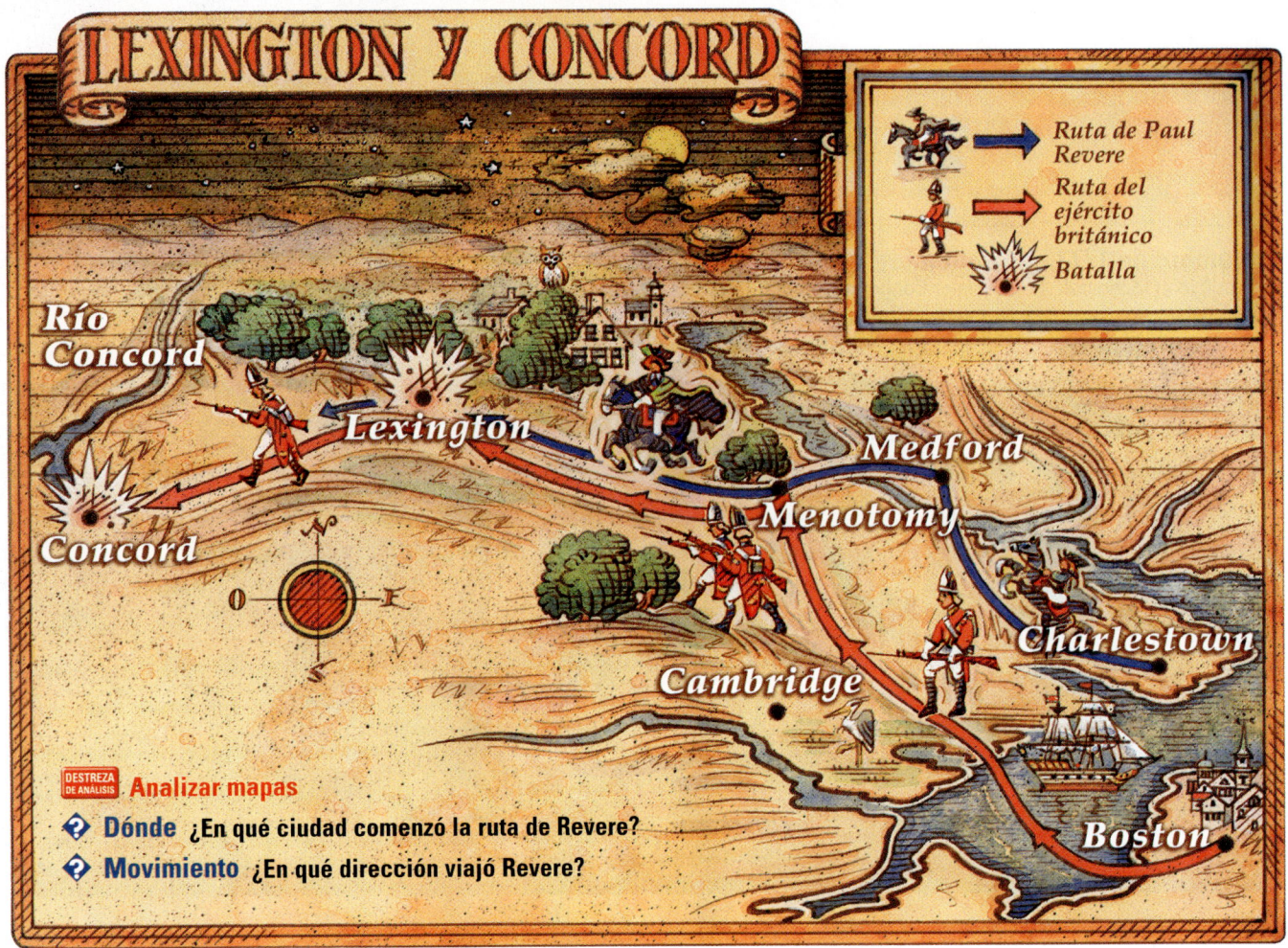

Analizar mapas
- **Dónde** ¿En qué ciudad comenzó la ruta de Revere?
- **Movimiento** ¿En qué dirección viajó Revere?

Lexington y Concord

CUÁNDO Abril de 1775
DÓNDE Massachusetts

Los colonos de Massachusetts rápidamente organizaron cuerpos militares. Estos recibieron el nombre de **Minutemen**, porque se decía que podían estar listos para luchar en apenas un minuto.

En abril de 1775, el general Gage se enteró de que dos líderes de los Hijos de la Libertad, Samuel Adams y **John Hancock**, estaban reunidos en **Lexington**. Supo también que los *Minutemen* guardaban sus armas cerca de allí, en **Concord**. Gage envió a más de 700 soldados británicos a Lexington y Concord con la orden de encontrar las armas y arrestar a Adams y Hancock.

Los británicos querían mantener en secreto su marcha a Lexington. Pero **Paul Revere**, un miembro de los Hijos de la Libertad, se enteró del plan y cabalgó hasta Lexington para advertir del peligro a Adams y Hancock. Cuando los británicos llegaron a Lexington, los *Minutemen* estaban esperándolos. El líder de los *Minutemen*, John Parker, ordenó a sus tropas "no retroceder" y les gritó:

> **" No disparen a menos que ellos lo hagan primero. Pero si lo que ellos quieren es una guerra, pues entonces que comience aquí mismo. "** *

Nadie sabe quién abrió fuego, pero los disparos comenzaron a sonar. Ocho *Minutemen* murieron y muchos otros resultaron heridos. Más tarde los británicos marcharon hacia Concord, pero los colonos ya habían llevado a otro lugar las armas que los británicos esperaban encontrar.

*Capitán John Parker, abril de 1775. Dictionary of American Quotations. Penguin Reference, 1997.

▶ Esta estatua de Paul Revere está en Boston, cerca de la iglesia Old North. Se habían colgado dos linternas de la torre de la iglesia para advertir que los británicos planeaban cruzar en bote el río Charles.

Mientras los británicos regresaban a Boston, los *Minutemen* les dispararon desde los bosques y campos cercanos. Al llegar a Boston, 73 soldados británicos habían muerto y otros 174 estaban heridos. Entre los colonos, los muertos y heridos eran menos de 100.

Más tarde, el poeta Ralph Waldo Emerson se refirió a la lucha en Lexington y Concord como "el disparo que se escuchó en todo el mundo". Esta batalla marcó el primer paso en la formación de Estados Unidos de América y significó el comienzo de una larga y penosa guerra conocida como la Revolución Americana. Una **revolución** es un cambio total y repentino de gobierno.

REPASO DE LA LECTURA ⚫ **CAUSA Y EFECTO**
¿Cuál fue la causa del enfrentamiento en Lexington y Concord?

Resumen

Después del Motín del Té de Boston, el Parlamento aprobó leyes para castigar a los colonos. El Primer Congreso Continental envió al rey una petición argumentando a favor de los derechos de los colonos. Las batallas de Lexington y Concord marcaron el comienzo de la guerra entre Gran Bretaña y las 13 colonias.

REPASO

1. ¿Qué hicieron los colonos cuando el Parlamento aprobó más leyes de impuestos?
2. Usa el término **petición** en una oración acerca del Primer Congreso Continental.
3. ¿Cómo afectaron las Leyes Coercitivas el comercio en Boston?
4. ¿Qué papel jugó Paul Revere en la lucha en Lexington y Concord?

RAZONAMIENTO CRÍTICO

5. **DESTREZA DE ANÁLISIS** La sugerencia de William Pitt al Parlamento pedía que se utilizara "un modo más gentil para gobernar América". ¿Cómo crees que la idea de Pitt podría haber ayudado a resolver los problemas de los británicos con los colonos?

6. **Escribe un poema** Escribe un poema acerca de los acontecimientos de las batallas de Lexington y Concord. Usa los detalles de la lección para describir escenas de las batallas.

7. **Destreza clave** **CAUSA Y EFECTO**
   En una hoja de papel, copia y completa el organizador gráfico de abajo.

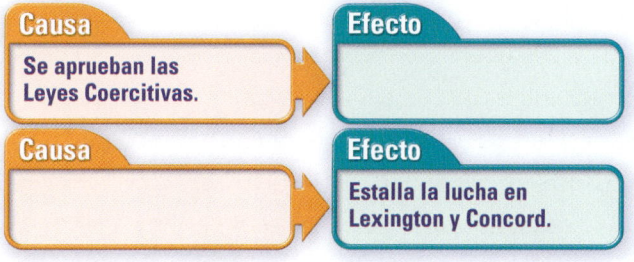

Capítulo 8 ▪ 341

Lección 4

Tiempos

1750 — 1790

- **1775** Se reúne el Segundo Congreso Continental
- **1775** Se produce la batalla de Bunker Hill

REFLEXIONA
¿Cómo se prepararon los colonos para la guerra contra Gran Bretaña?

- ✓ Explica la importancia del Segundo Congreso Continental.
- ✓ Comprende la importancia de la batalla de Bunker Hill.

VOCABULARIO
comandante en jefe pág. 343
terraplén pág. 344
ramo de olivo pág. 345

PERSONAS
George Washington
John Dickinson
John Adams
rey George III

LUGARES
Breed's Hill

CAUSA Y EFECTO

Normas de California
HSS 5.5, 5.5.2, 5.6, 5.6.1

El camino a la guerra

IMAGÍNATE ALLÍ

El Segundo Congreso Continental se reúne hoy en Philadelphia. En la calle, mientras tú y muchos otros esperan las noticias de la reunión, algunos hombres pasan discutiendo apresuradamente.

Una mujer te toca el hombro. "¡Mira! Ese es **George Washington**", susurra. "Algunos dicen que él será nuestro líder contra los británicos".

Levantas tu cabeza para ver a Washington. Te preguntas qué tipo de persona podría enfrentar al poderoso ejército británico.

▶ George Washington dirigió el Ejército Continental durante la Guerra de la Independencia.

342 ▪ Unidad 4

▶ El Segundo Congreso Continental se reunió en el recinto de asambleas del Salón de la Independencia.

El Segundo Congreso Continental

CUÁNDO 1775
DÓNDE Philadelphia, Pennsylvania

Las noticias del enfrentamiento en Lexington y Concord se difundieron rápidamente a través de las colonias. Como resultado, el Segundo Congreso Continental acordó reunirse en Philadelphia el 10 de mayo de 1775. Los líderes coloniales se reunieron en la Casa de Gobierno de Pennsylvania para decidir los pasos a seguir. Georgia fue la única colonia que no envió representantes.

Las opiniones de los delegados estaban divididas. Algunos querían declarar la guerra a Gran Bretaña. Otros, como **John Dickinson**, intentaban persuadir al resto de que evitaran el conflicto. Sin embargo, en junio el Congreso acordó que los colonos debían prepararse para la guerra.

El primer paso fue formar un ejército. El primer ejército unificado de las 13 colonias recibió el nombre de Ejército Continental. A diferencia de las milicias de cada colonia, que tenían soldados de tiempo parcial, el Ejército Continental estaba formado por soldados de tiempo completo.

George Washington fue elegido para ocupar el cargo de **comandante en jefe**, es decir, líder de todas las fuerzas militares. **John Adams**, un delegado de Massachusetts, propuso a Washington porque había luchado en la guerra franco-indígena.

El Congreso pidió dinero a cada una de las colonias para proveer al Ejército Continental de armas, alimento y uniformes. El Congreso también decidió imprimir su propia moneda, que se conoció como moneda continental. Por eso, el Congreso pagaba a los soldados con billetes llamados continentales.

REPASO DE LA LECTURA **CAUSA Y EFECTO**
¿Qué llevó a que el Congreso decidiera formar un ejército?

La batalla de Bunker Hill

Para la época en que George Washington fue elegido líder del Ejército Continental, ya se había producido la primera batalla importante de la Guerra de la Independencia. La batalla de Bunker Hill tuvo lugar el 17 de junio de 1775, cerca de Boston.

Al anochecer del 16 de junio, los comandantes coloniales Israel Putnam y William Prescott cruzaron el río Charles desde Boston y llegaron a una colina llamada **Breed's Hill**. Allí, ordenaron a sus soldados que construyeran **terraplenes**, o muros de tierra y piedra. A la mañana siguiente, cuando el general británico Thomas Gage se enteró de esto, envió al general William Howe al mando de 2,400 soldados con la misión de ocupar Breed's Hill. Poco después del mediodía, los soldados comenzaron a subir la colina al compás de tambores. Al verlos acercarse, los 1,600 colonos que aguardaban al otro lado de los terraplenes recibieron a los soldados británicos con una mortal lluvia de disparos. Para preservar municiones, el comandante colonial Putnam ordenó a sus soldados:

> **"No disparen hasta verles el blanco del ojo."** *

El enfrentamiento en la colina resultó mucho más duro de lo que los británicos esperaban. Se vieron obligados a retroceder dos veces hacia el río. Peter Salem, un afroamericano libre, fue uno de los soldados que lucharon valientemente en los terraplenes. Salem hirió a uno de los líderes británicos.

En Boston, miles de personas subieron a los techos de sus casas para observar la lucha al otro lado del río. Veían horrorizados cómo

*Israel Putnam. *Liberty: The American Revolution* por Thomas Fleming. Viking, 1997.

la cercana ciudad de Charlestown ardía por los cañonazos que los barcos británicos disparaban desde el puerto.

Mientras tanto, en Breed's Hill, los colonos se quedaron sin municiones y tuvieron que abandonar los terraplenes. Al caer la tarde, los británicos lograron apoderarse de Breed's Hill. Más de 1,000 soldados británicos y unos 350 soldados coloniales habían muerto o estaban heridos.

La batalla de Breed's Hill recibió el nombre de Bunker Hill, porque se había producido cerca de ese lugar. Aunque perdieron la batalla, los colonos habían combatido valientemente. Los británicos comprendieron que no sería fácil luchar contra los colonos.

Con la esperanza de evitar más enfrentamientos, el Segundo Congreso Continental envió otra petición al **rey George III**. Esta petición, enviada el 5 de julio de 1775, se conoció con el nombre de Petición del Ramo de Olivo, porque llamaba a la paz. El **ramo de olivo** es un antiguo símbolo de paz.

Míralo en detalle

La batalla de Bunker Hill

El 17 de junio de 1775 se produjo la primera batalla importante de la Guerra de la Independencia: la batalla de Bunker Hill. Los británicos resultaron vencedores, pero sufrieron las mayores pérdidas de toda la guerra.

1. Los colonos dispararon contra los británicos desde los terraplenes ubicados en Breed's Hill.
2. Las fuerzas británicas marcharon hacia Breed's Hill para atacar a los colonos.
3. Las fuerzas británicas se ubicaron primero cerca de Morton's Point y formaron líneas de batalla.

¿Por qué crees que los colonos construyeron sus terraplenes en lo alto de la colina Breed's Hill?

Capítulo 8 ■ 345

La Petición del Ramo de Olivo llegó a Londres demasiado tarde. La batalla de Bunker Hill había enfurecido a los líderes británicos, que recomendaron al rey George III que tomara medidas más severas contra los colonos. El 23 de agosto, el rey envió una proclamación donde prometía emplear todos los recursos posibles para aplastar la rebelión. El primer paso sería enviar más tropas para combatir a los colonos.

REPASO DE LA LECTURA   CAUSA Y EFECTO
¿Por qué abandonaron los colonos Breed's Hill?

▶ La proclamación del rey George III que ordenaba sofocar la rebelión puso fin a las posibilidades de llegar a una solución pacífica entre las 13 colonias y Gran Bretaña.

Resumen

El Segundo Congreso Continental formó el Ejército Continental y nombró a George Washington como su comandante en jefe. En ese momento, la primera batalla importante en la Guerra de la Independencia, la batalla de Bunker Hill, ya se había producido. Los británicos se preparaban para luchar contra los colonos.

REPASO

1. ¿Cómo se prepararon los colonos para la guerra contra Gran Bretaña?
2. Usa el término **terraplén** en una oración acerca de la batalla de Bunker Hill.
3. ¿Qué aconsejaron los líderes británicos al rey George III después de la batalla de Bunker Hill?

RAZONAMIENTO CRÍTICO

4. ¿Por qué tuvo que imprimir su propio dinero el Segundo Congreso Continental?
5. **DESTREZA DE ANÁLISIS** Aunque habían sido derrotados, ¿por qué crees que los colonos se sentían orgullosos después de la batalla de Bunker Hill?

6. **Haz una entrevista** Imagina que eres un periodista y debes entrevistar al general Washington. Escribe una lista de las preguntas que te gustaría hacerle y de las respuestas que crees que él te daría.

7. **CAUSA Y EFECTO**
   En una hoja de papel, copia y completa el organizador gráfico de abajo.

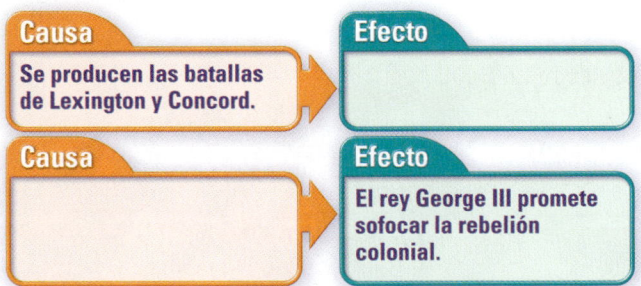

346 ■ Unidad 4

Phillis Wheatley

Biografía

Integridad
Respeto
Responsabilidad
Equidad
Bondad
Patriotismo

"Que una corona, una mansión y un trono brillante de oro perpetuo, WASHINGTON, te sean concedidos."*

A menudo, los patriotas pueden expresar mejor sus sentimientos a través de poemas, historias o canciones. Phillis Wheatley era una de esas patriotas. Aunque no había nacido en las 13 colonias, en su nuevo hogar Wheatley se convirtió en patriota. Wheatley nació en África y fue secuestrada por tratantes de esclavos cuando tenía unos ocho años. En Boston, la vendieron a una familia de apellido Wheatley, que es el nombre con el que actualmente se la conoce.

El primer libro de Phillis Wheatley

Un día, miembros de esa familia observaron que la niña intentaba escribir sobre una pared con un trozo de tiza. Entonces, le enseñaron a leer y escribir. Esto le permitió más tarde, en su adolescencia, escribir poesía.

La poesía de Wheatley se publicó por primera vez en 1770 y se hizo muy conocida tanto en las colonias como en Inglaterra. Fue la primera mujer afroamericana de las colonias en publicar su trabajo. En 1775, cuando George Washington fue designado comandante en jefe del Ejército Continental, Wheatley escribió un poema en su honor.

*Phillis Wheatley. *The Poems of Phillis Wheatley*, editado por Julian D. Mason. University of North Carolina Press, 1989.

La importancia del carácter

¿Cómo expresaba Phillis Wheatley su patriotismo?

Biografía breve

1753 Nace en 1753?
1761 Wheatley es llevada a Boston
1770 Se publica la poesía de Wheatley por primera vez
1784 Muere en 1784

Visita MULTIMEDIA BIOGRAPHIES en www.harcourtschool.com/hss para hallar biografías multimedia.

Lección 5

Se declara la independencia

Tiempos

- 1750
- **1776** Se publica *Common Sense*
- **1776** Se aprueba la Declaración de Independencia
- **1777** Se redactan los Artículos de la Confederación
- 1790

REFLEXIONA
¿Cómo hicieron las 13 colonias para cortar sus lazos con Gran Bretaña?

✓ Comprende las personas y los eventos asociados a la Declaración de Independencia.

✓ Indica por qué la Declaración de Independencia es importante e identifica sus conceptos políticos clave.

VOCABULARIO
independencia pág. 349
resolución pág. 349
declaración pág. 349
preámbulo pág. 350
queja pág. 351
Artículos de la Confederación pág. 352

PERSONAS
Thomas Paine
John Adams
Thomas Jefferson
John Hancock
John Dickinson

LUGARES
Salón de la Independencia

CAUSA Y EFECTO

Normas de California
HSS 5.5, 5.5.2, 5.5.3, 5.5.4

IMAGÍNATE ALLÍ

Tu amigo agita un panfleto frente a ti. "¡Esto cambiará el curso de la historia!". Observas que el título del panfleto es *Common Sense*, que en español significa *sentido común*. "Aquí están todas las razones por las cuales debemos tener nuestro propio país", dice tu amigo.

Es el año 1776 y ya se han producido batallas entre soldados coloniales y británicos. Sin embargo, muchos colonos mantienen la esperanza de evitar una guerra declarada con Gran Bretaña. "*Common Sense* hará que todos quieran ser libres de Gran Bretaña", asegura tu amigo.

▶ En su panfleto, o libro corto, llamado *Common Sense*, Thomas Paine afirmaba que las colonias debían reclamar su independencia.

348 ■ Unidad 4

Hacia la independencia

Cada vez más colonos comenzaron a creer que no podrían resolver sus diferencias con Gran Bretaña. **Thomas Paine** fue uno de los responsables de este cambio en la forma de ver las cosas. En su panfleto *Common Sense*, Paine escribió que los colonos debían gobernarse a sí mismos.

Desde Georgia hasta New Hampshire, los habitantes de las colonias leían y hablaban sobre *Common Sense*. Muchos comenzaron a reclamar la **independencia**, es decir, la libertad de gobernarse por sí mismos. Aseguraban que era la única manera de obtener la libertad.

El 7 de junio de 1776, Richard Henry Lee, de Virginia, se levantó lentamente de su asiento en el Segundo Congreso Continental en Philadelphia y se dirigió a sus compañeros delegados. Él afirmó que las 13 colonias ya no debían lealtad al rey. Sugirió crear una **resolución**, u opinión formal de un grupo, de independencia. Esta resolución decía: "Se resuelve que estas colonias unidas son, y por derecho deben ser, estados libres e independientes".*

El Congreso debatió la resolución y formó un comité para enviar al rey una **declaración**, o afirmación oficial, sobre la independencia. El comité estaba formado por Benjamin Franklin de Pennsylvania, **John Adams** de Massachusetts, Robert R. Livingston de New York, **Thomas Jefferson** de Virginia y Roger Sherman de Connecticut.

Jefferson, un abogado de 33 años que había estudiado ciencias políticas y leyes, usó sus conocimientos para explicar sus ideas. Los otros miembros del comité también aportaron ideas, pero Jefferson redactó la mayor parte del documento. Durante 17 noches, Jefferson escribió y revisó el borrador de la Declaración de Independencia.

> Thomas Jefferson era reconocido entre los miembros del comité por su talento como escritor.

REPASO DE LA LECTURA 🔥 **CAUSA Y EFECTO**
¿Qué hizo que muchos habitantes de las colonias reclamaran la independencia?

*Congreso Continental, 7 de junio de 1776. *Documents Illustrative of the Formation of the Union of the American States*, Government Printing Office, 1827. House Document 398.

FUENTES PRIMARIAS

La Declaración de Independencia

Analizar documentos
Este importante documento contiene la idea de que el poder del gobierno proviene del consentimiento del pueblo.

1. fecha
2. preámbulo
3. declaración de derechos
4. cargos contra el rey
5. declaración de independencia
6. firmantes de la Declaración

¿En qué se diferencia la firma de John Hancock de las otras firmas?

La Declaración de Independencia

Thomas Jefferson planeó cuidadosamente el borrador de la Declaración de Independencia. La primera parte, llamada **preámbulo**, establecía por qué era necesaria la Declaración. Jefferson afirmaba que, ante ciertos acontecimientos, un grupo de personas descubre que no tiene otra alternativa que formar una nueva nación.

La siguiente parte de la Declaración describe las principales ideas de los colonos acerca del gobierno y se manifiesta a favor de la libertad y la igualdad. Esos conceptos políticos se presentan con algunas de las palabras más famosas en la historia de Estados Unidos:

> "Sostenemos como evidentes estas verdades: que todos los hombres son creados iguales; que son dotados por su Creador de ciertos derechos inalienables; que entre estos están la vida, la libertad y la búsqueda de la felicidad."*

*de la *Declaración de Independencia*.

La parte más extensa de la Declaración estaba formada por una enumeración de las **quejas**, o demandas, contra el rey y el Parlamento británico. Jefferson también señalaba todos los intentos de los colonos por resolver pacíficamente sus diferencias con Gran Bretaña. En la última parte de la Declaración, Jefferson afirmaba que las colonias eran estados libres e independientes.

Cuando terminó la redacción, Thomas Jefferson entregó el borrador al Congreso. El 28 de junio, el borrador se leyó en voz alta ante todos los delegados. El borrador se debatió durante varios días y se le hicieron algunos cambios. Luego, el 2 de julio, los delegados votaron para aprobar la resolución de Richard Henry Lee de cortar los lazos con Gran Bretaña. Las colonias americanas se declaraban ahora estados libres e independientes.

El 4 de julio de 1776, el Congreso votó por aceptar el texto final de la Declaración. En la votación participaron los delegados de 12 colonias, ya que los delegados de New York aún no habían recibido autorización para votar.

El 8 de julio, una multitud se reunió frente a la Casa de Gobierno, que actualmente se conoce como **Salón de la Independencia.** Sonaron las campanas, y el coronel John Nixon anunció la primera lectura pública de la Declaración de Independencia. Los miembros del Segundo Congreso Continental también escucharon la lectura de Nixon.

John Adams estaba tan conmovido por la alegría de la multitud ante los acontecimientos recientes que escribió una carta a su esposa, Abigail Adams. Allí, Adams decía que el Día de la Independencia debía celebrarse "desde este momento y para siempre".*

REPASO DE LA LECTURA **RESUMIR**
¿Cuáles eran las principales ideas expresadas por Thomas Jefferson en la Declaración de Independencia?

*John Adams. *The Book of Abigail and John*, editado por L. H. Butterfield. Harvard University Press, 1975.

Patrimonio cultural

Día de la Independencia

El Cuatro de Julio, o Día de la Independencia, es día de fiesta nacional. Es el día del nacimiento de Estados Unidos de América y se celebró por primera vez el 4 de julio de 1777. Entonces, se tocó la Campana de la Libertad y se dispararon fuegos artificiales. Aunque el Día de la Independencia se celebró durante muchos años, no fue declarado fiesta nacional hasta 1941.

> Esta famosa pintura muestra la firma de la Declaración de Independencia durante el Segundo Congreso Continental, en lo que hoy es el Salón de la Independencia.

La formación de un nuevo gobierno

El 2 de agosto, una copia formal de la Declaración de Independencia estaba lista para ser firmada por los miembros del Segundo Congreso Continental. El primero en firmar fue el presidente del Congreso, **John Hancock**. Hancock dijo que había escrito su nombre lo suficientemente grande como para que el rey George pudiera leerlo sin anteojos. La forma en que Hancock firmó el documento se hizo tan famosa que la expresión *John Hancock* se usa hoy para referirse a "la firma de alguien".

Pero la tarea del Segundo Congreso Continental no había terminado con la aprobación de la Declaración de Independencia. Luego de la independencia, era necesario formar un nuevo gobierno. El Congreso rápidamente organizó otro comité para desarrollar un plan sobre el modo en que las antiguas 13 colonias podían unirse para formar un nuevo país.

El Congreso eligió a **John Dickinson**, de Pennsylvania, para encabezar el comité que redactaría el plan de gobierno. El comité decidió que los nuevos estados, es decir, las antiguas colonias, debían unirse en una confederación. Esta Confederación de Estados Unidos de América reuniría a los 13 estados independientes en una firme alianza de amistad.

El 12 de julio de 1776, Dickinson presentó su informe ante el Congreso. Después de debatir el plan durante más de un año, el Congreso finalmente lo aprobó el 15 de noviembre de 1777. El primer plan de gobierno del país recibió el nombre de **Artículos de la Confederación**.

Bajo los Artículos de la Confederación, los votantes de cada estado debían elegir líderes para sus legislaturas estatales. A su vez, los líderes estatales elegían representantes para la legislatura nacional, llamada Congreso de la Confederación. Cada estado, sin importar si era grande o pequeño, tenía un voto en el nuevo Congreso.

Hasta 1789, este Congreso funcionó como gobierno de Estados Unidos. El Congreso creó leyes para la nueva nación y ayudó a que los estados se mantuvieran unidos durante la Guerra de la Independencia.

REPASO DE LA LECTURA **CAUSA Y EFECTO** ¿Qué efecto produjeron los Artículos de la Confederación sobre la nueva nación?

Resumen

En parte debido a *Common Sense*, un panfleto de Thomas Paine, muchos colonos comenzaron a reclamar la independencia. Thomas Jefferson trabajó en la redacción de la Declaración de Independencia. Más tarde, el Congreso aprobó los Artículos de la Confederación, el primer plan de gobierno del país.

▶ John Dickinson, de Pennsylvania, ayudó a redactar los Artículos de la Confederación.

REPASO

1. ¿Cómo hicieron las 13 colonias para cortar sus lazos con Gran Bretaña?

2. Usa las palabras **preámbulo** y **queja** en una oración acerca de la Declaración de Independencia.

3. ¿Cuáles son algunas de las ideas que se describen en la Declaración de Independencia?

RAZONAMIENTO CRÍTICO

4. ¿Por qué crees que era importante para las colonias mantener una posición unificada frente a Gran Bretaña?

5. **Aplícalo** ¿Cómo sería tu vida hoy si no se hubiera redactado la Declaración de Independencia?

6. **Escribe una carta persuasiva** Imagina que es el año 1776. Escribe una carta al editor de un periódico local contándole por qué apoyas la independencia de las 13 colonias. Incluye evidencia que apoye tus argumentos.

7. **CAUSA Y EFECTO**

En una hoja de papel, copia y completa el organizador gráfico de abajo.

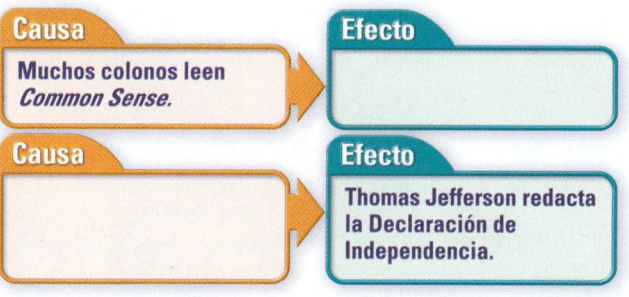

Destrezas de razonamiento crítico

Identificar causas y efectos múltiples

▶ POR QUÉ ES IMPORTANTE

Para reconocer por qué ocurren las cosas, es importante comprender las causas y los efectos. Una causa es un evento o una acción que hace que ocurra otra cosa. Un efecto es lo que ocurre como resultado de ese evento o acción. Saber acerca de causas y efectos puede ayudarte a predecir resultados probables y a tomar decisiones bien pensadas.

▶ LO QUE NECESITAS SABER

A menudo, los eventos históricos tienen más de una causa y un efecto. Puedes seguir los siguientes pasos para identificar causas y sus efectos.

Paso 1 Busca los efectos. Determina si existe más de un efecto.

Paso 2 Busca las causas de los efectos.

Paso 3 Identifica las conexiones entre las causas y sus efectos.

▶ Primer enfrentamiento entre los *Minutemen* y las tropas británicas en Lexington.

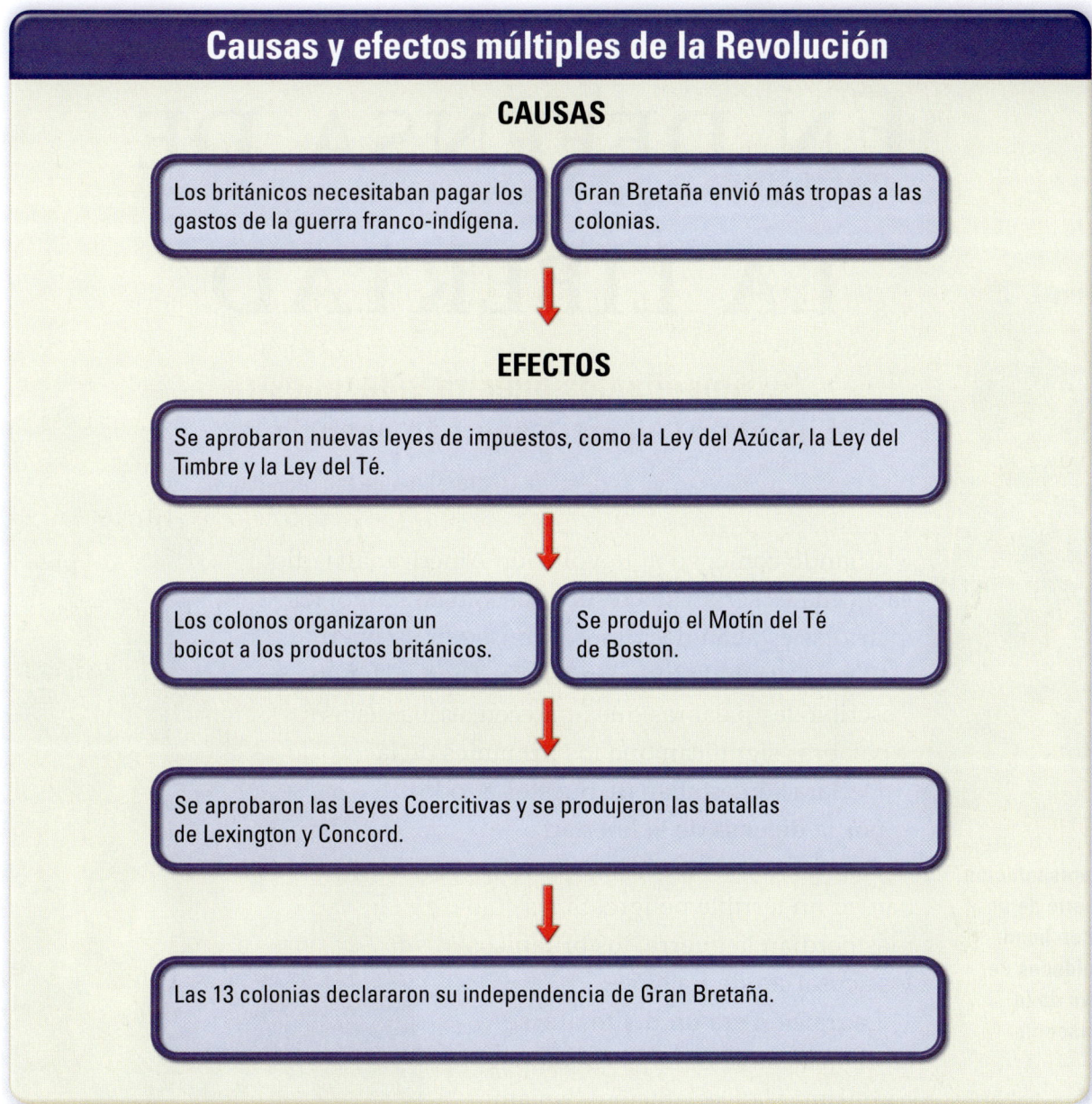

Destrezas de razonamiento crítico

PRACTICA LA DESTREZA

La tabla de causas y efectos de arriba muestra una lista de las causas y los efectos de las acciones británicas en las colonias. Usa la tabla para responder estas preguntas.

① ¿Cuál fue el efecto de que los británicos necesitaran pagar los gastos de la guerra franco-indígena?

② ¿Cuál fue el efecto de que se aprobaran las nuevas leyes de impuestos?

③ En tu opinión, ¿alguna causa tuvo un impacto mayor que las otras? ¿Por qué?

APLICA LO QUE APRENDISTE

DESTREZA DE ANÁLISIS Escoge una de las lecciones de este capítulo. En esa lección, busca al menos una relación de causa-efecto diferente de las que aparecen en la tabla. Luego, muestra lo que hallaste a un compañero.

Civismo

EN DEFENSA DE LA LIBERTAD

"... empeñamos nuestra vida, nuestra hacienda y nuestro sagrado honor." *

—de la Declaración de Independencia

Cuando comenzó la Revolución Americana, nadie sabía cuáles serían sus resultados. Sin embargo, los patriotas estaban decididos a conseguir su libertad. En la Declaración de Independencia, Thomas Jefferson escribió las palabras que aparecen arriba. Estas palabras significan que los firmantes de la Declaración estaban dispuestos a todo por la defensa de la libertad.

Los firmantes de la Declaración estaban en un terrible peligro. Si las colonias perdían la guerra, los británicos los acusarían de traición.

La traición era un delito que se castigaba con la muerte. Cuando le tocó firmar la Declaración, Benjamin

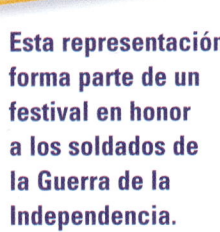

Esta representación forma parte de un festival en honor a los soldados de la Guerra de la Independencia.

DATOS BREVES

Los firmantes de la Declaración estaban decididos a arriesgar sus vidas porque creían en la libertad. Durante la guerra, cinco de ellos fueron capturados por el ejército británico. Los hogares de doce firmantes fueron incendiados o invadidos por el enemigo. Diecisiete perdieron todo su dinero y nueve dieron su vida en la guerra. Otros perdieron a miembros de su familia.

*The Declaration of Independence. Bantam Classics, 1998.

Franklin intentó bromear sobre esto y dijo: "Mejor mantengámonos unidos; si no, seguramente nos colgarán a todos por separado".*

Los firmantes no eran los únicos americanos que arriesgaban todo lo que tenían. En todas las colonias, los patriotas estaban decididos a sufrir terribles penurias y años de guerra para alcanzar la libertad. Miles de ellos murieron en la lucha.

Desde que Estados Unidos logró su independencia, millones de personas han servido a la nación e incluso han dado su vida para mantener la libertad de su país. El espíritu de 1776 continúa vivo.

*Benjamin Franklin. *American Heritage Dictionary of American Quotation,* editado por Margaret Miner y Hugh Rawson. Penguin Reference, 1997.

Los soldados (arriba) ayudan a defender la libertad de nuestro país. La Tumba del Soldado Desconocido (abajo, izquierda) recuerda a los soldados que dieron su vida en las guerras.

Honrar la bandera de nuestro país es una forma en que los ciudadanos muestran su apoyo a la libertad.

Aplícalo ¿Por qué es importante que los ciudadanos continúen defendiendo la libertad de nuestro país?

Capítulo 8 ■ 357

Repaso del Capítulo 8

Tiempos

1750
1754 Comienza la guerra franco-indígena

1760
1765 El Parlamento aprueba la Ley del Timbre

La lectura en los Estudios Sociales

Una **causa** es una acción o un evento que hace que algo ocurra.
Un **efecto** es lo que ocurre como resultado de esa acción o ese evento.

Causa y efecto

Completa este organizador gráfico para demostrar que comprendes las causas y los efectos de la Revolución Americana. Una copia de este organizador gráfico aparece en la página 88 del cuaderno de Tarea y práctica.

Las colonias se unen

Causa	Efecto
Gran Bretaña necesitaba dinero para pagar los costos de la guerra franco-indígena.	
	Los colonos llevaron a cabo el Motín del Té de Boston.
Gran Bretaña aprobó las Leyes Intolerables.	

Pautas de redacción de California

Escribe una carta persuasiva Imagina que eres el dueño de un periódico colonial. Escribe una carta para persuadir a los lectores de que las colonias deben separarse de Gran Bretaña. Apoya tu posición con evidencia.

Escribe una narración Imagina que eres un periodista que acaba de escuchar la primera lectura pública de la Declaración de Independencia. Escribe una narración que describa la escena y explique los puntos de vista de los presentes.

| 1770 | | 1780 | | 1790 |

1775 Estalla la lucha en Lexington y Concord

1776 Se firma la Declaración de Independencia

Usa el vocabulario

Identifica el término que corresponda a cada definición.

representación, pág. 327

traición, pág. 327

boicot, pág. 329

revolución, pág. 341

independencia, pág. 349

1. acción de negarse a comprar
2. actuar en contra del propio gobierno
3. cambio repentino en la vida de la gente o en el gobierno
4. acción de hablar o actuar en nombre de otro
5. libertad de gobernarse a uno mismo

Usa la línea cronológica

 Usa la línea cronológica del capítulo, que aparece arriba, para responder estas preguntas.

6. ¿En qué año comenzó la guerra franco-indígena?
7. ¿La lucha en las colonias comenzó antes o después de que se firmara la Declaración de Independencia?

Aplica las destrezas

DESTREZA DE ANÁLISIS Comparar mapas históricos

8. Examina los mapas de la página 325. Luego, escribe algunas oraciones que expliquen cómo cambiaron las posesiones de tierras de Gran Bretaña después de la guerra franco-indígena.

Recuerda los datos

Responde estas preguntas.

9. ¿Cuál era el propósito de la Proclamación de 1763?
10. ¿Por qué hicieron muchos colonos un boicot a los productos británicos?
11. ¿Cómo influyó la batalla de Bunker Hill en la idea que los británicos tenían de los colonos?

Escribe la letra que corresponda a la respuesta correcta.

12. ¿Dónde se produjeron las batallas de Lexington y Concord?
    A Massachusetts
    B New York
    C Pennsylvania
    D Virginia

13. ¿Quién fue elegido para el cargo de comandante en jefe del Ejército Continental?
    A Samuel Adams
    B Thomas Gage
    C Thomas Jefferson
    D George Washington

Piensa críticamente

14. **DESTREZA DE ANÁLISIS** ¿Qué efecto tuvieron los Comités de Correspondencia en la comunicación entre las colonias?

15. **DESTREZA DE ANÁLISIS** ¿Cuáles fueron algunos de los beneficios de que las colonias declararan la independencia?

Capítulo 8 ■ 359

Destrezas de estudio

ORGANIZAR INFORMACIÓN

Al organizar la información que leas, puedes comprenderla mejor. Los organizadores gráficos pueden ayudarte a organizar información.

- **Los organizadores gráficos te ayudan a categorizar, o agrupar, información.**
- **Ordenar por categorías a las personas, los lugares y los acontecimientos hace que sea más fácil encontrar los datos.**

Guerra de la Independencia

Ejército Continental
- formado principalmente por campesinos y comerciantes
- conocía bien su propio territorio
- recibió ayuda de Francia
- _____
- _____

Ejército británico
- formado principalmente por soldados profesionales
- no conocía el territorio
- contrató soldados extranjeros
- _____
- _____

Aplica la destreza mientras lees

Mientras lees el capítulo, agrega nuevos datos y detalles en el organizador. Tal vez quieras crear otros organizadores para categorizar otra información importante del capítulo.

Normas de Historia y Ciencias Sociales de California, Grado 5

5.6 Los estudiantes comprenden el curso y las consecuencias de la Revolución Americana.

La Guerra de la Independencia

CAPÍTULO 9

> Representación histórica en el Parque Histórico Nacional Morristown, en New Jersey

Comienza con un cuento

En 1776, un afroamericano llamado Samuel Fraunces, dueño de una taberna de la ciudad de New York, oyó el rumor de que existía un plan para matar al general George Washington. Para proteger al general, Fraunces le pidió a su hija Phoebe que se hiciera pasar por el ama de llaves de Washington. Phoebe contó con la ayuda de un niño llamado Pompey. Mientras hacía su trabajo, Phoebe debía observar y escuchar para proteger al general de alguien llamado "T". Lee ahora cómo la valentía y la astucia de Phoebe salvaron a George Washington.

Phoebe, la espía

por Judith Berry Griffin
ilustrado por Margot Tomes

—He venido a buscar mis chícharos —dijo él gentilmente.

—¡Oh! ¡Señor Hickey! —dijo ella—. ¡Qué susto me ha dado! Estaba....

Se detuvo y lo miró aun más sobresaltada. ¿Parecía enfermo? ¿Estaba asustado? No estaba segura de qué le ocurría.

—¿Cuál es mi plato? ¿Y cuál es el plato del general Washington? —dijo él—. No sería justo que él tuviera más que yo.

Hablaba rápidamente y esta vez no sonreía.

—¡Tanto problema por una porción de chícharos! —dijo Phoebe—. Este es el plato del general, y este es el suyo.

Phoebe se alejó para llenar el salero de Pompey y, cuando se dio vuelta, vio que la mano de Hickey se alejaba rápidamente del plato del general Washington y luego se deslizaba dentro de su bolsillo. Por un segundo, algo chispeó bajo la luz. Era algo brillante, como de vidrio.

—¿Qué hace con el plato del general Washington? —preguntó Phoebe—. Ya le he dicho que el suyo es este.

Phoebe levantó el plato. ¿Era su imaginación, o sobre los chícharos había algo parecido al azúcar? Phoebe miró más de cerca, pero eso que antes había visto, fuera lo que fuera, parecía haber desaparecido. Un instante después, ya no estaba segura. ¿Realmente había visto algo? Se distrajo mirando por la ventana y olvidó los chícharos. Ahora debía atender al general Washington.

salero recipiente que contiene sal

Capítulo 9 ■ 363

Hickey se quedó en la cocina y Phoebe se dirigió nerviosamente al comedor. Pompey la seguía con el salero. Mientras caminaba hacia el general, Phoebe observó los rostros de quienes estaban sentados alrededor de la mesa. Algunos invitados conversaban, otros simplemente sonreían. Nadie parecía nervioso o asustado. Pero entonces notó una silla vacía. ¿Quién faltaba? Lo supo de inmediato.

Era el señor Green. ¿Estaría fuera de la casa esperando con un arma? Tal como ella había temido, el general Washington estaba sentado junto a la ventana. Se recostaba cómodamente en su silla, escuchando lo que le decía el general Gates. ¡Y la ventana estaba abierta! Al pasar, Phoebe miró ansiosamente hacia afuera. No había ni un sonido, ni una sombra ni un movimiento. No había alboroto alguno en la hierba del jardín. Incluso las hojas de los árboles más lejanos estaban quietas.

—¡Muy bien, Phoebe! —exclamó el general Washington cuando ella se detuvo junto a su silla—. ¡Chícharos en junio! ¿Cómo los conseguiste antes de temporada?

—No fui yo, señor —respondió Phoebe, observando la ventana—. El señor Hickey los trajo hoy, muy frescos. Dijo que son sus favoritos.

—¡Y también los míos! —dijo el general Gates—. ¿Dónde está el señor Thomas Hickey? ¡Quiero darle las gracias!

Phoebe ya iba a poner el plato frente al general Washington. Pero entonces, en un segundo, comprendió lo que estaba ocurriendo.

El señor Green no estaba escondido afuera para dispararle al general. ¡La persona que quería matarlo estaba allí mismo, en la cocina! Phoebe se quedó petrificada con el plato en las manos. Volvió a ver a Hickey, Thomas Hickey, que reía y bromeaba, que le regalaba dulces, lazos y semillas para sus pollos. ¡Y que luego traía esos chícharos para el general y los rociaba con veneno! ¡La "T" era de Thomas, un miembro del cuerpo de guardaespaldas del general Washington!

Todavía con el plato en las manos, dudaba. Pompey la esperaba, parado detrás de ella.

—¡Corre! —gritó Phoebe—. ¡Corre y trae a mi padre!

Todos callaron. Pompey la miraba sorprendido.

—¿A... a tu padre? —tartamudeó.

Todas las personas que estaban sentadas en el comedor se quedaron inmóviles. Todos los ojos miraban a Phoebe.

—General Washington —dijo llorando—. ¡El señor Hickey puso veneno en su cena! ¡Yo lo vi!

Se escuchó un grito ahogado que venía de la mesa.

—¿Qué chanza es esta? —rugió el general Gates, levantándose de su sitio para buscar el plato. Pero, antes de que pudiera tomarlo, Phoebe corrió hacia la ventana abierta y tiró el plato completo en el jardín.

Samuel y Phoebe Fraunces eran afroamericanos libres. Samuel era el dueño de la taberna Queen's Head, en la ciudad de New York. La taberna, que aún existe, está ubicada en la esquina de las calles Broad y Pearl y es muy parecida a como era cuando Phoebe y su padre vivían allí.

chanza broma

Responde

1. En un principio, ¿quién creía Phoebe que quería hacerle daño al general Washington?
2. ¿Quién realmente quería hacerle daño al general Washington? ¿Cómo lo haría?
3. Imagina que eres un espía y tu deber es proteger al general Washington. Escribe una entrada de diario que describa cómo le salvaste la vida a Washington.

Lección 1

Tiempos

1750 — 1790

- **1776** Los soldados británicos incendian numerosas zonas de New Jersey
- **1777** Sybil Ludington advierte a los soldados americanos del ataque británico

REFLEXIONA
¿Cómo afectó la Revolución Americana la vida de las personas?

- ✓ Describe el impacto de la guerra sobre las personas y la economía.
- ✓ Explica qué papel jugaron las mujeres durante la guerra.
- ✓ Identifica el papel que jugaron los afroamericanos y los indios americanos durante la guerra.

VOCABULARIO
patriota pág. 367
colono leal pág. 367
neutral pág. 367
inflación pág. 368
especular pág. 368
regimiento pág. 370

PERSONAS
Martha Washington
Deborah Sampson
Mercy Otis Warren
Abigail Adams
James Armistead
Jefe Logan
Thayendanegea

CAUSA Y EFECTO

Normas de California
HSS 5.6, 5.6.1, 5.6.3, 5.6.4, 5.6.7

366 ■ Unidad 4

Los americanos y la Revolución

IMAGÍNATE ALLÍ

Es el año 1777. Cientos de soldados británicos pasan marchando frente a tu casa en New Jersey. El golpeteo de sus espadas te estremece, mientras tu madre abraza a tu pequeño hermano y a ti. Hace tres meses que tu padre partió para luchar en el Ejército Continental. Desde entonces, tu madre se encarga de la imprenta, la empresa familiar.

Afuera desfilan los últimos soldados británicos. Sus abrigos forman una línea roja que cruza la calle. "No te preocupes", le susurras a tu hermano. "Los venceremos a todos. Ya verás".

▶ Esta fotografía muestra actores vestidos como soldados británicos en una representación histórica.

DATOS BREVES
Cuando un soldado británico recibía un disparo, su brillante uniforme rojo impedía que sus compañeros notaran que estaba sangrando. Esto evitaba que los otros soldados se asustaran y escaparan durante la batalla.

> Esta pintura muestra a soldados británicos incendiando una casa de familia.

Dificultades personales

La aprobación de la Declaración de Independencia mostró que los líderes coloniales estaban unidos contra Gran Bretaña. Sin embargo, los colonos no estaban unidos entre sí. Muchos de ellos no lograban decidir si apoyar la independencia o permanecer leales al rey británico.

Los colonos que apoyaban la independencia se llamaban a sí mismos **patriotas**. Quienes se mantenían leales al rey se llamaban a sí mismos **colonos leales**. Algunos eligieron ser **neutrales**, es decir, no formar parte de ninguno de los dos bandos.

A medida que los colonos tomaban partido, las ciudades, los amigos y las familias se dividían. Una mujer patriota permaneció en Boston, mientras que los miembros leales de su familia se mudaron a otro lugar. Esta mujer escribió: "Cuando me detengo a pensar que he perdido a mi padre, a mi madre, a mi hermano y a mis hermanas... me horrorizo..."*

Los colonos debieron enfrentar otras dificultades personales. El ejército británico a menudo asaltaba y destruía sus pueblos. En 1776, por ejemplo, los soldados británicos incendiaron muchas zonas de New Jersey. ¡Y robaron incluso las camas de las casas de los colonos!

En algunos casos, los colonos destruían sus propias posesiones para evitar que los británicos se las quitaran. Algunos hombres y mujeres patriotas quemaban sus cultivos antes de que llegara el ejército británico. De esa manera, se aseguraban de que los británicos no pudieran cosecharlos para alimentarse.

REPASO DE LA LECTURA CAUSA Y EFECTO
¿Cómo afectó la guerra a algunas familias coloniales?

*Lucy Knox. *Life and Correspondence of Henry Knox* por Francis S. Drake. S.G. Drake, 1979.

Analizar gráficas Las importaciones de productos británicos disminuyeron cuando el Congreso comenzó a emitir más dinero (derecha) para pagar los gastos de la guerra.
❓ ¿Aproximadamente cuánto disminuyeron las importaciones coloniales entre 1775 y 1776?

Dificultades económicas

Durante la Guerra de la Independencia, los americanos enfrentaron dificultades personales y económicas. Uno de los problemas era la escasez de productos importados. Los barcos británicos bloquearon los puertos americanos para que ningún otro barco pudiera descargar bienes allí. A medida que la escasez de productos se acentuaba a causa de la guerra, los americanos padecieron una fuerte **inflación**, o aumento en el precio de los productos. La inflación hizo que los colonos necesitaran más dinero para comprar bienes y servicios. ¡El precio del trigo y de la carne se duplicó en solo dos meses!

Otra de las causas de la inflación fue la caída del valor del dinero continental. El Segundo Congreso Continental imprimió más dinero para pagar los gastos de la guerra. Cuando un gobierno imprime demasiado dinero, la moneda pierde valor.

Además de la inflación, el Congreso enfrentaba otro problema: debía financiar, o pagar, los costos de la guerra y no lograba recaudar dinero a través de los impuestos. Para aprobar nuevas leyes de impuestos, el Congreso necesitaba la autorización de los estados.

Las cosas empeoraron cuando algunos agricultores y comerciantes comenzaron a **especular**, es decir, a cobrar precios muy elevados por sus cultivos o bienes. Pronto se aprobaron leyes que establecían cuánto podían cobrar los agricultores por los alimentos. Las leyes también establecían que era ilegal acumular, reservar o esconder grandes cantidades de bienes y materiales. Sin embargo, estas leyes a menudo se ignoraban.

REPASO DE LA LECTURA 🔎 **CAUSA Y EFECTO**
¿Qué efecto tuvo la inflación sobre la economía durante la Guerra de la Independencia?

Las mujeres y la guerra

Cuando los hombres dejaron sus hogares para luchar en la guerra, las mujeres asumieron nuevas responsabilidades. Algunas mujeres se encargaron de las granjas y los negocios familiares. Trabajaban como carpinteras, herreras, constructoras de barcos y conductoras de carromatos. Otras formaron grupos para recaudar dinero para la guerra y recolectar ropa para los soldados.

Algunas esposas seguían a sus maridos de batalla en batalla. En los campamentos del ejército, las mujeres cocinaban y lavaban la ropa. Algunas iban a las batallas a llevar agua a los soldados. **Martha Washington** viajaba cada invierno para estar con su marido George.

Valientes mujeres y muchachas se unieron a los hombres en el combate. Una noche de 1777, una joven de 16 años llamada Sybil Ludington montó su caballo y fue a advertir a los soldados americanos de un ataque británico. Para participar en la lucha, **Deborah Sampson** se vestía con ropa de hombre y se hacía llamar Robert Shirtliffe. Margaret Corbin tomó el lugar de su esposo en una batalla y resultó gravemente herida. Corbin se convirtió en la primera mujer en ser reconocida por el Congreso como veterana de guerra.

Algunas mujeres usaban su talento para apoyar la causa patriota. **Mercy Otis Warren** escribió poemas y cuentos patrióticos que a menudo mostraban mujeres que luchaban por la libertad. Más tarde, se convirtió en la primera mujer que escribió una historia de la Revolución Americana. En las cartas que le escribía a su marido John, **Abigail Adams** se manifestaba por la libertad. También abrió las puertas de su casa para ofrecer alojamiento a los niños que habían quedado sin hogar a causa de la guerra.

REPASO DE LA LECTURA **RESUMIR** ¿Qué nuevas responsabilidades asumieron las mujeres durante la Revolución Americana?

▶ Sybil Ludington

▶ Martha Washington

▶ Abigail Adams

> James Armistead (derecha) espiaba al ejército británico. Los afroamericanos del Primer Regimiento de Rhode Island (arriba) combatieron junto a los patriotas para obtener su propia libertad.

Afroamericanos libres y esclavos

Al comenzar la guerra, uno de cada cinco habitantes de las 13 colonias era descendiente de africanos. En su mayoría, los afroamericanos vivían en las colonias del sur y eran esclavos. Sin embargo, confiaron en la promesa de la Declaración de Independencia, que comenzaba afirmando que "todos los hombres fueron creados iguales".

Aproximadamente 5,000 afroamericanos lucharon en el Ejército Continental. A muchos se les prometió la libertad como recompensa por su servicio. Este fue el caso de los soldados del Primer Regimiento de Rhode Island. Un **regimiento** es un grupo grande de soldados. El Primer Regimiento de Rhode Island luchó valientemente en varias batallas importantes durante la guerra.

Un esclavo de Virginia llamado **James Armistead** trabajó como espía para George Washington. La información que obtuvo fue de gran ayuda para ganar una importante batalla en Yorktown. Al finalizar la guerra, el gobierno de Virginia le concedió la libertad.

El gobernador británico de Virginia también prometió otorgar la libertad a todos los esclavos que se unieran al ejército británico. Formó un regimiento de más de 300 afroamericanos que llevaban insignias con la leyenda *Libertad a los esclavos*.

Los afroamericanos libres tomaron partido rápidamente. Peter Salem fue uno de los cinco afroamericanos que lucharon en la batalla de Concord. Un afroamericano libre de Philadelphia, llamado James Forten, se sumó a la Armada Continental a la edad de 14 años.

REPASO DE LA LECTURA CAUSA Y EFECTO
¿Por qué lucharon en la Guerra de la Independencia los esclavos afroamericanos?

Los habitantes del oeste

A pesar de la Proclamación de 1763, los colonos continuaban asentándose en los territorios que se habían apartado para los indios americanos. Algunos grupos indios estaban enfurecidos con estos colonos, pero muchos de ellos dependían tanto de los americanos como de los británicos para comerciar.

Cuando comenzó la Guerra de la Independencia, numerosos grupos de indios americanos decidieron permanecer neutrales. En 1775, un miembro de la tribu oneida dijo: "No nos interesa unirnos a ninguno de los dos bandos".*

Sin embargo, durante la Guerra de la Independencia, los indios americanos pronto dividieron sus lealtades y formaron alianzas tanto con los americanos como con los británicos.

*Guerrero oneida. Liberty: The American Revolution por Thomas Fleming. Viking, 1997.

El **jefe Logan** decidió combatir del lado de los británicos. En 1774, los colonos de la frontera habían matado a su familia y eso llevó a Logan a luchar contra los americanos.

El líder mohawk **Thayendanegea**, conocido como Joseph Brant, también luchó para los británicos. Los mohawk de la Liga Iroquesa querían evitar que más americanos se asentaran en sus tierras.

Otras naciones indias de la liga también se aliaron con los británicos. Sin embargo, las naciones oneida y tuscarora decidieron luchar del lado de los americanos. Estas alianzas opuestas llevaron al fin de la Liga Iroquesa.

En un principio, al igual que muchos indios americanos, casi todos los colonos de las tierras del oeste permanecieron neutrales. Pero poco tiempo después comenzaron a cambiar de opinión.

▶ El líder mohawk Thayendanegea (centro) y otros guerreros iroqueses (derecha) lucharon del lado de los británicos. En señal de amistad, el rey entregó esta medalla (izquierda) a los iroqueses.

DATOS BREVES

Cerca de un tercio de los americanos eligieron mantenerse neutrales durante la Guerra de la Independencia.

> Los británicos se reunieron con los indios americanos en el Johnson Hall, en New York.

Aunque muchos no apoyaban la causa patriota, sí deseaban expulsar a los británicos de las tierras del oeste. Estos colonos valoraban su libertad y no querían que un gobierno fuerte los dominara.

REPASO DE LA LECTURA **CAUSA Y EFECTO**
¿Por qué se aliaron con los británicos algunos grupos de indios americanos?

Resumen

Durante la Guerra de la Independencia, los americanos enfrentaron dificultades personales y económicas. Muchas mujeres y afroamericanos contribuyeron con la causa de los patriotas. Al principio, los colonos de las tierras del oeste y los indios americanos permanecieron neutrales, pero más tarde se unieron a la lucha.

REPASO

1. ¿Cómo afectó la Revolución Americana la vida de las personas?
2. Explica la diferencia entre un **colono leal** y un **patriota**.
3. ¿Qué problemas enfrentó el Congreso para financiar la guerra?

RAZONAMIENTO CRÍTICO

4. **Aplícalo** ¿Por qué crees que muchas personas están dispuestas a enfrentar dificultades durante la guerra?
5. **DESTREZA DE ANÁLISIS** Para los indios americanos, ¿cuáles fueron algunos de los costos y beneficios de luchar en la guerra?

6. **Escribe una conversación** Escribe una conversación entre un patriota y un colono leal. Asegúrate de que ambos justifiquen su posición con evidencias.

7. **Destreza clave** **CAUSA Y EFECTO**

En una hoja de papel, copia y completa el organizador gráfico de abajo.

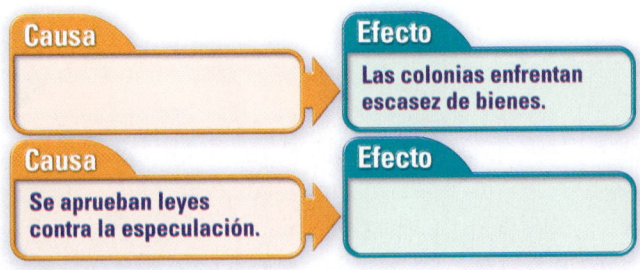

372 ■ Unidad 4

Mercy Otis Warren

Biografía

Integridad
Respeto
Responsabilidad
Equidad
Bondad
Patriotismo

"Es mi ferviente deseo, lo mejor para mi país, y es por eso que me suscribo a la causa patriota."*

Durante su infancia en Massachusetts, Mercy Otis Warren no iba a la escuela, pero sí participaba en las clases de historia y literatura que recibía su hermano. Cuando creció, Warren empleó esos conocimientos en escritos que apoyaban la causa americana. Su hermano y su marido participaban en la política de Massachusetts. Además, era amiga de John Adams, Martha Washington y Thomas Jefferson.

Warren expresó sus ideas políticas a través de sus escritos. En 1773 escribió una obra de teatro donde se criticaba al gobernador de Massachusetts. La obra advertía que algún día los colonos iban a luchar para lograr su independencia.

Otro de los trabajos de Warren fue el panfleto *Observations on the New Constitution*. Este panfleto, publicado en 1788, reclamaba al nuevo gobierno que garantizara los derechos de la mujer. Tiempo después, Warren escribió un libro sobre la historia de la Revolución Americana. Actualmente, los historiadores estudian estas obras para obtener información acerca de los líderes políticos de aquella época.

* Mercy Otis Warren. *Plays and Poems of Mercy Otis Warren*. Scholars' Facsimiles and Reprint, 1980.

La importancia del carácter

¿De qué manera los escritos de Warren demuestran su patriotismo?

Biografía breve

- **1728** Nace en 1728
- **1773** Se publica la primera obra de Warren
- **1805** Warren escribe una historia de la Revolución Americana
- **1814** Muere en 1814

Visita MULTIMEDIA BIOGRAPHIES en www.harcourtschool.com/hss para hallar biografías multimedia.

Destrezas con tablas y gráficas

Leer líneas cronológicas paralelas

▶ POR QUÉ ES IMPORTANTE

En los años anteriores a la Guerra de la Independencia se produjeron muchos acontecimientos. Cuando se producen varios acontecimientos al mismo tiempo en distintos lugares, puede resultar difícil ordenarlos en una línea cronológica. Las líneas cronológicas paralelas pueden ser de gran ayuda. Las **líneas cronológicas paralelas** son dos o más líneas cronológicas que muestran acontecimientos que ocurrieron durante el mismo período. Además, pueden mostrar acontecimientos que ocurrieron en distintos lugares.

▶ LO QUE NECESITAS SABER

Las líneas cronológicas paralelas de abajo y de la página 375 muestran los acontecimientos que ocurrieron entre 1770 y 1776. La línea cronológica de abajo muestra los principales acontecimientos que se produjeron en las colonias antes de la Revolución Americana. La línea cronológica de arriba muestra los acontecimientos que se produjeron en Gran Bretaña durante ese período. Puedes usar las líneas cronológicas paralelas para comparar lo que ocurrió en las colonias con lo que ocurrió en Gran Bretaña.

Líneas cronológicas paralelas

Gran Bretaña y la Revolución

- **1770** El Parlamento revoca la mayor parte de las Leyes de Townshend

América y la Revolución

- **1770** Se produce la Masacre de Boston
- **1772** Los líderes de Massachusetts forman los Comités de Correspondencia

PRACTICA LA DESTREZA

Usa las líneas cronológicas paralelas de abajo para responder estas preguntas.

1. ¿Qué ocurrió primero, la Masacre de Boston o la aprobación de las Leyes Coercitivas?
2. ¿Qué línea cronológica muestra la fecha en que se aprobó la Declaración de Independencia?
3. ¿El Primer Congreso Continental se reunió antes o después de que se revocaran las Leyes de Townshend?
4. ¿En qué año los líderes de Massachusetts formaron los Comités de Correspondencia?

APLICA LO QUE APRENDISTE

DESTREZA DE ANÁLISIS Crea líneas cronológicas paralelas para organizar los eventos ocurridos durante tu vida. Usa una línea cronológica para mostrar los acontecimientos importantes en tu vida, desde el día de tu nacimiento hasta el día de hoy. Usa la otra línea cronológica para mostrar los acontecimientos importantes que ocurrieron en Estados Unidos durante el mismo período.

> Estatua del patriota Tadeusz Kosciuszko

1774 — El Parlamento aprueba las Leyes Coercitivas
1776 — Gran Bretaña envía más tropas a las colonias

1774 — Se reúne el Primer Congreso Continental
1776 — Se aprueba la Declaración de Independencia

Destrezas con tablas y gráficas

Capítulo 9 ▪ 375

FUENTES PRIMARIAS

El maletín de campaña de Washington

Durante la mayor parte de la Guerra de la Independencia, George Washington y sus tropas vivían en tiendas de campaña u otros refugios. Por esta razón, muchas veces los soldados y los oficiales debían cocinar su propia comida. Para cocinar y comer, Washington usaba un maletín de campaña que estaba equipado con ollas, cacerolas y todos los utensilios necesarios.

Botellas de vidrio para almacenar agua

Recipientes para calentar la comida en la parrilla, directamente sobre la llama

Recipientes que se guardan uno dentro del otro para ahorrar espacio

Uno de los tres platos de latón para cocinar y servir la comida

Recipientes con tapa para guardar alimentos secos como pan, harina o cereales

Lección 2

Tiempos

1750 — 1790

- **1776** La batalla de Trenton
- **1777** La batalla de Saratoga

REFLEXIONA
¿Cuáles fueron algunos de los primeros acontecimientos importantes de la Guerra de la Independencia?

- ✓ Identifica las primeras batallas, campañas y momentos decisivos.
- ✓ Examina qué papel jugaron los líderes americanos y británicos.
- ✓ Describe de qué manera individuos y otras naciones contribuyeron al resultado de la guerra.

VOCABULARIO
alistarse pág. 379
mercenario pág. 379
campaña pág. 381
momento decisivo pág. 381
negociar pág. 383

PERSONAS
marqués de Lafayette
Benedict Arnold
Friedrich von Steuben

LUGARES
Trenton
Saratoga
valle Forge

CAUSA Y EFECTO

Normas de California
HSS 5.5.4, 5.6, 5.6.1, 5.6.2, 5.6.4

La lucha por la independencia

IMAGÍNATE ALLÍ

"Los soldados están hambrientos", dice el **marqués de Lafayette**. "No comen más que galletas hechas con harina y agua". Mientras tú y el resto de los soldados escuchan, tu estómago se queja ruidosamente. Hace días que comes solo galletas.

"Como el Congreso no enviará ayuda", dice el general George Washington, "ordenaré a los agricultores locales que nos vendan sus cultivos".

Afuera el aire está helado, pero no te importa. "En marcha", gritas, "¡finalmente tendremos comida!".

▶ El marqués de Lafayette ayudó al Ejército Continental.

Un soldado británico y un soldado americano

Analizar ilustraciones
Los soldados británicos (izquierda) tenían más comida y provisiones que los soldados americanos (derecha).

1. Casaca roja de los británicos
2. Mosquete con bayoneta
3. Mochila para alimentos
4. Sombrero tricornio
5. Mosquete con bayoneta
6. Estuche portafusil

¿Qué equipamiento usaban tanto el soldado británico como el soldado patriota?

Comparar los ejércitos

En julio de 1775, George Washington llegó a Massachusetts para reunirse con el Ejército Continental. Los soldados no usaban uniforme sino su ropa de todos los días. Como muchos no tenían armas, llevaban lanzas y hachas. Algunos habían luchado en la guerra franco-indígena, pero muy pocos tenían experiencia militar. Muchos eran agricultores que habían decidido **alistarse**, o registrarse para servir en el ejército. En una ocasión, Washington se sintió tan frustrado que arrojó su sombrero al suelo y gritó: "¿Estos son los hombres con los que voy a defender América?".*

Alimentar y vestir a las tropas requería una gran cantidad de provisiones. ¡Washington calculó una vez que su ejército necesitaba 100,000 barriles de harina y 20 millones de libras de carne al año! El Congreso no lograba recaudar suficiente dinero para alimentar a los soldados.

El Ejército Continental enfrentaba a uno de los ejércitos más poderosos del mundo. Los soldados del ejército británico eran profesionales con entrenamiento y experiencia. Los británicos contaban con 50,000 soldados en las colonias, mientras que el ejército de Washington tenía apenas 15,000. El ejército británico también tenía miles de **mercenarios**, o soldados contratados. Como muchos de los mercenarios provenían de una región de Alemania llamada Hesse-Cassel, los americanos los llamaban mercenarios de Hesse.

Pero los británicos también tenían problemas. Era difícil luchar a más de 3,000 millas de su tierra natal. Aunque los colonos leales les ofrecían ayuda, los soldados británicos debían esperar mucho tiempo a que llegaran provisiones y soldados que los reemplazaran.

REPASO DE LA LECTURA — CAUSA Y EFECTO
¿Qué problema geográfico provocó dificultades al ejército británico?

*George Washington. *Liberty: The American Revolution* por Thomas Fleming. Viking, 1997.

▶ Washington dirigió un ataque a través del río Delaware hacia New Jersey.

Las primeras batallas en el norte

Hacia la primavera de 1776, Washington y su ejército se habían desplazado hacia el sur, desde Massachusetts hasta New York. Estaban acampando en Long Island cuando las tropas británicas los atacaron. El ejército americano, que era cuatro veces menor que el británico, sufrió grandes pérdidas en la batalla de Long Island.

El ejército británico decidió entonces perseguir a Washington y lo que quedaba de su ejército. Muchos soldados se habían marchado después de la batalla y Washington tuvo que convencer al resto para que permanecieran a su lado. Washington y sus soldados hicieron lo posible para evitar que los británicos los capturaran. En el invierno, marcharon a través de New Jersey y llegaron a Pennsylvania.

El general británico William Howe pasaba el invierno en New York junto a la mayor parte de su ejército. Cuando Washington supo que los mercenarios de Hesse estaban estacionados en **Trenton**, New Jersey, y que no estaban preparados para recibir un ataque, decidió ir hacia ellos.

En la Nochebuena de 1776, Washington y su ejército cruzaron en botes las heladas aguas del río Delaware. Después, las tropas marcharon a pie 9 millas hasta llegar a Trenton. Allí encontraron a los soldados alemanes, que dormían luego de haber celebrado la Navidad. Los americanos atacaron y, después de solo una hora de lucha, los mercenarios se rindieron. Esta victoria llenó de esperanza a los soldados americanos.

REPASO DE LA LECTURA **SACAR CONCLUSIONES**
¿Por qué decidió Washington atacar Trenton en Nochebuena?

Una victoria importante

En 1777, el ejército británico planeó una nueva campaña. Una **campaña** es una serie de operaciones militares que se llevan a cabo con un determinado objetivo. El objetivo de los británicos era ocupar New York para poder aislar a las 13 colonias y así cortar sus vías de comunicación y suministro de provisiones. También pensaban usar el puerto natural de la ciudad de New York para desembarcar más soldados y provisiones.

Los británicos tenían planes de que sus soldados viajaran a Albany, New York, para sumarse a las tropas lideradas por el general John Burgoyne. Esas tropas atacarían la ciudad desde el norte, el sur y el oeste. Este plan podría haber funcionado, pero las tropas británicas nunca llegaron a Albany para unirse a Burgoyne. Se retrasaron librando pequeñas batallas en el camino.

El 19 de septiembre de 1777, las fuerzas continentales rodearon al ejército del general Burgoyne cerca de **Saratoga**, New York. Burgoyne y sus soldados no pudieron quebrar las líneas enemigas y se vieron obligadas a retroceder.

En realidad, la batalla de Saratoga no fue una sino dos batallas, que tuvieron lugar a lo largo de tres semanas. Durante la segunda parte de la batalla, un comandante americano llamado **Benedict Arnold** lideró a un grupo de soldados en un audaz ataque. Aunque Arnold resultó gravemente herido en una pierna, su ataque tuvo éxito. Al continuar la batalla, los americanos se apoderaron de los cañones y las provisiones de los británicos. Finalmente, el 17 de octubre, Burgoyne se rindió. La rendición británica en Saratoga representó un momento decisivo de la guerra. Un **momento decisivo** es cuando se produce un evento que provoca un cambio importante. De pronto, parecía que los americanos tenían posibilidades de ganar la guerra.

REPASO DE LA LECTURA RESUMIR ¿Por qué fue la victoria americana en Saratoga un momento decisivo de la guerra?

▶ Al verse rodeado en la batalla de Saratoga (abajo), el general británico John Burgoyne tuvo que rendirse ante el general americano Horatio Gates (recuadro).

Invierno en el valle Forge

Durante el otoño de 1777, el Ejército Continental una vez más tuvo que enfrentar problemas. Mientras intentaba evitar que los británicos ocuparan Philadelphia, el Ejército Continental perdió una batalla en Brandywine. A finales de septiembre, los soldados británicos ocuparon Philadelphia, que les brindaba comodidades para pasar el invierno.

Atónitos y exhaustos, los soldados continentales retrocedieron hasta el **valle Forge**, en Pennsylvania. Washington eligió esta ubicación para poder vigilar desde allí a los británicos, que se encontraban en Philadelphia.

El Ejército Continental que acampó en el valle Forge era un grupo harapiento. El Congreso no tenía dinero para enviarles provisiones. La ropa que los soldados habían traído de sus casas estaba gastada y quemada a causa de las batallas. Algunos hombres habían caminado tanto que sus calzados estaban deshechos. Un joven soldado de Connecticut escribió que no tenía "ni un par de zapatos o de medias para cubrirme los pies".* Muchos soldados debían envolverse los pies con trapos.

Como la comida también estaba por acabarse, Washington permitió a los soldados comprar alimentos a los agricultores de la zona del valle Forge con dinero continental que había emitido el Congreso. Además, el gobernador de New York, George Clinton, envió barriles de cerdo curado con sal.

El marqués de Lafayette también colaboró. A los 20 años, viajó desde Francia para unirse al Ejército Continental. Tiempo después, Lafayette se describiría a sí mismo como una persona de corazón americano. A Washington le agradó el joven francés y de inmediato le

A Narrative of Some of the Adventures, Dangers, and Sufferings of a Revolutionary Soldier por Joseph Plumb Martin. Glazier, Masters, and Co., 1830.

▶ En 1777, Washington (sobre el caballo blanco) marchó con su ejército hacia el valle Forge, en Pennsylvania.

confió importantes tareas. Lafayette usó su propio dinero para comprar abrigos a sus soldados. Era tan generoso que comenzaron a llamarlo "el amigo de los soldados".*

La vida en el valle Forge mejoró aun más cuando llegó **Friedrich Wilhelm von Steuben**, un soldado alemán que decidió ayudar a los americanos entrenándolos para convertirlos en una poderosa fuerza de combate. Von Steuben les enseñó a atacar, a replegarse más rápido y a usar armas con mayor efectividad. Al llegar la primavera de 1778, los soldados de Washington se habían convertido en un ejército organizado.

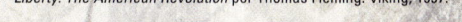
▶ Friedrich von Steuben

REPASO DE LA LECTURA 🟠 **CAUSA Y EFECTO**
¿Qué efecto tuvo Friedrich Wilhelm von Steuben en el Ejército Continental?

Liberty: The American Revolution por Thomas Fleming. Viking, 1997.

Contribuciones de otras naciones

Mientras la guerra ardía en América del Norte, Benjamin Franklin se encontraba en Francia negociando con el gobierno francés. **Negociar** es intentar alcanzar un acuerdo aceptable para todas las partes involucradas. Franklin pidió a los franceses provisiones y soldados. Afirmaba que Francia se beneficiaría si ayudaba a vencer a Gran Bretaña, su antiguo enemigo.

Al principio, los franceses ofrecieron poca ayuda, porque creían que Gran Bretaña ganaría la guerra. Pero más tarde, cuando las noticias de la victoria americana en Saratoga llegaron a Francia, los franceses decidieron apoyar a los americanos.

> En 1776, un joven de 21 años llamado Jorge Farragut viajó desde España para luchar junto a los americanos. Más tarde, se convirtió en oficial de la Armada de Estados Unidos.

Otras naciones también ofrecieron su ayuda. En 1781, algunos banqueros de los Países Bajos otorgaron un enorme préstamo al Congreso. Los líderes rusos, por medio de la Liga de la Neutralidad Armada, ayudaron a impedir que los británicos bloquearan el comercio con los americanos.

Bernardo de Gálvez, gobernador de la Louisiana española, donó armas, alimento y dinero al Ejército Continental. Más tarde, Gálvez dirigió a sus propios soldados para ocupar varios fuertes británicos. Jorge Farragut, español de nacimiento, luchó en la Armada y el Ejército Continental.

REPASO DE LA LECTURA **CAUSA Y EFECTO**
¿Por qué apoyaron los franceses a los americanos durante la guerra?

Resumen

El Ejército Continental tenía menos experiencia que el ejército británico. Sin embargo, los americanos lograron victorias importantes al comienzo de la guerra, en Trenton y Saratoga. Otras naciones contribuyeron con la causa patriota.

REPASO

1. ¿Cuáles fueron algunos de los primeros acontecimientos importantes de la Guerra de la Independencia?

2. Usa la palabra **campaña** en una oración acerca de la Guerra de la Independencia.

3. ¿Quién dirigió las negociaciones de los americanos con Francia?

RAZONAMIENTO CRÍTICO

4. ¿Por qué era importante para George Washington la ubicación relativa del valle Forge?

5. ¿Cuáles eran los costos y los beneficios de unirse al Ejército Continental?

6. **Escribe un discurso** Imagina que estás acampando con los soldados en el valle Forge. Escribe lo que dirías en un discurso para levantar el ánimo de los soldados.

7. **CAUSA Y EFECTO**
En una hoja de papel, copia y completa el organizador gráfico de abajo.

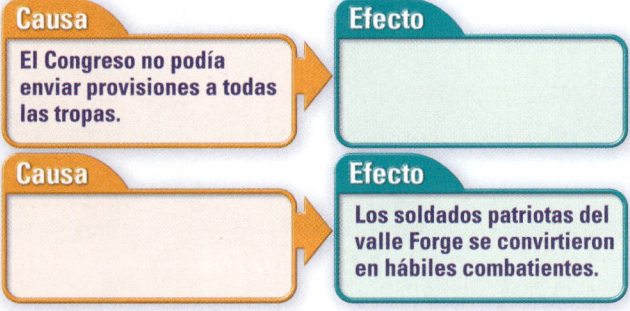

384 ■ Unidad 4

Bernardo de Gálvez

Biografía

Integridad
Respeto
Responsabilidad
Equidad
Bondad
Patriotismo

Bernardo de Gálvez nació en Málaga, España, en 1746. Gálvez llegó por primera vez a América del Norte en 1762, acompañando a su tío, que visitaba Nueva España. En 1776, Gálvez regresó para dirigir un regimiento español en Louisiana. Un año después, Gálvez se convirtió en gobernador de la Louisiana española.

Gálvez decidió ayudar a los americanos durante la Guerra de la Independencia. Defendió New Orleans de un ataque británico y tomó el control del río Mississippi. Gálvez permitió que los barcos americanos usaran el río para trasladar armas y alimentos a las fuerzas patriotas que luchaban en la frontera.

En 1779, España declaró la guerra a Gran Bretaña. Gálvez ocupó los pueblos británicos de Baton Rouge, Natchez y Mobile. En 1781, ocupó Pensacola. Cuando la guerra llegó a su fin, Gálvez y su ejército controlaban todo el territorio de Florida Occidental. Después de la guerra, el nuevo Congreso de Estados Unidos agradeció a Bernardo de Gálvez por su ayuda durante la Revolución Americana.

Esta estampilla conmemora las acciones de Gálvez durante la Guerra de la Independecia.

La importancia del carácter

❓ ¿Cómo demostró Gálvez a los americanos que era una persona íntegra?

Biografía breve

- **1746** Nace en 1746
- **1777** Gálvez se convierte en gobernador de la Louisiana española
- **1781** Gálvez ocupa el pueblo de Pensacola, Florida
- **1786** Muere en 1786

Aprende en línea
Visita MULTIMEDIA BIOGRAPHIES en www.harcourtschool.com/hss para hallar biografías multimedia.

Destrezas con mapas y globos terráqueos

Comparar mapas con escalas diferentes

▶ POR QUÉ ES IMPORTANTE

Los comandantes de las fuerzas británicas y americanas planeaban las batallas en mapas. La mayoría de los mapas tienen escalas que te permiten calcular las distancias. Las escalas cambian de acuerdo con el tamaño del área que se muestra en el mapa. Los mapas con escalas grandes muestran áreas más pequeñas y más detalladas que los mapas que tienen escalas pequeñas. Si quieres ver todas las ciudades de California, consulta un mapa con una escala pequeña. En un mapa con escala grande podrás ver, por ejemplo, las calles y los lugares históricos de San Diego.

▶ LO QUE NECESITAS SABER

Observa el mapa de abajo y el mapa de la página 387. Ambos muestran la zona donde se produjo la batalla de Long Island, en New York. En el mapa A, Long Island se ve más grande. El mapa A tiene una escala mayor, por lo tanto muestra más detalles. En el mapa B, Long Island se ve más pequeña. El mapa B tiene una escala más pequeña, por lo tanto muestra una superficie mayor.

Cada tipo de mapa tiene su utilidad. Por ejemplo, el mapa A puede usarse para observar detalles de la zona, mientras que el mapa B puede servir para observar una mayor superficie de tierra que rodea esa zona.

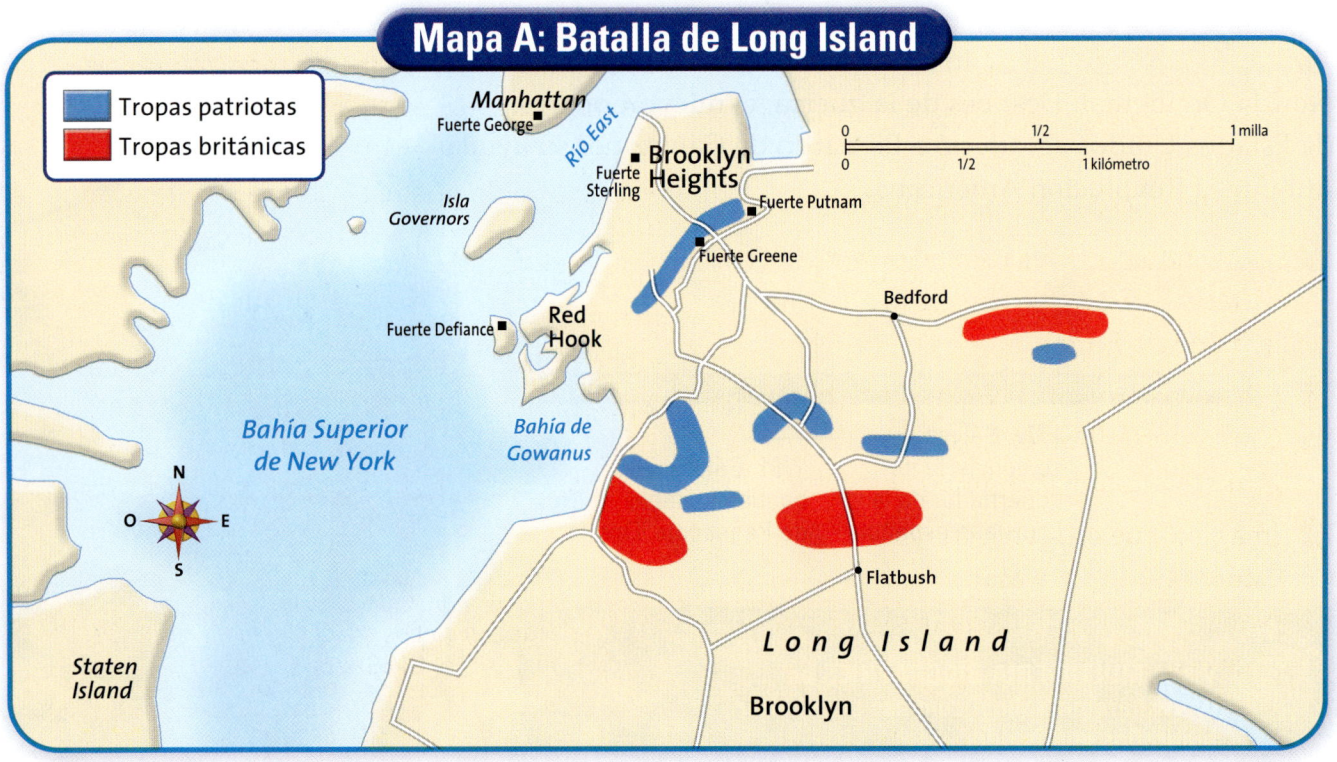

386 ▪ Unidad 4

Mapa B: Batalla de Long Island

PRACTICA LA DESTREZA

Usa los mapas A y B para responder las siguientes preguntas.

1. ¿Qué mapa muestra la distancia que había entre las tropas patriotas ubicadas cerca del Fuerte Greene y las tropas británicas ubicadas cerca de Flatbush?

2. ¿Qué mapa puedes usar para calcular la distancia que hay entre el río Hudson y la bahía de Jamaica?

3. ¿Cuál es la distancia en millas entre Gravesend y Bedford, en New York? ¿Qué mapa muestra ambos lugares?

4. Imagina que eres un general del Ejército Continental. ¿Qué mapa usarías para planear la retirada hacia New Jersey? ¿Por qué?

APLICA LO QUE APRENDISTE

DESTREZA DE ANÁLISIS Cuando tu familia viaja, es posible que usen mapas para decidir la ruta que seguirán. Puedes usar un mapa con escala pequeña para encontrar las carreteras y las autopistas interestatales. Un mapa con escala grande puede ayudarte a encontrar la casa de un amigo que vive en una determinada ciudad.

Observa un mapa con escala pequeña del estado de California. Imagina que viajas hacia una de las ciudades que muestra el mapa. Usa el mapa para calcular la distancia entre tu ciudad y la ciudad adonde vas.

 Practica tus destrezas con mapas y globos terráqueos con el **CD-ROM GeoSkills**

Destrezas con mapas y globos terráqueos

Lección 3

Tiempos

1750 — 1790

- **1781** La batalla de Yorktown
- **1783** El Tratado de París

REFLEXIONA
¿Cómo ganaron los americanos la Guerra de la Independencia?

✓ Identifica las batallas y campañas más importantes de la Guerra de la Independencia.

✓ Describe de qué manera individuos y otras naciones contribuyeron al resultado de la guerra.

VOCABULARIO
traidor pág. 391

PERSONAS
Nathan Hale
John Paul Jones
Molly Pitcher
Tadeusz Kosciuszko
Benedict Arnold
Nathanael Greene
Charles Cornwallis

LUGARES
West Point
Savannah
Charles Town
Cowpens
Guilford Courthouse
Yorktown

CAUSA Y EFECTO

Normas de California
HSS 5.6, 5.6.1, 5.6.2, 5.6.3, 5.6.4

Se logra la independencia

IMAGÍNATE ALLÍ

Es el año 1776 en la ciudad de New York. El hollín de un incendio reciente ha ennegrecido los edificios. Tú, tu padre y otras personas se encuentran afuera, limpiando.

Una mujer te dice con tristeza: "¿Has oído lo de **Nathan Hale**? ¡Qué hombre tan valiente!".

—Era uno de nuestros espías, ¿no es así? —le preguntas.

—Sí, claro —responde ella—. Los británicos lo capturaron aquí cuando comenzó el incendio. Justo antes de que lo colgaran, dijo: "Lo único que lamento es tener una sola vida para sacrificar por mi país".*

Tu padre, limpiándose el hollín de las manos, dice: "Ese hombre demostró que los patriotas podemos ser muy valientes".

*Nathan Hale. Liberty: *The American Revolution* por Thomas Fleming. Viking 1997.

▶ Nathan Hale se hizo pasar por un maestro de escuela holandés para espiar a los británicos.

388 • Unidad 4

Los héroes de la revolución

Durante la Guerra de la Independencia, los americanos agradecieron los esfuerzos de Nathan Hale y de otros valientes patriotas. En 1776, respondiendo al pedido de George Washington, Hale se ofreció como voluntario para espiar a los británicos en la ciudad de New York. Hale estaba siguiendo a los británicos cuando tomaron el control de la ciudad de New York. Un gran incendio se propagó por la ciudad y, mientras los habitantes huían, Hale fue capturado. Cuando los británicos descubrieron que se trataba de un espía, lo colgaron. Las crónicas de sus últimas palabras se divulgaron rápidamente y Hale se convirtió en un héroe.

En el mar, un comandante de la Armada americana llamado **John Paul Jones** luchó contra los barcos británicos, que eran más grandes y estaban mejor equipados. Durante una famosa batalla en el mar del Norte, cerca de Gran Bretaña, los británicos exigieron a Jones que se rindiera. Jones respondió: "Todavía no he comenzado a luchar".* Y continuó combatiendo hasta que el barco británico abandonó la lucha.

Las mujeres americanas también se hicieron famosas por su valentía durante la guerra. Mary Ludwig Hays McCauley se ganó el nombre de **Molly Pitcher**, que en inglés significa jarra, por llevar agua fresca a las tropas americanas durante la batalla de Monmouth, en New Jersey, en 1778. Cuando su esposo resultó herido, ella tomó su lugar en la batalla, ayudando a cargar los cañones. McCauley se mantuvo junto a los cañones durante el resto de la batalla.

A medida que corría la voz sobre la lucha por la libertad, fueron llegando más voluntarios. **Tadeusz Kosciuszko** viajó desde Polonia para unirse al Ejército Continental. Construyó muros de defensa durante la batalla de Saratoga y ayudó a diseñar los planos de un fuerte en **West Point**, en New York. Sin la ayuda de Kosciuszko, las defensas del ejército habrían sido mucho más débiles.

REPASO DE LA LECTURA **CAUSA Y EFECTO**
¿Qué efecto tuvo la participación de Tadeusz Kosciuszko en la batalla de Saratoga?

*John Paul Jones. *The Life and Character of the Chevalier John Paul Jones, a Captain in the United States Navy, During the Revolutionary War* por John Henry Sherburne. Wilder and Campbell, 1825.

▶ Tadeusz Kosciuszko (abajo) y Mary McCauley son recordados por su valentía.

▶ En la armada, John Paul Jones se convirtió en un héroe patriota.

Principales batallas de la Revolución Americana

Analizar mapas

Regiones ¿En qué estado tuvo lugar la batalla de Cowpens?

La guerra en el sur

Cuando el gobierno británico se enteró de que Francia estaba ayudando a los americanos, los líderes del ejército británico llevaron la lucha hacia el sur. Ya habían ocupado varias ciudades del norte, entre ellas Philadelphia y New York. Los británicos esperaban derrotar a los americanos en el sur antes de que llegaran los barcos y los soldados franceses.

Los británicos sabían que en el sur vivían muchos colonos leales y esperaban contar con su apoyo. Los líderes británicos también esperaban ocupar las ciudades portuarias del sur. Para los británicos, la lucha resultaría más fácil si su armada lograba abastecerlos desde el mar.

El primer objetivo británico fue **Savannah**, en Georgia. El 25 de noviembre de 1778, unos 3,500 soldados británicos desembarcaron cerca de esa ciudad y rápidamente vencieron a los soldados americanos que intentaron protegerla.

A comienzos de 1780, los británicos se desplazaron hacia el norte con el fin de ocupar **Charles Town**, más tarde conocida como Charleston, en South Carolina. Allí, los soldados continentales también fueron ampliamente superados en número y perdieron pronto la batalla.

A comienzos de 1781, **Benedict Arnold**, un ex oficial del Ejército Continental, comenzó a dirigir ataques británicos a las ciudades de Virginia. Arnold se había convertido en un <mark>traidor</mark>, es decir, alguien que actúa contra su propio país. Antes, había decidido dar a los británicos los planos de un fuerte americano en West Point, New York. Sin embargo, los americanos descubrieron el plan de Arnold a tiempo para evitarlo. Arnold comenzó a trabajar para los británicos porque no estaba satisfecho con su rango ni con su salario.

Aunque perdieron varias batallas, los americanos continuaron luchando contra los británicos. El general **Nathanael Greene**, que lideraba el Ejército Continental en el sur, les pidió a sus soldados que no se rindieran. Greene dijo:

> **Luchamos, nos golpean, nos ponemos de pie y volvemos a la lucha.** *

En enero de 1781, bajo el liderazgo de Greene, el general Daniel Morgan llevó a los americanos a una importante victoria en **Cowpens**, en South Carolina. La batalla de Cowpens fue un momento decisivo en la guerra porque demostró que las fuerzas de la milicia americana eran capaces de derrotar a los británicos.

Entonces, el ejército británico avanzó hacia North Carolina, donde los americanos sufrieron una terrible derrota en **Guilford Courthouse** en marzo de 1781. Sin embargo, los británicos aún no lograban ganar la guerra ni derrotar el espíritu americano.

REPASO DE LA LECTURA **RESUMIR**
¿Por qué se concentraron en el sur los británicos?

*Nathanael Greene. *Liberty: The American Revolution* por Thomas Fleming. Viking, 1997.

▶ La batalla de Cowpens, en South Carolina, representó una importante victoria para los americanos.

Victoria en Yorktown

CUÁNDO 1781
DÓNDE Yorktown, Virginia

Para el verano de 1781, el general británico **Charles Cornwallis** había instalado su cuartel general en **Yorktown**, Virginia. Como Yorktown se encontraba en la bahía de Chesapeake, los barcos británicos podrían descargar las provisiones con facilidad. Sin embargo, la ubicación de Yorktown también hacía que fuera fácil rodear la ciudad. Sabiendo esto, los franceses y los americanos idearon un plan para derrotar a Cornwallis en Yorktown.

Los soldados franceses y continentales marcharon hacia el sur para rodear Yorktown. Al mismo tiempo, la armada francesa se apoderó de la bahía de Chesapeake. La armada británica no podía hacer llegar provisiones a su ejército. El general Cornwallis estaba atrapado. A fines de septiembre, envió un mensaje a su comandante en el norte:

> ❝Si no puede auxiliarme pronto, debe prepararse para lo peor.❞*

Y, tal como había advertido Cornwallis, ocurrió "lo peor". Rodeado y atacado por mar y por tierra durante semanas, Cornwallis se rindió. Un testigo escribió: "A las dos de la madrugada del 19 de octubre de 1781, el ejército británico, liderado por el general Charles O'Hara, dejó sus filas de combate y marchó con sus colores guardados [las banderas dobladas] mientras los tambores tocaban una marcha británica".**

REPASO DE LA LECTURA RESUMIR
¿Cómo contribuyeron los franceses a la victoria americana en Yorktown?

*General Charles Cornwallis, septiembre de 1781. Sociedad Histórica de South Carolina.
**The Revolutionaries editado por Russell B. Adams, Jr. Time-Life Books, 1996.

El bloqueo francés
La armada francesa impidió que los soldados británicos de Yorktown recibieran provisiones.

La lucha en las trincheras
El coronel Alexander Hamilton dirigió un numeroso grupo de soldados americanos en Yorktown.

Míralo en detalle

La batalla de Yorktown

La batalla de Yorktown fue la última batalla importante de la Guerra de la Independencia.

1. soldados franceses
2. cuartel general de los oficiales americanos
3. soldados americanos
4. campo donde se rindieron los británicos
5. terraplenes británicos
6. soldados británicos
7. bahía de Chesapeake
8. barcos franceses
9. barcos británicos
10. río York

¿Por qué estaban los británicos en desventaja durante la batalla de Yorktown?

El Tratado de París

Cuando la noticia de la rendición de Gran Bretaña llegó a Philadelphia, la Campana de la Libertad anunció las buenas nuevas. La larga lucha había terminado. Los patriotas habían logrado al fin su independencia.

La victoria en Yorktown, en 1781, significó el final de la guerra. Sin embargo, en algunos lugares la lucha se prolongó durante más de dos años. Y no fue hasta abril de 1782 que británicos y americanos enviaron representantes a París, Francia, para negociar un tratado de paz.

Los representantes americanos, liderados por Benjamin Franklin, John Adams y John Jay, establecieron las condiciones del tratado. Gran Bretaña debía aceptar la independencia americana y retirar a todos sus soldados de las tierras americanas.

Los representantes americanos y británicos dialogaron para llegar a un acuerdo. Después de un año de conversaciones, el Tratado de París se firmó el 3 de septiembre de 1783. Este tratado puso formalmente fin a la guerra.

El Tratado de París daba oficialmente al nuevo país el nombre de Estados Unidos de América. También establecía las fronteras de la nueva nación. Estados Unidos se extendería desde Georgia, al sur, hasta los Grandes Lagos, al norte. El río Mississippi sería su frontera oeste.

Después de la firma del Tratado de París, George Washington regresó a su casa en Virginia. La guerra había terminado y las tropas británicas abandonaban Estados Unidos. Ya no era necesario que Washington liderara el Ejército Continental. Durante su regreso a Virginia, Washington se detuvo en Annapolis, Maryland, donde estaba reunido el Congreso.

▶ Esta obra inconclusa de Benjamin West muestra, de izquierda a derecha, a John Jay, John Adams y Benjamin Franklin negociando un acuerdo de paz con los representantes británicos en París. Las negociaciones llevaron a la firma del Tratado de París (derecha).

> Washington renuncia a su cargo como comandante en jefe del Ejército Continental durante una sesión del Congreso.

Washington anunció al Congreso que, como la nación estaba en paz, su trabajo había terminado. Dijo: "Concluida la tarea que me han asignado, me retiro del gran teatro de la acción". Washington planeaba retirarse a su hogar para vivir una vida tranquila.

REPASO DE LA LECTURA   CAUSA Y EFECTO
¿Cuáles fueron los efectos del Tratado de París?

*George Washington, en un comunicado al Congreso Continental, Annapolis, Maryland, 23 de diciembre de 1783. *Journals of the Continental Congress* editado por Worthington C. Ford et al. Government Printing Office, 1904–1937.

Resumen

Los héroes americanos contribuyeron al esfuerzo de la guerra. En Yorktown, los americanos ganaron la última batalla importante de la guerra. En 1783, el Tratado de París estableció la paz y declaró formalmente a Estados Unidos como una nueva nación.

REPASO

1. ¿Cómo ganaron los americanos la Guerra de la Independencia?
2. Usa el término **traidor** en una oración acerca de Benedict Arnold.
3. ¿Por qué fue un momento decisivo la batalla de Cowpens?
4. ¿Quiénes eran los representantes americanos que negociaron el Tratado de París?

RAZONAMIENTO CRÍTICO

5. **Aplícalo** ¿Por qué crees que los héroes americanos arriesgaron su vida en la guerra? ¿Quiénes crees que son los héroes de hoy?

6. **Dibuja una medalla** Usa lo que has leído y dibuja una medalla de honor dedicada a uno de los héroes patriotas. Asegúrate de que la medalla refleje la contribución de ese héroe.

7. **CAUSA Y EFECTO**

En una hoja de papel, copia y completa el organizador gráfico de abajo.

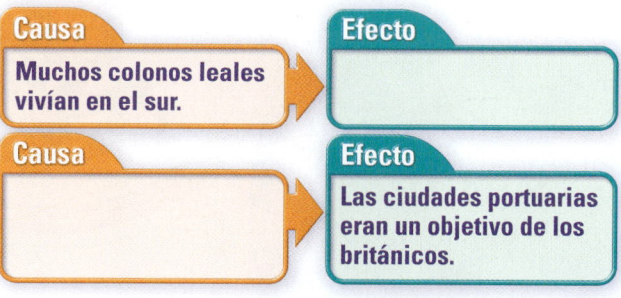

Capítulo 9 ■ 395

Lección 4

Tiempos: 1750 — 1790

1787 Se aprueba la Ordenanza del Noroeste

Las consecuencias de la guerra

REFLEXIONA
¿Cómo afectó la Revolución Americana la vida en Estados Unidos?

✓ Explica de qué manera las constituciones estatales reflejaron los ideales de la Revolución Americana.

✓ Evalúa cómo la Declaración de Independencia cambió las opiniones sobre la esclavitud.

✓ Comprende la importancia de las nuevas políticas de tierras y su impacto sobre los indios americanos.

VOCABULARIO
abolicionista pág. 397
abolir pág. 397
territorio pág. 399
ordenanza pág. 399

PERSONAS
Elizabeth Freeman
Michikinikwa
Red Jacket

LUGARES
Territorio del Noroeste

CAUSA Y EFECTO

Normas de California
HSS 5.6, 5.6.5, 5.6.6, 5.6.7

IMAGÍNATE ALLÍ

"¡La esclavitud es un error!", dice un hombre mientras golpea con su puño la mesa frente a ti. "Basta con leer la Declaración de Independencia. Dice que todas las personas deberían ser libres".

Otros miembros del grupo asienten con la cabeza. "No es justo que nosotros obtengamos nuestra libertad y se la neguemos a los esclavos", dice tu madre. "Debemos acabar por completo con la esclavitud", dice otra persona. "Aunque me temo que será difícil lograrlo".

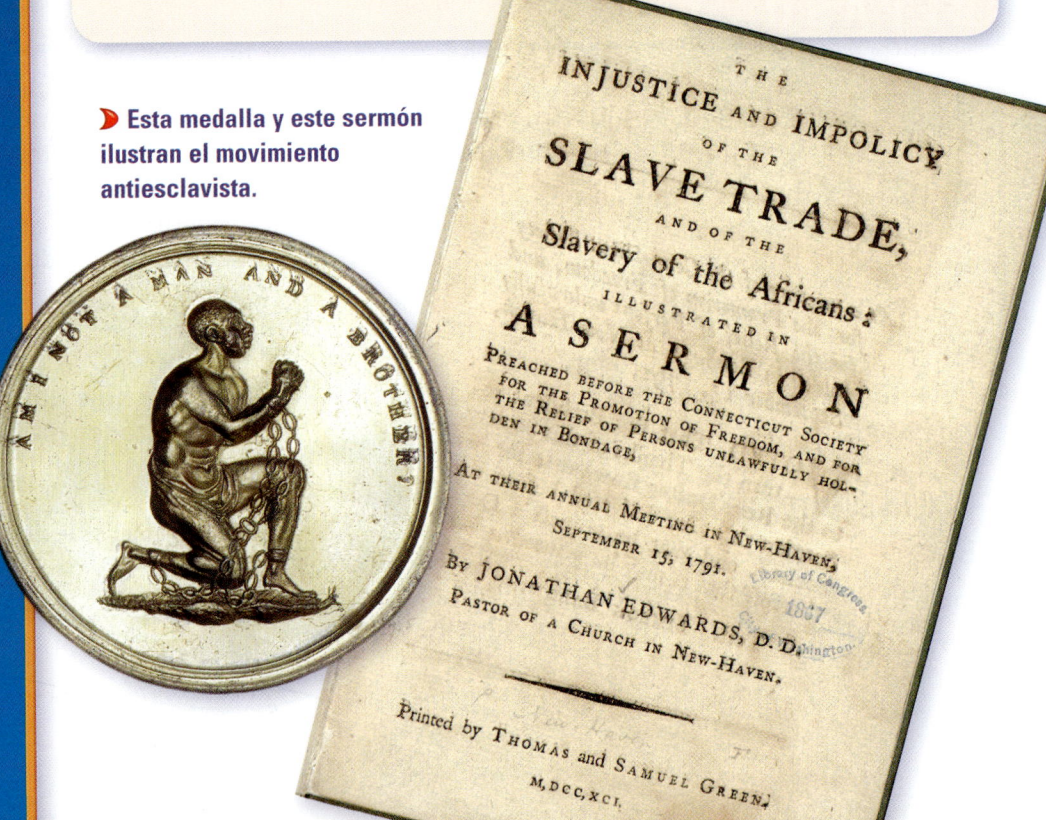

▶ Esta medalla y este sermón ilustran el movimiento antiesclavista.

396 ■ Unidad 4

> Los pastores religiosos afroamericanos lideraron la lucha por la abolición de la esclavitud en Estados Unidos.

Nuevas ideas para una nueva nación

La independencia de Gran Bretaña significó la oportunidad para crear nuevas leyes. Hacia 1776, los estados comenzaron a redactar sus propias constituciones. Varios estados usaron la constitución de Virginia como modelo, que comenzaba con una lista de las libertades básicas de los ciudadanos de Virginia, como el derecho a juicio con jurado, la libertad de celebrar elecciones y la libertad de prensa. Estas eran algunas de las creencias por las que se había luchado en la Revolución Americana.

La Declaración de Independencia había cambiado la forma de pensar de los americanos con respecto a los derechos de las personas. La Declaración decía que todas las personas tenían derecho a la vida y a la libertad. Sin embargo, las constituciones estatales no concedían la libertad a todos y la mayoría de los afroamericanos seguían siendo esclavos.

Muchas personas creían que, si era cierto lo que decía la Declaración, debía ponerse fin a la esclavitud. Algunos grupos, como los cuáqueros, alzaron su voz contra la esclavitud. En 1775, los cuáqueros formaron el primer grupo **abolicionista**, o antiesclavista, de Philadelphia.

En Massachusetts, una esclava llamada **Elizabeth Freeman** inició una demanda con el fin de obtener su libertad. Cuando le preguntaron por qué lo hacía, Freeman respondió: "Ayer escuché la lectura de ese papel [la Declaración], que dice que todos [las personas] son iguales".* El jurado estuvo de acuerdo y la mujer obtuvo su libertad. Más tarde, en 1783, Massachusetts decidió **abolir**, o eliminar, la esclavitud.

REPASO DE LA LECTURA 🔴 **CAUSA Y EFECTO**
¿Cómo cambió la Declaración de Independencia la opinión de muchas personas acerca de la esclavitud?

*Elizabeth Freeman. *Mumbet: The Life and Times of Elizabeth Freeman* por Mary Wilds. Avisson Press, 1999.

Asentamientos en el oeste

Cuando la Guerra de la Independencia llegó a su fin, el Congreso debía grandes sumas de dinero a sus soldados. Pero, como el dinero era escaso, el Congreso desarrolló nuevas políticas de tierras. Al igual que otras naciones en el pasado, el gobierno de Estados Unidos usó la tierra como una forma de pagar los servicios militares. Los soldados recibían tierras de acuerdo con su rango y el tiempo que habían servido en el ejército. Algunos soldados recibieron cientos de acres de tierra.

Como resultado de esta política de tierras, muchos antiguos soldados llegaron a poseer tierras en las regiones del oeste. Pero no todos los que iban al oeste eran soldados. Como el Congreso quería reunir dinero para pagar sus deudas, vendió muchas tierras a colonos, compañías, pueblos y estados recientemente formados.

A medida que los colonos se desplazaban al oeste, aumentaban las tensiones. Las tropas británicas todavía ocupaban fuertes en esa zona y España también reclamaba tierras en la frontera. Con el fin de fortalecer sus posesiones en la región, el Congreso a menudo regalaba tierras para animar a las personas a que se asentaran en el oeste.

Además de la promesa de tierras gratis, los americanos comenzaron a trasladarse hacia los asentamientos del oeste por otras razones. Muchos se mudaban allí para cultivar la tierra y formar familias. Algunos simplemente buscaban aventuras. Otros querían construir grandes granjas para enriquecerse. Un hombre de Georgia escribió: "He intentado olvidar mi deseo de tener una plantación en el oeste, pero cada vez que me encuentro con alguien que estuvo allí, me vuelvo loco".*

REPASO DE LA LECTURA **RESUMIR**
¿Cuáles eran las nuevas políticas de tierras dirigidas a los antiguos soldados?

*James Henry Hammond. *Beneath These Waters* por Sharyn Kane y Richard Keeton. National Park Service, 1993.

> Los colonos se mudaban al oeste de los Apalaches para comenzar una nueva vida.

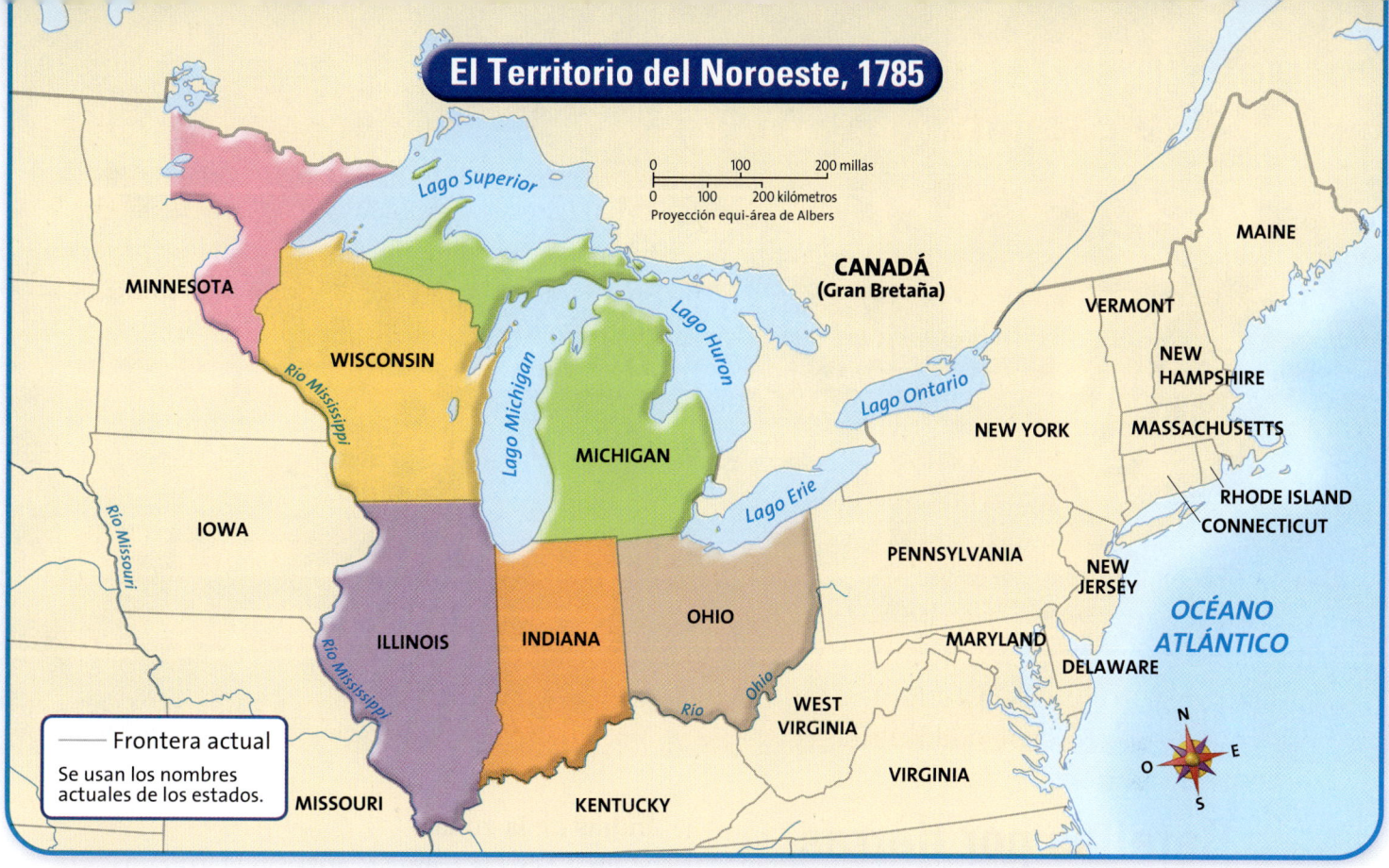

Analizar mapas El Territorio del Noroeste cubría más de 260,000 millas cuadradas.

Ubicación ¿Qué río formaba el límite oeste del Territorio del Noroeste?

La Ordenanza del Noroeste

Con el tiempo, miles de americanos siguieron el río Ohio hacia el oeste y se asentaron al norte del río, en una zona conocida como el **Territorio del Noroeste**. Un **territorio** es una región que pertenece a una nación pero que no es un estado ni está representada en el gobierno nacional.

Al comienzo, no existía un plan para dividir las tierras y era difícil saber dónde terminaba la propiedad de cada persona. Por esta razón, se produjeron muchas disputas relacionadas con los límites.

Finalmente, en 1787, el Congreso aprobó la Ordenanza del Noroeste. Esta **ordenanza**, o conjunto de leyes, estableció un plan para gobernar el Territorio del Noroeste y formar nuevos estados en esas tierras. La ordenanza afirmaba que el río Ohio sería el límite sur de la región. Cuando una zona del Territorio del Noroeste alcanzara una población de 60,000 habitantes, podría convertirse en un nuevo estado.

Los nuevos estados tendrían características similares a los otros estados, pero también serían diferentes. La Ordenanza del Noroeste afirmaba: "No existirá esclavitud ni servidumbre involuntaria en dicho territorio...".* De esta manera, la esclavitud no estaría permitida en los nuevos estados del Territorio del Noroeste.

REPASO DE LA LECTURA **CAUSA Y EFECTO**
¿Qué efecto tuvo la Ordenanza del Noroeste sobre la esclavitud?

*"The Northwest Ordinance." *Federal and State Constitutions*, vol. 2, editado por F. N. Thorpe. 1909.

Capítulo 9 ■ 399

Los indios americanos
Después de la Revolución

▶ Se produce la batalla de Árboles Caídos

▶ Michikinikwa organiza a los indios americanos de Ohio

1791   1794

Batallas por tierras

Después de la Guerra de la Independencia, los británicos abandonaron la mayor parte de sus fuertes en Estados Unidos. Sin el apoyo británico, a los indios americanos les resultó más difícil impedir que los colonos se asentaran en tierras indias. En muchas zonas, las tribus lucharon contra los colonos para conservar sus tierras.

En la época en que estas tensiones aumentaban, **Michikinikwa** se convirtió en el líder de los indios americanos del Territorio del Noroeste. Michikinikwa, que pertenecía a la tribu miami, que vivía en lo que hoy es Ohio, comandó un grupo de guerreros formado por miembros de muchas tribus.

En 1794, los soldados de Estados Unidos ingresaron en el Territorio del Noroeste con el objetivo de derrotar a Michikinikwa. Como Michikinikwa y sus guerreros se ocultaron entre árboles caídos, ese conflicto recibió el nombre de batalla de Árboles Caídos. El grupo de Michikinikwa perdió la batalla y los soldados incendiaron numerosas aldeas indias de la zona.

En 1795, las tribus aceptaron el Tratado de Greenville. Por este tratado, cedieron la mayor parte de sus tierras en el Territorio del Noroeste. Muchas tribus estaban enfurecidas por los reclamos de tierras por parte de los americanos. Y desconfiaban del gobierno de Estados Unidos, aun después de la firma del tratado.

Algunos indios americanos vendieron sus tierras al gobierno o a empresas. La Compañía Holandesa de Tierras, por ejemplo, quería comprar a los indios seneca de New York gran parte de sus tierras al oeste del río Genesee. Un líder llamado **Red Jacket** aconsejó no vender tierras. Sin embargo, los líderes ignoraron el consejo de Red Jacket y firmaron el Tratado de Big Tree, que permitió a la compañía comprar casi todas las tierras de los seneca.

En los años posteriores, los colonos de Estados Unidos continuaron avanzando cada vez más sobre las tierras del oeste. Y, una vez tras otra, Estados Unidos se negó a cumplir con los tratados que tenía con los

- Se firma el Tratado de Greenville
- Medalla de la paz del Tratado de Greenville
- Red Jacket aconseja a su tribu que no firme el Tratado de Big Tree

1795

1797

grupos indios. Después de la Guerra de la Independencia, la vida de los indios americanos ya nunca volvería a ser lo que había sido.

REPASO DE LA LECTURA **CAUSA Y EFECTO** ¿Cuál fue el efecto del Tratado de Greenville?

Resumen

Después de la Guerra de la Independencia, los estados redactaron constituciones y cambió la opinión acerca de la esclavitud. Los asentamientos cambiaron la política de tierras y produjeron conflictos con los indios.

REPASO

1. ¿Cómo afectó la revolución la vida en Estados Unidos?

2. Usa los términos **territorio** y **ordenanza** en una oración acerca de los asentamientos en el oeste.

3. ¿Qué se hizo para pagar a los soldados de la Guerra de la Independencia?

RAZONAMIENTO CRÍTICO

4. ¿Qué ideales de la Revolución Americana se incluyeron en las nuevas constituciones estatales? ¿Por qué eran importantes para los ciudadanos de la nueva nación?

5. ¿Cuáles fueron los múltiples efectos de que el gobierno vendiera y regalara tierras en el oeste?

6. **Escribe un anuncio persuasivo** Escribe un anuncio para que los colonos compren tierras en el Territorio del Noroeste. Lista las razones por las que deberían mudarse.

7. **CAUSA Y EFECTO** En una hoja de papel, copia y completa el organizador gráfico de abajo.

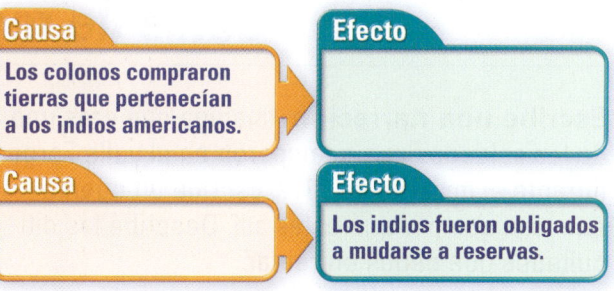

Capítulo 9 ■ 401

Repaso del Capítulo 9

Tiempos

- **1776** Los americanos ganan la batalla de Trenton
- **1777** Los americanos ganan la batalla de Saratoga

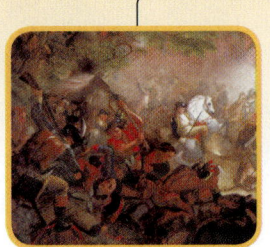

La lectura en los Estudios Sociales

Una **causa** es una acción o un evento que hace que algo ocurra.
Un **efecto** es lo que ocurre como resultado de esa acción o ese evento.

Causa y efecto

Completa este organizador gráfico para demostrar que comprendes las causas y los efectos de los acontecimientos más importantes de la Guerra de la Independencia. Una copia de este organizador gráfico aparece en la página 100 del cuaderno de Tarea y práctica.

La Guerra de la Independencia

Causa	Efecto
El Congreso emitió más moneda.	
	Francia aceptó ayudar a los americanos.
Se firmó el Tratado de París.	

Pautas de redacción de California

Escribe una narración Imagina que eres uno de los soldados que acamparon en el valle Forge durante el invierno de 1777. Escribe un cuento que explique por qué estás allí. Describe las dificultades que debes enfrentar.

Escribe un reporte Elige una de las personas sobre las que hayas leído en este capítulo y escribe un reporte que describa quién era esa persona y qué papel desempeñó en la Guerra de la Independencia.

| 1780 | 1785 | 1790 |

1781
Se produce la batalla de Yorktown

1783
Se firma el Tratado de París

Usa el vocabulario

Escribe una o dos oraciones para explicar cómo se relaciona cada par de términos.

1. **patriota** (pág. 367), **colono leal** (pág. 367)
2. **inflación** (pág. 368), **especular** (pág. 368)
3. **regimiento** (pág. 370), **alistarse** (pág. 379)
4. **abolir** (pág. 397), **abolicionista** (pág. 397)
5. **territorio** (pág. 399), **ordenanza** (pág. 399)

Usa la línea cronológica

 Usa la línea cronológica del capítulo, que aparece arriba, para responder estas preguntas.

6. ¿La batalla de Saratoga fue antes o después de la batalla de Trenton?
7. ¿Cuántos años transcurrieron desde que se produjo la batalla de Yorktown hasta que se firmó el Tratado de París?

Aplica las destrezas

 **Leer líneas cronológicas paralelas**

8. Observa las líneas cronológicas de las páginas 374 y 375. ¿Qué ocurrió en América en 1774?

 **Comparar mapas con escalas diferentes**

9. Estudia los mapas de las páginas 386 y 387. Luego, escribe un párrafo que describa cómo afectan la escala más grande y la escala más pequeña la información que se muestra en cada mapa.

Recuerda los datos

Responde estas preguntas.

10. ¿Por qué tuvo problemas el Congreso Continental para financiar la guerra?
11. ¿Quién ayudó a llevar agua a las tropas americanas durante la batalla de Monmouth?
12. ¿Dónde se encontraba el Ejército Continental en el invierno de 1777?

Escribe la letra que corresponda a la respuesta correcta.

13. ¿Qué país ayudó a los americanos a ganar la batalla de Yorktown?
    A Francia
    B Alemania
    C España
    D los Países Bajos

14. ¿Cuál era el nombre del plan para gobernar las tierras del oeste que se encontraban al norte del río Ohio?
    A Artículos de la Confederación
    B Autoridad del valle de Ohio
    C Ordenanza del Noroeste
    D Tratado de París

Piensa críticamente

15.  ¿Por qué crees que algunos indios americanos decidieron apoyar a los británicos durante la Guerra de la Independencia?

16.  ¿Cómo favoreció a los americanos la ubicación relativa de Yorktown?

Capítulo 9 ■ 403

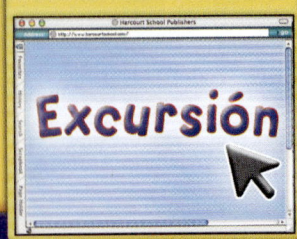

Excursión

El Sendero de la Libertad

PREPÁRATE

El Sendero de la Libertad, *Freedom Trail*, es un trecho de $2\frac{1}{2}$ millas que recorre la ciudad de Boston. El sendero conecta lugares históricos que tuvieron un papel importante durante la lucha de Estados Unidos por su independencia. A lo largo del Sendero de la Libertad, puedes detenerte en lugares como Faneuil Hall, donde los habitantes de Boston protestaron contra las políticas de impuestos británicos. También puedes caminar hasta el Monumento de Bunker Hill, que señala el sitio donde los soldados americanos demostraron que podían enfrentar al ejército británico. El Sendero de la Libertad es más que un simple camino. Cada una de sus paradas nos cuenta una historia acerca de la independencia de nuestra nación.

OBSERVA

El Sendero de la Libertad está marcado por ladrillos rojos. Ofrece a los visitantes la oportunidad de seguir los mismos caminos que alguna vez recorrieron los primeros patriotas americanos.

UBÍCALO

Indicador del Sendero de la Libertad

Estatua de Samuel Adams en Faneuil Hall

La casa de Paul Revere

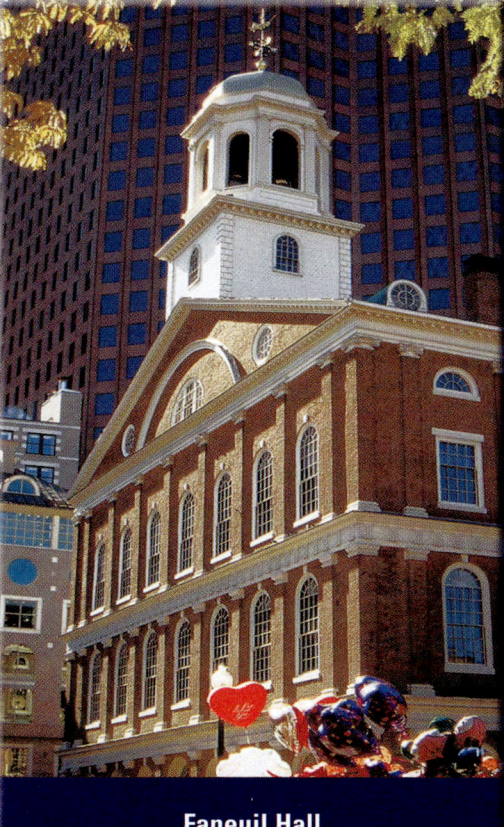
Faneuil Hall

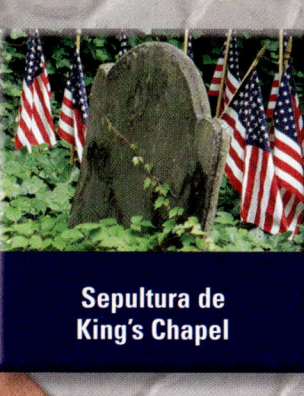
Sepultura de King's Chapel

Monumento de Bunker Hill

La Casa de Gobierno

UN PASEO VIRTUAL

APRENDE en línea Visita VIRTUAL TOURS en www.harcourtschool.com/hss para realizar un paseo virtual.

Unidad 4 • 405

Unidad 4 Repaso

💡 LA GRAN IDEA

Libertad La libertad era tan importante para los colonos que estaban dispuestos a sufrir terribles penurias y años de guerra para alcanzarla.

Resumen

La Revolución Americana

En 1764, el Parlamento aprobó una nueva ley de impuestos para que los colonos americanos ayudaran a pagar los gastos de la guerra franco-indígena. Esto enojó a muchos colonos. Cuando el Parlamento intentó aplicar nuevas leyes de impuestos, los colonos se enfurecieron aun más. Muchos colonos protestaron. Creían que no era justo pagar impuestos a un gobierno en el que no tenían representación.

Hacia 1776, los colonos habían decidido declarar su independencia de Gran Bretaña. Sabían que eso significaba entrar en guerra con una de las naciones más poderosas del mundo. Las colonias tenían poco dinero y pocos soldados entrenados. Aun así, decidieron luchar.

Con el firme liderazgo de George Washington y la ayuda de los ciudadanos y de otras naciones, los patriotas comenzaron a ganar batallas. Luego de ocho largos y difíciles años de lucha, los americanos ganaron la guerra.

En 1783, el Tratado de París puso oficialmente fin a la guerra y declaró a Estados Unidos como una nueva nación. Después, la nación enfrentó muchos desafíos. Aún quedaban por resolver numerosas cuestiones, como el asentamiento en las tierras del oeste y el problema de la esclavitud.

Ideas principales y vocabulario

Lee el resumen de arriba. Luego, contesta las preguntas.

1. ¿Qué significa representación?
   A libertad para gobernarse a sí mismo
   B acuerdo entre dos naciones
   C hablar en nombre de otro
   D declaración formal

2. ¿Qué papel desempeñó George Washington en la Guerra de la Independencia?
   A Recaudó dinero de impuestos para financiar la guerra.
   B Negoció con los franceses para lograr su apoyo.
   C Dirigió el Ejército Continental.
   D Redactó la Declaración de Independencia.

3. ¿Qué significa la palabra patriotas en el resumen de arriba?
   A soldados contratados
   B colonos que apoyaban la independencia
   C indios americanos que se aliaron con los británicos
   D colonos que permanecieron leales a Gran Bretaña

4. ¿Cuándo se convirtió Estados Unidos oficialmente en una nueva nación?
   A 1764
   B 1776
   C 1781
   D 1783

406 ▪ Unidad 4

Recuerda los datos

Responde estas preguntas.

5. ¿Por el control de qué región comenzó la disputa que llevó a la guerra franco-indígena?

6. ¿Qué fue la Ley del Timbre?

7. ¿Cuál fue la función principal de Thomas Jefferson en el Segundo Congreso Continental?

8. ¿Cómo contribuyó Mercy Otis Warren con la causa patriota?

9. ¿De qué forma ayudó Francia a los americanos durante la Guerra de la Independencia?

10. ¿Por qué algunos esclavos afroamericanos lucharon en la Guerra de la Independencia?

Escribe la letra que corresponda a la respuesta correcta.

11. ¿Por qué hicieron los colonos un boicot a los productos británicos?
    A para disminuir la inflación
    B para especular
    C para protestar contra los impuestos británicos
    D para recaudar dinero para la guerra

12. ¿Cuál de las siguientes ideas está incluida en la Declaración de Independencia?
    A el derecho a presentar quejas ante el Parlamento
    B el derecho a la vida y la libertad
    C la importancia de mantenerse neutral
    D la abolición de la esclavitud

13. ¿Qué batalla ayudó a poner fin a la Guerra de la Independencia?
    A la batalla de Bunker Hill
    B la batalla de Long Island
    C la batalla de Saratoga
    D la batalla de Yorktown

14. ¿Cómo pagó el gobierno de Estados Unidos a muchos de los soldados que habían luchado en la Guerra de la Independencia?
    A con dinero que los británicos pagaron por haber perdido la guerra
    B con cargos en el gobierno
    C con tierras en el oeste
    D con bienes británicos embargados durante la guerra

Piensa críticamente

15. **DESTREZA DE ANÁLISIS** ¿Crees que los británicos podrían haber evitado la guerra contra los colonos? Explica tu respuesta.

Aplica las destrezas

Comparar mapas históricos

DESTREZA DE ANÁLISIS Usa los mapas históricos de abajo para responder las siguientes preguntas.

16. ¿Por qué el mapa de 1763 muestra una zona marcada con líneas de sombreado que no aparece en el mapa de 1783?

17. ¿Qué áreas que aparecen en ambos mapas cambiaron muy poco entre 1763 y 1783?

Unidad 4 Actividades

Lecturas adicionales

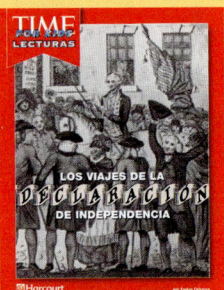
- *Los viajes de la Declaración de Independencia* por Evelyn Coleman.

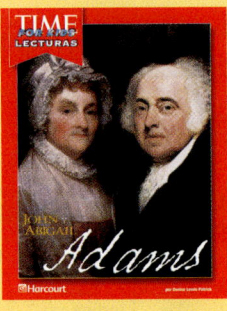
- *John y Abigail Adams* por Denise Lewis Patrick.

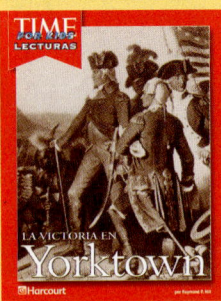
- *La victoria en Yorktown* por Raymond P. Hill.

Muestra lo que sabes

Actividad de redacción

Escribe un resumen Numerosas causas llevaron a la Guerra de la Independencia y sus consecuencias afectaron a todos los habitantes de Estados Unidos. Escribe un resumen que incluya tres causas principales de la guerra, y que también muestre cómo los colonos obtuvieron la libertad y explique por qué fue importante la guerra. Asegúrate de exponer la idea principal y los detalles secundarios.

Proyecto de la unidad

Periódico colonial Publica un periódico colonial que relate los acontecimientos que llevaron a la Guerra de la Independencia y explique de qué manera los colonos obtuvieron su libertad. Decide qué personas y acontecimientos quieres incluir en el periódico y cómo vas a describirlos.

APRENDE en línea Visita ACTIVITIES en **www.harcourtschool.com/hss** para hallar otras actividades.

El gobierno de la nación

Unidad 5

COMIENZA CON LAS NORMAS

Normas de Historia y Ciencias Sociales de California

5.7 Los estudiantes describen a las personas y los eventos asociados con el desarrollo de la Constitución de Estados Unidos, y analizan la importancia de la Constitución en la fundación de la república americana.

La gran idea

Gobierno y liderazgo
La Constitución de Estados Unidos es el fundamento de la república americana.

Reflexiona
- ¿Por qué sintieron muchos líderes de Estados Unidos la necesidad de redactar una constitución?
- ¿Qué problemas importantes enfrentaron los encargados de redactar la Constitución?
- ¿Cómo garantiza la Constitución nuestra libertad?
- ¿Cómo expresan los ciudadanos los ideales americanos?

Muestra lo que sabes
★ Prueba de la Unidad 5
✎ Redacción: Una carta persuasiva
✐ Proyecto de la unidad: Salón de la fama de la Constitución

Tiempos

El gobierno de la nación

- **1787** Se redacta la Constitución de Estados Unidos, pág. 435
- **1791** Se agrega la Declaración de Derechos a la Constitución, pág. 445

1780 — 1830 — 1880

Al mismo tiempo

- **1781** Los españoles fundan Los Angeles
- **1810** Comienza la Revolución Mexicana

El gobierno de la nación

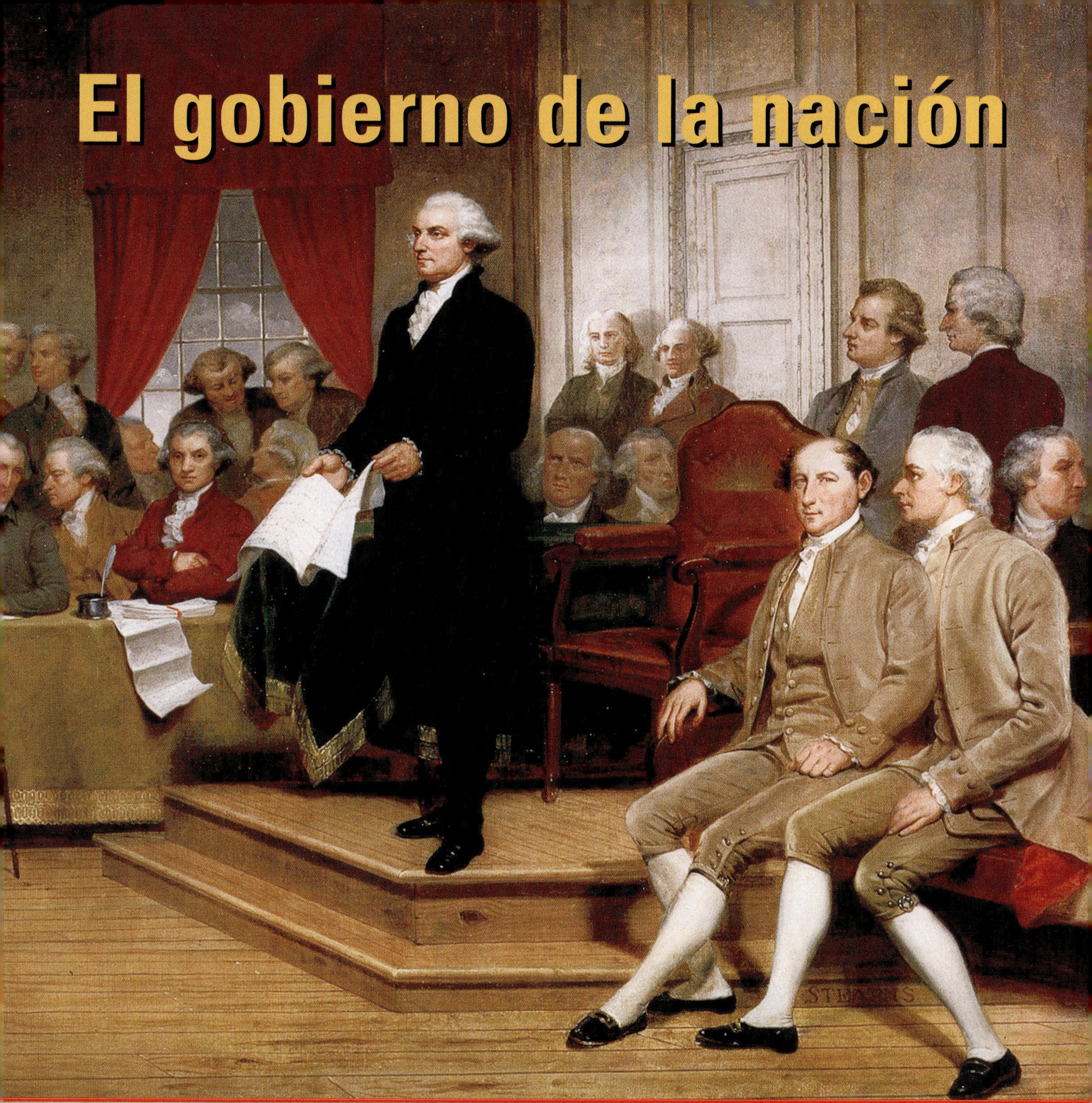

- **1920** La Decimonovena Enmienda otorga a las mujeres el derecho al voto, pág. 462
- **1963** Martin Luther King, Jr., encabeza la Marcha en Washington, D.C., pág. 476

1930 **1980** **PRESENTE**

 1914 Comienza la Primera Guerra Mundial

 1939 Comienza la Segunda Guerra Mundial

 2000 La población de California alcanza los 34 millones de habitantes

Unidad 5 ■ 409

Unidad 5

Personas

James Madison
1751–1836
- Líder de Virginia que colaboró en la organización de la Asamblea Constituyente
- Cuarto presidente de Estados Unidos

Gouverneur Morris
1752–1816
- Representante de Pennsylvania en la Asamblea Constituyente
- Redactó el preámbulo de la Constitución de Estados Unidos

| 1750 | 1800 | 1850 |

- 1751 • James Madison — 1836
- 1752 • Gouverneur Morris — 1816
- 1757? • Alexander Hamilton — 1804
- 1776 • Mary Pickersgill — 1857
- 1779 • Francis Scott Key — 1843

Francis Scott Key
1779–1843
- Trabajó como abogado en Washington, D.C.
- Escribió "La bandera adornada de estrellas" después de la batalla del Fuerte McHenry

Katharine Lee Bates
1859–1929
- Profesora de inglés en Wellesley College
- Escribió el poema "América la hermosa"

Alexander Hamilton
1757?–1804
- Líder de New York que colaboró en la ratificación de la Constitución
- Primer secretario del Tesoro

Mary Pickersgill
1776–1857
- Trabajó como fabricante de banderas en Baltimore
- Cosió la bandera que inspiró "La bandera adornada de estrellas"

1900 — **1950** — **2000**

1859 • Katharine Lee Bates — 1929
1927 • César Chávez — 1993
1929 • Martin Luther King, Jr. — 1968

César Chávez
1927–1993
- Líder del Sindicato de Trabajadores Agrícolas, o *United Farm Workers*
- Encabezó protestas pacíficas para que los trabajadores migratorios obtuvieran mejores condiciones de trabajo

Martin Luther King, Jr.
1929–1968
- Ministro afroamericano que ayudó a dirigir el movimiento por los Derechos Civiles
- Obtuvo el Premio Nobel de la Paz por su trabajo

Unidad 5 ■ 411

Unidad 5: La lectura en los Estudios Sociales

Destreza clave: Sacar conclusiones

Una **conclusión** es una declaración general sobre una idea o un evento. Para llegar a una conclusión usas lo que aprendes mientras lees, junto con lo que ya sabes.

Por qué es importante

Saber sacar conclusiones te ayudará a comprender mejor lo que lees.

Evidencia: Lo que aprendes

Conocimiento: Lo que ya sabes

Conclusión: Una declaración general sobre una idea o un evento

- ✓ Ten en cuenta lo que ya sabes acerca de un tema y los nuevos datos que aprendas.
- ✓ Busca pistas y trata de comprender qué significan.
- ✓ Para sacar una conclusión, combina los nuevos datos con la información que ya conoces.

Practica la destreza

Lee los párrafos. Saca una conclusión para el segundo párrafo.

- Evidencia
- Conocimiento
- Conclusión

En 1776, Thomas Paine publicó un panfleto titulado *Common Sense*. Allí escribió que las personas debían gobernarse a sí mismas. También convocó a una revolución. (Los colonos americanos libraron una revolución contra Gran Bretaña. Thomas Paine ayudó a inspirar esta revolución.)

Las colonias se habían unido para ganar la Guerra de la Independencia. Después de la guerra, muchas personas esperaban que los 13 estados actuaran en conjunto como una nación bajo los Artículos de la Confederación. Pero el gobierno de Estados Unidos era débil y estaba desorganizado.

Aplica lo que aprendiste

 Sacar conclusiones Lee los párrafos y responde las preguntas.

La libertad es solo el comienzo

Los colonos americanos habían luchado duramente para obtener la independencia de Gran Bretaña, pero el joven país aún tenía mucho trabajo por hacer. Bajo los Artículos de la Confederación, el gobierno de Estados Unidos era muy débil. Los americanos, que acababan de combatir para librarse de un gobierno fuerte y poderoso, no querían otro gobierno de esas características.

La mayoría de las personas primero se consideraban ciudadanas de un estado, y después, americanos. Cada estado tenía sus propias leyes, su propio dinero, sus propios soldados y su propia armada. Esto creaba mucha confusión y pronto los estados comenzaron a debatir sobre temas de impuestos, comercio y posesión de la tierra. El desorden era tal que algunos líderes británicos pensaron que los americanos les pedirían que regresaran. Algunos americanos dudaban de que fuera posible ponerse de acuerdo para formar un único país.

La lucha había terminado, pero el trabajo de construir una nación apenas comenzaba. Alguien tenía que hacer que el país se organizara. Algunos líderes importantes como Benjamin Franklin, James Madison y Alexander Hamilton dieron un paso al frente y propusieron un nuevo plan de gobierno para Estados Unidos.

Sacar conclusiones

1. ¿Qué conclusiones puedes sacar sobre Estados Unidos después de la Guerra de la Independencia?

2. ¿Por qué después de la Revolución Americana los estados comenzaron a debatir?

3. ¿Qué conclusiones puedes sacar sobre la forma en que los líderes americanos intentaron organizar Estados Unidos?

Destrezas de estudio

VOCABULARIO

El uso del diccionario te ayudará a aprender el significado de las nuevas palabras que encuentres mientras lees.

▶ **Los diccionarios muestran el significado y origen de las palabras.**

▶ **Puedes usar una tabla para hacer una lista y organizar las palabras desconocidas que buscas en el diccionario.**

> **república** *s.* [del latín *respublica*, cosa pública] **1. a.** gobierno cuyo líder no es un monarca y en el que los ciudadanos eligen líderes y representantes **b.** unidad política, como una nación, con esta forma de gobierno **2.** grupo de personas involucrado libremente en una actividad específica.

Palabra	Sílabas	Origen	Definición
república	re•pú•bli•ca	latín	País que tiene un gobierno central en el que las personas eligen líderes para que las gobiernen.

Aplica la destreza mientras lees

Mientras lees, busca en el diccionario las palabras que no conozcas. Agrégalas a una tabla como la de arriba.

Normas de Historia y Ciencias Sociales de California, Grado 5

5.7 Los estudiantes describen a las personas y los eventos asociados con el desarrollo de la Constitución de Estados Unidos, y analizan la importancia de la Constitución en la fundación de la república americana.

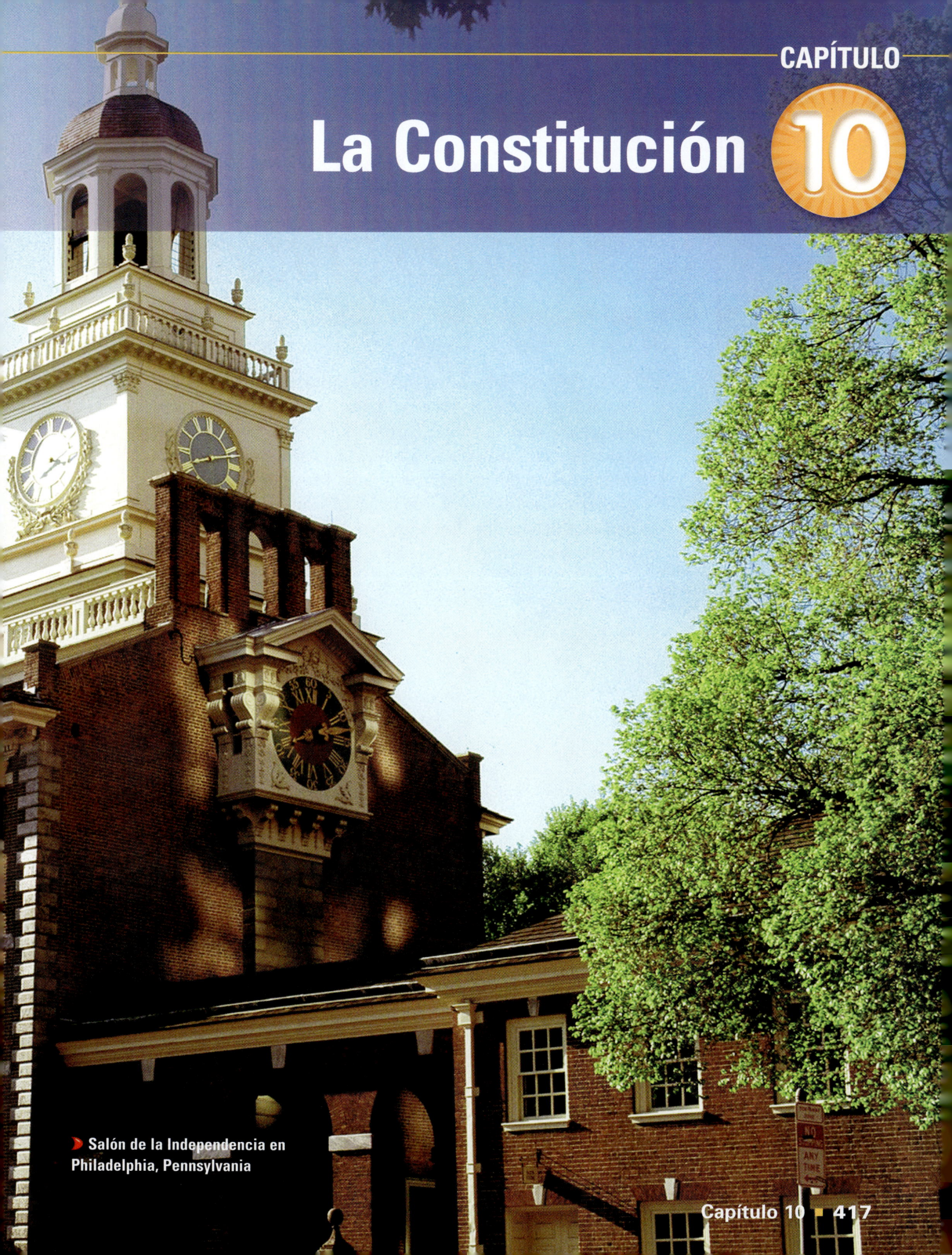

La Constitución

CAPÍTULO 10

> Salón de la Independencia en Philadelphia, Pennsylvania

Comienza con un cuento

Si hubieras estado allí...
cuando firmaron la Constitución

por Elizabeth Levy • ilustrado por Peter Siu

En 1787, 55 delegados de 12 estados se reunieron en Philadelphia, Pennsylvania, para debatir sobre el gobierno nacional del país recién formado, Estados Unidos. Los debates durarían cuatro meses. Los esfuerzos de los delegados ayudaron a crear un plan de gobierno que aún hoy nos guía: la Constitución de Estados Unidos. Lee algunos hechos que ocurrieron durante la Asamblea Constituyente.

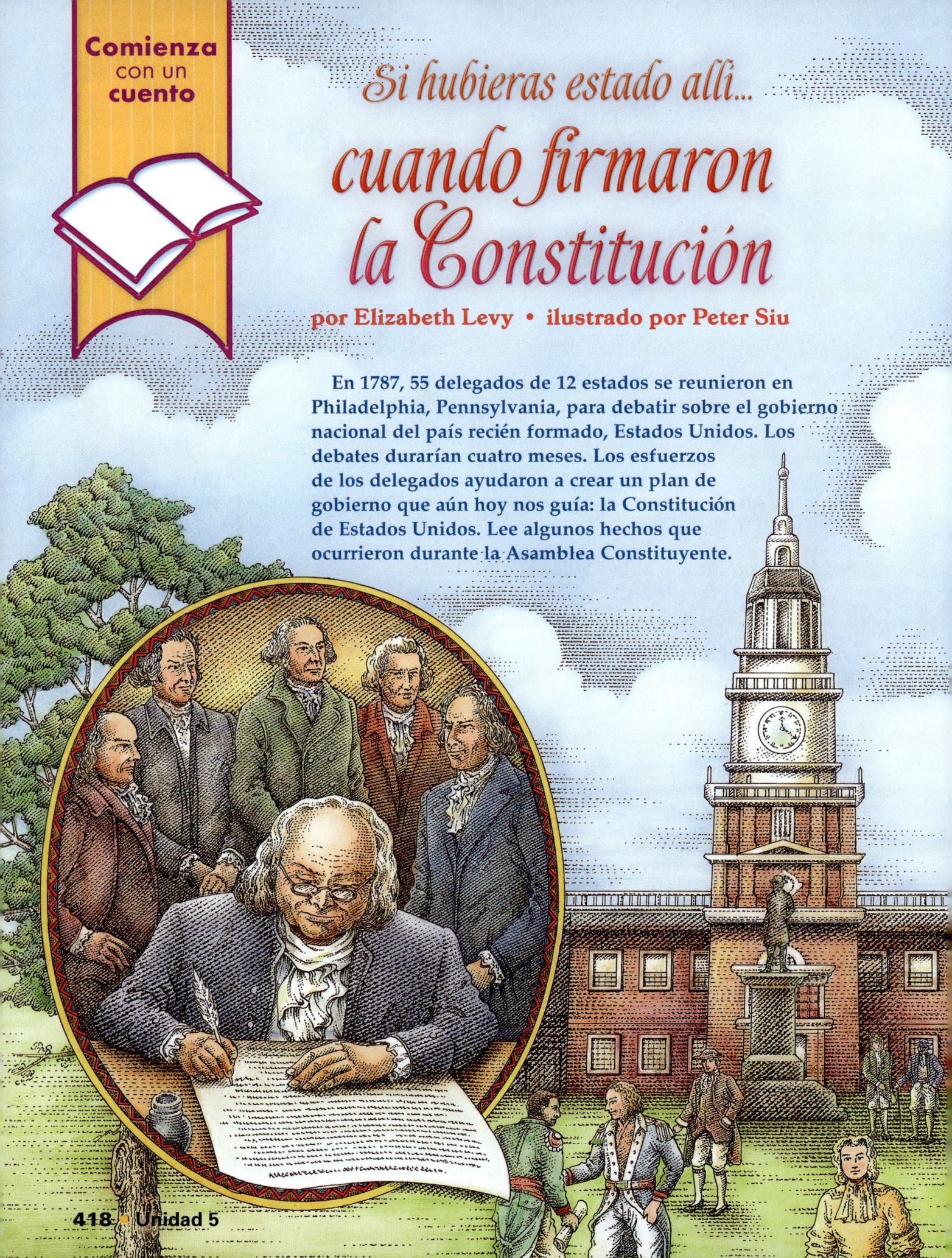

¿Qué es la Constitución?

La Constitución de Estados Unidos es la ley fundamental de nuestra nación. Así como existen reglas para un juego, la Constitución establece reglas para gobernar, y todos los ciudadanos deben participar.

La Constitución establece las reglas acerca de cómo se hacen las leyes y quién las crea. ¿Quién decidirá si vamos a la guerra? ¿Quién tendrá el poder? ¿Tú? ¿Yo? Puedes encontrar estas respuestas en la Constitución.

La Constitución de Estados Unidos fue redactada en 1787… Los hombres que la redactaron querían que su nueva nación perdurara. Sabían lo difícil que era crear un gobierno que se adaptara a los cambios del paso del tiempo. Después de todo, acababan de luchar y ganar una guerra contra un gobierno que se negaba al cambio.

Cuando finalmente comenzó la Asamblea, ¿dónde se reunieron los delegados?

Los delegados se reunieron en la Casa de Gobierno de Pennsylvania o, como ya comenzaban a llamarla, el Salón de la Independencia. En ese lugar, Thomas Jefferson había leído por primera vez la Declaración de Independencia a varios de los mismos hombres que ahora se reunían para redactar la Constitución…

La Asamblea se desarrolló principalmente en la Sala Este, un cómodo salón de cuarenta por cuarenta pies, probablemente dos veces más grande que tu salón de clases, pero más pequeño que un gimnasio. Los delegados se sentaron en grupos de tres o cuatro, en torno a mesas cubiertas de paños verdes.

Cuando visitas el Salón de la Independencia, sientes de inmediato que es un buen lugar para debatir: no es demasiado elegante, pero tiene mucha luz que entra por las ventanas altas.

Responde

1. ¿Qué hace la Constitución?
2. Imagina que estás ayudando a redactar una constitución para tu escuela. Escribe una ley que, en tu opinión, debería formar parte de la constitución de tu escuela. Luego, escribe un párrafo en el que defiendas tu ley.

Lección 1

Tiempos

1780 — **PRESENTE**

- **1781** Se aprueban los Artículos de la Confederación
- **1786** Comienza la Rebelión de Shays
- **1786** Se reúne la Asamblea de Annapolis

REFLEXIONA
¿Cuáles eran los puntos débiles del gobierno central bajo los Artículos de la Confederación?

- ✓ Describe las debilidades de los Artículos de la Confederación.
- ✓ Explica por qué algunos líderes querían cambiar los Artículos de la Confederación.

VOCABULARIO
comercio pág. 422
asamblea pág. 422
arsenal pág. 423

PERSONAS
Daniel Shays
James Madison
Patrick Henry

LUGARES
Annapolis
Philadelphia

SACAR CONCLUSIONES

Normas de California
HSS 5.7, 5.7.1

Los Artículos de la Confederación

IMAGÍNATE ALLÍ

Es 1783 y el Congreso está reunido en Nassau Hall, en New Jersey. Tu padre se encuentra allí, trabajando como delegado. Te ha escrito muchas cartas en las que expresa su alegría por haber conocido al general Washington y por el tratado que puso fin a la guerra. Sin embargo, está preocupado por el futuro de la nueva nación. En su última carta, te contó que el Congreso debe rogar a los estados para que aporten algo de dinero. Te preguntas cómo hará un Congreso tan débil para gobernar el país.

▶ En 1783, Nassau Hall sirvió de capitolio de Estados Unidos durante cinco meses. El Congreso se reunió allí desde julio hasta noviembre.

UBÍCALO
Princeton, NEW JERSEY

420 ▪ Unidad 5

Las debilidades de los Artículos

Para 1781, las 13 antiguas colonias, ahora estados independientes, habían aprobado los Artículos de la Confederación. Bajo los Artículos, los 13 estados formaban una confederación conocida como Estados Unidos de América. Cada estado se gobernaba a sí mismo, pero todos debían trabajar juntos en los asuntos nacionales. Sin embargo, las debilidades, o puntos débiles, de los Artículos impedían al gobierno nacional trabajar con eficacia.

Bajo los Artículos de la Confederación, los delegados de los estados se reunían en un Congreso. Para sancionar una nueva ley era necesaria la aprobación de al menos 9 de los 13 estados. A menudo, sin embargo, las votaciones no podían hacerse porque no había suficientes delegados presentes. Además, rara vez se ponían de acuerdo, ya que ningún estado quería que los otros estados lo controlaran. Si los delegados aprobaban una ley, de todos modos el Congreso no tenía el poder para hacerla cumplir.

Los Artículos limitaban otros poderes del gobierno nacional, o central. Por ejemplo, el Congreso tenía poder para declarar la guerra, hacer tratados y pedir dinero prestado, pero no podía cobrar impuestos. Para cubrir los gastos, por ejemplo las deudas de guerra, el Congreso podía pedir dinero a los estados, pero no podía obligarlos a que se lo dieran. Los Artículos también hacían que el Congreso dependiera de los estados para la defensa de la nación. El Congreso podía pedir la formación de un ejército, pero los estados tenían que proporcionar los soldados.

REPASO DE LA LECTURA SACAR CONCLUSIONES
¿De qué forma los Artículos de la Confederación limitaban el poder del Congreso?

DATOS BREVES

Nassau Hall fue construido para la Universidad de New Jersey, hoy conocida como Universidad de Princeton. George Washington fue a Nassau Hall para el acto de graduación de 1783.

FUENTES PRIMARIAS

La moneda del estado

Analizar objetos del pasado

Durante las décadas de 1770 y 1780, casi todos los estados imprimían su propio dinero. Esto provocaba conflictos porque algunos estados no aceptaban el dinero de los otros estados.

1. Rótulo que muestra que el dinero se imprimía en Massachusetts.
2. Rótulo que muestra cuánto valía el dinero.
3. Ilustración que muestra la salida del sol.
4. Fecha en que fue impreso el billete.
   ¿Por qué crees que los estados ya no emiten su propio dinero?

La Asamblea de Annapolis

Bajo los Artículos de la Confederación, surgieron en los estados problemas con el **comercio**, o intercambio de bienes. Ciertos bienes eran mucho más caros en algunos estados que en otros. Como el gobierno central no podía controlar el comercio entre los estados, los desacuerdos comerciales creaban problemas. En 1786, algunos líderes convocaron a los estados a una **asamblea**, o reunión importante, para debatir sobre el comercio. La asamblea tuvo lugar en **Annapolis**, Maryland, en 1786.

Solo cinco estados enviaron delegados a la Asamblea de Annapolis. Estos estados eran Delaware, New Jersey, New York, Pennsylvania y Virginia. Después de largos debates, los delegados decidieron que era necesario un gobierno nacional más fuerte para supervisar el comercio. Esto implicaba cambiar los Artículos de la Confederación. Pero para cambiar los Artículos, todos los estados debían estar de acuerdo.

Los delegados enviaron un informe a los estados y al Congreso, proponiendo que se realizara otra asamblea en **Philadelphia**, Pennsylvania, en mayo de 1787. En esta asamblea, los representantes de los estados hablarían no solo de comercio sino también de cómo fortalecer los Artículos de la Confederación.

En enero de 1787, los violentos acontecimientos que tuvieron lugar en Massachusetts pusieron en evidencia el poco poder del gobierno central bajo los Artículos de la Confederación. Más líderes comenzaron a pensar que si querían que la joven nación sobreviviera, debían modificar los Artículos.

REPASO DE LA LECTURA 🔥 **SACAR CONCLUSIONES**
¿Cómo podían solucionarse los problemas de comercio?

La Rebelión de Shays

CUÁNDO 1786–1787
DÓNDE Massachusetts

Los problemas económicos durante la década de 1780 dificultaron la vida de muchos. Algunos antiguos soldados aún no habían recibido la paga por su participación en la Guerra de la Independencia. Muchos estadounidenses eran pobres y aun así debían pagar altos impuestos estatales. Para comprar suministros, los agricultores a menudo tenían que pedir dinero prestado y endeudarse.

Las personas que no podían pagar sus deudas o sus impuestos tenían aun más problemas. Las cortes de algunos estados les quitaban sus granjas o amenazaban con enviarlos a prisión. A finales del verano de 1786, los agricultores pobres de Massachusetts organizaron protestas para impedir que las cortes se reunieran. Armados con horquillas y revólveres, los granjeros cerraron las cortes y destruyeron los registros de las deudas.

Estas protestas, se conocieron como la Rebelión de Shays, llamadas así por **Daniel Shays**, un ex capitán del Ejército Continental. En enero de 1787, Shays y sus seguidores amenazaron con tomar el **arsenal**, o lugar donde se guardan armas, del gobierno central de Massachusetts. De acuerdo con los Artículos de la Confederación, no había un ejército nacional para defender la propiedad de Estados Unidos. Como el Congreso no contaba con un ejército para defender el arsenal, el gobernador de Massachusetts tuvo que enviar la milicia del estado para detener a Shays.

Como consecuencia de la Rebelión de Shays, muchos temieron que el gobierno no pudiera detener otras protestas violentas. Esto hizo que muchos líderes comenzaran nuevamente a pensar en formas de fortalecer el gobierno central.

REPASO DE LA LECTURA **SACAR CONCLUSIONES**
¿De qué manera la Rebelión de Shays puso en evidencia la debilidad del gobierno central?

> Durante la Rebelión de Shays, cuatro de sus seguidores murieron en el ataque al arsenal.

Puntos de vista

Los líderes no se ponían de acuerdo sobre cuánto poder debía tener el gobierno nacional.

Richard Henry Lee, miembro del Congreso

"...la Confederación... es un excelente y fundamental sistema de gobierno... no debe aceptarse ningún cambio hasta que se demuestre su necesidad."

—de *The Letters of Richard Henry Lee*, editado por James Curtis Ballagh. Macmillan, 1911–1914.

John Jay, secretario de Asuntos Exteriores

"La ineficacia [debilidad] de nuestro gobierno se hace cada día más evidente. Nuestro tesoro y nuestro crédito están en una situación terrible."

—de *The Correspondence and Public Papers of John Jay*, editado por Henry P. Johnston. DaCapo Press, 1971.

Es tu turno

DESTREZA DE ANÁLISIS Analizar puntos de vista

Resume la opinión de cada persona sobre el gobierno nacional.

Ideas para el cambio

Después de la Rebelión de Shays, algunas personas sostenían que el Congreso debía tener más poder. **James Madison**, uno de los líderes de Virginia, creía que el país necesitaba reemplazar los Artículos de la Confederación. Otros líderes de Estados Unidos, como George Washington y John Adams, estaban de acuerdo con Madison. Querían un gobierno nacional capaz de evitar que el país se dividiera. Washington estaba preocupado porque solo "una soga de arena" mantenía unida a la nación.*

Otros no estaban de acuerdo con instalar un gobierno nacional más fuerte. **Patrick Henry**, de Virginia, era uno de los muchos líderes que quería mantener los Artículos tal como estaban. Henry sostenía que los americanos habían luchado contra los británicos porque no querían que sus vidas fueran controladas por un gobierno poderoso.

Después de la Rebelión de Shays, casi todos los estados aceptaron el pedido de los delegados de la Asamblea de Annapolis. Ese pedido consistía en enviar delegados a una convención en Philadelphia, que se realizaría en la primavera de 1787. Rhode Island fue el único estado que se negó a enviar un delegado. Sus líderes no creían que fuera necesario cambiar los Artículos de la Confederación. Temían que un gobierno nacional fuerte

*George Washington. *The Papers of George Washington*, editado por W.W. Abbot y Dorothy Twohig. University Press of Virginia, 1991.

▶ **John Jay (izquierda) se desempeñó como secretario de Asuntos Exteriores desde 1784 hasta 1790. Luego, se convirtió en el primer presidente de la Corte Suprema de Estados Unidos.**

> Al terminar la Guerra de la Independencia, cada uno de los 13 estados de Estados Unidos tenía al menos un periódico.

pusiera en peligro los derechos de los ciudadanos. Rápidamente, los líderes de ambos bandos comenzaron a exponer sus opiniones sobre este y otros temas políticos en cartas que escribían a los periódicos. Luego, las cartas se publicaban para que todos las leyeran.

REPASO DE LA LECTURA **SACAR CONCLUSIONES** ¿Por qué querían James Madison y otros líderes un gobierno central más fuerte?

Resumen

Bajo los Artículos de la Confederación, el gobierno central de Estados Unidos era débil. Algunos líderes convocaron a una asamblea para reconsiderar esos Artículos. Luego de la Rebelión de Shays, creció el reclamo por un gobierno nacional más fuerte.

REPASO

1. ¿Cuáles eran los puntos débiles del gobierno central bajo los Artículos de la Confederación?

2. Usa el término **comercio** en una oración sobre la Asamblea de Annapolis.

3. ¿Por qué tuvieron que endeudarse muchos agricultores después de la Guerra de la Independencia?

RAZONAMIENTO CRÍTICO

4. **DESTREZA DE ANÁLISIS** De acuerdo con los Artículos de la Confederación, ¿qué sucedía si algún estado no estaba de acuerdo con una ley dictada por el Congreso?

5. **DESTREZA DE ANÁLISIS** ¿Cuáles fueron algunas de las causas y efectos de la Rebelión de Shays?

6. **Escribe una carta** Es el año 1786. Escribe una carta a un periódico en la que apoyes la modificación de los Artículos de la Confederación. Intenta persuadir a los lectores de que los Artículos tienen puntos débiles.

7. **Destreza clave** **SACAR CONCLUSIONES**

En una hoja de papel, copia y completa el organizador gráfico de abajo.

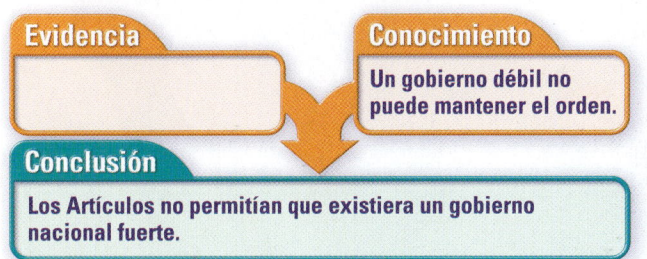

Capítulo 10 ■ 425

Lección 2

1780 — **PRESENTE**

1787 Comienza la Asamblea Constituyente
1787 Se aprueba el Gran Acuerdo

REFLEXIONA
¿Cómo se desarrolló un nuevo plan de gobierno en la Asamblea Constituyente?

✓ Describe cómo la Constitución estableció un nuevo plan de gobierno.

✓ Haz una lista de las contribuciones de aquellos que ayudaron a redactar la Constitución.

✓ Explica la importancia del Gran Acuerdo.

VOCABULARIO
sistema federal pág. 428
república pág. 429
acuerdo pág. 431
proyecto de ley pág. 431

PERSONAS
George Washington
Benjamin Franklin
James Madison
Edmund Randolph
William Paterson
Gouverneur Morris

LUGARES
Philadelphia

SACAR CONCLUSIONES

Normas de California
HSS 5.7, 5.7.2, 5.7.3

La Asamblea Constituyente

IMAGÍNATE ALLÍ Es el año 1787. La ciudad de **Philadelphia** te ha contratado para esparcir tierra sobre la calle Chestnut, frente a la Casa de Gobierno de Pennsylvania. Varios se detienen y te preguntan por qué cubres los adoquines con tierra. Les explicas que hay una reunión en la Casa de Gobierno para corregir los Artículos de la Confederación. Los delegados, que han llegado hasta aquí desde varios estados, necesitan silencio para trabajar. La tierra atenuará el ruido de los cascos de los caballos y permitirá a los delegados concentrarse en su trabajo.

▶ Benjamin Franklin llega a la Casa de Gobierno de Pennsylvania.

Analizar mapas El mapa y la tabla de arriba muestran las rutas y los tiempos de viaje hasta la Asamblea Constituyente.

◆ **Ubicación** ¿Cuántas millas hay aproximadamente de Pittsburgh, Pennsylvania a Philadelphia?

Los delegados

Los delegados a la Asamblea Constituyente comenzaron a reunirse en mayo de 1787. Uno de los primeros en llegar fue **George Washington**, de Virginia, quien fue recibido como un héroe por su desempeño en la Guerra de la Independencia. Los delegados lo elegirían presidente de la asamblea.

Con una altura de 5 pies, 4 pulgadas y 100 libras de peso, **James Madison**, otro delegado de Virginia, no atrajo mucho la atención. Madison era tímido y sosegado, y prefería estar rodeado de libros que de personas. Aun así, los aportes de Madison harían que se le apodara el Padre de la Constitución.

La entrada de **Benjamin Franklin**, de Pennsylvania, fue una de las más pintorescas.

Como no podía caminar ni viajar en carruaje por el pésimo estado de las calles, Franklin, de 81 años, llegó en una silla de manos china, cargada por prisioneros de la cárcel de Philadelphia.

En total, llegaron 55 delegados de 12 estados a la asamblea en la Casa de Gobierno de Pennsylvania. Los delegados, ricos y educados, eran en su mayoría abogados, hacendados y comerciantes. Todos los delegados eran hombres y todos eran blancos. En la asamblea, no había ni mujeres ni personas esclavas. En ese entonces, no todas las personas tenían los mismos derechos.

REPASO DE LA LECTURA ◎**SACAR CONCLUSIONES**
¿Por qué eligieron los delegados a Washington como presidente de la asamblea?

Comienza el trabajo

Desde el principio, los delegados acordaron mantener sus conversaciones en secreto. Creían que si hablaban libremente en privado estarían en mejor posición para tomar buenas decisiones. Las ventanas de la Casa de Gobierno se cerraron y los guardias se pararon frente a las puertas.

La Asamblea Constituyente, como se llamaría a la reunión en Philadelphia, comenzó el viernes 25 de mayo. Primero, los delegados presentaron ideas sobre cómo mejorar los Artículos de la Confederación. Pero rápidamente tomaron una decisión sorprendente.

Era necesario redactar un plan de gobierno completamente nuevo, es decir, una nueva constitución. Para lograrlo, los delegados trabajaron arduamente durante cuatro meses.

Uno de los temas debatidos en la asamblea era la relación entre los estados y el gobierno nacional. Algunos delegados pensaban que debía existir un gobierno nacional fuerte. Otros creían que los estados debían tener más poder que el gobierno nacional.

Solo unos pocos delegados estaban de acuerdo con George Read de Delaware, que sostenía que los estados debían ser eliminados por completo. Incluso aquellos que querían un gobierno nacional fuerte pensaban que acabar con los estados era una medida demasiado drástica.

En cambio, los delegados acordaron fortalecer el **sistema federal** existente, en el que el poder para gobernar era compartido por el gobierno nacional y los gobiernos de los estados. Los estados conservarían algunos

GEOGRAFÍA

Philadelphia

El mapa de calles de abajo muestra Philadelphia a fines del siglo XVIII. Busca la Casa de Gobierno, donde tuvo lugar la Asamblea Constituyente. Esta zona de Philadelphia era una de las partes más concurridas de la ciudad. Durante la semana, los ciudadanos hacían compras en un mercado público al aire libre y los niños asistían a la escuela local de los cuáqueros. En los fines de semana, muchos ciudadanos asistían a misa en alguna de las numerosas iglesias de la ciudad.

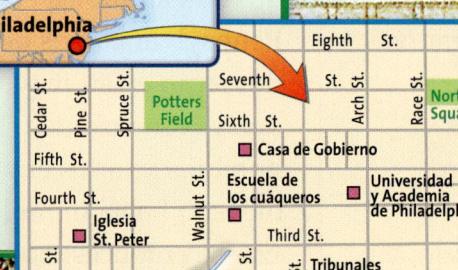

poderes y compartirían otros con el gobierno federal, o nacional.

El gobierno federal tendría autoridad sobre los asuntos que afectaban a toda la nación, como el comercio y la defensa. Para mantener el poder sobre sus propios asuntos, los estados establecerían gobiernos estatales y locales, crearían las leyes del estado y celebrarían también elecciones estatales y locales.

Tanto el gobierno de los estados como el federal tendrían sus propios sistemas judiciales y recaudarían dinero mediante impuestos a los ciudadanos. Pero los estados no podrían emitir dinero ni formar ejércitos o armadas. En casos de ataque por parte de otro país o estado, el gobierno federal debería defender a los estados.

Los delegados establecieron este sistema federal de manera tal que las nuevas reglas del gobierno constituyeran la "ley suprema de la nación". Llamaron Constitución de Estados Unidos de América a estas nuevas reglas.

La Constitución ayudó a fundar la república americana, porque establecía que los votantes podrían participar tanto en las elecciones estatales como en las nacionales. En una **república**, las personas eligen representantes para que lideren el gobierno. De esta forma, la Constitución garantizaría una forma republicana de gobierno tanto para los estados como para la nación.

REPASO DE LA LECTURA **RESUMIR**
¿Cómo se comparte el poder en un sistema federal?

Debate y acuerdo

Durante la asamblea, a menudo los delegados no lograban ponerse de acuerdo. Uno de los mayores desacuerdos era acerca de la forma en que cada estado debía estar representado en el Congreso.

Edmund Randolph y los demás delegados de Virginia propusieron un plan para el Congreso llamado Plan de Virginia. Según este plan, el Congreso tendría dos partes, o cámaras. El número de representantes que cada estado tendría en esas cámaras estaría basado en su población. Los estados con más habitantes tendrían más representantes y más votos en el Congreso. Este plan favorecería a los estados más grandes, como Virginia, Massachusetts y Pennsylvania, que tenían más habitantes.

"¡No es justo!", gritaban los delegados de los estados pequeños. **William Paterson**, de New Jersey, acusó al Plan de Virginia de "atacar la existencia de los estados más pequeños".* Este plan habría dado el control del Congreso a los estados más grandes.

Paterson propuso un plan diferente, llamado Plan de New Jersey. De acuerdo con este plan, el nuevo Congreso tendría una sola cámara, en la que cada estado estaría representado de la misma manera. Este plan daría a los estados pequeños la misma cantidad de representantes que a los estados más grandes.

Los delegados debatieron durante semanas sobre cómo los estados debían estar represen-

*William Paterson, 9 de junio de 1787, en la Asamblea Constituyente, de las notas tomadas por James Madison. *The Records of the Federal Convention of 1787*, editado por Max Farrand. Yale University Press, 1937.

Analizar ilustraciones Esta pintura de la Asamblea Constituyente no fue pintada durante la Asamblea, sino 80 años después.

1. Benjamin Franklin
2. Alexander Hamilton
3. James Madison
4. Roger Sherman
5. George Read
6. George Washington

¿Por qué crees que George Washington está sentado en el estrado?

tados en el Congreso. Finalmente, se dieron cuenta de que para llegar a una solución era necesario que cada parte renunciara un poco a lo que quería. En otras palabras, los delegados debían llegar a un **acuerdo**. Los delegados decidieron crear un comité para elaborar ese acuerdo.

En una reunión del comité, Roger Sherman de Connecticut presentó un nuevo plan llamado Acuerdo de Connecticut. El plan se basaba en la idea de un Congreso con dos cámaras. En una cámara, la representación sería proporcional a la población de cada estado, como proponía el Plan de Virginia. En la otra cámara, cada estado estaría representado de la misma manera, como proponía el Plan de New Jersey. Ambas cámaras podrían presentar un **proyecto de ley**, o una nueva propuesta de ley. Pero era necesaria la aprobación de ambas cámaras para que un proyecto se convirtiera en ley.

Los miembros del comité que representaban a los estados grandes pensaban que el acuerdo les daba demasiado poder a los estados pequeños. Para evitar esto, el comité agregó otra idea. Solo la cámara en la que la representación estaba basada en la cantidad de población podría proponer proyectos de ley relacionados con los impuestos.

El comité presentó el Gran Acuerdo, como se le llamó, a la Asamblea. Aunque los delegados continuaron debatiendo, muchos querían asegurarse de que tendrían un nuevo plan de gobierno. El 16 de julio de 1787 aprobaron el Gran Acuerdo.

REPASO DE LA LECTURA ★**SACAR CONCLUSIONES**
¿Por qué fue importante para la Asamblea Constituyente el Gran Acuerdo?

La Asamblea Constituyente

▶ Esta obra muestra a una mujer afroamericana trabajando. Antes de que terminara la esclavitud, los afroamericanos no podían votar, ocupar cargos públicos ni tener propiedades.

Acuerdos sobre la esclavitud

De acuerdo con el plan de Roger Sherman, la población de cada estado influiría en su representación en el Congreso. Esto llamó la atención sobre una cuestión importante que preocupaba a los habitantes de la joven nación, la esclavitud. Los delegados de los estados del norte y del sur debatían acerca de si debía tenerse en cuenta a los esclavos afroamericanos cuando se contabilizara a la población.

Los estados del sur tenían muchos más esclavos que los estados del norte, por lo que los delegados de estos estados querían que, cuando se calculara la población, los esclavos fueran tenidos en cuenta. De esta manera, los estados del sur contarían más habitantes y tendrían más representantes en el Congreso.

Los delegados de los estados del norte no querían que se contara a los esclavos a la hora de definir la representación. Después de todo, sostenían estos delegados, a los esclavos no se les permitía votar y tampoco tenían ninguno de los otros derechos de ciudadanía. Además, algunos delegados querían que se acabara totalmente con la esclavitud.

Los delegados finalmente acordaron contar tres quintos del número total de esclavos de

> En la Asamblea Constituyente, Gouverneur Morris sobresalió por sus críticas a la esclavitud.

cada estado. El Acuerdo de los Tres Quintos fue adjuntado al Gran Acuerdo. Luego de resolver el tema de la representación, los delegados estaban más cerca de formar un nuevo gobierno.

Una vez resuelto este tema, algunos delegados seguían manifestándose en contra de la esclavitud. **Gouverneur Morris** de Pennsylvania se refirió a la esclavitud como "una maldición del cielo para los estados en los que prevalece [existe]".* Otros delegados temían que si la Constitución impedía que los estados importaran esclavos, los estados del sur no la aprobarían. Los delegados acordaron que el Congreso no podía terminar con el comercio de esclavos antes de 1808.

REPASO DE LA LECTURA ⚫ **SACAR CONCLUSIONES**
¿Qué asunto se resolvió cuando los delegados aceptaron el Gran Acuerdo y el Acuerdo de los Tres Quintos?

*Gouverneur Morris. *Original Meanings: Politics and Ideas in the Making of the Constitution* por Jack N. Rakove. Knopf, 1996.

Resumen

En lugar de enmendar los Artículos de la Confederación, los delegados de la Asamblea Constituyente decidieron redactar una nueva Constitución. El Gran Acuerdo resolvió los conflictos sobre la representación en el gobierno.

REPASO

1. ¿Cómo se desarrolló un nuevo plan de gobierno en la Asamblea Constituyente?

2. Explica cómo se relacionan los términos **sistema federal** y **república**.

3. ¿Quiénes fueron algunas de las personas que participaron en el desarrollo de la Constitución de Estados Unidos?

RAZONAMIENTO CRÍTICO

4. ¿Cómo intentaron los redactores de la Constitución solucionar los problemas que existían bajo los Artículos de la Confederación?

5. **Escribe una carta** Imagina que eres un delegado. Escribe una carta a tu familia en la que expliques cómo la voluntad de llegar a un acuerdo jugó un papel importante en la Asamblea Constituyente.

6. **SACAR CONCLUSIONES**

   En una hoja de papel, copia y completa el organizador gráfico de abajo.

Capítulo 10 ■ 433

Lección 3
Los tres poderes del gobierno

REFLEXIONA
¿Qué tareas desempeña cada uno de los tres poderes del gobierno?

✓ Explica el propósito de la Constitución según lo establecido en el preámbulo.

✓ Compara las tareas y funciones de los tres poderes del gobierno.

VOCABULARIO
principio pág. 435
poder legislativo pág. 436
separación de poderes pág. 436
poder ejecutivo pág. 437
colegio electoral pág. 437
vetar pág. 437
juicio político pág. 437
poder judicial pág. 438
magistrado pág. 438
enmienda pág. 439

PERSONAS
Gouverneur Morris

LUGARES
Philadelphia

SACAR CONCLUSIONES

Normas de California
HSS 5.7, 5.7.2, 5.7.3, 5.7.4

IMAGÍNATE ALLÍ

"¡Vendo fresas frescas!" grita tu padre a las personas que pasan cerca del carro de frutas. Es el verano de 1787 y en **Philadelphia** hace calor y está bochornoso. "Asegúrate de que esas fresas se vean ordenadas, querido", dice tu padre.

Suspiras y comienzas a ordenar las cajas de fresas. Después de un momento, ves a un hombre bien vestido al costado del carro. Compra unas fresas y cuando comienza a alejarse adviertes que tiene una pierna de madera. "¿Quién es?", preguntas. "**Gouverneur Morris**, una de las mentes más brillantes de nuestro país".

▶ Los delegados a la Asamblea Constituyente pasaron muchas horas debatiendo y redactando la Constitución.

Patrimonio cultural

Los Archivos Nacionales

La Declaración de Independencia y la Constitución de Estados Unidos son parte importante del patrimonio de nuestra nación. Ambos documentos se encuentran en el edificio de Archivos Nacionales, *National Archives Building*, en Washington, D.C. Este edificio fue creado en 1934 y allí se conservan los documentos más valiosos del gobierno de Estados Unidos. Por razones de seguridad, la Constitución y la Declaración de Independencia son exhibidas en cajas herméticas.

El preámbulo

Los delegados a la Asamblea Constituyente redactaron la nueva Constitución muy cuidadosamente. Gouverneur Morris fue quien redactó la versión final. Pasó muchas horas escribiendo cada oración una y otra vez. En el preámbulo, o introducción, a la Constitución, Morris comienza con estas palabras:

> "Nosotros, el pueblo de Estados Unidos..."*

Al principio, Morris había escrito "Nosotros, el pueblo de los estados de New Hampshire, Massachusetts ...",** enumerando así todos los estados. Sin embargo, cambió las palabras para mostrar que la Constitución haría que los americanos fueran, en primer lugar, ciudadanos de la nación, y en segundo lugar, de los estados.

Las palabras usadas en el preámbulo también relacionan la Constitución con una de las ideas de la Declaración de Independencia. La Declaración establecía que el poder de un gobierno proviene de los ciudadanos a los que gobierna.

El preámbulo continúa explicando que el propósito de la Constitución es crear una forma de gobierno más justa. Este gobierno estaría basado en **principios**, o reglas. Uno de esos principios es la importancia de la libertad individual. La Constitución está diseñada para proteger esta libertad.

Otros principios de la Constitución son la justicia y la paz. Además, se espera que el gobierno nacional defienda al país y trabaje para el bien de la nación.

REPASO DE LA LECTURA   **SACAR CONCLUSIONES**
¿Por qué menciona el preámbulo de la Constitución la libertad individual?

*la Constitución de Estados Unidos
**Gouverneur Morris. *The Debate on the Constitution* por Bernard Bailyn. Library of America, 1993.

El poder legislativo

En el Artículo I, la Constitución describe el **poder legislativo**, o el poder encargado de crear leyes, del nuevo gobierno.

El Congreso podría crear leyes, formar un ejército y una armada, declarar la guerra y acuñar e imprimir dinero. También controlaría el comercio.

Bajo los Artículos de la Confederación, el Congreso era el único poder del gobierno nacional. De acuerdo con la Constitución, habría tres poderes que compartirían las diferentes tareas. Los delegados crearon esta **separación de poderes** para evitar que uno de los poderes controlara el gobierno.

El Congreso se dividió en dos cámaras: la Cámara de Representantes y el Senado. Ambas cámaras podrían elaborar proyectos de ley. Para que un proyecto de ley se convirtiera en ley, tendría que ser aprobado en cada cámara por la mayoría de los miembros.

Los miembros de la Cámara de Representantes serían elegidos directamente por los ciudadanos. Los senadores serían elegidos por las legislaturas estatales. Actualmente, los ciudadanos eligen directamente a los miembros de las dos cámaras del Congreso.

La cantidad de miembros que cada estado enviara a la Cámara de Representantes dependería de la cantidad de habitantes de dicho estado. Actualmente, el número total de miembros de la Cámara de Representantes está limitado a 435. Ese número se divide entre los estados, de acuerdo con su población. En el Senado, cada estado tiene dos senadores.

En el Artículo I, los delegados delinearon también otras reglas, que aún están vigentes, para el Congreso. Por ejemplo, los miembros de la Cámara de Representantes son elegidos por períodos de dos años, mientras que los miembros del Senado se desempeñan en su cargo por períodos que duran seis años.

REPASO DE LA LECTURA RESUMIR
¿Cuáles son las tareas más importantes del Congreso?

Míralo en detalle

Washington, D.C.

Hoy en día, las calles de Washington, D.C. reflejan el plan original trazado por Pierre Charles L'Enfant.

1. Monumento a la Segunda Guerra Mundial
2. Monumento a Jefferson
3. Monumento a Washington
4. Casa Blanca
5. Museo Nacional de Historia de Estados Unidos
6. Museo Nacional de Historia Natural
7. Galería Nacional de Arte
8. Museo Nacional de los Indios Americanos
9. Edificio del Capitolio
10. Edificio de la Corte Suprema

¿Por qué crees que hay tantos monumentos en una ciudad?

El poder ejecutivo

En el Artículo II, la Constitución establece que el **poder ejecutivo** es el responsable de poner en práctica las leyes aprobadas por el Congreso. Algunos delegados creían que una persona debía ser el líder, o jefe, del poder ejecutivo. Otros temían que un solo mandatario se pareciera demasiado a un monarca.

Finalmente, los delegados decidieron establecer un único jefe del poder ejecutivo, llamado presidente. Los ciudadanos elegirían electores que a su vez elegirían al presidente. A este grupo de electores se le llama **colegio electoral**.

Para ser elegido presidente, una persona debe tener al menos 35 años y haber nacido en Estados Unidos. Además, debe haber vivido en Estados Unidos por lo menos durante 14 años. El presidente es elegido por un período de 4 años.

Una vez más, los delegados se encargaron de mantener la separación de poderes. Decidieron que el presidente podría **vetar**, o rechazar, los proyectos de ley aprobados por el Congreso. Sin embargo, el Congreso podría anular el veto del presidente si contaba con el voto de una mayoría de dos tercios.

Los delegados también convirtieron al presidente en comandante en jefe de las fuerzas armadas de Estados Unidos. Sin embargo, la tarea principal del presidente era "cuidar que las leyes se ejecutaran fielmente".* Si el presidente no cumplía con sus deberes, el Congreso podría iniciarle un **juicio político**, o acusarlo de delitos. En caso de ser declarado culpable, podría ser destituido de su cargo.

REPASO DE LA LECTURA SACAR CONCLUSIONES
¿Por qué se encargaron los delegados de mantener la separación de poderes?

*La Constitución de Estados Unidos

El poder judicial

Según el Artículo III de la Constitución, el poder judicial debe decidir si las leyes se están aplicando de manera justa. El **poder judicial** está formado por un sistema de tribunales.

Aunque los estados ya tenían sus propios tribunales, o cortes, los delegados estaban de acuerdo en crear también un sistema federal de tribunales. Estos tribunales decidirían en casos relacionados con la Constitución, los tratados y las leyes nacionales. También decidirían en casos entre estados y entre ciudadanos de diferentes estados.

Los delegados no organizaron el poder judicial de la misma forma que los otros poderes. La mayor parte de las decisiones de los delegados se refería al tribunal máximo de Estados Unidos, al que llamaron Corte Suprema. La Corte Suprema encabezaría el poder judicial. Los demás tribunales serían creados a medida que fuera necesario.

Los delegados decidieron que el presidente sería el encargado de postular a los **magistrados**, o jueces, de la Corte Suprema. Luego, el Senado votaría por la aprobación de estos magistrados. Los delegados decidieron que los magistrados de la Corte Suprema desempeñarían sus cargos de por vida. De este modo, los magistrados podrían tomar decisiones sin temor a perder sus cargos. Al principio, la Corte Suprema estaba compuesta por seis magistrados. Actualmente está compuesta por nueve.

La Corte Suprema puede revocar cualquier ley que vaya en contra de la Constitución.

▶ La Corte Suprema, el máximo tribunal de justicia de Estados Unidos, funciona en este edificio desde 1935.

> Esta estatua, que representa la autoridad de la ley, se encuentra en la entrada de la Corte Suprema.

La única manera que tiene el Congreso de restaurar una ley revocada por la Corte Suprema es cambiando la Constitución.

Los delegados se dieron cuenta de que a medida que el país creciera, sería necesario cambiar la Constitución. Una de las tareas de los delegados fue acordar la forma de hacer **enmiendas**, o cambios, a la Constitución.

El primer paso para enmendar la Constitución requiere de dos tercios de los votos de las dos cámaras del Congreso o de dos tercios de los votos de todas las legislaturas estatales. Luego, tres cuartos de los estados deben aprobar la enmienda. El sistema está pensado para que los representantes dispongan del tiempo necesario para estudiar una enmienda.

REPASO DE LA LECTURA **SACAR CONCLUSIONES**
¿Cómo limita la Corte Suprema el poder del Congreso?

Resumen

La Constitución divide el poder entre los tres poderes del gobierno: el legislativo, el ejecutivo y el judicial.

REPASO

1. ¿Qué tareas desempeña cada uno de los tres poderes del gobierno?

2. Usa los términos **poder legislativo**, **poder ejecutivo** y **poder judicial** para explicar la **separación de poderes**.

3. ¿Qué poderes tienen los ciudadanos para elegir al presidente y a los miembros del Congreso?

4. ¿Cómo puede el Congreso restaurar una ley que ha sido revocada por la Corte Suprema?

RAZONAMIENTO CRÍTICO

5. ¿Crees que actualmente la Constitución es importante para proteger nuestra libertad?

6. **Escribe una narración** Imagina que estás visitando la capital de la nación. Escribe una narración en la que describas los tres poderes del gobierno y cómo cumplen con los principios de la Constitución.

7. **SACAR CONCLUSIONES**
En una hoja de papel, completa el organizador gráfico de abajo.

Capítulo 10 ■ 439

Destrezas con tablas y gráficas

Leer un organigrama

▶ POR QUÉ ES IMPORTANTE

¿Alguna vez has leído algo que te haya resultado difícil de comprender? A veces, la información se comprende mejor cuando se presenta de otra manera, por ejemplo, en un organigrama. Un **organigrama** es un dibujo que muestra el orden en que ocurren las cosas. En este tipo de dibujo se usan flechas para ayudarte a interpretar los pasos en el orden correcto.

▶ LO QUE NECESITAS SABER

Para ayudarte a leer el organigrama, puedes seguir los siguientes pasos.

Paso 1 Lee el título y pregúntate qué es lo que sabes sobre ese tema.

Paso 2 Determina la dirección de la información.

Paso 3 Lee los pasos en el orden que se indica.

Paso 4 Repasa lo que has aprendido.

▶ PRACTICA LA DESTREZA

Observa el organigrama de la página 441. Usa lo que sabes sobre cómo leer un organigrama para responder estas preguntas.

1. ¿Qué ocurre después de que la Cámara de Representantes y el Senado aprueban un proyecto de ley?
2. ¿Qué sucede si el presidente firma un proyecto de ley?
3. ¿Adónde se dirige el proyecto de ley si el presidente lo ha vetado?
4. ¿Cómo puede convertirse en ley un proyecto de ley si el presidente lo ha vetado?

▶ APLICA LO QUE APRENDISTE

Aplícalo Con un compañero, haz un organigrama que explique el funcionamiento de algo. Escribe cada paso en una tira de papel. Una vez que hayas terminado, pega cada paso, en orden, en una hoja de cartulina. Luego, une las tiras con flechas. Pon un título a tu organigrama, decóralo y preséntalo a tus compañeros.

▶ A menudo, el Congreso y el presidente deben trabajar juntos en la creación de leyes.

Cómo se convierte en ley un proyecto de ley

Un miembro de la Cámara de Representantes o del Senado puede presentar un proyecto de ley. Pero solo un miembro de la Cámara de Representantes puede presentar un proyecto de ley sobre impuestos.

COMITÉS

Los comités analizan el proyecto de ley.

La Cámara de Representantes y el Senado votan para aprobar el proyecto de ley.

Se envía el proyecto de ley al presidente.

FIRMA

Si el presidente firma el proyecto de ley, este se convierte en ley.

VETO

Si el presidente veta el proyecto de ley, este vuelve al Congreso.

Si el proyecto de ley obtiene una mayoría de dos tercios de los votos en la Cámara de Representantes y en el Senado, se convierte en ley.

Lección 4

Tiempos

1780 — PRESENTE

- **1787** Se termina la redacción de la Constitución de Estados Unidos
- **1788** Se ratifica la Constitución
- **1791** Se agrega la Declaración de Derechos a la Constitución

La aprobación y la Declaración de Derechos

REFLEXIONA
¿Qué es la Declaración de Derechos y por qué fue agregada a la Constitución?

✓ Describe la lucha por aprobar la Constitución.

✓ Explica los derechos fundamentales que garantiza la Declaración de Derechos.

✓ Describe cómo se desarrolló el gobierno de Estados Unidos.

VOCABULARIO
ratificar pág. 443
federalistas pág. 444
antifederalistas pág. 444
proceso legal debido pág. 445
poderes reservados pág. 445
gabinete pág. 446
partido político pág. 446

PERSONAS
John Adams
Alexander Hamilton
Thomas Jefferson
Benjamin Banneker

LUGARES
Washington, D.C.

SACAR CONCLUSIONES

Normas de California
HSS 5.7, 5.7.2, 5.7.3

IMAGÍNATE ALLÍ

Es septiembre de 1787 y eres un aprendiz de carpintería que vive en Philadelphia. En los dos últimos meses has oído que en la Casa de Gobierno está teniendo lugar una reunión muy importante. Hoy es tu día libre, así que has decidido caminar hasta el centro con la ilusión de enterarte de las noticias.

Cuando llegas, ves a Benjamin Franklin salir de la Casa de Gobierno. Se ve cansado pero feliz. "¿Cuáles son las buenas nuevas, Sr. Franklin?", preguntas, mientras él sube a su silla de manos. "Finalmente hemos terminado", dice él, haciendo adiós con la mano.

▶ Los delegados a la Asamblea sabían que la lucha por ratificar la Constitución no sería fácil.

La lucha por la ratificación

El 17 de septiembre de 1787, el trabajo de la Constitución estaba terminado. Aún había treinta y nueve delegados presentes en la Asamblea y todos, excepto Elbridge Gerry, George Mason y Edmund Randolph, firmaron la Constitución. Estos tres delegados no estaban de acuerdo con algunas partes del documento final y por ese motivo decidieron no firmarlo.

Mientras los delegados firmaban el documento, Benjamin Franklin hablaba sobre la confianza que tenía en el futuro de la nación. Durante la asamblea, Franklin había mirado frecuentemente la silla ocupada por George Washington. En su alto respaldo había un sol tallado. Franklin no podía determinar si el sol estaba saliendo o se estaba ocultando. Ahora, exclamó: "Me alegra saber que se trata de un sol que nace y no de un sol que se pone".*

*Benjamin Franklin. *Miracle at Philadelphia* por Catherine Drinker Bowen. Little, Brown, 1966.

La Constitución aún no se había convertido en la ley fundamental de la nación. De acuerdo con el Artículo VII, por lo menos 9 de los 13 estados debían **ratificar**, o aprobar, la Constitución para que esta fuera oficial. Los votantes de cada estado eligieron delegados para una asamblea estatal. Estos delegados votarían a favor o en contra de la Constitución.

En las asambleas estatales, los debates se reanudaron. Muchos delegados estatales querían que la Constitución limitara el poder del gobierno federal y protegiera los derechos fundamentales de las personas. Algunos delegados afirmaban que, para aprobar la Constitución, preferían que a esta se le agregara una declaración, o lista, de derechos. Los que apoyaban la Constitución les prometieron que se agregaría una declaración de derechos cuando la Constitución fuera ratificada.

REPASO DE LA LECTURA SACAR CONCLUSIONES
¿Cuál era el objetivo de agregar una declaración de derechos a la Constitución?

DATOS BREVES

La Constitución de Estados Unidos es la constitución nacional escrita más antigua. También es la más corta.

El voto por la aprobación

Delaware fue el primer estado en convocar a una votación por la Constitución. En diciembre de 1787, todos los delegados del estado de Delaware votaron para ratificar la Constitución. Más tarde, en ese mismo mes, los delegados de Pennsylvania y New Jersey hicieron lo mismo. En enero de 1788, los delegados de Georgia y Connecticut también votaron por la ratificación.

Los partidarios y los oponentes de la nueva Constitución trataron de conseguir el apoyo de los ocho estados que aún no habían votado. Se llamó **federalistas** a los ciudadanos que estaban a favor de la Constitución. A aquellos que no estaban de acuerdo con los federalistas se les llamó **antifederalistas**.

Como la Constitución todavía no incluía una declaración de derechos, los antifederalistas temían que el gobierno nacional tuviera demasiado poder. Sin embargo, la promesa de una declaración de derechos hizo que muchas personas cambiaran de parecer.

En febrero de 1788, Massachusetts ratificó la Constitución. En la primavera, Maryland y South Carolina hicieron lo mismo. Luego, el 21 de junio de 1788, New Hampshire se convirtió en el noveno estado en ratificar la Constitución. Ese era el número de estados necesario para que la Constitución pudiera entrar en vigencia. Cuatro días después, Virginia ratificó la Constitución, y lo mismo hizo New York en julio. Para la primavera de 1789, el nuevo gobierno ya estaba trabajando. Más tarde, ese mismo año, North Carolina aprobó la Constitución. Rhode Island dio su aprobación en 1790.

REPASO DE LA LECTURA ● **SACAR CONCLUSIONES**
¿Por qué crees que algunos antifederalistas cambiaron su opinión con respecto a la Constitución?

Votación para la ratificación de la Constitución

ESTADO	FECHA	VOTOS A FAVOR	VOTOS EN CONTRA
Delaware	7 de dic., 1787	30	0
Pennsylvania	12 de dic., 1787	46	23
New Jersey	18 de dic., 1787	30	0
Georgia	2 de ene., 1788	26	0
Connecticut	9 de ene., 1788	128	40
Massachusetts	26 de feb., 1788	187	168
Maryland	28 de abr., 1788	63	11
South Carolina	23 de mayo, 1788	149	73
New Hampshire	21 de junio, 1788	57	47
Virginia	25 de junio, 1788	89	79
New York	26 de julio, 1788	30	27
North Carolina	21 de nov., 1788	194	77
Rhode Island	29 de mayo, 1790	34	32

Analizar tablas Alexander Hamilton (abajo) se esforzó por convencer a los demás de la necesidad de un gobierno federal fuerte. La ratificación de la Constitución hizo que un gobierno así fuera posible.

❓ ¿En qué estado la votación estuvo más cerca de un empate?

Los periódicos imprimieron la Declaración de Derechos para que los ciudadanos pudieran leerla.

La Declaración de Derechos

Tal como lo habían prometido, poco después de ratificar la Constitución, los estados agregaron diez enmiendas para proteger los derechos de los ciudadanos. Estas diez enmiendas, llamadas Declaración de Derechos, pasaron a formar parte de la Constitución en 1791.

La Primera Enmienda otorga a las personas el derecho a elegir libremente su religión, o a no elegir ninguna. Además, establece que el gobierno no puede promover ni otorgar apoyo financiero a ninguna religión. La Primera Enmienda también protege la libertad de expresión, la libertad de prensa y el derecho de los ciudadanos a congregarse, o reunirse.

La Segunda Enmienda protege el derecho de los ciudadanos a portar armas. La Tercera Enmienda establece que el gobierno no puede forzar a los ciudadanos a albergar soldados en tiempos de paz. La Cuarta Enmienda protege a los ciudadanos de inspecciones injustificadas en sus hogares. Las enmiendas Quinta, Sexta, Séptima y Octava se ocupan del **proceso legal debido**, es decir, del derecho a recibir un juicio público justo y con jurado. Ningún ciudadano se verá obligado a testificar en su contra ante un tribunal y todos los ciudadanos tienen derecho a tener un abogado que los defienda. Si son encarcelados, no pueden ser sometidos a ningún castigo cruel.

La Novena Enmienda establece que los ciudadanos tienen muchos otros derechos que no se detallan en la Constitución. La Décima Enmienda señala que el gobierno nacional solo puede hacer las cosas mencionadas en la Constitución. Esto significa que toda autoridad no mencionada en la Constitución pertenece a los estados o a los ciudadanos. A esta autoridad se le llama **poderes reservados**.

REPASO DE LA LECTURA ⭐ **SACAR CONCLUSIONES**
¿Por qué es importante la Primera Enmienda?

El nuevo gobierno

En 1789, George Washington fue elegido primer presidente de la nación. **John Adams** fue el primer vicepresidente. Trabajando conjuntamente con el Congreso, Washington creó un Departamento de Estado, un Departamento del Tesoro y un Departamento de Guerra. Los jefes de estos departamentos junto con otras personas formaron lo que se llamó el <mark>gabinete</mark>. Los miembros del gabinete aconsejan al presidente.

Dos miembros del gabinete de Washington comenzaron a debatir sobre qué era lo mejor para Estados Unidos. **Alexander Hamilton** quería un gobierno central más fuerte. **Thomas Jefferson** quería exactamente lo contrario. Este desacuerdo derivó en el nacimiento de los partidos políticos. Un <mark>partido político</mark> es un grupo que busca que sus líderes sean elegidos para la función pública. Se supone que esos líderes apoyarán las políticas del partido al que pertenecen.

Los seguidores de Hamilton formaron el partido Federalista. Los seguidores de Jefferson formaron el partido Demócrata-Republicano y fueron también conocidos como los republicanos de Jefferson.

En el Congreso, los miembros de ambos partidos acordaron la creación de una capital nacional sobre el río Potomac. George Washington eligió la ubicación de la ciudad que llevaría su nombre. **Benjamin Banneker**, un afroamericano libre, ayudó al arquitecto Pierre Charles L´Enfant a diseñar la capital de la nación. En 1800, el gobierno federal se trasladó de Philadelphia a **Washington, D.C.**

George Washington se desempeñó como presidente durante dos períodos de cuatro años cada uno. Muchos ciudadanos querían que gobernara un tercer período, pero Washington se negó porque creía que un presidente no debía mantener el poder de por vida. Su decisión serviría de ejemplo a los futuros presidentes.

▶ Benjamin Banneker colaboró en la agrimensura del terreno donde se construyó la capital, conocido como Distrito de Columbia (D.C.).

En las elecciones de 1796, el partido Federalista encabezado por Alexander Hamilton apoyó la candidatura de John Adams a la presidencia. Por su parte, el partido Demócrata-Republicano apoyó a Thomas Jefferson. Cuando se contaron los votos, Adams resultó ganador.

El 4 de marzo de 1797, John Adams se convirtió en el segundo presidente de Estados Unidos. El día que prestó juramento fue muy importante en la historia de la nación. Fue la primera vez que Estados Unidos cambiaba de líderes mediante una elección pacífica.

REPASO DE LA LECTURA **SACAR CONCLUSIONES**
¿Por qué crees que el presidente necesitaba un gabinete?

Resumen

Después de una larga lucha, la nueva Constitución fue ratificada en 1788. En 1789, George Washington se convirtió en el primer presidente del nuevo gobierno. La Declaración de Derechos fue agregada en 1791.

▶ John Adams fue el primer presidente en vivir en lo que hoy es la Casa Blanca.

REPASO

1. ¿Qué es la Declaración de Derechos y por qué fue agregada a la Constitución?
2. Explica el significado del término **ratificar**.
3. ¿Qué derechos garantiza la Declaración de Derechos?
4. ¿Cuál es el rol de los miembros del gabinete?

RAZONAMIENTO CRÍTICO

5. **DESTREZA DE ANÁLISIS** ¿Por qué crees que algunos delegados estaban intranquilos al firmar la Constitución sin una declaración de derechos?
6. **DESTREZA DE ANÁLISIS** ¿Cómo apoya la Declaración de Derechos la idea de la libertad individual?

7. **Haz un cartel** Diseña un cartel que celebre la Declaración de Derechos. Haz una lista de algunas de las enmiendas e ilustra tu cartel con imágenes de las libertades de las que disfrutas.

8. **SACAR CONCLUSIONES**

En una hoja de papel, copia y completa el organizador gráfico de abajo.

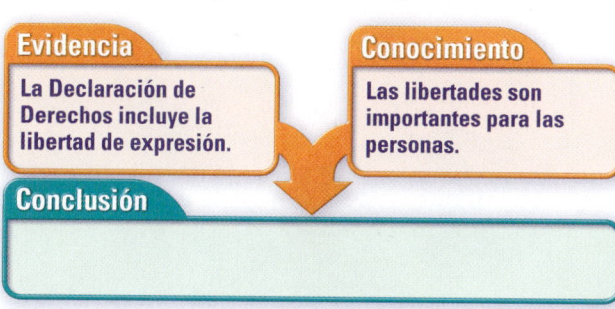

Capítulo 10 ■ 447

Puntos de vista

La Constitución de Estados Unidos

Los delegados a la Asamblea Constituyente crearon un nuevo plan de gobierno. Los americanos tenían opiniones diferentes sobre la forma en que este plan afectaría los gobiernos estatales y sus libertades individuales. Estos son algunos puntos de vista que reflejan estas diferentes ideas sobre la nueva Constitución.

En sus propias palabras

JOHN ADAMS

John Adams, un líder de Massachusetts, escribe sobre la Constitución

"El resultado de un acuerdo no siempre ha de ser todo lo bueno que cada parte desea; aun así, espero que [la Constitución] sea adoptada por todos los estados."
—de *History of the United States of America,* por George Bancroft. Appleton, 1912.

George Mason, un líder de Virginia, habla sobre la Constitución

"... jamás ha existido un gobierno de un país tan extenso [grande] que no haya destruido las libertades de sus habitantes… ¿Existe alguna excepción a esta regla?"

—de "George Mason Fears for the Rights of People" en *The Debate on the Constitution*, por Bernard Bailyn. Library of America, 1993.

GEORGE MASON

George Washington, un líder de Virginia, escribe sobre la Constitución

"Creo sinceramente que es lo mejor que podemos obtener en este momento… su adopción [de la Constitución]… en mi opinión, es aconsejable."

—de una carta a Patrick Henry en *History of the United States of America*, por George Bancroft. Appleton, 1912.

GEORGE WASHINGTON

Mercy Otis Warren, una escritora de Massachusetts escribe sobre la Constitución

"Allí [en la Constitución] no hay garantías con respecto a la libertad de conciencia o a los derechos de libertad de prensa."

—de *An Additional Number of Letters from the Federal Farmer to the Republican*, por Richard Henry Lee. Quadrangle Books, 1962.

MERCY OTIS WARREN

Es tu turno

DESTREZA DE ANÁLISIS **Analizar puntos de vista** Trabaja con un compañero para resumir el punto de vista de cada persona. Decide qué personas apoyaban la Constitución y qué personas se oponían a ella.

Aplícalo Explica si hubieras apoyado o no la Constitución cuando fue redactada por primera vez.

Capítulo 10 449

Repaso del Capítulo 10

Tiempos

- **1780**
- **1781** Se aprueban los Artículos de la Confederación
- **1787** Comienza la Asamblea Constituyente

La lectura en los Estudios Sociales

Cuando **sacas conclusiones**, combinas lo que lees con lo que ya sabes para comprender ideas que no han sido expuestas.

 ### Sacar conclusiones

Completa este organizador gráfico para demostrar que puedes sacar una conclusión sobre la Asamblea Constituyente. Una copia de este organizador gráfico aparece en la página 110 del cuaderno de Tarea y práctica.

La Asamblea Constituyente

Evidencia
Las discusiones de la Asamblea Constituyente se mantenían en secreto.

Conocimiento

Conclusión
Los delegados a la Asamblea Constituyente no querían que otros influyeran en sus decisiones.

 ## Pautas de redacción de California

Escribe una carta persuasiva Imagina que vives en 1788 y ya has leído la Constitución. Escribe una carta a los delegados de tu estado que deben decidir si la aceptan o la rechazan. Diles qué crees que deben hacer y por qué.

Escribe un reporte Elige a uno de los delegados que asistieron a la Asamblea Constituyente. Luego escribe un reporte, usando datos y detalles, sobre el papel desempeñado por ese delegado.

1790	1800
 **1788** Se ratifica la Constitución	 **1791** Se agrega la Declaración de Derechos a la Constitución

Usa el vocabulario

Identifica el término que corresponda a cada definición.

comercio, pág. 422
república, pág. 429
juicio político, pág. 437
enmienda, pág. 439
ratificar, pág. 443

1. acusar de delitos a un presidente
2. intercambio de bienes
3. un gobierno formado por representantes elegidos por los ciudadanos
4. un cambio hecho a la Constitución
5. aprobar

Usa la línea cronológica

DESTREZA DE ANÁLISIS Usa la línea cronológica del capítulo, que aparece arriba, para responder estas preguntas.

6. ¿En qué año se ratificó la Constitución?
7. ¿Cuántos años después de la ratificación de la Constitución se agregó la Declaración de Derechos?

Aplica las destrezas

Leer un organigrama

Usa el organigrama de la página 441 para ayudarte a responder estas preguntas.

8. ¿Dónde se presenta un proyecto de ley?
9. ¿Qué ocurre antes de que la Cámara de Representantes y el Senado voten para aprobar un proyecto de ley?

Recuerda los datos

Responde estas preguntas.

10. Bajo los Artículos de la Confederación, ¿cómo se aprobaban las leyes nacionales?
11. ¿Qué poder del gobierno federal tenía un conflicto que fue resuelto gracias al Gran Acuerdo?
12. ¿Qué poder del gobierno nacional tiene la tarea de hacer cumplir las leyes?

Escribe la letra que corresponda a la respuesta correcta.

13. ¿Quién escribió el preámbulo de la Constitución?
    A George Washington
    B Benjamin Franklin
    C James Madison
    D Gouverneur Morris

14. ¿Cuál de estos derechos protege la Primera Enmienda?
    A el derecho a portar armas
    B el derecho a un juicio con jurado
    C el derecho a la privacidad
    D el derecho a la libre expresión

Piensa críticamente

15. **DESTREZA DE ANÁLISIS** Menciona una fuente primaria y una secundaria que podrías usar si quisieras aprender más sobre la Constitución.

16. **DESTREZA DE ANÁLISIS** ¿Qué hizo que los líderes quisieran reemplazar los Artículos de la Confederación?

Capítulo 10 ■ 451

Destrezas de estudio

OJEAR E IDENTIFICAR

Ojear e identificar son herramientas que te ayudan a captar rápidamente las ideas principales de una lección.

- **Para ojear**, lee rápidamente el título de la lección y los títulos de las secciones. Observa los elementos visuales, o imágenes, y lee las leyendas. Usa esta información para identificar los temas principales.
- **Para identificar**, busca rápidamente en el texto detalles específicos, como palabras clave o datos.

Ojear	Identificar
Título de la lección: Una democracia constitucional	**Palabras clave y datos:**
Idea principal: La Constitución organiza el gobierno y protege los derechos de los ciudadanos.	• La Constitución protege los derechos de los ciudadanos.
Títulos de las secciones: Facultades y límites, Los poderes trabajan juntos	• Los tres poderes del gobierno comparten el poder.
Elementos visuales: Ilustración del día de las elecciones, diagrama de equilibrio de poderes.	•

Aplica la destreza mientras lees

Antes de leer cada lección, ojea el texto para identificar las ideas principales. Luego busca palabras clave. Si tienes alguna pregunta sobre algún tema, lee rápidamente el texto para encontrar las respuestas.

 **Normas de Historia y Ciencias Sociales de California, Grado 5**

5.7 Los estudiantes describen a las personas y los eventos asociados con el desarrollo de la Constitución de Estados Unidos, y analizan la importancia de la Constitución en la fundación de la república americana.

CAPÍTULO 11

La república americana

Edificio del Capitolio de Estados Unidos, en Washington, D.C.

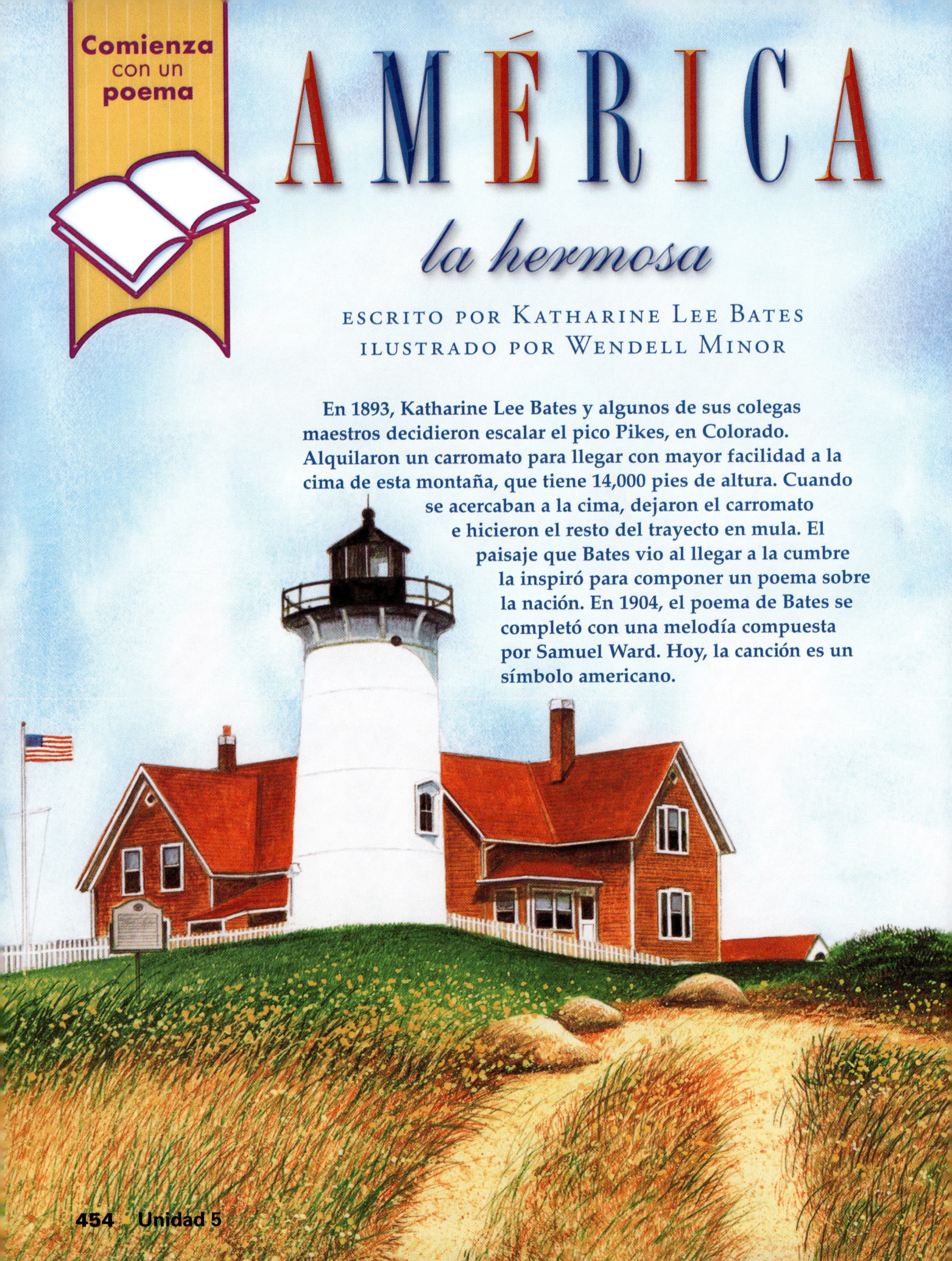

Comienza con un poema

AMÉRICA
la hermosa

ESCRITO POR KATHARINE LEE BATES
ILUSTRADO POR WENDELL MINOR

En 1893, Katharine Lee Bates y algunos de sus colegas maestros decidieron escalar el pico Pikes, en Colorado. Alquilaron un carromato para llegar con mayor facilidad a la cima de esta montaña, que tiene 14,000 pies de altura. Cuando se acercaban a la cima, dejaron el carromato e hicieron el resto del trayecto en mula. El paisaje que Bates vio al llegar a la cumbre la inspiró para componer un poema sobre la nación. En 1904, el poema de Bates se completó con una melodía compuesta por Samuel Ward. Hoy, la canción es un símbolo americano.

¡Oh, hermosa por tu ancho cielo,
por tus ondulados campos de dorado trigo,
por tus majestuosas montañas púrpuras
sobre las fértiles llanuras!
¡América! ¡América!
¡Dios puso Su gracia en ti
y coronó a tu pueblo con fraternidad
¡de uno a otro mar!

¡Oh, hermosa por los pasos peregrinos
que con apasionada firmeza
abrieron caminos en tierras indómitas
al compás de la libertad!
¡América! ¡América!
¡Que Dios repare todas tus fallas,
que dé paz a tu alma,
y justicia en libertad!

¡Oh, hermosa por tus héroes
que en su lucha por la libertad,
amaron al país más que a sí mismos,
y valoraron la humanidad más que la vida!
¡América! ¡América!
¡Que Dios refine tu oro,
hasta que la prosperidad sea nobleza
y para todos sea tu providencia!

¡Oh, hermosa por tu sueño patriota,
que más allá del tiempo adivina
el brillo de tus ciudades de alabastro
sin que ninguna lágrima lo empañe!
¡América! ¡América!
¡Dios puso Su gracia en ti
y coronó a tu pueblo con fraternidad
¡de uno a otro mar!

Responde

1. ¿Cómo refleja el poema lo que la autora siente por América?

2. Usando el poema de Bates como modelo, escribe un poema con tus ideas sobre América. Presenta tu poema al resto de la clase.

Lección 1

Tiempos

1780 — PRESENTE

- **1920** Se aprueba la Decimonovena Enmienda
- **1971** Se aprueba la Vigésimo sexta Enmienda

REFLEXIONA
¿De qué manera la Constitución, que otorga facultades al gobierno y a la vez lo controla, ayuda a proteger los derechos de los ciudadanos?

- Identifica los principios de una democracia constitucional.
- Aprende cómo la autoridad de un gobierno democrático proviene del pueblo.
- Compara las facultades otorgadas a los ciudadanos con las facultades de los tres poderes de los gobiernos federal y estatales.

VOCABULARIO
democracia pág. 458
equilibrio de poderes pág. 459

SACAR CONCLUSIONES

Normas de California
HSS 5.7, 5.7.3, 5.7.4

Una democracia constitucional

IMAGÍNATE ALLÍ

Es el año 1789. Estás entusiasmado porque mañana irás al pueblo con tu padre, que votará en las primeras elecciones constitucionales. Tu padre te cuenta que se siente orgulloso de ser parte de una democracia constitucional. En una **democracia**, el pueblo gobierna y es libre de tomar decisiones sobre su vida y su gobierno.

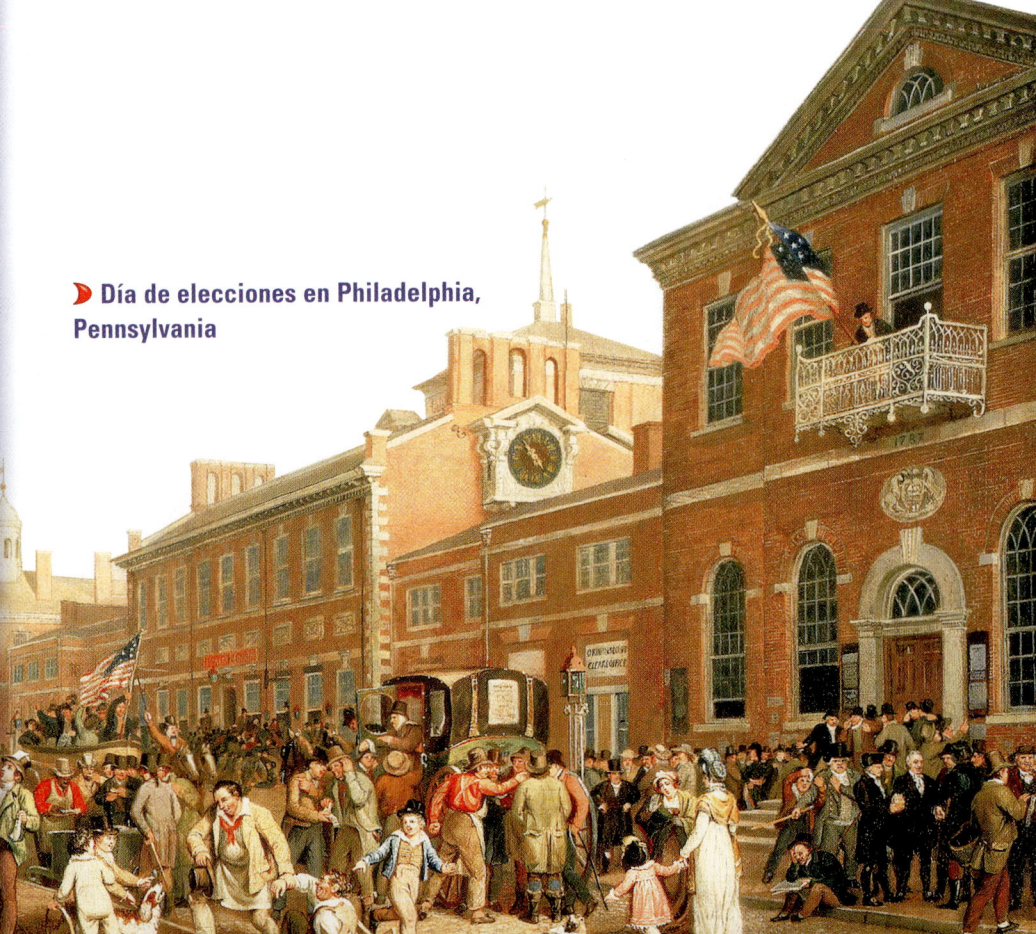

▶ Día de elecciones en Philadelphia, Pennsylvania

458 ▪ Unidad 5

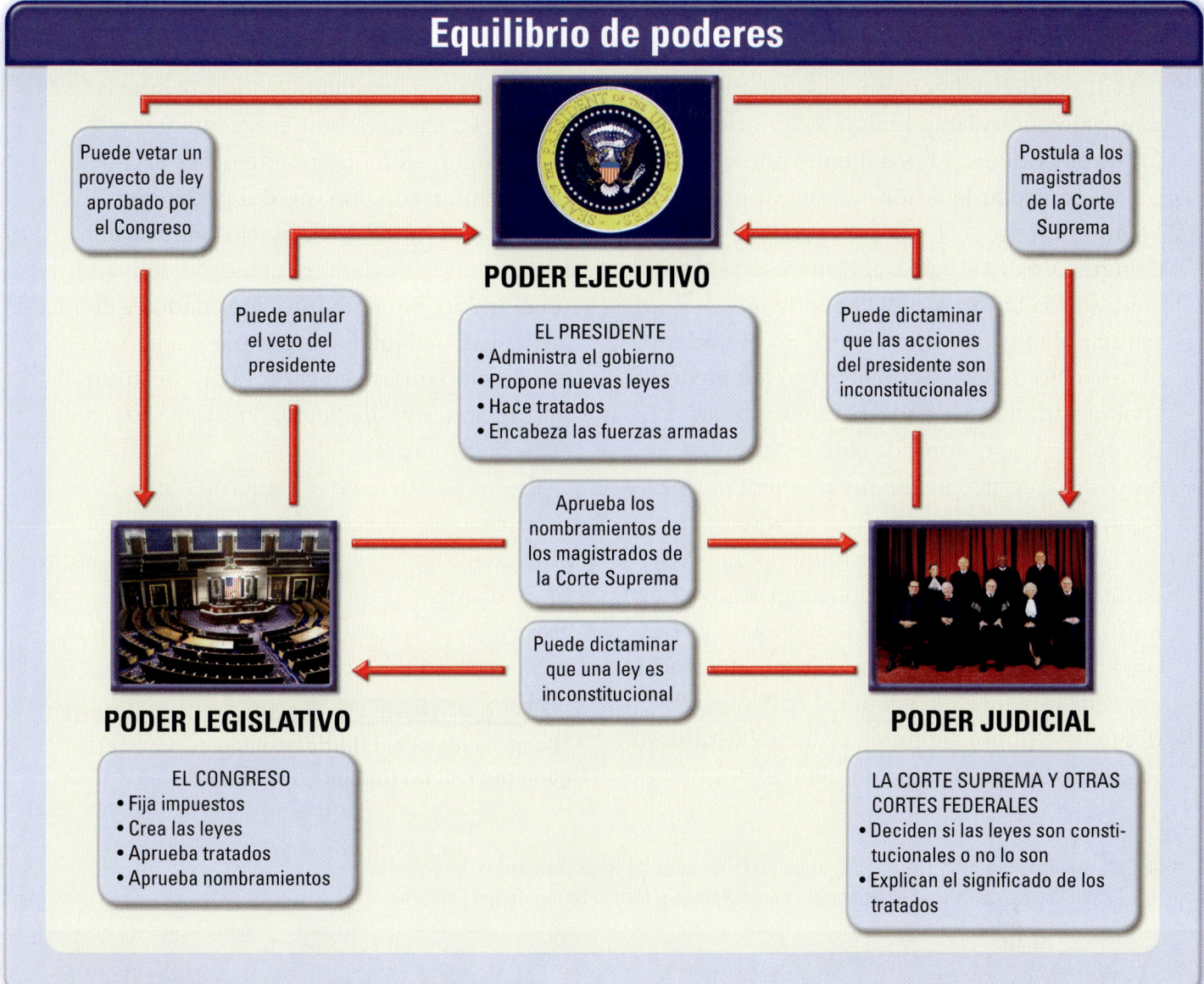

Analizar diagramas

¿Cómo puede controlar el presidente la autoridad del Congreso?

Autoridad compartida

La Constitución debía otorgar al gobierno federal la autoridad suficiente para que gobernara la nación. Al mismo tiempo, los estados y los ciudadanos debían ser protegidos de esa autoridad.

Los controles, o límites, a las facultades del gobierno federal están establecidos en la Constitución. La Constitución describe en detalle cómo los tres poderes del gobierno federal comparten la autoridad.

La Constitución otorga diferentes facultades a los tres poderes, de tal forma que cada poder pueda controlar a los demás. Este sistema de **equilibrio de poderes** impide que un poder haga uso incorrecto de su autoridad. El sistema se desarrolló con la esperanza de que la nación formara "una unión más perfecta".*

REPASO DE LA LECTURA ⭐ **SACAR CONCLUSIONES**
¿De qué manera la Constitución otorga facultades al gobierno federal, y a la vez lo controla?

*La Constitución de Estados Unidos

Capítulo 11 ■ 459

Equilibrio de poderes

Cada poder del gobierno dispone de formas para controlar, o limitar, la autoridad de los otros poderes. El presidente, por ejemplo, puede controlar la autoridad del Congreso vetando un proyecto de ley aprobado por el Congreso. Por su parte, el Congreso puede controlar la autoridad del presidente votando para anular, o cancelar, el veto. Si esto ocurre, el proyecto de ley se convierte en ley incluso si el presidente se opone. Si en el Senado la votación de un proyecto de ley termina empatada, el vicepresidente puede votar para definirla.

Otro ejemplo de equilibrio de poderes es la forma en que se eligen los magistrados de la Corte Suprema. El presidente postula, o propone, a los magistrados. Luego, el Senado aprueba o rechaza la propuesta del presidente. El Congreso también puede destituir a los magistrados si cometen delitos.

La Constitución describe la forma en que un funcionario del gobierno puede ser sometido a juicio por traición, soborno y otros delitos. La Cámara de Representantes es el único organismo que puede hacer un juicio político a un funcionario del poder ejecutivo o del poder judicial. Un juicio político tiene lugar cuando la Cámara acusa de delito a un funcionario. Sin embargo, el Senado es el que lleva a cabo el juicio y vota para destituir a ese funcionario de su cargo. Para destituir a un funcionario, dos tercios del Senado deben estar de acuerdo.

Los tres poderes del gobierno a menudo deben trabajar en conjunto para ejercer su autoridad. Los tres poderes deben colaborar a fin de usar su autoridad en forma eficaz para crear leyes y tratados, usar la fuerza militar y proteger las libertades individuales.

REPASO DE LA LECTURA SACAR CONCLUSIONES
¿Cómo ayuda el equilibrio de poderes a que el gobierno federal trabaje en conjunto?

> Este cuadro muestra el antiguo recinto de la Cámara de Representantes, que se usó desde 1807 hasta 1857. Hoy es conocida como *Statuary Hall*, o Salón de las Estatuas.

Sistema federal de gobierno

FACULTADES DEL GOBIERNO NACIONAL
- Controlar el comercio entre los estados y con otros países
- Crear y mantener un ejército y una armada
- Imprimir y acuñar dinero
- Admitir nuevos estados
- Declarar la guerra y establecer la paz
- Crear leyes de inmigración y ciudadanía
- Realizar un censo, o conteo de la población

FACULTADES COMPARTIDAS
- Recaudar impuestos
- Establecer un sistema de tribunales
- Establecer bancos
- Solicitar préstamos de dinero
- Crear leyes para garantizar la salud pública y el bienestar social

FACULTADES DE LOS GOBIERNOS ESTATALES
- Establecer escuelas públicas
- Establecer gobiernos locales
- Llevar a cabo elecciones
- Controlar el comercio dentro del estado
- Crear leyes de matrimonio y divorcio
- Establecer los requisitos para votar

Analizar tablas

¿Por qué crees que los gobiernos estatales necesitan tener el poder para establecer gobiernos locales?

Facultades del estado

Los redactores de la Constitución preservaron cuidadosamente la autoridad de los estados. La Décima Enmienda, que se ocupa de esta cuestión, afirma que las facultades que la Constitución no ha otorgado claramente al gobierno federal o negado a los estados pertenecen a los estados o a los ciudadanos. Por ejemplo, los gobiernos de los estados pueden construir y administrar autopistas y parques estatales. También tienen a su cargo supervisar las escuelas públicas, los colegios universitarios y las universidades estatales. Al igual que el gobierno federal, los gobiernos estatales ofrecen muchos servicios y ayudan a solucionar los problemas de los ciudadanos.

La Constitución limita la forma en que las facultades del gobierno federal afectan a los estados. Por ejemplo, el Congreso no puede favorecer a un estado por sobre otro en acuerdos comerciales o recaudación de impuestos. El Congreso tampoco puede aplicar impuestos a los bienes que se trasladan de un estado a otro.

La Constitución también detalla qué facultades no tienen los estados. Por ejemplo, los estados no pueden imprimir dinero, formar ejércitos o hacer tratados con otros países. Tampoco pueden hacer acuerdos con otros estados sin la aprobación del Congreso.

REPASO DE LA LECTURA SACAR CONCLUSIONES
¿Por qué incluye la Constitución una protección general de los derechos de los estados?

Derechos de los ciudadanos

La democracia constitucional estadounidense se basa en el principio de la libertad individual y en la idea de que la autoridad del gobierno emana, o proviene, del pueblo. Los votantes eligen a sus propios representantes y líderes. Si los votantes no están conformes con determinadas leyes que han sido aprobadas, pueden elegir funcionarios que intenten cambiar esas leyes.

Para dar a los ciudadanos un mayor control sobre sus líderes, se agregaron varias enmiendas a la Constitución. Por ejemplo, originalmente las legislaturas de los estados elegían a los senadores. En 1913 se adoptó la Decimoséptima Enmienda para comprometer más a los senadores con los ciudadanos a los que representan. Esta enmienda permite que los votantes de cada estado elijan de forma directa a sus propios senadores.

Además, los ciudadanos pueden regular al gobierno limitando la cantidad de tiempo que los funcionarios públicos permanecen en sus cargos. La Vigésimo segunda Enmienda establece que un presidente no puede ocupar su cargo durante más de dos períodos completos.

El voto es una de las formas en que los ciudadanos pueden ejercer control sobre su gobierno. Al principio, no todos gozaban de este derecho. Las mujeres no tenían derecho a votar en las elecciones nacionales hasta que se adoptó la Decimonovena Enmienda, en 1920. En 1971, la Vigésimo sexta Enmienda modificó la edad mínima para votar de 21 a 18 años. Estos cambios buscaban asegurar que la democracia constitucional representara mejor a los ciudadanos.

La Declaración de Derechos era importante para proteger a los ciudadanos de un exceso

▶ En 1920 fue ratificada la Decimonovena Enmienda, que otorgó a las mujeres americanas el derecho a votar en las elecciones nacionales.

de autoridad por parte del gobierno. Sin embargo, la Constitución también estableció que el gobierno federal tiene la responsabilidad de proteger al pueblo. A través de impuestos sobre los bienes, el Congreso tiene la facultad de recaudar dinero para defender Estados Unidos y proveer servicios a sus ciudadanos. De esta forma, la Constitución asegura que el gobierno tenga los recursos necesarios para servir a sus ciudadanos.

REPASO DE LA LECTURA SACAR CONCLUSIONES
¿Cómo pueden participar los ciudadanos en nuestra democracia constitucional?

Resumen

En nuestra democracia constitucional, la autoridad para gobernar proviene del pueblo. La Constitución distingue entre las facultades del gobierno federal y de los gobiernos estatales. El gobierno federal funciona bajo el sistema de equilibrio de poderes. En este sistema, los poderes legislativo, ejecutivo y judicial comparten la autoridad.

▶ Esta estatua que representa la libertad se encuentra encima del edificio del Capitolio en Washington, D.C.

REPASO

1. ¿De qué manera la Constitución, que otorga facultades al gobierno y a la vez lo controla, ayuda a proteger los derechos de los ciudadanos?

2. Usa el término **equilibrio de poderes** para explicar cómo la Constitución impide que los poderes del gobierno federal acumulen demasiada autoridad.

3. ¿Cómo previene la Constitución que el Congreso favorezca a un estado por sobre otro?

RAZONAMIENTO CRÍTICO

4. **DESTREZA DE ANÁLISIS** ¿De qué manera la Decimonovena Enmienda contribuyó a expandir la democracia?

5. **Crea una tabla** Haz una lista de al menos tres facultades otorgadas al gobierno federal, a los estados y a los ciudadanos. Explica cómo la Constitución otorga facultades a cada grupo, y a la vez los limita.

6. **SACAR CONCLUSIONES**
En una hoja de papel, copia y completa el organizador gráfico de abajo.

Capítulo 11 ■ 463

Destrezas con mapas y globos terráqueos

Leer un mapa de población

POR QUÉ ES IMPORTANTE

En 1790 se llevó a cabo el primer censo. El censo contó el número de habitantes de Estados Unidos y mostró en qué lugares vivían. La densidad de población del mapa de la página 465 muestra los resultados del primer censo. La **densidad de población** es el promedio de personas que viven en un área de determinado tamaño, que por lo general es de una milla o un kilómetro cuadrado. Saber cómo leer mapas de densidad de población te ayudará a comprender la información sobre población.

LO QUE NECESITAS SABER

Para aprender a leer un mapa de densidad de población, puedes seguir estos pasos.

Paso 1 Lee el título del mapa. Piensa qué sabes sobre la población de ese lugar en esa época.

▶ Una jarra que muestra la población de los estados de acuerdo con el primer censo

Paso 2 Analiza la clave del mapa. Compara los colores de la clave con los colores del mapa.

Paso 3 Explica con tus propias palabras la información visual que muestra el mapa.

PRACTICA LA DESTREZA

El mapa de la página 465 muestra la densidad de población. Usa el mapa para responder las siguientes preguntas.

1. ¿Qué estado tiene mayor densidad de población, Massachusetts o Georgia?
2. ¿Qué densidad de población tiene la zona alrededor de la ciudad de New York?
3. Busca Nashville, Philadelphia y Richmond. ¿Qué ciudad tiene mayor densidad de población?
4. ¿Qué parte del país tenía mayor densidad de población en 1790, los estados del sur o los estados del norte?

APLICA LO QUE APRENDISTE

DESTREZA DE ANÁLISIS Elige cinco ciudades que aparezcan en el mapa de densidad de población. Haz una lista con la densidad de población de las ciudades. Luego, haz una gráfica de barras que compare la densidad de población de las ciudades que has elegido.

 Practica tus destrezas con mapas y globos terráqueos con el **CD-ROM GeoSkills**.

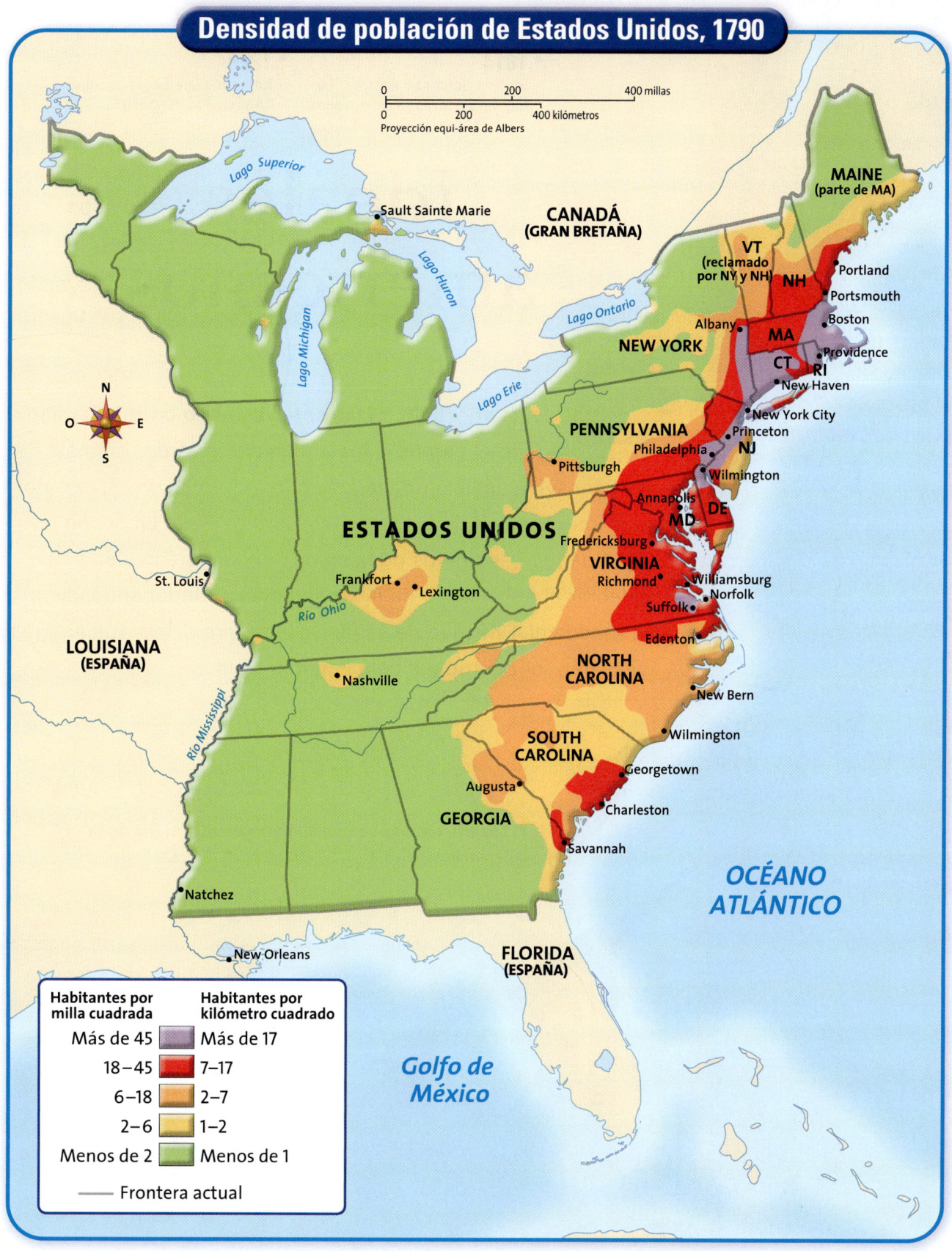

Lección 2

Tiempos

1780 ——————————————— PRESENTE

1814 Francis Scott Key escribe "La bandera adornada de estrellas"

1893 Katharine Lee Bates escribe "América la hermosa"

Ideales americanos

REFLEXIONA
¿Qué ideales conforman el credo americano?

- ✓ Explica de qué forma los ciudadanos de Estados Unidos son responsables de resguardar y proteger las libertades individuales.
- ✓ Explica por qué son importantes para el credo americano el respeto a la ley y la preservación de la Constitución.
- ✓ Identifica las canciones que expresan los ideales americanos.

VOCABULARIO
credo pág. 467
ideal pág. 467
patriotismo pág. 468

PERSONAS
Mary Pickersgill
Francis Scott Key
Katharine Lee Bates

Normas de California
HSS 5.7, 5.7.5, 5.7.6

IMAGÍNATE ALLÍ

Es el año 1818. Estás entusiasmado porque ha llegado el verano a las onduladas y verdes colinas de Pennsylvania. Pronto viajarás con tu familia en carromato al primer Festival de las velas, en Springs Park. La noche del 4 de julio, los niños de la ciudad encenderán velas para celebrar el aniversario de la Declaración de Independencia, aprobada el 4 de julio de 1776. De esta forma, tú y tus amigos desearán feliz cumpleaños a Estados Unidos.

▶ Los americanos se reúnen para celebrar el Día de la Independencia.

466 ▪ Unidad 5

Ideales americanos

Nuestra democracia constitucional se basa en el principio del gobierno por mayoría. En Estados Unidos, todos los ciudadanos mayores de 18 años tienen derecho a votar. Al votar en las elecciones, los ciudadanos toman decisiones para todos los habitantes de sus comunidades, sus estados y su nación. Sin embargo, todos los habitantes de Estados Unidos, incluso aquellos que no están de acuerdo con la mayoría, tienen determinados derechos. La Constitución protege los derechos de las minorías, y la mayoría no puede quitar esos derechos. Este principio ayuda a salvaguardar las libertades individuales de los estadounidenses.

Como la autoridad del gobierno proviene del pueblo, las leyes deben ser aplicadas de la misma forma para todos y el gobierno no puede limitar el derecho de los ciudadanos a compartir ideas u opiniones. Por otra parte, los ciudadanos también tienen responsabilidades hacia el gobierno. Deben respetar las leyes y, si intentan producir un cambio, deben hacerlo de acuerdo con la ley. También deben ayudar a preservar la Constitución.

Estos principios son el corazón del **credo** americano. Este sistema de creencias llama a los ciudadanos a proteger los derechos individuales, respetar la ley y defender la Constitución. La historia de Estados Unidos puede verse como un intento de poner estos **ideales**, u objetivos, en práctica.

REPASO DE LA LECTURA SACAR CONCLUSIONES
¿Qué podría ocurrir si la Constitución no protegiera los derechos de las minorías?

Expresión de ideales

Los estadounidenses expresan sus ideales de diversas maneras. En muchas escuelas del país, los estudiantes recitan el Juramento a la bandera, escrito en 1892. Un juramento es una promesa. En este juramento, los estudiantes prometen lealtad, o fidelidad, a la nación representada por la bandera. **Mary Pickersgill**, una fabricante de banderas de Baltimore, cosió la bandera que inspiró nuestro himno nacional.

La bandera es uno entre varios símbolos nacionales importantes. Los símbolos son imágenes que representan algo. El águila calva, el ave nacional, es un símbolo que representa la fuerza. La Campana de la Libertad, en Philadelphia, y la Estatua de la Libertad, en el puerto de New York, son símbolos de libertad. Estos símbolos se han convertido en parte de la identidad de la nación y representan importantes ideales americanos.

Los estadounidenses también cantan canciones que expresan sus ideales. "La bandera adornada de estrellas" es el himno nacional. Un himno es una canción que expresa **patriotismo**, o amor por el propio país. "La bandera adornada de estrellas" cuenta la historia real de una bandera que flameó en el Fuerte McHenry, en Baltimore, durante la guerra de 1812. El escritor del poema, **Francis Scott Key**, presenció la batalla. Temiendo que los británicos ganaran y arriaran la bandera americana, Key escribió estas conmovedoras líneas:

> **"Oh, dime, ¿el estandarte de barras y estrellas todavía ondea sobre la patria de ese pueblo libre y sobre el hogar de los valientes?"**

Los niños EN LA HISTORIA

Caroline Pickersgill

En 1813, la familia Pickersgill de Baltimore aceptó un encargo inusual. El comandante del Fuerte McHenry quería que la familia cosiera la bandera americana más grande que jamás hubiera existido.

Caroline Pickersgill, de 13 años de edad, ayudó a su madre Mary a hacer la bandera. Trabajaron sin cesar durante semanas. Cuando estuvo terminada, la bandera medía 42 pies de ancho por 30 pies de alto. Y cada estrella tenía 2 pies de largo.

Un año después, los británicos atacaron el Fuerte McHenry. Después de 25 horas de fuego de cañón, la bandera adornada de estrellas creada por la familia Pickersgill seguía flameando sobre el fuerte. Francis Scott Key narró la historia de esa bandera en lo que se convertiría en nuestro himno nacional.

Aplícalo ¿Cuáles son algunos ejemplos de símbolos patrióticos que hay en tu escuela?

Otra canción patriótica, llamada "América la hermosa" y escrita por **Katharine Lee Bates**, es también un himno. Un himno es una canción de alabanza. "América la hermosa" celebra la belleza física del país y su historia. Al igual que los símbolos nacionales, estas canciones alientan el amor por el país y la unidad nacional.

REPASO DE LA LECTURA **SACAR CONCLUSIONES** ¿Qué sentimientos expresa el himno nacional?

Resumen

Varios ideales políticos fundamentales han dado forma a la democracia estadounidense. El credo americano está basado en ideales que pueden encontrarse en la Constitución. Los estadounidenses expresan los ideales de la nación a través del Juramento a la bandera y canciones como el himno nacional.

> En Estados Unidos, a menudo se usan fuegos artificiales para celebrar el Cuatro de Julio.

REPASO

1. ¿Qué ideales conforman el credo americano?

2. Usa el término **ideal** en una oración sobre la libertad individual.

3. ¿Qué canción se convirtió en el himno nacional?

RAZONAMIENTO CRÍTICO

4. ¿Qué llevó a Francis Scott Key a escribir "La bandera adornada de estrellas"?

5. ¿Por qué crees que los símbolos nacionales continúan siendo importantes para los estadounidenses hoy en día?

6. **Escribe un poema o una canción** Escribe un poema o una canción que exprese un ideal americano y que narre uno de los eventos de la historia de Estados Unidos que hayas estudiado.

7. **SACAR CONCLUSIONES** En una hoja de papel, copia y completa el organizador gráfico de abajo.

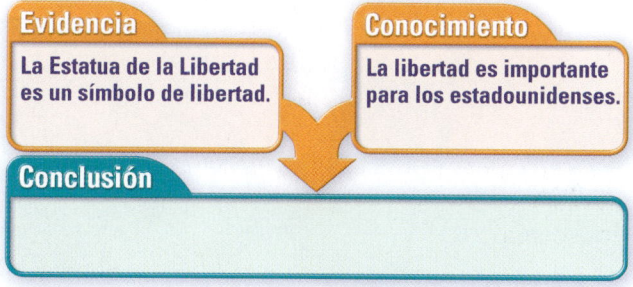

Capítulo 11 ■ 469

Destrezas de razonamiento crítico

Leer una caricatura política

▶ POR QUÉ ES IMPORTANTE

Las caricaturas que expresan opiniones políticas u opiniones sobre el gobierno se llaman caricaturas políticas. Las caricaturas políticas han aparecido en revistas y periódicos desde fines del siglo XVIII. Estas caricaturas son ejemplos de la libre expresión de ideas y opiniones protegida por la Primera Enmienda de la Constitución.

Las caricaturas políticas a veces contienen símbolos. Con el tiempo, algunos símbolos que los caricaturistas han usado una y otra vez llegan a representar siempre lo mismo. Por ejemplo, la Estatua de la Libertad representa la libertad, y una paloma representa la paz. El Tío Sam, un hombre mayor y con barba, vestido con estrellas y franjas, representa a Estados Unidos. El burro es el símbolo del partido Demócrata y el elefante es el símbolo del partido Republicano.

Casi todos los caricaturistas políticos tienen opiniones fuertes, y sus caricaturas pueden ser críticas. A menudo pueden resultar divertidas. Estudiar las caricaturas políticas te ayudará a comprender distintos puntos de vista sobre acontecimientos actuales e históricos.

▶ El burro (izquierda) es el símbolo del partido Demócrata, y el elefante (derecha) es el símbolo del partido Republicano.

> En esta caricatura, el presidente George W. Bush camina por una cuerda floja mientras intenta mantener en equilibrio al burro demócrata y al elefante republicano.

▶ LO QUE NECESITAS SABER

Puedes seguir estos pasos para ayudarte a interpretar, o explicar, las caricaturas políticas.

Paso 1 Identifica los símbolos y los personajes de la caricatura.

Paso 2 Lee todas las leyendas.

Paso 3 Identifica la cuestión o el evento que se describe en la caricatura.

Paso 4 Explica qué intenta decir el caricaturista.

> El Tío Sam es un símbolo de Estados Unidos.

▶ PRACTICA LA DESTREZA

Observa la caricatura de esta página y responde las siguientes preguntas.

1. ¿Qué sugiere la caricatura sobre la función del presidente?
2. ¿Por qué debería el presidente mantener en equilibrio estas dos fuerzas?

▶ APLICA LO QUE APRENDISTE

Aplícalo Dibuja una caricatura política que muestre tu opinión sobre una de las libertades que tienes. Puede ser, por ejemplo, una actividad que disfrutas con tus amigos o tu familia, unas vacaciones o un evento importante.

Destrezas de razonamiento crítico

Capítulo 11 ■ 471

FUENTES PRIMARIAS

Objetos patrióticos del pasado

Existen objetos patrióticos de diferentes tipos y formas. Honrar la bandera es una de las formas en que los estadounidenses muestran su patriotismo desde hace mucho tiempo. La primera bandera de Estados Unidos fue diseñada en 1777. Tenía 13 estrellas y 13 franjas que representaban los 13 estados originales. Los colores de la bandera también son simbólicos. El rojo representa la valentía, el blanco simboliza la pureza y el azul, la justicia. Con el tiempo, la bandera ha aparecido en afiches, ropa y hasta en juguetes.

Aunque nadie sabe con certeza quién hizo la primera bandera de Estados Unidos, la mayoría de las personas encargadas de hacer las banderas eran mujeres.

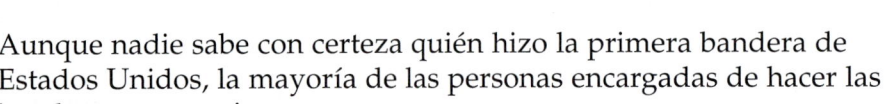

Lección 3

Preservar la Constitución

Tiempos

- **1780**
- **1964** Se aprueba la Ley de los Derechos Civiles
- **1965** Se aprueba la Ley del Derecho al Voto
- **1990** Se aprueba la Ley de Americanos Discapacitados
- **PRESENTE**

REFLEXIONA
¿Por qué es importante para los ciudadanos preservar la Constitución?

- Explica cómo trabajan los ciudadanos y los líderes del gobierno para preservar la Constitución.
- Aprende cómo los individuos han utilizado la Constitución para salvaguardar la libertad individual de los estadounidenses.

VOCABULARIO
naturalización pág. 475
derechos civiles pág. 476

PERSONAS
Martin Luther King, Jr.
César Chávez
Justin Dart
Earl Warren

SACAR CONCLUSIONES

Normas de California
HSS 5.7, 5.7.4, 5.7.5

IMAGÍNATE ALLÍ

Es el 30 de abril de 1789. Te encuentras en el balcón del Federal Hall, en la ciudad de New York. George Washington hace el juramento en la toma de posesión como primer presidente de Estados Unidos. Escuchas a Washington que dice: "Preservaré, protegeré y defenderé por todos los medios la Constitución de Estados Unidos". Te preguntas si los futuros americanos cumplirán con el desafío de preservar, proteger y defender la Constitución.

► George Washington hace el juramento en la toma de posesión de la presidencia.

474 ■ Unidad 5

▶ Todos los años, miles de inmigrantes prestan juramento como ciudadanos de Estados Unidos.

DATOS BREVES

En 2003, casi 706,000 inmigrantes se convirtieron en ciudadanos de Estados Unidos. Aproximadamente, uno de cada cinco inmigrantes decidió establecerse en la ciudad de New York o Los Angeles.

En apoyo de la Constitución

Los estadounidenses que son elegidos para cargos públicos, como los miembros de la Cámara de Representantes o el Senado, hacen un juramento para preservar la Constitución. Al igual que el presidente, se espera que estos representantes respeten los ideales constitucionales.

Otras personas que prestan juramento son los inmigrantes, al convertirse en ciudadanos. Estos inmigrantes deben cumplir el proceso de **naturalización**, por el cual se convierten legalmente en ciudadanos de Estados Unidos. Para solicitar la ciudadanía, un inmigrante debe tener al menos 18 años y debe haber vivido en Estados Unidos durante un lapso no menor a cinco años, o tres años si ha contraído matrimonio con un ciudadano de Estados Unidos.

Las personas que solicitan la ciudadanía también deben aprobar un examen sobre el gobierno y la historia de Estados Unidos. Además, deben ser capaces de escribir y hablar en inglés. Quienes aprueban el examen deben prestar juramento y prometer lealtad a Estados Unidos. Una parte del juramento dice: "Apoyaré y defenderé la Constitución de Estados Unidos de América de todos sus enemigos, tanto extranjeros como locales".*

Para cumplir con el desafío de defender la Constitución, a veces ha sido necesario agregar enmiendas. Desde que se redactó la Constitución, se han agregado 27 enmiendas. Muchas de estas enmiendas han servido para que grupos diferentes tengan los mismos derechos.

REPASO DE LA LECTURA SACAR CONCLUSIONES
¿Por qué crees que los funcionarios elegidos deben hacer un juramento para preservar la Constitución?

*Juramento de lealtad a Estados Unidos de América.

Ampliación de los Derechos Civiles en Estados Unidos 1865–1954

1865 ▸ La Decimotercera Enmienda declara que la esclavitud es ilegal

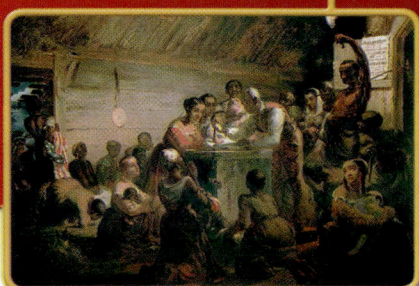

1868 ▸ La Decimocuarta Enmienda otorga a los hombres afroamericanos el derecho al voto

Derechos para todos

El voto es solo uno de los derechos garantizados a los ciudadanos de Estados Unidos. Sin embargo, algunos grupos de personas no siempre han gozado de esos derechos. Durante muchos años, se negaron estos derechos a afroamericanos, a asiáticos americanos, a hispanoamericanos y a otros grupos.

Los miembros de esos grupos a menudo no gozaban de las mismas libertades y oportunidades que otros estadounidenses. No podían obtener determinados trabajos o vivir en ciertas áreas. Sus hijos a menudo debían asistir a escuelas que no eran tan buenas como las escuelas a las que iba el resto de los niños estadounidenses.

En la década de 1950, muchas personas se esforzaron por poner fin a estas injusticias. Su trabajo se conoció como el movimiento por los Derechos Civiles. Los **derechos civiles** son los derechos que tienen los ciudadanos a ser tratados con igualdad ante la ley.

Martin Luther King, Jr., un ministro afroamericano de Georgia, fue uno de los líderes del movimiento. Alentó a los afroamericanos a usar formas no violentas para conquistar sus derechos civiles. A lo largo de muchos años, millones de personas marcharon junto a King y realizaron protestas para expresar su apoyo a los derechos civiles.

En 1963, King y otros líderes que luchaban por los derechos civiles organizaron una marcha en Washington, D.C., en la que participaron más de 250,000 personas. En su discurso, King habló de su anhelo de igualdad. Dijo:

> ❝Tengo un sueño: que un día mis cuatro pequeños hijos vivan en una nación en la que no sean juzgados por el color de su piel sino por su carácter.❞*

Aproximadamente un año después de la marcha en Washington, el Congreso aprobó la Ley de los Derechos Civiles de 1964.

*Martin Luther King, Jr. *A Testament of Hope: The Essential Writings and Speeches of Martin Luther King, Jr.*, editado por James M. Washington. Harper Collins, 1991.

Ampliación de los Derechos Civiles en Estados Unidos 1955–Presente

1964 ▸ Se aprueba la Ley de los Derechos Civiles de 1964

1965 ▸ Se aprueba la Ley del Derecho al Voto de 1965

1909
- Se funda la Asociación Nacional para el Progreso de la Gente de Color (NAACP, siglas en inglés)

1920
- La Decimonovena Enmienda otorga a las mujeres el derecho al voto

1954
- A partir del caso *Brown vs. Consejo de educación*, se declara ilegal la segregación en las escuelas

Esta ley establece que todos los estadounidenses tienen derecho a usar los espacios y los servicios públicos. También establece que los empleadores no podrán negarse a contratar a alguien a causa de su raza, religión, nacionalidad o género. Al año siguiente, el Congreso aprobó la Ley del Derecho al Voto. Esta ley asegura que todos los estadounidenses pueden votar en las elecciones.

Siguiendo el ejemplo del movimiento Afroamericano por los Derechos Civiles, otros grupos también lucharon para obtener la igualdad de derechos. Los indígenas formaron el Movimiento Indio Americano (AIM, siglas en inglés) para luchar por sus derechos.

Para mejorar la vida de los trabajadores migratorios de las granjas, César Chávez formó un grupo que más tarde se llamó el Sindicato de Trabajadores Agrícolas (UFW, siglas en inglés). Este grupo ayudó a obtener mejores salarios y condiciones de trabajo para los campesinos, muchos de los cuales eran mexicanos americanos.

En la década de 1960, muchas mujeres trabajaban fuera de su casa, pero a menudo ganaban menos dinero que los hombres que hacían el mismo tipo de trabajo. Al igual que otros grupos, las mujeres comenzaron a trabajar en conjunto para lograr la igualdad de derechos. De esta manera, se aprobaron nuevas leyes que establecen que los empleadores deben dar el mismo trato a hombres y mujeres.

Otras personas, como **Justin Dart**, trabajaron intensamente para lograr la aprobación de la Ley de Americanos Discapacitados (ADA, siglas en inglés). Esta ley establece que los estadounidenses con capacidades diferentes deben gozar de los mismos derechos y oportunidades que los demás ciudadanos.

1966
- César Chávez lidera las protestas del Sindicato de Trabajadores Agrícolas

1968
- Se funda el Movimiento Indio Americano

1990
- Se aprueba la Ley de Americanos Discapacitados

> La Constitución se conserva en el edificio de Archivos Nacionales, en Washington, D.C.

Como la sociedad crece y cambia, el trabajo de preservar la Constitución continúa. **Earl Warren**, ex presidente de la Corte Suprema, afirmó que el deber de la Corte Suprema es "aplicar los inalterables principios de la libertad en un marco de condiciones cambiantes".*

REPASO DE LA LECTURA **SACAR CONCLUSIONES**
¿Cómo pueden los individuos preservar los ideales de la Constitución?

*Earl Warren. *The Bill of Rights: How We Got It And What It Means* por Milton Meltzer. Thomas Crowell, 1990.

Resumen

A través de la historia de Estados Unidos, los ciudadanos han tenido que trabajar para preservar la Constitución. Las enmiendas y otras leyes permitieron que los ideales de libertad e igualdad se extendieran a más estadounidenses. Estos cambios fueron posibles gracias al esfuerzo de los ciudadanos que trabajaron en conjunto para lograr un trato igualitario ante la ley.

REPASO

1. ¿Por qué es importante para los ciudadanos preservar la Constitución?
2. Usa el término **derechos civiles** para describir el trabajo de César Chávez.
3. ¿Qué hizo Martin Luther King, Jr., para preservar los ideales establecidos en la Constitución?

RAZONAMIENTO CRÍTICO

4. ¿Cuáles fueron algunos de los efectos del movimiento por los Derechos Civiles?
5. Ordena estos eventos cronológicamente, del primero al último: se aprueba la Ley de los Derechos Civiles, se funda la NAACP, se funda el Sindicato de Trabajadores Agrícolas.
6. **Escribe una carta** Escribe una carta a tu representante en el Congreso. Tu carta debe describir un problema y ofrecer posibles soluciones. Asegúrate de que las soluciones se basen en los principios de la Constitución.
7. **SACAR CONCLUSIONES**
   En una hoja de papel, copia y completa el organizador gráfico de abajo.

Evidencia	Conocimiento
Se agregaron enmiendas para proteger los derechos individuales.	En el pasado, no todos los americanos gozaban de los mismos derechos.

Conclusión

478 ■ Unidad 5

Martin Luther King, Jr.

Biografía

Integridad
Respeto
Responsabilidad
Equidad
Bondad
Patriotismo

"Tengo un sueño: que un día esta nación se levantará y vivirá el verdadero significado de su credo: 'Creemos, como verdad evidente, que todos los hombres son creados iguales.'"*

Al crecer, Martin Luther King, Jr., vio que los afroamericanos no gozaban de los mismos derechos que el resto de los estadounidenses. King quería lograr que Estados Unidos llegara a ser una nación donde todos los ciudadanos fueran tratados por igual. Y dedicó gran parte de su vida a hacer realidad este sueño de igualdad.

250,000 personas participaron en la Marcha en Washington.

King nació en Atlanta, Georgia, en 1929. Siguiendo los pasos de su padre, se hizo ministro. En la universidad, King desarrolló grandes aptitudes para hablar en público.

Usó esas aptitudes en su trabajo como ministro en Montgomery, Alabama. En 1955, dirigió un boicot a los autobuses que permitió a los afroamericanos recibir el mismo trato en los autobuses de la ciudad. Este logro lo hizo famoso en todo el país. Poco después, organizó protestas pacíficas de apoyo a la igualdad de derechos en el sur. En 1964, obtuvo el Premio Nobel de la Paz por su trabajo.

*Martin Luther King, Jr., agosto de 1963. *In Our Own Words*, editado por R. Torricelli y A. Caroll. Kodansha International, 1999.

La importancia del carácter

¿De qué manera las acciones de King muestran su bondad hacia otros seres humanos?

Biografía breve

1929 Nace en 1929
1968 Muere en 1968

1955 Lidera el exitoso boicot de autobuses en Montgomery

1963 Lidera la Marcha en Washington, donde da su discurso "Tengo un sueño"

Aprende en línea Visita MULTIMEDIA BIOGRAPHIES en www.harcourtschool.com/hss para hallar biografías multimedia.

Capítulo 11 ▪ 479

Destrezas de participación

Actuar como un ciudadano responsable

▶ POR QUÉ ES IMPORTANTE

Los ciudadanos tienen numerosos derechos, y estos derechos traen consigo muchas responsabilidades hacia el país, el estado y la comunidad. El derecho a votar, por ejemplo, implica la responsabilidad de votar. Los ciudadanos responsables saben lo que ocurre en su comunidad. Cuando advierten un problema, actúan para solucionarlo.

▶ LO QUE NECESITAS SABER

Has leído sobre cómo César Chávez actuó como un ciudadano responsable cuando ayudó a organizar el Sindicato de Trabajadores Agrícolas para mejorar el salario y las condiciones de trabajo de los campesinos. Actuar con responsabilidad es parte importante de la actividad ciudadana, pero actuar como un ciudadano responsable exige reflexión. Estos son algunos pasos que puedes seguir para ayudarte a actuar en forma responsable.

Paso 1 Identifica un problema en tu entorno.

▶ Manifestantes liderados por César Chávez llevan carteles que llaman a la huelga.

> En 1965, César Chávez y el Sindicato de Trabajadores Agrícolas hicieron un boicot contra el consumo de uva, obligando a los productores a aumentar los salarios.

Paso 2 Infórmate sobre el problema y piensa en cómo solucionarlo.

Paso 3 Decide qué puedes hacer para ayudar, ya sea por tu cuenta o junto con otras personas.

Paso 4 Actúa, pero busca siempre soluciones seguras. Si no puedes solucionar el problema por tu cuenta, pide ayuda a tu familia, a un oficial de policía o a un funcionario de la comunidad.

Paso 5 Repasa tus acciones para ver si has obtenido los resultados esperados.

PRACTICA LA DESTREZA

Responde estas preguntas.

1. ¿Qué problema notó César Chávez?
2. ¿Qué pasos siguió para solucionar el problema?
3. ¿Cómo buscó César Chávez el apoyo de otras personas?

APLICA LO QUE APRENDISTE

Aplícalo Sigue los pasos que aparecen en esta página para decidir de qué forma puedes actuar como un ciudadano responsable en tu escuela o en tu comunidad.

Repaso del Capítulo 11

Tiempos

1800 — 1850

1814
Se escribe "La bandera adornada de estrellas"

La lectura en los Estudios Sociales

Cuando **sacas conclusiones**, combinas lo que lees con lo que ya sabes para comprender ideas que no han sido expuestas.

 Sacar conclusiones

Completa este organizador gráfico para mostrar que puedes sacar conclusiones sobre las personas que trabajaron para preservar los ideales americanos. Una copia de este organizador gráfico aparece en la página 120 del cuaderno de Tarea y práctica.

Trabajar por la igualdad

Evidencia
En 1963, más de 250,000 personas marcharon para reclamar por los derechos civiles.

Conocimiento
Llamar la atención sobre la injusticia a menudo ayuda a producir cambios.

Conclusión

Pautas de redacción de California

Escribe un reporte investigativo Elige uno de los símbolos patrióticos que se describen en este capítulo. Investiga y reúne más información sobre ese símbolo. Luego, escribe un reporte que explique por qué el símbolo es importante para los estadounidenses de hoy.

Escribe un discurso persuasivo Elige una persona a la que admires por su trabajo para proteger la Constitución. Escribe un discurso para convencer a tu auditorio de la importancia del trabajo de esa persona.

482 ■ Unidad 5

1900 1950 PRESENTE

1913 Se aprueba la Decimoséptima Enmienda

1920 Se aprueba la Decimonovena Enmienda

1964 Se aprueba la Ley de los Derechos Civiles

Usa el vocabulario

Identifica el término que corresponda a cada definición.

- **democracia**, pág. 458
- **credo**, pág. 467
- **patriotismo**, pág. 468
- **naturalización**, pág. 475
- **derechos civiles**, pág. 476

1. proceso de convertirse en ciudadano
2. amor por el país
3. sistema de gobierno en el que el pueblo gobierna
4. derechos que tienen los ciudadanos a un trato igualitario ante la ley
5. sistema de creencias

Usa la línea cronológica

 Usa la línea cronológica del capítulo, que aparece arriba, para responder estas preguntas.

6. ¿En qué siglo se aprobaron la Decimoséptima y la Decimonovena Enmienda?
7. ¿Cuándo se escribió "La bandera adornada de estrellas"?

Aplica las destrezas

DESTREZA DE ANÁLISIS **Leer un mapa de población**

8. Analiza el mapa de la página 465. ¿Qué ciudad tenía mayor densidad de población, Pittsburgh o Albany?
9. ¿Cuál era la densidad de población de Nashville?

Recuerda los datos

Responde estas preguntas.

10. ¿Cómo puede el presidente poner límite a la autoridad del Congreso?
11. ¿Cuáles son dos ideales importantes del credo americano?
12. ¿Qué historia se cuenta en "La bandera adornada de estrellas"?

Escribe la letra que corresponda a la respuesta correcta.

13. ¿Cuál de las siguientes es una facultad compartida entre los gobiernos de los estados y el gobierno federal?
    A recaudar impuestos
    B crear leyes de inmigración
    C imprimir dinero
    D declarar la guerra

14. ¿Cuál de los siguientes NO es un símbolo de Estados Unidos?
    A la Estatua de la Libertad
    B el águila calva
    C la hoja de arce
    D la Campana de la Libertad

Piensa críticamente

15. **DESTREZA DE ANÁLISIS** Explica los efectos que tuvo la Vigésimo segunda Enmienda sobre el poder ejecutivo.

16. **DESTREZA DE ANÁLISIS** Haz una lista en orden cronológico, del primero al último, de tres grupos que hayan luchado por la igualdad de derechos.

Capítulo 11 ■ 483

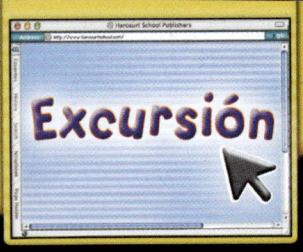

Excursión

Centro Nacional de la Constitución

PREPÁRATE

¿En qué lugar puedes jurar como presidente de Estados Unidos, entrar en la caseta de votación y votar por tu presidente favorito o sentarte en el sillón de un magistrado de la Corte Suprema? Puedes hacer todas estas cosas en el Centro Nacional de la Constitución, en Philadelphia. El centro fue inaugurado en julio de 2003 y está dedicado a conservar la historia de la Constitución de Estados Unidos. Las personas que visitan el museo pueden ver una película sobre la Constitución y disfrutar de más de 100 exposiciones interactivas que muestran la importancia de la Constitución en la vida estadounidense. El centro también alienta a los visitantes a asumir un rol activo como ciudadanos. Dispone de computadoras que los visitantes pueden usar para enviar mensajes de correo electrónico a funcionarios del gobierno y una sala de exposición con grandes pantallas y un visualizador que muestra las noticias sobre temas constitucionales.

UBÍCALO

OBSERVA

El Árbol de la Nación permite a los visitantes aprender sobre 100 estadounidenses cuyas vidas ilustran los principios de la Constitución.

En un teatro con forma de estrella, con capacidad para 350 personas, un actor y una película explican los momentos más importantes de la historia de la Constitución desde 1787 hasta nuestros días.

En el Salón de los Firmantes, *Signers Hall*, los visitantes pueden caminar en torno a 42 estatuas de bronce en tamaño real. Estas estatuas representan a los 39 delegados que firmaron la Constitución y a los 3 que se negaron.

UN PASEO VIRTUAL

APRENDE en línea Visita VIRTUAL TOURS en www.harcourtschool.com/hss para realizar un paseo virtual.

Unidad 5 ■ 485

Unidad 5 Repaso

💡 LA GRAN IDEA

Gobierno y liderazgo La Constitución de Estados Unidos es el fundamento de la república americana.

Resumen

El gobierno de la nación

Los Artículos de la Confederación establecieron el primer gobierno nacional de Estados Unidos. Sin embargo, después de algunos años, muchos líderes de la nación estaban convencidos de que ese gobierno no era lo suficientemente fuerte. Los líderes se reunieron en una asamblea para mejorar los Artículos, pero decidieron reemplazarlos. Aunque enfrentaron dificultades, los delegados resolvieron sus conflictos a través de acuerdos. Finalmente, acordaron un plan de gobierno que la Constitución describe. Este plan de gobierno establecía los tres poderes del gobierno federal: el ejecutivo, el legislativo y el judicial. El equilibrio de poderes evitó que uno de los poderes tuviera mayor autoridad que los otros. Los 13 estados ratificaron la Constitución.

En 1791 se agregó la Declaración de Derechos. Estas diez enmiendas garantizaban ciertos derechos y libertades a los ciudadanos estadounidenses. Con el tiempo, se agregaron otras enmiendas para asegurar que todos los estadounidenses disfrutaran de los derechos contenidos en la Constitución.

Recitar el Juramento a la bandera o cantar el himno nacional son algunas de las formas en que los estadounidenses expresan hoy los ideales de la Constitución.

Ideas principales y vocabulario

Lee el resumen de arriba. Luego, contesta las preguntas.

1. ¿Qué es una asamblea?
   A un plan del gobierno
   B un desacuerdo
   C una reunión importante
   D un cambio

2. ¿Cuál es el objetivo del equilibrio de poderes?
   A evitar que uno de los poderes del gobierno tenga demasiada autoridad
   B evitar que los estados impriman dinero
   C asegurarse de que los líderes nunca hagan acuerdos
   D evitar que los estados entren en guerra

3. ¿Qué significa ratificaron?
   A asistieron
   B aprobaron
   C escribieron
   D vetaron

4. ¿Qué es la Declaración de Derechos?
   A la introducción a la Constitución
   B una lista de las responsabilidades de los jueces
   C una parte de los Artículos de la Confederación
   D las primeras diez enmiendas que se agregaron a la Constitución

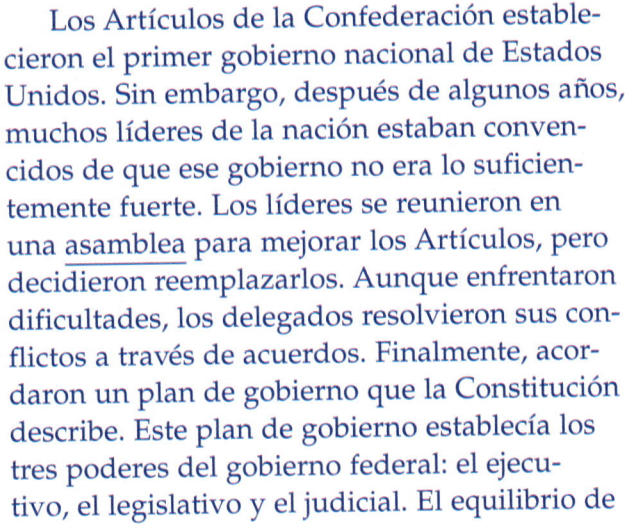

Recuerda los datos

Responde estas preguntas.

5. ¿Cómo se aprobaban las leyes nacionales bajo los Artículos de la Confederación?

6. ¿Cuáles fueron dos conflictos importantes en la Asamblea Constituyente?

7. ¿Qué idea recibió el nombre de Gran Acuerdo?

8. ¿Cuáles son dos de las responsabilidades que tienen los ciudadanos hacia el gobierno?

9. En el sistema federal de gobierno, ¿qué dos autoridades comparten facultades?

Escribe la letra que corresponda a la respuesta correcta.

10. ¿Qué líder quería mantener los Artículos de la Confederación?
    A George Washington
    B James Madison
    C Patrick Henry
    D Benjamin Franklin

11. ¿De dónde obtiene autoridad una democracia constitucional?
    A del presidente
    B del Congreso
    C de las leyes
    D del pueblo

12. ¿Qué facultad es compartida por el gobierno nacional y el gobierno de los estados?
    A imprimir y acuñar dinero
    B recaudar impuestos
    C declarar la guerra y establecer la paz
    D firmar tratados con otros países

13. ¿Cuál de los siguientes es un importante principio político estadounidense?
    A gobierno por mayoría
    B libertades limitadas
    C veto del poder judicial
    D gobierno ilimitado

Piensa críticamente

14. **DESTREZA DE ANÁLISIS** Haz un resumen de la Rebelión de Shays y explica los problemas que llevaron a que se produjera.

15. **DESTREZA DE ANÁLISIS** Si hoy tuviera lugar una reunión como la Asamblea Constituyente, ¿crees que debería mantenerse en secreto?

Aplica las destrezas

Leer un mapa de población

DESTREZA DE ANÁLISIS Usa el mapa de densidad de población que aparece abajo para responder las siguientes preguntas.

16. ¿Qué color se usa para mostrar la densidad de población de 2–6 personas por milla cuadrada?

17. ¿Qué parte de Virginia tenía la menor densidad de población en 1790?

18. ¿Qué parte de Virginia tenía la mayor densidad de población en 1790?

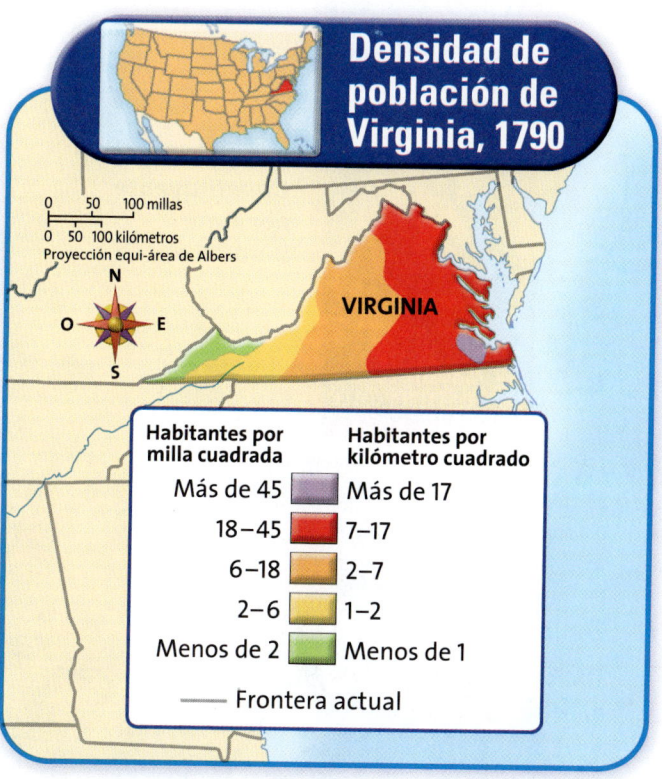

Densidad de población de Virginia, 1790

Unidad 5 ■ 487

Unidad 5 Actividades

Lecturas adicionales

- *La bandera adornada de estrellas* por Lisa deMauro.

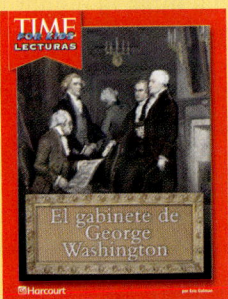
- *El gabinete de George Washington* por Eric Oatman.

- *La Asamblea Constituyente* por Amy Bernstein.

Muestra lo que sabes

Actividad de redacción

Escribe una carta persuasiva Imagina que le escribes a un estudiante de otro país. Ese estudiante te ha preguntado por qué la Constitución es un documento importante para los ciudadanos de Estados Unidos. Escribe una carta persuasiva para convencerlo de la importancia de la Constitución y de por qué es el fundamento de la república americana. Explica claramente tu posición y ofrece evidencias que la apoyen.

Proyecto de la unidad

Salón de la fama de la Constitución Planea un Salón de la fama para honrar a la Constitución de Estados Unidos. Elige personas, eventos e ideas importantes que quieras resaltar en tu Salón de la fama. Luego, muestra estos diferentes temas en afiches, exhibidores, poemas y narraciones.

APRENDE en línea Visita ACTIVITIES en **www.harcourtschool.com/hss** para hallar otras actividades.

La expansión hacia el oeste

Unidad 6

 **COMIENZA CON LAS NORMAS**

Normas de Historia y Ciencias Sociales de California

5.3 Los estudiantes describen la cooperación y los conflictos que existían entre los indios americanos, y también entre las naciones indias y los nuevos pobladores.

5.8 Los estudiantes investigan los patrones de colonización, inmigración y asentamiento del pueblo americano desde 1789 hasta mediados del siglo XIX, haciendo énfasis en la importancia del incentivo económico, los efectos de los aspectos físicos y políticos de la región, y los sistemas de transporte.

La gran idea

CRECIMIENTO Y CAMBIO

Estados Unidos se expandió cuando su población y su economía crecieron y se adquirieron nuevas tierras.

Reflexiona

✓ ¿Cómo impactó la inmigración en los comienzos de Estados Unidos?

✓ ¿Cómo afectaron la geografía y el transporte los asentamientos en el oeste?

✓ ¿Cómo afectaron los asentamientos del oeste a los grupos de indios americanos?

✓ ¿Qué tipo de cambios enfrentó Estados Unidos a comienzos del siglo XIX?

Muestra lo que sabes

★ Prueba de la Unidad 6

 Redacción: Una narración

 Proyecto de la unidad: Álbum de recortes

Unidad 6

Tiempos

La expansión hacia el oeste

- **1803** Estados Unidos realiza la Compra de Louisiana, pág. 515
- **1811** Comienza la construcción del Camino Nacional, pág. 503
- **1825** Apertura del canal Erie, pág. 504

1800 — 1810 — 1820

Al mismo tiempo

- **1812** Comerciantes de pieles rusos construyen el Fuerte Ross al norte de San Francisco
- **1821** México se independiza de España

La expansión hacia el oeste

1846 Comienza la guerra entre México y Estados Unidos, pág. 560

1848 Se descubre oro en California, pág. 562

1850 California se convierte en estado, pág. 564

| 1830 | 1840 | 1850 |

 1834 La esclavitud es abolida en Gran Bretaña

 1847 La nación africana de Liberia declara su independencia

Unidad 6 ■ 489

Unidad 6

Personas

Miguel Hidalgo y Costilla
1753–1811
- Sacerdote católico que ayudó a iniciar la Revolución Mexicana
- Trabajó para acabar con la esclavitud en México

Andrew Jackson
1767–1845
- General del ejército de Estados Unidos
- Séptimo presidente de Estados Unidos

1750 — **1810** — **1840**

- 1753 • Miguel Hidalgo y Costilla • 1811
- 1767 • Andrew Jackson • 1845
- 1774 • Meriwether Lewis • 1809
- 1786? • Sacagawea • 1812?
- 1790 • Jefe John Ross
- 1813 • John C. Frémont
- 1820? • Harriet Tubman
- 1828 • Yung Wing

John Ross
1790–1866
- Jefe de la nación cherokee
- Guió a los cherokees en la travesía conocida como el "Sendero de Lágrimas"

John C. Frémont
1813–1890
- Explorador del oeste conocido como el Gran Explorador
- Elegido como uno de los primeros senadores de California al senado de Estados Unidos

Meriwether Lewis
1774–1809
- Capitán del ejército de Estados Unidos
- Exploró las tierras de la Compra de Louisiana con William Clark

Sacagawea
1786?–1812?
- Hija de un jefe indio shoshón
- Fue guía e intérprete en la expedición de Lewis y Clark

1870   1900   1930

1866
1890
1913
1912

Harriet Tubman
1820?–1913
- Guió a cientos de esclavos a la libertad a lo largo del ferrocarril clandestino
- Líder del movimiento abolicionista

Yung Wing
1828–1912
- Primer inmigrante asiático graduado en una universidad estadounidense
- Ayudó a otros estudiantes chinos a recibir educación estadounidense

Unidad 6

La lectura en los Estudios Sociales

Destreza clave: Generalizar

Cuando **generalizas**, haces una afirmación que muestra las relaciones que hay entre un conjunto de datos.

Por qué es importante

Saber generalizar puede ayudarte a comprender y recordar mejor lo que lees.

Datos
- Información presentada en un texto
- Información presentada en un texto
- Información presentada en un texto

Generalización
Afirmación general sobre esa información

✓ Una generalización se basa siempre en datos.
✓ Palabras y expresiones como *la mayoría, muchos, algunos, en general* y *a menudo* indican generalizaciones.

Practica la destreza

Lee los párrafos y haz una generalización basada en la información del segundo párrafo.

Datos — "América la hermosa" describe un país que se extiende "… ¡de uno a otro mar!" A partir del siglo XIX, los habitantes de muchos estados comenzaron a buscar en el oeste nuevas tierras donde asentarse. **Generalización** — (Muchos estadounidenses se mudaban al oeste.)

El Congreso aprobó una ordenanza territorial que dividió las tierras del oeste en municipios. Cada municipio estaba formado por 36 secciones. Una de las secciones se destinaba a las escuelas públicas. El resto se vendía.

494 ▪ Unidad 6

Aplica lo que aprendiste

 Generalizar Lee los párrafos y responde las preguntas.

Crecer de muchas maneras

En 1790, el nuevo gobierno estadounidense realizó el primer conteo de la población. A partir de entonces, Estados Unidos ha realizado un censo cada diez años. Los resultados muestran el crecimiento de la nación.

En 1790, solo el 3 por ciento de los estadounidenses vivía en las grandes ciudades como Salem, Boston, New York, Philadelphia, Baltimore y Charleston. El 2 por ciento vivía en ciudades más pequeñas, y el 95 por ciento restante, en granjas. De los 4 millones de habitantes que tenía entonces Estados Unidos, casi 700,000 eran afroamericanos. La mayoría eran esclavos y vivían en el sur.

El segundo censo se realizó en el año 1800. En ese entonces, casi 1 millón de colonos vivía en la frontera. Se había producido un gran cambio. En 1796, Tennessee se había convertido en estado, y cuatro años después tenía más de 100,000 habitantes. Kentucky tenía casi 221,000 habitantes, y también era un estado.

En 1800, Ohio tenía más de 45,000 habitantes. Su población era mayor que la de 11 de los 13 estados originales. Solo New York y Pennsylvania tenían más habitantes que Ohio. Ohio se convirtió en estado tres años después del censo de 1800. A medida que la nación crecía, más personas se mudaban al lejano oeste.

Generalizar

1. ¿Qué generalización puedes hacer acerca de dónde vivía la mayoría de la población en 1790?

2. ¿Dónde vivía la mayoría de los afroamericanos en 1790?

3. ¿Qué generalización puedes hacer sobre los cambios que hubo en la frontera entre 1790 y 1800?

Destrezas de estudio

HACER UN ESQUEMA

Hacer un esquema te ayudará a organizar las ideas principales y los detalles de lo que lees.

- Los temas de un esquema aparecen en números romanos.
- Las ideas principales de cada tema aparecen en letras mayúsculas.
- Los detalles de cada idea principal aparecen en números.

Cambios en la frontera

I. Una población en crecimiento
  A. Una nueva oleada de inmigrantes
    1. Nuevos inmigrantes llegaban desde Inglaterra, Escocia, Irlanda y Alemania.
    2. Los inmigrantes huían de las penurias de sus países y buscaban en Estados Unidos nuevas oportunidades y libertad.
  B. A través del Paso de Cumberland
    1.
    2.
  C. Uso de las rutas por agua
    1.
    2.
II. La vida de los pioneros

Aplica la destreza mientras lees

Mientras lees este capítulo, presta atención a los temas, las ideas principales y los detalles. Usa esa información para completar un esquema del capítulo.

Normas de Historia y Ciencias Sociales de California, Grado 5

5.3 Los estudiantes describen la cooperación y los conflictos que existían entre los indios americanos, y también entre las naciones indias y los nuevos pobladores.
5.8 Los estudiantes investigan los patrones de colonización, inmigración y asentamiento del pueblo americano desde 1789 hasta mediados del siglo XIX, haciendo énfasis en la importancia del incentivo económico, los efectos de los aspectos físicos y políticos de la región, y los sistemas de transporte.

CAPÍTULO 12
Cambios en la frontera

> Representación histórica de la expedición de Lewis y Clark, cerca de St. Charles, en Missouri

Comienza con un cuento

MI NOMBRE ES YORK

por Elizabeth Van Steenwyk   ilustrado por Bill Farnsworth

En 1803, York, un esclavo afroamericano, y su dueño, William Clark, se sumaron a una expedición para explorar las tierras al oeste del río Mississippi. Poco después, más de 300 personas se agregaron al grupo, entre ellas, una india americana llamada Sacagawea y su esposo Charbonneau.

Las altas planicies y los densos bosques nos desafían, y nuestros cuerpos se tensan por el esfuerzo que hacemos al atravesarlos. En nuestra búsqueda de una ruta por agua al oeste, las montañas se hacen más altas y los cañones, más profundos. Nos detenemos para admirar una gran caída de agua que se convierte en espuma blanca al golpear allá abajo.

El capitán Clark explora una profunda quebrada, acompañado por Sacagawea y Charbonneau, mientras espero y disfruto de la calidez del cielo y el sol.

De repente, el cielo se oscurece. Las furiosas nubes descargan un torrente de agua. Busco refugio debajo de una saliente calcárea y entonces recuerdo que el capitán Clark y los demás no han regresado.

quebrada valle empinado pequeño y angosto
torrente corriente veloz y violenta

Corro hacia el borde del acantilado y los veo luchar desesperadamente, mientras el agua sube en la quebrada. Sacagawea me alcanza a su pequeño hijo. Luego extiendo mi mano y rescato a Sacagawea y a Charbonneau. Pero, ¿dónde está el capitán Clark?

Ahora veo que lucha esforzadamente por subir, y también lo ayudo. Cuando recupera el habla, me dice que ha perdido su brújula. La brújula aparece poco después, pero me pregunto: ¿señalará esa brújula algún día el camino hacia mi libertad?

Atravesamos las montañas Bitterroot, donde el viento todavía arremolina la nieve. La comida comienza a escasear, pero compartimos lo que tenemos con los nez percés, y ellos hacen lo mismo. Sacagawea cava en busca de alcachofas silvestres, pero encuentra muy pocas. Echamos de menos la abundancia de cerezas y vegetales que había cerca de las cataratas.

Hombres, mujeres y niños me rodean admirados por mi color; me tocan la piel y yo hago lo mismo. Nos sorprende nuestro parecido. Comienzan a llamarme Gran Medicina.

Cruzamos varios cañones hasta que llegamos a una planicie de artemisa. Allí nace un río, y comenzamos a seguirlo corriente abajo. El río serpentea a través de las tierras altas, mientras las rocas se adentran cada vez más en la corriente. Los rápidos representan un gran peligro pero seguimos avanzando hacia el oeste en nuestros viejos y gastados botes. Luego de dejar atrás las últimas montañas, sentimos en el aire el aroma del océano. Pronto llegamos al lugar donde agua y tierra se unen, y nos regocijamos por nuestro éxito. Hemos encontrado una ruta por agua que lleva al mar occidental.

Responde

1. ¿Cómo demostró York que era un miembro valioso de la expedición?
2. Imagina que formas parte de esta expedición. Escribe una entrada en tu diario que describa algo que hayas vivido en el viaje.

Lección 1

Tiempos
1800 — 1825 — 1850
- **1811** Comienza la construcción del Camino de Cumberland
- **1825** Apertura del canal Erie

REFLEXIONA
¿Cómo creció Estados Unidos a comienzos del siglo XIX?
- Explica de qué países eran muchos de los inmigrantes europeos que llegaron a Estados Unidos.
- Explica cómo y por qué los inmigrantes viajaron a los valles del río Ohio y del Mississippi a través del Paso de Cumberland.

VOCABULARIO
explorador pág. 502
balsa pág. 504
canal pág. 504
esclusa pág. 505

PERSONAS
Daniel Boone
Robert Fulton

LUGARES
Paso de Cumberland
canal Erie

 **GENERALIZAR**

 **Normas de California**
HSS 5.8, 5.8.1

Una población en crecimiento

IMAGÍNATE ALLÍ

El invierno de 1800 ha sido duro en Escocia, y a tu familia no le quedan más que algunas papas para comer. Afuera, el aire está frío y húmedo, y dentro de la casa no hace mucho más calor. Echas de menos a Sean, tu hermano mayor. Sean partió hacia Estados Unidos hace un año, y aún no has tenido noticias de él.

De pronto, tu padre irrumpe en la casa. Agitando una carta en el aire, dice: "¡Es carta de Sean! ¡Dice que nos espera en su granja del valle del río Ohio!" Ya casi no sientes el frío. ¡Tu familia se muda a Estados Unidos!

Esta pintura muestra el tipo de paisajes que vieron los primeros colonos.

▶ Los inmigrantes eran llevados en pequeños botes de remo hasta los grandes barcos que iban a Estados Unidos.

Nuevas oleadas de inmigrantes

A fines del siglo XVIII y comienzos del XIX, una gran cantidad de inmigrantes llegó a Estados Unidos. Venían principalmente de Inglaterra, Escocia, Irlanda y Alemania. Entre 1789 y 1850 llegaron muchos inmigrantes escoceses-irlandeses. Los escoceses-irlandeses eran escoceses que se habían establecido en Irlanda.

Muchos inmigrantes vinieron a Estados Unidos para escapar de una vida de privaciones. Otros vinieron por los incentivos económicos, o por la posibilidad de hacer dinero. Como las tierras abundaban, los inmigrantes podían comprarlas a precios relativamente bajos y comenzar sus propios negocios y granjas.

Pocos países ofrecían la libertad y las oportunidades que había en Estados Unidos. Los estadounidenses no debían obedecer los deseos de ningún rey. Podían, incluso, elegir entre muchos lugares donde vivir. Benjamin Franklin escribió que Estados Unidos ofrecía:

> "...buen clima, suelo fértil, aire saludable, gobiernos libres, leyes justas, libertad, buenas personas con las que vivir y una cálida bienvenida."*

Los inmigrantes europeos que venían a Estados Unidos se embarcaban con rumbo oeste y llegaban a las ciudades portuarias del Atlántico, como Boston, New York y Philadelphia. Luego, muchos de ellos se desplazaban hacia el interior para establecer granjas en los valles del río Ohio y del Mississippi. Para llegar a esos valles había que sortear la barrera de los montes Apalaches, que dificultaban el camino.

REPASO DE LA LECTURA   **GENERALIZAR**
¿Qué incentivos económicos atrajeron inmigrantes a Estados Unidos?

*Benjamin Franklin. *Benjamin Franklin: Writings.* Library of America, 1987.

Capítulo 12 ■ 501

GEOGRAFÍA

El Sendero Wilderness

Ya desde 1775, muchas personas deseaban establecerse en lo que hoy es Kentucky. Pero los caminos indios que atravesaban los montes Apalaches no tenían indicadores y resultaban demasiado angostos para los carromatos. Daniel Boone fue contratado para construir un camino, al que se llamó Sendero Wilderness. Boone y 30 trabajadores cortaron árboles para ensanchar y conectar varios de los caminos indios. Gracias al Sendero Wilderness, a los colonos les resultó más fácil llegar a Kentucky. Hacia el año 1792, más de 100,000 personas habían viajado a través de este sendero.

A través del Paso de Cumberland

Uno de los caminos al oeste atravesaba el **Paso de Cumberland**. Este paso estaba ubicado cerca del límite actual entre Kentucky, Virginia, y Tennessee. Los indios americanos lo habían usado durante mucho tiempo.

Uno de los primeros pobladores que recorrieron el Paso de Cumberland fue el explorador **Daniel Boone**. Un **explorador** es alguien que abre caminos a través de una región desconocida. En 1769, Boone exploró las tierras al oeste del Paso de Cumberland, luego llamadas Kentucky. Más tarde, a Boone lo contrataron para despejar un camino a Kentucky. Este camino se conoció como el Sendero Wilderness.

Cuando las tierras en Virginia y en las Carolinas se encarecieron, un número mayor de pobladores comenzó a desplazarse hacia la frontera oeste. Sin embargo, viajar por el Sendero Wilderness no era fácil. Al principio, en la frontera no había lugares donde com-

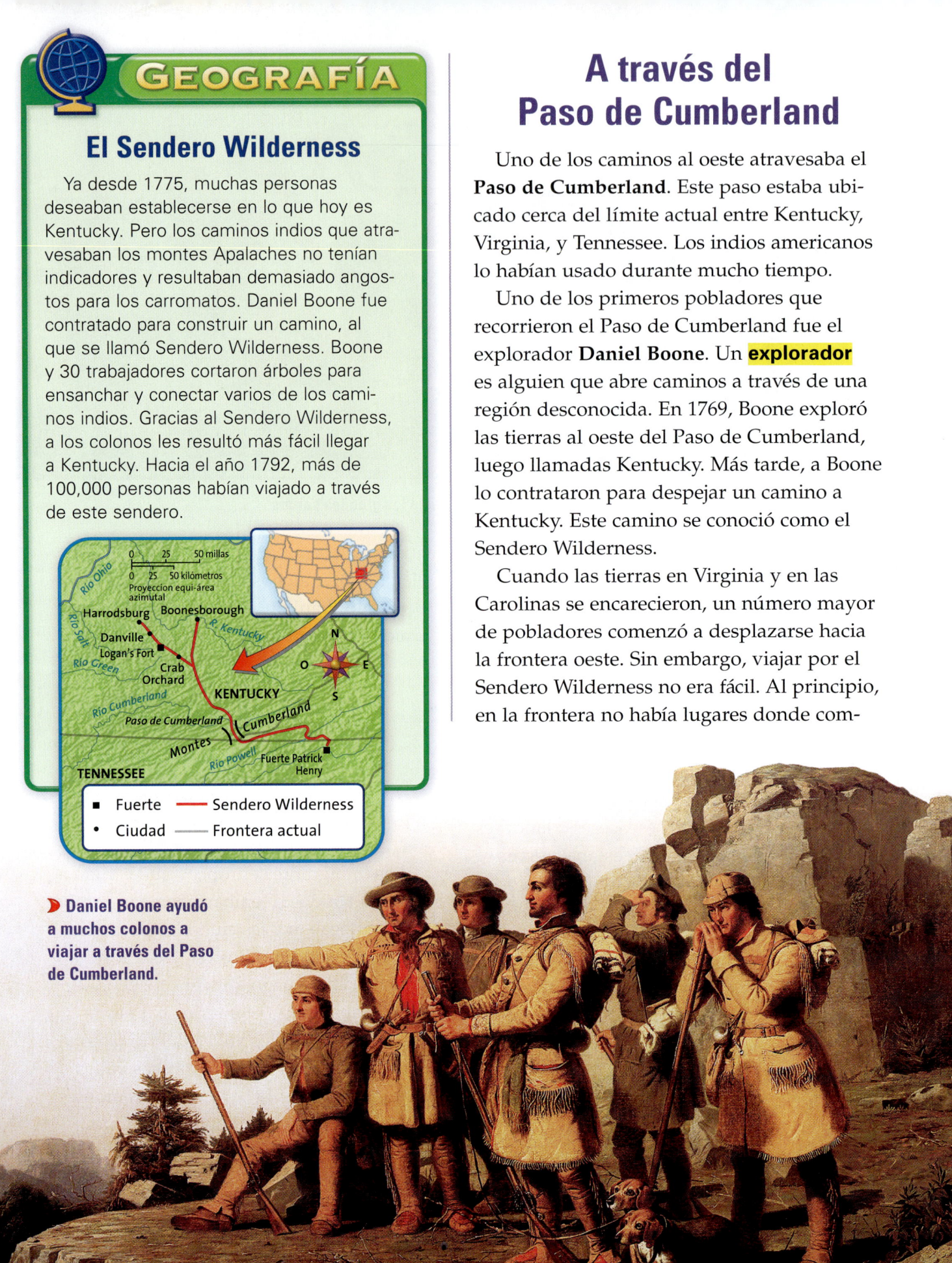

▶ Daniel Boone ayudó a muchos colonos a viajar a través del Paso de Cumberland.

> El Camino Nacional hizo que la entrega del correo fuera más rápida y fácil.

prar provisiones. Los colonos debían traer ropa, muebles y herramientas. Estos bienes eran transportados en carromatos de gran tamaño a través del Paso de Cumberland. Los carromatos podían cargar miles de libras de pertenencias, y eran suficientemente fuertes para viajar a través del Sendero Wilderness.

Con sus carromatos cargados, los colonos se lanzaban a cruzar las montañas. Hasta finales del siglo XVIII, había pocos colonos estadounidenses en Kentucky. Una persona que viajó por la zona a principios del siglo XIX escribió: "A menudo recorría 10 millas de angostos caminos sin ver una sola casa, y me perdía".* Sin embargo, la cantidad de colonos que llegaban a la zona aumentaba día a día.

En 1790, aproximadamente 110,000 colonos vivían al oeste de los montes Apalaches. Hacia el año 1800, solo diez años después,

*C. S. Rafinesque. *A Life of Travels and Researches in North America and South Europe*. F. Turner, 1836.

ese número había ascendido a 385,000. Muchos de los nuevos pobladores construyeron sus casas a orillas del río Ohio. Algunos de estos asentamientos estaban cerca de las tierras de los indios americanos.

A medida que la cantidad de pobladores aumentaba, crecía la necesidad de mejorar el sistema de transporte. Como respuesta, el gobierno federal comenzó a construir caminos. En 1811 se inició la construcción del Camino de Cumberland, también conocido como Camino Nacional. Hacia el año 1818, el Camino Nacional unía Maryland con el oeste de Virginia. Este camino era suficientemente ancho para los carromatos. Los viajeros que se dirigían al lejano oeste a menudo continuaban por barco a lo largo del río Ohio.

REPASO DE LA LECTURA ⭐ **GENERALIZAR**
¿Por qué eran importantes los carromatos para los colonos?

Capítulo 12 ■ 503

Uso de las rutas por agua

El transporte de bienes a caballo o en carromato era duro y difícil. A comienzos del siglo XIX, las rutas por agua ofrecieron una forma más simple de transportar personas y bienes. Los barcos grandes y las balsas podían llevar más personas y bienes que los carromatos.

Había ríos en casi todas las regiones. Los agricultores usaban estas rutas por agua para enviar sus cultivos a los mercados de la costa atlántica. Usaban **balsas**, o grandes plataformas de tablas atadas. Cada balsa medía 40 pies de largo y se podía usar en ríos poco profundos.

Pronto se impusieron otros métodos más rápidos para viajar por las rutas por agua. A finales del siglo XVIII, los inventores construyeron barcos impulsados por motores de vapor. **Robert Fulton** construyó un barco de vapor cuyo motor hacía girar una enorme rueda de paletas. Podía viajar río arriba a 5 millas por hora, aproximadamente. Los barcos de vapor se convirtieron en un medio de transporte común para los colonos que viajaban hacia el oeste.

Donde no había rutas por agua, se construyeron canales. Un **canal** es una ruta acuática que se cava en la tierra para unir masas de agua. El más famoso de estos canales, el **canal Erie**, conectaba el lago Erie con el río Hudson de New York. En 1825, cuando se terminó su construcción, el canal Erie tenía una longitud de 363 millas.

Míralo en detalle

El canal Erie

Muchas familias trabajaban y vivían en los barcos que trasladaban personas y bienes por el canal Erie en ambas direcciones. En el barco, cada persona tenía un trabajo. El padre solía ser el capitán, mientras que la madre cocinaba para la tripulación. Hasta los niños trabajaban guiando a las mulas que remolcaban los barcos a través del canal.

1. Compuertas de vigas balanceadas
2. Compuertas herméticas
3. Cabo de remolque
4. Sendero de remolque

¿Cómo pasaban los barcos a través de una esclusa?

En los lugares donde había diferentes niveles de agua, el canal tenía **esclusas**, o secciones de agua retenida entre compuertas. Una esclusa es como un ascensor para barcos. Cuando se abre una compuerta, el agua entra y eleva el barco al nivel de la siguiente esclusa. Luego se abre la otra compuerta y el barco avanza. Para bajar un barco se lleva a cabo el mismo proceso, pero a la inversa.

Antes de la construcción del canal Erie, se tardaba 20 días en enviar una tonelada de bienes de Buffalo a la ciudad de New York. Luego de la apertura del canal, se tardaba 8 días. Pronto se comenzaron a construir canales en muchos otros estados.

REPASO DE LA LECTURA **GENERALIZAR**
¿Cómo cambiaron los canales la forma en que los colonos viajaban hacia el oeste?

Resumen

A comienzos del siglo XIX, nuevas oleadas de inmigrantes llegaron a Estados Unidos. Los colonos usaban carromatos para atravesar el Paso de Cumberland. Otros usaban balsas o barcos de vapor para navegar por los ríos Ohio y Mississippi.

REPASO

1. ¿Cómo creció Estados Unidos a comienzos del siglo XIX?
2. Escribe una oración que incluya los términos **esclusa** y **canal**.
3. ¿Cómo transformaron los barcos de vapor la navegación fluvial?

RAZONAMIENTO CRÍTICO

4. **DESTREZA DE ANÁLISIS** ¿Por qué eran importantes los incentivos económicos para los nuevos inmigrantes?
5. **DESTREZA DE ANÁLISIS** ¿Por qué piensas que muchos de los nuevos colonos eligieron vivir cerca del río Ohio?
6. **Escribe un anuncio** Imagina que eres un escritor de principios del siglo XIX. Escribe un anuncio que anime a las personas a establecerse en la frontera.
7. **GENERALIZAR**
   En una hoja de papel, copia y completa el organizador gráfico de abajo.

Datos	
Se despejó el Paso de Cumberland para abrir una ruta a Kentucky.	Pronto fue posible viajar por canales hacia el oeste en menos tiempo.

Generalización

Destrezas con tablas y gráficas

Comparar gráficas

▶ POR QUÉ ES IMPORTANTE

Imagina que deseas hacer una presentación sobre la inmigración a Estados Unidos a comienzos del siglo XIX. Las gráficas te ayudarán a presentar mucha información en forma clara y concisa. Aprender a leer y hacer gráficas te permitirá comparar información en forma rápida.

▶ LO QUE NECESITAS SABER

Los diferentes tipos de gráficas ilustran la información de manera distinta. Una gráfica de barras usa barras para hacer comparaciones en forma rápida. La gráfica de barras de la página 507 muestra la inmigración a Estados Unidos entre 1820 y 1830. Una gráfica circular permite también hacer comparaciones. La gráfica circular de la página 507 muestra la inmigración proveniente de Gran Bretaña, Irlanda y Alemania en 1820. Una gráfica lineal muestra los cambios a través del tiempo. La gráfica lineal de la página 507 muestra la población de Estados Unidos entre 1820 y 1850.

▶ A comienzos del siglo XIX, casi todos los inmigrantes que llegaban a Estados Unidos provenían de Gran Bretaña, Alemania e Irlanda.

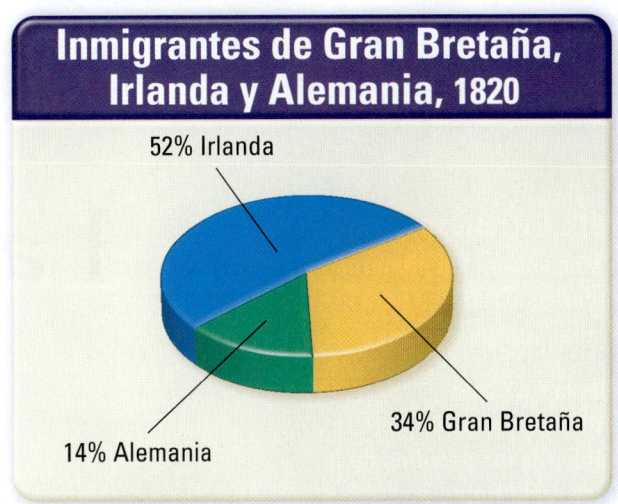

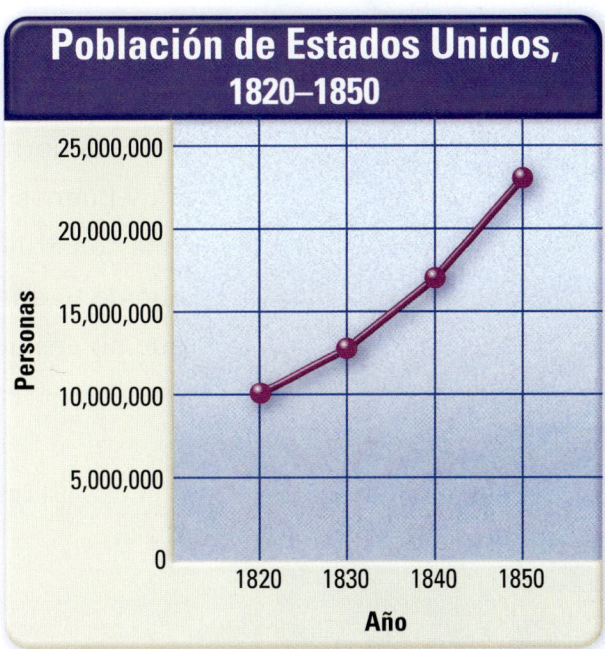

▶ PRACTICA LA DESTREZA

Contesta las siguientes preguntas. Para ello, deberás comparar la información de la gráfica de barras con la de la gráfica circular y la de la gráfica lineal. Piensa en las ventajas y desventajas de cada tipo de gráfica.

1 ¿De dónde venían más inmigrantes en 1820, de Irlanda o Gran Bretaña? ¿En qué gráfica encontraste la respuesta?

2 ¿Cuántas personas inmigraron a Estados Unidos en 1826?

3 Observa la gráfica lineal. ¿Qué ocurrió con la población de Estados Unidos?

4 En 1828, ¿hubo más o menos inmigrantes que en 1830?

▶ APLICA LO QUE APRENDISTE

Usa la información de la gráfica circular para resumir en un párrafo la información sobre inmigración. Muéstrale el párrafo a un compañero, y comparen ambos resúmenes.

Destrezas con tablas y gráficas

Capítulo 12 ■ 507

Lección 2

Tiempos

- **1803** Ohio se convierte en el decimoséptimo estado
- **1820** Aproximadamente 145,000 colonos viven en Indiana

La vida de los pioneros

REFLEXIONA
¿Cómo usaron los pioneros los recursos naturales para satisfacer sus necesidades?

- ✓ Describe cómo enfrentaron los primeros pioneros los desafíos de la vida en la frontera.
- ✓ Identifica los nuevos estados que se formaron con el crecimiento de Estados Unidos.

VOCABULARIO
pionero pág. 509
cuento folclórico pág. 511

PERSONAS
Abraham Lincoln
Daniel Drake
Mike Fink
John Chapman
Paul Bunyan

LUGARES
Vermont
Kentucky
Tennessee
Ohio

GENERALIZAR

Normas de California
HSS 5.8, 5.8.1, 5.8.3

IMAGÍNATE ALLÍ

Es una fría mañana en la granja de tu familia, cerca del río Ohio. Tu padre entra en la cabaña con un montón de leña, y te apresuras a echarle una mano.

"Esta tierra es maravillosa", dice sonriendo. "Y te tengo muy buenas noticias. Hay otra familia un poco más al este, y está construyendo una cabaña. Me han dicho que tienen un hijo de tu edad". ¡Vas a tener vecinos! Hace más de un mes que no ves a otro niño que no sea tu hermana mayor.

▶ Los primeros colonos de Orange, Ohio, tenían muy pocos vecinos.

508 ■ Unidad 6

› En el Sitio Histórico Estatal de New Salem, en Petersburg, Illinois, una representación histórica muestra cómo era la vida de las familias de los pioneros en Illinois.

Un hogar de la frontera

La población de las tierras al oeste de los montes Apalaches crecía rápidamente. En 1800, aproximadamente 5,000 habitantes vivían en lo que hoy es Indiana. Hacia el año 1820, otros 140,000 colonos se mudaron allí. A menudo, la vida en los asentamientos del oeste era difícil, aunque abundaban los recursos naturales.

Para los **pioneros**, o los primeros habitantes en asentarse en un lugar, los árboles eran uno de los recursos naturales más importantes. Casi todos los pioneros vivían en cabañas hechas con troncos de árboles grandes. Los troncos se apilaban unos sobre otros, y las hendiduras se tapaban con musgo o barro. Muchas de las primeras cabañas medían menos de 20 pies de ancho y tenían solo una o dos habitaciones. Las ventanas, cuando había, eran pequeñas y se cubrían con papel engrasado en lugar de vidrio. Los pioneros encendían leña en sus chimeneas para calentar la cabaña y para cocinar. Las chimeneas también servían para iluminar.

Algunos pioneros ni siquiera tenían cabaña. En 1816, Thomas y Nancy Lincoln viajaron con su hijo, **Abraham Lincoln**, al Noroeste. Pasaron gran parte del invierno en un refugio de tres paredes hecho con ramas y troncos. El joven Abraham Lincoln, quien luego se convirtió en presidente de Estados Unidos, tuvo una vida difícil en la frontera.

REPASO DE LA LECTURA
GENERALIZAR ¿Por qué eran los árboles un recurso valioso para los pioneros?

› Las mujeres calentaban las planchas en hornos de leña.

Capítulo 12 ■ 509

Los niños EN LA HISTORIA

Daniel Drake

Daniel Drake llevaba una vida atareada en la granja de Kentucky donde vivía. Se levantaba antes del amanecer y daba de comer a los caballos, las vacas y los cerdos. El día de limpieza, traía agua del manantial y ayudaba a refregar la ropa. También era el responsable del fuego, de cuidar a los niños más pequeños y de arar los campos. Pero Daniel Drake no pasó toda su vida en la granja familiar. Cuando adulto, se convirtió en un conocido médico de la frontera.

Aplícalo ¿En qué se parecen y en qué se diferencian las tareas que hacía Daniel de las que hacen los niños hoy en día?

Trabajo en grupo

El trabajo en las granjas de la frontera era muy duro. Los colonos se levantaban antes del alba para comenzar sus tareas. Los hombres y los niños cuidaban de los animales y los cultivos. Usaban palas y rastrillos de madera que ellos mismos fabricaban.

Las mujeres y las niñas también cuidaban de la granja y hacían muchas otras tareas. Una pionera escribió:

> **"...cada mujer es, a la vez, cocinera, enfermera, costurera y maestra."** *

Los habitantes de la frontera a menudo daban clases a sus propios hijos. Las escuelas se construían solo si había suficientes vecinos en la misma zona. Aun en esos casos, la mayor parte de los niños iba a la escuela solo una parte del año.

Casi todos los niños de las familias pioneras tenían poco tiempo para ir a la escuela. Comenzaban a trabajar a muy temprana edad. **Daniel Drake** vivía en una granja en Kentucky. Cuando tenía 8 años, Daniel ya ayudaba a su padre a cultivar el campo.

Las tareas cotidianas de las familias pioneras exigían un duro trabajo. Lavar la ropa, por ejemplo, podía llevar todo el día. Los pioneros hacían su propio jabón con cenizas y grasa animal. Las familias traían cubetas de agua desde algún río o arroyo cercano, y refregaban cada prenda hasta que quedaba limpia.

REPASO DE LA LECTURA **RESUMIR**
¿Por qué muchos niños de las familias pioneras iban al colegio solo una parte del año?

*Mary Clavers. *A New Home—Who'll Follow?* C. S. Francis & Co., 1855.

Pioneros legendarios

Los pobladores que se asentaban en la frontera debían enfrentar grandes desafíos. Algunos pioneros eran tan famosos que se inventaban historias sobre ellos. Uno de esos pioneros fue **Mike Fink**, que trabajaba como marinero en el río Mississippi. Algunas de las historias sobre él son **cuentos folclóricos**, o historias de aventuras con exageraciones. Un cuento folclórico dice que Fink escapó de su hogar cuando tenía apenas dos años de edad. Otro dice que podía luchar contra caimanes y tortugas mordedoras.

Muchos cuentos folclóricos hablaban de personas que vivían en la frontera. **John Chapman** era una de esas personas. Chapman se dedicaba a plantar árboles y pasó gran parte de su vida viajando por Pennsylvania, Ohio, Indiana e Illinois. Se dice que Chapman regalaba semillas de manzana a los colonos que encontraba en su camino, y por eso se le conoce como Johnny Appleseed.

No todos los cuentos folclóricos hablaban de personas reales. Los habitantes del Territorio del Noroeste a menudo contaban historias sobre un leñador llamado **Paul Bunyan**. Dice una famosa canción sobre Paul Bunyan:

> **"Nació en Wisconsin y medía 35 pies de altura."** *

Obviamente, esta historia es inventada. ¡Nadie mide 35 pies de altura! Pero las historias que narraban las hazañas de Paul Bunyan tenían algo de cierto. Los leñadores tenían que ser fuertes porque debían cortar árboles enormes.

REPASO DE LA LECTURA  **GENERALIZAR**
¿En qué zona del país vivían casi todos los personajes de los cuentos folclóricos?

*Earl Clifton Beck. *Songs of the Michigan Lumberjacks.* University of Michigan Press, 1941.

▶ Un cuento folclórico dice que las enormes huellas de Paul Bunyan y *Babe, el buey azul*, dieron origen a los 10,000 lagos de Minnesota.

Analizar mapas

◆ **Ubicación** ¿Qué dos estados estaban ubicados más al oeste en Estados Unidos en 1800?

Nuevos estados

En 1791, **Vermont** se sumó a los 13 estados originales. A medida que más pioneros se asentaban en el oeste, nuevos estados se formaban. En 1792 se admitió el primer estado ubicado al oeste de los montes Apalaches. Su nombre, **Kentucky**, viene de una palabra de los iroqueses que significa "tierra del mañana".

Algunas personas no estaban de acuerdo con la formación de nuevos estados. Durante la década de 1780, un grupo de North Carolina intentó crear el "estado de Franklin". John Sevier, un ex soldado, fue elegido gobernador de ese estado en 1785. Sin embargo, North Carolina rápidamente envió soldados para recuperar las tierras.

En 1796, John Sevier se convirtió en el primer gobernador de **Tennessee**, otro estado. Esta vez, la región que Sevier gobernaba fue aceptada como parte de Estados Unidos. Tennessee recibió ese nombre por Tanasi, una aldea cherokee.

La creación de nuevos estados no terminó con Kentucky y Tennessee. El Territorio del Noroeste también crecía rápidamente. Los habitantes usaban el río Ohio y otros ríos de la región para viajar. En poco tiempo, comenzaron a construir ciudades a orillas de esos ríos. Esas personas eran de orígenes diferentes. Algunos eran afroamericanos que se habían mudado allí porque en el Territorio del Noroeste no se permitía la esclavitud.

En 1788, los pioneros fundaron Marietta, el asentamiento permanente más antiguo en lo que hoy es **Ohio**. El río Ohio ayudó a hacer de Marietta un importante centro comercial del Territorio del Noroeste. Pronto se construyeron otras ciudades en Ohio. Hacia el año 1800, la población de Ohio era de más de 45,000 habitantes. En 1803, se convirtió en el decimoséptimo estado. Con el tiempo, a medida que los pobladores se desplazaban hacia el lejano oeste, este patrón de asentamiento, crecimiento y creación de estados se repitió en todo el Territorio del Noroeste.

REPASO DE LA LECTURA GENERALIZAR
¿Por qué eligieron algunos afroamericanos asentarse en el Territorio del Noroeste?

Resumen

A comienzos del siglo XIX, más personas se asentaron en el Territorio del Noroeste. A medida que los colonos se desplazaban hacia el oeste, se formaban nuevos estados.

REPASO

1. ¿Cómo usaron los pioneros los recursos naturales para satisfacer sus necesidades?

2. Usa el término **pionero** en una oración que explique su significado.

3. ¿Cómo afectaban los ríos la decisión de asentarse en uno u otro lugar?

RAZONAMIENTO CRÍTICO

4. ¿Por qué elegían los pioneros ir a lugares donde tendrían que enfrentar desafíos y dificultades?

5. **Escribe un cuento folclórico** Elige un pionero. Luego escribe una historia de aventuras sobre él.

6. **GENERALIZAR**

En una hoja de papel, copia y completa el organizador gráfico de abajo.

Datos		

Generalización
Los colonos trabajaban duro en las granjas de la frontera.

▶ Esta pintura muestra Marietta, Ohio, en 1835.

Capítulo 12 ■ 513

Lección 3

Tiempos

- **1800**
- **1803** Estados Unidos compra Louisiana a Francia
- **1805** Lewis y Clark llegan al océano Pacífico
- **1825**
- **1806** Zebulon Pike explora el Suroeste
- **1850**

REFLEXIONA
¿Qué tierras adquirió Estados Unidos con la Compra de Louisiana?

- ✓ Explica por qué el presidente Jefferson aceptó comprarle Louisiana a Francia.
- ✓ Describe la expedición que exploró las tierras de la Compra de Louisiana.

VOCABULARIO
intrusión pág. 518

PERSONAS
Thomas Jefferson
Napoleón Bonaparte
Meriwether Lewis
William Clark
York
Sacagawea
Zebulon Pike

LUGARES
Fuerte Mandan
Pico Pikes

GENERALIZAR

Normas de California
HSS 5.3, 5.8, 5.8.3

La exploración hacia el oeste

IMAGÍNATE ALLÍ

En la plaza de New Orleans, un cálido sol se posa sobre la multitud. Como hacen todos, observas a los hombres ubicados en el centro de la plaza. Están izando la bandera de franjas rojas y blancas.

"Mira, esa es la bandera estadounidense", comentan unos a otros mientras la bandera se agita al viento. Desde hoy, 20 de diciembre de 1803, New Orleans no pertenece más a Francia. ¡Tu hogar se encuentra en tierras que ahora pertenecen a Estados Unidos!

▶ La bandera de Estados Unidos es izada en New Orleans.

514 ▪ Unidad 6

Analizar mapas

Lugar ¿Qué río marcaba la frontera oeste de Estados Unidos antes de la Compra de Louisiana?

La Compra de Louisiana

El 4 de marzo de 1801, **Thomas Jefferson** se convirtió en el tercer presidente de Estados Unidos. Al asumir su cargo, Jefferson expresó sus mejores deseos y describió Estados Unidos como "un país naciente, extendido sobre una tierra amplia y generosa".* Sin embargo, Jefferson sabía que la nación enfrentaba serios problemas.

Uno de esos problemas era que Estados Unidos no tenía puertos propios en el golfo de México. Los agricultores del oeste debían embarcar sus productos por el río Mississippi hasta New Orleans, que en aquella época estaba bajo el control de España. Allí, vendían sus productos a los barcos que partían hacia Europa y otros lugares.

Poco después de que Jefferson fuera presidente, España devolvió New Orleans y el resto de Louisiana a Francia. Jefferson temía que si los franceses controlaban Louisiana, los colonos no podrían seguir desplazándose hacia el lejano oeste.

Jefferson envió representantes a Francia para pedirle a **Napoleón Bonaparte**, líder de Francia, que le vendiera New Orleans y las tierras cercanas. Para entonces, Francia se preparaba para luchar contra Gran Bretaña. Napoleón necesitaba dinero para enfrentar a los británicos, así que accedió a vender Louisiana, un territorio de más de 800,000 millas cuadradas, por solo 15 millones de dólares. El 30 de abril de 1803, el acuerdo se hizo oficial y el tamaño de Estados Unidos se duplicó. La venta de este enorme territorio se conoció como la Compra de Louisiana.

REPASO DE LA LECTURA GENERALIZAR
¿Por qué aceptó Francia vender Louisiana?

*Thomas Jefferson. *Jefferson's Call for Nationhood: The First Inaugural Address*. Texas A&M University Press, 2003.

Capítulo 12 ■ 515

La exploración de Louisiana

Pocas personas en Estados Unidos conocían las nuevas tierras de la nación que se extendían desde el río Mississippi hasta las montañas Rocosas, y desde New Orleans en dirección norte hasta Canadá. Para conocer los recursos de la región, el presidente Jefferson pidió al Congreso que financiara la exploración de esas tierras.

Jefferson escogió a **Meriwether Lewis** para encabezar la expedición. Lewis, un ex oficial del ejército, había prestado servicios en el Territorio del Noroeste. Meriwether Lewis eligió a su amigo **William Clark** para que lo acompañara. Clark era el encargado de llevar los registros y trazar los mapas.

Lewis y Clark formaron un grupo de aproximadamente 30 personas, en su mayoría soldados, y llamaron al grupo Brigada de Descubrimiento. **York**, un esclavo afroamericano que pertenecía a Clark, formaba parte del grupo. York era muy hábil para la caza y la pesca.

En mayo de 1804, el grupo dejó atrás el campamento en las cercanías de la actual St. Louis y remontó el río Missouri en una embarcación. Para octubre, la expedición había alcanzado lo que hoy es North Dakota, donde debieron detenerse a causa del invierno. El grupo construyó un pequeño campamento, al que llamaron **Fuerte Mandan**, cerca de una aldea de la tribu india de los mandan.

Allí, Lewis y Clark contrataron a un comerciante francés de pieles para que tradujera las lenguas indígenas. Este comerciante de pieles estaba casado con una mujer shoshón, llamada **Sacagawea**. Lewis y Clark pidieron a Sacagawea que guiara la expedición a través de las tierras de los shoshones.

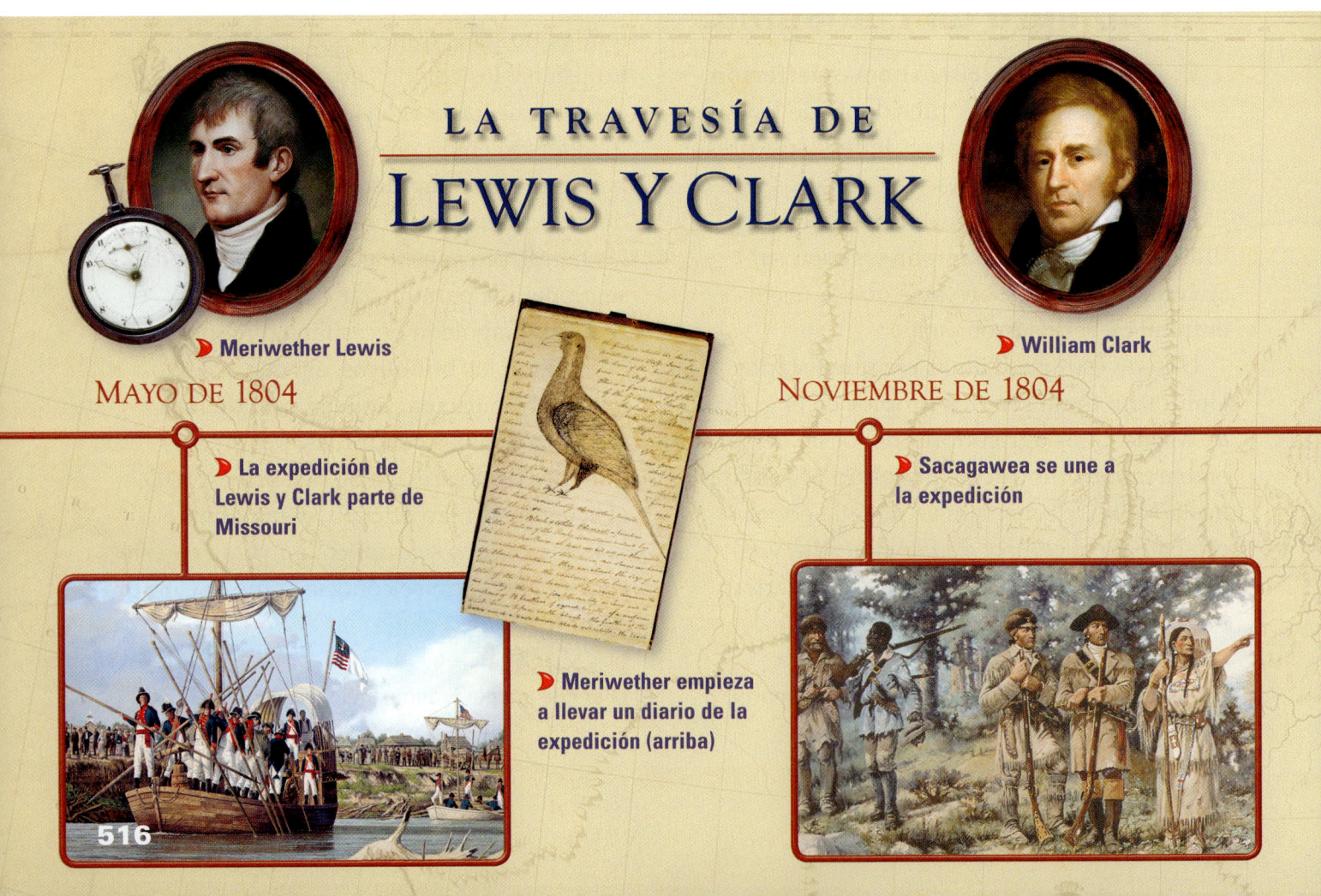

LA TRAVESÍA DE LEWIS Y CLARK

▶ Meriwether Lewis

▶ William Clark

MAYO DE 1804
▶ La expedición de Lewis y Clark parte de Missouri

▶ Meriwether empieza a llevar un diario de la expedición (arriba)

NOVIEMBRE DE 1804
▶ Sacagawea se une a la expedición

En la primavera de 1805, la expedición de Lewis y Clark se puso nuevamente en marcha, y subió por el río Missouri hasta las montañas Rocosas. Gracias a la ayuda de Sacagawea, los exploradores compraron caballos a los shoshones y continuaron el viaje a través de los pasos de las montañas Rocosas. Luego de cruzar las montañas, construyeron botes y descendieron por los ríos Clearwater, Snake y Columbia hacia la costa del Pacífico.

En noviembre de 1805, luego de recorrer más de 3,000 millas en algo más de un año, la expedición de Lewis y Clark alcanzó el océano Pacífico. Aquel día, Clark escribió en su diario:

> 66 ¡Océano a la vista! ¡Ay, qué alegría! 99 *

*William Clark. *The Journals of Lewis and Clark*. Mariner Books, 1997.

En marzo de 1806, la Brigada de Descubrimiento emprendió el largo viaje de regreso a St. Louis, adonde llegaron en septiembre. A pesar de los peligros, regresaron a salvo y solo perdieron a un miembro de la expedición. La Brigada de Descubrimiento había cumplido con el pedido del presidente Jefferson.

Lewis y Clark habían trazado mapas que mostraban la ubicación relativa de pasos montañosos y ríos importantes. En el camino, habían mantenido contacto con muchos grupos de indios americanos. También trajeron semillas, plantas e incluso animales vivos. Años más tarde, la labor de Lewis y Clark ayudó a los colonos estadounidenses a llegar a la costa del Pacífico.

REPASO DE LA LECTURA ☆**GENERALIZAR**
¿Cómo ayudaron los grupos de indios americanos a Lewis y Clark durante la expedición?

❯ La expedición llega al océano Pacífico

❯ La expedición regresa a St. Louis

❯ La expedición llega a Montana

SEPTIEMBRE DE 1805 NOVIEMBRE DE 1805 SEPTIEMBRE DE 1806

❯ Muchos líderes de los indios americanos viajan a Washington, D.C., para reunirse con el presidente Jefferson (abajo, la medalla de la paz).

La expedición de Pike

En 1806, otra expedición partió a explorar el suroeste de las tierras de la Compra de Louisiana. El capitán **Zebulon Pike** encabezó un pequeño grupo que hizo varios descubrimientos acerca de la geografía de la región. En la zona donde hoy está Colorado, Pike vio a la distancia una "montaña azul". Hoy en día, esa montaña lleva su nombre y es conocida como **pico Pikes**.

La expedición siguió las montañas Rocosas hacia el sur. En el camino, los exploradores se internaron, sin saberlo, en tierras españolas. Los españoles arrestaron a Pike y a otros miembros por **intrusión**, o entrar al territorio sin permiso. Pike pasó varios meses con los españoles hasta que lo liberaron.

▶ Zebulon Pike

Cuando regresó a Estados Unidos, describió la ruta que llevaba a las tierras españolas y explicó que los pobladores de esos lugares necesitaban productos manufacturados. Los comerciantes de Estados Unidos pronto se dirigieron al Suroeste para comerciar con los colonos españoles.

REPASO DE LA LECTURA
GENERALIZAR ¿Cómo afectó la expedición de Zebulon Pike el comercio con España?

Resumen

En 1803, Estados Unidos le compró Louisiana a Francia. Con la Compra de Louisiana, Estados Unidos sumó a su territorio una enorme cantidad de tierras. Meriwether Lewis, William Clark y Zebulon Pike exploraron esta nueva zona.

REPASO

1. ¿Qué tierras adquirió Estados Unidos con la Compra de Louisiana?
2. Usa el término **intrusión** en una oración sobre Zebulon Pike.
3. ¿Qué función desempeñó Sacagawea en la expedición de Lewis y Clark?

RAZONAMIENTO CRÍTICO

4. ¿Por qué era importante para Estados Unidos la ubicación relativa de New Orleans?
5. ¿Cuáles fueron algunos de los costos y beneficios de la expedición de Lewis y Clark?

6. **Escribe un editorial** Imagina que se acaba de concretar la Compra de Louisiana. Escribe un editorial en el que muestres tu acuerdo o desacuerdo con la decisión de Jefferson de enviar exploradores a las nuevas tierras.

7. **GENERALIZAR**

En una hoja de papel, copia y completa el organizador gráfico de abajo.

Datos

| Lewis y Clark exploraron la parte noroeste de la Compra de Louisiana. | Zebulon Pike exploró la parte suroeste de la Compra de Louisiana. |

Generalización

Sacagawea

Biografía

Integridad
Respeto
Responsabilidad
Equidad
Bondad
Patriotismo

Sacagawea, una india de la tribu de los shoshones, nació en el actual estado de Idaho. En 1800, fue secuestrada por otro grupo de indios y fue separada de su tribu. Ya de joven, se casó con un comerciante francés llamado Toussaint Charbonneau. Cuando Lewis y Clark contrataron a Charbonneau para su expedición, le pidieron a Sacagawea que fuera con ellos como intérprete.

Sacagawea ayudó a los exploradores a encontrar las rutas a seguir. Durante toda la travesía, llevó con ella a su bebé, Jean Baptiste. Lewis y Clark elogiaban la valentía de Sacagawea. Un día, el bote en el que viajaban se dio vuelta. Charbonneau se asustó mucho, pero Sacagawea rescató tranquilamente los diarios y las provisiones.

Con el tiempo, la Brigada de Descubrimiento llegó a las tierras de los indios shoshones. Para su sorpresa, Sacagawea descubrió que su hermano Cameahwait se había convertido en líder de los shoshones. Sin embargo, Sacagawea prefirió permanecer con la Brigada de Descubrimiento.

Cuando terminó la expedición, Sacagawea y Charbonneau se mudaron al Fuerte Manuel, en lo que hoy es South Dakota. Permanecieron allí hasta que ella murió, alrededor de 1812.

En 1994, Sacagawea fue honrada con este sello.

La importancia del carácter

¿De qué manera Sacagawea demostró integridad al permanecer junto a la Brigada de Descubrimiento?

Biografía breve

1786 Nace en 1786?
1800 Sacagawea es secuestrada y llevada a North Dakota
1804 Sacagawea se une a la expedición de Lewis y Clark
1812 Muere en 1812?

 Visita MULTIMEDIA BIOGRAPHIES en www.harcourtschool.com/hss para hallar biografías multimedia.

Destrezas de razonamiento crítico

Tomar una decisión bien pensada

▶ POR QUÉ ES IMPORTANTE

Cuando encabezaron la famosa expedición por las tierras de la Compra de Louisiana, Lewis y Clark debieron tomar muchas decisiones bien pensadas. Estas decisiones tuvieron consecuencias importantes para la expedición. Una **consecuencia** es lo que ocurre a causa de una acción. Las decisiones que tomas pueden tener buenas o malas consecuencias. Para tomar una decisión bien pensada, debes pensar en las posibles consecuencias antes de actuar.

▶ LO QUE NECESITAS SABER

Estos son algunos pasos que puedes seguir para tomar una decisión bien pensada.

Paso 1 Haz una lista de las opciones que pueden ayudarte a alcanzar tu objetivo.

Paso 2 Reúne la información que necesitarás para tomar una buena decisión.

Paso 3 Predice las posibles consecuencias y compáralas.

Paso 4 Toma una decisión y llévala a la práctica.

▶ PRACTICA LA DESTREZA

Imagina que buscas una ruta a la costa del Pacífico. Como líder de la expedición, tendrás que tomar decisiones importantes. De tu habilidad para tomar decisiones bien pensadas depende la supervivencia del grupo. En la página 521 se describen dos decisiones importantes que deberás tomar. Piensa en las posibles consecuencias de cada opción y toma una decisión bien pensada. Explica los pasos que seguiste para tomar cada decisión.

▶ El éxito de la Brigada de Descubrimiento dependía a menudo de la ayuda de los grupos de indios americanos.

❶ Estás adquiriendo provisiones para tu próxima expedición. ¿Deberás comprar suficiente comida para todo el viaje, o llevar menos de lo necesario y cazar y recolectar alimento en el camino? Recuerda que deberás cargar todas las provisiones que lleves.

❷ Luego de comenzar la travesía, te detienes en un puesto comercial. Conoces allí a dos comerciantes franceses y a un indio de las llanuras; los tres hablan más de una lengua. ¿Los contratas para que te ayuden a comunicarte con los diferentes grupos que viven en la zona, o ahorras el dinero y limitas el número de personas de tu grupo?

APLICA LO QUE APRENDISTE

Aplícalo Piensa en una decisión que hayas tomado en la escuela esta semana. ¿Qué pasos has seguido? ¿Qué opciones tenías? ¿Cuáles fueron las consecuencias de las decisiones que tomaste? ¿Crees que tu decisión fue bien pensada? Explícale tu respuesta a un miembro de tu familia.

Lección 4

Tiempos

1800 — 1825 — 1850

- **1808** Tecumseh y su hermano establecen Prophetstown
- **1812** Estados Unidos declara la guerra a Gran Bretaña
- **1814** Soldados británicos capturan Washington, D.C.

La Guerra de 1812

REFLEXIONA
¿Qué eventos condujeron a una nueva guerra entre Gran Bretaña y Estados Unidos?

✓ Explica cómo Tecumseh intentó unir a los grupos de indios americanos.

✓ Describe los eventos de la Guerra de 1812.

VOCABULARIO
invadir pág. 523

PERSONAS
Tecumseh
James Madison
Dolley Madison
Francis Scott Key
Andrew Jackson

LUGARES
Prophetstown
Fuerte McHenry

Destreza clave **GENERALIZAR**

Normas de California
HSS 5.3, 5.3.6

IMAGÍNATE ALLÍ

Cientos de indios de la tribu shawnee se han reunido a escuchar al jefe **Tecumseh**. El viento frío golpea contra tu espalda mientras escuchas sus palabras.

Tecumseh levanta la mano y dice en voz alta: "¿Permitiremos que acaben con nosotros sin oponer una resistencia digna de nuestra raza?"*

La respuesta de la multitud estalla como un trueno. "¡Tiene razón!", grita tu amigo. "¡Dentro de cien años seguirán hablando de nuestra valentía!"

*Tecumseh. *Encyclopedia of Native American Tribes* por Carl Waldman. Checkmark Books, 1999.

▶ Los shawnee consideraban a Tecumseh un gran guerrero. El general británico Sir Isaac Brock le obsequió esta brújula.

522 ▪ Unidad 6

> En busca de más miembros para su confederación, Tecumseh visitó a casi todas las tribus al oeste de los montes Apalaches y al este del río Mississippi.

El plan de Tecumseh

Los colonos que se desplazaban hacia el oeste ocupaban las tierras que pertenecían a los indios americanos. A menudo, el ejército de Estados Unidos intentaba expulsar a los indios. En Canadá, en cambio, los británicos optaron por ayudar a los indios y alentarlos a luchar contra los estadounidenses.

Algunos líderes indios llamaron a la unión de las tribus para combatir a los colonos. El jefe Tecumseh, de la tribu shawnee, era uno de ellos. Tecumseh intentó convencer a las naciones indias de que se unieran para luchar contra Estados Unidos. El jefe shawnee decía que las tribus debían unirse para detener a los colonos que habían invadido sus tierras. **Invadir** es atravesar los límites establecidos.

En 1808, Tecumseh y su hermano Tenskwatawa, a quien los colonos llamaban el Profeta, fundaron una aldea llamada **Prophetstown** en lo que hoy es Indiana.

Tecumseh esperaba que los indios de diferentes grupos fueran a Prophetstown a defender sus tierras. Algunas tribus aceptaron unirse, pero otras no quisieron aliarse con antiguos enemigos.

Aun así, Tecumseh continuó con sus esfuerzos. En sus discursos, usaba palabras fuertes. Tecumseh creía que los grupos indios debían dejar de lado sus diferencias. Dijo: "Hermanos, debemos unirnos. Debemos luchar en la batalla de todos".*

Tecumseh pidió a los indios que se unieran a los británicos. Los británicos ofrecieron su ayuda porque querían evitar que Estados Unidos siguiera creciendo. Las tensiones entre Estados Unidos y Gran Bretaña aumentaron. Poco después, las dos naciones se enfrentaron en una nueva guerra.

REPASO DE LA LECTURA GENERALIZAR
¿Por qué pidió Tecumseh a las otras naciones indias que se unieran contra los colonos estadounidenses?

*Tecumseh. *Tecumseh: A Life* por John Sugden. Owl Books, 1999.

Capítulo 12 ■ 523

Una segunda guerra contra Gran Bretaña

Los estadounidenses se enojaron con los británicos por varias razones. A comienzos del siglo XIX, Gran Bretaña y Francia estaban a menudo en guerra. Para evitar que los estadounidenses comerciaran con Francia y otras naciones, la armada británica capturaba barcos mercantes estadounidenses. En junio de 1812, el presidente **James Madison** pidió al Congreso que declarara la guerra a Gran Bretaña. Los miembros del Congreso aceptaron de inmediato.

Gran Bretaña tenía la armada más poderosa del mundo, con la que estableció un bloqueo en la costa atlántica. Aunque la pequeña Armada de Estados Unidos solo tenía 16 barcos, triunfó en batallas importantes, entre ellas, la del lago Erie en 1813.

Los soldados estadounidenses se desplazaron luego hasta Canadá británica. El 5 de octubre de 1813 sostuvieron la batalla del Thames, en la que vencieron a los británicos y a sus aliados indios. El jefe Tecumseh murió en la batalla. Después de su muerte, las alianzas entre los grupos indios se disolvieron.

Las fuerzas británicas también ganaron batallas. En agosto de 1814, los soldados británicos cercaron Washington, D.C. Cuando la contienda se acercaba a la Casa Blanca, la primera dama **Dolley Madison** comenzó a empacar sus cosas. Al escapar, logró salvar papeles importantes del gobierno y un retrato de George Washington. Esa tarde, los británicos incendiaron la Casa Blanca, el Capitolio y la Biblioteca del Congreso.

Con la ciudad de Washington en llamas, los británicos navegaron hasta Baltimore, que estaba protegida por el **Fuerte McHenry**.

▶ Durante la Guerra de 1812, se libraron muchas batallas en el mar.

Aunque el bombardeo de los barcos británicos contra el fuerte duró muchas horas, los estadounidenses no se rindieron. La imagen de la bandera flameando sobre el fuerte al terminar la batalla enorgulleció tanto a **Francis Scott Key** que escribió un poema. El poema se convertiría luego en la canción "La bandera adornada de estrellas".

Como no lograron vencer a los estadounidenses en Baltimore, los británicos navegaron hacia el sur, hasta New Orleans. Las tropas estadounidenses los esperaban allí. Luego de una lucha feroz, el general **Andrew Jackson** obligó a los británicos a retirarse. Sin embargo, en aquel momento Estados Unidos ya había ganado la guerra. El 24 de diciembre de 1814, dos semanas antes de la batalla, británicos y estadounidenses habían firmado un tratado de paz en Europa. Como las noticias tardaban en llegar, la información sobre el tratado de paz no llegó a tiempo a New Orleans para evitar la batalla.

> **Dolley Madison**

REPASO DE LA LECTURA CAUSA Y EFECTO ¿Qué evento hizo que Francis Scott Key escribiera "La bandera adornada de estrellas"?

Resumen

El jefe Tecumseh intentó convencer a los indios para que se unieran contra los colonos estadounidenses. Gran Bretaña ofreció su ayuda a los indios. Las tensiones entre Gran Bretaña y Estados Unidos llevaron a la Guerra de 1812.

REPASO

1. ¿Qué eventos condujeron a una nueva guerra entre Gran Bretaña y Estados Unidos?
2. Usa el término **invadir** en una oración sobre Tecumseh.
3. ¿Quién llevó a las tropas estadounidenses a la victoria en la batalla de New Orleans?

RAZONAMIENTO CRÍTICO

4. ¿Por qué crees que se disolvieron las alianzas entre los grupos indios luego de la muerte de Tecumseh?
5. ¿Por qué era importante para los británicos la ubicación relativa de Washington, D.C., durante la Guerra de 1812?
6. **Escribe una entrevista** Imagina que eres reportero de un periódico durante la Guerra de 1812. Escribe una lista de preguntas para hacerle a Francis Scott Key sobre su poema "La bandera adornada de estrellas".
7. **GENERALIZAR**

En una hoja de papel, copia y completa el organizador gráfico de abajo.

Datos	
Los británicos alentaron a los grupos de indios a combatir a los colonos de Estados Unidos.	Tecumseh sostenía que los indios americanos debían aliarse con los británicos.

Generalización

Lección 5

Tiempos

- **1827** Se redacta la constitución cherokee
- **1835** Comienza la Segunda Guerra de los seminolas
- **1838** Los cherokees son obligados a abandonar sus tierras

REFLEXIONA
¿Cómo cambió la vida de los indios americanos a comienzos del siglo XIX?

- Describe qué hicieron los indios seminolas para evitar que los expulsaran de sus tierras.
- Explica cómo el jefe John Ross intentó proteger a los cherokees.
- Describe las dificultades que atravesaron los cherokees en el Sendero de Lágrimas.

VOCABULARIO
reserva pág. 527
asimilar pág. 528

PERSONAS
jefe Osceola
Andrew Jackson
Sequoyah
jefe John Ross
John Marshall

LUGARES
Florida
Georgia
North Carolina

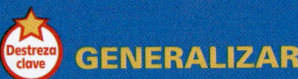
GENERALIZAR

Normas de California
HSS 5.3, 5.3.4, 5.3.6, 5.8

Cambios en la vida de los indios americanos

IMAGÍNATE ALLÍ

El **jefe Osceola** alza su cabeza y te observa a ti y a tus compañeros los indios seminolas que lo escuchan. "El ejército de Estados Unidos nos está atacando por el norte", dice. "Nos quieren expulsar".

La idea de abandonar tu aldea te pone triste. En ese momento oyes un sonido en el agua del pantano. ¿Era solo un lagarto o son los soldados que ya están aquí? Tomas la mano de tu hermana y la sujetas con firmeza.

"No nos rendiremos", dice Osceola. Te mira fijamente. "Lucharemos para mantener nuestras tierras."

La Masacre Dade, una emboscada que los seminolas tendieron a los soldados de Estados Unidos, señala el comienzo de la Segunda Guerra de los seminolas.

526 ▪ Unidad 6

Las guerras de los seminolas

Por muchos años, los colonos estadounidenses y los seminolas habían luchado unos contra otros. Los colonos estaban enojados porque los seminolas de la **Florida** española protegían a los esclavos fugitivos. En 1818, el general **Andrew Jackson** se internó con sus soldados en Florida. Los enfrentamientos que siguieron a la entrada de Jackson se conocieron como la Primera Guerra de los seminolas.

Al año siguiente, en 1819, España aceptó ceder Florida a Estados Unidos. El gobierno de Estados Unidos pronto obligó a los seminolas a recluirse en una reserva en Florida. Una **reserva** es una zona de tierras que el gobierno destina solamente a los indios americanos. En 1829, cuando Andrew Jackson se convirtió en presidente, obligó a los seminolas a trasladarse a tierras del oeste. Muchos seminolas que no querían abandonar sus hogares decidieron permanecer y luchar.

▶ **Jefe Osceola**

En 1835 comenzó la Segunda Guerra de los seminolas. En esta ocasión, el jefe Osceola era el líder de los seminolas. Bajo sus órdenes, las familias seminolas se escondieron en el sur de Florida. Atacaban a los soldados estadounidenses y luego se ocultaban en los pantanos y marismas. Los soldados no estaban acostumbrados al calor de Florida y era muy duro para ellos luchar en esos lugares. Durante un tiempo, pareció que los seminolas iban a triunfar.

Luego, un general estadounidense prometió a Osceola mantener conversaciones de paz. Cuando Osceola se presentó a la reunión, fue capturado y encerrado en una prisión, donde moriría. Después de su muerte, muchos seminolas decidieron mudarse al oeste. Otros los siguieron en 1858, cuando los seminolas perdieron la tercera guerra.

REPASO DE LA LECTURA 🟠 **GENERALIZAR**
¿Por qué comenzó la Segunda Guerra de los seminolas?

DATOS BREVES

El término *seminola* proviene de la palabra española *cimarrón*, que significa "fugitivo salvaje". A los seminolas se les dio ese nombre porque muchos esclavos fugitivos se convertían en seminolas.

Traslado de los indios

Los seminolas no fueron el único grupo que debió trasladarse al oeste. A comienzos del siglo XIX, las tierras de los cherokees se extendían por **Georgia**, Alabama, Tennessee y **North Carolina**. Los problemas empezaron con la llegada de más y más colonos.

Al comienzo, los cherokees deseaban convivir pacíficamente con los colonos. Habían **asimilado**, o adoptado, el modo de vida estadounidense. Algunos enviaban a sus hijos a las escuelas estadounidenses para que aprendieran a leer y escribir en inglés.

Aunque habían asimilado la forma de vida estadounidense, los cherokees querían preservar su lengua y su cultura. Un cherokee llamado **Sequoyah** creó un alfabeto escrito del idioma de su tribu. Pronto, miles de cherokees aprendieron a leer y escribir en su propio idioma.

En 1827, los cherokees usaron el alfabeto de Sequoyah para redactar su constitución. Esa constitución establecía que la nueva nación cherokee elegiría sus jefes y representantes. En este sentido, el gobierno cherokee se parecía al gobierno de Estados Unidos.

Pero muchos estadounidenses no respetaban el gobierno cherokee. Querían que todos los cherokees se marcharan. La situación empeoró cuando se descubrió oro en tierras cherokees. El presidente Andrew Jackson estuvo del lado de los colonos.

En 1830, Jackson firmó la Ley de Traslado de Indios, que no respetaba muchos de los tratados firmados entre los indios americanos y Estados Unidos. Establecía que los indios que vivían al este del río Mississippi debían abandonar sus tierras. A cambio, se les darían tierras al oeste del río Mississippi, en el Territorio Indio. Esta zona cubría gran parte de lo que hoy es Oklahoma.

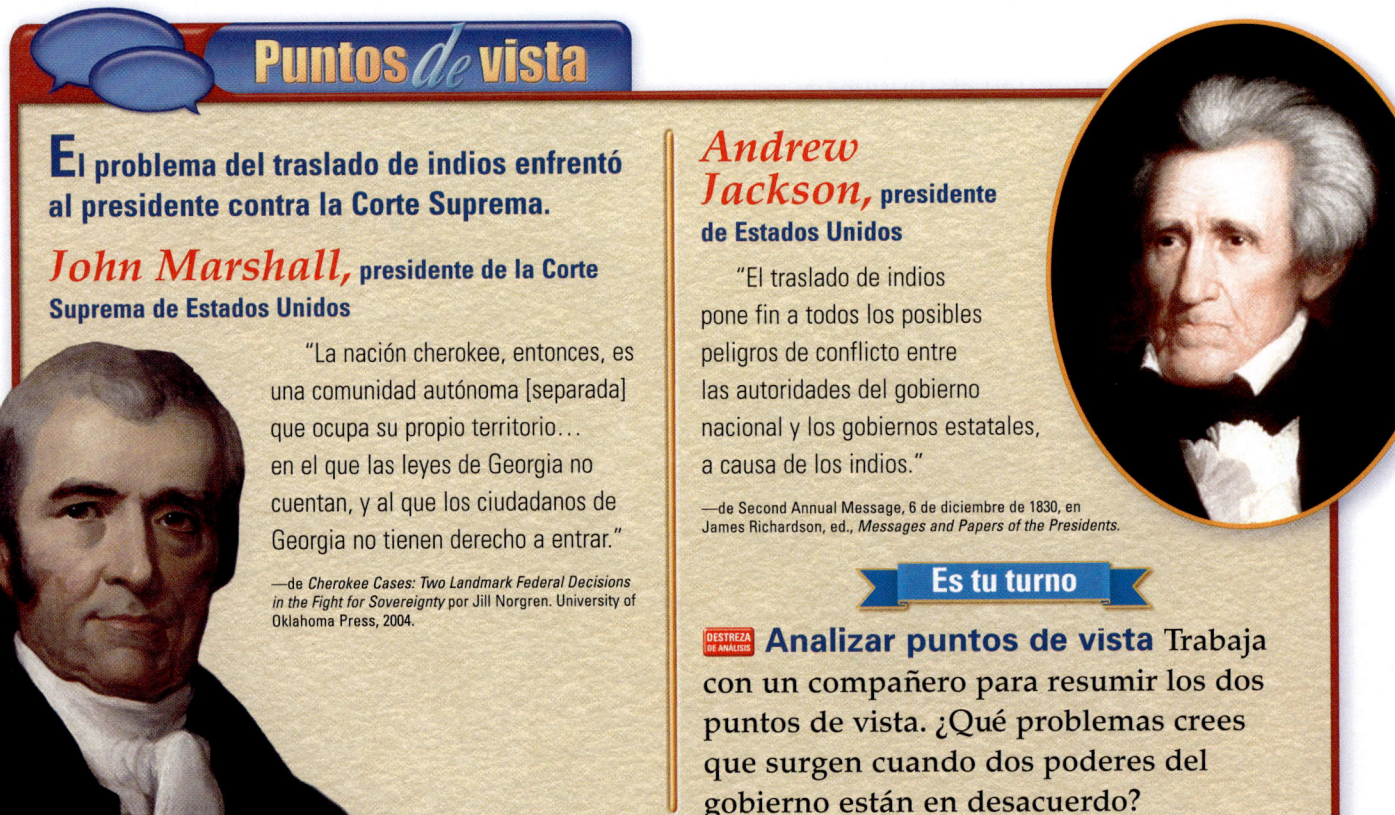

Puntos de vista

El problema del traslado de indios enfrentó al presidente contra la Corte Suprema.

John Marshall, presidente de la Corte Suprema de Estados Unidos

"La nación cherokee, entonces, es una comunidad autónoma [separada] que ocupa su propio territorio… en el que las leyes de Georgia no cuentan, y al que los ciudadanos de Georgia no tienen derecho a entrar."

—de *Cherokee Cases: Two Landmark Federal Decisions in the Fight for Sovereignty* por Jill Norgren. University of Oklahoma Press, 2004.

Andrew Jackson, presidente de Estados Unidos

"El traslado de indios pone fin a todos los posibles peligros de conflicto entre las autoridades del gobierno nacional y los gobiernos estatales, a causa de los indios."

—de *Second Annual Message*, 6 de diciembre de 1830, en James Richardson, ed., *Messages and Papers of the Presidents*.

Es tu turno

Analizar puntos de vista Trabaja con un compañero para resumir los dos puntos de vista. ¿Qué problemas crees que surgen cuando dos poderes del gobierno están en desacuerdo?

Analizar mapas Esta cabaña aún existe en la capital cherokee de New Echota, Georgia.

Movimiento ¿Qué dirección seguía el Sendero de Lágrimas?

El Sendero de Lágrimas

Los cherokees no querían abandonar sus tierras. Para obligarlos a irse, el gobierno de Georgia cedió las tierras cherokees a los colonos. El jefe cherokee **John Ross** llevó el caso a la Corte, como forma de protesta. Ross luchó por los derechos de su tribu ante la Corte Suprema, en Washington, D.C.

En 1832, la Corte Suprema se pronunció a favor de la nación cherokee. El presidente de la Corte, **John Marshall**, dijo que el estado de Georgia no podía quitarles sus tierras. Cuando los cherokees se enteraron de esa decisión, organizaron una celebración.

Pero las celebraciones acabaron pronto. Según la Constitución, el presidente debe hacer cumplir los fallos de la Corte Suprema, pero el presidente Jackson optó por no obedecerla, y dijo: "John Marshall ha tomado una decisión, ahora que se encargue él de hacerla cumplir".* En 1835, el gobierno de Estados Unidos convenció a varios cherokees para que firmaran un tratado y cedieran a Estados Unidos las tierras de su tribu en el Sureste. Más de 16,000 cherokees se manifestaron contra el tratado, pero las protestas no tuvieron mucho efecto.

Martin Van Buren fue elegido como el siguiente presidente de Estados Unidos. Al comienzo, los cherokees esperaban que Van Buren actuara con justicia, pero él siguió la misma línea de Andrew Jackson. El 27 de marzo de 1838, Van Buren envió el ejército de Estados Unidos para obligar a los cherokees a que se trasladaran al oeste.

REPASO DE LA LECTURA **GENERALIZAR**
¿Qué pensaba Andrew Jackson sobre los derechos de los indios americanos?

*Andrew Jackson. "Expansion and Exodus." *The Native Americans: An Illustrated History*, editado por David Hurst Thomas. Turner Publishing, 1993.

Capítulo 12 ■ 529

▶ Esta pintura muestra a un grupo de cherokees en el Sendero de Lágrimas. Muchos fueron obligados a caminar hasta el Territorio Indio.

El Sendero de Lágrimas

En 1838, aproximadamente 7,000 soldados estadounidenses liderados por el general Winfield Scott llegaron a las tierras cherokees. Los soldados construyeron pequeños fuertes donde reunieron a los indios para trasladarlos al oeste. Luego, obligaron a las familias a abandonar sus casas e ingresar en los fuertes.

El general Scott pidió a los cherokees que abandonaran sus hogares voluntariamente. Scott escribió que en los fuertes: "Hay comida para todos, ropa para los pobres... y serán transportados confortablemente a sus nuevos hogares".* Las palabras de Scott resultaron falsas.

*Winfield Scott. *The Trail of Tears: The Cherokee Journey from Home*, por Marlene Targ Brill. The Millbrook Press, 1995.

Las familias cherokees que se hospedaron en los fuertes recibieron alimentos en mal estado. Cientos de ellos murieron a causa de enfermedades.

Solo unos pocos cherokees pudieron escapar de los soldados. Se escondieron en los bosques y recolectaron alimentos silvestres para subsistir. Finalmente, establecieron un nuevo asentamiento en tierras que pudieron comprar en North Carolina.

Cuando el jefe John Ross regresó de Washington, D.C., estaban expulsando a los cherokees hacia el oeste. Tuvieron que caminar casi 800 millas hasta el Territorio Indio. En el camino, recibieron poca comida y agua. El mal tiempo dificultó aun más la travesía. En algunos lugares, los cherokees debieron caminar con barro hasta las rodillas.

▶ Un niño cherokee llevaba esta muñeca en el viaje.

En las llanuras, soportaron heladas tormentas de nieve. Ross y su familia partieron con el último grupo de cherokees. Una noche, su esposa, Quatie Ross, cedió su única manta a un niño. Luego enfermó y murió.

Uno de cada cuatro cherokees murió en el viaje a las nuevas tierras. Muchas personas murieron en el camino. Los sobrevivientes describieron el recorrido como "el lugar donde lloraban". Luego, la travesía se conoció como el Sendero de Lágrimas. Otros grupos indios, entre ellos los chickasaw, los choctaw y los creek, también fueron obligados a abandonar sus tierras. Miles de ellos murieron en el Sendero de Lágrimas.

REPASO DE LA LECTURA **RESUMIR**
¿Por qué se conoció la travesía de los cherokees y de otros grupos indios como el Sendero de Lágrimas?

▶ Esta placa señala el comienzo del Sendero de Lágrimas, en Georgia.

Resumen

A comienzos del siglo XIX, los indios americanos lucharon por conservar sus tierras. El presidente Jackson firmó la Ley de Traslado de Indios, que no respetó los tratados anteriores. Los cherokees fueron obligados a trasladarse hacia el oeste por el Sendero de Lágrimas.

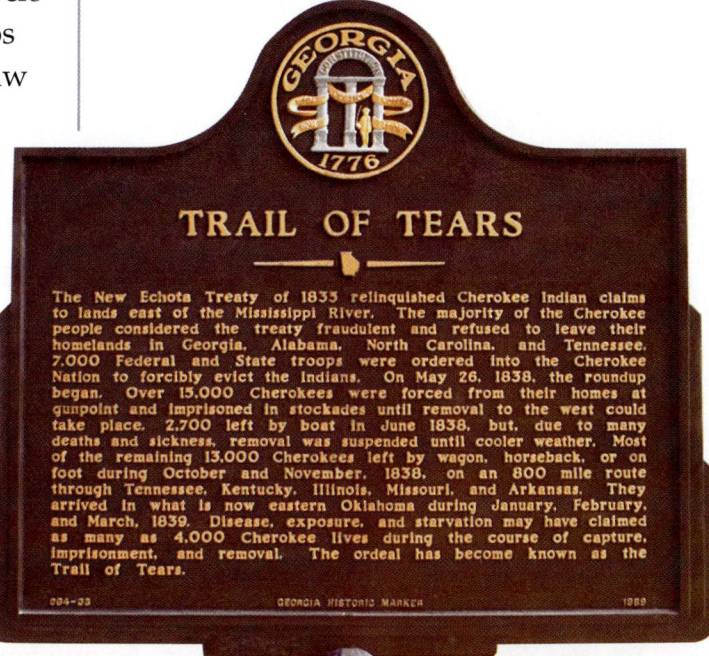

REPASO

1. ¿Cómo cambió la vida de los indios americanos a comienzos del siglo XIX?

2. Usa la palabra **reserva** en una oración sobre los seminolas.

3. ¿En qué se parecían el gobierno de la nación cherokee y el de Estados Unidos?

RAZONAMIENTO CRÍTICO

4. **DESTREZA DE ANÁLISIS** ¿Por qué querrían los cherokees aprender el sistema de escritura de Sequoyah?

5. **DESTREZA DE ANÁLISIS** ¿De qué forma intentó el jefe John Ross alcanzar una solución pacífica para los cherokees?

6. **Dibuja una escena** Dibuja una escena que muestre las dificultades que los cherokees enfrentaron en el Sendero de Lágrimas.

7. **Destreza clave** **GENERALIZAR**

En una hoja de papel, copia y completa el organizador gráfico de abajo.

Datos	
Después de la muerte de Osceola, muchos seminolas fueron obligados a trasladarse al oeste.	El ejército de Estados Unidos obligó a los cherokees a viajar por el Sendero de Lágrimas.

Generalización

Capítulo 12 ■ 531

Civismo

Preservar la cultura

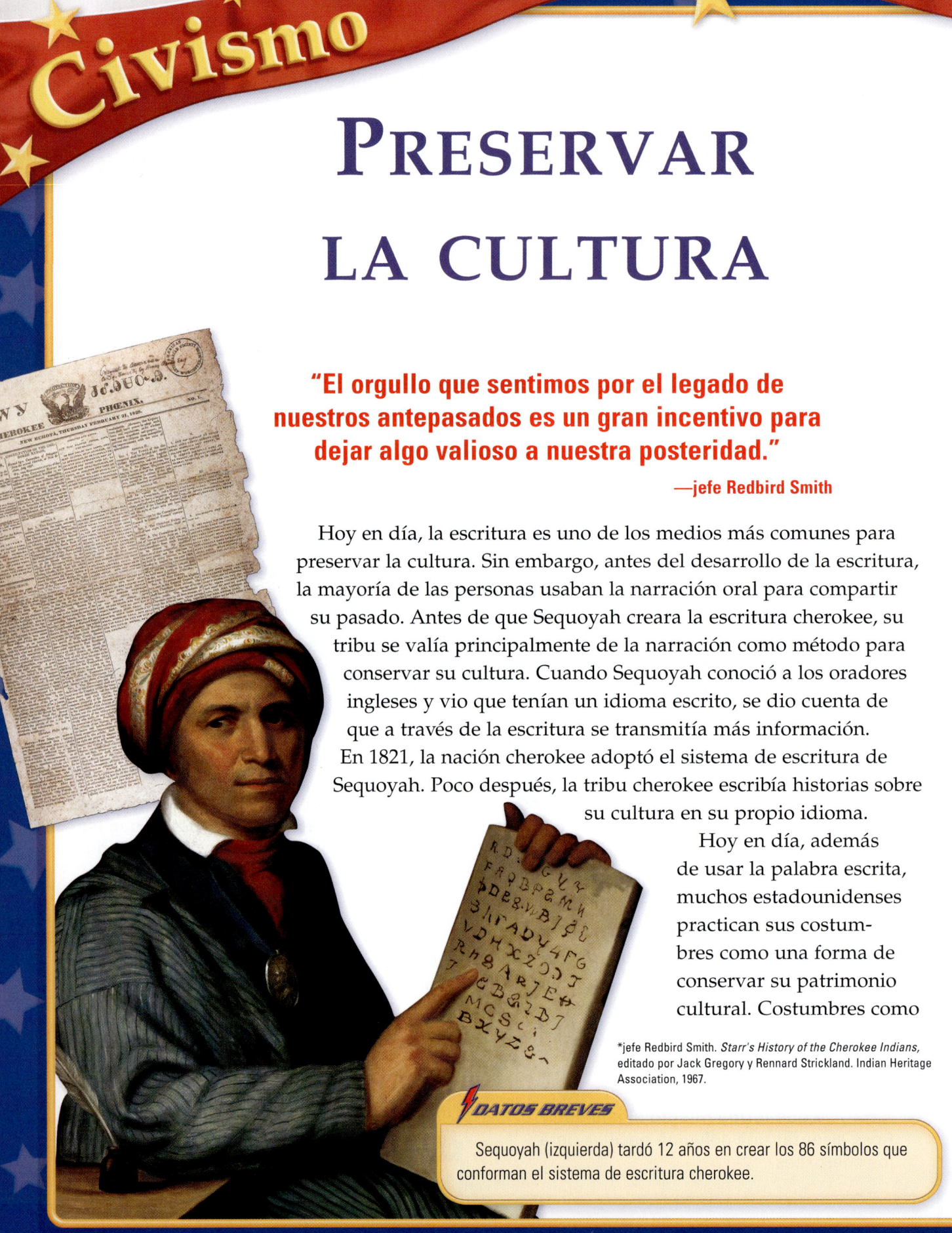

"El orgullo que sentimos por el legado de nuestros antepasados es un gran incentivo para dejar algo valioso a nuestra posteridad."

—jefe Redbird Smith

Hoy en día, la escritura es uno de los medios más comunes para preservar la cultura. Sin embargo, antes del desarrollo de la escritura, la mayoría de las personas usaban la narración oral para compartir su pasado. Antes de que Sequoyah creara la escritura cherokee, su tribu se valía principalmente de la narración como método para conservar su cultura. Cuando Sequoyah conoció a los oradores ingleses y vio que tenían un idioma escrito, se dio cuenta de que a través de la escritura se transmitía más información. En 1821, la nación cherokee adoptó el sistema de escritura de Sequoyah. Poco después, la tribu cherokee escribía historias sobre su cultura en su propio idioma.

Hoy en día, además de usar la palabra escrita, muchos estadounidenses practican sus costumbres como una forma de conservar su patrimonio cultural. Costumbres como

*jefe Redbird Smith. *Starr's History of the Cherokee Indians*, editado por Jack Gregory y Rennard Strickland. Indian Heritage Association, 1967.

DATOS BREVES

Sequoyah (izquierda) tardó 12 años en crear los 86 símbolos que conforman el sistema de escritura cherokee.

narrar historias, escribir canciones, expresarse artísticamente o cocinar permiten a las personas participar de la cultura. Estas actividades a menudo son una parte especial de las celebraciones culturales o de los rituales de culto. Los museos y las organizaciones también son importantes para preservar la historia cultural, y para ayudar a las personas a tender un puente entre el pasado y el presente.

Personas de todo el mundo aún comparten su cultura a través de historias. La escritura es una destreza importante que ayuda a conservar la cultura.

Piensa

Aplícalo Los estadounidenses preservan su cultura de muchas maneras. ¿Cómo preservan su cultura los diferentes grupos de tu comunidad?

Las familias preparan platos especiales y participan de ceremonias para celebrar y preservar su patrimonio cultural.

Repaso del Capítulo 12

Tiempos

1803 Se realiza la Compra de Louisiana

1805 Lewis y Clark llegan al Pacífico

La lectura en los Estudios Sociales

Cuando haces una **generalización**, resumes un conjunto de datos y muestras cómo se relacionan.

Destreza clave: Generalizar

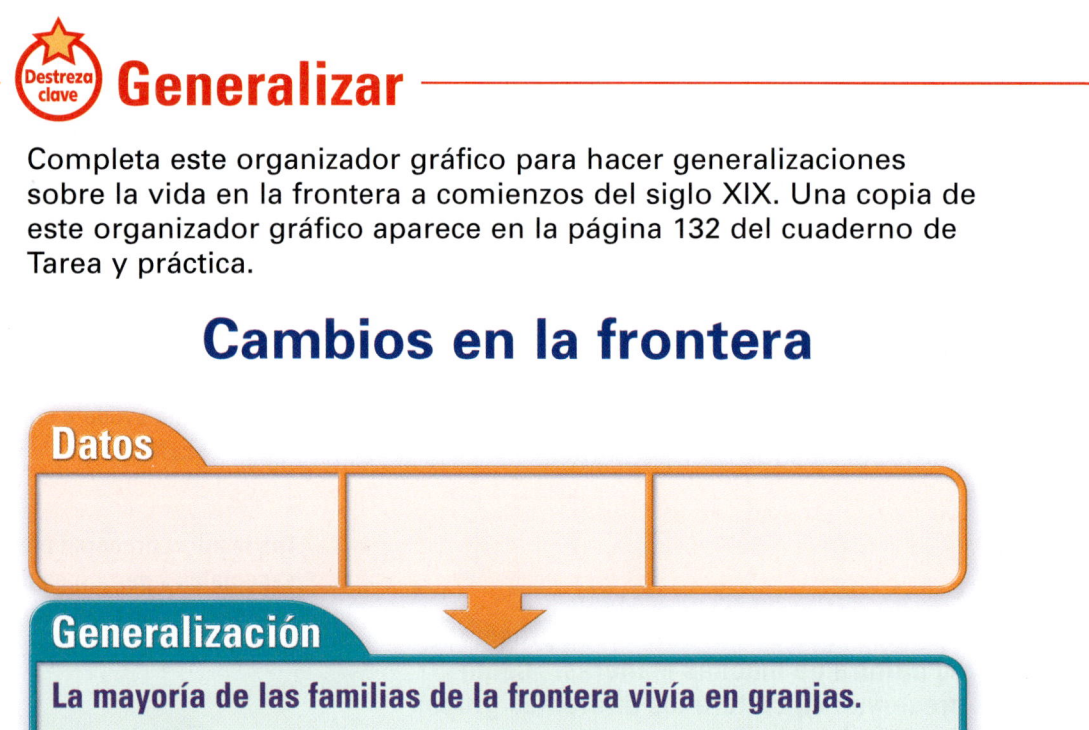

Completa este organizador gráfico para hacer generalizaciones sobre la vida en la frontera a comienzos del siglo XIX. Una copia de este organizador gráfico aparece en la página 132 del cuaderno de Tarea y práctica.

Cambios en la frontera

Datos

Generalización: La mayoría de las familias de la frontera vivía en granjas.

Pautas de redacción de California

Escribe una narración Imagina que vives con tu familia en la frontera a comienzos del siglo XIX. Escribe una historia que describa uno de tus días típicos. Incluye descripciones de la casa de tu familia y de las tareas que realizas.

Escribe un discurso persuasivo Piensa por qué las personas viajaban al oeste. Imagina que vives en la década de 1840 y que quieres que tu familia se mude al oeste. Escribe un discurso para intentar convencer a tu familia de que se mude.

1820

1825
Apertura del canal Erie

1830

1830
Se firma la Ley de Traslado de Indios

Usa el vocabulario

Escribe una o dos oraciones para explicar cómo se relacionan cada par de términos.

1. **canal** (pág. 504), **esclusa** (pág. 505)
2. **explorador** (pág. 502), **pionero** (pág. 509)
3. **invadir** (pág. 523), **intrusión** (pág. 518)
4. **asimilar** (pág. 528), **reserva** (pág. 527)

Usa la línea cronológica

DESTREZA DE ANÁLISIS Usa la línea cronológica del capítulo que aparece arriba para responder estas preguntas.

5. ¿Cuándo se firmó la Ley de Traslado de Indios?
6. ¿Cuándo llegaron Lewis y Clark al Pacífico?

Aplica las destrezas

Comparar gráficas

7. Elige dos de las gráficas de la página 507. Luego escribe un párrafo que describa en qué se parecen y en qué se diferencian ambas gráficas.

Tomar una decisión bien pensada

8. Imagina que es el año 1790 y que una amiga te ha invitado a emigrar con ella a Estados Unidos. ¿Qué pasos seguirías para tomar una decisión?

Recuerda los datos

Responde estas preguntas.

9. ¿De dónde provenía la mayoría de los inmigrantes que llegaron a Estados Unidos a fines del siglo XVIII y comienzos del siglo XIX?
10. ¿Qué fue la Ley de Traslado de Indios?

Escribe la letra que corresponda a la respuesta correcta.

11. ¿Para qué servía el canal Erie?
    A proporcionaba a los carromatos un camino a través de los montes Apalaches
    B proveía una ruta por agua para conectar los Grandes Lagos con los montes Apalaches
    C daba empleo a los inmigrantes
    D permitía el funcionamiento de un puerto en el golfo de México

12. ¿Cuál fue el primer estado ubicado al oeste de los montes Apalaches que se unió a Estados Unidos?
    A Illinois
    B Indiana
    C Kentucky
    D Ohio

Piensa críticamente

13. **DESTREZA DE ANÁLISIS** ¿Cuáles fueron algunos de los costos y beneficios de la Compra de Louisiana?

14. **DESTREZA DE ANÁLISIS** ¿Cómo crees que influyó el sistema de escritura de Sequoyah en los hábitos de la tribu cherokee?

Capítulo 12 ■ 535

Destrezas de estudio

ESCRIBIR PARA APRENDER

Escribir sobre lo que lees te ayudará a comprender y recordar mejor la información.

- Anota la información que aprendes en cada lección.
- Escribe tu reacción a la nueva información que aprendiste.

Marcha hacia el oeste

Lo que aprendí	Reacción personal
John C. Frémont exploró y cartografió la Región de Oregon.	Debe de haber sido difícil viajar por un área desconocida sin la guía de un mapa.
Los colonos de la Región de Oregon tenían que llevar consigo todas las provisiones necesarias.	

Aplica la destreza mientras lees

Mientras lees el capítulo, escribe después de cada lección lo que aprendiste y tu reacción.

Normas de Historia y Ciencias Sociales de California, Grado 5

5.3 Los estudiantes describen la cooperación y los conflictos que existían entre los indios americanos, y también entre las naciones indias y los nuevos pobladores.
5.8 Los estudiantes investigan los patrones de colonización, inmigración y asentamiento del pueblo americano desde 1789 hasta mediados del siglo XIX, haciendo énfasis en la importancia del incentivo económico, los efectos de los aspectos físicos y políticos de la región, y los sistemas de transporte.

CAPÍTULO 13

Marcha hacia el oeste

> Monumento Nacional Scotts Bluff, en Nebraska

Comienza con un diario

El diario de Wong Ming-Chung

escrito por Laurence Yep   ilustrado por Yuan Lee

A veces, los autores usan diarios ficticios para narrar cuentos sobre eventos importantes del pasado. En este cuento, Wong Ming-Chung, de 13 años, y sus amigos acaban de llegar a California desde China. Al igual que muchos chinos, Wong vino a California para trabajar en los yacimientos de oro del estado. Wong extraña a su hermano, Blessing, que está en China, pero ahora debe adaptarse a este lugar lleno de personas, alimentos y costumbres nuevas. Lee lo que escribe Wong sobre sus primeras experiencias en California.

18 de junio
San Francisco, o la Primera ciudad

La <u>Montaña de oro</u> es más extraña, aterradora, rara, triste y maravillosa de lo que imaginé. Ahora que estoy aquí usaré solo el calendario estadounidense.

Cuando desembarcamos, pensé que estaba en medio de un bosque; aunque podía escuchar el océano. Luego me di cuenta de que los altos postes que nos rodeaban eran mástiles de barcos. Cientos de barcos vacíos se apiñaban en el puerto como los peces en el estanque de mi aldea. Apuesto a que podría haber atravesado la bahía caminando de una cubierta a la otra.

No vi marineros sino ropa lavada que colgaba de las sogas, como si los barcos sirvieran de casas. Luego vi un barco que literalmente tenía una casa encima. Quizás los marineros habían dejado sus barcos para buscar oro.

Máquinas grandes y ruidosas golpeaban troncos en el barro, a medio kilómetro de la orilla. Había casas elevadas sobre troncos. Hombres y máquinas rellenaban la costa para crear más espacio. En algunos lugares, ni siquiera se molestaban en mover los barcos sino que rellenaban con tierra el espacio alrededor de ellos. A Blessing le hubieran encantado esas máquinas.

La <u>Primera ciudad</u> está enclavada al pie de escarpadas montañas, entre la costa y las laderas. Solo hay unas pocas casas desparramadas sobre las colinas. En lugar de construir en las laderas, se extienden hacia el agua.

A pesar de que es verano, el aire aquí es tan frío como en invierno en casa.

Tengo que detenerme ahora. Nos llaman para el <u>registro</u>.

Montaña de oro nombre chino para California

Primera ciudad nombre chino dado a San Francisco

registro entrada oficial a un país

Responde

1. ¿Qué vistas y sonidos describe Wong?

2. Imagina que vas a un nuevo lugar donde ni siquiera conoces el idioma que se habla. Escribe una entrada en tu diario que describa cómo podría ser tu primer día.

Lección 1

Tiempos

1800 — 1850

- **1836** Marcus y Narcissa Whitman se establecen en Oregon
- **1843** John C. Frémont comienza sus exploraciones en el oeste
- **1847** Los colonos mormones llegan a Utah

REFLEXIONA

¿Por qué comenzaron a trasladarse los colonos al oeste en la década de 1840?

✓ Identifica los senderos que usaban los colonos para trasladarse al oeste.

✓ Comprende cómo la geografía influyó en la migración hacia el oeste.

VOCABULARIO

caravana de carromatos pág. 542
vadear pág. 542

PERSONAS

Jedediah Smith
John C. Frémont
Marcus Whitman
Narcissa Whitman
William Becknell
Bringham Young

LUGARES

Sendero de Oregon
Región de Oregon
Sendero de Santa Fe
Antiguo Sendero Español
Sendero de California
Sendero de los Mormones

GENERALIZAR

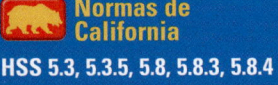
Normas de California
HSS 5.3, 5.3.5, 5.8, 5.8.3, 5.8.4

Los senderos al oeste

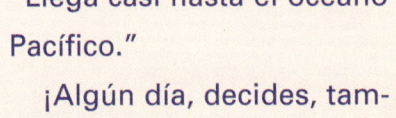

Independence, Missouri, parece el lugar más atractivo del mundo para vivir. Estamos en 1845 y las mercancías permanecen muy poco tiempo en los estantes de la tienda de provisiones de tu padre. Todos los días llegan más personas.

"Observa a todas esas personas", dice tu hermana menor mientras tira de tu manga. "¿Adónde van?"

Afuera pasan docenas de carromatos. Amanece, y todos están ansiosos por partir.

"El **Sendero de Oregon** comienza aquí", respondes. "Llega casi hasta el océano Pacífico."

¡Algún día, decides, también seguirás el sendero!

▶ Jedediah Smith halló un paso a través de las montañas Rocosas.

540 ■ Unidad 6

▶ Los cazadores y los comerciantes de pieles estuvieron entre los primeros colonos del oeste.

Exploradores del oeste

Muchos de los primeros colonos del oeste vivían del comercio de pieles. Sin embargo, cuando más cazadores y comerciantes de pieles se trasladaron al oeste, el número de animales salvajes disminuyó. Los cazadores y comerciantes tuvieron que buscar otro tipo de ocupaciones. Algunos se convertían en exploradores y guiaban a los colonos que querían mudarse a tierras de suelo fértil y lluvia abundante.

Los viajeros que se trasladaban al oeste necesitaban exploradores que los guiaran por senderos y pasos de montaña seguros. Con la ayuda de indios americanos, un cazador llamado **Jedediah Smith** encontró el Paso del Sur a través de las montañas Rocosas. Finalmente, el Paso del Sur se convirtió en parte del sendero que llevaba a la **Región de Oregon**, en el Pacífico Noroeste. La región estaba formada por zonas que hoy en día pertenecen a Canadá, Washington, Idaho, Montana y Oregon.

En 1843, el gobierno de Estados Unidos contrató a **John C. Frémont** para explorar y cartografiar el oeste. Frémont presentó un informe en el que decía que sus expediciones tuvieron como objetivo "mostrar la cara y el carácter de la región".* Frémont realizó varios viajes en los cuales cartografió los senderos de Utah y California. También cartografió el Sendero de Oregon, el camino hacia la Región de Oregon. Cuando los periódicos de todo el país publicaron los informes de Frémont sobre el oeste, se desató una "fiebre de Oregon" por toda la nación.

▶ John C. Frémont

REPASO DE LA LECTURA ⊙ **GENERALIZAR**
¿Qué áreas de Estados Unidos cartografió John Frémont?

*John C. Frémont. *Report of the Exploring Expedition to the Rocky Mountains and to Oregon and North California.* Gates and Seaton, 1845.

Capítulo 13 ▪ 541

El Sendero de Oregon

Oregon comenzó a atraer colonos incluso antes de pertenecer a Estados Unidos. En 1836, **Marcus** y **Narcissa Whitman** fundaron una misión cristiana cerca del valle de Walla Walla. Narcissa describió la belleza de los valles y la riqueza del suelo de la Región de Oregon en varias cartas que envió a su familia. Sus cartas, luego publicadas, ayudaron a atraer colonos a Oregon.

Para la mayoría de los colonos, el viaje comenzaba en Independence, Missouri. Algunas veces, los carromatos llegaban juntos y otras veces separados. Los pioneros esperaban en Independence hasta que se reunían suficientes carromatos para formar una **caravana de carromatos**. Luego contrataban a un guía y marchaban al oeste.

Después de dejar Independence, la caravana de carromatos se dirigía hacia el noroeste, al río Platte, en Nebraska. Luego seguían este río hacia el oeste a través de las Grandes Llanuras, en dirección a las montañas Rocosas.

Todos ayudaban durante el viaje, incluso los niños, que se encargaban, por ejemplo, de la recolección de leña. Los niños mayores caminaban junto a los bueyes durante el día, mientras la caravana de carromatos avanzaba.

Los pioneros enfrentaban problemas a causa de la tierra agreste que los rodeaba. A menudo, las caravanas de carromatos tenían que **vadear**, o cruzar, ríos profundos. Vadear un río era peligroso. Si un carromato se iba de lado, podían perderse todas sus pertenencias, y no había forma de reponerlas.

Los cambios climáticos eran otra dificultad del sendero. A veces, el trayecto atravesaba desiertos calurosos y secos; otras veces se internaba por pasos de montaña helados.

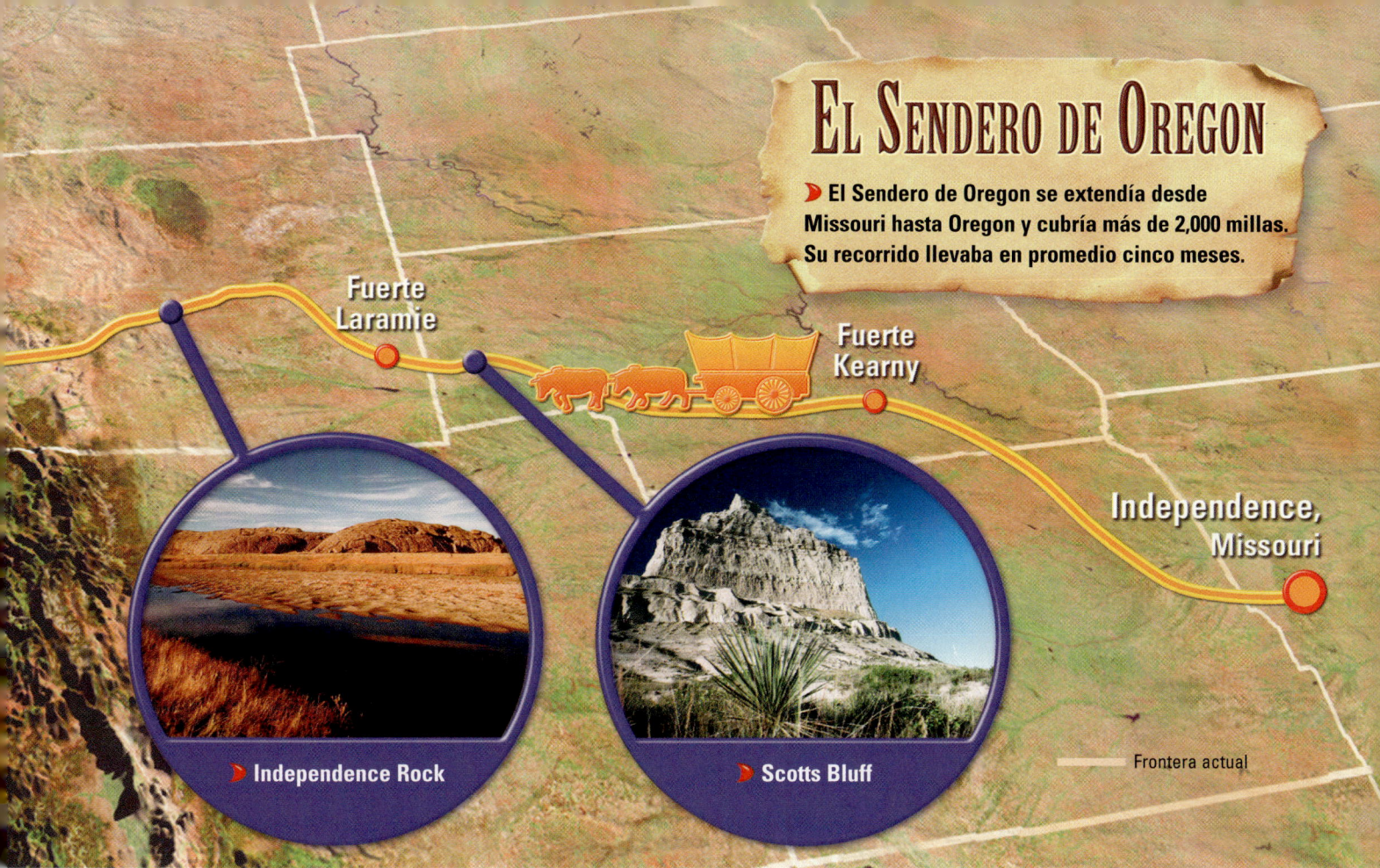

El Sendero de Oregon

El Sendero de Oregon se extendía desde Missouri hasta Oregon y cubría más de 2,000 millas. Su recorrido llevaba en promedio cinco meses.

▶ Independence Rock

▶ Scotts Bluff

— Frontera actual

A lo largo del camino, los viajeros debían enfrentar fuertes tormentas. Una colona escribió que pasó "dos horas y media bajo el agua helada y con granizo golpeándome la cabeza...".*

A pesar de las dificultades, pocos colonos se devolvían. Algunos incluso dejaban mensajes de aliento a lo largo del camino. Independence Rock, en lo que hoy es Wyoming, era un peñasco que servía como un punto de referencia. Recibió ese nombre porque la mayoría de los colonos llegaban allí alrededor del Cuatro de Julio, Día de la Independencia. Muchos pioneros tallaron sus nombres en esa enorme roca de granito.

Más tarde, las caravanas de carromatos usaron el Paso del Sur para atravesar las montañas Rocosas. Después de cruzar lo que hoy es Idaho, llegaban a un lugar llamado río Columbia. Esta parte del río estaba llena de rápidos y remolinos, y era una de las más peligrosas del viaje. Para llevar sus caravanas río abajo, algunos pioneros construyeron enormes balsas de madera.

En 1846, Sam Barlow construyó una ruta terrestre que evitaba vadear el río. Los colonos tenían que pagar cinco dólares por carromato para usar ese camino. La mayoría pagaba sin protestar porque era mucho más seguro que viajar en balsa río abajo.

Por último, los colonos llegaban al fértil valle de Willamette, en Oregon. Allí, por lo general, los cansados viajeros recibían alimentos, ropa y refugio. Apenas repuestos del viaje, los recién llegados se apresuraban a solicitar tierras gratuitas. ¡Una familia podía obtener 640 acres de tierra y no pagarlas! Tan pronto como los colonos obtenían la propiedad, construían allí sus casas y sus granjas.

REPASO DE LA LECTURA   RESUMIR
¿Cómo afectaba el clima a los pioneros del oeste?

*Mary Rockwood Powers. *A Woman's Overland Journey to California*. Glen Adams, 1987.

Senderos hacia el oeste

Analizar mapas

Movimiento ¿Qué sendero llevaba al Fuerte Sutter?

Otros senderos al oeste

Independence, Missouri, era también el punto de partida de otros senderos al oeste. En 1821, un comerciante de Missouri llamado **William Becknell** abrió el **Sendero de Santa Fe**. Este sendero iba desde Independence hasta Santa Fe en New Mexico. El sendero recorría 780 millas, aproximadamente.

Los comerciantes usaban el Sendero de Santa Fe. Los carromatos transportaban plata y pieles del oeste a las ciudades del este. En 1846, el Sendero de Santa Fe se convirtió en una ruta militar, con fuertes que protegían a los viajeros. Tres años después, comenzó a usarse el camino para el servicio de correos.

New Mexico era solo un destino para los que viajaban por el Sendero de Santa Fe. Una parte nueva del sendero, llamada **Antiguo Sendero Español**, cruzaba el río Grande y el río Colorado. Conectaba Santa Fe con Los Angeles en California.

Algunos colonos seguían el Sendero de Oregon hasta la parte sureste de lo que hoy es Idaho y allí se desviaban hacia el suroeste, a California. Este sendero, conocido como el **Sendero de California**, se convirtió en la ruta principal a California.

Muchos colonos llegaban a California para tener sus propias granjas y ranchos. Los viajeros del Sendero de California debían llevar suficiente agua para cruzar los desiertos de lo que hoy es Nevada. También tenían que intentar pasar la sierra Nevada antes del invierno, pues las fuertes nevadas podían dificultar el paso por esta cadena montañosa. Si llegaban hasta el final del camino, a menudo encontraban buenas tierras de cultivo.

Otros senderos llevaban a Texas desde muchos de los estados del sur. Los recién llegados seguían estas rutas para iniciar sus propias granjas y ranchos en Texas. Muchos de los colonos llegaban a Texas por tierra. Algunos colonos del norte y del alto sur tomaban un ferry, o embarcación de fondo plano, a través del río Red. Luego viajaban a un área que hoy forma parte de la ciudad de Dallas. Muchas familias del sur llegaban a Texas en barcos y se establecían a lo largo de la costa del Golfo, o alrededor de Austin y San Antonio.

Otro camino importante hacia el oeste era el **Sendero de los Mormones**. Este sendero llevaba al Gran Lago Salado, en lo que hoy es Utah. Los mormones son miembros de la Iglesia de Jesucristo de los Santos de los Últimos Días. En la década de 1840, su religión aún era nueva y en muchos lugares del este de Estados Unidos no eran bien recibidos. Entonces, decidieron establecer sus propias comunidades en el oeste.

En 1846, **Bringham Young** condujo a un grupo de mormones en un viaje de 1,000 millas desde Illinois hasta Utah. En julio de 1847, Young y sus seguidores llegaron al valle del Gran Lago Salado. Young dijo a los mormones que debían construir una ciudad en ese lugar.

Hacia el año 1847, alrededor de 2,000 mormones se habían trasladado al nuevo poblado de Salt Lake City. La región del Gran Lago Salado creció rápidamente y pronto se conoció como el Territorio de Utah. Bringham Young se convirtió en el primer gobernador del territorio.

REPASO DE LA LECTURA 🔴 **GENERALIZAR**
¿Por qué viajaron los mormones al valle del Gran Lago Salado?

> Un carromato podía cargar hasta 2,000 libras de herramientas y provisiones.

▶ Algunos indios americanos guiaban a los colonos en su viaje al oeste.

La reacción de los indios americanos

La mayoría de los senderos al oeste habían sido usados durante siglos por los indios americanos para comerciar. Los primeros colonos que usaron los senderos, a fines de la década de 1830, cruzaban las tierras indias por el oeste. Al principio, los recién llegados y los indios comerciaban entre ellos. Algunos indios incluso trabajaban como exploradores para los colonos, guiando las caravanas de carromatos a través de los senderos más difíciles.

Sin embargo, tiempo después, los indios comenzaron a preocuparse porque los colonos llegaban de a miles. Los indios pensaban que esta migración al oeste ponía en riesgo la caza en sus tierras. En ocasiones, atacaban

las caravanas de carromatos. Otras veces, los colonos atacaban a los indios. Para proteger y apoyar a los colonos, el ejército de Estados Unidos construyó fuertes a lo largo de los senderos.

La migración de los colonos empujó a los indios americanos más hacia el oeste, y los obligó a competir entre sí por las tierras. Como resultado, comenzaron sangrientos conflictos entre las tribus. En los actuales estados de South Dakota, Nebraska y Wyoming, los sioux lakota lucharon contra otros indios por las tierras de caza. En 1851, los lakota y otras tribus firmaron el Tratado de Horse Creek con Estados Unidos. En ese tratado, los indios aceptaron no atacar a los colonos y dejar de luchar entre ellos. Sin embargo, la paz se rompió muy pronto con la llegada de más colonos.

REPASO DE LA LECTURA **GENERALIZAR**
¿Por qué comenzaron a luchar entre sí algunas tribus de indios del oeste en la década de 1840?

Resumen

A partir de la década de 1840, miles de colonos comenzaron a trasladarse al oeste de las montañas Rocosas. Siguieron senderos usados por indios y cazadores. La llegada de nuevos colonos provocó conflictos con los indios americanos.

REPASO

1. ¿Por qué comenzaron a trasladarse los colonos al oeste en la década de 1840?

2. Usa el término **vadear** para escribir una oración sobre los viajes por los senderos del oeste.

3. ¿Qué desafíos tuvieron que enfrentar los pioneros en los senderos al oeste?

RAZONAMIENTO CRÍTICO

4. **DESTREZA DE ANÁLISIS** ¿Cómo afectó a los habitantes de Independence, Missouri, el número de colonos que se dirigía hacia el oeste?

5. **DESTREZA DE ANÁLISIS** ¿Cuáles eran algunos de los costos y beneficios de viajar por el Sendero de Oregon?

6. **Escribe en tu diario** Imagina que eres un pionero que viaja por el Sendero de Oregon. Escribe una entrada en tu diario sobre uno de los desafíos que enfrentas con tu familia a lo largo del camino.

7. **Destreza clave** **GENERALIZAR**
En una hoja de papel, copia y completa el organizador gráfico de abajo.

Datos		

Generalización
Los colonos que viajaban por el Sendero de Oregon enfrentaban un viaje difícil y agotador.

▶ Muchos indios americanos no querían que las caravanas de carromatos atravesaran sus tierras.

Capítulo 13 • 547

FUENTES PRIMARIAS

Objetos que se usaban en los senderos del oeste

Los pioneros que se dirigían al oeste sabían que tendrían que enfrentar climas rigurosos, hambre y enfermedades. Por lo tanto, planificaban cuidadosamente qué objetos llevar para aliviar esos problemas. Como había pocos lugares donde aprovisionarse, debían empacar todo lo necesario en sus carromatos.

El carromato de los pioneros era una especie de casa rodante. Sus posesiones más valiosas estaban empacadas allí.

Lección 2

Tiempos

- **1800**
- **1821** México se independiza de España
- **1836** Texas declara su independencia
- **1845** Texas se convierte en estado
- **1850**

REFLEXIONA
¿Cómo se convirtió Texas en parte de Estados Unidos?

- Explica por qué los colonos estadounidenses, mexicanos y europeos migraron a Texas.
- Relata la importancia de la Revolución de Texas.
- Describe cómo Texas se convirtió en estado.

VOCABULARIO
anexar pág. 553
estado esclavista pág. 553
estado libre pág. 553

PERSONAS
Miguel Hidalgo y Costilla
Stephen Austin
Antonio López de Santa Anna
Sam Houston
Juan Seguín
José Antonio Navarro

LUGARES
Austin
Álamo

GENERALIZAR

Normas de California
HSS 5.8, 5.8.5, 5.8.6

Una nación en crecimiento

IMAGÍNATE ALLÍ

Es el año 1825 y la caravana de carromatos de tu familia llega por fin a **Austin**, Texas. Un grupo de personas se adelanta para dar la bienvenida a tu caravana. Estás por decir "hola", pero uno de los muchachos se acerca a tu carromato y te dice, en inglés:

"Hola. Bienvenidos a Texas."

"¡Hablas inglés!", dices sorprendido.

"Por supuesto", contesta. "Somos de Kentucky. Cientos de familias de Estados Unidos viven aquí."

▶ Los primeros colonos construyeron esta cabaña en Buffalo Gap, Texas.

550 ■ Unidad 6

Patrimonio cultural

Vaqueros

Los vaqueros españoles y mexicanos influyeron fuertemente en la cultura americana del oeste. Los vaqueros usaban un lazo para atrapar el ganado. Usaban, también, protecciones de cuero llamadas *chaparejos* para resguardar sus piernas de los arbustos espinosos. Los estadounidenses comenzaron a llamar "chaps" a estas protecciones. El sombrero de los vaqueros se modificó hasta adoptar la forma del sombrero de *cowboy* estadounidense. Los vaqueros estadounidenses, que usaban sombreros de *cowboy* y *chaps*, imitaron el estilo de los vaqueros españoles y mexicanos.

Nuevos asentamientos en Texas

Entre los recién llegados al Oeste había colonos que se habían trasladado más al norte en México. A comienzos del siglo XIX, España todavía controlaba México, que incluía Texas y otras zonas de la parte suroeste de lo que hoy es Estados Unidos. Sin embargo, muchos mexicanos se sentían ignorados por el gobierno español y querían gobernarse a sí mismos. En 1810, un sacerdote mexicano llamado **Miguel Hidalgo y Costilla** comenzó el movimiento de independencia mexicana.

Cuando, en 1821, México se independizó de España, el nuevo gobierno mexicano tomó el control de gran parte del Suroeste. En Texas vivían pocas personas, y México buscaba que más colonos se trasladaran a esa zona. Los líderes mexicanos ofrecieron cesiones de tierra en Texas para alentar a los colonos mexicanos, o tejanos, a migrar al centro y sur de Texas.

No todos los recién llegados a Texas venían de México. En 1824, **Stephen Austin**, un empresario de Missouri, convenció a 300 familias de Estados Unidos para que se mudaran a Texas. Hacia 1830, miles de inmigrantes de Estados Unidos y Europa habían establecido comunidades en Texas.

Con la llegada de más estadounidenses a Texas, la preocupación del gobierno mexicano aumentó. En 1830 intentó detener el asentamiento de nuevos colonos estadounidenses en Texas. También pretendía que los colonos que ya estaban allí pagaran más impuestos. Estas leyes enojaron a los colonos. En 1834 estalló la lucha cuando el nuevo líder de México, el general **Antonio López de Santa Anna**, envió tropas a Texas para hacer cumplir estas leyes.

REPASO DE LA LECTURA ⭐ **GENERALIZAR**
¿Cómo alentó México a los colonos a mudarse a Texas?

La Guerra de la Independencia de Texas

Muchos tejanos decidieron que no aceptaban seguir bajo el gobierno de México. En 1836, un grupo de ellos aprobó la Declaración de Independencia de Texas. La declaración decía que Texas era una nación independiente y que ya no formaba parte de México. **Sam Houston** fue elegido comandante del nuevo ejército de Texas.

El general Santa Anna estaba decidido a mantener Texas para México. Comandó a unos 5,000 soldados hacia San Antonio, Texas. Aproximadamente 180 soldados estadounidenses tomaron posición en la misión San Antonio de Valero, o el **Álamo**. Entre ellos estaban James Bowie y Davy Crockett, dos conocidos pioneros estadounidenses.

Durante 13 días, los tejanos estuvieron sitiados. Luego, el 6 de marzo de 1836, las tropas mexicanas iniciaron el ataque final en el Álamo. Los soldados mexicanos asaltaron el fuerte y capturaron a sus defensores. Todos los defensores fueron ejecutados, excepto unas pocas mujeres y algunos niños y esclavos.

Santa Anna luchó luego contra Sam Houston y su ejército en San Jacinto. Cuando los soldados de Texas iban a la batalla, gritaban: "¡Recuerden el Álamo!"* El ejército de Texas sorprendió a las fuerzas mexicanas y, tras una breve batalla, capturó a Santa Anna.

Después de su derrota en la batalla de San Jacinto, Santa Anna aceptó retirar sus tropas al sur del Río Grande. Con la rendición de Santa Anna, concluyó la Guerra de la Independencia de Texas.

REPASO DE LA LECTURA — **GENERALIZAR**
¿Qué sucedió en el Álamo?

Heroes of the Alamo, editado por A.G. Adair y M.G. Crockett. Second Edition, 1957.

▶ Durante la batalla de San Jacinto (abajo), las fuerzas de Texas capturaron esta bandera (derecha) que llevaba el ejército de Santa Anna.

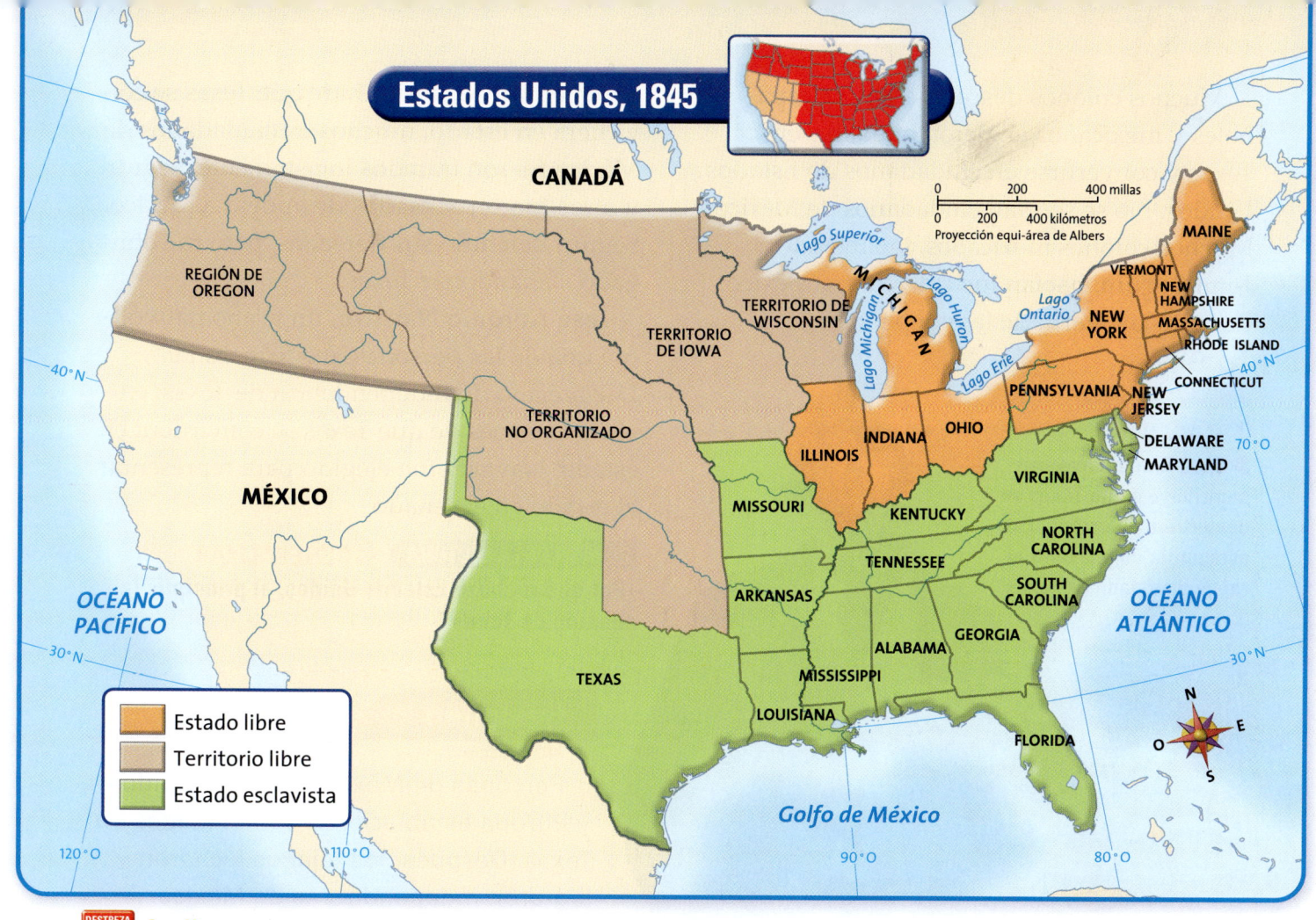

Analizar mapas

Regiones ¿Cuántos estados permitían la esclavitud en 1845?

Texas se convierte en estado

Poco después de la independencia de Texas, los tejanos votaron a favor de unirse a Estados Unidos. Sin embargo, el gobierno de Estados Unidos rechazó **anexar**, o agregar, a Texas como estado. A algunos les preocupaba que si Texas se convertía en estado podía llevarlos a una guerra contra México. También se discutía acerca de la esclavitud en Texas.

En la década de 1840, Estados Unidos estaba dividido en estados esclavistas y estados libres. La esclavitud estaba permitida en los **estados esclavistas**, que en su mayoría estaban ubicados en el sur. En cambio, no estaba permitida en los **estados libres**, ubicados en el norte. Alrededor de 1845, había al menos 30,000 esclavos en Texas. Los que proponían, o apoyaban, la esclavitud querían que Texas se convirtiera en estado, mientras que los abolicionistas se oponían a agregar un nuevo estado esclavista.

Mientras el tema se discutía en Estados Unidos, Texas seguía siendo una república independiente. En 1844, James K. Polk prometió la anexión de Texas si ganaba las elecciones para presidente de Estados Unidos. Polk ganó la elección, pero no llegó a cumplir su promesa, ya que el presidente saliente, John Tyler, pidió al Congreso de Estados Unidos que aprobara un acuerdo para convertir a Texas en estado. El 29 de diciembre de 1845, Texas se convirtió oficialmente en el vigésimo octavo estado.

Muchos colonos descendientes de españoles y mexicanos eligieron quedarse en Texas y convertirse en ciudadanos de Estados Unidos. No se sentían ciudadanos de México. Muchos colonos mexicanos, incluyendo a **Juan Seguín**, habían luchado contra México durante la Guerra de la Independencia de Texas.

> José Antonio Navarro contribuyó a que Texas se convirtiera en estado. Esta estampilla conmemora el rango de estado de Texas.

Sin embargo, después de que Texas se convirtiera en estado, muchos ex ciudadanos de México fueron tratados injustamente. Seguín y otros fueron acusados de apoyar a México. Seguín defendió sus derechos, pero fue obligado a abandonar Texas.

José Antonio Navarro, un tejano nativo, fue una de las personas que firmaron la Declaración de Independencia de Texas, en 1836. Después de que Texas se convirtiera en estado, Navarro fue elegido para representar al estado en el senado.

REPASO DE LA LECTURA **GENERALIZAR**
¿Por qué rechazó Estados Unidos, al principio, la anexión de Texas?

Resumen

Personas de México, Estados Unidos y Europa establecieron comunidades en Texas. Después, los tejanos lucharon y lograron independizarse de México. A pesar de los desacuerdos sobre la esclavitud, Texas se convirtió en estado.

REPASO

1. ¿Cómo se convirtió Texas en parte de Estados Unidos?
2. Usa los términos **estado esclavista** y **estado libre** en una oración sobre el rango de estado de Texas.
3. ¿Quién fue José Antonio Navarro?

RAZONAMIENTO CRÍTICO

4. ¿Cómo afectó la ubicación relativa de Texas a sus pobladores?
5. ¿Cuáles fueron las diferentes causas y efectos de la Guerra de la Independencia de Texas?

6. **Escribe en tu diario** Imagina que vives en Texas en 1845. Escribe una entrada en tu diario en la que expliques tu opinión sobre la decisión de formar parte de Estados Unidos.

7. **GENERALIZAR**
En una hoja de papel, copia y completa el organizador gráfico de abajo.

Datos	
Los tejanos aprobaron la Declaración de Independencia de Texas.	Sam Houston y su ejército triunfaron en la batalla de San Jacinto.

Generalización

554 ▪ Unidad 6

Miguel Hidalgo

Biografía

Integridad
Respeto
Responsabilidad
Equidad
Bondad
Patriotismo

Todos los años, el 16 de septiembre, México rinde homenaje a Miguel Hidalgo y Costilla, quien ayudó a comenzar el movimiento de independencia de México. Hidalgo deseaba la libertad del pueblo mexicano.

En 1810, Hidalgo, un sacerdote mexicano, planeó una revolución contra el gobierno español. Hidalgo y muchos otros sentían que México debía liberarse del dominio español. Sin embargo, su plan fue descubierto y varios de sus amigos fueron arrestados. El 15 de septiembre de 1810, Hidalgo hizo sonar las campanas de su iglesia en la ciudad de Dolores como forma de protesta contra España. Llamó a todos los mexicanos a que lo acompañaran en la lucha por la independencia.

La iglesia de Dolores está todavía en pie.

La importancia del carácter

¿Cómo demostró Miguel Hidalgo su bondad con el pueblo mexicano?

Miles de personas se unieron a Hidalgo, y su ejército tomó varias ciudades mexicanas. No obstante, cuando llegaron a la Ciudad de México, la capital, Hidalgo se dio cuenta de que su ejército no podría enfrentar al ejército español, cuyos soldados estaban muy bien armados. Bajo las órdenes de Hidalgo, los mexicanos decidieron retroceder. En 1811, Hidalgo fue capturado por los españoles y fue sentenciado a muerte, convirtiéndose así en uno de los primeros en dar su vida por la independencia de México.

Biografía breve

- **1753** Nace en 1753
- **1778** Hidalgo es ordenado sacerdote
- **1810** Hidalgo convoca a los mexicanos a unirse contra España
- **1811** Muere en 1811

Visita MULTIMEDIA BIOGRAPHIES en www.harcourtschool.com/hss para hallar biografías multimedia.

Destrezas de razonamiento crítico

Resolver un problema

▶ POR QUÉ ES IMPORTANTE

Al igual que los tejanos en la década de 1830, todas las personas enfrentan problemas en algún momento de su vida. Muchas personas enfrentan más de un problema al mismo tiempo. Piensa en un problema al que te hayas enfrentado recientemente. ¿Pudiste resolverlo? ¿Deseaste encontrar una solución mejor a ese problema? La destreza para resolver problemas te será útil toda la vida.

▶ LO QUE NECESITAS SABER

Aquí se presentan algunos pasos que pueden ayudarte a resolver un problema.

Paso 1 Identifica el problema.

Paso 2 Reúne información.

Paso 3 Haz una lista de posibles soluciones.

Paso 4 Considera las ventajas y las desventajas de cada solución.

Paso 5 Elige la mejor solución.

Paso 6 Intenta poner en práctica tu solución.

Paso 7 Reflexiona sobre cómo funcionó tu solución al problema.

▶ PRACTICA LA DESTREZA

Imagina que estamos a mediados del siglo XIX. Has estado preparándote durante mucho tiempo para dejar tu país natal. Por fin, estás listo para comenzar una nueva vida en el nuevo estado de Texas. Sin embargo, ahora enfrentas otro problema: el dinero no alcanza para que todos los miembros de tu familia viajen contigo. Tienen que permanecer en tu país natal mientras buscas oportunidades. Piensa en cómo resolver el problema de trasladarte a un nuevo país sin tu familia.

1. ¿Cómo pueden haber resuelto algunos inmigrantes el problema de trasladarse a Estados Unidos sin sus familias?

▶ A menudo, los inmigrantes venían solos a Estados Unidos.

▶ Esta pintura muestra a una familia de inmigrantes escoceses fuera de su nueva casa en la granja. A menudo, varias generaciones de una misma familia vivían juntas.

Destrezas de razonamiento crítico

❷ ¿Cómo pusieron en práctica esta solución?

❸ ¿Cómo ayudó a los inmigrantes esta solución?

❹ ¿Crees que era esta la mejor manera de resolver el problema?

❺ ¿Qué otra solución podría haber ayudado a los inmigrantes a estar junto a sus familias?

▶ APLICA LO QUE APRENDISTE

Aplícalo Identifica un problema en tu comunidad o en tu escuela. Usa los pasos anteriores y escribe un plan para resolver el problema. ¿Qué solución elegiste? ¿Por qué crees que tu solución ayudará a resolver el problema?

Capítulo 13 ■ 557

Lección 3

Tiempos

1800 — 1850

- **1846** Comienza la guerra entre México y Estados Unidos
- **1848** Comienza la fiebre del oro de California

De océano a océano

REFLEXIONA
¿Cómo se convirtieron Oregon, California y otras tierras del oeste en parte de Estados Unidos?

✓ Comprende la importancia de la guerra entre México y Estados Unidos.

✓ Describe las características físicas de los estados y territorios en 1850.

✓ Analiza la vida en California durante la fiebre del oro.

VOCABULARIO
destino manifiesto pág. 559
cesión pág. 561
fiebre del oro pág. 562
los del cuarenta y nueve pág. 562

PERSONAS
James K. Polk
James Gadsden
John Sutter
Mariano Vallejo

LUGARES
Territorio de Oregon
Ciudad de México
Monterey
Los Angeles
San Francisco

GENERALIZAR

Normas de California
HSS 5.8, 5.8.2, 5.8.4, 5.8.6

IMAGÍNATE ALLÍ

"Este valle parece un paraíso", dice tu madre mientras limpia sus manos del polvo del camino. "No sabía que Oregon era tan hermoso."

Campos verdes y amarillos se extienden hasta donde pueden ver tus ojos. Han pasado meses desde que tu caravana de carromatos comenzó su camino por el Sendero de Oregon, pero finalmente el largo viaje llegó a su fin. Oregon será tu nuevo hogar.

"¿Podemos ir a ver el océano Pacífico ahora?", preguntas. Tu madre sonríe.

"No está tan cerca como crees, pero un día lo haremos."

558 ▪ Unidad 6

El conflicto de Oregon

Durante la década de 1840, tanto Estados Unidos como Gran Bretaña reclamaban gran parte del Pacífico Noroeste. Sin embargo, los colonos que se trasladaban a Oregon desde Estados Unidos sentían que tenían derecho a esas tierras. En aquella época, muchos habitantes de Estados Unidos creían en la idea del **destino manifiesto**. Pensaban que Estados Unidos estaba destinado a expandirse del océano Atlántico al océano Pacífico.

Al aumentar el número de colonos en el Noroeste, Gran Bretaña y Estados Unidos discutieron sobre el límite de la Región de Oregon. El presidente **James K. Polk** apoyaba la teoría del destino manifiesto. Polk quería que el límite entre Estados Unidos y Canadá se fijara más al norte, mientras que los británicos pensaban que el límite debía estar más al sur. Durante un tiempo, parecía que las discusiones sobre la Región de Oregon iban a provocar otra guerra entre Estados Unidos y Gran Bretaña. En 1846, los dos países acordaron firmar el Tratado de Oregon. Este tratado fijaba el límite norte de la Región de Oregon.

En 1848, el Congreso creó el **Territorio de Oregon**, que incluía los actuales estados de Oregon, Idaho, Washington y partes de Wyoming y Montana. Después, comenzó un movimiento para que Oregon se convirtiera en estado. Los habitantes del territorio aceptaron que Oregon no sería un estado esclavista. Esto llevó a un debate nacional sobre la admisión o no de otro estado libre. Por último, el 14 de febrero de 1859, el presidente James Buchanan firmó un proyecto de ley haciendo de Oregon el trigésimo tercer estado.

REPASO DE LA LECTURA GENERALIZAR
¿Cómo se solucionó el conflicto de límites en Oregon?

> Después de un largo viaje por el Sendero de Oregon, las caravanas de carromatos llegaban al Pacífico Noroeste.

Guerra contra México

En la misma época en que Estados Unidos solucionaba su conflicto con Gran Bretaña, surgía una disputa con México. Estados Unidos afirmaba que el Río Grande formaba el límite sur de Texas. Pero México decía que el límite era en realidad el río Nueces, alrededor de 100 millas al norte del Río Grande.

En 1845, el presidente Polk envió a John Slidell a México. Slidell ofreció a México 30 millones de dólares por California, New Mexico y las tierras de Texas al norte de México. Los líderes mexicanos rechazaron el encuentro con Slidell. Dijeron que no querían vender sus tierras a Estados Unidos.

En respuesta, el presidente Polk envió a unos 3,500 soldados de Estados Unidos al área entre el río Nueces y el Río Grande. El general Zachary Taylor, que dirigía a los soldados, les ordenó construir un fuerte para posesionarse del territorio. Taylor también bloqueó la desembocadura del Río Grande.

▶ Tambor del ejército estadounidense

México envió soldados al Río Grande para proteger las tierras en disputa. El 6 de mayo de 1846, los soldados estadounidenses y mexicanos lucharon en Palo Alto. Al día siguiente, los dos bandos volvieron a enfrentarse. En ambas batallas, el ejército de Estados Unidos hizo retroceder a los soldados mexicanos.

Para esa época, el presidente Polk ya había comenzado a escribir un mensaje de guerra al Congreso. El 13 de mayo de 1846, el Congreso declaró la guerra a México y así la guerra entre México y Estados Unidos comenzó oficialmente.

No todos los estadounidenses estaban de acuerdo con la guerra. Por ejemplo, los del norte pensaban que la guerra podía causar la expansión de la esclavitud hacia el oeste. Algunos decían que el gobierno de Estados Unidos quería ir a la guerra para apoderarse de las tierras mexicanas. Sin embargo, aquellos que estaban en desacuerdo con la guerra no pudieron detenerla.

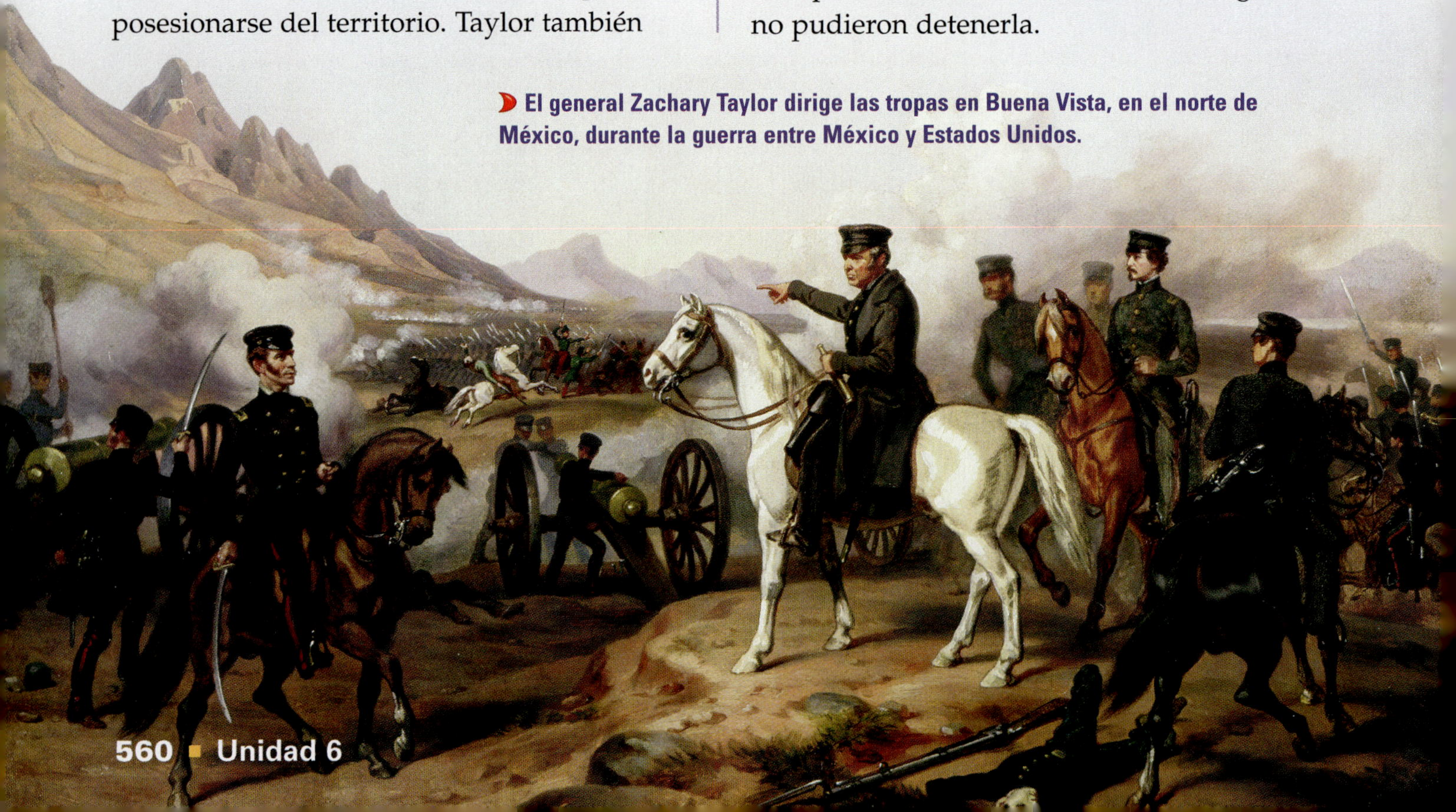

▶ El general Zachary Taylor dirige las tropas en Buena Vista, en el norte de México, durante la guerra entre México y Estados Unidos.

Puntos de vista

La guerra entre México y Estados Unidos dividió al pueblo de Estados Unidos.

Presidente James K. Polk, 1846

"Como la guerra existe, no obstante nuestros esfuerzos por impedirla, y existe por el acto de México mismo, estamos llamados (...) [a proteger] los intereses de nuestro país."

—de *Changing Interpretations of America's Past,* Volumen 1, editado por Jim R. McClellan. Dushkin, 2000.

Horace Greeley, 1846

"¡Pueblo de Estados Unidos! ¡Tus gobernantes te están precipitando [llevando] a un abismo [foso sin fondo] insondable de crimen y calamidad [desgracias]."

—de *Changing Interpretations of America's Past,* Volumen 1, editado por Jim R. McClellan. Dushkin, 2000.

Es tu turno

Analizar puntos de vista Resume los sentimientos de cada una de estas personas sobre la guerra entre México y Estados Unidos. Luego explica las razones de cada punto de vista.

Los soldados de Estados Unidos marcharon hacia el sur para intentar capturar la **Ciudad de México**, la capital de México. Al poco tiempo ganaron una batalla en Buena Vista. Un mes más tarde, la armada de Estados Unidos capturó Veracruz.

Santa Anna lideraba el ejército mexicano, que se preparaba para defender la Ciudad de México. Después de una lucha muy dura, el ejército mexicano fue derrotado. Estados Unidos capturó la Ciudad de México el 14 de septiembre de 1847. La guerra entre México y Estados Unidos había terminado.

En 1848, Estados Unidos y México firmaron el Tratado de Guadalupe Hidalgo. Bajo las condiciones de este tratado, México dio a Estados Unidos una enorme región conocida como la Cesión Mexicana. Una **cesión**, o concesión, es algo a lo que se renuncia. La Cesión Mexicana incluía los territorios de los actuales estados de California, Nevada, Utah y partes de New Mexico, Arizona, Colorado y Wyoming. Como compensación, Estados Unidos pagó 15 millones de dólares a México.

Cuando la guerra entre México y Estados Unidos terminó, alrededor de 80,000 mexicanos permanecían en áreas que ahora pertenecían a Estados Unidos. Muchos se quedaron y se convirtieron en ciudadanos de Estados Unidos. Se sentían conectados a la tierra porque sus antepasados habían vivido ahí desde el siglo XVIII. Un mexicano americano dijo: "Fuimos los pioneros de la costa del Pacífico, construimos pueblos y misiones mientras el general Washington llevaba a cabo la Guerra de la Independencia".*

En 1853, Estados Unidos obtuvo incluso más tierras cuando **James Gadsden**, el ministro de Estados Unidos ante México, compró el resto de New Mexico y Arizona a México. La Compra de Gadsden llevó el sur de Estados Unidos continental a su tamaño actual. También estableció el límite entre Estados Unidos y México.

REPASO DE LA LECTURA **GENERALIZAR**
¿Por qué fueron Estados Unidos y México a la guerra en 1846?

*Guadalupe Vallejo. "Ranch Mission Days in California." *The Century Magazine.* Vol. XLI, diciembre de 1890.

California crece

En la década de 1840, California era una tierra de grandes ranchos con pocas y pequeñas ciudades, como **Monterey** y **Los Angeles**. En esa época, la mayoría de los habitantes de California eran californios, como se llamaban a sí mismos los habitantes hispanohablantes y los indios americanos. Sus vidas cambiaron después de que Estados Unidos obtuvo California con la Cesión Mexicana. Pronto cambiarían todavía más.

En 1848, los trabajadores que estaban construyendo un aserradero para **John Sutter** a orillas de la bifurcación sur del río American hallaron algunas pepitas de oro en el río.

GEOGRAFÍA

Parque Histórico Estatal Marshall Gold Discovery

Nadie está seguro de quién fue la primera persona en hallar oro en California, pero James Marshall reclamó haber sido él. Mientras lideraba a los trabajadores del aserradero de Sutter, Marshall dijo haber hallado las primeras pepitas de oro en el lecho de un río cercano. Hoy, el sitio del descubrimiento es parte del Parque Histórico Estatal Marshall Gold Discovery, en Coloma, California.

Muy pronto la mayoría de los trabajadores dejaron sus empleos para buscar oro.

Las comunicaciones a lo largo del país eran todavía lentas en 1848. Como resultado, pasó un tiempo antes de que las personas se enteraran de la existencia de oro en California. Sin embargo, una vez que se supo, comenzó una **fiebre del oro**. En poco tiempo, alrededor de 80,000 buscadores de oro llegaron a California desde otras partes de Estados Unidos, y desde Europa y Asia. Se les llamó **los del cuarenta y nueve**, porque muchos de ellos llegaron en 1849.

La mayoría de los del cuarenta y nueve habían hecho su camino al oeste a lo largo de los senderos. Otros habían llegado a la costa del Pacífico por mar, navegando alrededor del cabo de Hornos en el extremo sur de América del Sur o cruzando el istmo de Panamá. Para los del cuarenta y nueve, el oro era un incentivo económico, puesto que esperaban enriquecerse. Pero si bien la mayoría no halló suficiente oro para enriquecerse, unos pocos lo lograron. Un hombre describió que abrió una roca y halló en ella "...oro amarillo, brillante, en pequeños pedazos..."*

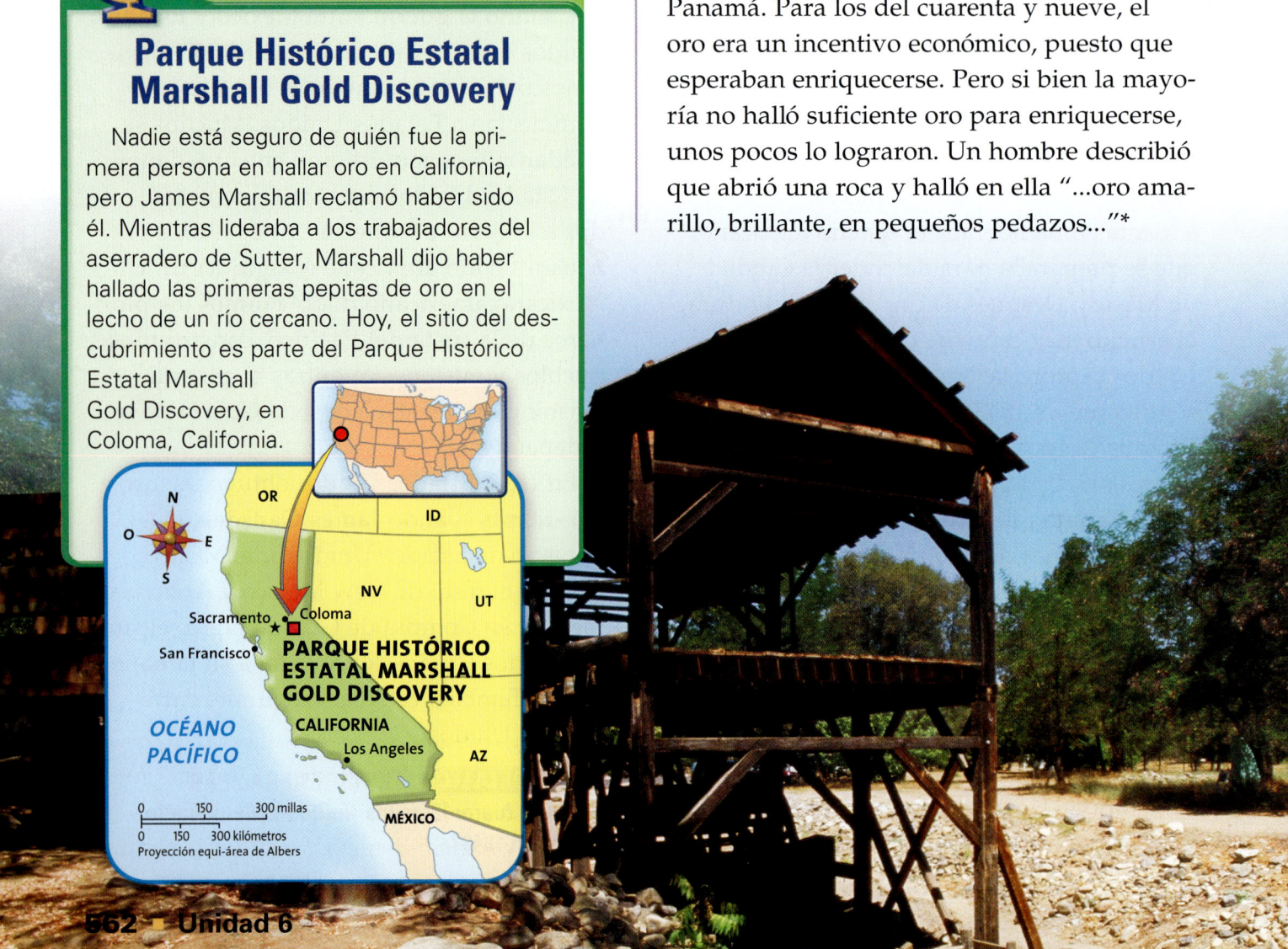

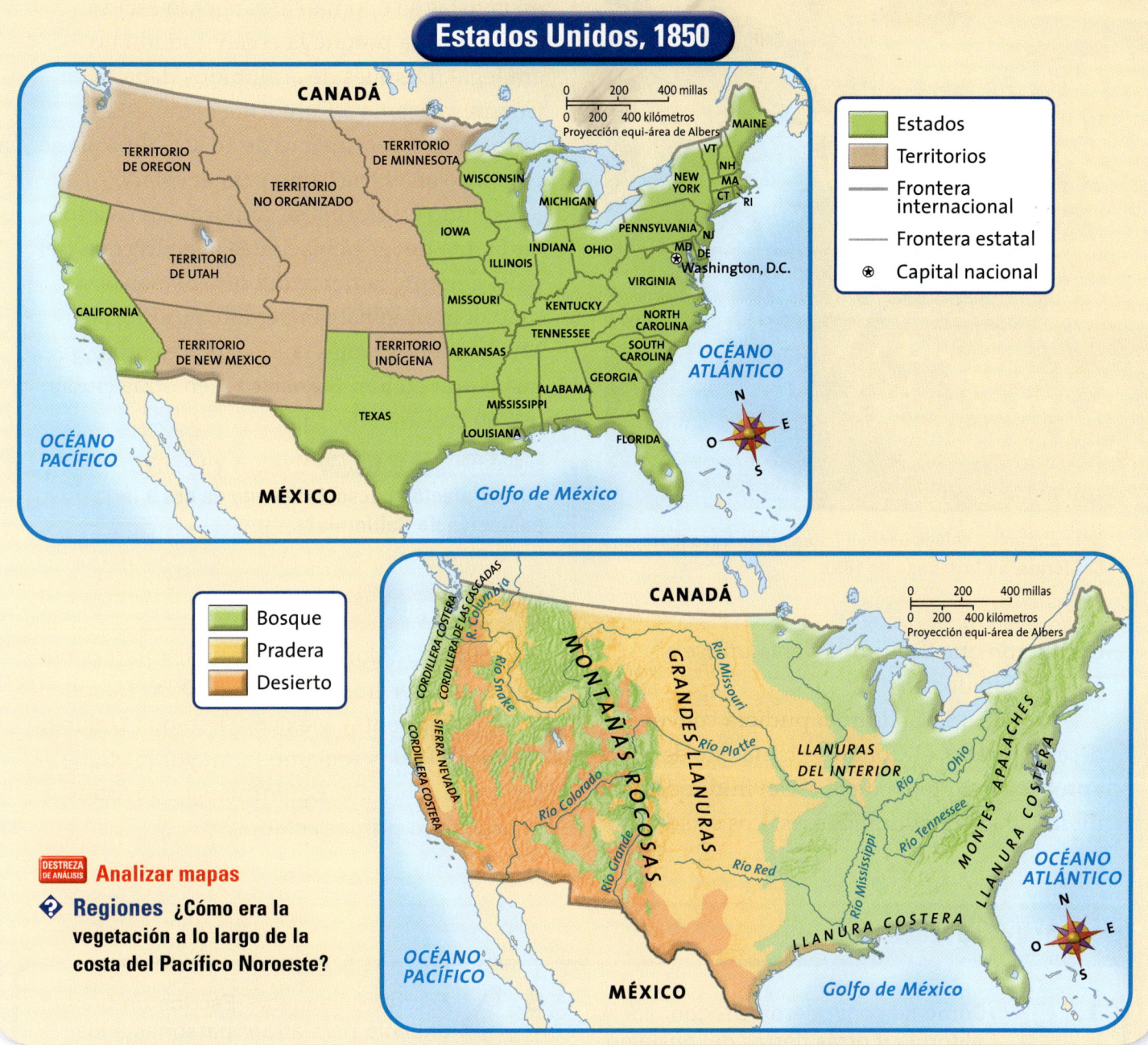

Analizar mapas

Regiones ¿Cómo era la vegetación a lo largo de la costa del Pacífico Noroeste?

El oro no era el único recurso valioso de California. Durante muchos años, los marineros de Nueva Inglaterra habían viajado hasta aquí en busca de cueros vacunos y sebo, o grasa animal, que se usaba en las lámparas de aceite. Los cazadores de ballenas y los comerciantes marítimos llevaban pieles de nutrias marinas y de focas a los mercados del este.

En esa época, los barcos provenientes de los puertos del Atlántico tenían que navegar alrededor del cabo de Hornos para llegar al océano Pacífico. Sin embargo, los recursos de California eran tan ricos que los comerciantes estaban dispuestos a hacer el peligroso viaje.

Hacia 1849, la población de California había crecido y era de aproximadamente 100,000 habitantes. Ese mismo año, un grupo de delegados se reunió en Monterey para discutir el rango de estado de California. Entre ellos estaba **Mariano Vallejo**, un antiguo general del ejército mexicano. Los delegados

*Gould Buffum. "Six Months in the Gold Mines." *The United States Democratic Review*. J. & H.G. Langley, julio de 1850.

▶ Inmigrantes chinos usaban bateas para buscar oro en California, en la década de 1850.

decidieron que California debía unirse a Estados Unidos.

Antes de que California pudiera convertirse en estado, el Congreso tenía que dar su aprobación. El tema de la esclavitud todavía dividía a los estadounidenses. Los estados esclavistas se oponían al rango de estado de California porque la esclavitud allí no era legal. Después de acalorados debates, el Congreso aceptó a California como estado libre. El 9 de septiembre de 1850 California se convirtió en el trigésimo primer estado.

Cuando California se convirtió en estado, tenía una de las poblaciones más diversas del país. Durante la fiebre del oro, personas de todo el mundo habían venido a California. Muchos inmigrantes chinos, por ejemplo, se instalaron en **San Francisco** y en otras ciudades en crecimiento.

REPASO DE LA LECTURA CAUSA Y EFECTO
¿Cómo afectó el descubrimiento de oro a la población de California?

Resumen

Estados Unidos agregó muchas tierras del oeste a su territorio en el siglo XIX. Después de la guerra entre México y Estados Unidos, Estados Unidos reclamó la mayor parte del Suroeste. En 1850, California se convirtió en el trigésimo primer estado.

REPASO

1. ¿Cómo se convirtieron Oregon, California y otras tierras del oeste en parte de Estados Unidos?

2. Escribe una oración sobre la historia de California en la que uses los términos **fiebre del oro** y **los del cuarenta y nueve**.

3. ¿Qué tierras otorgó la Cesión Mexicana a Estados Unidos?

RAZONAMIENTO CRÍTICO

4. **Aplícalo** ¿Te habrías mudado a California para hallar oro? ¿Por qué?

5. ¿Cuáles serían los posibles beneficios y los costos de unirse a la fiebre del oro?

6. **Escribe un anuncio** Escribe un breve anuncio para atraer personas a los yacimientos de oro de California. Haz una lista de razones por las que las personas deberían venir.

7. **GENERALIZAR**

En una hoja de papel, copia y completa el organizador gráfico de abajo.

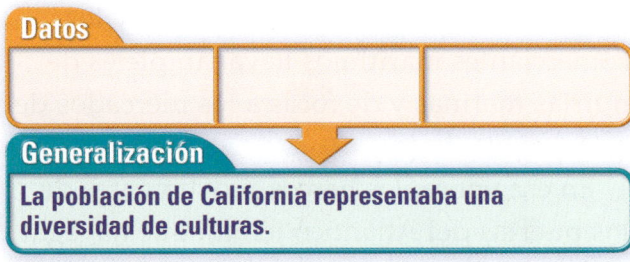

Yung Wing

*"El saber es poder, y el poder es la más grande de las riquezas."**

Biografía

Integridad
Respeto
Responsabilidad
Equidad
Bondad
Patriotismo

No todos los primeros inmigrantes asiáticos a Estados Unidos se instalaron en la costa oeste. Yung Wing llegó a Estados Unidos en 1847 para asistir a una escuela en Connecticut. Más tarde se convirtió en el primer asiático en graduarse en una universidad estadounidense. Wing asistió a la Universidad de Yale en Connecticut de 1850 a 1854.

Yung Wing se inscribió en la Universidad de Yale en 1850.

Wing nació en 1828 cerca de Macao, China. Primero asistió a una escuela de misioneros americanos. Wing acompañó a uno de los misioneros en su regreso a casa.

Wing tuvo algunos problemas en Yale, porque no todos lo aceptaban. A pesar de ello, pudo graduarse. Luego de su graduación, Wing quiso ayudar a otros estudiantes chinos. En 1872 ayudó a crear la Misión Educativa China, *Chinese Educational Mission*, que trajo estudiantes chinos a Estados Unidos. El programa duró solo nueve años, pero los estudiantes tuvieron una fuerte influencia tanto en China como en Estados Unidos.

Wing mismo se convirtió en diplomático, representando a China ante Estados Unidos. En 1875 se casó con Mary Kellogg, y la pareja tuvo dos hijos. Wing murió en Hartford, Connecticut, en 1912.

Yung Wing. *My Life in China and America*. Arno Press, 1978.

La importancia del carácter

¿Cómo demostró Yung Wing su bondad hacia los demás?

Biografía breve

1828 Nace en 1828 — **1912** Muere en 1912

1854 Wing se gradúa en la Universidad de Yale

1872 Wing ayuda a fundar un programa para que estudiantes chinos estudien en Estados Unidos

APRENDE en línea
Visita MULTIMEDIA BIOGRAPHIES en www.harcourtschool.com/hss para hallar biografías multimedia.

Capítulo 13 ■ 565

Destrezas con mapas y globos terráqueos

Identificar cambios en las fronteras

▶ POR QUÉ ES IMPORTANTE

Los mapas históricos dan información importante sobre cómo eran los lugares. Al estudiar un mapa histórico, puedes ver cómo un lugar determinado y sus límites se modificaron con el tiempo. Ver estos cambios en un mapa histórico puede ayudarte a entender los cambios y cómo se produjeron.

▶ LO QUE NECESITAS SABER

Este capítulo describe cómo creció Estados Unidos con el tiempo. El mapa de la página 567 usa colores para mostrar los cambios que se produjeron en los límites del país desde fines del siglo XVIII hasta mediados de siglo XIX. El mapa usa rótulos para identificar las diferentes regiones e indicar el año en el que cada una se convirtió en parte de Estados Unidos.

▶ PRACTICA LA DESTREZA

Usa el mapa de la página 567 para contestar estas preguntas.

1. ¿Qué color se usa para mostrar cómo era Estados Unidos en 1783?

▶ Un agrimensor establece el límite de una propiedad en Castroville, Texas, en la década de 1840.

Expansión de Estados Unidos

[Mapa de la expansión territorial de Estados Unidos mostrando: Compra de Alaska 1867, Tratado con Gran Bretaña 1842, Tratado con Gran Bretaña 1818, Territorio de Oregón 1846, Compra de Louisiana 1803, Cesión Mexicana 1848, Estados Unidos 1783, Compra de Gadsden 1853, Anexión de Texas 1845, Anexión de Hawaii 1898, Florida 1819, 1810, 1812, 1813 — Frontera actual]

Destrezas con mapas y globos terráqueos

② ¿En qué año fue la Compra de Gadsden?

③ ¿En qué año se anexó Texas a Estados Unidos?

④ ¿Qué país limitaba con el Territorio de Oregón?

⑤ ¿Qué área se agregó a Estados Unidos en 1803?

APLICA LO QUE APRENDISTE

DESTREZA DE ANÁLISIS Observa el mapa de esta página. Luego usa lo que ves para escribir un párrafo que describa cómo cambiaron los límites de Estados Unidos desde 1783.

Practica tus destrezas con mapas y globos terráqueos con el **CD-ROM GeoSkills**.

Capítulo 13 ■ 567

Lección 4

Tiempos

1790 Se inaugura la primera fábrica textil de Estados Unidos

1845 Comienza la gran hambruna irlandesa

1848 Se reúne la Asamblea de Seneca Falls

REFLEXIONA
¿Cómo cambiaron los nuevos habitantes y los nuevos inventos la vida en Estados Unidos?

- Traza los efectos de los nuevos sistemas de transporte.
- Identifica cómo los incentivos económicos atrajeron nuevos inmigrantes.
- Describe la lucha entre los que apoyaban la esclavitud y los que se oponían a ella.

VOCABULARIO
Revolución Industrial pág. 569
desmotadora de algodón pág. 569
partes intercambiables pág. 569
telégrafo pág. 571
ferrocarril clandestino pág. 573

PERSONAS
Harriet Tubman
Frederick Douglass
Lucretia Mott
Elizabeth Cady Stanton
Susan B. Anthony

LUGARES
Seneca Falls

 **GENERALIZAR**

Normas de California
HSS 5.4.6, 5.8, 5.8.1

Nuevas personas y nuevas ideas

IMAGÍNATE ALLÍ

Hoy visitas a tu padre en la fábrica textil donde trabaja. El edificio es enorme, hay engranajes y correas por todos lados. Hacen tanto ruido que tienes que taparte las orejas con las manos.

"Mira", dice tu padre, señalando hacia arriba. "Tu abuela tardaba semanas para hacer esta tela en su telar".

Sobre tu cabeza, enormes máquinas están tejiendo sábanas de tela de algodón. Largas telas amarillas, azules y rojas toman forma mientras miras.

"¿Puedes mostrarme cómo funcionan las máquinas?", preguntas. ¡Nunca has visto nada tan interesante!

La Revolución Industrial

A comienzos del siglo XIX, nuevos inventos cambiaron la forma en que los habitantes de Estados Unidos vivían y trabajaban. Comenzaron a usarse máquinas para producir grandes cantidades de mercancías. Este período se conoció como la **Revolución Industrial**.

La Revolución Industrial comenzó a fines del siglo XVIII, cuando Gran Bretaña desarrolló enormes máquinas para hilar y tejer telas. En 1790 se inauguró la primera fábrica textil estadounidense en Rhode Island. Esto marcó el comienzo de la manufactura a gran escala en Estados Unidos.

En 1793, Eli Whitney desarrolló la **desmotadora de algodón**. Esta máquina se usaba en las plantaciones del sur para separar las semillas del algodón rápidamente. Como resultado, se podía enviar más algodón a las fábricas textiles. Whitney inventó también un sistema de **partes intercambiables** para hacer armas. Estas partes eran exactamente iguales. Si una parte se dañaba, otra parte podía instantáneamente ser puesta en su lugar.

Al construirse más fábricas, la mayoría en el norte, se necesitaban más trabajadores para que estas funcionaran. Hombres, mujeres e incluso niños fueron a trabajar a las fábricas, en general por poco dinero. A las mujeres que trabajaban en las fábricas textiles de Lowell, Massachusetts, solo les pagaban alrededor de 12 dólares al mes.

A pesar del bajo salario, los trabajadores de las fábricas ganaban mejor que los agricultores pobres. Los empleos de las fábricas fueron un incentivo para muchos inmigrantes europeos. La mayoría de estos nuevos inmigrantes se asentaron en ciudades del norte, donde las industrias habían crecido muy rápidamente. Para la mayoría, el sur siguió siendo una región de agricultura.

REPASO DE LA LECTURA **GENERALIZAR**
¿Por qué eligieron muchos inmigrantes nuevos establecerse en ciudades del norte?

Míralo en detalle

Una fábrica textil

Con la invención del motor de vapor, las fábricas textiles ya no dependían del agua corriente como fuente de energía.

1. El motor de vapor hacía girar los engranajes que ponían en funcionamiento las distintas máquinas dentro de la fábrica.
2. Primero, las máquinas hilaban el algodón o la lana.
3. Luego, las máquinas preparaban los hilos para el tejido.
4. Por último, las máquinas tejían las telas.

¿Qué daba energía a todas las máquinas de la fábrica?

Analizar mapas

Ubicación ¿Cuál era la ciudad más al oeste con conexión de ferrocarril en 1850?

Transporte y comunicación

A mediados del siglo XIX, la Revolución Industrial cambió los patrones de población de Estados Unidos. Hacia 1860, alrededor de uno de cada cinco estadounidenses vivía en ciudades. Al crecer las ciudades, se desarrollaron sistemas más rápidos de transporte para viajar entre ellas.

Hacia 1860, más de 1,000 barcos de vapor recorrían los ríos de Estados Unidos. Muchas personas elegían viajar en barcos de vapor porque eran más baratos y más rápidos que los barcos de vela.

En poco tiempo, los barcos de vapor comenzaron a afectar el crecimiento de las ciudades del oeste. Nuevos inmigrantes y comerciantes poblaron áreas en las que amarraban los barcos de vapor. La mayoría de las ciudades del oeste crecieron alrededor

▶ El ferrocarril atraía nuevos habitantes y negocios a pueblos ubicados a lo largo de las rutas del ferrocarril.

570 Unidad 6

de puertos de río. Cincinnati, en el río Ohio, y St. Louis, en el río Mississippi, se desarrollaron de esta manera. Los barcos de vapor tuvieron tanto éxito que los inventores comenzaron a usar motores de vapor en máquinas de ferrocarril, o locomotoras. La primera locomotora fabricada en Estados Unidos se llamó Tom Thumb y fue construida en 1830 para el ferrocarril Baltimore & Ohio.

Antes de la construcción de Tom Thumb, las compañías de ferrocarril usaban caballos para impulsar los vagones. Los nuevos motores hicieron los viajes en ferrocarril mucho más rápidos. Los ferrocarriles comenzaron a expandirse rápidamente después de 1830. Hacia 1850, alrededor de 9,000 millas de vías de ferrocarril cruzaban la nación.

Muchas de estas rutas de ferrocarril unían ciudades del este. Los ferrocarriles transportaban materias primas desde granjas del sur y el oeste. Las fábricas y los talleres del norte usaban las materias primas para manufacturar mercancías, que eran luego llevadas a los mercados en vagones de ferrocarril.

Los ferrocarriles transportaban personas además de mercancías. Muchas ciudades y pueblos surgieron cerca de estaciones de ferrocarril. Como los viajeros dependían cada vez más de los ferrocarriles, se construyeron nuevas vías. A fines del siglo XIX, los ferrocarriles se extendían de una costa a la otra.

Otros nuevos inventos cambiaron también la forma de comunicación de las personas. A comienzos del siglo XIX, los mensajes se enviaban por mensajeros o por correo. Un mensaje de una a otra parte del país podía tardar semanas en llegar.

En 1837, Samuel F. B. Morse inventó una manera más rápida de comunicación. Su invento, llamado **telégrafo**, enviaba mensajes desde una máquina a otra a través de un cable. Para hacer esto, Morse inventó un código en el que "puntos" y "líneas" eléctricos, golpes cortos y largos en una llave, reemplazaban las letras del alfabeto. Hoy en día, se conoce este código como código Morse.

Un operador de telégrafo envía mensajes en código Morse a través de un cable. En el otro extremo, otro operador traduce el código a letras y palabras. ¡De pronto, los mensajes que tardaban días o semanas llegaban en segundos!

Hacia 1866 se había instalado un cable de telégrafo a lo largo del océano Atlántico. La reina de Inglaterra y el presidente de Estados Unidos intercambiaron los primeros mensajes de telégrafo a través del océano.

REPASO DE LA LECTURA

GENERALIZAR ¿Cómo afectaron las rutas de ferrocarril los patrones de población de Estados Unidos?

> Muchos inmigrantes llegaron en barco a la ciudad de New York en busca de nuevas oportunidades y una vida mejor en Estados Unidos.

Cambios en la población

Durante el siglo XIX, un número creciente de inmigrantes de Europa llegó a Estados Unidos. Los cambios en los medios de transporte acortaron el viaje de estos inmigrantes. En un barco de vela, los inmigrantes necesitaban un promedio de dos meses para cruzar el océano Atlántico. Los barcos de vapor que cruzaban el océano hicieron el viaje mucho más rápido.

Los nuevos sistemas de transporte también afectaron los patrones de inmigración dentro de Estados Unidos. Por ejemplo, muchos inmigrantes se mudaron a determinadas áreas para estar cerca de los ferrocarriles. Miles de trabajadores irlandeses se instalaron donde podían conseguir empleos en la construcción de ferrocarriles. Muchos inmigrantes escandinavos se mudaron a las regiones de los Grandes Lagos y las Grandes Llanuras porque las compañías de ferrocarril ofrecían tierras gratis a los colonos.

Durante la década de 1840, el número de inmigrantes irlandeses que vinieron a Estados Unidos aumentó. Entre 1845 y 1850, una enfermedad acabó con la mayor parte de los cultivos de papa, la dieta principal de muchas familias campesinas irlandesas. Esta época se llamó la gran hambruna irlandesa. Una hambruna es una época en la que los alimentos son escasos y las personas mueren de hambre. Durante la gran hambruna irlandesa, más de un millón de personas murieron de hambre. Muchos de los que sobrevivieron eligieron venir a Estados Unidos, a lugares como Boston y la ciudad de New York, y comenzaron nuevas vidas.

REPASO DE LA LECTURA 🔥 **GENERALIZAR**
¿Por qué inmigraron muchos irlandeses a Estados Unidos durante la década de 1840?

Trabajar para el cambio

Al cambiar la vida en Estados Unidos, más esclavos buscaron su libertad. Los abolicionistas, o personas que querían abolir la esclavitud, comenzaron el **ferrocarril clandestino**, no un ferrocarril de verdad, sino rutas secretas por las que viajaban los esclavos fugitivos. Estas rutas llevaban hacia estados libres en el norte y a Canadá. Antiguos esclavos como **Harriet Tubman** trabajaban como guías para los fugitivos.

Muchos de los esclavos fugitivos se asentaron en el norte. Un antiguo esclavo llamado **Frederick Douglass** se instaló en New York. Douglass creía firmemente que la esclavitud era una injusticia. Fundó un periódico abolicionista llamado *North Star*.

Al igual que otros abolicionistas, Douglass hablaba además a favor de los derechos de las mujeres. En 1848 participó de una asamblea sobre los derechos de la mujer que tuvo lugar en **Seneca Falls**, New York. **Lucretia Mott** y **Elizabeth Cady Stanton** organizaron la asamblea para protestar porque a las mujeres no se les permitía votar ni ejercer cargos públicos.

Mott y Stanton argumentaban que las mujeres debían tener los mismos derechos que los hombres. Stanton escribió una Declaración de Sentimientos que siguió el modelo de la Declaración de Independencia. Su Declaración comenzaba

> Frederick Douglass

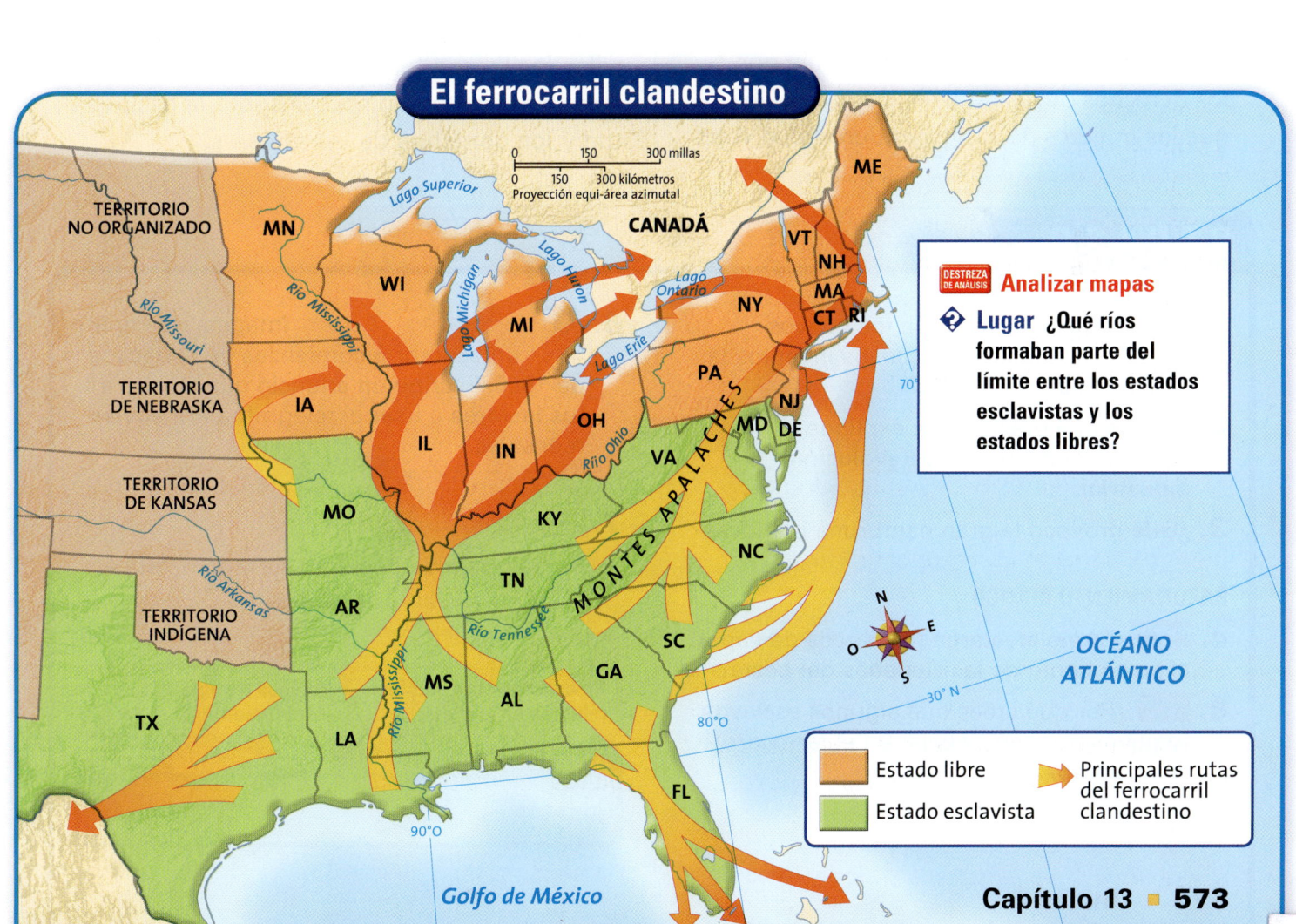

El ferrocarril clandestino

Analizar mapas

Lugar ¿Qué ríos formaban parte del límite entre los estados esclavistas y los estados libres?

Capítulo 13 ■ 573

> Esta estatua representa a las líderes de la Asamblea de Seneca Falls. Lucretia Mott (derecha) también lideró la asamblea.

diciendo: "Pensamos que estas verdades son evidentes: todos los hombres y mujeres son creados iguales".*

Susan B. Anthony también trabajó por los derechos de las mujeres. Argumentaba que las mujeres debían tener derecho al voto.

*Elizabeth Cady Stanton. *A History of Woman Suffrage.* Fowler y Wells, 1889.

Muchos años pasarían antes de que los argumentos de Anthony tuvieran una amplia aceptación. En 1869, las mujeres del Territorio de Wyoming obtuvieron el derecho a votar en elecciones locales.

Sin embargo, las mujeres afroamericanas todavía no habían obtenido los mismos derechos. Cuando el Congreso aprobó el Acuerdo de 1850, una de las leyes facilitó que los dueños de esclavos recuperaran a los esclavos fugitivos. Los desacuerdos sobre la esclavitud se hicieron más violentos. Con el tiempo, dividirían Estados Unidos.

REPASO DE LA LECTURA GENERALIZAR
¿Cómo ayudó el ferrocarril clandestino a los esclavos fugitivos a ganar su libertad?

Resumen

Nuevos inventos llevaron a la Revolución Industrial. Los barcos de vapor y los ferrocarriles facilitaron los viajes. Sin embargo, la nación enfrentaba disputas sobre la esclavitud y los derechos de las mujeres.

REPASO

1. ¿Cómo cambiaron los nuevos habitantes y los nuevos inventos la vida en Estados Unidos?

2. Escribe una oración que explique el significado del término **Revolución Industrial**.

3. ¿Qué provocó la gran hambruna irlandesa?

RAZONAMIENTO CRÍTICO

4. ¿Cómo afectaron los barcos de vapor el crecimiento de las ciudades del oeste?

5. ¿Por qué crees que algunos esclavos fugitivos querían trabajar en el ferrocarril clandestino?

6. **Escribe un anuncio** Imagina que eres un escritor a comienzos de la década de 1850. Escribe un anuncio que aliente a tus lectores a usar el telégrafo para enviar mensajes.

7. **GENERALIZAR**
En una hoja de papel, copia y completa el organizador gráfico de abajo.

Datos	
Se construyeron muchas fábricas en el norte.	Muchos inmigrantes se establecieron en el norte.

Generalización

Harriet Tubman

Biografía

Integridad
Respeto
Responsabilidad
Equidad
Bondad
Patriotismo

"*Fui guía del ferrocarril clandestino durante ocho años y puedo decir lo que la mayoría de los guías no puede: nunca descarrilé mi tren, nunca perdí a ningún pasajero.*"*

Harriet Tubman nació en la esclavitud en Bucktown, Maryland. En 1849, cuando tenía alrededor de 29 años, escuchó rumores de que la venderían. Para impedir que lo hicieran, partió hacia el norte, siguiendo un camino secreto que la condujo a Philadelphia y la libertad.

Tubman podría haber comenzado una nueva vida y olvidar su pasado. Sin embargo, no podía olvidar a las personas esclavas que había dejado atrás. Decidió intentar llevar hacia la libertad a cuantas personas esclavas pudiera. En 1850 regresó por primera vez al sur para guiar a los fugitivos por el ferrocarril clandestino. Haría 18 viajes más. En total, rescató a más de 300 personas.

Más tarde, Tubman imaginó otras formas de ayudar a los otros. Por ejemplo, fundó una casa en la que afroamericanos ancianos podían vivir y ser cuidados. La casa permaneció abierta incluso después de su muerte.

Este sello de correos honra a Harriet Tubman.

La importancia del carácter

? ¿Cómo demostró Harriet Tubman su bondad hacia los demás?

*Harriet Tubman. *Bound for the Promised Land: Harriet Tubman, Portrait of an American Hero* por Kate Larson. Ballantine, 2004.

Biografía breve

1820 Nace en 1820
1849 Tubman escapa de Maryland
1860 Tubman hace su decimonoveno y último viaje al sur
1911 Muere en 1911

 Visita **MULTIMEDIA BIOGRAPHIES** en www.harcourtschool.com/hss para hallar biografías multimedia.

Destrezas con mapas y globos terráqueos

Leer un mapa de husos horarios

▶ POR QUÉ ES IMPORTANTE

Durante siglos, las personas usaron el sol para determinar su hora local. Cuando el sol estaba en su punto más alto en el cielo, era mediodía. Como el sol está en su punto más alto a diferentes momentos en diferentes lugares, ¡Estados Unidos tenía más de 100 husos horarios! Esto hacía que fuera difícil programar los horarios de los trenes.

Sandford Fleming de Canadá y Charles Dowd de Estados Unidos desarrollaron la idea de dividir la Tierra en husos horarios estándares. Un **huso horario** es una región en la que se observa una sola hora.

▶ LO QUE NECESITAS SABER

Fleming recomendó que el mundo se organizara en 24 husos horarios diferentes. En cada nuevo huso horario hacia el oeste, es una hora más temprano que en el huso horario inmediatamente anterior.

El mapa de la página 577 muestra los husos horarios del hemisferio occidental. Busca Los Angeles en el huso horario del Pacífico. Ahora busca Salt Lake City en el huso horario de montaña. La hora del huso horario del Pacífico es una hora más temprano que en el huso horario de montaña. Si en el huso horario del Pacífico son las 5:00 p.m., en el huso horario de montaña son las 6:00 p.m.

▶ PRACTICA LA DESTREZA

Usa el mapa de husos horarios del hemisferio occidental de la página 577 para contestar estas preguntas.

1. ¿Cómo se usan los colores en el mapa de husos horarios?
2. ¿En qué huso horario están las ciudades de New York, Philadelphia y Washington, D.C.?
3. Si son las 10:00 a.m. en Chicago, Illinois, ¿qué hora es en San Diego, California?
4. Si viajas desde Houston, Texas, a Los Angeles, California, ¿cuántos husos horarios atravesarás?

▶ Antes de que se impusieran los husos horarios estándares, programar los horarios de los trenes era difícil porque cada pueblo tenía su propia hora.

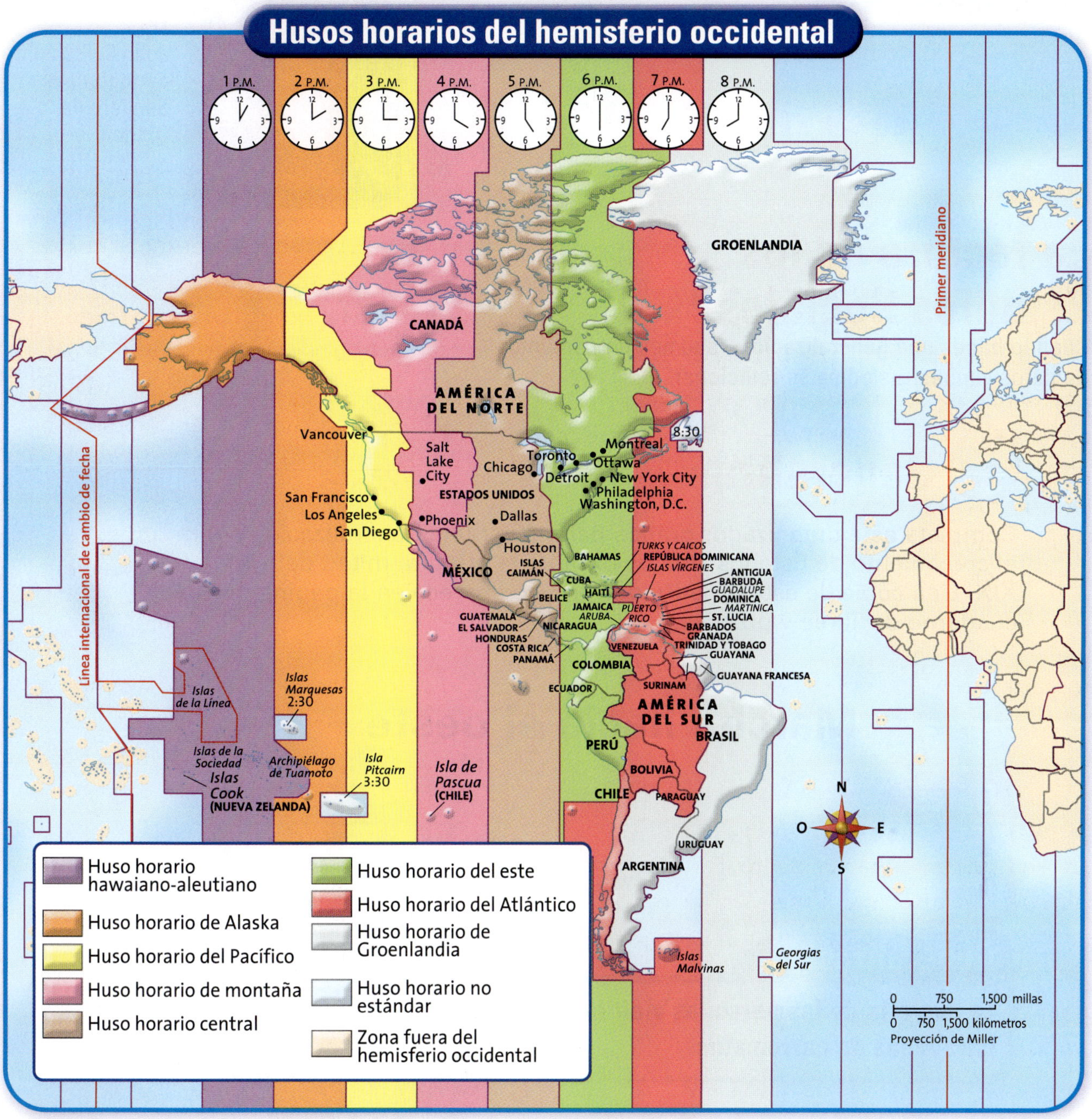

Husos horarios del hemisferio occidental

Destrezas con mapas y globos terráqueos

Leyenda:
- Huso horario hawaiano-aleutiano
- Huso horario de Alaska
- Huso horario del Pacífico
- Huso horario de montaña
- Huso horario central
- Huso horario del este
- Huso horario del Atlántico
- Huso horario de Groenlandia
- Huso horario no estándar
- Zona fuera del hemisferio occidental

APLICA LO QUE APRENDISTE

 DESTREZA DE ANÁLISIS Inventa dos preguntas sobre el mapa de esta página. Escribe tus preguntas en una hoja de papel y las respuestas en la parte de atrás. Intercambia las hojas con un compañero y verifiquen sus respuestas.

Practica tus destrezas con mapas y globos terráqueos con el **CD-ROM GeoSkills**.

Capítulo 13 ■ 577

Repaso del Capítulo 13

Tiempos

1820 — 1830

1843
John C. Frémont cartografía el Sendero de Oregon

La lectura en los Estudios Sociales

Cuando haces una **generalización**, resumes un conjunto de datos y muestras cómo se relacionan.

 **Generalizar**

Completa este organizador gráfico para hacer una generalización sobre el crecimiento de Estados Unidos durante la primera mitad del siglo XIX. Una copia de este organizador gráfico aparece en la página 144 del cuaderno de Tarea y práctica.

Marcha hacia el oeste

Datos

Generalización

La mayoría de las personas viajaban hacia el oeste en caravanas de carromatos.

 Pautas de redacción de California

Escribe una narración Imagina que acabas de terminar un viaje por el Sendero de Oregon. Escribe un cuento que describa dónde comenzó y dónde terminó tu viaje y las diferentes características físicas que viste en el camino.

Escribe una carta persuasiva Imagina que eres el alcalde de San Francisco, California, en 1849. Escribe una carta a un periódico para persuadir a las personas de que se asienten en San Francisco. Explica tus razones.

1840

1845 Texas se convierte en estado

 **1846** Comienza la guerra entre México y Estados Unidos

1850

 **1848** Comienza la fiebre del oro en California

Usa el vocabulario

Identifica el término de la derecha que se relacione mejor con el de abajo.

vadear, pág. 542

estado esclavista, pág. 553

destino manifiesto, pág. 559

fiebre del oro, pág. 562

partes intercambiables, pág. 569

1. los del cuarenta y nueve
2. caravana de carromatos
3. Territorio de Oregon
4. Revolución Industrial
5. ferrocarril clandestino

Usa la línea cronológica

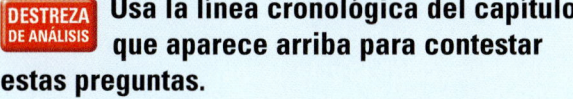 **Usa la línea cronológica del capítulo que aparece arriba para contestar estas preguntas.**

6. ¿Se convirtió Texas en estado antes o después de la guerra entre México y Estados Unidos?
7. ¿Cuántos años después de que Frémont cartografiara el Sendero de Oregon se descubrió oro en California?

Aplica las destrezas

Resolver un problema

8. ¿Cómo solucionaron Estados Unidos y Gran Bretaña las disputas por la posesión de tierras en la Región de Oregon?

DESTREZA DE ANÁLISIS **Identificar cambios en las fronteras**

9. Observa el mapa de la página 567. ¿Cuál era el límite oeste de Estados Unidos en 1783?

Recuerda los datos

Responde estas preguntas.

10. ¿Por qué se mudaron los colonos de México a California y Texas?
11. ¿En qué lugar del oeste se asentaron por primera vez los mormones?
12. ¿Por qué lucharon los sioux lakota contra otras tribus indias en la década de 1840?
13. ¿Quién fue Antonio López de Santa Anna?

Escribe la letra que corresponda a la respuesta correcta.

14. ¿Cuál de estos estados fue una vez parte de México?
    A Florida
    B Oregon
    C Texas
    D Ohio

15. ¿Cuál de estos senderos al oeste usaban los colonos para llegar al valle de Willamette?
    A el Sendero de California
    B el Sendero de los Mormones
    C el Sendero de Oregon
    D el Sendero de Santa Fe

Piensa críticamente

16. **DESTREZA DE ANÁLISIS** ¿Por qué crees que los miembros del Congreso discutían sobre la admisión de nuevos estados esclavistas o nuevos estados libres?

17. **DESTREZA DE ANÁLISIS** ¿Cómo afectaron los barcos de vapor y la locomotora los lugares donde se establecían los habitantes de Estados Unidos?

Capítulo 13 ■ 579

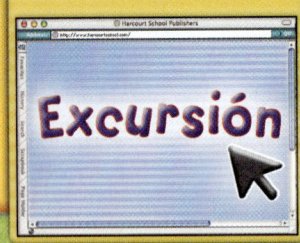

FIN DEL SENDERO de OREGON
CENTRO DE INTERPRETACIÓN

PREPÁRATE

Para muchos colonos que viajaban a la Región de Oregon, la última parada de su viaje era una pradera cubierta de césped conocida como Abernathy Green. Allí armaban sus campamentos y hacían pastar sus animales. Hoy en día, en Abernathy Green, en Oregon City, Oregon, está el Centro de Interpretación del Fin del Sendero de Oregon.

Este museo está dedicado a preservar la historia, la herencia y el espíritu de los valientes pioneros que viajaron por el Sendero de Oregon. Los visitantes al centro pueden ver un vídeo e intentar hacer artesanías tradicionales. También pueden recorrer las exposiciones que muestran el Pacífico Noroeste desde los tiempos en los que los comerciantes de pieles y los indios americanos vagaban por el área hasta la llegada del ferrocarril.

OBSERVA

Edificios con forma de carromatos cubiertos contienen las exposiciones del museo.

Un grupo de actores enseña a los visitantes sobre la vida de los pioneros en el sendero. Estos niños aprenden a empacar un carromato.

UBÍCALO

Oregon City
OREGON

En distintos lugares del Sendero de Oregon, se pueden ver todavía profundos surcos hechos por los carromatos. En el centro, los visitantes pueden ver cómo vivían las personas cuando viajaban por el Sendero de Oregon. Estas fotografías muestran algunas de las mercancías que necesitaban los colonos.

UN PASEO VIRTUAL

APRENDE en línea

Visita VIRTUAL TOURS en www.harcourtschool.com/hss para realizar un paseo virtual.

Unidad 6 Repaso

💡 LA GRAN IDEA

Crecimiento y cambio Estados Unidos se expandió cuando su población y su economía crecieron y se adquirieron nuevas tierras.

Resumen

La expansión hacia el oeste

Oleadas de inmigrantes llegaron a Estados Unidos a fines del siglo XVIII y comienzos del siglo XIX. Desde las ciudades portuarias del este, muchos de ellos se trasladaron al oeste en busca de tierras. Algunos de estos pioneros usaron el Sendero Wilderness a través de los montes Apalaches y luego siguieron más al oeste en balsas y carromatos.

Después de la Compra de Louisiana en 1803, Estados Unidos se expandió hacia el oeste de las montañas Rocosas. Pero muchos americanos querían todavía más tierras. Creían en un destino manifiesto. Las familias y los comerciantes usaron caravanas de carromatos para atravesar las montañas Rocosas y poblar la Región de Oregon.

Otros colonos se dirigieron hacia las tierras del suroeste. Después de independizarse de México, Texas se unió a Estados Unidos. Después de la guerra entre México y Estados Unidos, California y otras tierras del suroeste se vendieron a Estados Unidos.

Hacia 1850, Estados Unidos se extendía de océano a océano. Los ferrocarriles, los canales, los telégrafos y otras tecnologías ayudaron a conectar las diferentes regiones de la nación. Pero el tema de la esclavitud todavía dividía a la nación.

Ideas principales y vocabulario

Lee el resumen de arriba. Luego contesta las siguientes preguntas.

1. ¿Qué significa el término pioneros?
   A personas que están entre los primeros que se asientan en un nuevo lugar
   B personas que comienzan un nuevo negocio
   C personas que dejan un país para vivir en otro
   D personas que extraen oro

2. ¿Qué accidente geográfico formaba el límite oeste de Estados Unidos después de 1803?
   A los montes Apalaches
   B el río Mississippi
   C el océano Pacífico
   D las montañas Rocosas

3. ¿Cuál era el objetivo principal expresado por la idea del destino manifiesto?
   A la libertad religiosa
   B la abolición de la esclavitud
   C la extensión de las posesiones territoriales
   D el aumento de la inmigración

4. ¿Cuándo se vendió California a Estados Unidos?
   A después de la guerra entre México y Estados Unidos
   B después de la Revolución Americana
   C después de la batalla del Álamo
   D después de la Guerra de 1812

Recuerda los datos

Responde estas preguntas.

5. ¿Por qué se trasladaron tantos inmigrantes a Estados Unidos?

6. ¿Por qué se construyó el canal Erie?

7. ¿Cómo trabajaban en grupo las familias pioneras para realizar sus tareas domésticas?

8. ¿Por qué elegían las personas trasladarse al oeste?

9. ¿Qué tema fue causa de conflictos cuando los territorios del oeste intentaron convertirse en estados?

Escribe la letra que corresponda a la respuesta correcta.

10. ¿Cuál de estos exploradores fue arrestado por intrusión en tierras españolas?
    A John C. Frémont
    B Meriwether Lewis
    C Zebulon Pike
    D Jedediah Smith

11. ¿Cómo atravesaba la mayoría de los pioneros las montañas Rocosas?
    A por el Paso del Sur
    B por el Paso de Cumberland
    C por el Sendero Wilderness
    D por el canal Erie

12. ¿Durante qué guerra el ejército mexicano atacó el Álamo?
    A la Guerra de 1812
    B la Revolución Americana
    C la guerra entre México y Estados Unidos
    D la Guerra de la Independencia de Texas

13. ¿Qué tratado puso fin a la guerra entre México y Estados Unidos?
    A el Tratado de París
    B el Tratado de Oregon
    C el Tratado de Ghent
    D el Tratado de Guadalupe Hidalgo

Piensa críticamente

14. **DESTREZA DE ANÁLISIS** ¿Cuáles fueron algunos de los costos y beneficios de construir canales?

15. **DESTREZA DE ANÁLISIS** ¿Cómo crees que la idea del destino manifiesto afectó a los indios americanos?

Aplica las destrezas

Identificar cambios en las fronteras

DESTREZA DE ANÁLISIS Usa el mapa de abajo para contestar las siguientes preguntas.

16. ¿Qué territorio atravesaba el río Columbia?

17. ¿Qué masa de agua formaba el límite este de la Compra de Louisiana?

18. ¿En qué año se hizo la última adición de territorio?

19. ¿Qué masa de agua limitaba el Territorio de Oregon y la Cesión Mexicana?

El crecimiento del Oeste

Unidad 6 ■ 583

Unidad 6 — Actividades

Lecturas adicionales

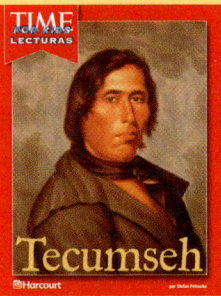
- *Tecumseh* por Stefan Petrucha.

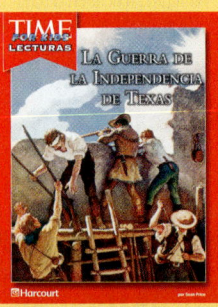
- *La Guerra de la Independencia de Texas* por Sean Price.

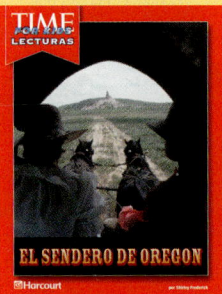
- *El Sendero de Oregon* por Shirley Frederick.

Muestra lo que sabes

Actividad de redacción

Escribe una narración Escribe una narración que describa el primer encuentro entre un colono y un indio americano. En la narración, el colono deberá indicar de dónde es su grupo, las razones para colonizar el nuevo lugar y la forma en que viajaron. El indio americano también deberá dar su punto de vista. Asegúrate de que tu narración tenga un escenario y un argumento, y que muestre claramente los conflictos que puedan surgir.

Proyecto de la unidad

Álbum de recortes Diseña un álbum de recortes sobre la expansión de Estados Unidos hacia el oeste. Decide qué personajes, lugares y eventos incluir y cómo mostrarás la información sobre cada uno. Haz dibujos y pinturas, escribe poemas y cuentos, y dibuja mapas para incluir en tu álbum de recortes.

APRENDE en línea Visita ACTIVITIES en **www.harcourtschool.com/hss** para hallar otras actividades.

Para tu referencia

DEL PASADO AL PRESENTE
R1 Del pasado al presente

ATLAS
R18 El mundo: Mapa político
R20 El mundo: Mapa físico
R22 Hemisferio occidental: Mapa político
R23 Hemisferio occidental: Mapa físico
R24 Estados Unidos: Panorama general
R26 Estados Unidos: Mapa político
R28 Estados Unidos: Mapa físico
R30 California: Mapa político
R31 California: Mapa físico
R32 Canadá
R33 México

ALMANAQUE
R34 Datos sobre los estados
R38 Datos sobre los presidentes

DOCUMENTOS DE ESTADOS UNIDOS
R41 La Declaración de Independencia
R45 La Constitución de Estados Unidos de América
R66 El Himno Nacional
R67 Juramento a la bandera

MANUAL DE INVESTIGACIÓN
R68

DICCIONARIO BIOGRÁFICO
R78

DICCIONARIO GEOGRÁFICO
R86

GLOSARIO
R96

ÍNDICE
R104

- DEL PASADO AL PRESENTE
- ATLAS/ALMANAQUE
- DOCUMENTOS DE ESTADOS UNIDOS
- MANUAL DE INVESTIGACIÓN
- DICCIONARIO BIOGRÁFICO
- DICCIONARIO GEOGRÁFICO
- GLOSARIO
- ÍNDICE

Del pasado al presente

Desde 1850, Estados Unidos no ha dejado de crecer y cambiar. Ha superado grandes desafíos externos y ha expandido la libertad y las oportunidades de desarrollo para sus ciudadanos.

E pluribus unum
("De muchos, uno")
—lema del Sello de Estados Unidos

1 Una nación cambiante

Durante el siglo XIX, Estados Unidos cambió enormemente. El crecimiento de la industria llevó al surgimiento de nuevas ciudades. Muchas personas dejaron sus granjas y se mudaron a las ciudades para trabajar en las fábricas. Además, millones de inmigrantes llegaron a Estados Unidos con la esperanza de encontrar empleo y comenzar una nueva vida en un nuevo país. Sin embargo, la transformación más importante de Estados Unidos en el siglo XIX se produjo como resultado de la Guerra Civil.

El fin de la esclavitud

Hacia 1860, la población de Estados Unidos aún estaba profundamente dividida con respecto a la cuestión de la esclavitud. En el Norte, muchos deseaban abolirla, mientras que, en el Sur, muchos otros afirmaban que su economía dependía de ella. Los sureños sostenían que el gobierno federal no debía tener la autoridad para aprobar leyes que abolieran o limitaran la esclavitud.

Además, muchos sureños pensaban que, si querían hacerlo, los estados tenían derecho a separarse de la Unión, es decir, de Estados Unidos. En esa época, **Abraham Lincoln** era candidato a la presidencia y muchos temían que prohibiera la esclavitud si resultaba elegido. Lincoln ganó las elecciones. En los meses siguientes, once estados del Sur se separaron de la Unión y formaron un nuevo país al que llamaron Estados Confederados de América, o la Confederación.

El presidente Lincoln dijo que los estados no podían separarse y prometió mantener los fuertes y otras propiedades

> La nación creció en el siglo XIX.

▶ Abraham Lincoln se reunió con su gabinete para debatir la Proclamación de Emancipación.

de Estados Unidos ubicadas en esos estados. En abril de 1861, los soldados confederados vencieron a las tropas de la Unión apostadas en el Fuerte Sumter, en South Carolina. Esta batalla marcó el comienzo de la Guerra Civil americana.

Durante la guerra, el presidente Lincoln tomó una importante decisión. El 1 de enero de 1863 emitió la **Proclamación de Emancipación**. Allí, Lincoln ordenaba que todos los esclavos que vivían en las zonas del Sur que aún peleaban contra la Unión fueran "desde ahora, y para siempre, libres".*

Después de cuatro años de penurias, la Guerra Civil llegó a su fin en abril de 1865, con la rendición del ejército confederado. Estados Unidos volvía a ser una nación unificada.

Ciudadanía para los afroamericanos

Después de la Guerra Civil, se hicieron tres enmiendas a la Constitución. La Decimotercera Enmienda ponía fin a la esclavitud. La Decimocuarta Enmienda establecía que todos los ciudadanos tenían los mismos derechos ante la ley. La Decimoquinta Enmienda otorgaba el derecho al voto a los hombres afroamericanos.

Como ciudadanos libres, los afroamericanos hicieron muchas aportaciones a la nación. Trabajaron como maestros y científicos, fundaron empresas y ocuparon cargos públicos. **Hiram Revels**, de Mississippi, fue el primer afroamericano elegido para el Senado de Estados Unidos.

* Abraham Lincoln. *The Emancipation Proclamation* por John Hope Franklin. Doubleday, 1963.

DEL PASADO AL PRESENTE

▶ Hiram Revels

▶ Booker T. Washington

▶ George Washington Carver

Sin embargo, con el paso del tiempo los gobiernos estatales del Sur comenzaron a aprobar leyes para dificultar, y en ocasiones impedir, el voto de los afroamericanos. Nuevas leyes fomentaron la segregación, es decir, la práctica de separar a las personas por su raza o su cultura. Los afroamericanos, por ejemplo, estaban obligados a asistir a escuelas diferentes y viajar solo en determinados vagones de tren.

A pesar de esas nuevas dificultades, muchos afroamericanos continuaron aportando al desarrollo económico, político y cultural de Estados Unidos.

Uno de ellos fue **Booker T. Washington**, que ayudó a fundar en Alabama una escuela de comercio para afroamericanos llamada Tuskegee Institute. **George Washington Carver**, un investigador y maestro del Tuskegee Institute, ayudó al fortalecimiento de la economía en el Sur. Alentó a los agricultores sureños para que sembraran cacahuate y batata, y descubrió nuevos usos para esos cultivos. Carver y sus estudiantes demostraron que el cacahuate servía para fabricar más de 300 productos, incluyendo tinta, champú y pigmentos.

▶ Thurgood Marshall, que fue presidente de la Corte Suprema, alzó su voz contra la segregación escolar para que los estudiantes, como Linda Brown (derecha), pudieran tener una educación.

Ampliación de las libertades

Los afroamericanos, liderados por **Ida B. Wells** y por **W. E. B. Du Bois**, continuaron trabajando con el fin de que se les reconocieran sus derechos civiles. Wells escribía artículos periodísticos sobre la violencia contra los afroamericanos. Los escritos de Du Bois reclamaban igualdad para los afroamericanos, las mujeres y otros grupos.

Aunque el camino hacia la igualdad de derechos era lento, en 1954 la Corte Suprema de Estados Unidos emitió un fallo muy importante. En un caso llamado *Brown vs. Consejo de educación*, la Corte dictaminó que una niña afroamericana llamada **Linda Brown** tenía derecho a asistir a una escuela pública de Topeka, Kansas. También ordenó la integración de todas las escuelas públicas de Estados Unidos. Integración significa la inclusión de personas diferentes en un grupo en el que todos tienen igualdad. Más tarde, los tribunales establecieron que también era inconstitucional la segregación en lugares públicos.

Los afroamericanos no eran el único grupo que luchaba para obtener los derechos asegurados por la Constitución. En 1920, con la ratificación de la Decimonovena Enmienda, las mujeres obtuvieron el derecho al voto. En 1924, el Congreso aprobó una ley que declaraba que todos los indios americanos de Estados Unidos eran ciudadanos estadounidenses y que tenían derecho a votar. En 1971 se redujo la edad mínima para votar de 21 a 18 años para todos los ciudadanos de la nación.

En la década de 1970 se aprobaron nuevas leyes que establecían que los empleadores debían dar el mismo trato a hombres y mujeres, y que todos los empleos debían ofrecerse tanto a hombres como a mujeres. En 1975 se aprobaron leyes que permitían que las tribus indias manejaran sus propias empresas y sus programas de educación.

REPASO

1. ¿Qué era la Proclamación de Emancipación?
2. ¿Qué enmienda puso fin oficialmente a la esclavitud en Estados Unidos?
3. ¿Qué dictaminó la Corte en el caso *Brown vs. Consejo de educación*?

▶ Martin Luther King, Jr., (centro) encabeza una manifestación a favor de las leyes de los derechos civiles.

2 Una nación de inmigrantes

En la década de 1850, el escritor **Herman Melville** afirmó que "más que una nación, somos un mundo".* Melville se refería a que Estados Unidos está conformado por gente de muchos otros lugares. En Estados Unidos hay tantas personas provenientes de otros lugares (ellos mismos, sus familiares o sus antepasados) que a menudo se dice que nuestro país es una nación de inmigrantes. Todas esas personas han contribuido para que Estados Unidos sea el país que es.

*Herman Melville. *Redburn: His First Voyage.* Viking Press, 1983.

▶ La mayoría de los inmigrantes llegaron a Estados Unidos en busca de una vida mejor.

Nuevos estados, nuevas personas

Hacia fines del siglo XIX, Estados Unidos era una de las naciones más poderosas del mundo. Nuevos estados se sumaban a la Unión y el país continuaba creciendo. En 1959, con la incorporación de Alaska y Hawaii, el número de estados llegó a 50.

Durante esa época, Estados Unidos expandió su territorio de otras maneras. En 1898, la victoria en la guerra hispano-estadounidense dio a Estados Unidos el control sobre Cuba, Puerto Rico, Guam y las islas Filipinas. Más tarde, Cuba y las Filipinas se convirtieron en países independientes, pero Puerto Rico y Guam aún forman parte de Estados Unidos.

A medida que la superficie de Estados Unidos crecía, también crecía su población. Muchas personas continuaban migrando a Estados Unidos desde todas partes del mundo, y el país se convirtió en una nación diversa, con numerosas razas, religiones y orígenes nacionales.

Los inmigrantes enriquecieron la vida económica, cultural y social de la nación. Contribuyeron con nuevas destrezas, nuevos idiomas y nuevos modos de vida. Cultivaron la tierra y establecieron empresas, ayudaron a construir ferrocarriles y ciudades y trabajaron en fábricas y minas. Se convirtieron en maestros y científicos, escritores, músicos y artistas en la industria del entretenimiento.

Los inmigrantes también han compartido su cultura con las personas nacidas en Estados Unidos. Sus comidas, fiestas, estilos musicales, bailes y juegos han enriquecido la vida de los estadounidenses.

Nuevas oleadas de inmigrantes

Entre 1820 y 1920, más de 30 millones de personas inmigraron a Estados Unidos. Los barcos más veloces, que atravesaban el océano con gran facilidad, y las bajas tarifas de los pasajes permitían que cada vez más personas pudieran emprender el viaje.

Los inmigrantes llegaban desde todas partes del mundo. Miles de ellos, incluyendo muchos inmigrantes chinos, llegaron a California durante la fiebre del oro. Hacia el 1900 se produjo una oleada más pequeña de inmigrantes asiáticos, que provenían en su mayoría de Japón. Llegaban a la oficina de migraciones de la isla Angel, en la bahía de San Francisco, y más tarde se establecían a lo largo de la costa del Pacífico.

Durante el siglo XIX, continuaron llegando a Estados Unidos numerosos inmigrantes de México y de otras partes de América Latina. Muchos de ellos se establecieron en Texas, New Mexico, Arizona y el sur de California. Además, gran cantidad de inmigrantes de Cuba se establecieron en Florida.

Antes de 1870, la mayoría de los inmigrantes venían del norte y del oeste de Europa. Después de 1870, comenzaron a llegar más inmigrantes de Italia, Grecia, Polonia, Hungría, Rusia y otros países del sur y el este de Europa. La mayoría de ellos debía registrarse en la oficina de migraciones de la isla Ellis, en el puerto de New York.

A partir de 1886, los inmigrantes que llegaban a New York eran recibidos por un nuevo paisaje. Allí estaba la Estatua de la Libertad, un regalo del pueblo de Francia al pueblo de Estados Unidos.

▶ Lo primero que muchos inmigrantes veían al llegar a Estados Unidos era la Estatua de la Libertad.

En la base de la Estatua de la Libertad está grabado el poema "El nuevo coloso", escrito por **Emma Lazarus**. El poema describe cómo la Estatua de la Libertad da la bienvenida a los inmigrantes que llegan a Estados Unidos. Sus versos finales dicen:

> "Denme a sus hombres
> cansados, sus pobres,
> sus masas apiñadas, ansiosas
> de respirar en libertad,
> los desdichados residuos
> de vuestras costas colmadas.
> Envíenme a los desamparados,
> a las víctimas de la tempestad
> ¡Yo alzo mi lámpara junto
> a la puerta dorada!"*

Hoy, la Estatua de la Libertad es un símbolo de Estados Unidos. Les recuerda a todos los estadounidenses los ideales y las libertades que comparten.

*Emma Lazarus. *Emma Lazarus: Selected Poems and Other Writings*, editado por Gregory Eiselein. Broadview Press, 2002.

Superando las dificultades

Muchas personas llegaban con la esperanza de encontrar una vida mejor o para escapar de las dificultades de sus países de origen. En Estados Unidos, con trabajo y capacidad, podían esperar un futuro más prometedor. Para muchos, también significaba ser libres por primera vez en su vida.

Sin embargo, venir a Estados Unidos representaba nuevas dificultades. Los inmigrantes tenían que dejar atrás sus hogares, sus amistades y familiares para mudarse a una tierra extraña. Con frecuencia, no conocían a nadie en su nueva comunidad. Tenían que aprender un nuevo idioma y adoptar nuevos modos de vida. Eso llevaba tiempo y esfuerzo.

Muchos inmigrantes enfrentaron otro tipo de dificultad en su nuevo país: la

▶ **Esta fotografía de 1900 muestra un día muy atareado en Mulberry Street, en la zona conocida como Lower East Side de la ciudad de New York.**

▶ Cuando llegaban a Estados Unidos, muchos inmigrantes trabajaban en las fábricas en condiciones precarias.

discriminación. La discriminación es el trato injusto que alguien recibe debido a su religión, su raza, su país de origen u otras características que lo hacen diferente.

A finales del siglo XIX, la economía de Estados Unidos atravesaba un momento difícil. Muchas empresas cerraron, dejando a muchos trabajadores sin empleo. Algunas personas comenzaron a culpar de sus problemas a los inmigrantes. Creían que los inmigrantes estaban quitándoles sus empleos, y se produjeron algunos ataques contra casas y negocios de los inmigrantes.

Había una gran demanda para que el Congreso limitara el número de inmigrantes. En el transcurso de los siguientes 50 años, el Congreso aprobó un conjunto de leyes que limitaban la cantidad de inmigrantes que podían ingresar por año a Estados Unidos. Esas leyes restringieron, e incluso prohibieron, la inmigración proveniente de ciertas regiones del mundo, en especial de Asia.

La inmigración continúa

Los inmigrantes continúan contribuyendo enormemente a la vida estadounidense. Hoy, Estados Unidos tiene más de 290 millones de habitantes, de los cuales más de 32 millones han nacido en otro país. Esta cantidad representa más del 10 por ciento de la población.

La mayoría de los inmigrantes que llegaron a Estados Unidos a finales del siglo XIX y comienzos del siglo XX eran originarios de países europeos. En la actualidad, los inmigrantes llegan de todas partes del mundo, sobre todo de Asia y América Latina. Hoy, más de la mitad de los estadounidenses nacidos en el extranjero provienen de países latinoamericanos; aproximadamente una cuarta parte viene de países asiáticos tales como China, Japón, India y las Filipinas; y el resto llega de Europa, África, Australia y otras regiones.

La mayoría de las personas que hoy en día viven en Estados Unidos son inmigrantes o descendientes de inmigrantes.

Del pasado al presente

> En todo el territorio de Estados Unidos se llevan a cabo diversas celebraciones culturales.

Existen familias que han vivido en Estados Unidos durante varias generaciones. Otros inmigrantes han llegado recientemente. Hoy, en lugar de viajar en barco como en el pasado, la mayoría de los inmigrantes viajan en avión y llegan a alguno de los aeropuertos internacionales del país.

Muchos estadounidenses continúan practicando las costumbres y tradiciones propias de su cultura. Algunos inmigrantes todavía hablan el idioma de su país natal. La variedad cultural también está presente en los platillos que comemos, en la música que escuchamos y en los grupos religiosos a los que pertenecemos. Todo esto agrega diversidad a la cultura estadounidense.

Aunque los estadounidenses somos diferentes unos de otros, estamos unidos porque tenemos muchas cosas en común. Todos vivimos en una democracia constitucional y compartimos los ideales básicos de Estados Unidos: libertad, oportunidades, creencia en los derechos individuales y respeto por todas las personas y sus diferencias.

REPASO

1. ¿Cómo contribuyó la inmigración a hacer de Estados Unidos una nación más diversa?
2. ¿Cuál es la diferencia entre la inmigración anterior a 1870 y la posterior a 1870?
3. ¿Qué dificultades enfrentaron muchos inmigrantes?
4. ¿Qué une hoy a los estadounidenses?

3 Nuevos desafíos para la libertad

Estados Unidos ingresó en el siglo XX como una nación poderosa y, durante todo el siglo, usó su poder para defender la libertad en todo el mundo. El primer desafío que enfrentaron Estados Unidos y sus aliados fue la Primera Guerra Mundial.

La Primera Guerra Mundial

A comienzos del siglo XX, las naciones de Europa formaron alianzas para ayudarse y protegerse unas a otras en caso de ser atacadas. En el sur de Europa, Serbia y Austria-Hungría compartían una frontera. El 28 de junio de 1914, un serbio disparó y asesinó al archiduque austrohúngaro Francis Ferdinand y a su esposa. Como respuesta, Austria-Hungría declaró la guerra a Serbia.

Los aliados de cada nación se vieron obligados a involucrarse en el conflicto. Un bando estaba formado por las Potencias Centrales, que incluían Austria-Hungría, Alemania y el Imperio otomano. En el otro bando estaban las Potencias Aliadas, o los Aliados, que incluían a Serbia, Gran Bretaña, Francia, Rusia e Italia.

La mayoría de los estadounidenses querían mantenerse fuera de la guerra. Sin embargo, en 1917, Estados Unidos se involucró en el conflicto, uniéndose a las Potencias Aliadas. Uno de los motivos fue que Gran Bretaña y Francia, que eran aliados de Estados Unidos, necesitaban ayuda. Otra razón fue que algunos submarinos alemanes comenzaron a atacar barcos estadounidenses. El presidente

▶ Como parte de su preparación para la Primera Guerra Mundial los soldados aguardan una inspección en la Universidad de California.

Woodrow Wilson pidió al Congreso que declarara la guerra a Alemania. Dijo: "El mundo debe ser un lugar seguro para la democracia".*

Como cada vez más hombres dejaban sus empleos para ir a la guerra, quedaron en el país muy pocos trabajadores. La necesidad de trabajadores favoreció a los afroamericanos y a las mujeres. Entre 1914 y 1919, como parte de la llamada **Gran Migración**, medio millón de afroamericanos dejaron el Sur y se dirigieron a las ciudades del norte para trabajar en las fábricas, manufacturando suministros para la guerra. Miles de mujeres también empezaron a trabajar en las fábricas.

Estados Unidos ayudó a los Aliados a ganar la guerra, que llegó a su fin en 1918, diecisiete meses después de que los primeros soldados estadounidenses llegaran a Europa. Sin embargo, durante ese breve período, murieron aproximadamente 53,000 estadounidenses.

*Woodrow Wilson. *The Politics of Woodrow Wilson*, editado por August Heckscher. Harper, 1956.

La Gran Depresión

Una década después del fin de la Primera Guerra Mundial, las naciones europeas seguían esforzándose por reconstruir sus economías. Estados Unidos, en cambio, gozaba de una época de prosperidad.

Para ganar más dinero, muchos estadounidenses invirtieron en la bolsa de valores. En la bolsa de valores, las personas compran y venden acciones de compañías, es decir, participaciones en la propiedad de empresas. Algunas personas usaron todos sus ahorros e incluso pidieron prestadas grandes sumas de dinero para invertir.

A comienzos del otoño de 1929, algunos inversores decidieron retirar su dinero de la bolsa de valores. Eso provocó que los precios de las acciones bajaran. A medida que los precios bajaban, cada vez más inversores decidieron vender sus acciones.

▶ Como resultado del derrumbe de la bolsa de valores, muchos ricos se volvieron pobres repentinamente y tuvieron que vender sus propiedades a precios muy bajos.

> Los periódicos estadounidenses (arriba) anuncian la invasión alemana a Polonia. Estados Unidos entró en la guerra solo cuando los japoneses bombardearon Pearl Harbor, en Hawaii.

Pronto, muchos accionistas aterrados intentaron vender todas sus acciones. El 29 de octubre de 1929, la bolsa de valores se derrumbó. Prácticamente todas las personas que tenían acciones perdieron su dinero.

El derrumbe de la bolsa de valores formó parte de una depresión económica internacional. Fue una época de desempleo y hambre. Uno de cada cuatro trabajadores estadounidenses perdió su empleo. La depresión se extendió hasta la década de 1930 y fue tan grave que recibió el nombre de **Gran Depresión**.

En 1932, **Franklin D. Roosevelt** fue elegido presidente. Prometió al pueblo estadounidense un "Nuevo Trato" y trabajó con el Congreso con el objetivo de elaborar numerosos programas nuevos para generar empleos y terminar con la depresión. El Nuevo Trato brindó a los estadounidenses la esperanza de que el país se pondría en marcha hacia tiempos mejores. En Europa, sin embargo, no había un Nuevo Trato ni muchas esperanzas para el futuro.

La Segunda Guerra Mundial

La Gran Depresión fue particularmente dura para los alemanes. Alemania había acordado pagar grandes sumas de dinero a los países que había atacado durante la Primera Guerra Mundial, pero su economía estaba en la ruina.

En 1933, **Adolfo Hitler** se convirtió en el líder de Alemania y gobernó como un dictador. Hitler era el líder de un partido político alemán llamado Partido Nacional Socialista, o Nazi. Prometió hacer de Alemania nuevamente un país poderoso y comenzó a reorganizar su ejército.

▶ El Muro de Berlín separó Alemania Oriental de Alemania Occidental durante 28 años.

Hitler y sus seguidores usaban la fuerza contra quienes no estaban de acuerdo con ellos. Encerraron a muchas de esas personas en prisiones llamadas campos de concentración. Millones de judíos, a quienes Hitler culpaba de los problemas de Alemania, fueron enviados a esos campos y fueron asesinados. Hoy, ese asesinato masivo se conoce como el **Holocausto**.

Las tropas alemanas comenzaron a invadir países vecinos y, en 1939, estalló la guerra. Italia y Japón, al igual que Alemania, estaban gobernados por dictadores. También invadieron países vecinos, haciendo que la guerra se extendiera.

El 7 de diciembre de 1941, aviones de guerra japoneses atacaron la base de la armada estadounidense de Pearl Harbor, en Hawaii. Al día siguiente, Estados Unidos declaró la guerra a Japón. Tres días más tarde, Alemania e Italia le declararon la guerra a Estados Unidos.

Alemania, Italia y Japón eran conocidos como las Potencias del Eje. Estados Unidos se unió a los Aliados, que incluían a Gran Bretaña, Francia y la Unión Soviética. En mayo de 1945, los Aliados derrotaron a Alemania. Japón se rindió en agosto, después de que Estados Unidos arrojara bombas atómicas en dos ciudades japonesas. La Segunda Guerra Mundial había llegado a su fin.

Después de la guerra, la Unión Soviética comenzó a presionar a las naciones de Europa oriental para que adoptaran una forma de gobierno conocida como comunismo. Bajo el régimen comunista, el gobierno es propietario de todas las tierras y empresas, y a menudo las personas tienen poca libertad. Para 1950, China también tenía un gobierno comunista.

Las naciones democráticas estaban en permanente conflicto con la Unión Soviética y con los otros países comunistas. Esta hostilidad entre naciones democráticas y naciones comunistas se conoció como la **Guerra Fría**. Aunque la Guerra Fría fue mayormente un conflicto verbal, también se produjeron enfrentamientos en lugares como Corea y Vietnam.

Durante la década de 1980, los pueblos de Europa oriental se rebelaron contra el comunismo. Finalmente, la Unión Soviética abandonó el comunismo y se dividió en varias naciones. La Guerra Fría había llegado a su fin. Estados Unidos se convirtió entonces en la nación más poderosa del mundo y en la única superpotencia.

Nuevos desafíos

A finales del siglo XX, Estados Unidos continuaba promoviendo los valores democráticos en todo el mundo. Pero la nación enfrentaba ahora una nueva clase de peligro: el terrorismo. El terrorismo es el uso deliberado de la violencia con el fin de promover una causa. Los terroristas no luchan en nombre de un país. Realizan ataques sorpresivos a civiles, es decir, personas que no pertenecen al ejército. En Estados Unidos y en el resto del mundo se han producido numerosos atentados con bombas, así como también otros actos de terrorismo.

En la mañana del 11 de septiembre de 2001, un grupo de terroristas secuestró, o tomó ilegalmente, cuatro aviones comerciales. Este grupo estrelló un avión contra cada una de las dos torres del World Trade Center, en la ciudad de New York. Las torres se incendiaron y luego se derrumbaron. Otro avión se estrelló contra el Pentágono, el cuartel general militar de la nación, en las cercanías de Washington, D.C. Se cree que el cuarto avión se dirigía a la capital de la nación, pero se desplomó en un campo abierto de Pennsylvania. En total, murieron en los ataques cerca de 3,000 estadounidenses.

Los líderes de Estados Unidos pronto se dieron cuenta de que muchos de los terroristas habían sido entrenados en zonas de Afganistán. Para evitar que Afganistán continuara apoyando el terrorismo, Estados Unidos y sus aliados derrocaron a sus gobernantes.

En 2003, el presidente **George W. Bush** declaró que Saddam Hussein, el líder de Irak, era un peligro para el mundo. Junto con algunos de sus aliados, Estados Unidos derrotó al ejército iraquí y arrestó a Hussein.

REPASO

1. ¿Cómo afectó la Gran Depresión a los estadounidenses?
2. ¿De qué maneras afectó el terrorismo a Estados Unidos?

> En los edificios del World Trade Center trabajaban más de 40,000 personas. Estas torres eran los edificios más altos de la ciudad de New York.

4 Nuevas ideas y nuevos inventos

Desde 1850 hasta el presente, la economía de Estados Unidos ha cambiado. Nuevas ideas y nuevos inventos han transformado la vida de la gente en Estados Unidos y el resto del mundo.

Nuevas tecnologías

Los últimos años del siglo XIX fueron una época de inventos y progreso. Se crearon el teléfono y la bombilla eléctrica. Los avances en la industria del acero contribuyeron a la construcción de ferrocarriles, así como de edificios y puentes de gran tamaño.

También se produjeron muchos cambios en el transporte. Los primeros automóviles, fabricados a principios del siglo XX, eran demasiado caros para la mayor parte de la población. **Henry Ford** transformó eso al desarrollar un sistema de producción en serie a partir de una cadena de montaje. En lugar de construirse uno a uno, los automóviles de Ford eran ensamblados, o armados, a medida que pasaban a través de una fila de trabajadores. Esa nueva tecnología permitió a Ford ahorrar dinero y producir automóviles menos costosos.

Otras compañías siguieron el ejemplo de Ford y comenzaron a producir bienes más rápido y más barato que nunca antes. En pocos años, la economía dejó de depender de la agricultura y comenzó a basarse en la producción de bienes. Los consumidores corrían a comprar lavarropas, aspiradoras, radios y otros electrodomésticos. Durante esa época también se hicieron las primeras películas.

En 1946, un equipo de científicos desarrolló la primera computadora. Las computadoras cambiaron la economía estadounidense tanto como lo había hecho la cadena de montaje.

También hicieron posibles los viajes espaciales. En 1969, el astronauta

▶ Los científicos desarrollaron maquinaria especial para usar en la Luna.

Neil Armstrong se convirtió en el primer hombre en pisar la Luna. Hoy, las computadoras permiten que los satélites que orbitan la Tierra puedan transmitir desde programas de televisión hasta información meteorológica.

Cambios en la vida diaria

Las nuevas tecnologías continúan cambiando la vida diaria de muchos estadounidenses. Los teléfonos celulares permiten que las personas se comuniquen desde cualquier lugar donde se encuentren y los satélites permiten elegir entre cientos de programas de televisión.

Internet, que conecta computadoras en todo el mundo, está modificando el modo en que las personas hacen la mayor parte de las cosas. En lugar de enviar cartas por correo, pueden enviar correos electrónicos que cruzan el mundo en segundos. En lugar de ir hasta una tienda, los consumidores pueden comprar prácticamente todo lo que necesitan a través de sus computadoras.

▶ Las nuevas tecnologías permiten llevar la música prácticamente a todas partes.

En lugar de leer un periódico o de ver las noticias por televisión, pueden leer las noticias en línea o ver videoclips. En lugar de comprar discos compactos, los amantes de la música pueden descargar canciones a sus computadoras desde tiendas virtuales. En lugar de ir a una biblioteca, los estudiantes pueden investigar en línea. La tecnología inalámbrica ofrece a las personas la oportunidad de hacer todas estas cosas desde prácticamente cualquier lugar.

Estos cambios han generado nuevos tipos de empleos y nuevas maneras de trabajar. Numerosas personas trabajan en su casa con ayuda de sus computadoras. Una pequeña empresa de Estados Unidos puede crear un sitio en Internet y vender sus productos a personas de todas partes del mundo.

REPASO

1. ¿Qué efecto tuvo la cadena de montaje en la economía de Estados Unidos?
2. ¿Cómo continúa afectando la tecnología la vida de muchos estadounidenses?

▶ Las computadoras permiten reunir e intercambiar información más rápido que nunca antes.

Del pasado al presente

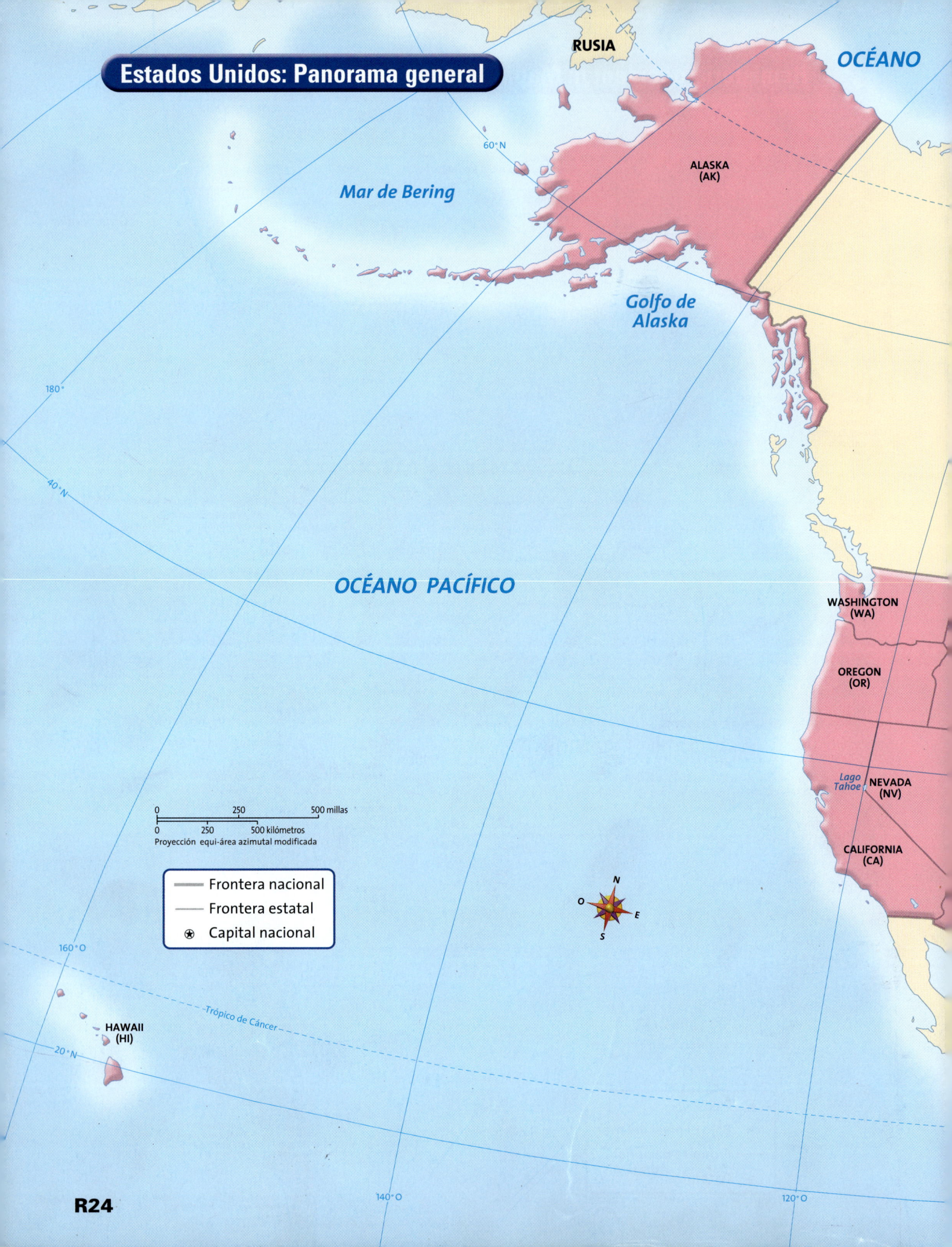

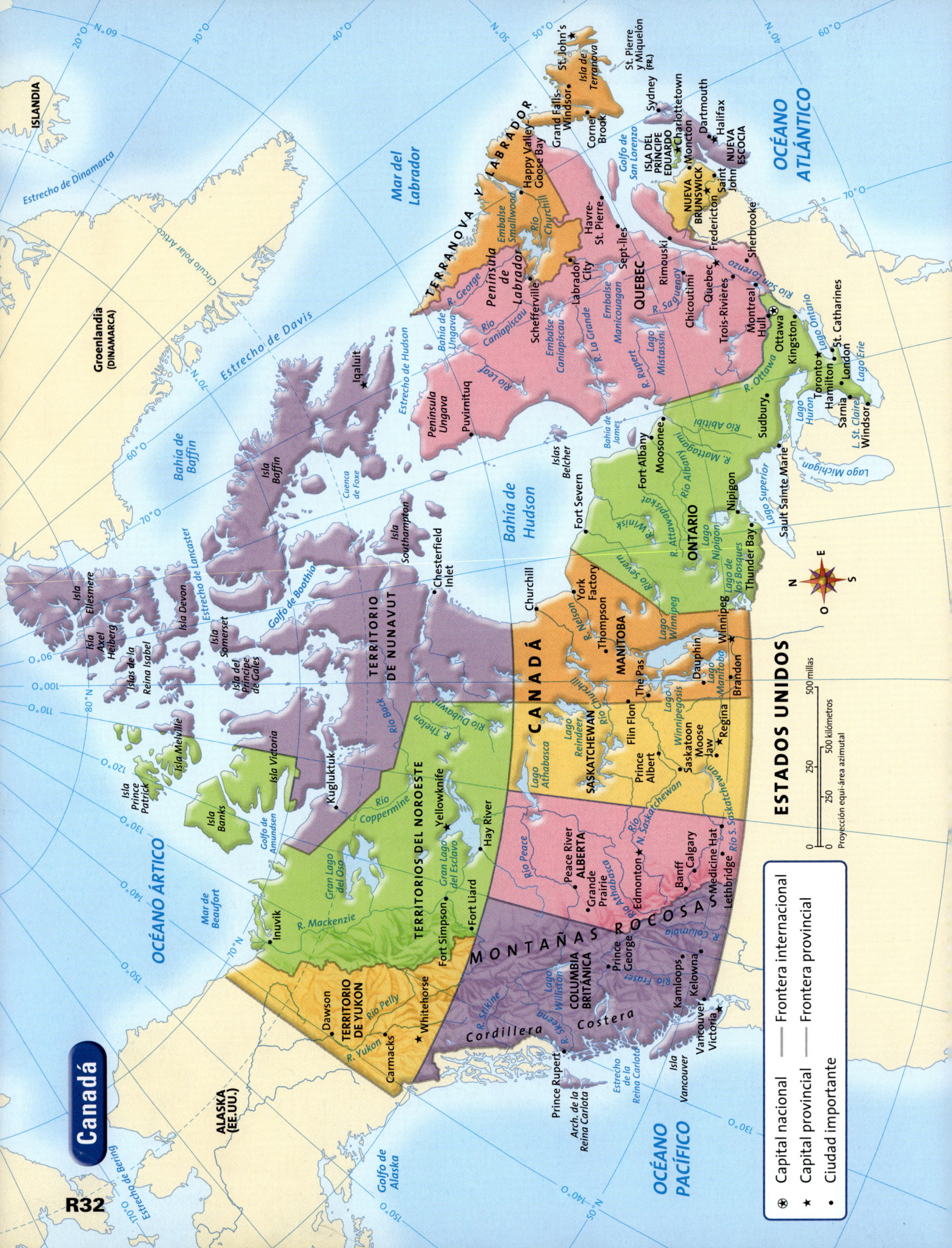

Almanaque
Datos sobre los estados

Bandera del estado	Estado	Admitido en	Población*	Superficie (mi. cuad.)	Capital	Origen del nombre del estado
	Alabama	1819	4,500,752	50,750	Montgomery	Choctaw, *alba ayamule*, "uno que limpia el terreno y recolecta alimento"
	Alaska	1959	648,818	570,374	Juneau	Aleutiano, *alayeska*, "tierra grandiosa"
	Arizona	1912	5,580,811	113,642	Phoenix	Papago, *arizonac*, "lugar del pequeño manantial"
	Arkansas	1836	2,725,714	52,075	Little Rock	Quapaw, "los de río abajo"
	California	1850	35,484,453	155,973	Sacramento	Español, una isla imaginaria
	Colorado	1876	4,550,688	103,730	Denver	Español, "tierra colorada" o "tierra roja"
	Connecticut	1788	3,483,372	4,845	Hartford	Mohicano, *quinnitukqut*, "en el largo río de mareas"
	Delaware	1787	817,491	1,955	Dover	Nombrado en honor a Lord de la Warr
	Florida	1845	17,019,068	54,153	Tallahassee	Español, "tierra llena de flores"
	Georgia	1788	8,684,715	57,919	Atlanta	Nombrado en honor al rey George II de Inglaterra
	Hawaii	1959	1,257,608	6,450	Honolulu	Polinésico, *hawaiki* o *owykee*, "tierra natal"
	Idaho	1890	1,366,332	82,751	Boise	Nombre inventado con un significado desconocido

R34 ■ Referencia

Bandera del estado	Estado	Admitido en	Población*	Superficie (mi. cuad.)	Capital	Origen del nombre del estado
	Illinois	1818	12,653,544	55,593	Springfield	Algonquino, *iliniwek* "hombres" o "guerreros"
	Indiana	1816	6,195,643	35,870	Indianapolis	*Indian + a*, = "tierra de los indios"
	Iowa	1846	2,944,062	55,875	Des Moines	Dakota, *ayuba*, "tierra hermosa"
	Kansas	1861	2,723,507	81,823	Topeka	Sioux, "tierra del pueblo del viento sur"
	Kentucky	1792	4,117,827	39,732	Frankfort	Iroqués, *ken-tah-ten*, "tierra del mañana"
	Louisiana	1812	4,496,334	43,566	Baton Rouge	Nombrado en honor al rey Louis XIV de Francia
	Maine	1820	1,305,728	30,865	Augusta	Nombrado en honor a una provincia francesa
	Maryland	1788	5,508,909	9,775	Annapolis	Nombrado en honor a Henrietta María, reina consorte de Charles I de Inglaterra
	Massachusetts	1788	6,433,422	7,838	Boston	Tribu india americana massachusetts, "en la gran colina" o "lugar de la gran colina"
	Michigan	1837	10,079,985	56,809	Lansing	Ojibwa, "gran lago"
	Minnesota	1858	5,059,375	79,617	St. Paul	Dakota sioux, "agua color cielo"
	Mississippi	1817	2,881,281	46,914	Jackson	Palabra india, "grandiosas aguas" o "padre de las aguas"
	Missouri	1821	5,704,484	68,898	Jefferson City	Nombrado en honor a la tribu missouri. *Missouri* significa "pueblo de canoas grandes".

*últimas cifras demográficas disponibles

Almanaque ■ R35

Bandera del estado	Estado	Admitido en	Población*	Superficie (mi. cuad.)	Capital	Origen del nombre del estado
	Montana	1889	917,621	145,566	Helena	Español, "montañoso"
	Nebraska	1867	1,739,291	76,878	Lincoln	De la palabra india oto, "agua quieta"
	Nevada	1864	2,241,154	109,806	Carson City	Español, "cubierta de nieve"
	New Hampshire	1788	1,287,687	8,969	Concord	Nombrado en honor al condado Hampshire, Inglaterra
	New Jersey	1787	8,638,396	7,419	Trenton	Nombrado en honor a la isla de Jersey
	New Mexico	1912	1,874,614	121,365	Santa Fe	Nombrado por exploradores españoles provenientes de México
	New York	1788	19,190,115	47,224	Albany	Nombrado en honor al duque de York
	North Carolina	1789	8,407,248	48,718	Raleigh	Nombrado en honor al rey Charles II de Inglaterra
	North Dakota	1889	633,837	70,704	Bismarck	Sioux, *dakota*, "amigo" o "aliado"
	Ohio	1803	11,435,798	40,953	Columbus	Iroqués, *oheo*, "grandiosas aguas"
	Oklahoma	1907	3,511,532	68,679	Oklahoma City	Choctaw, "gente roja"
	Oregon	1859	3,559,596	96,003	Salem	Desconocido; se aceptó que fue extraído de unos textos del mayor Robert Rogers, un oficial del ejército inglés
	Pennsylvania	1787	12,365,455	44,820	Harrisburg	*Penn + sylvania*, significa "los bosques de Penn"

Bandera del estado	Estado	Admitido en	Población*	Superficie (mi. cuad.)	Capital	Origen del nombre del estado
	Rhode Island	1790	1,076,164	1,045	Providence	De la isla griega Rhodes
	South Carolina	1788	4,147,152	30,111	Columbia	Nombrado en honor al rey Charles II de Inglaterra
	South Dakota	1889	764,309	75,898	Pierre	Sioux, *dakota*, "amigo" o "aliado"
	Tennessee	1796	5,841,748	41,220	Nashville	Nombre de una aldea cherokee
	Texas	1845	22,118,509	261,914	Austin	Indígena, *tejas*, "amigo" o "aliado"
	Utah	1896	2,351,467	82,168	Salt Lake City	De la tribu ute, "pueblo de las montañas"
	Vermont	1791	619,107	9,249	Montpelier	Francés, *vert*, "verde", y *mont*, "montaña"
	Virginia	1788	7,386,330	39,598	Richmond	Nombrado en honor a la reina Elizabeth I de Inglaterra
	Washington	1889	6,131,445	66,582	Olympia	Nombrado en honor a George Washington
	West Virginia	1863	1,810,354	24,087	Charleston	Toma su nombre de Virginia, estado bautizado por los ingleses
	Wisconsin	1848	5,472,299	54,314	Madison	Posiblemente algonquino, "el lugar donde vivimos"
	Wyoming	1890	501,242	97,105	Cheyenne	Palabra de los indios delaware, "tierra de vastas llanuras"
	District of Columbia		563,384	67		Nombrado en honor a Cristóbal Colón

*últimas cifras demográficas disponibles

Almanaque
Datos sobre los presidentes

1. George Washington

1732–1799
Lugar de nacimiento: Condado Westmoreland, VA
Estado de residencia: VA
Partido político: Ninguno
Edad en la toma de posesión: 57
Ejerció: 1789–1797
Vicepresidente: John Adams

2. John Adams

1735–1826
Lugar de nacimiento: Braintree, MA
Estado de residencia: MA
Partido político: Federalista
Edad en la toma de posesión: 61
Ejerció: 1797–1801
Vicepresidente: Thomas Jefferson

3. Thomas Jefferson

1743–1826
Lugar de nacimiento: Condado Albemarle, VA
Estado de residencia: VA
Partido político: Demócrata-Republicano
Edad en la toma de posesión: 57
Ejerció: 1801–1809
Vicepresidentes: Aaron Burr, George Clinton

4. James Madison

1751–1836
Lugar de nacimiento: Port Conway, VA
Estado de residencia: VA
Partido político: Demócrata-Republicano
Edad en la toma de posesión: 57
Ejerció: 1809–1817
Vicepresidentes: George Clinton, Elbridge Gerry

5. James Monroe

1758–1831
Lugar de nacimiento: Condado Westmoreland, VA
Estado de residencia: VA
Partido político: Demócrata-Republicano
Edad en la toma de posesión: 58
Ejerció: 1817–1825
Vicepresidente: Daniel D. Tompkins

6. John Quincy Adams

1767–1848
Lugar de nacimiento: Braintree, MA
Estado de residencia: MA
Partido político: Demócrata-Republicano
Edad en la toma de posesión: 57
Ejerció: 1825–1829
Vicepresidente: John C. Calhoun

7. Andrew Jackson

1767–1845
Lugar de nacimiento: asentamiento Waxhaw, SC
Estado de residencia: TN
Partido político: Demócrata
Edad en la toma de posesión: 61
Ejerció: 1829–1837
Vicepresidentes: John C. Calhoun, Martin Van Buren

8. Martin Van Buren

1782–1862
Lugar de nacimiento: Kinderhook, NY
Estado de residencia: NY
Partido político: Demócrata
Edad en la toma de posesión: 54
Ejerció: 1837–1841
Vicepresidente: Richard M. Johnson

9. William H. Harrison

1773–1841
Lugar de nacimiento: Berkeley, VA
Estado de residencia: OH
Partido político: Whig
Edad en la toma de posesión: 68
Ejerció: 1841
Vicepresidente: John Tyler

10. John Tyler

1790–1862
Lugar de nacimiento: Greenway, VA
Estado de residencia: VA
Partido político: Whig
Edad en la toma de posesión: 51
Ejerció: 1841–1845
Vicepresidente: no hubo

11. James K. Polk

1795–1849
Lugar de nacimiento: cerca de Pineville, NC
Estado de residencia: TN
Partido político: Demócrata
Edad en la toma de posesión: 49
Ejerció: 1845–1849
Vicepresidente: George M. Dallas

12. Zachary Taylor

1784–1850
Lugar de nacimiento: Condado Orange, VA
Estado de residencia: LA
Partido político: Whig
Edad en la toma de posesión: 64
Ejerció: 1849–1850
Vicepresidente: Millard Fillmore

13. Millard Fillmore

1800–1874
Lugar de nacimiento: Locke, NY
Estado de residencia: NY
Partido político: Whig
Edad en la toma de posesión: 50
Ejerció: 1850–1853
Vicepresidente: no hubo

14. Franklin Pierce

1804–1869
Lugar de nacimiento: Hillsboro, NH
Estado de residencia: NH
Partido político: Demócrata
Edad en la toma de posesión: 48
Ejerció: 1853–1857
Vicepresidente: William R. King

Se indica el **Estado de residencia** en el momento de la elección de cada presidente.

15 James Buchanan

1791–1868
Lugar de nacimiento: cerca de Mercersburg, PA
Estado de residencia: PA
Partido político: Demócrata
Edad en la toma de posesión: 65
Ejerció: 1857–1861
Vicepresidente: John C. Breckinridge

16 Abraham Lincoln

1809–1865
Lugar de nacimiento: cerca de Hodgenville, KY
Estado de residencia: IL
Partido político: Republicano
Edad en la toma de posesión: 52
Ejerció: 1861–1865
Vicepresidentes: Hannibal Hamlin, Andrew Johnson

17 Andrew Johnson

1808–1875
Lugar de nacimiento: Raleigh, NC
Estado de residencia: TN
Partido político: Unión Nacional
Edad en la toma de posesión: 56
Ejerció: 1865–1869
Vicepresidente: no hubo

18 Ulysses S. Grant

1822–1885
Lugar de nacimiento: Point Pleasant, OH
Estado de residencia: IL
Partido político: Republicano
Edad en la toma de posesión: 46
Ejerció: 1869–1877
Vicepresidentes: Schuyler Colfax, Henry Wilson

19 Rutherford B. Hayes

1822–1893
Lugar de nacimiento: cerca de Delaware, OH
Estado de residencia: OH
Partido político: Republicano
Edad en la toma de posesión: 54
Ejerció: 1877–1881
Vicepresidente: William A. Wheeler

20 James A. Garfield

1831–1881
Lugar de nacimiento: Orange, OH
Estado de residencia: OH
Partido político: Republicano
Edad en la toma de posesión: 49
Ejerció: 1881
Vicepresidente: Chester A. Arthur

21 Chester A. Arthur

1829–1886
Lugar de nacimiento: Fairfield, VT
Estado de residencia: NY
Partido político: Republicano
Edad en la toma de posesión: 51
Ejerció: 1881–1885
Vicepresidente: no hubo

22 Grover Cleveland

1837–1908
Lugar de nacimiento: Caldwell, NJ
Estado de residencia: NY
Partido político: Demócrata
Edad en la toma de posesión: 47
Ejerció: 1885–1889
Vicepresidente: Thomas A. Hendricks

23 Benjamin Harrison

1833–1901
Lugar de nacimiento: North Bend, OH
Estado de residencia: IN
Partido político: Republicano
Edad en la toma de posesión: 55
Ejerció: 1889–1893
Vicepresidente: Levi P. Morton

24 Grover Cleveland

1837–1908
Lugar de nacimiento: Caldwell, NJ
Estado de residencia: NY
Partido político: Demócrata
Edad en la toma de posesión: 55
Ejerció: 1893–1897
Vicepresidente: Adlai E. Stevenson

25 William McKinley

1843–1901
Lugar de nacimiento: Niles, OH
Estado de residencia: OH
Partido político: Republicano
Edad en la toma de posesión: 54
Ejerció: 1897–1901
Vicepresidentes: Garret A. Hobart, Theodore Roosevelt

26 Theodore Roosevelt

1858–1919
Lugar de nacimiento: New York, NY
Estado de residencia: NY
Partido político: Republicano
Edad en la toma de posesión: 42
Ejerció: 1901–1909
Vicepresidente: Charles W. Fairbanks

27 William H. Taft

1857–1930
Lugar de nacimiento: Cincinnati, OH
Estado de residencia: OH
Partido político: Republicano
Edad en la toma de posesión: 51
Ejerció: 1909–1913
Vicepresidente: James S. Sherman

28 Woodrow Wilson

1856–1924
Lugar de nacimiento: Staunton, VA
Estado de residencia: NJ
Partido político: Demócrata
Edad en la toma de posesión: 56
Ejerció: 1913–1921
Vicepresidente: Thomas R. Marshall

29 Warren G. Harding

1865–1923
Lugar de nacimiento: Blooming Grove, OH
Estado de residencia: OH
Partido político: Republicano
Edad en la toma de posesión: 55
Ejerció: 1921–1923
Vicepresidente: Calvin Coolidge

30 Calvin Coolidge

1872–1933
Lugar de nacimiento: Plymouth Notch, VT
Estado de residencia: MA
Partido político: Republicano
Edad en la toma de posesión: 51
Ejerció: 1923–1929
Vicepresidente: Charles G. Dawes

31 Herbert Hoover

1874–1964
Lugar de nacimiento: West Branch, IA
Estado de residencia: CA
Partido político: Republicano
Edad en la toma de posesión: 54
Ejerció: 1929–1933
Vicepresidente: Charles Curtis

32 Franklin D. Roosevelt

1882–1945
Lugar de nacimiento: Hyde Park, NY
Estado de residencia: NY
Partido político: Demócrata
Edad en la toma de posesión: 51
Ejerció: 1933–1945
Vicepresidentes: John N. Garner, Henry A. Wallace, Harry S. Truman

33 Harry S. Truman

1884–1972
Lugar de nacimiento: Lamar, MO
Estado de residencia: MO
Partido político: Demócrata
Edad en la toma de posesión: 60
Ejerció: 1945–1953
Vicepresidente: Alben W. Barkley

34 Dwight D. Eisenhower

1890–1969
Lugar de nacimiento: Denison, TX
Estado de residencia: NY
Partido político: Republicano
Edad en la toma de posesión: 62
Ejerció: 1953–1961
Vicepresidente: Richard M. Nixon

35 John F. Kennedy

1917–1963
Lugar de nacimiento: Brookline, MA
Estado de residencia: MA
Partido político: Demócrata
Edad en la toma de posesión: 43
Ejerció: 1961–1963
Vicepresidente: Lyndon B. Johnson

36 Lyndon B. Johnson

1908–1973
Lugar de nacimiento: cerca de Stonewall, TX
Estado de residencia: TX
Partido político: Demócrata
Edad en la toma de posesión: 55
Ejerció: 1963–1969
Vicepresidente: Hubert H. Humphrey

37 Richard M. Nixon

1913–1994
Lugar de nacimiento: Yorba Linda, CA
Estado de residencia: NY
Partido político: Republicano
Edad en la toma de posesión: 56
Ejerció: 1969–1974
Vicepresidentes: Spiro T. Agnew, Gerald R. Ford

38 Gerald R. Ford

1913–
Lugar de nacimiento: Omaha, NE
Estado de residencia: MI
Partido político: Republicano
Edad en la toma de posesión: 61
Ejerció: 1974–1977
Vicepresidente: Nelson A. Rockefeller

39 Jimmy Carter

1924–
Lugar de nacimiento: Plains, GA
Estado de residencia: GA
Partido político: Demócrata
Edad en la toma de posesión: 52
Ejerció: 1977–1981
Vicepresidente: Walter F. Mondale

40 Ronald W. Reagan

1911–2004
Lugar de nacimiento: Tampico, IL
Estado de residencia: CA
Partido político: Republicano
Edad en la toma de posesión: 69
Ejerció: 1981–1989
Vicepresidente: George Bush

41 George Bush

1924–
Lugar de nacimiento: Milton, MA
Estado de residencia: TX
Partido político: Republicano
Edad en la toma de posesión: 64
Ejerció: 1989–1993
Vicepresidente: Dan Quayle

42 William Clinton

1946–
Lugar de nacimiento: Hope, AR
Estado de residencia: AR
Partido político: Demócrata
Edad en la toma de posesión: 46
Ejerció: 1993–2001
Vicepresidente: Albert Gore

43 George W. Bush

1946–
Lugar de nacimiento: New Haven, CT
Estado de residencia: TX
Partido político: Republicano
Edad en la toma de posesión: 54
Ejerció: 2001–
Vicepresidente: Richard Cheney

Se indica el **Estado de residencia** en el momento de la elección de cada presidente.

Documentos de Estados Unidos

La Declaración de Independencia
In Congress, July 4, 1776.
The unanimous Declaration of the thirteen United States of America,

When in the Course of human events it becomes necessary for one people to dissolve the political bands which have connected them with another, and to assume among the powers of the earth, the separate and equal station to which the Laws of Nature and of Nature's God entitle them, a decent respect to the opinions of mankind requires that they should declare the causes which impel them to the separation.

We hold these truths to be self-evident, that all men are created equal, that they are endowed by their Creator with certain unalienable Rights, that among these are Life, Liberty and the pursuit of Happiness.

That to secure these rights, Governments are instituted among Men, deriving their just powers from the consent of the governed,

That whenever any Form of Government becomes destructive of these ends, it is the Right of the People to alter or to abolish it, and to institute new Government, laying its foundation on such principles and organizing its powers in such form, as to them shall seem most likely to effect their Safety and Happiness. Prudence, indeed, will dictate that Governments long established should not be changed for light and transient causes; and accordingly all experience hath shown, that mankind are more disposed to suffer, while evils are sufferable, than to right themselves by abolishing the forms to which they are accustomed. But when a long train of abuses and usurpations, pursuing invariably the same Object evinces a design to reduce them under absolute Despotism, it is their right, it is their duty, to throw off such Government, and to provide new Guards for their future security.

Such has been the patient sufferance of these Colonies; and such is now the necessity which constrains them to alter their former Systems of Government. The history of the present King of Great Britain is a history of repeated injuries and usurpations, all having in direct object the establishment of an absolute Tyranny over these States. To prove this, let Facts be submitted to a candid world.

He has refused his Assent to Laws, the most wholesome and necessary for the public good.

He has forbidden his Governors to pass Laws of immediate and pressing importance, unless suspended in their operation till his Assent should be obtained; and when so suspended, he has utterly neglected to attend to them.

Preámbulo
El preámbulo explica por qué se redactó la Declaración de Independencia. En esta parte, los miembros del Congreso Continental afirman que las colonias tienen derecho a separarse de Gran Bretaña para convertirse en una nación libre.

Una declaración de derechos
En la parte introductoria de la Declaración, los miembros del Congreso Continental se manifiestan a favor de la libertad y la igualdad. Señalan que todas las personas tienen iguales derechos a la vida, a la libertad y a la búsqueda de la felicidad. El propósito principal de un gobierno es proteger los derechos del pueblo que lo eligió para que lo gobernara. Esos derechos son inalienables y, si un gobierno intenta suprimirlos, el pueblo tiene derecho a cambiarlo por otro o a prescindir de él. Luego, el pueblo podrá formar un nuevo gobierno que respete estos derechos.

Cargos contra el rey
La Declaración enumera más de 25 cargos, o acusaciones, contra el rey. La Declaración afirma que el rey maltrataba a los colonos para tener control absoluto sobre las colonias.

El rey rechazó muchas leyes aprobadas por legislaturas coloniales.

He has refused to pass other Laws for the accommodation of large districts of people, unless those people would relinquish the right of Representation in the Legislature, a right inestimable to them and formidable to tyrants only.

El rey proponía que las legislaturas coloniales se reunieran en momentos y lugares inconvenientes.

He has called together legislative bodies at places unusual, uncomfortable, and distant from the depository of their public Records, for the sole purpose of fatiguing them into compliance with his measures.

A menudo, el rey y sus gobernadores disolvían las legislaturas coloniales que no obedecían sus órdenes.

He has dissolved Representative Houses repeatedly, for opposing with manly firmness his invasions on the rights of the people.

He has refused for a long time, after such dissolutions, to cause others to be elected; whereby the Legislative powers, incapable of Annihilation, have returned to the People at large for their exercise; the State remaining in the mean time exposed to all the dangers of invasion from without, and convulsions within.

El rey impedía que las personas se mudaran a las colonias y se trasladaran a las tierras del oeste.

He has endeavored to prevent the population of these States; for that purpose obstructing the Laws for Naturalization of Foreigners; refusing to pass others to encourage their migrations hither, and raising the conditions of new Appropriations of Lands.

El rey no permitía que los colonos eligieran a sus propios jueces. Él mismo los designaba o los destituía de acuerdo con su voluntad.

He has obstructed the Administration of Justice, by refusing his Assent to Laws for establishing Judiciary powers.

He has made Judges dependent on his Will alone, for the tenure of their offices, and the amount and payment of their salaries.

El rey contrataba a personas para que lo ayudaran a recaudar los impuestos en las colonias.

He has erected a multitude of New Offices, and sent hither swarms of Officers to harass our people, and eat out their substance.

El rey nombró gobernador de Massachusetts al general Thomas Gage, comandante del ejército británico en las Américas.

He has kept among us, in times of peace, Standing Armies without the Consent of our legislatures.

He has affected to render the Military independent of and superior to the Civil power.

He has combined with others to subject us to a jurisdiction foreign to our constitution, and unacknowledged by our laws; giving his Assent to their Acts of pretended Legislation:

El rey pretendía que los colonos dieran alojamiento y provisiones a los soldados británicos asentados en las colonias.

For quartering large bodies of armed troops among us:

For protecting them, by a mock Trial, from punishment for any Murders which they should commit on the Inhabitants of these States:

For cutting off our Trade with all parts of the world:

El rey y el Parlamento reclamaban a los colonos que pagaran muchos impuestos, aun contra su voluntad.

For imposing Taxes on us without our Consent:

Los colonos eran juzgados por las cortes navales británicas que no tenían jurados.

For depriving us in many cases, of the benefits of Trial by Jury:

Los colonos acusados de traición eran enviados a Gran Bretaña para ser juzgados.

For transporting us beyond Seas to be tried for pretended offenses:

For abolishing the free System of English Laws in a neighboring Province, establishing therein an Arbitrary government, and enlarging its Boundaries so as to render it at once an example and fit instrument for introducing the same absolute rule into these Colonies:

For taking away our Charters, abolishing our most valuable Laws, and altering fundamentally the Forms of our Governments:

For suspending our own Legislatures, and declaring themselves invested with power to legislate for us in all cases whatsoever.

He has abdicated Government here, by declaring us out of his Protection and waging War against us.

He has plundered our seas, ravaged our Coasts, burnt our towns, and destroyed the lives of our people.

He is at this time transporting large Armies of foreign Mercenaries to complete the works of death, desolation and tyranny, already begun with circumstances of Cruelty & perfidy scarcely paralleled in the most barbarous ages, and totally unworthy the Head of a civilized nation.

He has constrained our fellow Citizens taken Captive on the high Seas to bear Arms against their Country, to become the executioners of their friends and Brethren, or to fall themselves by their Hands.

He has excited domestic insurrections amongst us, and has endeavored to bring on the inhabitants of our frontiers, the merciless Indian Savages, whose known rule of warfare, is an undistinguished destruction of all ages, sexes and conditions.

In every stage of these Oppressions We have Petitioned for Redress in the most humble terms: Our repeated Petitions have been answered only by repeated injury. A Prince, whose character is thus marked by every act which may define a Tyrant, is unfit to be the ruler of a free people.

Nor have We been wanting in attentions to our British brethren. We have warned them from time to time of attempts by their legislature to extend an unwarrantable jurisdiction over us. We have reminded them of the circumstances of our emigration and settlement here. We have appealed to their native justice and magnanimity, and we have conjured them by the ties of our common kindred to disavow these usurpations, which, would inevitably interrupt our connections and correspondence. They too have been deaf to the voice of justice and of consanguinity. We must, therefore, acquiesce in the necessity, which denounces our Separation, and hold them, as we hold the rest of mankind, Enemies in War, in Peace Friends.

We, therefore, the Representatives of the united States of America, in General Congress, Assembled, appealing to the Supreme Judge of the world for the rectitude of our intentions, do, in the Name, and by Authority of the good People of these Colonies, solemnly publish and declare, That these United Colonies are, and of Right ought to be Free and Independent States; that they are Absolved from all Allegiance to the British Crown, and that all political connection between them and the State of Great Britain, is and ought to be totally dissolved; and that as Free and Independent States, they have full Power to levy War, conclude Peace, contract Alliances, establish Commerce, and to do all other Acts and Things which Independent States may of right do.

El rey permitió que el general Gage realizara acciones militares para imponer las leyes británicas en las colonias.

El rey contrató a mercenarios de Hesse para combatir contra los colonos.

El gobernador británico de Virginia prometió otorgar la libertad a todos los esclavos que se unieran al ejército británico. Además, los británicos planeaban usar a los indios para luchar contra los colonos.

La Declaración explica los esfuerzos que habían hecho los colonos para evitar la separación de Gran Bretaña y denuncia que el rey haya ignorado siempre sus protestas. Debido a los numerosos cargos en su contra, los redactores de la Declaración concluyeron que el rey no estaba capacitado para gobernar a un pueblo libre.

Una declaración de independencia
En la última parte de la Declaración, los redactores afirmaban que las colonias eran estados libres e independientes. Se habían cortado todos los lazos con Gran Bretaña. Como estados libres e independientes, tenían derecho a declarar la guerra o establecer la paz, a comerciar y a hacer todo lo que un país libre está en condiciones de hacer.

> Para apoyar la Declaración, los firmantes se prometieron unos a otros su vida, su fortuna y su honor.

And for the support of this Declaration, with a firm reliance on the protection of divine Providence, we mutually pledge to each other our Lives, our Fortunes and our sacred Honor.

John Hancock

NEW HAMPSHIRE
Josiah Bartlett
William Whipple
Matthew Thornton

MASSACHUSETTS
John Adams
Samuel Adams
Robert Treat Paine
Elbridge Gerry

NEW YORK
William Floyd
Philip Livingston
Francis Lewis
Lewis Morris

RHODE ISLAND
Stephen Hopkins
William Ellery

NEW JERSEY
Richard Stockton
John Witherspoon
Francis Hopkinson
John Hart
Abraham Clark

PENNSYLVANIA
Robert Morris
Benjamin Rush
Benjamin Franklin
John Morton
George Clymer
James Smith
George Taylor
James Wilson
George Ross

DELAWARE
Caesar Rodney
George Read
Thomas McKean

MARYLAND
Samuel Chase
William Paca
Thomas Stone
Charles Carroll of Carrollton

NORTH CAROLINA
William Hopper
Joseph Hewes
John Penn

VIRGINIA
George Wythe
Richard Henry Lee
Thomas Jefferson
Benjamin Harrison
Thomas Nelson, Jr.
Francis Lightfoot Lee
Carter Braxton

SOUTH CAROLINA
Edward Rutledge
Thomas Heyward, Jr.
Thomas Lynch, Jr.
Arthur Middleton

CONNECTICUT
Roger Sherman
Samuel Huntington
William Williams
Oliver Wolcott

GEORGIA
Button Gwinnett
Lyman Hall
George Walton

> Los miembros del Congreso Continental acordaron enviar copias de la Declaración a todos los Comités de Correspondencia y a los comandantes de las tropas, con el objetivo de que el documento se leyera en cada uno de los estados.

Resolved, That copies of the Declaration be sent to the several assemblies, conventions, and committees, or councils of safety, and to the several commanding officers of the continental troops; that it be proclaimed in each of the United States, at the head of the army.

LA CONSTITUCIÓN DE ESTADOS UNIDOS DE AMÉRICA

Preamble*

We the people of the United States, in order to form a more perfect Union, establish justice, insure domestic tranquillity, provide for the common defense, promote the general welfare, and secure the blessings of liberty to ourselves and our posterity, do ordain and establish this Constitution for the United States of America.

ARTICLE I
THE LEGISLATIVE BRANCH
SECTION 1. CONGRESS

All legislative powers herein granted shall be vested in a Congress of the United States, which shall consist of a Senate and House of Representatives.

SECTION 2. THE HOUSE OF REPRESENTATIVES

(1) The House of Representatives shall be composed of members chosen every second year by the people of the several states, and the electors in each state shall have the qualifications requisite for electors of the most numerous branch of the state legislature.

(2) No person shall be a Representative who shall not have attained to the age of-twenty-five years, and been seven years a citizen of the United States, and who shall not, when elected, be an inhabitant of that state in which he shall be chosen.

(3) Representatives [*and direct taxes*]** shall be apportioned among the several states which may be included within this Union, according to their respective numbers [*which shall be determined by adding to the whole number of free persons, including those bound to service for a term of years, and excluding Indians not taxed, three-fifths of all other persons*]. The actual enumeration shall be made within three years after the first meeting of the Congress of the United States, and within every subsequent term of ten years, in such manner as they shall by law direct. The number of Representatives shall not exceed one for every 30,000, but each state shall have at least one Representative [; *and until such enumeration shall be made, the State of New Hampshire shall be entitled to choose three; Massachusetts eight; Rhode Island and Providence Plantations one; Connecticut five; New York six; New Jersey four; Pennsylvania eight; Delaware one; Maryland six; Virginia ten; North Carolina five; South Carolina five; and Georgia three*].

*Titles have been added to make the Constitution easier to read. They did not appear in the original document.

**The parts of the Constitution that no longer apply are printed in italics within brackets [ ]. These portions have been changed or set aside by later amendments.

Preámbulo
La introducción de la Constitución declara los propósitos por los cuales fue redactada. Los redactores querían establecer una forma de gobierno más justa, así como asegurar la paz y la libertad para sí mismos y para las generaciones futuras.

Congreso
El Congreso tiene la autoridad de hacer las leyes. Está formado por dos grupos de legisladores: el Senado y la Cámara de Representantes.

(1) Elección de los miembros
Los miembros de la Cámara de Representantes son elegidos por votación cada dos años. Cualquier persona que según las leyes estatales cumple los requisitos para elegir a un legislador puede también votar para elegir a sus representantes en el Congreso.

(2) Requisitos
Los miembros de la Cámara de Representantes deben tener más de 25 años de edad. Deben haber sido ciudadanos de Estados Unidos al menos durante siete años y deben vivir en el estado al que representan.

(3) Determinación de la proporción de representantes
El número de representantes que puede tener un estado depende de la cantidad de habitantes de ese estado. Cada diez años, el gobierno federal debe realizar un censo, o recuento, de la población de cada estado. Cada estado tendrá al menos un representante.

(4) Vacantes
Si hay alguna vacante en la representación en el Congreso, el gobernador del estado correspondiente debe convocar a una elección especial para cubrirla.

(5) Autoridad especial
La Cámara de Representantes elige a su presidente y al resto de los funcionarios que requiera. La Cámara es el único poder del gobierno autorizado para denunciar o procesar a un funcionario del poder ejecutivo o a un juez de las cortes cuando no cumplen con sus responsabilidades. Estos casos se juzgan en el Senado.

(1) Número, término y elección de representantes
Cada estado está representado por dos senadores. Antes de aprobarse la Decimoséptima Enmienda, las legislaturas estatales elegían a los senadores de sus estados. Cada senador desempeña su cargo por un término de seis años y tiene derecho a un voto en el Congreso.

(2) Términos superpuestos y vacantes
Cada dos años se elige a un tercio de los miembros del Senado, que deben cumplir un término de seis años. Esta forma de organización permite que, después de cada elección, dos tercios de los miembros del Senado sean personas con experiencia. La Decimoséptima Enmienda establece que los gobernadores estatales pueden nombrar reemplazantes con el fin de cubrir los puestos vacantes hasta que se lleve a cabo la siguiente elección.

(3) Requisitos
Los senadores deben ser mayores de 30 años de edad. Deben haber sido ciudadanos de Estados Unidos al menos durante nueve años y deben vivir en el estado al que representan.

(4) Presidente del Senado
El vicepresidente de la nación ocupa el cargo de presidente del Senado, pero no vota a menos que haya un empate.

(5) Otros funcionarios
El Senado elige al resto de sus funcionarios y a un presidente *pro tempore*, que ocupará el cargo si el vicepresidente de la nación está ausente o es nombrado presidente. *Pro tempore* es una expresión en latín que significa "por el momento".

---

(4) When vacancies happen in the representation from any state, the executive authority thereof shall issue writs of election to fill such vacancies.

(5) The House of Representatives shall choose their Speaker and other officers; and shall have the sole power of impeachment.

SECTION 3. THE SENATE

(1) The Senate of the United States shall be composed of two Senators from each state [*chosen by the legislature thereof*], for six years, and each Senator shall have one vote.

(2) [*Immediately after they shall be assembled in consequence of the first election, they shall be divided as equally as may be into three classes. The seats of the Senators of the first class shall be vacated at the expiration of the second year, of the second class at the expiration of the fourth year, and of the third class at the expiration of the sixth year, so that one-third may be chosen every second year; and if vacancies happen by resignation, or otherwise, during the recess of the legislature of any state, the executive thereof may make temporary appointments until the next meeting of the legislature, which shall then fill such vacancies.*]

(3) No person shall be a Senator who shall not have attained to the age of thirty years, and been nine years a citizen of the United States, and who shall not, when elected, be an inhabitant of that state for which he shall be chosen.

(4) The Vice President of the United States shall be President of the Senate, but shall have no vote, unless they be equally divided.

(5) The Senate shall choose their other officers, and also a President *pro tempore*, in the absence of the Vice President, or when he shall exercise the office of the President of the United States.

(6) The Senate shall have the sole power to try all impeachments. When sitting for that purpose, they shall be on oath or affirmation. When the President of the United States is tried, the Chief Justice shall preside; and no person shall be convicted without the concurrence of two-thirds of the members present.

(7) Judgment in cases of impeachment shall not extend further than to removal from office, and disqualification to hold and enjoy any office of honor, trust, or profit under the United States; but the party convicted shall nevertheless be liable and subject to indictment, trial, judgment, and punishment, according to law.

SECTION 4. ELECTIONS AND MEETINGS

(1) The times, places, and manner of holding elections for Senators and Representatives shall be prescribed in each state by the legislature thereof; but the Congress may at any time by law make or alter such regulations, [*except as to the places of choosing Senators*].

(2) The Congress shall assemble at least once in every year, [*and such meeting shall be on the first Monday in December, unless they shall by law appoint a different day*].

SECTION 5. RULES OF PROCEDURE

(1) Each house shall be the judge of the elections, returns and qualifications of its own members, and a majority of each shall constitute a quorum to do business; but a smaller number may adjourn from day to day, and may be authorized to compel the attendance of absent members, in such manner and under such penalties as each house may provide.

(2) Each house may determine the rules of its proceedings, punish its members for disorderly behavior, and, with the concurrence of two-thirds, expel a member.

(3) Each house shall keep a journal of its proceedings, and from time to time publish the same, excepting such parts as may in their judgment require secrecy; and the yeas and nays of the members of either house on any question shall, at the desire of one-fifth of those present, be entered on the journal.

---

(6) Juicios políticos
Si la Cámara de Representantes vota a favor de hacer un juicio político a un funcionario del gobierno, el Senado debe llevar a cabo el proceso. Para condenar a un funcionario, se requiere el voto de dos tercios del Senado.

(7) Sanción por condena
Si un funcionario es declarado culpable en un juicio político, es destituido de su cargo y en ocasiones se le puede prohibir volver a desempeñar un cargo en el gobierno de Estados Unidos. La persona condenada también puede ser sometida a juicio en una corte ordinaria por cualquier otro delito.

(1) Elecciones
Cada estado establece sus propias reglas para la elección de senadores y representantes. Sin embargo, el Congreso puede cambiarlas. Hoy en día, las elecciones se llevan a cabo el martes siguiente al primer lunes de noviembre de los años pares.

(2) Asambleas
La Constitución requiere que el Congreso se reúna al menos una vez al año. El día establecido es el primer lunes de diciembre, a menos que el Congreso designe otro día. La Vigésima Enmienda cambió esta fecha al 3 de enero.

(1) Organización
Cada cámara del Congreso puede determinar si sus miembros fueron elegidos legítimamente y si son capaces de desempeñar el cargo. Las cámaras solo pueden resolver los temas cuando hay quórum, es decir, cuando la mayoría de sus miembros están presentes. Si no se alcanza la mayoría de miembros, la cámara puede obligar a los ausentes a asistir.

(2) Reglas
Cada cámara puede establecer sus propias reglas para tratar cuestiones, sancionar a sus miembros y expulsar a un miembro de su cargo. Para hacer esto, es necesario que dos tercios de sus miembros estén de acuerdo.

(3) Actas
La Constitución establece que cada cámara debe llevar un registro de sus actividades y publicarlo periódicamente. Las actas de la Cámara de Representantes y del Senado se publican al término de cada sesión. Si un quinto de los miembros lo solicita, también debe publicarse lo que votó cada uno de los miembros.

(4) Recesos
Mientras el Congreso está en sesión, ninguna de las dos cámaras puede entrar en receso por más de tres días sin el consentimiento de la otra.

(1) Pago y privilegios
Los miembros del Congreso se asignan sus propios salarios y el gobierno federal debe pagarlos. Los miembros del Congreso no pueden ser arrestados o demandados por algo que digan mientras el Congreso se encuentra en sesión. Este privilegio se llama inmunidad parlamentaria. Sin embargo, sí pueden ser arrestados durante una sesión en el caso de que comentan un delito.

(2) Restricciones
Los miembros del Congreso no pueden ocupar otro cargo federal mientras prestan servicio en el Congreso. Un representante no puede renunciar para asumir otro puesto gubernamental creado durante el término durante el cual desempeñó su cargo ni para ocupar un cargo cuyo sueldo haya aumentado durante ese término.

(1) Proyectos de ley para recaudar fondos
Todos los proyectos de ley relacionados con la recaudación de fondos deben presentarse primero en la Cámara de Representantes, pero el Senado puede sugerir modificaciones.

(2) Cómo se convierte en ley un proyecto de ley
Después de que la Cámara de Representantes y el Senado han aprobado un proyecto de ley, deben enviárselo al presidente. Si este lo aprueba y lo firma, el proyecto se convierte en ley. El presidente también puede vetar, o rechazar, el proyecto de ley. El Congreso puede anular el veto del presidente y volver a presentar el proyecto de ley si cuenta con una mayoría de votos de dos terceras partes. Si el presidente no actúa dentro de un plazo de diez días, pueden ocurrir dos cosas. Si el Congreso aún está en sesión, el proyecto se convierte en ley. Si el Congreso levantó su sesión durante ese período de diez días, el proyecto no se convierte en ley.

(3) Órdenes y resoluciones
El presidente debe firmar o vetar todas las leyes, decretos y resoluciones que propone el Congreso. El Congreso tiene derecho a decidir cuándo levantar una sesión.

---

(4) Neither house, during the session of Congress, shall, without the consent of the other, adjourn for more than three days, nor to any other place than that in which the two houses shall be sitting.

SECTION 6. PRIVILEGES AND RESTRICTIONS

(1) The Senators and Representatives shall receive a compensation for their services, to be ascertained by law and paid out of the Treasury of the United States. They shall in all cases, except treason, felony, and breach of the peace, be privileged from arrest during their attendance at the session of their respective houses, and in going to and returning from the same; and for any speech or debate in either house, they shall not be questioned in any other place.

(2) No Senator or Representative shall, during the time for which he was elected, be appointed to any civil office under the authority of the United States, which shall have been created, or the emoluments whereof shall have been increased, during such time; and no person holding any office under the United States shall be a member of either house during his continuance in office.

SECTION 7. MAKING LAWS

(1) All bills for raising revenue shall originate in the House of Representatives; but the Senate may propose or concur with amendments as on other bills.

(2) Every bill which shall have passed the House of Representatives and the Senate shall, before it become a law, be presented to the President of the United States; if he approve, he shall sign it, but if not, he shall return it, with his objections, to that house in which it shall have originated, who shall enter the objections at large on their journal, and proceed to reconsider it. If after such reconsideration two-thirds of that house shall agree to pass the bill, it shall be sent, together with the objections, to the other house, by which it shall likewise be reconsidered, and, if approved by two-thirds of that house, it shall become a law. But in all such cases the votes of both houses shall be determined by yeas and nays, and the names of the persons voting for and against the bill shall be entered on the journal of each house respectively. If any bill shall not be returned by the President within ten days (Sundays excepted) after it shall have been presented to him, the same bill shall be a law, in like manner as if he had signed it, unless the Congress by their adjournment prevent its return, in which case it shall not be a law.

(3) Every order, resolution, or vote to which the concurrence of the Senate and House of Representatives may be necessary (except on a question of adjournment) shall be presented to the President of the United States; and before the same shall take effect, shall be approved by him, or being disapproved by him, shall be repassed by two-thirds of the Senate and House of Representatives, according to the rules and limitations prescribed in the case of a bill.

SECTION 8. POWERS DELEGATED TO CONGRESS

The Congress shall have power

(1) To lay and collect taxes, duties, imposts and excises, to pay the debts and provide for the common defense and general welfare of the United States; but all duties, imposts and excises shall be uniform throughout the United States;

(2) To borrow money on the credit of the United States;

(3) To regulate commerce with foreign nations, and among the several states and with the Indian tribes;

(4) To establish an uniform rule of naturalization, and uniform laws on the subject of bankruptcies throughout the United States;

(5) To coin money, regulate the value thereof, and of foreign coin, and fix the standard of weights and measures;

(6) To provide for the punishment of counterfeiting the securities and current coin of the United States;

(7) To establish post offices and post roads;

(8) To promote the progress of science and useful arts by securing for limited times to authors and inventors the exclusive right to their respective writings and discoveries;

(9) To constitute tribunals inferior to the Supreme Court;

(10) To define and punish piracies and felonies committed on the high seas and offenses against the law of nations;

(1) Impuestos
El Congreso tiene la autoridad de recaudar fondos a través de impuestos y de aranceles sobre bienes extranjeros con el fin de pagar deudas, defender a Estados Unidos o proveer servicios a sus ciudadanos. Los impuestos deben aplicarse en todos los estados por igual.

(2) Solicitar préstamos
El Congreso puede pedir préstamos de dinero para fines nacionales. Esto generalmente se realiza a través de la venta de bonos del gobierno.

(3) Comercio
El Congreso puede controlar el comercio con otros países, con las naciones indias y entre los estados.

(4) Naturalización y bancarrota
El Congreso decide qué requisitos deben cumplir las personas de otros países que quieren convertirse en ciudadanos estadounidenses. El Congreso también puede aprobar leyes para proteger a las personas que se encuentran en bancarrota, es decir, que no pueden pagar sus deudas.

(5) Monedas, pesos y medidas
El Congreso puede acuñar moneda y determinar su valor. También decide el sistema de pesos y medidas que se usará en toda la nación.

(6) Falsificación
El Congreso puede aprobar leyes para castigar a las personas que falsifican dinero y bonos.

(7) Servicio postal
El Congreso puede construir oficinas de correos y establecer reglamentos para el sistema postal y las rutas empleadas para entregar el correo.

(8) Derechos de autor y patentes
El Congreso puede otorgar patentes y derechos de autor a inventores y autores con la finalidad de proteger la propiedad intelectual de su trabajo.

(9) Tribunales federales
El Congreso puede establecer un sistema de tribunales federales subordinados a la Corte Suprema.

(10) Delitos en alta mar
El Congreso puede aprobar leyes para castigar a quienes cometen delitos en alta mar. El Congreso también puede castigar a ciudadanos de Estados Unidos por desobedecer leyes internacionales.

(11) Declarar la guerra
Solo el Congreso puede declarar la guerra.

(12) El ejército
El Congreso puede formar un ejército, pero no puede sostenerlo económicamente por más de dos años. Esta parte de la Constitución se redactó con el objetivo de mantener al ejército bajo el control del Congreso.

(13) La armada
El Congreso puede formar una armada y destinar dinero para mantenerla mientras sea necesario. No se estableció un límite de tiempo porque se creía que la armada no representaría una amenaza tan grave para la libertad como la que podría representar el ejército.

(14) Reglamentos militares
El Congreso establece los reglamentos que dirigen y gobiernan a todas las fuerzas armadas.

(15) La milicia
Cada estado puede organizar a sus ciudadanos en una milicia, o fuerza militar, capaz de defender el estado. Con la autorización del Congreso, el presidente puede convocar los servicios de la milicia para garantizar el cumplimiento de las leyes, evitar manifestaciones contra el gobierno o proteger a las personas en caso de inundaciones, terremotos u otros desastres naturales.

(16) Control de la milicia
El Congreso puede ayudar a los estados a entrenar, proveer armas y organizar a sus ciudadanos en una fuerza militar armada. Cada estado puede nombrar a sus propios oficiales y entrenar a esta fuerza de acuerdo con las reglas establecidas por el Congreso.

(17) La capital de la nación y otras propiedades
El Congreso puede aprobar leyes para gobernar la capital de la nación (Washington, D.C.) y cualquier territorio que sea propiedad del gobierno.

(18) Otras leyes necesarias
La Constitución autoriza al Congreso a dictar las leyes necesarias para hacer valer los poderes enumerados en el Artículo 1. Esta cláusula tiene dos interpretaciones opuestas. Una es que el Congreso solo puede tomar las medidas absolutamente necesarias para garantizar los poderes enunciados en el Artículo 1 y en otras partes de la Constitución. La otra interpretación es que el Congreso puede tomar todas las medidas razonables para ayudar a garantizar estos poderes, de manera que su autoridad es amplia pero no ilimitada.

---

(11) To declare war, grant letters of marque and reprisal, and make rules concerning captures on land and water;

(12) To raise and support armies, but no appropriation of money to that use shall be for a longer term than two years;

(13) To provide and maintain a navy;

(14) To make rules for the government and regulation of the land and naval forces;

(15) To provide for calling forth the militia to execute the laws of the Union, suppress insurrections and repel invasions;

(16) To provide for organizing, arming, and disciplining the militia, and for governing such part of them as may be employed in the service of the United States, reserving to the states, respectively, the appointment of the officers, and the authority of training the militia according to the discipline prescribed by Congress;

(17) To exercise exclusive legislation in all cases whatsoever, over such district (not exceeding ten miles square) as may, by cession of particular states, and the acceptance of Congress, become the seat of government of the United States, and to exercise like authority over all places purchased by the consent of the legislature of the state in which the same shall be, for the erection of forts, magazines, arsenals, dock-yards, and other needful buildings; —and

(18) To make all laws which shall be necessary and proper for carrying into execution the foregoing powers, and all other powers vested by this Constitution in the government of the United States, or in any department or officer thereof.

SECTION 9. POWERS DENIED TO CONGRESS

(1) [*The migration or importation of such persons as any of the states now existing shall think proper to admit shall not be prohibited by the Congress prior to the year 1808; but a tax or duty may be imposed on such importation, not exceeding 10 dollars for each person.*]

(2) The privilege of the writ of habeas corpus shall not be suspended, unless when in cases of rebellion or invasion the public safety may require it.

(3) No bill of attainder or ex post facto law shall be passed.

(4) [*No capitation or other direct tax shall be laid, unless in proportion to the census or enumeration herein before directed to be taken.*]

(5) No tax or duty shall be laid on articles exported from any state.

(6) No preference shall be given by any regulation of commerce or revenue to the ports of one state over those of another; nor shall vessels bound to, or from, one state, be obliged to enter, clear, or pay duties in another.

(7) No money shall be drawn from the Treasury, but in consequence of appropriations made by law; and a regular statement and account of the receipts and expenditures of all public money shall be published from time to time.

(8) No title of nobility shall be granted by the United States; and no person holding any office of profit or trust under them, shall, without the consent of the Congress, accept of any present, emolument, office, or title, of any kind whatever, from any king, prince, or foreign state.

---

(1) Tráfico de esclavos
El Congreso no tenía autoridad para ciertas cosas y no pudo impedir el tráfico de esclavos sino hasta el año 1808. Sin embargo, cobraba un impuesto de diez dólares por cada esclavo traído a Estados Unidos. Esta sección perdió su validez después de 1808, cuando se aprobó una ley para terminar con el tráfico de esclavos.

(2) Habeas Corpus
El recurso judicial de habeas corpus es un derecho que le permite a una persona detenida tener una audiencia ante un juez. Luego, el juez decide si esa persona fue arrestada con justificación. Si no fue así, la persona deberá quedar en libertad. El gobierno no está autorizado a suspender ese derecho, excepto durante una emergencia nacional, como una invasión o una rebelión.

(3) Leyes especiales
El Congreso no puede aprobar leyes para castigar a un individuo o a un grupo determinado. El Congreso tampoco puede aprobar leyes que castiguen a una persona por una acción que era legal cuando se llevó a cabo.

(4) Impuestos directos
A diferencia de los impuestos a las transacciones, como el impuesto a las importaciones que entran al país o a la venta de ciertos productos, el Congreso no puede fijar un impuesto directo a las personas, a menos que sea aplicado proporcionalmente según la población total. La Decimosexta Enmienda, relacionada con el impuesto sobre la renta, es una excepción.

(5) Impuestos a la exportación
El Congreso no puede cobrar impuestos sobre productos enviados desde un estado a otro, o desde un estado hacia otro país.

(6) Puertos
Al aprobar leyes comerciales, el Congreso no puede favorecer a un estado por sobre otro. No puede pedir que las embarcaciones de un estado paguen un arancel para ingresar a otro estado.

(7) Dinero público
El gobierno no puede disponer del dinero del Tesoro a menos que el Congreso apruebe una ley para permitirlo. Todo el dinero gastado por el gobierno debe registrarse por escrito.

(8) Títulos de nobleza y obsequios
El gobierno de Estados Unidos no puede otorgar títulos de nobleza. Los funcionarios del gobierno no pueden aceptar obsequios de otros países sin la autorización del Congreso. Se incluyó esta cláusula para evitar que los funcionarios del gobierno fueran sobornados por los gobiernos de otras naciones.

(1) Restricciones absolutas
La Constitución no permite que los estados funcionen como si fueran países independientes. Ningún gobierno estatal puede hacer tratados con otros países. Ningún estado puede imprimir o acuñar su propio dinero.

(2) Restricciones parciales
Ningún gobierno estatal puede cobrar impuestos a productos importados o exportados sin el consentimiento del Congreso. Los estados pueden cobrar una tarifa limitada por inspeccionar esos productos, pero las ganancias deben entregarse al Tesoro de Estados Unidos.

(3) Otras restricciones
Ningún gobierno estatal puede cobrar impuestos a los barcos que entran a sus puertos a menos que lo apruebe el Congreso. Ningún estado puede mantener un ejército o una armada en tiempos de paz, con excepción de sus milicias. Ningún estado puede celebrar acuerdos o pactos con otros estados sin el consentimiento del Congreso.

(1) Término del cargo
El presidente tiene autoridad para ejecutar las leyes de nuestra nación. El presidente y el vicepresidente desempeñan su cargo por un término de cuatro años.

(2) El colegio electoral
Los votantes de cada estado eligen a un grupo de personas que conforman el colegio electoral. Su tarea es elegir al presidente y al vicepresidente. El número de miembros del colegio electoral de cada estado es igual al número total de senadores y representantes que tiene ese estado en el Congreso.

(3) Proceso de la elección
Esta cláusula describe detalladamente cómo eligen al presidente y al vicepresidente los miembros del colegio electoral. En 1804, la Duodécima Enmienda cambió el procedimiento para elegir al presidente y al vicepresidente.

SECTION 10. POWERS DENIED TO THE STATES

(1) No state shall enter into any treaty, alliance, or confederation; grant letters of marque and reprisal; coin money; emit bills of credit; make anything but gold and silver coin a tender in payment of debts; pass any bill of attainder, ex post facto law, or law impairing the obligation of contracts, or grant any title of nobility.

(2) No state shall, without the consent of the Congress, lay any imposts or duties on imports or exports, except what may be absolutely necessary for executing its inspection laws; and the net produce of all duties and imposts, laid by any state on imports or exports, shall be for the use of the Treasury of the United States; and all such laws shall be subject to the revision and control of the Congress.

(3) No state shall, without the consent of Congress, lay any duty of tonnage, keep troops, or ships of war in time of peace, enter into any agreement or compact with another state, or with a foreign power, or engage in war, unless actually invaded, or in such imminent danger as will not admit of delay.

ARTICLE II
THE EXECUTIVE BRANCH
SECTION 1. PRESIDENT AND VICE PRESIDENT

(1) The executive power shall be vested in a President of the United States of America. He shall hold his office during the term of four years, and together with the Vice President, chosen for the same term, be elected as follows:

(2) Each state shall appoint, in such manner as the legislature thereof may direct, a number of electors, equal to the whole number of Senators and Representatives to which the state may be entitled in the Congress; but no Senator or Representative, or person holding an office of trust or profit under the United States, shall be appointed an elector.

(3) [*The electors shall meet in their respective states, and vote by ballot for two persons, of whom one at least shall not be an inhabitant of the same state with themselves. And they shall make a list of all the persons voted for, and of the number of votes for each; which list they shall sign and certify, and transmit sealed to the seat of the government of the United States, directed to the president of the Senate. The president of the Senate shall, in the presence of the Senate and House of Representatives, open all the certificates, and the votes shall then be counted. The person having the greatest number of votes shall be the President, if such number be a majority of the whole number of electors appointed; and if there be more than one who have such majority, and have an equal number of votes, then the House of Representatives shall immediately choose by ballot one of them for President; and if no person have a majority, then from the five highest on the list the said House shall in like manner choose the President. But in choosing the President the votes shall be taken by states, the representation from each state having one vote: A quorum for this purpose shall consist*

of a member or members from two-thirds of the states, and a majority of all the states shall be necessary to a choice. In every case, after the choice of the President, the person having the greatest number of votes of the electors shall be the Vice President. But if there should remain two or more who have equal votes, the Senate shall choose from them by ballot the Vice President.]

(4) The Congress may determine the time of choosing the electors, and the day on which they shall give their votes; which day shall be the same throughout the United States.

(5) No person except a natural-born citizen [*or a citizen of the United States, at the time of the adoption of this Constitution,*] shall be eligible to the office of the President; neither shall any person be eligible to that office who shall not have attained to the age of thirty-five years, and been fourteen years a resident within the United States.

(6) [*In case of the removal of the President from office, or of his death, resignation, or inability to discharge the powers and duties of the said office, the same shall devolve on the Vice President, and the Congress may by law provide for the case of removal, death, resignation or inability, both of the President and Vice President, declaring what officer shall then act as President, and such officer shall act accordingly, until the disability be removed, or a President shall be elected.*]

(7) The President shall, at stated times, receive for his services, a compensation, which shall neither be increased nor diminished during the period for which he shall have been elected, and he shall not receive within that period any other emolument from the United States, or any of them.

(8) Before he enter on the execution of his office, he shall take the following oath or affirmation:—"I do solemnly swear (or affirm) that I will faithfully execute the office of President of the United States, and will to the best of my ability, preserve, protect, and defend the Constitution of the United States."

SECTION 2. POWERS OF THE PRESIDENT

(1) The President shall be Commander in Chief of the Army and Navy of the United States, and of the militia of the several states, when called into the actual service of the United States; he may require the opinion, in writing, of the principal officer in each of the executive departments, upon any subject relating to the duties of their respective offices, and he shall have power to grant reprieves and pardons for offenses against the United States, except in cases of impeachment.

---

(4) Fechas de elecciones
El Congreso decide cuándo debe elegirse a los miembros del colegio electoral y qué día deben votar.

(5) Requisitos
El presidente debe ser mayor de 35 años, ser ciudadano de Estados Unidos por nacimiento y haber vivido en Estados Unidos los últimos catorce años o más.

(6) Vacantes
Si el presidente muere, renuncia o es destituido, el vicepresidente toma su cargo.

(7) Salario
El presidente recibe un salario que no puede aumentar ni disminuir durante el término del ejercicio de su cargo. El presidente no puede recibir un salario adicional por parte de ningún gobierno federal, estatal o local. El salario actual del presidente es de 200,000 dólares anuales más gastos de alojamiento, viajes y entretenimiento.

(8) Juramento para asumir el cargo
Antes de tomar posesión de su cargo, el presidente promete desempeñar sus deberes con lealtad y proteger la forma de gobierno del país. A menudo, es el presidente de la Corte Suprema el responsable de tomar este juramento.

(1) Liderazgo del presidente
El presidente es el comandante de las fuerzas armadas de la nación y de las milicias cuando estas se encuentran al servicio de la nación. Todos los funcionarios del poder ejecutivo deben responder si el presidente les solicita su opinión sobre alguna cuestión. El presidente tiene la facultad de indultar, es decir, perdonar a personas que han sido condenadas por cometer delitos.

(2) Tratados y nombramientos
El presidente tiene autoridad para celebrar tratados, pero estos tratados deben ser aprobados por dos tercios de los miembros del Senado. Con la aprobación del Senado, el presidente postula magistrados de la Corte Suprema, embajadores en otros países y otros funcionarios federales. El Congreso puede autorizar al presidente para nombrar a algunos funcionarios sin la confirmación del Senado. También permite que otros líderes del gobierno o de los tribunales nombren funcionarios.

(3) Vacantes
Si el cargo de un funcionario del gobierno queda vacante cuando el Senado no está en sesión, el presidente puede hacer un nombramiento temporal.

Deberes
El presidente debe informar al Congreso sobre las condiciones en que se encuentra el país. Actualmente, este informe se presenta en el mensaje anual del Estado de la Unión. El presidente también es responsable de garantizar que se cumplan las leyes federales.

Juicio político
El presidente, el vicepresidente o cualquier otro funcionario del gobierno serán destituidos de sus cargos si se los somete a un juicio político y resultan culpables de algún delito grave, como traición o soborno.

Cortes federales
La Corte Suprema y otras cortes más bajas establecidas por el Congreso tienen autoridad para juzgar casos legales. La Corte Suprema es el máximo tribunal de la nación. Los magistrados y los jueces permanecen en sus cargos de por vida, sujetos a buena conducta.

(1) Autoridad general
Las cortes federales tienen autoridad para juzgar casos que están previstos en la Constitución, las leyes y los tratados de Estados Unidos. También tienen autoridad para resolver desacuerdos entre estados y entre ciudadanos de diferentes estados.

(2) He shall have power, by and with the advice and consent of the Senate, to make treaties, provided two-thirds of the senators present concur; and he shall nominate, and by and with the advice and consent of the Senate, shall appoint ambassadors, other public ministers and consuls, judges of the Supreme Court, and all other officers of the United States, whose appointments are not herein otherwise provided for, and which shall be established by law; but the Congress may by law vest the appointment of such inferior officers, as they think proper, in the President alone, in the courts of law, or in the heads of departments.

(3) The President shall have power to fill up all vacancies that may happen during the recess of the Senate, by granting commissions which shall expire at the end of their next session.

SECTION 3. DUTIES OF THE PRESIDENT

He shall from time to time give to the Congress information of the state of the Union, and recommend to their consideration such measures as he shall judge necessary and expedient; he may, on extraordinary occasions, convene both houses, or either of them, and in case of disagreement between them, with respect to the time of adjournment, he may adjourn them to such time as he shall think proper; he shall receive ambassadors and other public ministers; he shall take care that the laws be faithfully executed, and shall commission all the officers of the United States.

SECTION 4. IMPEACHMENT

The President, Vice President and all civil officers of the United States, shall be removed from office on impeachment for, and conviction of, treason, bribery, or other high crimes and misdemeanors.

ARTICLE III
THE JUDICIAL BRANCH
SECTION 1. FEDERAL COURTS

The judicial power of the United States shall be vested in one Supreme Court, and in such inferior courts as the Congress may from time to time ordain and establish. The judges, both of the supreme and inferior courts, shall hold their offices during good behavior, and shall, at stated times, receive for their services a compensation, which shall not be diminished during their continuance in office.

SECTION 2. AUTHORITY OF THE FEDERAL COURTS

(1) The judicial power shall extend to all cases, in law and equity, arising under this Constitution, the laws of the United States, and treaties made or which shall be made, under their authority; to all cases affecting ambassadors, other public ministers and consuls; to all cases of admiralty and maritime jurisdiction; to controversies to which the United States shall be a party; to controversies between two or more states; [*between a state and citizens of another state;*]

between citizens of different states; —between citizens of the same state claiming lands under grants of different states, [*and between a state or the citizens thereof, and foreign states, citizens, or subjects.*]

(2) In all cases affecting ambassadors, other public ministers and consuls, and those in which a state shall be party, the Supreme Court shall have original jurisdiction. In all the other cases before mentioned, the Supreme Court shall have appellate jurisdiction, both as to law and fact, with such exceptions, and under such regulations as the Congress shall make.

(3) The trial of all crimes, except in cases of impeachment, shall be by jury; and such trial shall be held in the state where the said crimes shall have been committed; but when not committed within any state, the trial shall be at such place or places as the Congress may by law have directed.

SECTION 3. TREASON

(1) Treason against the United States shall consist only in levying war against them, or in adhering to their enemies, giving them aid and comfort. No person shall be convicted of treason unless on the testimony of two witnesses to the same overt act, or on confession in open court.

(2) The Congress shall have power to declare the punishment of treason, but no attainder of treason shall work corruption of blood, or forfeiture except during the life of the person attainted.

ARTICLE IV
RELATIONS AMONG STATES
SECTION 1. OFFICIAL RECORDS

Full faith and credit shall be given in each state to the public acts, records, and judicial proceedings of every other state. And the Congress may by general laws prescribe the manner in which such acts, records, and proceedings shall be proved, and the effect thereof.

SECTION 2. PRIVILEGES OF THE CITIZENS

(1) The citizens of each state shall be entitled to all privileges and immunities of citizens in the several states.

(2) A person charged in any state with treason, felony, or other crime, who shall flee from justice, and be found in another state, shall on demand of the executive authority of the state from which he fled, be delivered up, to be removed to the state having jurisdiction of the crime.

---

(2) Corte Suprema
La Corte Suprema puede decidir en ciertos casos que son sometidos a juicio por primera vez. Puede revisar casos que ya han sido juzgados por una corte más baja si una de las partes apela, o cuestiona, la decisión.

(3) Juicio con jurado
La Constitución garantiza un juicio con jurado a cualquier persona acusada de cometer un delito federal. Este derecho está extendido y ampliado en las Enmiendas Quinta, Sexta y Séptima.

(1) Definición de traición
Participar en una guerra contra Estados Unidos o ayudar a sus enemigos son actos considerados como traición. Una persona no puede ser acusada de tratar de derrocar al gobierno a menos que haya dos testigos del hecho o que la persona se confiese culpable de traición ante una corte.

(2) Castigo por traición
Con ciertas limitaciones, el Congreso puede decidir los castigos por traición.

Registros oficiales
Cada estado debe respetar los registros oficiales y las decisiones judiciales de los otros estados.

(1) Privilegios
Si un ciudadano se muda de un estado a otro, adquiere los mismos derechos que el resto de lo ciudadanos que viven allí. En algunos casos, como la posibilidad de votar, puede requerirse que la persona haya residido en el nuevo estado durante un tiempo determinado antes de obtener los mismos privilegios que los demás ciudadanos de ese estado.

(2) Extradición
Si una persona es acusada de un delito en un estado e intenta irse a otro estado para escapar de la justicia, el gobernador puede solicitar que esa persona sea devuelta al estado donde cometió el delito.

(3) Esclavos fugitivos
La Constitución original establecía que los esclavos fugitivos debían ser devueltos a sus dueños. La Decimotercera Enmienda abolió la esclavitud y la razón de esta cláusula quedó eliminada.

(1) Admisión de nuevos estados
El Congreso tiene la autoridad de incorporar nuevos estados a la Unión. Todos los nuevos estados adquieren los mismos derechos que los estados ya existentes.

(2) Propiedad federal
La Constitución permite al Congreso aprobar o modificar las leyes relacionadas con la propiedad federal. Esto se aplica a los territorios y áreas federales que están ubicados dentro de los estados como, por ejemplo, los parques nacionales.

Garantías de los estados
El gobierno federal garantiza que cada estado tenga una forma republicana de gobierno. Además, Estados Unidos debe proteger a los estados contra una invasión, ayudarlos a enfrentar rebeliones o situaciones de violencia local.

Enmiendas a la Constitución
Pueden proponerse cambios en la Constitución mediante el voto de dos tercios de los miembros tanto de la Cámara de Representantes como del Senado, o a través de una asamblea nacional convocada por el Congreso a pedido de dos tercios de los estados. Para que se convierta en ley, la enmienda debe ser aprobada por las legislaturas o convenciones de tres cuartas partes de los estados.

(1) Deuda pública
Estados Unidos reconoce las deudas que contrajo antes de que la Constitución entrara en vigencia.

(2) Supremacía federal
Esta cláusula declara que la Constitución y las leyes federales son las leyes supremas de la nación. Si se comprueba que una ley estatal y una ley federal se contradicen, debe obedecerse a la ley federal, siempre que esta sea constitucional.

---

(3) [*No person held to service or labor in one state, under the laws thereof, escaping into another, shall in consequence of any law or regulation therein, be discharged from such service or labor, but shall be delivered up on claim of the party to whom such service or labor may be due.*]

SECTION 3. NEW STATES AND TERRITORIES

(1) New states may be admitted by the Congress into this Union; but no new state shall be formed or erected within the jurisdiction of any other state; nor any state be formed by the junction of two or more states, or parts of states, without the consent of the legislatures of the states concerned as well as of the Congress.

(2) The Congress shall have power to dispose of and make all needful rules and regulations respecting the territory or other property belonging to the United States; and nothing in this Constitution shall be so construed as to prejudice any claims of the United States, or of any particular state.

SECTION 4. GUARANTEES TO THE STATES

The United States shall guarantee to every state in this Union a republican form of government, and shall protect each of them against invasion; and on application of the legislature, or of the executive (when the legislature cannot be convened) against domestic violence.

ARTICLE V
AMENDING THE CONSTITUTION

The Congress, whenever two-thirds of both houses shall deem it necessary, shall propose amendments to this Constitution, or, on the application of the legislatures of two-thirds of the several states, shall call a convention for proposing amendments, which, in either case, shall be valid to all intents and purposes, as part of this Constitution, when ratified by the legislatures of three-fourths of the several states, or by conventions in three-fourths thereof, as the one or the other mode of ratification may be proposed by the Congress; provided that [*no amendment which may be made prior to the year 1808 shall in any manner affect the first and fourth clauses in the Ninth Section of the First Article; and that*] no state, without its consent, shall be deprived of its equal suffrage in the Senate.

ARTICLE VI
GENERAL PROVISIONS

(1) All debts contracted and engagements entered into, before the adoption of this Constitution, shall be as valid against the United States under this Constitution, as under the Confederation.

(2) This Constitution, and the laws of the United States which shall be made in pursuance thereof, and all treaties made, or which shall be made, under the authority of the United States, shall be the supreme law of the land; and the judges in every state shall be bound thereby, anything in the Constitution or laws of any state to the contrary notwithstanding.

(3) The Senators and Representatives before mentioned, and the members of the several state legislatures, and all executive and judicial officers, both of the United States and of the several states, shall be bound by oath or affirmation, to support this Constitution; but no religious test shall ever be required as a qualification to any office or public trust under the United States.

ARTICLE VII
RATIFICATION

The ratification of the conventions of nine states, shall be sufficient for the establishment of this Constitution between the states so ratifying the same.

Done in convention by the unanimous consent of the states present the seventeenth day of September in the year of our Lord one thousand seven hundred and eighty seven and of the independence of the United States of America the Twelfth. In witness whereof we have hereunto subscribed our names.

George Washington—President and deputy from Virginia

DELAWARE
George Read
Gunning Bedford, Jr.
John Dickinson
Richard Bassett
Jacob Broom

MARYLAND
James McHenry
Daniel of St. Thomas Jenifer
Daniel Carroll

VIRGINIA
John Blair
James Madison, Jr.

NORTH CAROLINA
William Blount
Richard Dobbs Spaight
Hugh Williamson

SOUTH CAROLINA
John Rutledge
Charles Cotesworth Pinckney
Charles Pinckney
Pierce Butler

GEORGIA
William Few
Abraham Baldwin

NEW HAMPSHIRE
John Langdon
Nicholas Gilman

MASSACHUSETTS
Nathaniel Gorham
Rufus King

CONNECTICUT
William Samuel Johnson
Roger Sherman

NEW YORK
Alexander Hamilton

NEW JERSEY
William Livingston
David Brearley
William Paterson
Jonathan Dayton

PENNSYLVANIA
Benjamin Franklin
Thomas Mifflin
Robert Morris
George Clymer
Thomas FitzSimons
Jared Ingersoll
James Wilson
Gouverneur Morris

ATTEST: William Jackson, secretary

---

(3) Juramento para asumir el cargo
Todos los funcionarios federales y estatales deben prometer respetar y aplicar la Constitución. Sin embargo, no se requiere que los funcionarios pertenezcan a una determinada religión ni cumplan ningún examen de carácter religioso.

Ratificación
Para convertirse en ley, la Constitución requirió la aprobación de 9 de los 13 estados. Con ese fin, se llevaron a cabo asambleas especiales. El proceso se completó en 9 meses.

Libertades fundamentales
La Constitución garantiza la libertad de culto, de prensa, de reunión pacífica y de petición de reparación por agravios. También prohíbe al Congreso determinar una religión establecida.

Armas
Existe cierto desacuerdo acerca del significado de esta enmienda. Algunos piensan que su objetivo es proteger el derecho de los gobiernos estatales de armar a sus milicias. Otros creen que protege el derecho a poseer armas individualmente, y que su objetivo es mantener armada a la ciudadanía de tal manera que pueda actuar como equilibrio del poder del gobierno.

Hospedar a los soldados
En tiempos de paz, el gobierno federal no puede obligar a las personas a hospedar soldados en sus hogares. Sin embargo, en tiempos de guerra, el Congreso puede aprobar leyes que lo permitan.

Registro y captura
Esta enmienda protege la privacidad y la seguridad de las personas. Salvo ciertas excepciones, un funcionario no puede registrar a una persona, ni su hogar o sus pertenencias, a menos que un juez haya emitido una orden de registro. Deben existir motivos claros para el registro. La orden debe describir el lugar que se registrará y las personas o cosas que se capturarán o confiscarán.

Derechos de los acusados
Si una persona es acusada de un delito que se castiga con la pena de muerte o de otro delito de similar magnitud, un gran jurado deberá decidir si existen suficientes pruebas para llevar a cabo un juicio. Nadie puede ser juzgado dos veces por el mismo delito, ni ser obligado a testificar contra sí mismo. Nadie será multado, encarcelado o ejecutado sin haber recibido un juicio justo. El gobierno no podrá hacer uso público de la propiedad de una persona sin pagar previamente una indemnización.

AMENDMENT 1 (1791)***
FREEDOM OF RELIGION, SPEECH, PRESS, ASSEMBLY, AND PETITION

Congress shall make no law respecting an establishment of religion, or prohibiting the free exercise thereof; or abridging the freedom of speech, or of the press; or the right of the people peaceably to assemble, and to petition the government for a redress of grievances.

AMENDMENT 2 (1791)
WEAPONS

A well-regulated militia, being necessary to the security of a free state, the right of the people to keep and bear arms shall not be infringed.

AMENDMENT 3 (1791)
HOUSING SOLDIERS

No soldier shall, in time of peace, be quartered in any house, without the consent of the owner; nor in time of war, but in a manner to be prescribed by law.

AMENDMENT 4 (1791)
SEARCHES AND SEIZURES

The right of the people to be secure in their persons, houses, papers, and effects, against unreasonable searches and seizures, shall not be violated; and no warrants shall issue but upon probable cause, supported by oath or affirmation, and particularly describing the place to be searched, and the persons or things to be seized.

AMENDMENT 5 (1791)
RIGHTS OF ACCUSED PERSONS

No person shall be held to answer for a capital, or otherwise infamous crime, unless on a presentment or indictment of a grand jury, except in cases arising in the land or naval forces, or in the militia, when in actual service in time of war or public danger; nor shall any person be subject for the same offense to be twice put in jeopardy of life or limb; nor shall be compelled in any criminal case to be a witness against himself; nor be deprived of life, liberty, or property, without due process of law; nor shall private property be taken for public use without just compensation.

*** The date beside each amendment is the year that the amendment was ratified and became part of the Constitution.

AMENDMENT 6 (1791)
RIGHTS RELATED TO CRIMINAL TRIALS

In all criminal prosecutions, the accused shall enjoy the right to a speedy and public trial, by an impartial jury of the state and district wherein the crime shall have been committed, which district shall have been previously ascertained by law, and to be informed of the nature and cause of the accusation; to be confronted with the witnesses against him; to have compulsory process for obtaining witnesses in his favor, and to have the assistance of counsel for his defense.

AMENDMENT 7 (1791)
JURY TRIAL IN CIVIL CASES

In suits at common law, where the value in controversy shall exceed 20 dollars, the right of trial by jury shall be preserved, and no fact tried by a jury shall be otherwise re-examined in any court of the United States, than according to the rules of the common law.

AMENDMENT 8 (1791)
BAIL AND PUNISHMENT

Excessive bail shall not be required, nor excessive fines imposed, nor cruel and unusual punishments inflicted.

AMENDMENT 9 (1791)
RIGHTS OF THE PEOPLE

The enumeration in the Constitution, of certain rights, shall not be construed to deny or disparage others retained by the people.

AMENDMENT 10 (1791)
POWERS OF THE STATES AND THE PEOPLE

The powers not delegated to the United States by the Constitution, nor prohibited by it to the states, are reserved to the states respectively, or to the people.

AMENDMENT 11 (1798)
SUITS AGAINST STATES

The judicial power of the United States shall not be construed to extend to any suit in law or equity, commenced or prosecuted against one of the United States or citizens of another state, or by citizens or subjects of any foreign state.

Derechos relacionados con juicios penales
La persona acusada de un delito tiene derecho a un juicio público con un jurado imparcial, elegido localmente. El juicio debe llevarse a cabo dentro de un plazo razonable. La persona acusada debe estar informada de todos los cargos y tiene derecho a ver, escuchar e interrogar a cualquier testigo, así como a llamar a sus propios testigos. El gobierno federal debe permitir que la persona acusada tenga un abogado, o proveerle un abogado sin costo alguno si la persona acusada no puede pagarlo.

Juicio con jurado en casos civiles
En la mayoría de los casos civiles federales que involucran más de 20 dólares, se garantiza un juicio con jurado. Los casos civiles son aquellas disputas entre dos o más personas sobre dinero, propiedad, lesiones personales o derechos legales. Por lo general, los casos civiles no se juzgan en cortes federales a menos que involucren una ley federal y no una ley estatal, o que estén relacionados con grandes sumas de dinero.

Fianza y castigo
Los tribunales no pueden maltratar a los acusados, ni castigarlos de una manera cruel o inapropiada. Tampoco pueden fijar multas excesivamente altas. La fianza es dinero comprometido como garantía de que una persona acusada comparecerá en el juicio. En ciertos casos, la fianza puede ser denegada.

Derechos del pueblo
Existe cierto desacuerdo acerca del significado de esta enmienda. Algunos piensan que autoriza a los tribunales a proteger ciertos derechos individuales, aun cuando esos derechos no estén expresamente definidos en la Declaración de Derechos. Otros creen que esta enmienda reconoce que las leyes estatales pueden proteger una amplia variedad de derechos individuales que no están mencionados en la Declaración de Derechos, pero que esos derechos no especificados deben ser aceptados o revocados por el proceso democrático de cada estado.

Poderes de los estados y del pueblo
Cualquier facultad no otorgada claramente al gobierno federal ni expresamente denegada a los estados pertenece a los estados o al pueblo.

Demanda contra los estados
Un ciudadano de un estado, o de un país extranjero, no puede demandar a otro estado en un tribunal federal.

Elección del presidente y del vicepresidente
Esta enmienda reemplaza al Artículo II, Sección 1, que originalmente establecía el proceso para la elección del presidente y del vicepresidente. La Duodécima Enmienda fue un paso importante en la evolución del sistema bipartidista. Permite que cada partido designe sus propios candidatos a presidente y vicepresidente.

AMENDMENT 12 (1804)
ELECTION OF PRESIDENT AND VICE PRESIDENT

The electors shall meet in their respective states, and vote by ballot for President and Vice President, one of whom, at least, shall not be an inhabitant of the same state with themselves; they shall name in their ballots the person voted for as President, and in distinct ballots the person voted for as Vice President, and they shall make distinct lists of all persons voted for as President, and of all persons voted for as Vice President, and of the number of votes for each, which lists they shall sign and certify, and transmit, sealed, to the seat of government of the United States, directed to the President of the Senate; the President of the Senate shall, in the presence of the Senate and House of Representatives, open all the certificates, and the votes shall then be counted; the person having the greatest number of votes for President shall be the President, if such a number be a majority of the whole number of electors appointed; and if no person have such majority, then from the persons having the highest numbers not exceeding three on the list of those voted for as President, the House of Representatives shall choose immediately, by ballot, the President. But in choosing the President, the votes shall be taken by states, the representation from each state having one vote; a quorum for this purpose shall consist of a member or members from two thirds of the states, and a majority of all the states shall be necessary to a choice. [*And if the House of Representatives shall not choose a President whenever the right of choice shall devolve upon them, before the fourth day of March next following, then the Vice President shall act as President, as in the case of the death or other constitutional disability of the President.*] The person having the greatest number of votes as Vice President, shall be the Vice President, if such number be a majority of the whole number of electors appointed, and if no person have a majority, then, from the two highest numbers on the list the Senate shall choose the Vice President; a quorum for the purpose shall consist of two thirds of the whole number of Senators, and a majority of the whole number shall be necessary to a choice. But no person constitutionally ineligible to the office of President shall be eligible to that of Vice President of the United States.

Fin de la esclavitud
Una persona no puede ser forzada a trabajar contra su voluntad, a menos que haya sido sometida a juicio y resulte culpable de un delito que se castiga de este modo. Sin embargo, existen excepciones históricas que permiten el trabajo obligatorio, por ejemplo, el servicio militar o el deber de integrar un jurado. El Congreso puede hacer cumplir estos trabajos por medio de las leyes correspondientes.

AMENDMENT 13 (1865)
END OF SLAVERY
SECTION 1. ABOLITION
Neither slavery nor involuntary servitude, except as a punishment for crime whereof the party shall have been duly convicted, shall exist within the United States, or any place subject to their jurisdiction.
SECTION 2. ENFORCEMENT
Congress shall have power to enforce this article by appropriate legislation.

Ciudadanía
Todas las personas naturalizadas o nacidas en Estados Unidos son ciudadanas de Estados Unidos y del estado en el que viven. Los gobiernos estatales no pueden negar a ningún ciudadano sus derechos de ciudadanía. Esta enmienda también garantiza que ningún estado puede quitar la vida, la libertad o las propiedades de alguien sin seguir los procedimientos establecidos por la ley. Todos los ciudadanos deben estar igualmente protegidos por la ley.

AMENDMENT 14 (1868)
RIGHTS OF CITIZENS
SECTION 1. CITIZENSHIP
All persons born or naturalized in the United States and subject to the jurisdiction thereof, are citizens of the United States and of the state wherein they reside. No state shall make or enforce any law which shall abridge the privileges or immunities of citizens of the United States, nor shall any state deprive any person of life, liberty, or property, without due process of law; nor deny to any person within its jurisdiction the equal protection of the laws.

SECTION 2. NUMBER OF REPRESENTATIVES

Representatives shall be apportioned among the several states according to their respective numbers, counting the whole number of persons in each state, [*excluding Indians not taxed*]. But when the right to vote at any election for the choice of electors for President and Vice President of the United States, representatives in Congress, the executive and judicial officers of a state, or the members of the legislature thereof, is denied to any of the [*male*] inhabitants of such state, being [*twenty-one years of age and*] citizens of the United States, or in any way abridged, except for participation in rebellion or other crime, the basis of representation therein shall be reduced in the proportion which the number of such [*male*] citizens shall bear to the whole number of [*male*] citizens [*twenty-one years of age*] in such state.

SECTION 3. PENALTY FOR REBELLION

No person shall be a Senator or Representative in Congress, or elector of President and Vice President, or hold any office, civil or military, under the United States, or under any state, who, having previously taken an oath, as a member of Congress, or as an officer of the United States, or as a member of any state legislature, or as an executive or judicial officer of any state, to support the Constitution of the United States, shall have engaged in insurrection or rebellion against the same, or given aid or comfort to the enemies thereof. But Congress may, by a vote of two thirds of each house, remove such disability.

SECTION 4. GOVERNMENT DEBT

The validity of the public debt of the United States, authorized by law, including debts incurred for payment of pensions and bounties for services in suppressing insurrection or rebellion, shall not be questioned. But neither the United States nor any state shall assume or pay any debt or obligation incurred in aid of insurrection or rebellion against the United States, [*or any claim for the loss or emancipation of any slave;*] but all such debts, obligations, and claims shall be held illegal and void.

SECTION 5. ENFORCEMENT

The Congress shall have power to enforce, by appropriate legislation, the provisions of this article.

AMENDMENT 15 (1870)
VOTING RIGHTS
SECTION 1. RIGHT TO VOTE

The right of citizens of the United States to vote shall not be denied or abridged by the United States or by any state on account of race, color, or previous condition of servitude.

SECTION 2. ENFORCEMENT

The Congress shall have power to enforce this article by appropriate legislation.

AMENDMENT 16 (1913)
INCOME TAX

The Congress shall have power to lay and collect taxes on incomes, from whatever source derived, without apportionment among the several states, and without regard to any census or enumeration.

Número de representantes
La representación de cada estado en el Congreso depende de su cantidad de habitantes. Cualquier estado que niegue a sus ciudadanos el derecho al voto, tendrá menos representantes en el Congreso. Esta cláusula abolió el Acuerdo de los Tres Quintos del Artículo I, Sección 2. Las enmiendas posteriores garantizaron a las mujeres el derecho al voto y redujeron la edad mínima para votar a 18 años.

Castigo por rebelión
Ninguna persona que se haya rebelado contra Estados Unidos podrá ocupar un cargo federal. Originalmente, esta cláusula se añadió para castigar a los líderes de la Confederación que se negaron a apoyar la Constitución de Estados Unidos.

Deuda gubernamental
El gobierno federal es responsable de todas las deudas públicas federales. Sin embargo, no es responsable de las deudas generadas por la Confederación ni de las deudas que resulten de cualquier rebelión contra Estados Unidos.

Hacer cumplir las leyes
El Congreso puede crear leyes para hacer cumplir las disposiciones de este artículo.

Derecho a votar
Ningún estado puede impedir que un ciudadano vote a causa de su raza, color o anterior condición de servidumbre.

Impuestos sobre los ingresos
En lugar de requerir que los estados apliquen y recauden impuestos, el Congreso tiene la facultad de recaudar impuestos de acuerdo con los ingresos personales de los ciudadanos.

Elección directa de senadores
Originalmente, las legislaturas estatales elegían a los senadores. Esta enmienda permite a los residentes de cada estado elegir directamente a sus propios senadores. El objetivo es que los senadores sean más responsables frente a quienes representan.

AMENDMENT 17 (1913)
DIRECT ELECTION OF SENATORS
SECTION 1. METHOD OF ELECTION
The Senate of the United States shall be composed of two Senators from each state, elected by the people thereof, for six years; and each Senator shall have one vote. The electors in each state shall have the qualifications requisite for electors of the most numerous branch of the state legislatures.
SECTION 2. VACANCIES
When vacancies happen in the representation of any state in the Senate, the executive authority of such state shall issue writs of election to fill such vacancies: *Provided*, that the legislature of any state may empower the executive thereof to make temporary appointments until the people fill the vacancies by election as the legislature may direct.
SECTION 3. EXCEPTION
[*This amendment shall not be so construed as to affect the election or term of any Senator chosen before it becomes valid as part of the Constitution.*]

Prohibición
Esta enmienda declaró ilegal fabricar, vender o transportar bebidas alcohólicas dentro o fuera de Estados Unidos o de sus territorios. La Decimoctava Enmienda fue la primera en incluir un límite de tiempo para su aprobación. Si no se ratificaba dentro de un período de siete años, sería revocada, o cancelada. Muchas enmiendas posteriores han incluido plazos similares.

AMENDMENT 18 (1919)
BAN ON ALCOHOLIC DRINKS
SECTION 1. PROHIBITION
[*After one year from the ratification of this article the manufacture, sale, or transportation of intoxicating liquors within, the importation thereof into, or the exportation thereof from the United States and all territory subject to the jurisdiction thereof for beverage purposes is hereby prohibited.*]
SECTION 2. ENFORCEMENT
[*The Congress and the several states shall have concurrent power to enforce this article by appropriate legislation.*]
SECTION 3. RATIFICATION
[*This article shall be inoperative unless it shall have been ratified as an amendment to the Constitution by the legislatures of the several states as provided in the Constitution, within seven years from the date of the submission hereof to the states by the Congress.*]

Derecho al voto de la mujer
Esta enmienda garantiza a las mujeres de Estados Unidos el derecho al voto.

AMENDMENT 19 (1920)
WOMEN'S VOTING RIGHTS
SECTION 1. RIGHT TO VOTE
The right of citizens of the United States to vote shall not be denied or abridged by the United States or by any state on account of sex.
SECTION 2. ENFORCEMENT
Congress shall have power to enforce this article by appropriate legislation.

Términos de gestión de los funcionarios
Los términos de gestión del presidente y del vicepresidente comienzan el 20 de enero del año siguiente al de su elección. Los miembros del Congreso toman posesión de su cargo el 3 de enero. Antes de esta enmienda, los nuevos miembros del Congreso iniciaban sus mandatos el 4 de marzo. Esto significaba que quienes se habían postulado para reelección y habían perdido, permanecían en el cargo durante cuatro meses más.

AMENDMENT 20 (1933)
TERMS OF OFFICE
SECTION 1. BEGINNING OF TERMS
The terms of the President and Vice President shall end at noon on the 20th day of January, and the terms of Senators and Representatives at noon on the 3rd day of January, of the years in which such terms would have ended if this article had not been ratified; and the terms of their successors shall then begin.

SECTION 2. SESSIONS OF CONGRESS

The Congress shall assemble at least once in every year, and such meeting shall begin at noon on the 3rd day of January, unless they shall by law appoint a different day.

SECTION 3. PRESIDENTIAL SUCCESSION

If, at the time fixed for the beginning of the term of the President, the President-elect shall have died, the Vice President-elect shall become President. If a President shall not have been chosen before the time fixed for the beginning of his term, or if the President-elect shall have failed to qualify, then the Vice President-elect shall act as President until a President shall have qualified; and the Congress may by law provide for the case wherein neither a President-elect nor a Vice President-elect shall have qualified, declaring who shall then act as President, or the manner in which one who is to act shall be selected and such person shall act accordingly until a President or Vice President shall be qualified.

SECTION 4. ELECTIONS DECIDED BY CONGRESS

The Congress may by law provide for the case of the death of any of the persons from whom the House of Representatives may choose a President whenever the right of choice shall have devolved upon them, and for the case of the death of any of the persons from whom the Senate may choose a Vice President whenever the right of choice shall have devolved upon them.

SECTION 5. EFFECTIVE DATE

[*Sections 1 and 2 shall take effect on the 15th day of October following the ratification of this article.*]

SECTION 6. RATIFICATION

[*This article shall be inoperative unless it shall have been ratified as an amendment to the Constitution by the legislatures of three fourths of the several states within seven years from the date of its submission.*]

AMENDMENT 21 (1933)
END OF PROHIBITION

SECTION 1. REPEAL OF AMENDMENT 18

The eighteenth article of amendment to the Constitution of the United States is hereby repealed.

SECTION 2. STATE LAWS

The transportation or importation into any state, territory, or possession of the United States for delivery or use therein of intoxicating liquors, in violation of the laws thereof, is hereby prohibited.

SECTION 3. RATIFICATION

[*This article shall be inoperative unless it shall have been ratified as an amendment to the Constitution by conventions in the several states, as provided in the Constitution within seven years from the date of the submission hereof to the states by Congress.*]

Sesiones del congreso
El Congreso se reúne al menos una vez al año, comenzando al mediodía del 3 de enero. Anteriormente, el Congreso también se reunía al menos una vez al año, pero las sesiones comenzaban el primer lunes de diciembre.

Sucesión presidencial
Si el presidente electo muere antes del 20 de enero, a partir de ese día el vicepresidente electo se transforma en presidente. Si el 20 de enero aún no se ha elegido a un presidente, o el presidente electo no cumple los requisitos, el vicepresidente electo se convierte en presidente. Si ni el presidente ni el vicepresidente electos cumplen los requisitos para el cargo, el Congreso puede aprobar una ley para decidir quién ocupará temporariamente el cargo de presidente.

Fin de la prohibición
Esta enmienda revocó la Decimoctava Enmienda y es la única que se ha ratificado por asambleas estatales y no por legislaturas estatales. El Congreso consideró que, a través de esta enmienda, las opiniones del pueblo acerca de la prohibición tendrían mayores posibilidades de ser escuchadas.

Límite de dos términos para los presidentes
El presidente no puede ejercer el cargo durante más de dos términos completos. Un presidente que por haber reemplazado a otro se desempeñe provisionalmente en el cargo por menos de dos años podrá ejercer dos términos más.

Electores presidenciales para el distrito de Columbia
Esta enmienda concede a la capital de la nación tres votos en el colegio electoral.

Prohibición de impuestos al voto
A ningún ciudadano de Estados Unidos se le puede impedir votar en una elección federal por no haber pagado un impuesto al voto. En algunos estados se aplicaban impuestos al voto para impedir que los afroamericanos votaran.

Vacante presidencial
Si el presidente es destituido, muere durante su ejercicio o renuncia a su cargo, el vicepresidente asume el cargo de presidente.

AMENDMENT 22 (1951)
TWO-TERM LIMIT FOR PRESIDENTS
SECTION 1. TWO-TERM LIMIT

No person shall be elected to the office of the President more than twice, and no person who has held the office of President, or acted as President, for more than two years of a term to which some other person was elected President shall be elected to the office of the President more than once. [*But this article shall not apply to any person holding the office of President when this article was proposed by the Congress, and shall not prevent any person who may be holding the office of President, or acting as President, during the term within which this article becomes operative from holding the office of President, or acting as President, during the remainder of such term.*]

SECTION 2. RATIFICATION

[*This article shall be inoperative unless it shall have been ratified as an amendment to the Constitution by the legislatures of three-fourths of the several states within seven years from the date of its submission to the states by the Congress.*]

AMENDMENT 23 (1961)
PRESIDENTIAL ELECTORS FOR DISTRICT OF COLUMBIA
SECTION 1. NUMBER OF ELECTORS

The District constituting the seat of Government of the United States shall appoint in such manner as Congress may direct:

A number of electors of President and Vice President equal to the whole number of Senators and Representatives in Congress to which the District would be entitled if it were a state, but in no event more than the least populous state; they shall be in addition to those appointed by the states, but they shall be considered, for the purposes of the election of President and Vice President, to be electors appointed by a state, and they shall meet in the District and perform such duties as provided by the twelfth article of amendment.

SECTION 2. ENFORCEMENT

The Congress shall have power to enforce this article by appropriate legislation.

AMENDMENT 24 (1964)
BAN ON POLL TAXES
SECTION 1. POLL TAX ILLEGAL

The right of citizens of the United States to vote in any primary or other election for President or Vice President, for electors for President or Vice President, or for Senator or Representative in Congress, shall not be denied or abridged by the United States or any state by reason of failure to pay any poll tax or other tax.

SECTION 2. ENFORCEMENT

The Congress shall have power to enforce this article by appropriate legislation.

AMENDMENT 25 (1967)
PRESIDENTIAL SUCCESSION
SECTION 1. PRESIDENTIAL VACANCY

In case of the removal of the President from office or of his death or resignation, the Vice President shall become President.

SECTION 2. VICE PRESIDENTIAL VACANCY

Whenever there is a vacancy in the office of the Vice President, the President shall nominate a Vice President who shall take the office upon confirmation by a majority vote of both houses of Congress.

SECTION 3. PRESIDENTIAL DISABILITY

Whenever the President transmits to the President pro tempore of the Senate and the Speaker of the House of Representatives his written declaration that he is unable to discharge the powers and duties of his office, and until he transmits to them a written declaration to the contrary, such powers and duties shall be discharged by the Vice President as Acting President.

SECTION 4. DETERMINING PRESIDENTIAL DISABILITY

Whenever the Vice President and a majority of either the principal officers of the executive departments or of such other body as Congress may by law provide, transmit to the President pro tempore of the Senate and the Speaker of the House of Representatives their written declaration that the President is unable to discharge the powers and duties of his office, the Vice President shall immediately assume the powers and duties of the office as Acting President.

Thereafter, when the President transmits to the President pro tempore of the Senate and the Speaker of the House of Representatives his written declaration that no inability exists, he shall resume the powers and duties of his office unless the Vice President and a majority of either the principal officers of the executive department or of such other body as Congress may by law provide, transmit within four days to the President pro tempore of the Senate and the Speaker of the House of Representatives their written declaration that the President is unable to discharge the powers and duties of his office. Thereupon Congress shall decide the issue, assembling within 48 hours for that purpose if not in session. If the Congress, within 21 days after receipt of the latter written declaration, or, if Congress is not in session, within 21 days after Congress is required to assemble, determines by two-thirds vote of both houses that the President is unable to discharge the powers and duties of his office, the Vice President shall continue to discharge the same as Acting President; otherwise the President shall resume the powers and duties of his office.

AMENDMENT 26 (1971)
VOTING AGE

SECTION 1. RIGHT TO VOTE

The right of citizens of the United States, who are 18 years of age or older, to vote shall not be denied or abridged by the United States or any state on account of age.

SECTION 2. ENFORCEMENT

The Congress shall have the power to enforce this article by appropriate legislation.

AMENDMENT 27 (1992)
CONGRESSIONAL PAY

No law, varying the compensation for the services of the Senators and Representatives, shall take effect, until an election of Representatives shall have intervened.

Vacante vicepresidencial
Si el cargo de vicepresidente queda vacante, el presidente nombra un reemplazante. Es necesario que ambas cámaras del Congreso lo aprueben por mayoría de votos.

Incapacidad presidencial
Esta sección explica detalladamente qué ocurre si el presidente no puede continuar en el cargo debido a una enfermedad o por algún otro motivo. El vicepresidente toma el cargo en calidad de reemplazante hasta que el presidente pueda desempeñar nuevamente sus funciones.

Determinar la incapacidad presidencial
Si el vicepresidente y la mayoría del gabinete informan al presidente de la Cámara y al presidente *pro tempore* del Senado que el presidente de la nación no puede cumplir con sus deberes, el vicepresidente puede tomar el cargo como presidente suplente. Cuando esté en condiciones de ejercer nuevamente su cargo, el presidente debe informarlo, por escrito, al presidente de la Cámara y al presidente *pro tempore* del Senado. Pero, si el vicepresidente y una mayoría del gabinete no están de acuerdo e informan al presidente de la Cámara y al presidente *pro tempore* que el presidente de la nación aún no es capaz de servir, entonces el Congreso decide quién desempeñará el cargo.

Edad para votar
Todos los ciudadanos de 18 años o más tienen derecho a votar. Anteriormente, en la mayoría de los estados la edad mínima para votar era de 21 años.

Sueldo de los miembros del Congreso
Los miembros del Congreso no pueden aprobar una ley que aumente o disminuya el sueldo de representantes y senadores que estén en funciones.

"La bandera adornada de estrellas" fue escrita por Francis Scott Key en septiembre de 1814 y fue adoptada como himno nacional en marzo de 1931. El ejército y la armada ya la habían reconocido como tal mucho antes de que el Congreso la aprobara.

Durante la guerra de 1812, Francis Scott Key pasó una noche a bordo de un barco británico en la bahía de Chesapeake mientras hacía arreglos para la liberación de un prisionero americano. La batalla se libró furiosamente durante la noche, mientras los americanos permanecían prisioneros en el barco. A la mañana siguiente, cuando finalmente se disipó el humo de los cañones, Francis Scott Key se emocionó al ver que la bandera americana aún flameaba orgullosa en lo alto del Fuerte McHenry. Simbolizaba la victoria de los americanos.

El himno nacional tiene cuatro estrofas. En ellas, Key describió cómo se sintió cuando vio la bandera flameando en lo alto del Fuerte McHenry. Key escribió que la bandera simbolizaba la libertad por la que el pueblo había luchado tanto. También expresó lo orgulloso que se sentía de su país y las grandes esperanzas que tenía en el futuro de Estados Unidos.

DOCUMENTOS DE ESTADOS UNIDOS

El Himno Nacional

"La bandera adornada de estrellas"

(1)
Oh, dime si puedes ver en la primera luz de la aurora
Lo que con tanto orgullo aclamamos,
En el último resplandor del crepúsculo.
¿De quién eran las amplias barras y las brillantes estrellas
que en medio de la lucha peligrosa sobre las murallas
veíamos ondear con tal gallardía?
Mientras el flamígero brillo de cohetes
Y explosiones de bombas al aire,
Demostraban en medio de la noche
Que nuestra bandera seguía firme ahí.
Oh, dime, ¿el estandarte de barras y estrellas
Todavía ondea sobre la patria de ese pueblo libre
Y sobre el hogar de los valientes?

(2)
En la playa, apenas visible y a través de la profunda niebla,
Donde la altanera sede del enemigo reposa en sepulcral silencio,
¿qué es lo que la caprichosa brisa, mientras sopla antojadiza
sobre el inmenso precipicio, a medias oculta y a medias revela?
Atrapa el fulgor de los primeros rayos matutinos
que se reflejan en todo su esplendor, o brilla sobre el arroyo.
Es la bandera de nuestra nación. ¡Flamea eterna
sobre la tierra de los libres y el hogar de los valientes!

(3)
¿Y dónde está la banda que juró altanera
que los horrores de la guerra y el fragor de la batalla
nos dejarían sin hogar y sin nación?
Su sangre ha lavado la suciedad de sus huellas.
Ningún refugio puede salvar al mercenario y al esclavo
del terror de la huida o la oscuridad de las tumbas,
y la bandera de nuestra nación flamea triunfante
sobre la tierra de los libres y el hogar de los valientes.

(4)
¡Oh!, que así sea cuando los hombres libres se levanten
entre su amado hogar y el desconsuelo de la guerra
benditos con victoria y paz, que la tierra rescatada
alabe el poder de habernos formado como nación.
Cuando debamos conquistar, cuando justa sea nuestra causa,
este será nuestro lema: "En Dios confiamos",
y la bandera de nuestra nación flamea triunfante
sobre la tierra de los libres y el hogar de los valientes.

JURAMENTO A LA BANDERA

Juro lealtad a la bandera

de Estados Unidos de América

y a la república que representa,

una nación bajo la protección de Dios,

indivisible, con libertad y

justicia para todos.

La bandera es un símbolo de Estados Unidos de América. El Juramento a la bandera afirma que el pueblo de Estados Unidos promete defender la bandera, su país y los principios fundamentales de libertad y justicia sobre los que se fundó.

Manual de investigación

Antes de escribir un reporte o completar un proyecto, debes reunir información sobre tu tema. Puedes encontrar parte de la información en tu libro de texto y usar otras fuentes, como los recursos tecnológicos, los recursos impresos y los recursos de la comunidad.

Recursos tecnológicos
- Internet
- Discos de computadora
- Televisión y radio

Recursos impresos
- Almanaques
- Atlas
- Diccionarios
- Enciclopedias
- Libros de no ficción
- Publicaciones periódicas
- Diccionarios de sinónimos

Recursos de la comunidad
- Maestros
- Conservadores de museos
- Líderes comunitarios
- Ciudadanos mayores

Recursos tecnológicos

Los principales recursos tecnológicos que puedes usar para buscar información son Internet y los discos de computadora. Tu escuela o la biblioteca local pueden tener algun CD–ROM o DVD que contenga información sobre el tema que investigas. Otros medios, como la televisión y la radio, también pueden ser buenas fuentes de información actualizada.

Cómo usar Internet

En Internet hay muchísima información. Si te conectas a Internet con una computadora podrás leer documentos, ver imágenes y obras de arte, escuchar música, hacer un paseo virtual por un museo y leer sobre sucesos actuales.

La información que encuentras en línea cambia constantemente. Recuerda que algunos sitios en Internet pueden contener errores o información incorrecta. Para obtener información correcta, asegúrate de visitar solamente sitios confiables, como los de museos y organismos gubernamentales. Además, trata de hallar dos o más sitios que tengan la misma información.

▶ Planifica tu búsqueda

- Identifica el tema que investigarás.
- Haz una lista de preguntas que quieras responder sobre el tema.
- Haz una lista de palabras o expresiones que puedan usarse para escribir o hablar del tema.
- Busca buenos recursos en línea para encontrar respuestas a tus preguntas.
- Elige los pasos que seguirás para encontrar la información que necesites.

Usar un motor de búsqueda

Un motor de búsqueda es un conjunto de sitios en Internet que se agrupan a partir de una palabra o un grupo de palabras clave. Existen numerosos motores de búsqueda. Puedes pedirle a un bibliotecario, a un maestro o a uno de tus padres que te sugiera qué motor de búsqueda usar.

▶ **Búsqueda por tema** Para buscar por tema, usa un motor de búsqueda. Elige alguna de las palabras o expresiones de la lista que hiciste al planificar tu búsqueda y escríbelas en la barra del motor de búsqueda que tienes en pantalla. Luego, haz un clic en BUSCAR (SEARCH) o IR (GO). Verás una lista de los sitios disponibles relacionados con el tema. Haz un clic en los sitios que consideres que te serán más útiles. Si los que aparecen en la lista no son suficientes, elige otra palabra clave o expresión relacionada con el tema y busca nuevamente.

▶ **Búsqueda por dirección** Cada sitio en Internet tiene su propia dirección, que se conoce como localizador uniforme de recurso o URL (*Uniform Resource Locator*). Para llegar a un sitio en Internet a través de su URL, simplemente escribe la dirección en el recuadro LUGAR/IR A (LOCATION/GO) que aparece en tu pantalla y haz un clic en IR (GO) o presiona ENTER.

▶ **Usar marcadores** La lista de marcadores es una herramienta que se usa para guardar y organizar direcciones URL. Si encuentras un sitio en Internet que te parece particularmente útil, puedes guardar su URL para regresar a esa dirección más rápida y fácilmente en el futuro. Haz un clic en MARCADORES o FAVORITOS (BOOKMARKS o FAVORITES), en la parte superior de tu pantalla, y elige AGREGAR (ADD). Tu computadora copiará el URL y lo guardará.

Recursos impresos

En las bibliotecas, los libros se ordenan mediante un sistema de números. Cada libro tiene su propio número, llamado número de catálogo. El número de catálogo indica en qué parte de la biblioteca se encuentra el libro. Algunos libros de referencia, como las enciclopedias, a menudo se hallan en una sección especial. Cada libro está marcado con R o RE, en el lomo que indica *referencia*. La mayoría de esos libros solo pueden consultarse en la biblioteca. Muchas bibliotecas tienen también una sección especial de publicaciones periódicas, que incluyen revistas y periódicos.

Almanaques

Un almanaque es un libro o un recurso electrónico que contiene datos sobre diferentes temas. Los temas están ordenados alfabéticamente en un índice, y muchos de los datos estadísticos que incluyen números y fechas se muestran a través de tablas o gráficas. Cada año se publican nuevos almanaques que tienen la información más actualizada.

Atlas

Un atlas es un libro de mapas que brinda información sobre lugares. Distintos tipos de atlas muestran diferentes lugares en distintas épocas. Tu maestro o tu bibliotecario pueden ayudarte a hallar el tipo de atlas que necesitas para tu investigación.

Diccionarios

El diccionario muestra la ortografía correcta de las palabras y da sus definiciones o significados. En inglés, también indica la pronunciación de las palabras, o sea, cómo decirlas en voz alta. Además, muchos diccionarios tienen listas de palabras extranjeras, abreviaturas, personajes reconocidos y nombres de lugares.

---

demanda. 1: Petición. **2:** El deseo o necesidad de un producto o servicio.
dependiente. 1: El que depende de otro. **2:** Empleado de comercio.
depositar. 1: Poner dinero en una cuenta bancaria. **2:** Poner una cosa cuidadosamente en un sitio.

Entrada de diccionario

Enciclopedias

Una enciclopedia es un libro, o un conjunto de libros, que ofrece información sobre muchos temas distintos. Los temas están ordenados alfabéticamente. Una enciclopedia es una buena fuente de consulta para comenzar una investigación. Además de textos, las enciclopedias electrónicas a menudo tienen sonido y videoclips.

Libros de no ficción

Un libro de no ficción contiene datos sobre personas, lugares y cosas reales. En una biblioteca, todos los libros de no ficción están ordenados por categorías de acuerdo con su número de catálogo. Para hallar el número de catálogo de un libro, se usa un fichero o un catálogo computarizado. El catálogo te permite buscar un libro por tema, autor o título.

Artículo de enciclopedia

Publicaciones periódicas

Las publicaciones periódicas aparecen con una frecuencia diaria, semanal o mensual. Son buenas fuentes para obtener información actualizada sobre temas que todavía no figuran en los libros. Muchas bibliotecas tienen una guía de artículos periodísticos, clasificados por tema. Dos de esas guías son: *Children's Magazine Guide* y *Readers' Guide to Periodical Literature*. Las entradas en las guías generalmente se ordenan alfabéticamente por tema, autor o título.

Diccionarios de sinónimos

El diccionario de sinónimos contiene palabras que significan lo mismo o casi lo mismo que otra palabra. También incluye antónimos, es decir, palabras que significan lo contrario. El diccionario de sinónimos puede ayudarte a encontrar palabras que describan mejor tu tema y enriquezcan tu redacción.

Recursos de la comunidad

En muchos casos, las personas de tu comunidad pueden darte información sobre el tema que estás investigando. A través de preguntas bien pensadas, puedes obtener valiosos datos, opiniones o puntos de vista. Antes de hablar con alguien pídele siempre permiso a un maestro o a uno de tus padres.

Escuchar para obtener información

Es importante planificar las entrevistas que forman parte de tu investigación. Planificar te ayudará a reunir los datos que necesites. Sigue estos consejos mientras reúnes información de las personas de tu comunidad.

Antes
- Investiga más sobre el tema del que desees conversar.
- Piensa qué tipo de información te hace falta.
- Piensa en la mejor manera de reunir la información que necesites.
- Haz una lista de las personas a las que quieras entrevistar.
- Haz una lista de las preguntas que quieras hacer. Asegúrate de que tus preguntas sean claras y efectivas.

Durante
- Al hacer las preguntas, habla con voz clara y alta.
- Escucha atentamente. Asegúrate de estar obteniendo la información que necesitas y modifica o reformula tus preguntas de acuerdo a lo que escuchas. Tal vez se te ocurran nuevas preguntas.
- Pon atención en el punto de vista, el tono de voz y la elección de palabras de tu entrevistado. Usa esas pistas para evaluar si esa persona es una buena fuente de información sobre el tema que investigas.
- Sé cortés. No interrumpas ni discutas con la persona que está hablando.
- Toma apuntes que te ayuden a recordar las ideas principales y los detalles importantes.
- Anota las palabras exactas del entrevistado para poder incluir citas en tu reporte. Si es posible, usa una grabadora. Recuerda pedir permiso a tu entrevistado antes de grabar la conversación.

Después
- Agradece a la persona con la que hablaste.
- Más tarde, escríbele una nota de agradecimiento.

Escribir para obtener información

Para obtener información, también puedes escribir a las personas de tu comunidad. Puedes enviarles un correo electrónico o una carta. Cuando escribas, ten presente las siguientes ideas:

- Escribe con letra clara o usa una computadora.
- Indica quién eres y por qué estás escribiendo. Expresa claramente y con precisión lo que quieres saber.
- Verifica cuidadosamente tu ortografía y puntuación.
- Si escribes una carta, adjunta un sobre estampillado con tu nombre y dirección para que la persona pueda enviarte una respuesta.
- Dale las gracias a la persona.

222 Central Avenue
Bakersfield, CA 93301
25 de octubre de 20- -

Secretaría de Turismo Regional del Norte
At.: Sra. Stephanie Nguyen
123 Main Street
Sacramento, CA 94211

Estimada Sra. Nguyen:

Mi nombre es David Thomas y le escribo esta carta para saber si usted puede enviarme alguna información sobre lugares de interés turístico en el estado de California. Mi familia planea unas vacaciones para el próximo mes y nos gustaría visitar algunas de las atracciones de la zona norte del estado. Por favor, envíeme un folleto que detalle los paisajes de interés y un mapa de carreteras. Tengo entendido que ese es un servicio que ustedes brindan a quienes planean vacaciones en la región. Estoy entusiasmado con la idea de visitar esa zona del estado.

Gracias por su ayuda.

Atentamente,

David Thomas

David Thomas
222 Central Avenue
Bakersfield, CA 93301

Secretaría de Turismo
At.: Sra. Stephanie Nguyen
123 Main Street
Sacramento, CA 94211

Escribir reportes

Reportes escritos

Tu maestro puede pedirte que escribas un reporte sobre la información que has obtenido. Saber cómo redactar un reporte te ayudará a usar la información adecuadamente. Los siguientes consejos te ayudarán al escribir tu reporte.

Antes de escribir

- Elige una idea o tema principal.
- Piensa en preguntas acerca del tema. Las preguntas deberán ser claras y concentrarse en ideas específicas relacionadas con el tema.
- Recopila información de más de una fuente. Puedes usar recursos impresos, recursos tecnológicos o recursos de la comunidad. Asegúrate de buscar las respuestas a tus preguntas.
- Toma apuntes de la información que encuentres.
- Revisa tus apuntes para asegurarte de que tienes la información necesaria. Anota ideas y detalles sobre el tema para incluirlos en tu reporte.
- Usa tus apuntes para hacer un esquema de la información que hallaste. Organiza tus ideas de manera que sean fáciles de entender.

Citar fuentes

Una parte importante de la investigación y la redacción es citar las fuentes. Cuando citas una fuente, conservas un registro escrito de dónde obtuviste la información. La lista de fuentes forma la bibliografía. Una bibliografía es una lista de los libros, publicaciones periódicas y otras fuentes que usaste para obtener la información para tu reporte.

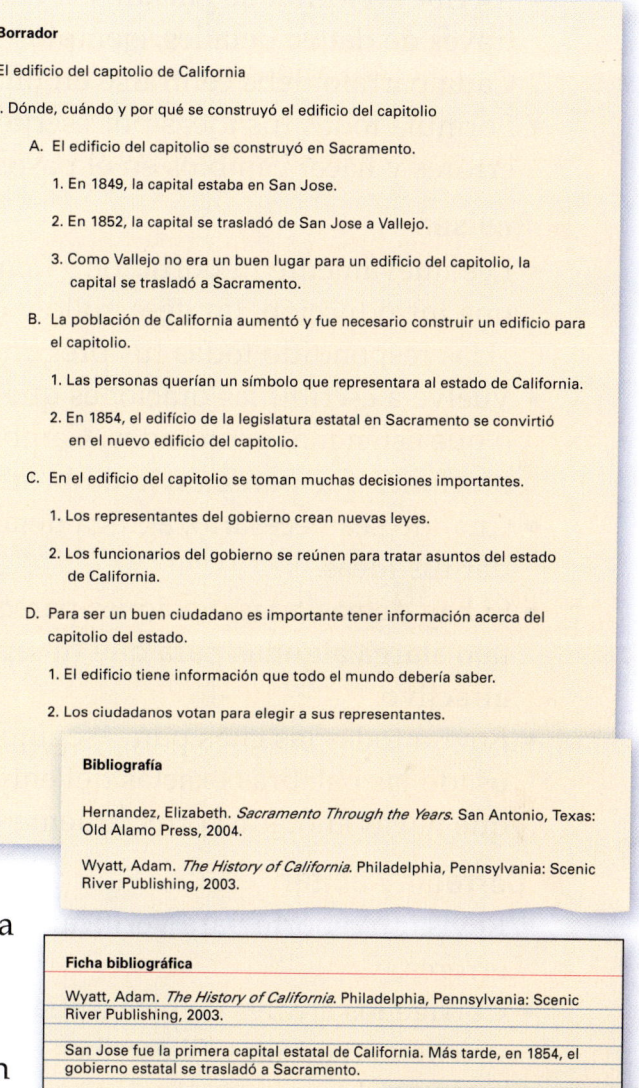

Escribir un borrador

- Usa tus apuntes y tu esquema para escribir un borrador de tu reporte. Ten presente que tu objetivo es dar la información.
- Escribe en forma de párrafos. Desarrolla tu tema a través de datos, detalles, ejemplos y explicaciones. Cada párrafo debe centrarse en una nueva idea.
- Formula todas tus ideas por escrito. Puedes corregir errores y hacer cambios en el paso siguiente.

Revisar

- Lee nuevamente tu borrador. ¿Tiene sentido? ¿Tiene una introducción, un desarrollo y una conclusión? ¿Has respondido todas tus preguntas?
- Vuelve a escribir las oraciones que sean poco claras o que estén mal expresadas. Cambia de lugar las oraciones que parezcan mal ubicadas.
- Cuando sea necesario, agrega detalles para respaldar tus ideas.
- Si hay demasiadas oraciones parecidas, acorta o alarga algunas para que tu reporte sea más atractivo.
- Revisa todas las citas para asegurarte de que hayas usado las palabras exactas del entrevistado y de que hayas anotado correctamente las fuentes.

Corregir y editar

- Revisa tu reporte para verificar que no contenga errores.
- Corrige los errores de ortografía, puntuación y uso de mayúsculas. Si escribes tu reporte en una computadora, usa la herramienta "ortografía y gramática".
- Usa un diccionario de sinónimos para hallar palabras que describan mejor tu tema y enriquezcan tu reporte.

Publicar

- Haz una copia limpia y clara de tu reporte.
- Incluye ilustraciones, mapas o dibujos que ayuden a explicar el tema.

Borrador

Copia final

Marcas de corrección y sus significados	
Marca	Significado
∧	Insertar palabra.
⌄	Insertar coma.
¶	Comenzar un párrafo nuevo.
≡ cap	Usar letra mayúscula.
⌒	Borrar.
lc	Usar letra minúscula.

MANUAL DE INVESTIGACIÓN

Escuchar para obtener información

A veces, pueden pedirte que hagas una presentación oral. Al igual que un reporte escrito, el propósito de una presentación oral es dar información. Estos consejos te ayudarán a preparar una presentación oral:

- Sigue los pasos enumerados en la sección "Antes de escribir" para reunir y organizar la información.
- Usa tus apuntes para planificar y organizar tu exposición. Incluye una introducción y una conclusión en tu reporte.
- Prepara tarjetas con apuntes que puedas consultar mientras hablas.
- Prepara recursos visuales tales como ilustraciones, diagramas, mapas u otros elementos gráficos que ayuden a los oyentes a comprender mejor el tema.
- Ofrece a tus oyentes una idea general del tema. Una idea general es la idea principal que respaldas con datos y detalles.
- Practica tu presentación.
- Asegúrate de hablar con voz clara y alta. Mantén el interés de tus oyentes utilizando expresiones faciales y movimientos de las manos.

Diccionario biográfico

El diccionario biográfico provee información acerca de muchas de las personas mencionadas en este libro. Los nombres están ordenados alfabéticamente por apellido. Después de cada nombre, encontrarás las fechas de nacimiento y muerte de la persona. Si la persona todavía vive, solo está su fecha de nacimiento. Luego aparece una breve descripción de sus principales logros. Finalmente, se indica el número de la página donde se menciona a esa persona (en el Índice puedes ver otras páginas de referencia). Los nombres que aparecen en la parte superior de cada página te ayudarán a encontrar más rápido el nombre que buscas.

Adams, Abigail *1744–1818* Esposa de John Adams, originaria de Massachusetts, que apoyó la causa patriota. pág. 369

Adams, John *1735–1826* Líder de Massachusetts que fue miembro del Congreso y, más tarde, el segundo presidente de Estados Unidos. pág. 349

Adams, Samuel *1722–1803* Líder revolucionario americano que formó un Comité de Correspondencia de Boston y ayudó a fundar los Hijos de la Libertad. pág. 328

Anthony, Susan B. *1820–1906* Líder de las mujeres que apoyaban el voto femenino. Trabajó por la igualdad de los derechos de la mujer. pág. 574

Armistead, James *1760?–1830* Afroamericano que sirvió a los patriotas como espía durante la Guerra de la Independencia. pág. 370

Arnold, Benedict *1741–1801* Oficial del Ejército Continental que después se convirtió en traidor y colaboró con los británicos durante la Guerra de la Independencia. pág. 381

Attucks, Crispus *1725?–1770* Patriota afroamericano que murió en la Masacre de Boston. pág. 332

Austin, Stephen F. *1793–1836* Pionero americano que estableció una colonia americana en Texas. pág. 551

Balboa, Vasco Núñez de *1475–1519* Explorador español que llegó al océano Pacífico en 1513. pág. 123

Banneker, Benjamin *1731–1806* Afroamericano libre que colaboró en la agrimensura del terreno donde se construyó la nueva capital de Estados Unidos. pág. 446

Barlow, Sam *1795–1867* Explorador americano que construyó el camino Barlow, de gran ayuda para los colonos que viajaban por el Sendero de Oregon. pág. 543

Bates, Katharine Lee *1859–1929* Maestra y poeta estadounidense que escribió "América la hermosa". pág. 469

Becknell, William *1796?–1865* Pionero americano originario de Missouri que trazó el Sendero de Santa Fe. pág. 544

Berkeley, Lord John *1607–1678* Propietario, junto con Sir George Carteret, de la colonia de New Jersey. pág. 244

Bonaparte, Napoleón *1769–1821* Líder francés que vendió el territorio de Louisiana a Estados Unidos en 1803. pág. 515

Boone, Daniel *1734–1820* Explorador americano; uno de los primeros colonos en cruzar los montes Apalaches. pág. 502

Bowie, James *1796–1836* Soldado estadounidense que murió en la batalla del Álamo durante la Guerra de la Independencia de Texas. pág. 552

Braddock, Edward *1695–1755* Comandante de las fuerzas británicas durante los primeros años de la guerra franco-indígena. pág. 321

Bradford, William *1590–1657* Peregrino y colono inglés, gobernador de la colonia de Plymouth. pág. 172

Brown, Linda *1943–* Estudiante afroamericana cuya familia participaba en el grupo que desafió la segregación en las escuelas públicas en Kansas. R5

Burgoyne, John *1722–1792* General británico que fue derrotado en la Batalla de Saratoga durante la Guerra de la Independencia. pág. 381

Burke, Edmund *1729–1797* Líder británico durante la Revolución Americana que aconsejó al gobierno británico que hiciera un acuerdo con los colonos. pág. 338

Caboto, Giovanni *1450?–1499?* Explorador italiano, también conocido como John Cabot, que exploró Terranova en nombre de los ingleses. pág. 121

Cabrillo, Juan Rodríguez *1500?–1543* Explorador español. Primer europeo en explorar la costa oeste de América del Norte. pág. 131

Calvert, Cecilius *1605–1675* Hijo de George Calvert. Fundador de la colonia de Maryland. pág. 273

Calvert, George *1580?–1632* Miembro de la Compañía de Virginia y primer Lord de Baltimore, recibió la cédula real para fundar Maryland. pág. 273

Carteret, Sir George *c. 1610–1680* Propietario, junto con Lord John Berkeley, de la colonia de New Jersey. pág. 244

Cartier, Jacques *1491–1557* Explorador francés que recorrió la costa este de lo que actualmente es Canadá. pág. 177

Carver, George Washington *1864–1943* Científico afroamericano que desarrolló nuevos productos a partir del cacahuate, la batata y la soya. pág. R4

Champlain, Samuel de *1567?–1635* Explorador francés que fundó el asentamiento de Quebec en lo que actualmente es Canadá. pág. 177

Chapman, John *1774–1845* Pionero americano, conocido como Johnny Appleseed. Plantó árboles en el Territorio del Noroeste. pág. 511

Charles II *1630–1685* Rey británico que otorgó cédulas reales para las colonias de New Hampshire y de Carolina. pág. 240

Chávez, César *1927–1993* Líder sindical estadounidense, de origen mexicano, fundador del Sindicato de Trabajadores Agrícolas. pág. 477

Clark, William *1770–1838* Explorador americano que ayudó a Meriwether Lewis en una expedición a través de los territorios de la Compra de Louisiana. pág. 516

Colón, Cristóbal *1451–1506* Explorador italiano que navegó en nombre de la corona española. Buscando la ruta occidental hacia Asia, llegó a unas islas situadas cerca de las Américas. pág. 114

Cornwallis, Charles *1738–1805* General británico que se rindió en la batalla de Yorktown, que marcó la victoria de los americanos en la Guerra de la Independencia. pág. 392

Coronado, Francisco Vázquez de *1510?–1554* Explorador español que encabezó una expedición a través de la región suroeste de América del Norte en busca de las Siete Ciudades de Oro. pág. 131

Cortés, Hernán *1485–1547* Conquistador español que lideró a las tropas españolas que derrotaron a los aztecas en lo que actualmente es México. pág. 130

Crockett, Davy *1786–1836* Pionero americano que murió mientras defendía el Álamo. pág. 552

Dart, Justin *1930–* Líder de los derechos civiles que trabajó para lograr la aprobación de la Ley de Americanos Discapacitados (ADA). pág. 477

De Soto, Hernando *1496?–1542* Explorador español que encabezó una expedición a través del sureste de América del Norte. pág. 132

Deganawida *siglo XVI* Legendario líder espiritual iroqués que abogó por el fin de la guerra entre los iroqueses. Este hecho llevó a la formación de la Liga Iroquesa. pág. 77

Dickinson, John *1732–1808* Miembro del Congreso Continental, redactó gran parte de los Artículos de la Confederación que fueron adoptados en 1781. pág. 343

Douglass, Frederick *1817–1895* Abolicionista afroamericano que escapó de la esclavitud y se convirtió en un famoso orador y escritor. pág. 573

Drake, Daniel *1785–1852* Pionero, doctor y educador. pág. 510

Du Bois, W. E. B. *1868–1963* Maestro y escritor afroamericano que ayudó a formar la Asociación Nacional para el Progreso de la Gente de Color (*NAACP*). pág. R5

Edwards, Jonathan *1703–1758* Ministro de Massachusetts que ayudó a liderar el Gran Despertar. pág. 252

Elizabeth I *1533–1603* Reina de Inglaterra entre 1558 y 1603. pág. 161

Enrique *1394–1460* Enrique el Navegante, príncipe de Portugal, estableció la primera escuela de navegación en Europa. pág. 112

Equiano, Olaudah *1750?–1797* Africano que fue secuestrado y vendido como esclavo. Más tarde, escribió un libro sobre su vida y dio discursos en contra de la esclavitud. pág. 289

Estevanico *1474?–1539* Esclavo africano que participó en la expedición en busca de las Sietes Ciudades de Oro. pág. 130

Farragut, Jorge *1755–1817* Soldado nacido en España que luchó en la Armada y en el Ejército Continental. pág. 384

Felipe II *1527–1775* Rey de España, hijo del emperador Carlos V y de Isabel de Portugal. pág. 154

Fernando II *1452–1516* Rey de España que, junto a su esposa la Reina Isabel, financió los viajes de Cristóbal Colón. También ayudó a liderar la Reconquista española. pág. 115

Fink, Mike *1770?–1823?* Pionero y navegante en el Mississippi. Sus aventuras han sido exageradas en muchos cuentos folclóricos. pág. 511

Forten, James *1766–1842* Afroamericano libre que, a la edad de 14 años, se alistó como voluntario en la Armada Continental durante la Guerra de la Independencia. pág. 370

Franklin, Benjamin *1706–1790* Líder y delegado americano en la Asamblea Constituyente. También fue un respetado científico y líder empresarial. pág. 254

Freeman, Elizabeth *1742?–1829* Mujer afroamericana de Massachusetts que realizó una demanda para lograr su libertad, y la obtuvo en 1780. pág. 397

Frémont, John C. *1813–1890* Explorador americano que trazó mapas del oeste. pág. 541

Fulton, Robert *1765–1815* Ingeniero e inventor estadounidense que construyó el primer barco de vapor. pág. 504

Gadsden, James *1788–1858* Ministro de Estados Unidos ante México; acordó la compra de parte de los actuales estados de New Mexico y Arizona a México en la llamada Compra de Gadsden. pág. 561

Gage, Thomas *1721–1787* Gobernador de Massachusetts y líder del ejército británico durante la Guerra de la Independencia. pág. 344

Gálvez, Bernardo de *1746–1786* Gobernador de Louisiana española que ayudó a los patriotas en la Guerra de la Independencia. pág. 384

George II *1683–1760* Rey de Gran Bretaña que otorgó una cédula real para formar la colonia de Georgia. pág. 276

George III *1738–1820* Rey de Gran Bretaña durante la Guerra de la Independencia. pág. 326

Gerry, Elbridge *1744–1814* Delegado de Massachusetts en la Asamblea Constituyente. pág. 443

Greeley, Horace *1811–1872* Periodista y líder político estadounidense; editor del periódico *New York Tribune*. pág. 561

Greene, Nathanael *1742–1786* Oficial del Ejército Continental que expulsó a los británicos de los territorios de Georgia y de las Carolinas. pág. 391

Grenville, George *1712–1770* Primer ministro británico que aprobó la Ley del Timbre en 1765. pág. 327

Gutenberg, Johannes *1390–1468* Inventor alemán que desarrolló una nueva imprenta. pág. 111

Hale, Nathan *1755–1776* Héroe de la Revolución Americana, ahorcado por los británicos por trabajar como espía para los patriotas. pág. 388

Hamilton, Alexander *1755–1804* Líder americano que propuso y logró apoyo para realizar la Asamblea Constituyente. Era partidario de un gobierno nacional fuerte. pág. 446

Hancock, John *1737–1793* Líder de los Hijos de la Libertad en la colonia de Massachusetts. pág. 340

Henry VIII *1491–1547* Rey inglés, fundador de la Iglesia Anglicana. pág. 171

Henry, Patrick *1736–1799* Líder de Virginia que protestó contra las políticas de los británicos y, más tarde, se opuso a la Constitución. pág. 333

Hiawatha *siglo XVI* Jefe onondaga que persuadió a otras tribus iroquesas de formar la Liga Iroquesa. pág. 77

Hidalgo, Miguel *1753–1811* Sacerdote mexicano que llamó a la revolución contra España en 1810. pág. 555

Hooker, Thomas *1586?–1647* Ministro que ayudó al establecimiento de la colonia de Connecticut. pág. 218

Houston, Sam *1793–1863* Presidente de la República de Texas y luego gobernador de Texas. pág. 552

Hudson, Henry *1570?–1611* Explorador inglés que se posesionó en nombre de Holanda de gran parte de los territorios de lo que hoy es New York. pág. 142

Hutchinson, Anne Marbury *1591–1643* Colona inglesa que fue forzada a abandonar la colonia de Massachusetts a causa de sus creencias religiosas. pág. 213

Isabel I *1451–1504* Reina de España que junto a su esposo, el rey Fernando, financió los viajes de Cristóbal Colón. También ayudó a liderar la Reconquista española. pág. 115

Jackson, Andrew *1767–1845* Séptimo presidente de Estados Unidos. Ordenó la expulsión de muchas tribus de indios americanos de sus tierras. pág. 527

James I *1566–1625* Rey de Inglaterra a comienzos del siglo XVII. El río James y Jamestown llevan sus nombres en su honor. pág. 162

James, duque de York *1633–1701?* Líder inglés que conquistó el territorio holandés de Nueva Holanda y estableció los asentamientos de New York y New Jersey. pág. 243

Jay, John *1745–1829* Líder americano. Fue el primer presidente de la Corte Suprema de Estados Unidos. pág. 424

Jefferson, Thomas *1743–1826* Tercer presidente de Estados Unidos y principal redactor de la Declaración de Independencia. En 1803 negoció con Francia la Compra de Louisiana. pág. 446

Joliet, Louis *1645–1700* Comerciante de pieles de origen francés que, junto a Jacques Marquette y otros cinco exploradores, recorrió América del Norte en nombre de Francia. pág. 180

Jones, John Paul *1747–1792* Comandante de la armada americana durante la Guerra de la Independencia. pág. 389

Key, Francis Scott *1779–1843* Abogado y poeta americano que escribió la letra de "La bandera adornada de estrellas". pág. 468

King, Martin Luther, Jr. *1929–1968* Líder afroamericano en la lucha por los derechos civiles. Trabajó para poner fin a la discriminación hacia los afroamericanos. Obtuvo el Premio Nobel de la Paz en 1964. pág. 479

Kosciuszko, Tadeusz *1746–1817* Soldado polaco que ayudó a los patriotas durante la Guerra de la Independencia. pág. 389

La Salle, Sieur de *1643–1687* Explorador francés que descubrió la desembocadura del río Mississippi y se posesionó en nombre de Francia del valle del río Mississippi. pág. 180

Lafayette, marqués de *1757–1834* Soldado francés que luchó junto a los americanos en la Guerra de la Independencia. pág. 378

Las Casas, Bartolomé de *1474–1566* Misionero español que pasó gran parte de su vida ayudando a los indios americanos. pág. 156

Law, John *1671–1729* Banquero escocés que fue nombrado propietario de la región de Louisiana. pág. 182

Lee, Richard Henry *1732–1794* Líder revolucionario americano que creía que las colonias debían independizarse de Gran Bretaña. pág. 349

L'Enfant, Pierre Charles *1754–1825* Ingeniero americano, nacido en Francia. Planificó el trazado original de Washington, D.C. pág. 446

Lewis, Meriwether *1774–1809* Explorador americano designado por Thomas Jefferson para explorar el territorio de la Compra de Louisiana. pág. 516

Lincoln, Abraham *1809–1865* Decimosexto presidente de Estados Unidos, líder de la Unión en la Guerra Civil y firmante de la Proclamación de Emancipación. pág. 509

Logan *1725?–1780?* Indio americano líder de la tribu mingo. Luchó contra los americanos en la Guerra de la Independencia. pág. 371

Louis XIV *1638–1715* Rey de Francia entre 1643 y 1715. pág. 180

Ludington, Sybil *1761–1839* Mujer de New York que en 1777, a los 16 años, advirtió a los soldados americanos de un ataque británico. pág. 369

Lutero, Martín *1483–1546* Líder religioso alemán que dio inicio a la Reforma Protestante con sus críticas a las políticas de la Iglesia Católica. pág. 133

Madison, Dolley *1768–1849* Esposa de James Madison y primera dama durante la guerra de 1812. pág. 524

Madison, James *1751–1836* Cuarto presidente de Estados Unidos. Ayudó a la redacción de la Constitución de Estados Unidos. pág. 424

Magallanes, Fernando de *1480?–1521* Explorador portugués que, en 1519, encabezó una expedición marítima que partió hacia el oeste, rumbo a Asia. Murió en la travesía, pero uno de sus barcos logró regresar a España, completando así el primer viaje alrededor del mundo. pág. 124

Marquette, Jacques *1637–1675* Misionero católico que conocía varios idiomas de los indios americanos. Junto a Louis Joliet, exploró América del Norte en nombre de Francia. pág. 180

Marshall, John *1755–1835* Presidente de la Corte Suprema que dictaminó que Estados Unidos debía proteger a los indios cherokees y a sus tierras en Georgia. pág. 528

Mason, George *1725–1792* Delegado de Virginia en la Asamblea Constituyente; más tarde se opuso a la Constitución. pág. 449

McCauley, Mary Ludwig Hays *1754?–1832* Patriota de Pennsylvania que se ganó el nombre de Molly Pitcher por llevar agua a las tropas americanas durante la batalla de Monmouth, en la Guerra de la Independencia. pág. 389

Menéndez de Avilés, Pedro *1519–1574* Líder español que ayudó a construir el asentamiento de St. Augustine, en Florida, el primer asentamiento europeo permanente en lo que hoy es Estados Unidos. pág. 157

Metacomet *1639?–1676* Líder de los wampanoag. Llamado rey Philip por los ingleses. Lideró la guerra del rey Philip en Nueva Inglaterra. pág. 211

Minuit, Peter *1580–1638* Líder holandés de la colonia de Nueva Holanda que adquirió la isla de Manhattan. pág. 178

Moctezuma *1466–1520* Emperador de los aztecas cuando llegaron los españoles. pág. 130

Morris, Gouverneur *1752–1816* Líder americano que ayudó a redactar la Constitución de Estados Unidos. pág. 433

Morse, Samuel F. B. *1791–1872* Inventor americano que desarrolló el telégrafo y el código Morse. pág. 571

Mott, Lucretia *1793–1880* Reformista estadounidense que ayudó a organizar la Asamblea de Seneca Falls. pág. 573

Navarro, José Antonio *1795–1871* Uno de los firmantes de la Declaración de Independencia de Texas. pág. 554

Niza, Marcos de *1495–1558* Sacerdote español que participó en la expedición que buscaba las Siete Ciudades de Oro. pág. 130

Oglethorpe, James *1696–1785* Líder inglés que fundó la colonia de Georgia. pág. 276

Osceola *1804–1838* Líder de los seminolas de Florida. pág. 527

Otis, James *1725–1783* Colono de Massachusetts que protestó contra los impuestos británicos y declaró que "no habrá impuestos sin representación". pág. 327

Paine, Thomas *1737–1809* Autor de *Common Sense*, panfleto que atacaba al rey George III y llamaba a una revolución para lograr la independencia de las colonias. pág. 348

Parker, John *1729–1775* Líder de los *Minutemen* de Massachusetts. pág. 336

Paterson, William *1745–1806* Delegado de New Jersey en la Asamblea Constituyente. Presentó el Plan de New Jersey, según el cual cada estado estaría representado de la misma manera. pág. 430

Penn, William *1644–1718* Fundador de la colonia de Pennsylvania. Penn fue un cuáquero que hizo de Pennsylvania un refugio para aquellos colonos que buscaban libertad religiosa. pág. 245

Pickersgill, Caroline *c. 1800–?* Ayudó a su madre a confeccionar la bandera que luego inspiró la letra de "La bandera adornada de estrellas". pág. 468

Pickersgill, Mary *1776–1857* Mujer de Baltimore que, con su hija Caroline, cosió una bandera para el Fuerte McHenry; esa bandera más tarde inspiró la letra de "La bandera adornada de estrellas". pág. 468

Pike, Zebulon *1779–1813* Explorador americano que encabezó una expedición para explorar el suroeste de los territorios de la Compra de Louisiana. pág. 518

Pinckney, Eliza Lucas *1722?–1793* Colona de South Carolina que experimentó con semillas de índigo. pág. 291

Pitt, William *1708–1778* Líder del Parlamento británico que ayudó a su país a derrotar a Francia en numerosas batallas. pág. 321

Pocahontas *1595–1617* Hija del jefe Powhatan. Se casó con el colono inglés John Rolfe. pág. 163

Polk, James K. *1795–1849* Undécimo presidente de Estados Unidos. Gobernó durante la guerra entre México y Estados Unidos. pág. 559

Polo, Marco *1254–1324* Explorador italiano que pasó muchos años de su vida en Asia a fines del siglo XIII. Escribió un famoso libro acerca de sus viajes. pág. 110

Ponce de León, Juan *1460–1521* Explorador español que en 1513 se posesionó en nombre de España del actual territorio de Florida. pág. 129

Pontiac *1720?–1769?* Jefe de los indios ottawa que lideró una rebelión contra los británicos para detener la pérdida de sus tierras de caza. pág. 322

Powhatan *1550–1621* Jefe de los indios algonquinos y padre de Pocahontas. Gobernó el territorio que más tarde sería la colonia de Virginia. pág. 163

Putnam, Israel *1718–1790* Comandante americano en la Guerra de la Independencia. Luchó en la batalla de Bunker Hill. pág. 344

Raleigh, Sir Walter *1554–1618* Explorador inglés que ayudó a establecer la primera colonia inglesa en América del Norte, en la isla Roanoke, cerca de North Carolina. pág. 161

Randolph, Edmund *1753–1813* Delegado de Virginia en la Asamblea Constituyente. Redactó el Plan de Virginia, que establecía que el número de representantes de cada estado en el Congreso debía basarse en la cantidad de habitantes del estado. pág. 430

Revels, Hiram *1827?–1901* Ministro originario de Mississippi. Primer senador afroamericano de Estados Unidos. pág. R3

Revere, Paul *1735–1818* Colono de Massachusetts que advirtió a los patriotas de la inminente llegada de las fuerzas británicas a Concord. pág. 341

Rolfe, John *1585–1622* Colono de Jamestown que descubrió un método de secado del tabaco que produjo importantes ganancias. pág. 164

Ross, John *1790–1866* Jefe de la nación cherokee. Luchó para evitar la pérdida de las tierras de su tribu. Guió a su pueblo por el Sendero de Lágrimas. pág. 529

Sacagawea *1786?–1812?* Mujer shoshón que trabajó como intérprete durante la expedición de Lewis y Clark. pág. 516

Salem, Peter *1750?–1816* Afroamericano que luchó junto a los *Minutemen* en Concord y en la batalla de Bunker Hill. pág. 370

Samoset *1590?–1653?* Indio americano que hablaba inglés y ayudó a los colonos ingleses en Plymouth. pág. 173

Sampson, Deborah *1760–1827* Patriota de Massachusetts que se disfrazó de soldado para luchar junto a las tropas americanas en la Guerra de la Independencia. pág. 369

Santa Anna, Antonio López de *1794–1876* General mexicano que gobernó su país durante la guerra entre México y Estados Unidos. pág. 551

Scott, Winfield *1786–1866* General americano que participó en el traslado de los cherokees. pág. 530

Seguín, Juan *1806–1889* Colono tejano que ayudó a defender el Álamo. pág. 554

Sequoyah *1765?–1843* Líder de la tribu cherokee. Creó un sistema de escritura para el idioma de su pueblo. pág. 528

Sevier, John *1745–1815* Primer gobernador de Tennessee. pág. 512

Shays, Daniel *1747?–1825* Líder de una rebelión de granjeros de Massachusetts en 1787. pág. 423

Sherman, Roger *1721–1793* Delegado de Connecticut en la Asamblea Constituyente. Elaboró un proyecto para que el Congreso tuviera dos cámaras, una basada en la población del estado y otra con dos miembros por cada estado. pág. 431

Slidell, John *1793–1871* Líder americano que trató de comprar a México los territorios de New Mexico y California. pág. 560

Smith, Jedediah Strong *1799–1831* Explorador y comerciante americano; viajó por tierra a California a finales de la década de 1820. pág. 541

Smith, John *1580–1631* Explorador inglés, líder del asentamiento de Jamestown. pág. 163

Stanton, Elizabeth Cady *1815–1902* Reformista americana que ayudó a organizar la Asamblea de Seneca Falls y escribió la Declaración de Sentimientos. pág. 573

Steuben, Friedrich, Baron von *1730–1794* Soldado alemán que ayudó a entrenar a las tropas americanas durante la Guerra de la Independencia. pág. 383

Stevenson, Robert Louis *1850–1894* Autor, poeta y ensayista escocés. Algunas de sus obras son *Kidnapped* y *Treasure Island*. pág. 16

Stuyvesant, Peter *1610?–1672* Gobernador holandés de Nueva Holanda. pág. 242

Sutter, John *1803–1880* Pionero americano, dueño del aserradero donde se encontró oro en 1848, acontecimiento que llevó a la fiebre del oro en California. pág. 562

Tamanend *1776–1857* Jefe indio de la tribu lenni lenape. Estableció relaciones pacíficas con William Penn y los colonos de Pennsylvania. pág. 247

Tapahonso, Luci *1953–* Poeta y autora navajo. pág. 59

Taylor, Zachary *1784–1850* General del ejército de Estados Unidos durante la guerra entre México y Estados Unidos; luego se convirtió en el duodécimo presidente de Estados Unidos. pág. 560

Tecumseh *1768–1813* Líder shawnee de los indios del Territorio del Noroeste. Quiso impedir el asentamiento de colonos americanos en tierras indias. pág. 522

Tenskwatawa *1768–1834* Líder de la tribu shawnee y hermano de Tecumseh. pág. 523

Thayendanegea *1742–1807* Líder mohawk conocido como Joseph Brant. Colaboró con los británicos durante la Guerra de la Independencia. pág. 371

Tisquantum *1585?–1622* Indio americano que hablaba inglés y ayudó a los colonos ingleses en Plymouth. pág. 173

Tubman, Harriet *1820–1913* Abolicionista y ex esclava afroamericana. A través del ferrocarril clandestino, guió a muchos esclavos hacia la libertad. pág. 573

Tyler, John *1790–1862* Décimo presidente de Estados Unidos. Trabajó para que Texas fuera admitido como estado. pág. 553

Verrazano, Giovanni *1458?–1528?* Explorador italiano que exploró lo que hoy es la bahía de New York mientras buscaba el Pasaje del Noroeste. pág. 140

Vespucci, Amerigo *1454–1512* Explorador italiano que realizó numerosos viajes de Europa a América del Sur. Determinó que las tierras donde había desembarcado formaban parte de un nuevo continente que, tiempo después, recibió en su honor el nombre de América. pág. 122

Warren, Earl *1891–1974* Presidente de la Corte Suprema que emitió el fallo de 1954 contra la segregación en las escuelas. pág. 478

Warren, Mercy Otis *1728–1814* Colona de Massachusetts que escribió poemas y obras apoyando la causa patriota. pág. 369

Washington, Booker T. *1856?–1915* Educador afroamericano que ayudó a fundar el Tuskegee Institute, en Alabama. pág. R4

Washington, George *1732–1799* Primer presidente de Estados Unidos y líder del Ejército Continental durante la Guerra de la Independencia. pág. 320

Washington, Martha *1731–1802* Esposa de George Washington. pág. 369

Wheatley, Phillis *1753?–1784* Mujer afroamericana que fue llevada a Massachusetts y vendida como esclava. Luego, se convirtió en una famosa poeta y apoyó a los patriotas durante la Guerra de la Independencia. pág. 347

Whitefield, George *1714–1770* Ministro inglés que ayudó a desarrollar el Gran Despertar. pág. 252

Whitman, Narcissa *1808–1847* Misionera y pionera americana que, junto a su esposo Marcus, fundó una misión en la Región de Oregon. pág. 542

Whitney, Eli *1765–1825* Inventor americano que desarrolló la desmotadora de algodón y las partes intercambiables. pág. 569

Williams, Roger *1603?–1683* Fundador de Providence, actualmente Rhode Island. Debió abandonar la colonia de Massachusetts porque estaba en desacuerdo con sus líderes. pág. 208

Wing, Yung *1828–1912* Estudiante chino, primer asiático graduado en una universidad estadounidense. Luego, representó a China como diplomático en Estados Unidos. pág. 565

Winthrop, John *1588–1649* Líder puritano, gobernador de la colonia de Massachusetts. pág. 207

York *siglo XIX* Esclavo afroamericano cuyas habilidades como cazador y pescador contribuyeron al éxito de la expedición de Lewis y Clark. pág. 516

Young, Brigham *1801–1877* Líder mormón que cooperó con el asentamiento de los mormones en el valle del Gran Lago Salado. pág. 545

Diccionario geográfico

El diccionario geográfico te ayudará a ubicar los lugares que se mencionan en este libro. Los nombres de los lugares están ordenados alfabéticamente. Después de cada nombre se ofrece una breve descripción del lugar y se indica su ubicación absoluta, es decir, su latitud y su longitud. Finalmente, aparece el número de la página donde podrás ubicar cada lugar en un mapa. Las palabras que aparecen en la parte superior de cada página te ayudarán a encontrar más fácilmente el nombre del lugar que buscas.

A

Adena Antiguo asentamiento de los constructores de montículos ubicado al sur de Ohio. (40°N, 81°O) pág. 38

África El segundo continente más grande de la Tierra. pág. I16

Alaska, cordillera de Cadena montañosa de la parte central de Alaska. pág. 16

Alaska, golfo de Ensenada del norte del océano Pacífico; ubicado entre la península de Alaska y la costa suroeste de Canadá. pág. 16

Albany Capital del estado de New York; ubicada en la parte este del estado, sobre el río Hudson. (42°N, 74°O) pág. 15

Aleutianas, islas Cadena de islas volcánicas; se extiende hacia el oeste de la península de Alaska, entre el norte del océano Pacífico y el mar de Bering. pág. 16

Allegheny, río Río del noreste de Estados Unidos; fluye hacia el suroeste hasta unirse con el río Monongahela, en Pennsylvania, y formar el río Ohio. pág. 413

América del Norte Uno de los siete continentes de la Tierra. pág. I16

América del Sur Uno de los siete continentes de la Tierra. pág. I16

Annapolis Capital de Maryland; ubicada en la bahía de Chesapeake. (39°N, 76°O) pág. 15

Antártida Uno de los siete continentes de la Tierra. pág. I16

Antiguo Sendero Español Parte del Sendero de Santa Fe que unía Santa Fe con Los Angeles. pág. 544

Apalaches, montes Sistema montañoso del este de América del Norte; se extiende desde el sureste de Quebec, Canadá, hasta el centro de Alabama. pág. R29

Arkansas, río Afluente del río Mississippi; nace en la parte central de Colorado y llega hasta el sureste de Arkansas. pág. 515

Ártico, océano Uno de los cuatro océanos de la Tierra; ubicado al norte del círculo polar artico. pág. 25

Asia El continente más grande de la Tierra. pág. I16

Atlanta Capital de Georgia; ubicada en la parte noroeste del centro del estado. (34°N, 84°O) pág. 15

Atlántico, océano El segundo océano más grande; separa América del Sur y América del Norte de Europa y África. pág. 15

Augusta Capital de Maine; ubicada en el este del estado. (44°N, 70°O) pág. 15

Austin Capital de Texas; ubicada en el sur del estado, cerca de la desembocadura del río Colorado. (30°N, 97°O) pág. 15

Australia País que es a la vez el continente más pequeño de la Tierra. pág. I16

B

Baffin, bahía de Bahía que conecta el océano Ártico con el océano Atlántico; ubicada entre Canadá y Groenlandia. pág. 16

Baja California Península del noroeste de México. pág. 16

Baltimore Importante puerto marítimo de Maryland, ubicado en la parte superior de la bahía de Chesapeake. (39°N, 77°O) pág. 197

Baton Rouge Capital de Louisiana, ubicada en el sureste del estado. (30°N, 91°O) pág. 15

Beaufort, mar de Parte del océano Ártico entre la región noreste de Alaska y las islas del Ártico Canadiense. pág. 16

Bering, estrecho de Angosta franja de agua; separa Asia de América del Norte. pág. 25

Bismarck Capital de North Dakota; ubicada en el sur del estado, cerca del río Missouri. (47°N, 101°O) pág. 15

Boise Capital de Idaho; ubicada en el sur del estado. (43°N, 116°O) pág. 15

Bonampak Antiguo asentamiento de la civilización maya; ubicado en el sureste de lo que hoy es México. (16°N, 91°O) pág. 38

Boston Capital de Massachusetts; ubicada en el este del estado. (42°N, 71°O) pág. 15

R86 ■ Referencia

Boston, puerto de La sección oeste de la bahía de Massachusetts, al este de Massachusetts; la ciudad de Boston está ubicada en el extremo oeste de la bahía. pág. 331

Brandywine Campo de batalla sobre el arroyo Brandywine, ubicado al suroeste de Pennsylvania; sitio de una importante batalla de la Guerra de la Independencia en 1777. (40°N, 76°O) pág. 390

Brooklyn Heights Sitio de una batalla de la Guerra de la Independencia. En la actualidad es parte del municipio de Brooklyn. (41°N, 74°O) pág. 386

Brooks, cordillera de Cadena de montañas que cruza la parte norte de Alaska. pág. 16

Cahokia Ciudad del suroeste de Illinois; sitio de un antiguo asentamiento de constructores de montículos. (39°N, 90°O) pág. 38

California, golfo de Ensenada del océano Pacífico; situada entre Baja California y la costa noroeste de México. pág. 16

Cambridge Ciudad del noreste de Massachusetts; se encuentra cerca de Boston. (42°N, 71°O) pág. 340

Camden Ciudad en la parte norte del centro de South Carolina; sitio de una importante batalla de la Guerra de la Independencia en 1780. (34°N, 81°O) pág. 390

Cañón de Chelly Asentamiento de los antiguos pueblo ubicado en el noreste de lo que hoy es Arizona. pág. 38

Cañón del Chaco Asentamiento de los antiguos pueblo ubicado en el noroeste de New Mexico. (37°N, 108°O) pág. 38

Cape Fear, río Río del centro y sureste de North Carolina; formado por los ríos Deep y Haw; fluye hacia el sureste y desemboca en el océano Atlántico. pág. 275

Carson City Capital de Nevada; ubicada en el oeste del estado, cerca del lago Tahoe. (39°N, 120°O) pág. 15

Cascadas, cordillera de las Cadena montañosa del oeste de Estados Unidos; es una continuación de la sierra Nevada; se extiende al norte desde California hasta Washington. pág. 16

Champlain, lago Lago ubicado entre New York y Vermont. pág. 139

Charles, río Río del este de Massachusetts; separa Boston de Cambridge y desemboca en la bahía de Boston. pág. 331

Charleston Capital de West Virginia; ubicada en el sur del estado. (38°N, 81°O) pág. 15

Charleston Ciudad del sureste de South Carolina; importante puerto en el océano Atlántico; antiguamente llamada Charles Town. (33°N, 80°O) pág. 226

Charlestown Ciudad de Massachusetts; ubicada en el puerto de Boston, entre las desembocaduras de los ríos Charles y Mystic. pág. 340

Charlotte La ciudad más grande de North Carolina; ubicada en la parte sur del centro del estado. (35°N, 81°O) pág. 427

Cherokee, nación Nación indígena que ocupaba los actuales territorios del norte de Georgia, este de Alabama, sur de Tennessee y oeste de North Carolina. pág. 529

Chesapeake, bahía de Ensenada del océano Atlántico, rodeada por Virginia y Maryland. pág. 275

Cheyenne Capital de Wyoming; ubicada en el sureste del estado. (41°N, 105°O) pág. 15

Chicago La tercera ciudad más grande de Estados Unidos; ubicada en Illinois, a orillas del lago Michigan. (42°N, 88°O) pág. 493

Chickamauga Ciudad del noroeste de Georgia; sitio de una batalla de la Guerra Civil en 1863. (35°N, 85°O) pág. 470

Cincinnati Gran ciudad del suroeste de Ohio; ubicada a orillas del río Ohio. (39°N, 84°O) pág. 493

Ciudad de México Capital de México; situada en el extremo sur de la meseta Central de México. (19°N, 99°O) pág. 157

Cod, cabo Península del sureste de Massachusetts; se extiende hacia el océano Atlántico y circunda la bahía del cabo Cod. (42°N, 70°O) pág. 177

Colorado, río Río del suroeste de Estados Unidos; su cuenca se extiende desde las montañas Rocosas hasta la sierra Nevada y desemboca en el golfo de California. pág. 38

Columbia Capital de South Carolina; ubicada en el centro del estado. (34°N, 81°O) pág. 15

Columbia, río Río que nace en las montañas Rocosas, en el suroeste de Canadá; constituye la frontera entre Washington y Oregon y desemboca en el océano Pacífico; suministra gran parte de la energía hidroeléctrica de esa zona. pág. 544

Columbus Capital de Ohio; ubicada en el centro del estado. (40°N, 83°O) pág. 15

Compostela Ciudad ubicada en la parte oeste del centro de México. (21°N, 105°O) pág. 131

Compra de Louisiana Territorio en la parte oeste del centro de Estados Unidos; cuando fue comprada a Francia en 1803, duplicó el territorio de la nación; se extiende desde el río Mississippi hasta las montañas Rocosas y desde el golfo de México hasta Canadá. pág. 515

Concord Capital de New Hampshire; ubicada al sur del estado. (43°N, 71°O) pág. 15

Concord Pueblo de la región noreste de Massachusetts, cerca de Boston; sitio de una importante batalla de la Guerra de la Independencia en 1775. (42°N, 71°O) pág. 340

Concord, río Río de la región noreste de Massachusetts; formado por el encuentro de los ríos Sudbury y Assabet; fluye en dirección norte hasta unirse con el río Merrimack en Lowell. pág. 340

Connecticut, río El río más largo de Nueva Inglaterra, nace en New Hampshire y desemboca en el estrecho de Long Island, New York. pág. 390

Copán Antiguo asentamiento de la civilización maya ubicado en el actual territorio de Honduras, en el norte de América Central. (15°N, 89°O) pág. 38

Cordillera Costera Cadena de montañas que se encuentra al oeste de la Columbia Británica y al sur de Alaska, continuación de la cordillera de las Cascadas. Montañas ubicadas a lo largo de la costa del océano Pacífico en América del Norte; se extiende desde Alaska hasta Baja California. pág. 16

Corriente del Golfo Una de las corrientes oceánicas más fuertes del mundo; la corriente comienza en el golfo de México, corre a través del estrecho de Florida y fluye en dirección norte hacia el océano Atlántico. pág. 129

Cowpens Pueblo del noroeste de South Carolina, ubicado cerca del sitio de una importante batalla de la Guerra de la Independencia en 1781. (35°N, 82°O) pág. 390

Crab Orchard Antiguo asentamiento de los constructores de montículos ubicado en lo que actualmente es el sur de Illinois. (38°N, 89°O) pág. 38

Cuba País insular del mar Caribe, la isla más grande de las Indias Occidentales. (22°N, 79°O) pág. 16

Delaware, bahía de Ensenada del océano Atlántico, ubicada entre el sur de New Jersey y Delaware. pág. 245

Denver Capital de Colorado, ubicada en el norte del estado. (40°N, 105°O) pág. 15

Des Moines Capital de Iowa, situada en el sur del estado. (41°N, 94°O) pág. 15

Dickson Antiguo asentamiento de los constructores de montículos ubicado en lo que actualmente es el centro de Illinois. pág. 38

Dover Capital de Delaware; ubicada en el centro del estado. (39°N, 76°O) pág. 15

Edenton Pueblo del noreste de North Carolina; ubicado en el estrecho de Albemarle, cerca de la desembocadura del río Chowan. (36°N, 77°O) pág. 275

Emerald Mound Antiguo asentamiento de los constructores de montículos ubicado en lo que actualmente es el suroeste de Mississippi. (32°N, 91°O) pág. 38

Erie, lago El cuarto lago más grande de los Grandes Lagos; forma el límite entre Canadá y Estados Unidos. pág. 139

Eureka Ciudad del norte de California que en 1850 se desarrolló como punto de llegada para los buscadores de oro. pág. 20

Europa Uno de los siete continentes de la Tierra. pág. I16

Fall River Ciudad y puerto del sureste de Massachusetts; en el siglo XIX fue uno de los mayores centros de fabricación de tejidos de algodón y producción de maquinaria textil de Estados Unidos. (41°N, 71°O) pág. 225

Falmouth Pueblo del suroeste de Maine. (44°N, 70°O) pág. 413

Filipinas, islas

Filipinas, islas Grupo de más de 7,000 islas; situadas frente a las costas del sureste de Asia, conforman el país de Filipinas. pág. R21

Frankfort Capital de Kentucky; ubicada en el norte del estado. (38°N, 85°O) pág. 15

Fuerte Atkinson Fuerte del sur de Kansas ubicado en el Sendero de Santa Fe. (43°N, 89°O) pág. 544

Fuerte Boise Fuerte del este de Oregon ubicado a orillas del río Snake, sobre el Sendero de Oregon. pág. 544

Fuerte Bridger Importante estación del Sendero de Oregon, en el suroeste de Wyoming; actualmente allí se encuentra el pueblo de Fort Bridger. (41°N, 110°O) pág. 544

Fuerte Crown Point Fuerte francés ubicado en el noreste de New York, a orillas del lago Champlain. pág. 321

Fuerte Cumberland Fuerte británico ubicado en el noreste de West Virginia, en la frontera con Maryland. pág. 321

Fuerte Duquesne Fuerte francés ubicado en el actual territorio de Pittsburgh, Pennsylvania; fue capturado por los británicos y reconstruido con el nombre de Fuerte Pitt. (40°N, 80°O) pág. 321

Fuerte Edward Fuerte británico ubicado en New York, junto al río Hudson; hoy es el pueblo de Fort Edward. (43°N, 74°O) pág. 321

Fuerte Frontenac Fuerte francés, ubicado en el territorio que actualmente es Kingston, Ontario, en el sureste de Canadá; fue destruido por los británicos en 1758. (44°N, 76°O) pág. 321

Fuerte Gibson Fuerte en la región este de Oklahoma; estación final del Sendero de Lágrimas. (36°N, 95°O) pág. 529

Fuerte Hall Fuerte del sureste de Idaho; ubicado junto al río Snake, en un cruce del Sendero de Oregon. pág. 544

Fuerte Laramie Fuerte del sureste de Wyoming; ubicado en el Sendero de Oregon. (42°N, 105°O) pág. 544

Fuerte Ligonier Fuerte británico ubicado en el sur de Pennsylvania, cerca del río Ohio. pág. 321

Fuerte Mandan Fuerte ubicado en lo que actualmente es el centro de North Carolina, junto al río Missouri; sitio donde la expedición de Lewis y Clark estableció un campamento de invierno. (48°N, 104°O) pág. 515

Fuerte Necessity Fuerte británico ubicado en la parte suroeste de Pennsylvania, en el actual territorio de Great Meadows. (38°N, 80°O) pág. 321

Fuerte Niagara Fuerte situado en el oeste de New York, en la desembocadura del río Niagara. (43°N, 79°O) pág. 321

Guilford Courthouse

Fuerte Oswego Fuerte británico situado en el oeste de New York, a orillas del lago Ontario. (43°N, 77°O) pág. 321

Fuerte Ticonderoga Fuerte ubicado en el lago Champlain, en el noreste de New York. (44°N, 73°O) pág. 321

Fuerte Vancouver Fuerte del suroeste de Washington, junto al río Columbia; situado en el extremo oeste del Sendero de Oregon; actualmente es la ciudad de Vancouver. (45°N, 123°O) pág. 544

Fuerte Walla Walla Fuerte en la región suroeste de Washington; situado en el Sendero de Oregon. (46°N, 118°O) pág. 544

Fuerte William Henry Fuerte británico situado en el este de New York. (43°N, 74°O) pág. 321

Germantown Sector residencial de la ciudad de Philadelphia, en Wissahickon Creek, en el sureste de Pennsylvania; sitio de una importante batalla de la Guerra de la Independencia en 1777. (40°N, 75°O) pág. 390

Golconda Ciudad ubicada en el extremo sureste de Illinois; estación del Sendero de Lágrimas. (37°N, 88°O) pág. 529

Gran Cuenca Una de las regiones más secas de Estados Unidos; abarca partes de Nevada, Utah, California, Idaho, Wyoming y Oregon; incluye el desierto del Gran Lago Salado, el desierto de Mojave y el Death Valley. pág. 16

Gran Lago Salado El lago más grande de la Gran Cuenca; situado en el noroeste de Utah. pág. 16

Gran Ruta de los Carromatos Antiguo sendero usado a mediados del siglo XVIII por colonos que se trasladaban hacia el interior. pág. 277

Grandes Lagos Cadena de cinco lagos, ubicada en el centro de América del Norte; es el mayor grupo de lagos de agua dulce del mundo. pág. 16

Grandes Llanuras Pendiente continental en la parte oeste de América del Norte; se extiende por la ladera este de las montañas Rocosas, desde Canadá hasta New Mexico y Texas. pág. 16

Groenlandia La isla más grande de la Tierra; se encuentra en el norte del océano Atlántico, al este de Canadá. pág. 16

Guilford Courthouse Lugar ubicado en la parte norte del centro de North Carolina, cerca de Greensboro; sitio de una importante batalla de la Guerra de la Independencia en 1781. (36°N, 80°O) pág. 90

Diccionario geográfico ■ **R89**

Harrisburg Capital de Pennsylvania; se encuentra en el sur del estado, cerca del río Susquehanna. (40°N, 77°O) pág. 15

Hartford Capital de Connecticut; ubicada en el centro del estado, cerca del río Connecticut. (42°N, 73°O) pág. 15

Hawaii Estado; cadena de islas volcánicas y de coral, situado en la parte norte del centro del océano Pacífico. pág. 15

Hawikuh Antigua aldea del suroeste de América del Norte ubicada sobre la ruta que recorrió el explorador español Coronado, en lo que actualmente es el noroeste de New Mexico. pág. 131

Helena Capital de Montana; ubicada en el oeste del estado. (46°N, 112°O) pág. 15

Honolulu Capital de Hawaii; se encuentra en la isla Oahu. (21°N, 158°O) pág. 15

Hopewell Antiguo asentamiento de los constructores de montículos ubicado en lo que actualmente es el sur de Ohio. (39°N, 83°O) pág. 38

Hudson, bahía de Mar interior en la parte este del centro de Canadá; rodeado por los Territorios del Noroeste, Manitoba, Ontario y Quebec. pág. 139

Hudson, río Río del noreste de Estados Unidos; nace en la parte superior de New York y desemboca en el océano Atlántico; recibió su nombre en honor al explorador Henry Hudson. pág. 139

Huron, lago El segundo lago más grande de los Grandes Lagos; forma el límite entre Canadá y Estados Unidos. pág. 139

Independence Ciudad del oeste de Missouri; era el punto de partida del Sendero de Oregon y del Sendero de Santa Fe. (39°N, 94°O) pág. 544

Indianapolis Capital de Indiana, ubicada en el centro del estado. (40°N, 86°O) pág. 15

Indias Occidentales Islas del mar Caribe; se extienden desde Florida, en América del Norte, hasta Venezuela, en América del Sur. pág. R20

Índico, océano Uno de los cuatro océanos de la Tierra; situado al este de África, al sur de Asia, al oeste de Australia y al norte de la Antártida. pág. R19

Jackson Capital de Mississippi; situada en el sur del estado. (32°N, 90°O) pág. 15

Jamaica País insular de las Indias Occidentales, al sur de Cuba. pág. 131

Jamestown Primer asentamiento permanente de Inglaterra en las Américas, situado en el este de Virginia, a orillas del río James. (37°N, 76°O) pág. 275

Jefferson City Capital de Missouri; situada en la parte central del estado, cerca del río Missouri. (38°N, 92°O) pág. 15

Juneau Capital de Alaska; ubicada en el sureste del estado. (55°N, 120°O) pág. 15

Kaskaskia Pueblo del suroeste de Illinois; sitio de una importante batalla de la Guerra de la Independencia en 1778. (38°N, 90°O) pág. 390

Kennebec, río Río del centro, oeste y sur de Maine; fluye hacia el sur desde el lago Moosehead hasta el océano Atlántico. pág. 210

Kings Mountain Cerro del norte de South Carolina y sur de North Carolina; sitio de una importante batalla de la Guerra de la Independencia en 1780. pág. 390

La Española Isla de las Indias Occidentales formada por Haití y República Dominicana; se encuentra en el mar Caribe, entre Cuba y Puerto Rico. pág. 131

La Habana Capital de Cuba; situada en la costa noroeste del país. (23°N, 82°O) pág. 131

La Venta Antigua ciudad de los olmecas; situada en lo que actualmente es el sur de México, en una isla próxima al río Tonalá. (18°N, 94°O) pág. 38

Labrador Península del noreste de América del Norte; antiguamente conocida como Markland. pág. 16

Labrador, mar del Situado al sur de Groenlandia y al noreste de América del Norte. pág. 16

Lancaster Ciudad del sureste de Pennsylvania. (40°N, 76°O) pág. 245

Lansing Capital de Michigan; ubicada en el sur del estado. (43°N, 85°O) pág. 15

Lexington

Lexington Pueblo del noreste de Massachusetts; sitio de la primera batalla de la Guerra de la Independencia en 1775. (42°N, 71°O) pág. 340

Lincoln Capital de Nebraska; situada en el sureste del estado. (41°N, 97°O) pág. 15

Little Rock Capital de Arkansas; ubicada en el centro del estado, cerca del río Arkansas. (35°N, 92°O) pág. 15

Long Island Isla situada al este de la ciudad de New York y al sur de Connecticut; ubicada entre el estrecho de Long Island y el océano Atlántico. pág. 386

Los Adaes Misión de la Nueva España; ubicada en lo que actualmente es el este de Texas. pág. 157

Los Angeles La ciudad más grande de California; fundada por colonos españoles en 1781; situada a orillas del océano Pacífico. (34°N, 119°O) pág. 26

Llanuras Centrales La parte este de las Llanuras del Interior. pág. 16

Llanura Costera Tierras mayormente planas y bajas que se extienden desde el océano Atlántico hasta el golfo de México. pág. 16

Llanuras del Interior Una de las llanuras más grandes de Estados Unidos; se extiende entre los montes Apalaches y las montañas Rocosas, e incluye las llanuras Centrales y las Grandes Llanuras. pág. 16

Macon Ciudad de la parte central de Georgia, situada junto al río Ocmulgee. (33°N, 84°O) pág. 570

Madison Capital de Wisconsin; ubicada en el sur del estado. (43°N, 89°O) pág. 15

Madre Occidental, sierra Cadena montañosa del oeste de México; se extiende paralela a la costa del océano Pacífico. pág. 16

Madre Oriental, sierra Cadena montañosa del este de México; se extiende paralela a la costa del golfo de México. pág. 16

Massachusetts, bahía de Ensenada del océano Atlántico ubicada en la costa este de Massachusetts; se extiende desde cabo Ann hasta cabo Cod. pág. 210

Medford Ciudad del noreste de Massachusetts, al norte de Boston. (42°N, 71°O) pág. 340

Mediterráneo, mar Mar interior que limita al oeste y al norte con Europa, al este con Asia y al sur con África. pág. R20

Menotomy Pueblo del noreste de Massachusetts; sitio donde los *Minutemen* atacaron a las fuerzas británicas después de las batallas de Lexington y Concord. pág. 340

Nashville

Merced Ciudad del centro de California; ubicada cerca del río Merced. pág. 20

Merrimack, río Río del sur de New Hampshire y norte de Massachusetts; desemboca en el océano Atlántico. pág. 210

Mesa Verde Asentamiento de los antiguos pueblo ubicado en lo que actualmente es el suroeste de Colorado. (37°N, 108°O) pág. 38

México, golfo de Ensenada del océano Atlántico; situado en la costa sureste de América del Norte; rodeado por Estados Unidos, Cuba y México. pág. 16

Michigan, lago El tercer lago más grande de los Grandes Lagos; limita con Michigan, Illinois, Indiana y Wisconsin. pág. 139

Mississippi, río Río de Estados Unidos situado en el centro del país; nace en el lago Itasca, en Minnesota, fluye en dirección sur y desemboca en el golfo de México. pág. 16

Missouri, río Afluente del río Mississippi; situado en el centro del país, nace en Montana y desemboca en la ciudad de St. Louis, Missouri. pág. 515

Montgomery Capital de Alabama, ubicada en el sur del estado. (32°N, 86°O) pág. 15

Montpelier Capital de Vermont, ubicada en el norte del estado. (44°N, 72°O) pág. 15

Montreal La segunda ciudad más grande de Canadá; situada en el sur de Quebec, en la isla Mimtreat, en la ribera norte del río San Lorenzo. (46°N, 73°O) pág. R32

Morristown Pueblo del norte de New Jersey; campamento del Ejército Continental durante la Guerra de la Independencia. (41°N, 74°O) pág. 245

Moundville Antigua ciudad de los constructores de montículos ubicada en lo que actualmente es el centro de Alabama. (33°N, 88°O) pág. 38

Murfreesboro Ciudad del centro de Tennessee; situada en la bifurcación oeste del río Stones, estación del Sendero de Lágrimas. (36°N, 86°O) pág. 529

Narragansett, bahía de Ensenada del océano Atlántico; se encuentra en el sureste de Rhode Island. pág. 210

Nashville Capital de Tennessee; ubicada en el centro del estado, cerca del río Cumberland. (36°N, 87°O) pág. 15

Natchitoches Primer asentamiento en el actual territorio de Louisiana; situado en la parte noroeste del centro del estado. (32°N, 93°O) pág. 515

Nauvoo Ciudad del oeste de Illinois; situada junto al río Mississippi, punto de partida del Sendero de los Mormones. (41°N, 91°O) pág. 548

Negro, mar Amplio mar interior que se encuentra entre Europa y Asia. pág. R21

Nevada, sierra Cadena montañosa del este de California; se extiende paralela a la cordillera Costera. pág. 16

New Bedford Ciudad del sureste de Massachusetts; antiguo centro comercial y ballenero fundado por colonos ingleses en 1634. (41°N, 70°O) pág. 225

New Bern Ciudad y puerto de la región sureste de North Carolina. (35°N, 77°O) pág. 197

New Echota Pueblo indígena ubicado en el noroeste de Georgia; declarado capital de la Nación cherokee en 1819. (34°N, 85°O) pág. 529

New Haven Ciudad del sureste de Connecticut; situada en New Haven Harbor. (41°N, 73°O) pág. 210

New London Ciudad del sureste de Connecticut; ubicada en el estrecho de Long Island, en la desembocadura del río Thames. (41°N, 72°O) pág. 297

New Orleans La ciudad más grande del estado de Louisiana; importante puerto situado entre el río Mississippi y el lago Pontchartrain. (30°N, 90°O) pág. 182

Newport Ciudad del extremo sur de Rhode Island situada en la entrada de la bahía de Narragansett. (41°N, 71°O) pág. 225

Newton Ciudad en la parte sur del centro de Kansas. (38°N, 97°O) pág. 488

Norfolk Ciudad del sureste de Virginia; situada junto al río Elizabeth. (37°N, 76°O) pág. 226

Nueva Amsterdam Ciudad holandesa de la isla de Manhattan, que más tarde se convirtió en la ciudad de New York. (41°N, 74°O) pág. 244

Nueva Escocia Provincia de Canadá; situada en el este del país, en una península. pág. R32

Nueva España Posesiones de tierras españolas entre 1535 y 1821; incluía la región suroeste de Estados Unidos, México, América Central, el norte de Panamá, las Indias Occidentales y Filipinas. pág. 157

Nueva Francia Posesiones de tierras francesas en América del Norte entre 1534 y 1763; incluían Canadá, la región de los Grandes Lagos y Louisiana. pág. 319

Nueva Guinea Isla del este del archipiélago Malayo; situada al oeste del océano Pacífico, al norte de Australia. pág. R21

Ocmulgee Antiguo asentamiento de los constructores de montículos situado en lo que actualmente es el centro de Georgia. pág. 38

Ocmulgee, río Río del centro de Georgia; formado por la unión de los ríos Yellow y South, fluye hacia el sur hasta unirse con el río Altamaha. pág. 390

Oconee, río Río del centro de Georgia; fluye hacia el sur y sureste hasta unirse al río Ocmulgee y formar el río Altamaha. pág. 275

Ogallala Ciudad del oeste de Nebraska; ubicada junto al río South Platte. (41°N, 102°O) pág. 546

Ohio, río Afluente del río Mississippi; nace en Pittsburgh, Pennsylvania, y llega hasta Cairo, Illinois. pág. 399

Okeechobee, lago Gran lago del sur de Florida. pág. R27

Oklahoma City Capital de Oklahoma; situada en el centro del estado, cerca del río Canadian. (35°N, 98°O) pág. 15

Olympia Capital de Washington; ubicada en el oeste del estado, cerca del estrecho de Puget. (47°N, 123°O) pág. 15

Omaha La ciudad más grande de Nebraska; situada en el este del estado, a orillas del río Missuori. (41°N, 96°O) pág. 544

Ontario, lago El más pequeño de los Grandes Lagos; forma el límite entre Canadá y Estados Unidos. pág. 139

Pacífico, océano La masa de agua más grande de la Tierra; se extiende desde el círculo polar ártico hasta las regiones antárticas; separa América del Norte y América del Sur de Australia y Asia. pág. 25

Palenque Antiguo asentamiento de la civilización maya; situado en lo que actualmente es el sur de México. (18°N, 92°O) pág. 38

Parque Histórico Estatal Marshall Gold Discovery Parque del este de California; sitio donde James Marshall descubrió oro en 1848, comenzando la fiebre del oro en 1849. pág. 562

Paso del Sur

Paso del Sur Paso del suroeste de Wyoming que atraviesa la línea divisoria de aguas; formaba parte del Sendero de Oregon. pág. 544

Pee Dee, río Río de North Carolina y South Carolina; se forma de la unión de los ríos Yadkin y Uharie y desemboca en la bahía de Winyah. pág. 275

Philadelphia Ciudad del sureste de Pennsylvania, junto al río Delaware; importante puerto de Estados Unidos. (40°N, 75°O) pág. 245

Phoenix Capital de Arizona; situada en el sur del estado. (33°N, 112°O) pág. 15

Piedmont Área de terrenos elevados que se encuentra en el este de los montes Apalaches. pág. 16

Pierre Capital de South Dakota; ubicada en el centro del estado, cerca del río Missouri. (44°N, 100°O) pág. 15

Pikes, pico Montaña situada en la parte este del centro de Colorado; forma parte de las montañas Rocosas. pág. 515

Platte, río Río del centro de Nebraska; fluye hacia el este y desemboca en el río Missouri, al sur de Omaha. pág. 515

Plymouth Pueblo del sureste de Massachusetts, en la bahía de Plymouth; sitio del primer asentamiento construido por los peregrinos del *Mayflower*. (42°N, 71°O) pág. 210

Polo Norte Punto extremo norte de la Tierra. pág. R20

Polo Sur Punto extremo sur de la Tierra. pág. R20

Portland Ciudad portuaria del suroeste de Maine, situada en bahía de Casco. (44°N, 70°O) pág. 427

Portsmouth Ciudad portuaria del sureste de New Hampshire; situada en la desembocadura del río Piscataqua. (43°N, 71°O) pág. 197

Potomac, río Río de la llanura Costera de Estados Unidos; nace en West Virginia y desemboca en la bahía de Chesapeake; Washington, D.C. está ubicada a orillas de este río. pág. 275

Princeton Barrio de la parte oeste del centro de New Jersey; sitio de una importante batalla de la Guerra de la Independencia. (40°N, 75°O) pág. 390

Providence Capital de Rhode Island; situada en el norte del estado, cerca del río Providence. (42°N, 71°O) pág. 15

Pueblo Bonito El sitio arqueológico más extenso de los antiguos pueblo, ubicado en el Cañón del Chaco. pág. 38

Puerto Rico Isla de las Indias Occidentales, situada en el sureste de Florida; estado libre asociado a Estados Unidos. pág. R18

Sacramento, río

Quebec Capital de la provincia de Quebec, Canadá; situada en la ribera norte del río San Lorenzo; establecido en 1608, fue el primer asentamiento francés que prosperó en las Américas. (47°N, 71°O) pág. R32

Raleigh Capital de North Carolina; ubicada en el este del estado. (36°N, 79°O) pág. 15

Red, río Afluente del río Mississippi; nace en el este de New Mexico, fluye a través de Louisiana y desemboca en el río Mississippi; forma gran parte de la frontera entre Texas y Oklahoma. pág. 515

Región de Oregon Antigua región del oeste de América del Norte, situada entre la costa del Pacífico y las montañas Rocosas; se extendía desde la frontera norte de California hasta Alaska. pág. 515

Richmond Capital de Virginia; ciudad portuaria situada en la parte este del centro del estado. (38°N, 77°O) pág. 15

Río Grande Río de la región suroeste de América del Norte; nace en Colorado y desemboca en el golfo de México; forma la frontera entre Texas y México. pág. 515

Roanoke, río Río del sur de Virginia y noreste de North Carolina; fluye en dirección este y sureste a lo largo de la frontera de North Carolina y desemboca en el estrecho de Albemarle. pág. 277

Rocosas, montañas Cadena de montañas del oeste de Estados Unidos y Canadá, se extiende desde Alaska hasta New Mexico; estas montañas separan los ríos que fluyen hacia el este de los que fluyen hacia el oeste. pág. 16

Sacramento Capital de California; situada en el norte del estado, cerca del río Sacramento. (39°N, 122°O) pág. 15

Sacramento, río Río del noroeste de California; nace cerca del monte Shasta, fluye hacia el sur y desemboca en la bahía de Suisun. pág. 544

Diccionario geográfico ■ R93

Salem Capital de Oregon; ubicada en el oeste del estado. (45°N, 123°O) pág. 15

Salt Lake City Capital de Utah; situada en el norte del estado, cerca del Gran Lago Salado. (41°N, 112°O) pág. 15

San Antonio Ciudad en la parte sur del centro de Texas; situada junto al río San Antonio; sitio de el Álamo. (29°N, 98°O) pág. 492

San Diego Gran ciudad portuaria del sur de California; situada en la bahía de San Diego. (33°N, 117°O) pág. 57

San Francisco La segunda ciudad más grande de California; situada en el norte de la bahía de San Francisco. (38°N, 123°O) pág. 157

San Gabriel Ciudad del suroeste de California; situada ocho millas al este de Los Angeles; se estableció como una misión en 1771. (34°N, 118°O) pág. 512

San Lorenzo Antiguo asentamiento de los olmecas ubicado en lo que actualmente es el sur de México. (29°N, 113°O) pág. 38

San Lorenzo, golfo de Profundo golfo del océano Atlántico; se encuentra en la costa este de Canadá, entre la isla de Terranova y el territorio continental de Canadá. pág. 145

San Lorenzo, río Río del noreste de América del Norte; nace en el lago Ontario y desemboca en el océano Atlántico; forma parte de la frontera entre Estados Unidos y Canadá. pág. 139

San Miguel, isla Una de las cinco islas ubicadas frente a la costa del sur; es una de las cinco islas que forman el Parque Nacional Channel Islands. pág. 26

San Salvador Una de las islas del sur de Bahamas; Cristóbal Colón desembarcó allí en 1492. pág. 124

Santa Barbara Ciudad costera ubicada aproximadamente 80 millas al norte de Los Angeles; antiguo sitio de una misión española. (34°N, 120°O) pág. 26

Santa Fe Capital de New Mexico; situada en la parte norte del centro del estado. (35°N, 106°O) pág. 15

Santee, río Río de la parte sureste del centro de South Carolina; se forma de la unión de los ríos Congaree y Wateree, fluye hacia el sureste y desemboca en el océano Atlántico. pág. 275

Saratoga Pueblo de la ribera oeste del río Hudson, en el este de New York; sitio de una importante batalla de la Guerra de la Independencia en 1777; actualmente se llama Schuylerville. (43°N, 74°O) pág. 390

Savannah La ciudad más antigua de Georgia; situada en el sureste del estado, cerca del río Savannah. (32°N, 81°O) pág. 275

Savannah, río Río que forma la frontera entre Georgia y South Carolina; desemboca en el océano Atlántico en Savannah, Georgia. pág. 275

Sendero de Lágrimas Sendero que surgió a partir de la Ley de Traslado de Indios de 1830. Se extiende desde el territorio de la Nación cherokee hasta el Fuerte Gibson, en el Territorio Indio. pág. 529

Sendero de Oregon Antigua ruta hacia el Territorio de Oregon; se extendía desde el río Missouri en dirección noroeste hasta el río Columbia, en Oregon. pág. 544

Sendero de Santa Fe Antigua ruta comercial hacia el oeste de Estados Unidos; se extiende desde el oeste de Missouri hasta Santa Fe, en el centro de New Mexico. pág. 544

Serpent Mound Antiguo asentamiento de los constructores de montículos ubicado en lo que actualmente es el sur de Ohio. (39°N, 83°O) pág. 38

Snake, río Río que nace en las montañas Rocosas, fluye hacia el oeste y desemboca en el océano Pacífico; parte del Sendero de Oregon se extendía a lo largo de este río. pág. 515

Spiro Antiguo asentamiento de los constructores de montículos ubicado en el este de Oklahoma. (35°N, 95°O) pág. 38

Springfield Capital de Illinois, ubicada en el centro del estado. (40°N, 90°O) pág. 15

Springfield Ciudad del suroeste de Missouri; una de las estaciones del Sendero de Lágrimas. (37°N, 93°O) pág. 529

St. Augustine Ciudad de la costa noreste de Florida; la ciudad más antigua de las fundadas por los europeos en Estados Unidos. (30°N, 81°O) pág. 131

St. Louis Importante ciudad portuaria en la parte este del centro de Missouri; conocida como "la puerta de entrada al Oeste". (38°N, 90°O) pág. 512

St. Paul Capital de Minnesota; situada en el sureste del estado, cerca del río Mississippi. (45°N, 93°O) pág. 15

Superior, lago El lago más grande de los Grandes Lagos; forma el límite entre Canadá y Estados Unidos. pág. 139

Susquehanna, río Río de Maryland, Pennsylvania, y centro de New York; nace en el lago Otsego, New York, y desemboca en la región norte de la bahía de Chesapeake. pág. 390

Tahoe, lago Lago situado en la frontera entre California y Nevada. pág. R26

Tallahassee Capital de Florida; situada en el noroeste del estado. (30°N, 84°O) pág. 15

Tenochtitlan Antigua capital del Imperio azteca; situada en lo que actualmente es la Ciudad de México. (19°N, 99°O) pág. 131

Terranova Isla cercana a la costa este de Canadá; situada al norte de Nueva Escocia y parte de las provincias de Terranova y Labrador. pág. 145

Tikal Antiguo asentamiento de la civilización maya situado en el actual territorio de Guatemala, en América Central. (17°N, 89°O) pág. 38

Topeka Capital de Kansas; situada en el noreste del estado. (39°N, 96°O) pág. 15

Trenton Capital de New Jersey; ubicada en la parte oeste del centro del estado. (40°N, 74°O) pág. 15

Tres Zapotes Antiguo asentamiento de los olmecas ubicado en el sur de México. (18°N, 95°O) pág. 38

Tucson Ciudad del sur de Arizona; ubicada sobre el río Santa Cruz. (32°N, 111°O) pág. 157

Turtle Mound Antiguo asentamiento de los constructores de montículos ubicado en lo que actualmente es la costa este en el centro de Florida. (29°N, 81°O) pág. 38

Valle Forge Localidad del sureste de Pennsylvania, donde acampó el Ejército Continental durante el invierno de 1777. (40°N, 77°O) pág. 390

Vincennes Pueblo del suroeste de Indiana, sitio de una batalla de la Guerra de la Independencia en 1779. (39°N, 88°O) pág. 390

Wabash, río Río del oeste de Ohio e Indiana; fluye en dirección oeste y sur hacia el río Ohio; forma parte de la frontera entre Indiana e Illinois. pág. 390

Washington, D.C. Capital de Estados Unidos; situada entre Maryland y Virginia, a orillas del río Potomac. Es un distrito especial que no forma parte de ningún estado. (39°N, 77°O) pág. 15

West Point Fuerte militar de Estados Unidos desde la Guerra de la Independencia; situado en el sureste de New York, en la ribera oeste del río Hudson. pág. 390.

Williamsburg Ciudad del sureste de Virginia; situada en una península entre los ríos James y York, capital de la colonia de Virginia. pág. 275

Wilmington Ciudad costera del sureste de North Carolina; situada a orillas del río Cape Fear. pág. 275

Yellowstone, río Río del noroeste de Wyoming, sureste de Montana y noroeste de North Dakota; fluye en dirección noreste hacia el río Missouri. pág. 515

Yorktown Pequeño pueblo del sureste de Virginia; situado en la bahía de Chesapeake; sitio de la última batalla importante de la Guerra de la Independencia en 1781. (37°N, 76°O) pág. 390

Yucatán, península de Península del sureste de México y noreste de América Central. pág. 16

Glosario

El glosario contiene palabras importantes de Historia y Estudios Sociales, y sus definiciones. Las palabras están ordenadas alfabéticamente. Al final de cada definición aparece el número de la página donde la palabra se usa por primera vez en este libro. Las palabras que aparecen en la parte superior de cada página te ayudarán a encontrar más rápido la palabra que buscas.

A

abolicionista Persona que quería poner fin a la esclavitud. pág. 397

abolir Poner fin. pág. 397

acción Participación en la propiedad de una empresa. pág. 162

acuerdo Renunciar a algo que quieres para llegar a un arreglo. pág. 80

adaptarse Modificar el modo de vida para adecuarse al entorno y a los recursos naturales. pág. I15, 53

adobe Ladrillo de arcilla y paja secado al sol. pág. 53

agricultura Cultivo de la tierra. pág. 30

aliado Socio. pág. 180

alianza Acuerdo formal entre países o grupos de personas. pág. 320

alistarse Unirse o enrolarse. pág. 379

altitud Altura del terreno en relación con el nivel del mar. pág. 144

ambiente Entorno. pág. 18

amotinarse Rebelarse contra el líder del propio grupo. pág. 143

anexar Agregar. pág. 553

antepasado Uno de los primeros miembros de una familia. pág. 25

antifederalista Persona que estaba en contra de los federalistas y de la ratificación de la Constitución. pág. 444

aprendiz Persona que vive durante varios años con la familia de un artesano y trabaja con él para aprender su oficio. pág. 260

arpón Lanza larga con una afilada punta de concha marina. pág. 60

arsenal Lugar donde se guardan armas. pág. 423

artesano Persona que ejerce un oficio manual. pág. 260

Artículos de la Confederación Primer plan de gobierno de Estados Unidos. pág. 352

asamblea Reunión importante. pág. 422

asimilar Adoptar los rasgos culturales de una población o grupo. pág. 528

autogobierno Sistema de gobierno en el que el pueblo crea sus propias leyes. pág. 172

B

balsa Embarcación grande con fondo plano y extremos rectos. pág. 504

beneficio Algo que se gana o se obtiene. pág. 114

bloquear Usar barcos de guerra para impedir que otros barcos entren o salgan de un puerto. pág. 338

boicot Negarse a comprar o usar bienes y servicios. pág. 329

C

cabildo Asamblea de las colonias de Nueva Inglaterra a la que asistían los terratenientes varones para participar en el gobierno. pág. 217

campaña Conjunto de operaciones militares llevadas a cabo con un objetivo específico. pág. 381

canal Ruta acuática que se cava a lo largo de la tierra. pág. 504

capataz Persona contratada para vigilar a los esclavos mientras trabajaban en los campos. pág. 284

característica física Característica de la tierra que tiene origen natural. pág. I14

característica humana Elemento creado por los humanos que altera la tierra, como edificios o carreteras. pág. I14

caravana de carromatos Conjunto de carromatos jalados por caballos o bueyes. pág. 542

cargo público Empleo que cumplen las personas que se eligen en las votaciones. pág. 217

casa comunal Vivienda circular de los indios de las Llanuras. pág. 70

cédula real Documento oficial que emite un gobierno para otorgar ciertos derechos a una persona, un grupo o una empresa. pág. 207

ceremonia Conjunto de acciones realizadas durante un evento especial. pág. 55

cesión Algo a lo que se renuncia, por ejemplo tierras. pág. 561

civilización Cultura que por lo general tiene ciudades con formas de gobierno, religión y educación altamente desarrolladas. pág. 37

clan Grupo de familias relacionadas entre sí. pág. 62

clase Grupo de personas que tienen algo en común. Las clases reciben un mayor o menor grado de respeto según el lugar que ocupan en la sociedad. pág. 38

clasificar Agrupar. pág. 88

clima El tipo de tiempo que tiene normalmente un lugar a lo largo de los años. pág. 16

coaccionar Obtener algo a través de la fuerza o la amenaza. pág. 338

colegio electoral Grupo de funcionarios elegidos por los ciudadanos para votar por el presidente y el vicepresidente. pág. 437

colonia Tierra gobernada por un país lejano. pág. 155

colonia de propiedad Colonia que pertenece y es gobernada por una persona designada por un rey o una reina. pág. 182

colonia real Colonia gobernada directamente por un monarca. pág. 166

colono leal Persona que mantenía su lealtad al rey británico. pág. 367

comandante en jefe Persona que controla las fuerzas armadas de una nación. pág. 343

comercio Intercambio. pág. 422

Comités de Correspondencia Comité formado por colonos que se encargaban de escribir cartas a otras colonias para mantenerlas informadas y unidas en una causa común. pág. 328

confederación Grupo de gobiernos independientes que trabajan en conjunto. pág. 77

congreso Reunión formal de representantes del gobierno que tienen la autoridad de hacer leyes. pág. 339

conquistador Cualquiera de los exploradores españoles que conquistaron tierras en las Américas a principios del siglo XVI. pág. 129

consecuencia Algo que ocurre como resultado de una acción. pág. 520

consecuencia económica Renunciar a una cosa a cambio de otra. pág. 262

consejo Grupo que hace leyes. pág. 72

consenso Acuerdo. pág. 209

constitución Plan escrito de gobierno. pág. 275

continente Gran masa de tierra. pág. I16

Contrarreforma Período durante el cual la Iglesia Católica prohibió los libros que estaban en contra de sus enseñanzas y usó sus tribunales para castigar a quienes alzaban su voz contra las normas y las creencias católicas. pág. 133

corredor Persona que recibe dinero por comprar y vender bienes en nombre de otra. pág. 292

costo Esfuerzo realizado para obtener o ganar algo. pág. 114

costo de oportunidad Valor de lo que una persona cede a cambio de obtener otra cosa. pág. 262

costumbre Práctica o comportamiento habitual de un grupo, un lugar o un individuo. pág. 37

credo Sistema de creencias. pág. 467

cronología Orden por fechas. pág. I3

cuadrícula Sistema de líneas que dividen un mapa en cuadrados. pág. I22

cuento folclórico Historia de aventuras exagerada. pág. 511

cultivo comercial Cultivo que las personas producen para vender y no para consumir. pág. 164

cultura Modo de vida. pág. 31

curva de nivel Línea que conecta todos los puntos de igual altitud en un dibujo o mapa. pág. 144

década Período de diez años. pág. 32

declaración Comunicado oficial. pág. 349

delegado Representante. pág. 320

democracia Forma de gobierno en la que el pueblo tiene autoridad para tomar decisiones acerca de su vida y su gobierno, ya sea en forma directa o a través de sus representantes. pág. 458

densidad de población Número de personas que viven en un área de 1 milla cuadrada o 1 kilómetro cuadrado. pág. 464

derechos civiles El derecho de todos los ciudadanos a recibir un trato igualitario ante la ley. pág. 476

desmotadora de algodón Máquina que separa las semillas de la fibra del algodón a una mayor velocidad que la que pueden lograr los trabajadores en forma manual. pág. 569

destino manifiesto Creencia de muchos estadounidenses de que Estados Unidos debía expandirse desde el océano Atlántico hasta el océano Pacífico. pág. 559

deudor Persona que estuvo en prisión porque debía dinero. pág. 276

dieta básica Alimentos que siempre se consumen y se necesitan, como la leche y el pan. pág. 53

disenso Diferencia de opinión. pág. 208

diversidad Diferencias, como las que existen entre distintos grupos de personas. pág. 251

división del trabajo Distribución de tareas laborales por la cual cada trabajador hace solamente una parte de un trabajo mayor. pág. 54

economía Modo en que los habitantes de un estado, región o país usan los recursos para satisfacer sus necesidades. pág. 63

ecuador Línea imaginaria que divide la Tierra en el hemisferio norte y el hemisferio sur. pág. I16

ejido Espacio abierto donde pastan ovejas y ganado vacuno. pág. 216

empalizada Muralla hecha con troncos puntiagudos que se usaba para proteger una aldea de sus enemigos o de los animales salvajes. pág. 76

empresario Persona que establece y dirige una empresa. pág. 114

enmienda Agregado o cambio a la Constitución. pág. 439

equilibrio de poderes Sistema que otorga diferentes facultades a los poderes del gobierno para que cada poder pueda controlar la autoridad de los otros dos. pág. 459

escala del mapa Parte de un mapa que compara la distancia en el mapa con la distancia real. pág. I21

esclavitud Práctica de retener personas contra su voluntad y forzarlas a cumplir órdenes. pág. 156

esclusa Parte de un canal donde puede subirse o bajarse el nivel del agua para que los barcos puedan pasar al nivel de la siguiente parte del canal. pág. 505

especular Cobrar un precio excesivamente alto por un bien o un servicio. pág. 368

estado esclavista Estado donde se permitía la esclavitud antes de la Guerra Civil. pág. 553

estado libre Estado que no permitía la esclavitud antes de la Guerra Civil. pág. 553

evidencia Prueba. pág. I2

excedente Cantidad mayor que la necesaria. pág. 54

expedición Viaje. pág. 112

explorador Alguien que abre un camino a través de una región desconocida. pág. 502

expulsar Obligar a alguien a salir de un lugar. pág. 208

federalista Después de la Revolución Americana, un ciudadano que quería un gobierno nacional fuerte y estaba a favor de ratificar la Constitución. pág. 444

ferrocarril clandestino Sistema de rutas de escape que llevaban a los esclavos fugitivos hacia los estados libres. pág. 573

fiebre del oro Llegada masiva y repentina de personas a una zona donde se ha descubierto oro. pág. 562

frontera Territorio que se extiende más allá de las zonas pobladas. pág. 212

fuente documental Objeto o documento producido en el mismo momento en que ocurre un acontecimiento; a menudo su autor es alguien que participó o estuvo presente en ese acontecimiento. pág. 334

fuente primaria Registro de un evento hecho por una persona que asistió o participó en ese evento. pág. 168

fuente secundaria Registro de un evento hecho por una persona que no estuvo presente en ese momento. pág. 168

G

gabinete Grupo integrado por los consejeros más importantes del presidente. pág. 446

generación Tiempo promedio transcurrido entre el nacimiento de los padres y el nacimiento de sus hijos. pág. 27

gobernador Líder del poder ejecutivo del gobierno estatal. pág. 166

gobierno Sistema en el que las personas de una comunidad, un estado o una nación establecen líderes y leyes para convivir en armonía. pág. 37

gobierno por mayoría Idea política que dice que, en un grupo organizado, la mayoría debe tener el poder de tomar decisiones para todo el grupo. pág. 172

gráfica circular Gráfica de forma redonda que puede dividirse en porciones, o partes. A menudo se le llama gráfica de pastel. pág. 280

gráfica lineal Gráfica que usa una o más líneas para indicar cambios a través del tiempo. pág. 230

Gran Despertar Movimiento religioso iniciado en las colonias del centro que llamaba a una mayor libertad religiosa. pág. 252

grupo étnico Grupo de habitantes del mismo país, personas de la misma raza o personas que tienen un modo de vida en común. pág. 280

hacendado Dueño de una plantación. pág. 284

hacienda Finca extensa donde se crían vacas y ovejas. pág. 158

hecho Afirmación cuya veracidad puede probarse o verificarse. pág. 136

hemisferio Una mitad de la Tierra. pág. I17

hogan Vivienda en forma de cono que construían los navajos con una estructura de madera cubierta con barro y cortezas de árbol. pág. 56

hospedar Dar alojamiento. pág. 338

huso horario Región en la que se usa la misma hora. pág. 576

ideal Meta u objetivo. pág. 467

iglesia establecida Iglesia que tiene el apoyo del gobierno. pág. 165

iglú Casa hecha con hielo o nieve. pág. 86

imperio Conjunto de tierras gobernadas por la nación que las conquistó. pág. 113

independencia Libertad para gobernarse a uno mismo. pág. 349

índigo Planta con la que se puede producir una tintura azul. pág. 291

industria Todas las empresas que hacen un mismo tipo de producto o proveen un mismo tipo de servicio. pág. 224

inflación Situación económica en la que se necesita más cantidad de dinero que antes para comprar los mismos productos o servicios. pág. 368

inmigrante Persona que llega a un país para formar un nuevo hogar. pág. 251

institucionalizar Incluir como parte de la vida diaria. pág. 283

interdependencia Dependencia de otros para obtener bienes o servicios. pág. 292

interés Cantidad de dinero que paga un banco o un prestamista por el uso del dinero. pág. 262

interior Zona situada entre la llanura Costera y los montes Apalaches. pág. 277

interna Lucha en el interior de un grupo. pág. 180

interpretar Explicar. pág. I2

intrusión Entrar en la propiedad de otra persona sin autorización. pág. 518

invadir Atravesar límites sin autorización. pág. 523

investigar Estudiar, buscar información. pág. I2

istmo Franja angosta de tierra que une dos extensiones de tierra más grandes. pág. 123

jeroglífico Dibujo o símbolo que representa sonidos, palabras o ideas. pág. 38

juicio con jurado Derecho de una persona acusada de un delito a ser juzgada por un jurado, o grupo de ciudadanos. pág. 245

juicio político Juicio en el que se acusa a un funcionario del gobierno, por ejemplo, al presidente, de "traición, corrupción u otros delitos graves y conductas impropias". pág. 437

justicia Equidad. pág. 245

kayak Canoa individual hecha con pieles impermeables estiradas sobre madera o hueso. pág. 86

legislatura Poder del gobierno colonial, estatal o nacional que hace las leyes. pág. 165

leyenda Historia que se transmite a través del tiempo y que a menudo sirve para explicar el pasado. pág. 27

leyenda del mapa Parte de un mapa que explica qué representan los símbolos del mapa. pág. I20

libre mercado Sistema económico en el que las personas son libres de elegir los bienes y servicios que compran y producen. pág. 223

línea cronológica Diagrama que muestra los eventos que ocurrieron durante un determinado período. pág. 32

líneas cronológicas paralelas Dos o más líneas cronológicas que muestran el mismo período. pág. 374

líneas de latitud Líneas que van de este a oeste en mapas o globos terráqueos; también llamadas paralelos. pág. 22

líneas de longitud Líneas que van de norte a sur en mapas o globos terráqueos; también llamadas meridianos. pág. 22

los del cuarenta y nueve Buscadores de oro que llegaron a California en 1849. pág. 562

magistrado Juez. pág. 438

mapa de recuadro Mapa pequeño dentro de otro más grande. pág. I20

mapa de ubicación Mapa pequeño o dibujo en un globo terráqueo que indica dónde se ubica un área del mapa principal en relación con un estado, un continente o el mundo. pág. I21

materia prima Recurso que se usa para elaborar un producto. pág. 161

mercenario Soldado que recibe dinero para servir en el ejército de una nación extranjera. pág. 379

meridiano Línea de longitud que va del Polo Norte al Polo Sur. pág. 22

migración Movimiento de personas. pág. 25

milenio Período de 1,000 años. pág. 32

milicia Ejército de voluntarios. pág. 254

Minutemen Miembro de la milicia de la colonia de Massachusetts que podía estar listo rápidamente para luchar contra los británicos. pág. 340

misión Pequeña comunidad religiosa. pág. 157

misionero Persona enviada por una iglesia para difundir su religión. pág. 133

modificar Cambiar. pág. I15

momento decisivo Acontecimiento que produce un cambio significativo. pág. 381

monopolio Control completo de un producto o servicio. pág. 337

naturalización Proceso de convertirse en ciudadano estadounidense después de vivir por más de cinco años en el país y aprobar un examen. pág. 475

navegación Método para planificar y controlar el curso de una embarcación. pág. 112

negociar Hablar con otro para llegar a un acuerdo. pág. 383

neutral No tomar partido en un desacuerdo. pág. 367

nómada Una persona que va de un lugar a otro y no tiene una vivienda permanente. pág. 28

objeto del pasado Objeto creado por los primeros habitantes. pág. 26

opinión Afirmación que indica lo que piensa o cree una persona. pág. 136

ordenanza Ley o conjunto de leyes. pág. 399

organigrama Diagrama que muestra el orden en que ocurren los acontecimientos. pág. 440

P

pacto Acuerdo. pág. 172

paralelo Línea de latitud. Recibe ese nombre porque las líneas paralelas siempre están a la misma distancia una de otra. pág. 22

Parlamento Cuerpo legislativo del gobierno británico. pág. 321

partes intercambiables Partes idénticas, hechas por máquinas, que pueden reemplazarse si se rompen. pág. 569

partido político Grupo cuyos miembros buscan elegir funcionarios del gobierno que compartan los puntos de vista del grupo en numerosos temas. pág. 446

Pasaje del Noroeste Ruta de agua en América del Norte; se creía que conectaba el océano Atlántico con el océano Pacífico. pág. 139

patriota Colono que estaba en contra del gobierno británico y que apoyaba la causa rebelde en las colonias americanas. pág. 367.

patriotismo Amor por el propio país. pág. 468

peregrino Alguien que hace un viaje por motivos religiosos. pág. 171

petición Solicitud firmada que se entrega a una persona o a una organización. pág. 339

pionero Primera persona en asentarse en un lugar. pág. 509

piragua Embarcación ligera hecha de un tronco grande y hueco. pág. 61

plantación Granja extensa. pág. 156

poder ejecutivo Poder del gobierno cuya responsabilidad principal es garantizar que se apliquen las leyes aprobadas por el poder legislativo. pág. 437

poder judicial Poder del gobierno que establece las diferencias sobre el significado de las leyes. pág. 438

poder legislativo Poder del gobierno que hace las leyes. pág. 436

poderes reservados Autoridad que pertenece a los estados o a los pueblos y no al gobierno nacional. pág. 445

política imperial Órdenes o leyes emitidas por el gobierno británico. pág. 328

porcentaje Centésima parte de un todo o de un total. pág. 281

potlatch Reunión o ceremonia especial de los indios americanos en la que se realizan banquetes y bailes. pág. 64

preámbulo Introducción; primera parte. pág. 350

presidio Fuerte español. pág. 157

presupuesto Plan para gastar dinero. pág. 327

primer meridiano Línea imaginaria que divide la Tierra entre el hemisferio oriental y el hemisferio occidental. pág. I17

principio Regla que indica cómo comportarse. pág. 435

proceso legal debido Principio que garantiza el derecho a recibir un juicio público justo. pág. 445

proclamación Anuncio público. pág. 322

producto de exportación Producto que se vende a otro país. pág. 226

producto de importación Producto que se compra a otro país. pág. 226

producto naval Producto que se usa para construir y reparar barcos. pág. 224

propietario Dueño. pág. 245

prosperidad Éxito económico. pág. 258

proyecto de ley Propuesta para una nueva ley. pág. 431

pueblo Aldea. pág. 40

punto cardinal Una de las direcciones principales: norte, sur, este u oeste. pág. I21

punto cardinal intermedio Punto que se encuentra entre los puntos cardinales: noreste, noroeste, sureste, suroeste. pág. I21

punto de vista Perspectiva de una persona. pág. I4

queja Protesta, demanda. pág. 350

ramo de olivo Antiguo símbolo de paz. pág. 345

rasgo de personalidad Cualidades y comportamientos de una persona. pág. I5

ratificar Aprobar. pág. 443

Reconquista Plan para lograr que todos los españoles fueran católicos. pág. 115

recorrido intermedio Viaje de los esclavos africanos desde África hasta las Indias Occidentales. pág. 226

red comercial Sistema de comercio. pág. 64

Reforma Movimiento cristiano que comenzó en el siglo XVI en Europa con la intención de reformar la Iglesia Católica Apostólica Romana; llevó al surgimiento del protestantismo. pág. 133

reformar Producir un cambio positivo. pág. 133

refugio Lugar seguro. pág. 244

regimiento Grupo grande y organizado de soldados. pág. 370

región Área de la Tierra donde las características son similares. pág. I15

región cultural Área cuyos habitantes tienen algunas creencias y costumbres en común. pág. 42

región geográfica

región geográfica Área que conforma la superficie terrestre, como, por ejemplo, montañas, colinas, llanuras. pág. 15

representación Acto de hablar en nombre de otra persona. pág. 327

representar Hablar en nombre de otro. pág. 165

república Forma de gobierno en la que el pueblo elige representantes para gobernar el país. pág. 429

reserva Área de tierras que el gobierno destina a los indios americanos. En las reservas, los indios tienen sus propios gobiernos. pág. 527

resolución Declaración formal de un grupo de personas acerca de un tema importante. pág. 349

resolver Solucionar. pág. 80

revocar Cancelar, o derogar, una ley. pág. 329

revolución Cambio repentino y total, como el derrocamiento de un gobierno establecido. pág. 341

Revolución Industrial Período entre los siglos XVIII y XIX durante el cual las máquinas reemplazaron a las herramientas manuales en la producción de bienes. pág. 569

rosa de los vientos Marcador circular que indica los puntos cardinales en un mapa. pág. I21

ruta triangular de comercio Ruta marítima que unía Inglaterra, las colonias inglesas en América del Norte y la costa occidental de África, formando un triángulo imaginario en el océano Atlántico. pág. 226

S

sedición Discurso o acción que hace que otras personas actúen contra el gobierno. pág. 209

separación de poderes División del gobierno nacional en tres poderes, en lugar de un poder único con autoridad absoluta. pág. 436

siglo Período de 100 años. pág. 32

sirviente por contrato Persona que acepta trabajar para otra sin recibir paga durante un período determinado, a cambio de un pasaje a América del Norte. pág. 164

sistema federal Sistema de gobierno en el que la autoridad para gobernar es compartida por el gobierno nacional y los gobiernos de los estados. pág. 428

subvención Suma de dinero u otra forma de pago que se otorga para un propósito determinado. pág. 129

uso de la tierra

T

tecnología Uso de conocimientos o instrumentos científicos para construir o crear algo. pág. 111

telégrafo Aparato que usaba electricidad para enviar mensajes a través de cables. pág. 571

teoría Idea basada en estudios e investigaciones. pág. 25

tepe Bloques de tierra que se mantiene unida con raíces de pasto. pág. 70

terraplén Muro hecho de tierra y piedras. pág. 344

territorio Tierra que pertenece a un gobierno nacional sin ser un estado. pág. 399

tipi Tipo de tienda con forma de cono, hecha con postes de madera y pieles de bisonte. pág. 71

título del mapa Palabras que indican el tema del mapa. pág. I20

tolerancia religiosa Aceptación de las diferentes religiones. pág. 252

tótem Poste alto de madera tallado con formas de animales y personas que representaban la historia de una familia y su importancia. pág. 63

tradición Costumbre, modo de vida o idea que se transmite desde el pasado. pág. 38

traición Acción de trabajar contra el propio gobierno. pág. 327

traidor Persona que actúa contra su propio gobierno. pág. 391

tratado Acuerdo entre naciones para lograr la paz, comerciar o resolver otros asuntos. pág. 125

travois Aparato que se usaba para transportar cosas; se hacía con dos postes atados al arnés de un perro. pág. 71

trueque Intercambio de bienes, generalmente sin uso de dinero. pág. 64

U

ubicación El lugar donde está algo. pág. I14

ubicación absoluta Ubicación exacta de cualquier lugar en la Tierra que puede indicarse a través de las líneas de latitud y longitud. pág. 22

ubicación relativa Ubicación de un lugar en relación con otro. pág. 22

uso de la tierra Modo en que se usa la mayor parte del terreno de un lugar. pág. 296

vadear Cruzar una masa de agua. pág. 542

vetar Rechazar. pág. 437

vivienda comunal Extenso edificio de madera donde conviven varias familias relacionadas entre sí. pág. 62

wampum Cordeles de cuentas de conchas marinas pulidas que se usaban para registrar acontecimientos, enviar mensajes a otras tribus, intercambiar por bienes o como obsequio. pág. 77

wigwam Vivienda de los indios americanos, de forma redonda y cubierta con corteza de árbol. pág. 78

zonas fronterizas Tierras ubicadas en la frontera o cerca de la frontera entre países, colonias o regiones, que sirven como barrera. pág. 157

Índice

El índice te permite saber dónde encontrar información sobre las personas, los lugares y los eventos importantes que aparecen en este libro. Las entradas están ordenadas alfabéticamente. En cada entrada, los números de referencia indican la página donde puede encontrarse esa entrada en el texto. Las páginas que hacen referencia a ilustraciones aparecen en letra cursiva. Una *m* cursiva indica que se trata de un mapa. Las páginas de referencia en negrita indican las páginas donde se definen los términos de vocabulario. Las palabras que aparecen en la parte superior de cada página te ayudarán a encontrar más rápido las palabras que buscas.

A

A.C. ("antes de Cristo"), 33
Abenaki, tribu 140, 173, *m210*
Abernathy Green (Oregon City, Oregon), 580–581, *580–581, m580*
Abolicionistas, grupos, 397, 491, 573, *573, m573*
Abolir, 397
Acciones, 162
Actividades de redacción
 anuncios, 192, 401, 505, 564, 574
 artículo de periódico, 323
 canciones, 469
 cartas, 90, 146, 166, 232, 264, 353, 358, 425, 433, 450, 478, 488, 578, R74
 conversación, 372
 cuento folclórico, 513
 discursos, 175, 482, 534
 editorial, 518
 entrada en un diario, 547, 554
 entrevista, 525
 escritura persuasiva, 44, 90, 146, 166, 192, 232, 264, 353, 358, 401, 450, 482, 488, 534, 578
 lista de preguntas, 227
 narración, 186, 221, 232, 255, 298, 304, 358, 402, 439, 534, 578, 584
 párrafo, 31, 44
 poemas, 87, 341, 469
 relato de viaje, 134
 reporte comparativo, 186
 reportes, 96, 146, 264, 298, 402, 450, 482
 resumen, 408
Acuerdo, 80, **431**
 de 1850, 493, *m493*, 574
 de los Tres Quintos, 433
 en la Asamblea Constituyente, 430–433, *430–431, 433, 434*
 Gran, 431–432
 sobre la esclavitud, 432–433, *432, 433*
Adams, Abigail, 351, 369, *369*, R78
Adams, John Quincy, R38, *R38*
Adams, John, R78
 como primer vicepresidente, 446
 como segundo presidente, 447, *447*, R38, *R38*
 durante la Revolución Americana, 343, 349, 351
 en la Constitución de Estados Unidos, 448, *448*
 y las negociaciones de paz en París, 394, *394*
 y un gobierno nacional fuerte, 424
Adams, Samuel, *313*, 314, 328, 336, 337, 340, *405*, R78
Adaptarse, I15, **53**
Adena, constructores de montículos, 39
Adirondack, montes, *m75*
Adobe, 53, 56
Afganistán, R15
África, comercio con Europa, 113
Africano(s)
 cultura de los, 283, *283*, 288
 esclavos, 99, *99*, 135, *135*, 156, 164, *164*, 182, 195, *195*, 226–227, *227*, 242, 242, 251, 253, 259, 271, 275, 276, 282–285, *282, 283*, 289, *289*, 370, *370*, 498–499, 573, *573, m573*, R2–R3
 libres, 242, 251, *253*, 287–288, *288*, 344, 370
 música de los, 283, *283*
 religión de los, 283
Afroamericanos
 ciudadanía para los, R3–R4
 derecho al voto de los, 165, 432, *432*, R3–R4
 derechos civiles de los, 411, *411*, **476–477**, *476–477*, 479
 derechos de los, 165, 397, 432, *432*, 476–477, *476, 477*, R3
 durante la Primera Guerra Mundial, R12
 educación de los, 285, R4, R5
 en el Territorio del Noroeste, 513
 en la abolición de la esclavitud, 397, 491, 573, *573, m573*
 en la expedición de Lewis y Clark, 498–499, *498*, 516
 en la Revolución Americana, 370, *370*
 Gran Migración, R12
 mujeres, 347, *347*, 491, *491*, 573, *573*, 575, *575*, R5, R12
 protegiendo a George Washington, 362–365
 segregación de los, R4, R5
 Ver también Esclavitud
Agricultura (cultivos), **30**
 de los indios americanos, 3, 30, *30*, 40, 53, 55, 56, 70, 72, 75, 76, 158
 de los indios de las Llanuras, 70, 72, 158
 de los indios de los Bosques Orientales, 2, 75, 76
 en el desierto del Suroeste, 53, 55, 56
 en la civilización maya, 38
 en la colonia de Virginia, 163, 164
 en la Nueva España, 158
 en las colonias del centro, 241, *253*, 257, *257*, 268–271
 en las colonias del sur, 275, *275*, 284–285, *284–285*, 286, *286*, 287, 291, *291*, 292, 292–293
 en México, 30, 37
 en Nueva Inglaterra, 173, 174, 219, 222, *222*, 223, *223*
 irrigación, 53
 olmeca, 37
 primeros agricultores, 30, *30*, 37, 40
 Ver también Cultivos
Agrimensor, 566
Aguacate, 30
Águila calva, como símbolo nacional, 468, 473
Alabama, 5, *m5*, 132, 385, 528, R34
Álamo, el, 552
Alaska, 15, *m15*, R6
 datos sobre, R34
 las islas Aleutianas y, 85
 los habitantes del Ártico, 3, *3*
 rutas terrestres hacia, 25, *m25*
 tótems de, 66
Albany, New York, *241*, 251, 320, 381
Albany, Plan de Unión de, 320
Albañiles, 260
Álbum de recortes, 584
Alden, John, 153
Alden, Priscilla, 153
Alemanes, inmigrantes, 506, 507
Alemania
 en la Primera Guerra Mundial, R11–R12
 en la Segunda Guerra Mundial, R13–R14
 segregación de los, R4, R5
 Ver también Esclavitud
Aleutianas, islas, 85
Aleutianos, 85–86
Algodón, 53, 56, 103
Algonquinos, indios, 78–79, *78, 79, 168*, 179, 211
Alguacil, 217
Aliados, 180, **320**, *320*, 523
 en la Primera Guerra Mundial, R11–R12
 en la Segunda Guerra Mundial, R14
Alianza, 320, 321
Alimentos de los indios americanos, 53, 54
Alistarse, 379
Almanaques, 194, 254, 264, R71
Alquitrán, 294
Altitud, **144**
Ambiente, **18**
América Central
 inmigrantes de, R7
 primeras civilizaciones en, 38, *m38*, 113
América del Norte, *m4–5*
 accidentes geográficos de, 16–21, *m16*
 antes y después de la guerra franco-indígena, *m325*
 antiguas formas de vida, 28–29, *28–29*
 banderas en, *324*
 cambios en el clima de, 29
 en 1620, *m100–101*
 en 1754, *m319*
 leyendas sobre la creación y leyendas de, 27, *27*, 77
 migración hacia, 25–26, *m25, m26*, 34–35, *34, 35*
 nombre de, 122
 primeras civilizaciones en, 36–41, *m38, m43*
 primeros agricultores en, 30, *30*, 37, 40
 rutas terrestres hacia, 25–26, *m25*
América del Sur
 el Imperio inca en, 113, 132, *132*
 exploración de, 122
"América la hermosa" (Bates), 410, 454–457, 469
América Latina, inmigrantes de, R7, R9
Amotinarse, 143
Analizar
 diagramas, 69, 459
 dibujos, 327, *327*
 documentos, 350
 gráficas, 158, 258, 368

R104 ■ Referencia

ilustraciones, *28–29*, *130*, *257*, *278*, *328–329*, *379*
líneas cronológicas, 45, *142*, 147, 187, 233, 265, 299, *339*, 359, 403, 451, 483, 535, 579
mapas, *m15*, *m16*, *m20*, *m25*, *m38*, *m124*, *m131*, *m139*, *m157*, *m177*, *m210*, *m226*, *m245*, *m275*, *m319*, *m321*, *m340*, *m390*, *m427*, *m512*, *m515*, *m529*, *m553*, *m563*, *m573*
objetos del pasado, *66–67*, *66–67*, 72, *72*, *118–119*, *118*, *119*, 220, *220*, *228–229*, *228*, *229*, *376–377*, *376*, *377*, 422, *422*, *472–473*, *472*, *473*, *548–549*, *548*, *549*
puntos de vista, 35, 122, 127, 424, 448–449, 528, 561
tablas, 183, 444, 461
Anexo, 553
Animales
caza de, 3, 24, *24–25*, *28–29*, *28–29*, 56, 60, *60*, 61, *61*, 69, 70, 72, 75, 78, 86
en el arte, *229*
en extinción, 29
traídos por los colonos españoles, 158
Ver también animales por sus nombres individuales
Annapolis, Convención de, 422
Annapolis, Maryland, 394
Antepasados, 25. *Ver también* Primeros habitantes
Anthony, Susan B., 574, R78
Anticipar y preguntar (Destreza de estudio) 8
Antifederalistas, 444
Antigua Casa de Gobierno (Boston), 331, *m331*, 405
Antiguo Camino Español, 544, *m544*
Antiguo recinto de la Cámara de Representantes, 460
Antiguos pueblo, 2, *2*, *m38*, 40–41, *40–41*, *m40*, *m41*, 52, *52–53*
Anuncio
dibujar un, 183
escribir un, 192, 401, 505, 574
Apalaches, montes, *m16*, 17, *17*, *m17*, 277, *m277*, 319, 322, 501, 503, 523, 582
Appleseed, Johnny, 511
Aprendiz, 260, *260*, 263
Árbol de la Nación, *484–485*
Árboles Caídos, batalla de, 400, *400*
Árboles, usos de los, 75
Archivos Nacionales, 435, *435*, 478
Arena, pintura de, 57, *57*
Argilita, *67*
Arizona
datos sobre, R34

Estados Unidos compra, 561
indios americanos en, 2, 53, 92–93, *92–93*, *m92*
Arkansas, R34
Arkansas, río, 18
Armadura, *130*
Armistead, James, 370, *370*, R78
Arnold, Benedict, 381, 391, R78
Arpones, 60, 61, 86
Arqueólogos, 26
Arquitectura de estilo holandés, *250*
Arroz, 275, 284, 291, 292–293, *m297*
Arsenal, 423
Arte
animales en el, *229*
escultura, 37
pintura. *Ver* Pinturas
pinturas rupestres, 31
talla, 37, 60, 87
Artesanías
cerámica, 2, 53, 54, 93
en las antiguas civilizaciones, 40
fabricación de canastas, 2, 40, 63, 93
fabricación de muñecas, 54, *54*, 72, 79
fabricación de velas, *261*
tejidos, 58
Artesanos, 260, 262, 263, *281*
en la civilización maya, 38
en las colonias, 224, *224*, 260, *260*, 261, 262, 263, *281*
Arthur, Chester A., R39, *R39*
Ártico, indios americanos del 3, *3*, 84–87, *84*, *85*, *86*, *m86*, 87
Ártico, océano, 142
Artículos de la Confederación, 352, 415, 420–425, 486
aprobación por parte de los estados, 421
debilidad de los, 421
decisión de reemplazarlos, 424–425, 428
Rebelión de Shays, 423, *423*, 424
redacción de los, 352–353, *353*
Asamblea Constituyente, 418–419, 426–439
debate y acuerdo en la, 430–433, *430–431*, *433*, *434*
delegados a la, 410, 426, 427, 430–431, *430–431*, 434, 442–443, 485
en la relación entre los estados y el gobierno nacional, 428–429
fin de la, 442, *442–443*
rutas hacia la, *m427*
ubicación de la, 428, *428*, *m428*
y el Congreso, 430, 431
y la esclavitud, 432–433, *432*, *433*
Asentamientos. *Ver* Colonias; Oeste, asentamientos en el

Ashley, río, 293
Asia
inmigrantes de, R7, R9, R10
tecnología de, 111, 112, *112*
Asiáticos americanos
derechos de los, 476
educación de los, 491, 565
Asimilar, 528
Asociación Nacional para el Progreso de la Gente de Color (NAACP), 477
Astrolabio, 112, 118, *119*
Atlántico, océano, 78, 116, *117*, 121
Atlas, R71
Atlatl, 28
Attucks, Crispus, 306, *306*, 332, *332*, R78
Austin, Stephen, 551, R78
Austin, Texas, 550
Austria-Hungría, R11
Autogobierno, 172, *172*
Automóviles, R12
Autopistas. *Ver* Rutas
Azteca, Imperio, 113, 130, *130*
Azúcar, 219, 278, 284
Azuela, *67*

B

Babe el buey azul, 511
Balboa, Vasco Núñez de, 123, *123*, 124, *m124*, R78
Ballenas, caza de
en el Pacífico Noroeste, 563
en Nueva Inglaterra, 225, *225*, *m297*
los indios y la, 2, 60, *60*, 61
Balsa, 504
Baltimore, clíper de (barco), 295
Baltimore, Lord, 273, *274*
Baltimore, Maryland, 293, 294–295, *294*, 524–525
Bandera adornada de estrellas, La (himno nacional), 410, 468, 525, R66
Banderas
de España, *324*
de Estados Unidos, 357, 411, 468, *468*, 472, *472*, *473*
de Francia, *324*
de Gran Bretaña, *324*
de los estados, R34–R37
de Rusia, *324*
Banjo, *283*
Banneker, Benjamin, 270–271, 446, *446*
Barcos, construcción de, 224, 293, 294–295, *296*
Barcos de guerra 243, *524*
Barcos mercantes 226
Barcos y embarcaciones
balsas, 504
barcos de esclavos, 226–227, *227*
barcos de guerra, 243, *524*
barcos de vapor, 504, *570–571*

barcos de vela, *105*, 108, 116, *116*, *126*, 295
barcos mercantes, 226
canoas, 7, 60, 61, *61*, 62, 75, 79, 169
carabelas, 112, *113*
clíper, 295, 563
clíper de Baltimore, 295
de Colón, *105*, 108, 116, *116*, *126*
industria de la construcción naval, 224, 293, 294–295, *296*
inmigrantes en, R7, *R7*
kayak, 3, 7, 86, *86*
Mayflower, 101, *m101*, 170, *170*, 171–172, *172*
migración a las Américas en, 26, *m26*, 34, *34*
navegación de, 112, 118–119, *118*, *119*, *m119*
piraguas, 61, *61*, 62, 169
submarinos, R11
Barlow, ruta de, 543
Barlow, Sam, 543, R78
Batalla(s)
de Buena Vista, 560, *560*
de Bunker Hill, 344–345, *344–345*, *m345*
de Concord, 340–341, *m340*
de Cowpens, 391, *391*
de Fallen Timbers, 400, *400*
de la Guerra de 1812, 524, *524*
de la guerra entre México y Estados Unidos, 560, *560*
de la Revolución Americana, 340–341, *m340*, 344–345, *344–345*, 370, *370*, 380–381, *380*, *381*, 386–387, *m386*, *m387*, 389, *m390*, 391, *391*, 392, *392*, 393
de Lexington, 340–341, *m340*
de Long Island, 386–387, *m386*, *m387*
de Monmouth, 307, 389
de San Jacinto, 552, *552*
de Saratoga, 381, *381*, 389
de Yorktown, 392, *392*, 393
del lago Erie, 524
del Thames, 524
Ver también Conflictos; Guerra(s)
Batatas, 103, R4
Bates, Katharine Lee, 410, *410*, 454–457, 469, R78
Baton Rouge, Louisiana, 385
Baúl para el ajuar de novia, *229*
Becknell, William, 544, R78
Ben Franklin en la antigua Philadelphia (Cousins), 236–239
Beneficio, 114
Bering, estrecho de, 25
Beringia, 25, 26
Berkeley, John, 244, R78
Bermúdez, Diego, 116, *116*
Bibliografía, R75
Biblioteca del Congreso, 524
Bien común, 82–83, *82*, *83*

Big Sur, California, 21, m21
Big Tree, Tratado de, 400, 401
Bimini, 129
Biografías
   Equiano, Olaudah, 289, *289*
   Estevanico, 135, *135*
   Gálvez, Bernardo de, 385, *385*
   Henry, Patrick, 333, *333*
   Hidalgo, Miguel, 555, *555*
   Hutchinson, Anne, 213, *213*
   King, Martin Luther, Jr., 479, *479*
   Las Casas, Bartolomé de, 159, *159*
   Pocahontas, 167, *167*
   Sacagawea, 519, *519*
   Tamanend, 247, *247*
   Tapahonso, Luci, 59, *59*
   Tubman, Harriet, 575, *575*
   Warren, Mercy Otis, 373, *373*
   Wheatley, Phillis, 347, *347*
Bisonte, 3, *68–69*, 69, 70
Bloquear, 338, 368, 392
Blue Ridge, montañas, 17
Boicot, 329, 330, 339, 481
Bolsa de valores, R12–R13, *R12*
Bomba atómica, R14
Bonaparte, Napoleón, 515, R78
Bondad, 59, 167, 289, 479, 555, 575
Boone, Daniel, 277, 502, *502*, R78
Borrador de un informe, R76
Bosque(s)
   en las colonias del sur, 294
   en Nueva Inglaterra, 224
Bosques Orientales, indios de los 2, 3, *74–79, m75*
   agricultura de los, 3, 75, 76
   algonquinos, 78–79, *78, 79*, 168, 179, 211
   iroqueses, 27, 74, 76–77, *76–77*, 82–83, *82, m95*, 180, 371, *371*
   relación con los colonos, 163, 174, *174*
   vida diaria de los, 75–79, *75, 76–77, 78, 79*
Boston, 331, *m331*
   antigua Casa de Gobierno en, 331, *m331*, 405
   batallas libradas cerca de, 340–341, *m340*, 344–345, *344–345, m345*
   Bunker Hill en, 404, *405*
   colonos puritanos en, 207, 213, *213*
   Comités de Correspondencia en, 328
   como centro de construcción naval, 224
   Faneuil Hall en, 404, *405*
   Iglesia Old North en, 309, *m309*, 315
   Sendero de la Libertad en, 404–405, *404, m404, 405*

y su población en 1750, 223
Boston, Masacre de, 306, 331–332, *331, 332, 334, 335*
Boston, puerto de, 336–337, 338
Bowen, Gary, 150–153
Bowie, James, 552
Braddock, Edward, 321, R78
Bradford, William, 99, *99*, 150, 151, 172, 174, *174*, 175, 237, R78
Brant, Joseph, 306, *306*, 371, *371*
Brasil, 31, 124, 125
Brea, 294
Breed's Hill, 344–345, *344–345*
Brigada de Descubrimiento, 516, 517, 519, *520*
Brock, Sir Isaac, 522
Brown v. Consejo de educación, 477, R5
Brown, Linda, R5, R78
Bruchac, Joseph, 10–13
Brújula, 111, 112, *112*, 118, *118*, 522
Buchanan, James, 559, R39, *R39*
Buena Vista, Batalla de, 560, *560*
Buffalo, New York, 505
Bunker Hill (Boston), 404, *405*
   batalla de, 344–345, *344–345, m345*
Bunker Hill, Monumento de (Boston), 405
Bunyan, Paul, 511, *511*
Burgoyne, John, 381, *381*, R78
Burke, Edmund, 338, R78
Burro, como símbolo del partido Demócrata, 470, *470, 471*
Bush, George H. W., R40, *R40*
Bush, George W., 471, R15, R40, *R40*

C

Cabalgata de Paul Revere, La (Longfellow), 314–317
Caballo(s), 130, *130, 136–137*, 158, 223, 549
Cabañas de troncos, 322–323, *509, 509, 550*
Cabildo, 217, *217*
Cabo de Hornos, 563
Caboto, Giovanni, 120, *121, 121, 124, m124*, R79
Caboto, Sebastiano, 121
Cabras, 223
Cacahuates, R4
Cahokia, 5, *m5, m38*, 39
Caja de medicinas, 549
Calabazas, 2, 30, 40, 53, 70, 75, 76, 173, 219
Calderos de hierro, 218, *376*
Calendario olmeca, 37
California
   Colton Hall (Monterey) en, 492, *m492*
   comercio en, 563
   costa de, 20, 21, *m21*

datos sobre, R34
Death Valley en, *m16*, 19
fiebre del oro en, 562–563, *m562, 564*, R7
indios americanos en, 562
misiones en, 188–189, *188–189, m188*, 308, *m308*, 412, *m412*
parque histórico estatal en, 562, *562, m562*
parques nacionales en, 26, *26, m26*
población en 1849, 564
posesiones de Estados Unidos en, 560, 561
rango de estado, *m563*, 564
senderos hacia, 544
valle Central en, 20
California, Sendero de, 544, *544*
Calvert, Cecilius, 273, R79
Calvert, George, 273, R79
Calvert, Leonard, 273
Cámara de los Comunes (Virginia), 165, *165, 301*, 307, 327, 333
Cámara de Representantes, 436, 460. *Ver también* Congreso
Cameahwait (líder shoshón), 519
Camino Nacional, 503, *503*
Camino Real, *m157*
Caminos
   Camino Cumberland, 503, *503*
   Camino de la Seda, 112
   Camino Nacional, 503, *503*
   El Camino Real, *m157*
   Gran Ruta de los Carromatos, 276–277, *277, m277*
   Sendero Wilderness, 502–503, *m502, 582*
Campana de la Libertad (Philadelphia), 351, 394, 468
Campaña, 381
Campaña, maletín de (cocina), 376–377, *376, 377*
Campo de Batalla Nacional de Fuerte Necessity, 318–319, *m319*
Campos de concentración, R14
Canadá
   británicos e indios en, 523
   conflictos entre colonos e indios en, 180
   derrota francesa en, 321
   exploración de, *120*, 140–141, *140–141*, 143, 177, *m177*
   indios americanos en, 2, 3, *3*
   los británicos ocupan territorios franceses en, 321
Canal, 504
   Erie, 504–505, *504–505*
Canciones
   escribir una, 469
   patrióticas, 468–469
Candeleros, 261
Canoas, 7, 60, 61, *61, 62*, 75, 79, 169

Cántaro(s), 229, 464
Caña de azúcar, plantaciones
   en la Indias Occidentales, 278
   en las colonias del sur, 284
Capataces, 284–285
Cape Fear, río, 294
Capitolio, edificio del (Washington, D.C.), 452–453, 463, 524
Carabelas, 112, *113*
Características físicas, I15
Caravanas de carromatos, 542, 544, 546–547, 550, 558, *558–559*
Cargos públicos, 217
Caribe, indios del, 102
Caricaturas políticas, 470–471, *471*, 483
Carlos I, rey de España, 159
Carolina, colonias de 275, *275, m275. Ver también* North Carolina; South Carolina
Carpinteros, 224, 260
Carrera hacia la Salida de la Luna: Una antigua travesía (Crum), 48–51
Carromato(s), 276–277, *277, m277*, 503, *503*, 530, 542, *542*, 543, *543*, 544, 546–547, 548, *548*, 550, 558, *558–559*, 580–581, *580–581*
Cartel, hacer un, 447
Carter, Jimmy, R40, *R40*
Carteret, George, 244, R79
Cartier, Jacques, 139, *m139*, 140–141, *140–141*, 142, *m145*, 177, R79
Cartilla, 220, *220*
Carver, George Washington, R4, *R4*
Casa Blanca, ataque británico a la, 524
Casa comunal, 70
Casa de Gobierno
   de Boston, 331, *m331*
   de Philadelphia, 309, *m309*, 413, 419, 426, 427, *m428*
   en Columbia, South Carolina, 413, *m413*
Casa(s)
   adobe, 53, 56
   colonial, 162–163, 173, 201, 216–217, 228–229, *228, 229*, 300–301
   de estilo holandés, 250
   hogans, 56, *56*
Casamiento
   edad promedio en las colonias, 230
   entre los indios, 79
Cascadas, cordillera de las, 20
Castigo
   cruel, 445
   en Nueva Inglaterra, 215
Cathay, 110, 111, 140. *Ver también* China
Catolicismo
   Contrarreforma y, 133
   conversión de los indios al, 117, 129, 133–134, 157

Catskill, cadena

en España, 115, 125
en Europa, 115, 125, 133
en la colonia de
  Maryland, 273, *273*
en New Orleans, 182
expansión en las
  Américas, 133–134,
  133, 134, 156
Reforma y, 133
Catskill, cadena, 17
Causa, 310
Causa y efecto, 310–311,
  323, 332, 341, 346, 353,
  354–355, 358, 372, 384,
  395, 401, 402
**Cavelier, René-Robert (Sieur
  de La Salle),** 180, *181,
  m181,* R80
Cayuga, indios, 77, *m95*
Caza
  de ballenas, 2, *60,* 60,
    61, *61,* 225, *225, m297,* 563
  de los indios americanos,
    3, 56, *60,* 60, *61,* 61, 69,
    70, 72, 75, 77, 78, 86,
    103, *103*
  de los primeros habitantes, 3, 24, *24–25,* 28–29,
    28–29
  herramientas para la,
    28–29, *28–29,* 60, 61,
    61, 86
Cazadores, 541, *541*
Cazadores y recolectores, 28,
  28–29, 56, 70, 75, 78
Cebada, 219
Cédula real, 207, 219, 275, 276
Celebraciones. *Ver*
  Festivales; Fiestas nacionales
Centeno, 219
Centrales, llanuras *m16,* 18,
  70. *Ver también* Indios de
  las Llanuras
Cepo (como castigo), 215
Cerámica de los indios americanos, 2, *53,* 54, 93
Cerdo(s), 219, 257
Ceremonias, 42, 55
  de curación, 57–58, *57*
  de la cultura de las
    Llanuras, 72–73, *73*
  de los pueblo, 54–55, *55*
  kachina, 92, *92, m92*
  navajo, 57–58, *57*
  potlatch, 64–65, *65,* 67
Ceremonias de curación,
  57–58, *57*
Cesión, 561, 562
Cesión Mexicana, 561, 562
Cestas, fabricación, 2, 40,
  63, 93
**Chaco, cañón del, New
  Mexico,** 40, *m40*
Champlain, Samuel de, 177,
  m177, 181, R79
**Channel Island, Parque
  Nacional,** 26, *26, m26*
Chaparejos, 551
Chapman, Jonathan, 511,
  R79
Charbonneau, Toussaint,
  498, 499, 519
Charles I, rey de Inglaterra,
  273

Charles II, rey de Inglaterra,
  240, *240,* 243, 245, 246,
  275, R79
**Charles Town, South
  Carolina,** 290, *290,* 291,
  293, 390–391
Charles, río, 207, 341, 344
**Charlestown,
  Massachusetts,** 345
Charlotte, North Carolina,
  47
Chávez, César, 411, *411,* 477,
  477, 480, *480, 481,* R79
Cherokee, Nación, 528, 529
Cherokee, tribu, 278, 490,
  490, 512, 528–531, *m529,
  530,* 532, *532*
Chesapeake, bahía de, 162,
  272, 273, 274, 293, 392
Cheyene, pueblo, 71, 72
Chickasaw, tribu, 531
**Chile, objetos encontrados
  en,** 26
Chimney Rock, Colorado, 48
China
  comercio con Europa, 112
  inmigrantes de, R7
  inventos de, 111, 112, *112*
  rutas terrestres hacia,
    111, 112
  viajes de Marco Polo a,
    111
Chino americanos, educación de los, 491, 565. *Ver
  también* Asiáticos americanos
Chinook, 61, 64
Chippewa, indios, 78
Choctaw, tribu, 531
Chumash, indios, *100*
Ciencia y tecnología. *Ver*
  Inventos; Tecnología
Cincinnati, Ohio, 570
Cinco Naciones, 77, 80
Cita de fuentes, R75
Ciudadanos
  derechos de los, 462–463,
    462, 476–477, *476–477*
  inmigrantes que se convierten en, 475, *475*
  naturalizados, 475, *475*
  responsabilidades de los,
    480–481, *480, 481*
  responsabilidades del
    gobierno de proteger
    a los, 463
Ciudades
  barcos de vapor, 570–571
  en Nueva Inglaterra,
    216–217, *216–217*
  inmigrantes en las, 259,
    572
  las Siete Ciudades de
    Oro, 99, 135
  mercado, 257
  olmecas, 37, *37*
  portuarias. *Ver* Ciudades
    portuarias
  primeros americanos en
    las, 7, 37, *37*
  Revolución Industrial y
    las, 569, 570
  *Ver también por nombre de
    ciudad*
Ciudades mercado, 257

Ciudades portuarias
  en las colonias del centro, 254–255, 258–259,
    258–259
  en las colonias del sur,
    292, *293,* 294, *294*
  en Nueva Inglaterra, 210,
    224, 225, *m225*
Civilización, 37
Civilizaciones, antiguas,
  36–41, *m38, m43*
  antiguos pueblo, 2, *2,
    m38,* 40–41, *40–41,
    m40, m41,* 52, *52–53*
  constructores de montículos, *m38,* 39, *39,
    m39,* 279
  mayas, 38, *m38,* 113
  olmecas, *36,* 37, *37, m38,* 94
Civismo
  bien común, 82–83, *82, 83*
  e instituciones democráticas, 165, *165*
  preservación de la cultura, 532–533, *532, 533*
  resolver conflictos y,
    80–81, *80, 81*
  y defensa de la libertad,
    356–357, *357*
  y justicia, 248–249, *249*
  y valores democráticos,
    219, *219,* 338, *338*
Clan, 62
Clark, Charity, 330
Clark, William, 491, *497,*
  498–499, *499,* 516–517, *516–517,*
  519, R79
Clase, 38
Clase social, 38
Clasificar, 88
Clave del mapa, I20
Clearwater, río, 517
Cleveland, Grover, R39, *R39*
Clima, 16
  cambios en el, 29
  de las colonias del centro,
    241
  del desierto del Suroeste,
    53
  en el Ártico, 85
  en los senderos al oeste,
    542
Clinton, George, 382
Clinton, William, R40, *R40*
Clíper (barco), 295, 563
Clovis, New Mexico, 29
Coaccionar, 338
Cocina
  en las casas de la colonia,
    228
  para los soldados
    de la Revolución
    Americana, 376–377,
    376, 377
Código Morse, 571
Colegio electoral, 437
Coloma, California, 562, *562,
  m562*
Colombia, 123
Colón, Cristóbal, 98, *98,* 103,
  114–117, *115, 117,* 121, 122,
  124, *m124,* R79
  barcos de, *105,* 108, 116,
    116, 126
  diario de, 106–109
  viajes de, 126–127, *126*

Colonias

Colonia de propiedad, 182,
  274
Colonia real, 166, 180, 274
Colonias "graneras", 241
Colonias del centro, *m197,*
  235, 240–261, *m245,* 302
  agricultura en las, 241,
    253, 257, *257,* 268–271
  ciudades mercado en las,
    257
  ciudades portuarias en
    las, 254–255, 258–259,
    258–259
  comercio con Inglaterra,
    258, 259, *259*
  como colonias "graneras", 241
  compra de Nueva
    Amsterdam por parte
    de los británicos, 243,
    244
  diversidad en las, 251
  economía de las, 256–
    261, *257, 258–259, 260,
    261*
  gobierno de las, 245
  judíos en las, 242, 253
  población en 1750, 281
  productos en las, *m297,
    m303*
  religión en las, 252–253, *252*
  trabajos en las, 260–261,
    260, 261
  vida diaria en las, 250–
    255, *250, 251, 252, 253,
    254–255*
Colonias del sur, *m197,* 267,
  272–297, 302
  agricultura en las, 275,
    275, 284–285, *284–285,*
    286, *286,* 287, 291, *291,*
    292, *292–293*
  Carolina, 275, *275, m275*
  ciudades portuarias en
    las, 292, *293,* 294, *294*
  economía de, 290–295,
    291, 292–293, 294
  Georgia, *m275,* 276,
    276–277
  indios americanos en las,
    278–279, *279*
  industrias en las, 294–
    295, *294*
  la Revolución Americana
    en las, 390–391, *391*
  Maryland, 268–274, *273,
    274, m275*
  pequeñas granjas en las,
    286, *286*
  plantaciones en las, *197,
    m197,* 276, 283–285,
    284–285, 292, *292–293*
  población en 1750, 281
  productos de las, *m297*
  religión en las, 283, 286
  Ver también Colonia de
    Virginia
Colonias, 155, *m196–197,* 308,
  309, *m308–309*
  acontecimientos paralelos en Gran Bretaña y
    las, 374–375, *374–375*
  agricultura en las. *Ver*
    Agricultura (cultivos)
  Carolinas, 275, *275, m275*
  cédula real para las, 207,
    219, 275, 276

Colonos leales

comercio con los indios, 173, 174, 176, *176*, 177, 178, *181*, 247, 276, 278

comercio de pieles en las, 173, 174, 176, 177, 178, 179, 180, *181*, 226, 294, *295*, m297

comercio en las, *164*, 173, 174, 176, *176*, 178, *181*, 226, *m226*, 247, 258, 259, *259*, 292–293, *293*

conflictos con los británicos, 323, 327–332, *327*, *330*, 332, 334, 335, 336–341, *338*, *m340*, *341*. *Ver también* Revolución Americana

conflictos con los indios, 163, 166, *166*, 167, 174, 175, 179, 180, 203–204, 211–212, *211*, *212*, 242, 278–279, 302, 322

de propiedad, 182, 274

del centro. *Ver* Colonias del centro

derecho a voto en las, 165, 217

economía de las, 163, 164, *164*, 178, 183, 210, 216–217, 222–227, *222*, *223*, *224*, *225*, m226

edad promedio de los casamientos en las, 230

españolas, *m101*, 154–158, *154–155*, *156*, *m157*, 183, 190, *m197*, 198

francesas, *m101*, 177, *177*, 180–183, *181*, *182*, *m182*, 190, *m197*

gobierno de las, 98, 99, *99*, 165, *165*, 166, 178, 183, 208, 210, 245, 273, 274, *274*

"graneras", 241

holandesas, 178–179, *178–179*, 190, 242, *242*

indios en las, 163, 166, *166*, 167, 173, 174, *174*, *181*, 203–204, 208, *208*

inglesas. *Ver* Jamestown; New England; colonia de Plymouth; isla Roanoke; colonia de Virginia

isla Roanoke, 160, 161, *161*

las mujeres en las, 162, 165, 172, *172*, 174, 175, 194, *194*, 195, *195*, 209, *209*, 217, 218, *218*, 261, *261*, 268–271, 291, *291*, 306, 329, 330, *330*, 373, *373*, 449, *449*

legalización de la esclavitud en las, 283

Maryland, 268–274, *273*, *274*, *m275*

milicias de las, 339, 340, 343

New Orleans, 182, *182*, *m182*, 385, 514, *514*

niños en las, 150–153, 199, *199*, 202–205

Nueva Amsterdam, 178, *178–179*

Nueva España, 155–158, *156*, *m157*, 190

Nueva Francia, 177, *m177*, 180–183, *181*, *182*, *m182*, *m183*, 190

Nueva Inglaterra. *Ver* Nueva Inglaterra

Nueva Suecia, 179, 242

productos de las, m297, *m303*

reales, 166, 180, 274

religión en las, 165, 171, 183, 207–209, *208*, *209*, 215, *215*, 219, 252–253, *252*, 283, 286

resistencia a las políticas británicas, 327–332, *327*, 328–329, 330, 332, 334, 335, 336–337, 337–341, *m340*, *341*

y las relaciones con los indios, 163, 166, *166*, 167, 173, 174, *174*, *181*, 195, 203–204, 208, *208*

Colonos leales, 367, 390

Colorado, 14–15, *m14*, 48, 518

compra por parte de Estados Unidos, 561

datos sobre, R34

parques nacionales, *41*, *m41*

Colton Hall (Monterey, California), *492*, *m492*

Columbia, distrito de, R37. *Ver también* Washington, D.C.

Columbia, río, 63, *64–65*, 517, 543

Columbia, South Carolina, 413, *m413*

Comanches, 71

Comercio, 422

bajo los Artículos de la Confederación, 422

barcos de vapor y, 570–571

boicot colonial a los productos británicos, 329, 330, 339, 368, *368*, 481

con Inglaterra, 226, *m226*, 258, 292–293, *293*

de pieles. *Ver* Pieles, comercio de

en California, 563

en las antiguas civilizaciones, 37, 39

en las colonias, *164*, 173, 174, 176, *176*, 178, *181*, 226, *m226*, 247, 258, 259, *259*, 292–293, *293*

en los ríos, 37, 504, 570–571

en Nueva Inglaterra, 223

entre Europa y África, 113

entre Europa y China, 112

entre indios americanos, 54, 63, 64, 70, 77

entre indios y colonos, 173, 174, 176, *176*, 177, 178, *181*, 247, 276, 278

exportaciones y, 226, 258

importaciones y, 226, 259, *259*, 368

Ver también Economía; Industria

Comercio, centro de, 63, 254

Comercio, puestos de, *181*, 241

Comités de Correspondencia, 328, 328–329

***Common Sense* (Paine),** 348, *348*, 349

Compañía de bomberos en Philadelphia, 254, *255*

Compañía de las Indias Orientales, 337

Compañía Holandesa de las Indias Occidentales, 142

Compañía Holandesa de las Indias Orientales, 178, 242

Compañía Holandesa de Tierras, 400

Comparar y contrastar, 6–7, 21, 31, 41, 44, 58, 65, 73, 79, 87, 90

Comparar, 6

Compensación, 262

Compra de Louisiana, 491, *514*, 515, *m515*, 582

Comunicaciones

la imprenta y las, 111, *111*

por telégrafo, 571

Ver también Libro(s); Periódicos

Comunidad, recursos de la, R73–R74

Comunismo, R14

Concord, batalla de, 340–341, *m340*

Conejos, 29

Confederación, 77

Artículos de la. *Ver* Artículos de la Confederación

Congreso de la, 353

Conflictos

entre colonos e indios, 163, 166, *166*, 167, 174, 175, 179, 180, 203–204, 211–212, *211*, *212*, 242, 278–279, 302, 322

entre Francia y Gran Bretaña, 319–321, *320*, *m321*, 515

internos, 180, 547

Ver también Batallas; Guerra(s)

Conflictos, resolución de, 80–81, *80*, *81*, 91

entre indios americanos, 77, 80, *80*

por parte de Estados Unidos, *81*

Congreso, 339

aprobación de leyes, 436, *440*, 460

bajo los Artículos de la Confederación, 421, 422

cámaras del, 436

poderes del, 436

Primer Congreso Continental, 339, *339*

Segundo Congreso Continental, 342, 343, *343*, 345, 351, 352, *352*, 368

y el equilibrio de poderes, 459–460, *459*

y la Asamblea Constituyente, 430, 431

Constitución de Estados Unidos

y la Constitución, 436

Congreso Continental

Primer, 339, *339*

Segundo, 342, 343, *343*, 345, 351, 352, *352*, 368

Congreso de la Confederación, 353

Congreso de la Ley del Timbre, 327, 328

Connecticut

datos sobre, R34

Mystic Seaport en, *197*, *m197*

niños, 202–205

votación de la Constitución, 444

Connecticut, Acuerdo de, 431

Connecticut, colonia de, 210, *m210*, 211

Connecticut, río, *210–211*, 212

Connecticut, valle del río, 210–212, 243

Conquistadores, 129–133, *130*

Coronado, Francisco Vásquez de, 98, *98*, 131, *131*, *m131*, 136–137

Cortés, Hernán, 130, *131*, *m131*

De Soto, Hernando, 132, *132*

Ponce de León, Juan, *128*, 129, *131*

Consecuencia, 520

Consecuencia económica, 262

Consejo, 72

Consenso, 209

Constitución de Estados Unidos, 419, 435–439, 486, R45–R65

agregado de la Declaración de Derechos a la, 249, 443, 445, *445*, 462–463, 486

comprometerse a respetar la, 475, *475*

cuando se firmó la, 418–419, *418*

enmiendas a la. *Ver* Enmiendas

Preámbulo de la, 410, 435

preservar la, 467, 474–478, *474*, *475*

principios de la, 435

ratificación de la, 443–444, 486

y el Congreso, 436

y el equilibrio de poderes, 459–460, *459*, 486

y la autoridad de los estados, 445, 461

y las libertades individuales, 435

y los Archivos Nacionales, 435, *435*, *478*

y los derechos de las minorías, 467

y los tres poderes del gobierno, 434–439, *436*, *437*, *438*, *439*, 459, *459*

R108 ■ Referencia

Constitución

Constitución, 275
  de la colonia de Carolina, 275
  de Virginia, 397
  Ver también Constitución de Estados Unidos
Constitución, Centro Nacional de la (Philadelphia), 484–485, *484–485, m484*
Constitución, preámbulo de la, 410, 435
Constructores de montículos, *m38, 39, 39, m39,* 279
Continente, I16
Contrarreforma, 133
Contrastar, 6
Convención, 422
Coolidge, Calvin, R40, *R40*
Cooper, río, 293
Coraje de Sarah Noble, El (Dalgliesh), 202–205
Corbin, Margaret, 369
Cordillera Costera, 20, *21, m21*
Corea, conflicto en, R14
Cornwallis, Charles, 392, R79
Coronado, Francisco Vásquez de, 98, *98,* 131, *131, m131,* 136–137, R79
Corrección, R76
Corredor, 292
Corriente del Golfo, 129, *129, m129*
Corte Suprema, 438–439, *438, 439*
  equilibrio de poderes y la, 459–460, *459*
  principio de libertad y la, 478
  y el traslado de los indios, 528, *528,* 529
  y la integración en las escuelas públicas, 477, R5
Cortes
  estatales, 429
  federales, 429
  Ver también Corte Suprema
Cortés, Hernán, 130, *131, m131*
Costera, cordillera 20, *21, m21*
Costera, llanura, 16–17, *m16,* 78, 277
Costo, 114
  de las expediciones, 114
  de oportunidad, 262
Costo de oportunidad, 262
Costumbres, 37
Costumbres funerarias, 39, *39*
Cousins, Margaret, 236–239
Cowpens, batalla de, 391, *391*
Crédito, 262
Credo, 467
Credo americano, 467
Creek, tribu, 278, 531
Cristianismo
  conversión de los indios al, 117, 129, 133–134, 157
  durante la Reforma, 133
  en España, 115, 125
  en la colonia de Maryland, 273, *273, 274, 274*
  expansión en las Américas, 133–134, *133, 134,* 156
  Ver también Catolicismo; Religión
Croatoan, isla, 161
Crockett, Davy, 552, R79
Cronología, I3
Cronómetro, 118, *118*
Crow (cuervos), indios, 71
Crum, Sally, 48–51
Cuadrículas, sistema de, I22
Cuáqueros (Sociedad de Amigos), 195, *195,* 238, 244, *244,* 245, 246, 253, 273, 397
Cuarta Enmienda, 445
Cuatro de Julio, 351, *351,* 466, *466, 469*
Cuba, R6, R7
Cuchillo, 67
Cuento folclórico, 511, 513
Cultivo comercial, 164, 284, 291
Cultivo(s)
  aguacate, 30
  algodón, 53, 56, 103
  arroz, 275, 284, 291, 292–293, *m297*
  batata, 103, R4
  cacahuates, R4
  calabaza, 7, 30, 53, 70, 75, 76, 173, 219
  cebada, 219
  centeno, 219
  comerciales, 164, 284, 291
  frijoles, 7, 30, 40, 53, 70, 75, 76
  girasol, 70
  índigo, 195, 291, *291, m297*
  maíz, 2, 3, 7, 30, 40, 53, 70, 72, 75, 76, 103, 141, 173, 219, *m297*
  tabaco, 164, 199, 240, 274, 275, *275,* 284, 287, 291, 293, *m297*
  trigo, 219, *m297*
  Ver también Agricultura
Cultura(s), 31
  de las Llanuras, 2, *3,* 71, 72–73, *72*
  de los esclavos africanos, 283, *283,* 288
  de los indios pueblo, 52–53, 53–55, *54, 55*
  de los inmigrantes, R6, R10, *R10*
  de los antiguos indios americanos, 31, *31, m43*
  del Pacífico Noroeste, 2, *3,* 60–67, *61, 62–63, 65, 66, 67*
  mexicana, 550, 551, *551,* 561
  navajo, 56–58, *56, m56, 57, 58, 59, 59,* 158
  preservación de la, 532–533, *532, 533*
  Ver también Arte
Cumberland, Camino de, 503, *503*
Cumberland, Paso de 502–503, *502, 503*
Curanderos, 57–58, *57, 73*

Curva de nivel, 144, *m144*

D

D.C. *(Anno Domini),* 33
Da Verrazano, Giovanni. *Ver* Verrazano, Giovanni da
Dakota, indios, 72, *72*
Dalgliesh, Alice, 202–205
Dalles, The, 63, 64
Danza
  colonos y la, *311*
  indios americanos y la, 54–55, *55,* 73, *92*
Dart, Justin, 477, R78
De Niza, Marcos, 130–131, R82
De Soto, Hernando, 132, *132,* R79
Deagan, Kathleen, 127, *127*
Death Valley, California, *m16,* 19
Década, 32
Dechados, 229
Décima Enmienda, 445, 461
Decimocuarta Enmienda, R3
Decimonovena Enmienda, 462, *462,* 477, R5
Decimoquinta Enmienda, R3
Decimoséptima Enmienda, 462
Decimotercera Enmienda, R3
Decisiones económicas, 262–263, *262, 263,* 265
Declaración, 349
Declaración de Derechos, 249, 443, 445, *445,* 462–463, 486. *Ver también* Enmiendas
Declaración de Independencia, 306, 349–352, *349,* 359, R41–R44
  contenido de la, 350–351, *350,* 356
  de Texas, 552, 554
  en los Archivos Nacionales, 435, *435*
  firma de la, 352, *352*
  y los derechos, 397
Declaración de Sentimientos (Stanton), 573–574
Deganawida, 77, R79
Delaware
  colonos en, 179, 242
  como colonia del centro, 241
  datos sobre, R34
  en la Asamblea de Annapolis, 422
  festivales en, 251
  votación de la Constitución, 444
  William Penn y, 245
Delaware, indios, 78, 242
Delaware, río, 241, 251, 258, 380, *380*
Deloria, Vine, Jr., 35, *35*
Democracia, 458
Democracia constitucional, 458–463, *459,* 486
Democráticas, instituciones, 165, *165*
Deportes
  de los indios americanos, 74

Destrezas clave

  en las primeras civilizaciones, 36
Depresión, R12–R13, *R12*
Derechos
  a la privacidad, 338, *338*
  a un juicio con jurado, 245, 248, 249, 397, 445
  al voto. *Ver* Derechos al voto
  civiles, 411, *411,* 476–477, *476–477,* 479
  Declaración de, 249, 443, 445, *445,* 462–463, 486
  de las minorías, 467
  de las mujeres, 165, 172, *172,* 217, 372, 462, *462,* 477, *477,* 573–574, *574,* R5
  de los americanos discapacitados, 477, *477*
  de los ciudadanos estadounidenses, 462–463, *462,* 476–477, *476–477*
  de los colonos como ciudadanos británicos, 339
  de los grupos étnicos, 476, *476,* 477
  de los hispanoamericanos, 476, 477, *477,* 480, *480,* 481
  de los indios americanos, 477, *477,* R5
  de los trabajadores inmigrantes, 411, *411,* 477, *477,* 480, *480,* 481
  después de la Revolución Americana, 397
  igualdad de, R3, R5
Derechos, igualdad de, R3, R5
Descripción de Nueva Inglaterra, Una (Smith), *168,* 171
Desierto del Suroeste, 52, 53–58
  agricultura en el, 53, 55, 56
  antiguos pueblo en el, 2, *2, m38,* 40–41, *40–41, m40, m41,* 52, 52–53
  clima de, 53
  indios pueblo del, 52–53, 53–55, *54, 55*
  niños en el, 48–51, 93
  pueblo navajo del 56–58, *56, m56, 57, 58, 59, 59,* 158
  religión en el, 54–55, *55,* 57–58, *57,* 72, 73, 87
Desierto(s), 19
Desmotadora de algodón, 569
Destino manifiesto, 559, 582
Destrezas clave
  causa y efecto, 310–311, 323, 332, 341, 346, 353, 354–355, 358, 372, 384, 395, 401, 402
  comparar y contrastar, 6–7, 21, 31, 41, 44, 58, 65, 73, 79, 87, 90
  generalizar, 494–495, 505, 513, 518, 525, 531, 534, 547, 554, 564, 574, 578

Índice ■ R109

Destrezas con mapas y globos terráqueos

idea principal y detalles, 102–103, 117, 125, 134, 143, 146, 158, 166, 175, 183, 186
resumir, 198–199, 212, 221, 227, 232, 246, 255, 261, 264, 279, 288, 295, 298
sacar conclusiones, 414–415, 425, 433, 439, 447, 450, 463, 469, 478, 482

Destrezas con mapas y globos terráqueos
con escalas diferentes, 386–387, *m386, m387*, 403
de población, 464, *m465*, 483, *m487*
de usos horarios, 576–577, *m577*
identificar cambios en las fronteras, 566–567, *m567*, 579, 583
latitud y longitud, 22–23, *m22, m23,* 45
mapas culturales, 42, *m43, m95*
mapas de altitud, 144–145, *m144, m145*
mapas históricos, 184, *m185,* 187, 191, *m191,* 324–325, *m325,* 359, 407, *m407,* 566–567, *m567*

Destrezas con tablas y gráficas
dibujar tablas, 65, 117, 261, 463
gráfica circular, 280–281, *281,* 299, 506–507, *507*
gráfica de barras, 506, *507*
gráfica lineal, 230–231, *231,* 233, 507
gráficas, 506–507, *507*
leer líneas cronológicas, 32–33, *32, 33*
líneas cronológicas paralelas, 374–375, *374–375,* 403
organigramas, 440, *441,* 451
tablas, 88–89

Destrezas de estudio
anticipar y preguntar, 8
conectar ideas, 312
escribir para aprender, 536
formular preguntas, 200
guía de anticipación, 46
hacer un esquema, 496
ojear e identificar, 452
organizar información, 360
recursos visuales, 104
relación entre preguntas y respuestas, 234
tabla de S-QS-A, 148
tomar apuntes, 266
vocabulario, 416

Destrezas de razonamiento crítico, 21, 31, 45, 58, 65, 73, 79, 87, 91, 95, 117, 125, 134, 143, 147, 158, 166, 175, 183, 187, 191, 212, 221, 227, 233, 246, 255, 261, 265, 279, 288, 295, 299, 303,

323, 332, 341, 346, 353, 359, 372, 384, 395, 401, 403, 407, 425, 433, 439, 447, 451, 463, 469, 478, 483, 487, 505, 513, 518, 525, 531, 535, 547, 554, 564, 574, 579, 583
comparar fuentes primarias y secundarias, 168–169, *168, 169,* 187
distinguir entre hecho y opinión, 136–137, 147
distinguir entre hecho y ficción, 334–335, *334*
identificar causas y efectos múltiples, 354–355
leer una caricatura política 470–471, *471*
resolver un problema, 556–557, 579
tomar una decisión bien pensada, 520–521, 535
tomar una decisión económica, 262–263, *262, 263,* 265

Destrezas. *Ver* Destrezas con tablas y gráficas; Destrezas de razonamiento crítico; Destrezas clave; Destrezas con mapas y globos terráqueos; Destrezas de estudio

Deudores, 276
Día de Acción de Gracias, 174, *174*
Día de la Independencia, 351, *351,* 466, *466,* 469

Diagramas
analizar, 69, 393, 459
de la batalla de Yorktown, *393*
del equilibrio de poderes, *459*
utilización del búfalo por los indios americanos, *69*

Diario de Cristóbal Colón, El (Lowe), 106–109
Diario de Wong Ming-Chung, El (Yep), 538–539
Diario(s), 150–153, 538–539
Dibujos, analizar, 327, *327*
Diccionario biográfico, R78–R82
Diccionario de sinónimos, R72
Diccionarios, R71
Dickinson, John, 343, 352, *353,* R79
Dieta básica, 53
Dificultades
de los inmigrantes, R8–R9
durante la Revolución Americana, 367–368, *367, 368*

Diné ("la gente"), 56
Dinero
ahorrar, 262
colonial, *293*
de los indios americanos, 76, 77
después de la Revolución Americana, 398
ganar, 262

moneda Continental, 343, 368, *368, 381,* 382
moneda estatal en las décadas de 1770 y 1780, 422, *422*
monedas, *125, 168, 190, 293, 381, 519*

Discriminación, R9
Discurso
dar un, 79
escribir un, 175, 482, 534
persuasivo, 482, 534

Disenso, 208, 209, *209,* 210
Diversidad, 251
División del trabajo, 54, 75
Documento(s), analizar, 350
Dolores, México (iglesia en) 555, *555*
Douglass, Frederick, 573, *573,* R79
Drake, Daniel, 510, *510,* R79
DuBois, W. E. B., R5, R79

E

E.C. ("antes de la Era Común"), 33
East, río (ciudad de New York), 258
Economía, 63
comunismo y, R14
cultivos comerciales y, 164, 284, 291
de Europa del oeste, 572
de la colonia de Virginia, 163, 164, *164*
de las colonias, 163, 164, *164,* 178, 183, 210, 216–217, 222–227, *222, 223, 224, 225, m226*
de las colonias del centro, 256–261, *257, 258–259, 260, 261*
de las colonias del sur, 290–295, *291, 292–293, 294*
de los gobiernos estatales y federal, 429, 461, 463
de los indios americanos, 63, 64–65
de Nueva Holanda, 178
de Nueva Inglaterra 216–217, 222–227, *222, 223, 224, 225, m226*
después de la Revolución Americana, 423
dificultades durante la Revolución Americana, 368, *368*
el trueque en la, 64, 216
inflación y, 368
interdependencia y, 292
libre mercado, 223
presupuesto y, 327
y el Nuevo Trato, R13
y la bolsa de valores, R12–R13, *R12*
y la Gran Depresión, R12–R13, *R12*
Ver también Agricultura; Libre empresa; Industrias; Comercio

Ecuador, I16, 22, *m22*
Editar reportes escritos, R76
Editoriales, escribir, 518

Educación
colegios universitarios y universidades, 221, *221,* 420, *420–421*
de los afroamericanos, 285, R4, R5
de los asiáticos americanos, 491, 565
en las colonias del sur, 285
en Nueva Inglaterra, 220–221, *220, 221*
integración en las escuelas públicas y, 477, R5
poder de los estados sobre la, 461

Edwards, Jonathan, 252, R80
Efecto, 310. *Ver también* Causa y efecto
Eisenhower, Dwight D., R40, *R40*
Ejército
bajo los Artículos de la Confederación, 421, 423
británico, *320,* 321, 330, 331–332, *332, 334,* 335, 338, *338,* 340–341, 344–345, *344–345, m345,* 366, *366–367,* 367, 379, *379,* 381, *381,* 390–391, *391,* 392, *392, 393*
comparar el británico y el americano, 379, *379*
Continental. *Ver* Ejército Continental

Ejército Continental
afroamericanos en el, 370, *370*
apoyo al, 343, 383–384, 390
batallas del, 344–345, *344–345, m345,* 370, *370,* 392, 393
comparado con el ejército británico, 379, *379*
en Valley Forge, 382–383, *382–383*
liderazgo del, 342, *342,* 343, 344, 369, 378, 379, 382–383, *382–383,* 389
pagos por los servicios en el, 398

Ejido, 216, *216*
Elefante, como símbolo del partido Republicano, 470, *470, 471*
Elizabeth I, reina de Inglaterra, 160, 161, R80
Ellicot, Andrew, 271
Ellis, isla (New York), R8
Embarcación(es). *Ver* Barcos y embarcaciones
Embreado y emplumado, 329
Emerson, Ralph Waldo, 341
Empalizadas, 76, *76,* 163
Empleo
de los inmigrantes, R6, R8, *R8,* R9, *R9*
en las colonias del centro, 260–261, *260, 261*
iguales derechos en el, R5
Empleos coloniales, 260–261, *260, 261*

Empresarios, 114
  cabañas de troncos, *322–323*, 509, *509*, 550
  comunales, 70
  de los pioneros, 509, *509*
  en Jamestown, *162–163*
  en la colonia de Plymouth, *173*
  en las plantaciones, 284–285, *284–285*
  en Nueva Inglaterra, *201, 216–217*
  exploradores como, 114
  mujeres, 291, *291*
  pueblo, 40, *40–41, 52–53*, 53
Enciclopedias, R72
Enfermedades
  los indios americanos y las, 103, 130, 156, 278–279
  los niños y las, 199
Enmiendas, 439
  castigo cruel, 445
  contra la esclavitud, *476*, R3
  Declaración de Derechos, 249, 443, 445, *445*, 462–463, 486
  derecho a un juicio justo, 249, 445
  derecho de portar armas, 445
  derechos a voto, 462, *462*, R3, R5
  edad para votar, 462, R5
  elección de Senadores, 462
  fin de la esclavitud, R3
  hospedar a soldados, 445
  igualdad de derechos, R3, R5
  inspecciones injustificadas en los hogares, 445
  libertad de culto, de expresión y de prensa, 445
  libertad de reunión, 445
  límite del período del presidente, 462
  poderes reservados, 445
Enrique el Navegante, príncipe de Portugal, 112, R81
Entre la Tierra y el cielo (Bruchac), 10–13
Equiano, Olaudah, 195, *195*, 289, *289*
Equidad, 213
Equilibrio de poderes, 459–460, *459*, 486
Equipo de afeitar, *549*
Erie, canal, 504–505, *504–505*
Erie, lago, 504, 524
Escala del mapa, I21
Esclavitud, 156, 282–285, *282, 283*, 289, *289*, 370, *370*, 498–499, 573, *573, m573*
  acuerdos sobre la, 432–433, *432, 433*
  africanos en, 99, *99*, 135, *135*, 156, 164, *164*, 182, 195, *195*, 226–227, *227*, 242, *242*, 251, 253, 259, 271, 275, 276
  derecho al voto y, 165, 432, *432*, R3
  educación y, 285
  el ferrocarril clandestino y la, 491, 573, *m573*, 575
  en el Territorio del Noroeste, 399, 513
  en México, 490
  esclavos de la casa, 284
  esclavos del campo, 284
  esclavos fugitivos, 287, *288*, 573, *m573*, 574
  fin de la, R2–R3
  indios americanos en, 103, 156, 159, 173, 278
  institucionalizada, 283
  la Asamblea Constituyente y la, 432–433, *432, 433*
  libertad de los esclavos, 195, *195*, 242, 251, *253*, 287–288, *288*, 289
  movimiento antiesclavista, 396, *396*, 397, *397*
  mujeres en, 347, *347*, 491, *491*, 573, *573*, 575, *575*
  oposición a la, 227, 253
Esclavitud institucionalizada, 283
Esclavos, barcos de, 226–227, *227*
Esclavos, comercio de, *242, 243*, 289
Esclavos, subasta de, *242, 282, 282*
Esclavos fugitivos, 287, *288*, 573, *m573*, 574
Esclusas, 505
Escocia 501
Escribir
  para aprender, 536
  para obtener información, R74
Escritura de los idiomas indios, 532, *532*
Escritura persuasiva, 44, 90, 146, 166, 192, 232, 264, 353, 358, 401, 450, 482, 488, 534, 578
Escuela(s)
  autoridad de los estados sobre las, 461
  en las colonias del sur, 285
  en Nueva Inglaterra, 216, *217*, 220–221, *220, 221*
  indios en las, 528
  integración en las, R5
  segregación en las, 477
Esculpir, *37, 60, 87*
Escultura olmeca, *37*
España, 115
  alianza con Francia, 321
  bandera de, *324*
  colonias de, *m101*, 154–158, *154–155, 156, m157*, 183, 190, *m197*, 198
  declara la guerra a Gran Bretaña, 385
  esclavitud de otros pueblos por parte de, 156
  exploración por parte de, 98, *98*,115–117, *115, 116, 117*, 124, *m124*, 128–134, *128, 130, m131, 132, 136–137*, 139
  fuertes de, *154–155*, 157
  la Reconquista en, 115
  México se independiza de, 490, 551, 555
  misioneros de, 133–134, *133, 134*, 157
  New Orleans bajo control de, 515
  posesión de tierras en las Américas de, *154–155*, 155, *m185*, 319, *m319*, 398, *m407*
  religión en, 115, 133–134, *133, 134*
  tierras españolas en el suroeste, 518
Español, idioma, 550, 551
Especular, 368
Esquemas, 496
Esquimales. *Ver* Inuit
Estado(s), 15, *m15*
  bajo los Artículos de la Confederación, 421
  banderas de los, R34–R37
  en 1800, *m512*
  esclavistas, 553, *m553, m573*
  libres, 553, *m553*, 564, *m573*
  milicia de los, 423, 429
  nuevos a fines del siglo XVIII, 512–513
  ratificación de la Constitución por parte de los, 443–444, 486
  relación con el gobierno nacional, 428–429
  representación en el gobierno federal, 430
  separación de los, R2–R3
Estados Confederados de América (Confederación), R2–R3
Estados esclavistas, 553, *m553, m573*
Estados libres, 553, *m553*, 564, *m573*
Estados Unidos
  armada de, 524, *524*
  bandera de, *357*, 411, 468, *468*, 472, *472*, 473
  cincuenta estados en, 15
  como república, 429, 453
  densidad de población en 1790, 464, *m464*
  el terrorismo y, R15, *R15*
  en 1845, *m553*
  en 1850, *m563*
  en 1853, *m492–493*
  en la guerra con Gran Bretaña, 524–525, *524*
  en la Primera Guerra Mundial, R11–R12
  en la Segunda Guerra Mundial, R13–R14, *R13, R14*
  expansión de, *514*, 515, *m515*, 558–564, *m563*, 566–567, *m567*
  extensión de, 15
  gobierno de, *81*
  himno nacional de, 410, 468, 525, R66
  inmigrantes llegan a, 500, 501, *501*, R7. *Ver también* Inmigrantes
  Juramento a la bandera de, 468, 486, R67
  latitud y longitud en, *m23*
  los líderes se reúnen para resolver conflictos, *81*
  nombre de, 394, 421
  nuevos ciudadanos de, 475, *475*
  población a fines del siglo XIX, R6
  población en 1790 y 1800, 495
  regiones climáticas de, *m20*
  regiones geográficas de, 16–21, *m16*
  símbolos patrióticos de, *Ver* Símbolos patrióticos
  sistema federal del gobierno en, 428–429, 459–460, *461*
  trato a los indios por parte de la, 400–401, *400*, 528–531, *m529, 530, 531*
Estampilla, 519, *554*
Estatua de la Libertad, 468, *R7*, R8
Estevanico (esclavo africano), 99, *99*, 130–131, 135, *135*, R80
Estudios Sociales. *Ver* Lectura en los Estudios Sociales
Europa
  catolicismo en, 133
  comercio con África, 113
  comercio con China, 112
  comercio de pieles en, *140*, 178, 226
  economía de, 572
  inmigrantes de, R7–R8, R9
  posesión de tierras en las Américas, 155, *m185*, 319, *m319, m407*
  Renacimiento en, 111, *111*
Evidencia, I2
Excedente, 54
Excursión
  El Centro Nacional de la Constitución (Philadelphia), 484–485, *484–485, m484*
  El fin del Sendero de Oregon, 580–581, *580–581, m580*
  El Sendero de la Libertad (Boston), 404–405, *404, m404*, 405
  La misión de San Diego de Alcalá (San Diego, California), 188–189, *188–189, m188*
  La nación hopi, 92–93, *92–93, m92*
  Williamsburg colonial, 300–301, *300–301, m300*
Expediciones, 112, 114. *Ver también* Exploración; Exploradores
Exploración como negocio, 114–115, *115*. *Ver también* Economía; Libre empresa; Industrias; Comercio

Exploración

Exploración, *120, m124*
  como negocio, 114–115, *115*
  de América del Sur, 122
  de Canadá, *120,* 140–141, *140–141,* 143, 177, *m177*
  de la expedición de Lewis y Clark, 491, *497,* 498–499, *m515,* 516–517, *516–517,* 519, 520, *520*
  del Oeste, *m515,* 516–518, *516–517,* 518
  época de la, 112–113, *113, m124*
  española, 98, *98,* 115–117, *115, 116, 117, 124, m124,* 128–134, *128, m129,* 130, *m131, 132, 136–137,* 139
  francesa, 138–141, *138, 139, m139,* 140–141, *142, m145,* 177, 180–183, *181, 182*
  holandesa, 142, *184*
  inglesa, 99, *99, 120,* 121, *121, m139,* 142–143, *142, 143*
  italiana, 122
  portuguesa, 112, 124, *124, m124*

Exploradores, 490, *490,* 502, *502,* 540, 541, *541*
  Balboa, Vasco Núñez de, 123, *123, 124, m124,* R78
  Boone, Daniel, 277, 502, *502,* R78
  Caboto, Giovanni (Cabot, John), *120,* 121, *121, 124, m124,* R79
  Cartier, Jacques, *139, m139,* 140–141, *140–141, 142, m145,* 177, R79
  Champlain, Samuel de, 177, *m177, 181,* R79
  Clark, William, 491, *497,* 498–499, 516–517, *516–517,* 519, R79
  Colón, Cristóbal, 98, *98, 103, 105,* 106–109, 114–117, *115, 116, 117,* 121, 122, 124, *m124,* 126–127, *126,* R79
  como empresarios, 114
  Frémont, John C., 490, *490,* 541, *541,* R80
  Coronado, Francisco Vásquez de, 98, *98,* 131, *131, m131,* 136–137, R79
  Cortés, Hernán, 130, *131, m131,* R79
  De Soto, Hernando, 132, *132,* R79
  Hudson, Henry, *139, m139,* 142–143, *142, 143, 178, 184,* R81
  Joliet, Louis, 180, *181, m181,* R81
  La Salle, Sieur de (René-Robert Cavelier), 180, *181, m181,* R81
  Le Moyne, Jean-Baptiste, *182*
  Le Moyne, Pierre, 182
  Lewis, Meriwether, 491, *491, 497,* 516–517, *516–517,* 519, R82
  Magallanes, Fernando de, 124, *124, m124,* 139, R82
  Marquette, Jacques, 180, *181, m181,* R82
  Polo, Marco, 110, *110,* 111, 122
  Ponce de León, Juan, *128,* 129, *131,* R83
  rutas de los, *m131, m139, m145, m177, m181*
  Verrazano, Giovanni da, *138, 138, 139, m139,* 140, *142,* R85
  Vespucci, Amerigo, 122, *122, 124, m124,* R85

Expresión, libertad de, 445
Expulsar, 208, 209
Extinción, 29

F

Fábrica textil, 568, *568–569,* 569
Fabricantes de velas, *261*
Fábricas, *568–569,* 569, 571
Faneuil Hall (Boston), 404, *405*
Farragut, Jorge, 384, *384,* R80
Federalistas, 444, 446, 447
Felipe II, rey de España, 154, R83
Feria colonial, 304
Fernando, rey de España, 115, *115,* 117, *125,* R80
Ferrocarril Baltimore & Ohio, 571
Ferrocarril clandestino, 491, 573, *m573,* 575
Ferrocarriles, *570–571, m570,* 571, 572
Festival Alemán (Kutztown, Pennsylvania), 251
Festival(es)
  de indios americanos, 47
  étnicos, 47, 251, *251*
Ficción vs. hechos, 334–335, *334*
Fiebre del oro 562–563, *m562, 564,* R7
Fiestas nacionales
  Día de Acción de Gracias, 174, *174*
  Día de la Independencia, 351, *351, 466,* 466, 469
Filipinas, islas, 124, R6
Fillmore, Millard, R38, *R38*
Fink, Mike, 511, R80
Florida
  datos sobre, R34
  durante la Revolución Americana, 385
  España la cede a Estados Unidos, 527
  estrecho de, 129, *m129*
  exploración española de, *128,* 129, *129, m129, m131, 132, 132*
  Fort Mose en, 287–288, *287*
  indios seminolas en, 287, 526–527, *526–527*
  inmigrantes en, R7
  los africanos libres en, 287–288, *287*
  misiones, *101, m101,* 156, *m156,* 157, *m157*

Focas, 3, 86, *87*
Ford, Gerald R., R40, *R40*
Forten, James, 370, R80
***Four Corners,* región de**
  los indios americanos en la, 56–58, *56, 57, 58*
  primeros habitantes en, 40–41, *40–41, m40, m41*
Frame, Richard, 257
Francia
  apoyo al Ejército Continental, 383–384, 390
  bandera de, *324*
  colonias de, *m101,* 177, *177,* 180–183, *181, 182, m182,* 190, *m197*
  en la Primera Guerra Mundial, R11
  en la Segunda Guerra Mundial, R14
  exploración por parte de, 138–141, *138, 139, m139,* 140–141, *142, m145,* 177, 180–183, *181, 182*
  guerra contra los británicos, 319–321, *320, m321,* 515
  indios aliados de, 320, *320*
  los británicos ocupan tierras de, 321
  se posesiona de tierras en las Américas, *m185,* 319, *m319*
  venta de Louisiana a Estados Unidos, 515
Francis Ferdinand, asesinato de, R11
Francis I, rey de Francia, 140
Franco-indígena, guerra, 319–321, *320, m321, m325,* 406
Franklin, Benjamin, 194, *194,* R80
  como ciudadano de Philadelphia, 236–239, *254, 255,* 260
  como representante colonial, 320, 326, 329
  en el comité de redacción de la Declaración de Independencia, 349, 357
  en Francia, 383, 394, *394*
  en la Asamblea Constituyente, *418, 426,* 427, 430, 442, 443
  plan para un gobierno federal y, 415
  sabios proverbios de, 194, 254
  su vida en Estados Unidos, 501
Fraunces, Phoebe, 362–365
Fraunces, Samuel, 362
Frederick, Shirley, 96, 584
Freeman, Elizabeth, 387, R80
Frémont, John C., 490, *490,* 541, *541,* R80
Frijoles, 7, 30, 40, 53, 70, 75, 76

Gálvez, Bernardo de

Frontenac, conde de, 180
Frontera, 212
  movimiento de los colonos hacia el oeste, 322–323, *322–323,* 371–372
  vida cotidiana en la, 508–513, *508, 509, 510*
Fronteras, cambios en las, *m567,* 566–567, 579, 583
Frontier Culture, museo (Staunton, Virginia), 267
Fuegos artificiales, *469*
Fuente de la juventud, 128, 129
Fuentes documentales, 334–335
Fuentes primarias, 168
  aldea de Secotan, 278, *278*
  cartilla, 220, *220*
  casas coloniales, 228–229, *228,* 229
  comparar con fuentes secundarias, 168–169, *168,* 187
  Declaración de Independencia, *350*
  maletín de campaña de Washington, 376–377, *376, 377*
  moneda estatal, 422, *422*
  objetos patrióticos del pasado , 472–473, *472, 473*
  objetos que se usaban en los senderos del oeste, 548–549, *548, 549*
  protesta contra la Ley del Timbre, 327, *327*
  tótems, 66–67, *66, 67*
  túnica calendario, 72, *72*
Fuentes secundarias, 168–169, *169,* 187
Fuentes, citar, R75
Fuerte(s)
  Boise, *m544*
  Bridger, *m545*
  británicos, *m321,* 398, 400
  Duquesne, 320, 321
  españoles, *154–155,* 157
  franceses, 320, 321, *m321*
  Hall, *m544*
  holandeses, 179
  Laramie, *m545*
  Mandan, 516
  McHenry (Baltimore), 410, 468, 525
  Mose, 287–288, *287*
  Necessity, 318, *318–319, m319,* 320
  Orange, 241
  Sumter, R3
  Walla Walla, *m544*
Fulton, Robert, 504, R80

G

Gabinete, 446
Gadsden, Compra de, 561
Gadsden, James, 561, R80
Gage, Thomas, 338, 340, 344, R80
Gálvez, Bernardo de, 307, *307,* 384, 385, *385,* R80

Ganado

Ganado, 216, 219, 223, *223*, 257, *m297*
Gao (ciudad de África), 113
Garfield, James A., R39, *R39*
Garrote, 28
Gates, Horatio, *381*
Generación, 27
Generalizar, 494–495, 505, 513, 518, 525, 531, 534, 547, 554, 564, 574, 578
Genesee, río, 400
Geografía
  Boston, 331, *m331*
  Corriente del Golfo, 129, *129, m129*
  Gran Ruta de los Carromatos, 276–277, 277, *m277*
  Isla San Miguel, 26, *26, m26*
  New Bedford, Massachusetts, 225, *m225*
  New Orleans, 182, *182, m182*
  Parque Histórico Estatal Marshall Gold Discovery (California), 562, *562, m562*
  Philadelphia, 428, *428, m428*
  Sendero Wilderness, 502, *m502*
  Ver también Destrezas con mapas y globos terráqueos
George II, rey de Inglaterra, 276, R80
George III, rey de Inglaterra, 322, 326, 345, 346, *346,* R80
Georgia, 292, 343, 390
  como colonia, *m275,* 276, *276–277*
  datos sobre, R34
  indios en, 528, 529, *531*
  votación de la Constitución, 444
Gerry, Elbridge, 443, R80
Gila, Sendero de, *m544*
Glaciares, 25
Gobernadores, 166
  de Louisiana, 307, *307,* 385, *385*
  en Nueva Inglaterra, 219
Gobierno, 37
  autogobierno, 172, *172*
  bajo los Artículos de la Confederación, 420–425
  colonos forman, 352–353, *353*
  de la colonia de Maryland, 273, 274, *274*
  de la colonia de Plymouth, 99, *99,* 172, *172*
  de la colonia de Virginia, 165, *165,* 166, *301,* 327, 333
  de la colonias de Inglaterra, *98,* 99, *99,* 165, *165,* 166, 172, *172,* 178, 183, 208, 210, 245, *301,* 327, 333

  de las colonias del centro, 245
  de las colonias españolas, 183
  de las colonias francesas, 183
  de las colonias holandesas, 178
  de los indios americanos, 55, 72, 77, 79, 80, *80,* 528
  de Nueva Inglaterra, 217, 219, *219*
  del Territorio del Noroeste, 399
  equilibrio de poderes, 459–460, *459,* 486
  establecimiento del, 446–447
  legislaturas en el, 165, *165,* 245
  los tres poderes del, 434–439, *436, 437, 438, 439, 459*
  olmeca, 37
  poder compartido en el, 459, *459,* 461
  poder ejecutivo del, 437, *437, 459.* Ver también Presidente
  poder judicial del, 438–439, *438, 439, 459*
  poder legislativo del, 436, *436, 459*
  puntos de vista sobre el, 424, *424*
  responsabilidad de proteger al pueblo, 463
  sistema federal de, 428–429, 459–460, *461*
  Ver también Gobierno estatal
Gobierno estatal
  autoridad compartida con el gobierno nacional, 459, *459,* 461
  poderes del, 461, *461*
  poderes reservados, 445
Gobierno por mayoría, 172
Gráficas
  analizar, *158, 258, 368*
  circulares, 280–281, *281,* 299, 506–507, *507*
  comparar, 506–507, *507,* 535
  de barras, 506, *507*
  de los europeos en el hemisferio occidental, 1550–1750, *158*
  exportaciones coloniales hacia Inglaterra, *258*
  importaciones americanas de Gran Bretaña, 1775–1780, *368*
  lineal, 230–231, *231,* 233, *507*
Gráficas circulares, 280–281, *281,* 299, 506–507, *507*
Gráficas de barra, 506, *507*
Gráficas de pastel, 280–281, *281.* Ver también Gráficas circulares
Gráficas lineales, 230–231, *231,* 233, *507*
Gran Acuerdo, 431–432

Gran Bretaña
  acontecimientos paralelos en América y, 374–375, *374–375*
  armada de, 524, *524*
  bandera de, *324*
  conflicto con colonos de, 323, 327–332, *327, 330, 332, 334,* 335, 336–341, *338, m340, 341. Ver también* Revolución Americana
  Declaración de Derechos de, 338
  ejército de, *320,* 321, 330, 331–332, *332, 334,* 335, 338, *338,* 340–341, 344–345, *344–345, m345,* 366, 366–367, 367, 379, *379,* 381, *381,* 390–391, *391,* 392, *392, 393*
  en el Tratado de Oregon, 559
  en guerra contra Estados Unidos, 524–525, *524*
  en la Primera Guerra Mundial, R11
  en la Segunda Guerra Mundial, R14
  España declara la guerra a, 385
  fuertes de, *m321,* 398, 400
  indios aliados de, 320, 523
  inmigrantes de, 501, *506, 507*
  Parlamento de. *Ver* Parlamento (británico)
  política imperial de, 328
  posesiones de tierras en las Américas de, *m185,* 319, *m319, m407*
  proclamación sobre las tierras de los indios, 322–323
  y la guerra contra Francia, 319–321, *320, m321,* 515
  y la guerra con las colonias del sur, 390–391, *391*
Gran Consejo, 77
Gran Cuenca, *m16,* 19
Gran Depresión, R12–R13, *R12*
Gran Despertar, 194, 252
Gran hambruna irlandesa, 572
Gran Lago Salado 545
Gran Migración, R12
Gran Ruta de los Carromatos, 276–277, 277, *m277*
Grande, Río, 560
Grandes Lagos, *m16,* 18, 76, 88
Grandes Llanuras, *m16,* 18, 18–19, *m18,* 71. Ver también Indios de las Llanuras
Granero, construcción de un, 253
Grant, Ulysses S., R39, *R39*
Great Smoky, cadena montañosa, 17, *m17*
Grecia, inmigrantes de, R8
Greeley, Horace, 561, *561,* R80
Green, Anna, 330

Hamilton, Alexander

Greene, Nathanael 391, R80
Greenville, Tratado de, 400, *401*
Grenville, George, 327, R80
Griffin, Judith Berry, 362–365
Gripe, 156
Groenlandia, *86, m86,* 142
Grupos étnicos, 280
  derechos de los, 476, *476, 477*
  en la Revolución Americana, 370, *370*
  en las colonias, 280–281, *281*
  Ver también por el nombre de cada grupo
Guadalupe Hidalgo, Tratado de, 561, 562
Guam, R6
Guatemala, antiguas civilizaciones en, 38
Guerra Civil, R2–R3
Guerra Fría, R14
Guerra(s)
  Civil, R2–R3
  con los powhatan, 166, *166*
  de 1812, 524–525, *524*
  de Corea, R14
  de la Independencia de Texas, 552, *552, 582*
  de la Revolución Mexicana, 490, 551, 555
  de los pequot, 211
  de los seminolas, 526–527, *526–527*
  de los tuscarora, 278
  de Vietnam, R14
  del rey Phillip, 195, 211
  entre Inglaterra y Holanda, 243
  entre México y Estados Unidos, 560–561, *560*
  especulación durante la, 368
  franco-indígena, 319–321, *320, m321, m325,* 406
  Fría, R14
  hispano-estadounidense, R6
  Primera Guerra Mundial, R11–R12, *R11*
  revolucionaria. *Ver* Revolución Americana
  Segunda Guerra Mundial, R13–R14, *R13, R14*
Guía de preparación, 46
Guilford Courthouse (North Carolina), 391
Gutenberg, Johannes, 111, *111,* R80
Gutiérrez, Pedro, 108

H

Hacendados, 284–285
Hachas, 28
Haciendas, 158
Hale, Nathan, 388, *388,* 389, R80
Hambruna, 572
Hamilton, Alexander, 411, *411,* R80

Hancock, John

en el primer gabinete, 411, 446
en la Asamblea Constituyente, *430*, 444
en la política presidencial, 447
plan para el gobierno federal y, 415
Hancock, John, 314, 340, *350*, 352, R80
Harding, Warren G., R39, *R39*
Harina de maíz, *53*, 54
Harrison, Benjamin, R39, *R39*
Harrison, William H., R38, *R38*
Hartford, Connecticut, 210
Harvard, Universidad de, 221, *221*
Hawaii, 15, *m15*, R6, R14, R34
Hayes, Rutherford B., R39, *R39*
Hecho, 136
vs. ficción, 334–335, *334*
vs. opinión, 136–137, 147
Hemisferio, I17
Hemisferio norte, 22, *m22*
Hemisferio occidental, 22–23, *m22*
usos horarios del, *m577*
Hemisferio oriental, *m22*, 23
Hemisferio sur, 22, *m22*
Henry IV, rey de Francia, 177, R81
Henry VII, rey de Inglaterra, 121
Henry VIII, rey de Inglaterra, 171, R81
Henry, Patrick, 307, *307*, 327, 333, *333*, 394, R81
Héroes
de la Revolución Americana, 388, *388*, 389, *389*
mujeres, 389, *389*
Herraduras, *260*
Herramientas
atlatl, 28
cuchillo de tallar, 67
de hueso de ballena, 60
de los antiguos indios, 28–29, *28–29*
garrote, 28
hachas, 28
instrumentos de navegación, 118–119, *118*, *119*, *m119*
para la caza, 28–29, *28–29*, 60, 61, *61*, 86
piedras, 26, 28, 29, *29*
puntas de Clovis, 29, *29*
puntas de lanza, 28, 29, *29*
Herramientas de piedra, 26, 28, 29, *29*
Herreros, 260, *260*
Hiawatha, 77, 80, 82–83, R81
Hidalgo, Miguel, 490, *490*, 551, 555, *555*, R81
Hierro, *509*
Hierro, productos de *m297*
Hijas de la Libertad, 329, 330
Hijos de la Libertad, 329, 337, 340
Hilandería, 568, *568–569*, 569
Himno Nacional, 410, 468, 469, 525, R66

Hingham, Massachusetts, 214
Hispanoamericanos, derechos de los, 476, 477, *477*, 480, *480*, 481
Hispano-estadounidense, guerra, R6
Hitler, Adolf, R13–R14
Hogans, 56, *56*
Holanda
apoyo al Ejército Continental, 384
colonias de, 178–179, *178–179*, 190, 242, *242*
comercio, 164
en la ciudad de New York, 244
exploración de, 142, *184*
guerra contra Inglaterra, 243
libertad de culto y, 171
posesión de tierras en las Américas, *m185*
Holocausto, R13–R14
Hooker, Thomas, 210, R81
Hoover, Herbert, R40, *R40*
Hopewell, constructores de montículos, 39
Hopi, indios, 52, 53–55, *54*, *55*, 56, 92–93, *92–93*, *m92*
Horse Creek, Tratado de, 547
Hospedar, 338, *338*
Hospitales en Philadelphia, 254, *255*
Houston, Sam, 552, R81
Howe, William, 344, 380
Hudson, bahía de, 142–143
Hudson, Henry, *139*, *m139*, 142–143, *142*, *143*, 178, *184*, R81
Hudson, río, 142, 178, 241, 258, 504
Hudson, valle del río, 242
Hungría, inmigrantes de, R8
Hurones, indios, 27, 177, 180, *180*
Husos horarios, mapas de, 576–577, *m577*
Hussein, Saddam, R15
Hutchinson, Anne, 194, *194*, 209, *209*, 213, *213*, R81

I

Idaho, 543, R34
Idea principal y detalles, 102–103, 117, 125, 134, 143, 146, 158, 166, 175, 183, 186
Idea(s), conectar, 312
Ideales, 466, 467–469
estadounidenses, 467
y el Credo americano, 467
expresar, 468–469
Idiomas
de los indios americanos, 64, 76, 78, 130, 528, 532
español, 550, 551
inmigrantes y los, R9
Iglesia Anglicana (Iglesia de Inglaterra), 165, 171, 208
Iglesia de Jesucristo de los Últimos Días (Mormones), 545
Iglesia establecida, 165

Iglesia Old North (Boston), *309*, *m309*, 315
Iglúes, 86
Ignatius, Saint, 134
Illinois
datos sobre, R35
indios americanos en, 5, *m5*
viviendas de los pioneros en, *509*
Illinois, río, 18, 180
Ilustraciones
aldea de Secotan, 278, *278*
analizar, 28–29, 130, 257, *278*, 328–329, 379
Asamblea Constituyente, 30
de un conquistador español y de un guerrero azteca, *130*
moliendas, 257
primeros cazadores, 28–29
repartir el correo, 328–329
soldados británicos y americanos, 379, *379*
Imperios, 113
azteca, 113, 130, *130*
inca, 113, 132, *132*
Imprenta, 111, *111*
Impuestos
bajo los artículos de la Confederación, 421
después de la Revolución Americana, 423
durante la Revolución Americana, 368
en las colonias, 165, 311, 323, 326, 327, *327*, 328, 329, 330, 337, 338
en México, 551
y la Asamblea Constituyente, 431
Inca, Imperio, 113, 132, *132*
Independence Rock, Wyoming, 543
Independence, Missouri, 540, 542, *m544*
Independencia, 349. Ver también Declaración de Independencia
Indian Mound, aldea creek (North Carolina), 279
Indiana, 523, R35
"Indias", 112. Ver también Indias Occidentales
Índico, océano, 112
Indígenas. Ver Indios americanos
Índigo, 195, 291, *291*, *m297*
Indio(s). Ver Indios americanos
Indios americanos
agricultura de los, 3, 30, *30*, 40, 53, 55, 56, 70, 72, 75, 76, 158
alimentos de los, 53, 54
antiguos. Ver Primeros habitantes
asimilación de los, 528
casamiento entre los, 79
ceremonias de los. Ver Ceremonias
comercio con los colonos, 163, 173, 174, 176, *176*, 177, 178, *181*, 247, 276, 278

Indios americanos

comercio entre los, 54, 63, 64, 70, 77
como aliados de los británicos, 320, 523
como aliados de los franceses, 320, *320*
culturas de los, *m43*. Ver también Culturas
curanderos de los, 57–58, *57*, 73
danzas de los, 54–55, *55*, 73, 92
del Ártico, 3, *3*, 84–87, *84*, *85*, *86*, *m86*, 87
derecho de voto de los, R5
derechos de los, 477, *477*, R5
dinero de los, 76, 77
división del trabajo entre los, 54, 75
durante la Revolución Americana, 371–372, *371*, 372
economía de los, 63, 64–65
en California, 562
en la aldea de Secotan, 278, *278*
en las colonias del sur, 278–279, *279*
en las reservas, 527
enfermedades de los, 103, 130, 156, 278–279
esclavitud de los, 103, 156, 159, 173, 278
expulsión de sus tierras, 528–531, *m529*, 530
gobierno de los, 55, 72, 77, 79, 80, *80*, 528
idiomas de los, 64, 76, 78, 130, 528, 532
justicia para los, 245–246
la expedición de Lewis y Clark y los, 516, *516*, 517, *517*, 519, *520–521*
leyendas sobre la creación de los 27, *27*, 77
líderes de los, 77, 79, 80, *80*, 82–83, *82*, 130, 195, *195*, 211, *211*, 246, 247, *247*, 306, *306*, 322, *322*, 371, *371*, 400, *400*, 401, 490, *490*, 517, 519, 522, *522*, 523, *523*
los colonos del oeste y los, 400–401, 523, *523*, 546–547
mujeres, 54, *58*, 63, 65, 71, *71*, 75, 77, *77*, 79, 99, *99*, 103, 130, 167, *167*, 175, 491, *491*, 498, 499, 516, *516*, 519, *519*
música de los, 57
narradores entre los, 27, *27*, 62, 77, 532–533
objetos del pasado de los, 26, 31, *31*
religiones de los, 54–55, *55*, 57–58, *57*, 72, 73, 87, 130
resolución de los conflictos entre los, 77, 80, *80*
títeres de los, 42
tótems de los, 62–63, 63

R114 ■ Referencia

Indios americanos, tribus

vestimentas de los, 30, 55, 57, 58, 65, 69, 73, 75, 79, 130
y conflictos con los colonos, 163, 166, *166*, 167, 174, 175, 179, 180, 203–204, 211–212, *211, 212*, 242, 278–279, 302, 322
y conflictos con los soldados de Estados Unidos, 400, *400*, 526–527, *526–527*
y el trato por parte del gobierno de Estados Unidos, 400–401, *400*, 528–531, *m529, 530, 531*
y la caza, 3, 56, 60, *60*, 61, *61*, 69, 70, 72, 75, 77, 78, 86, 103, *103*
y la pesca, 2, 3, 26, 61, 63, 75, 78–79, 86, 103
y las batallas contra los exploradores españoles, 132
y su conversión al catolicismo, 117, 129, 133–134, 157

Indios americanos, tribus, 30
abenaki, 140, 173, *m210*
aleutianos, 85–86
algonquinos, 78–79, *78, 79, 168*, 179, 211
antiguos pueblo, 2, *2, m38*, 40–41, *40–41, m40, m41*, 52, *52–53*
aztecas, 113, 130, *m130*
cayuga, 77, *m95*
cherokees, 278, 490, *490*, 512, 528–531, *m529, 530, 532*, 532
cheyene, 71, 72
chickasaw, 531
chinook, 61, 64
chippewa, 78
choctaw, 531
chumash, 100
comanches, 71
constructores de montículos, *m38*, 39, *39, m39*, 279
creek, 278, 531
crow (cuervos), 71
dakota, 72, 73
delaware, 78
hopi, *52*, 53–55, *54, 55*, 56, 92–93, *92–93, m92*
hurones, 27, 177, 180, *180*
inuit, 85–87, *85, 86, 87*
iroqueses. *Ver* iroqueses, indios
kiowa, 71, *89*
kwakiutl, 61, 62, 64–65, *65*
lakota, 72, 547
lenni lenape, 246, 247
makah, 61, 62
mandan, 70
mayas, 38, *m38*
miami, 78, 400, *400*
mobile, 132
mohawk, 77, 80, *m95*, 306, *306*, 371, *371*
mohegan, 211
nakota, 70
narragansett, 140, *208, 209*, 211

navajos, 56–58, *56, 57, 58, 59, 59*, 158
nez percés, 499
niantic, 212
olmecas, 36, 37, *37, m38*, 94
oneida, 77, *m95*, 371
onondaga, 77, *m95*
ottawa, 78, 322, *322*
patuxet, 98, *98*
pawnee, 70
pequot, 211
pies negros, 27, 72, *73*
powhatan, 78, 163, 166, *166*, 167, *167*, 278
pueblo, 52–53, 53–55, *54, 55*
seminola, 287, 526–527, *526–527*
seneca, 77, *m95*, 400, *401*
shawnee, 522, *522*, 523, *523*, 524
shoshones, 491, *491*, 516, 517, 519, *519*
sioux, 35, 70, 72
taínos, 102, 103, *103*, 116
tuscarora, 278, 371
wampanoag, 78, 173, 174, *174*, 195, *195*, 211, *211*, 219
wichita, 70
zuñi, 53, 54, 55, 131

Industria(s), 224
de la construcción naval, 224, 293, 294–295, *296*
de la madera, 224
de productos forestales, 224, 240, 294, 296–297, *m297*
en la colonias del sur, 294–295, *294*
en Nueva Inglaterra, 224, *224*
Ver también Agricultura; Comercio

Inflación, 368

Información
escribir para obtener, R74
escuchar para encontrar, R73
organizar, 360
usar tablas para agrupar, 88–89

Inglaterra, 121
ataques a los barcos españoles que transportaban tesoros, 161
colonias de. *Ver* Jamestown; New England; Colonia de Plymouth; Roanoke, isla; Colonia de Virginia
comercio de las colonias con, 226, *m226*, 258, 259, *259*, 292–293, *293*
exploración por parte de, 99, *99, 120*, 121, *121, m139*, 142–143, *142, 143*
guerra contra Holanda, 243
Iglesia de, 165, 171, 208
religión en, 165, 171, 208
Ver también Gran Bretaña

Inglaterra, Iglesia de, 165, 171, 208

Inglefield, bahía de (Groenlandia) *86, m86*

Inmigrantes, 251, 506, R6–R10
alemanes, 506, 507
británicos, 501, *506*, 507
en la construcción del canal Erie, 505
cantidad de, *507*
culturas de los, R6, *R10*
dificultades de los, R8–R9
discriminación contra los, R9
empleo de los, R6, R8, *R8, R9, R9*
en la ciudades, 259, 572
en la Gran Ruta de los Carromatos, 277
en las ciudades portuarias, 259, 572
en las colonias del centro, 251
escandinavos, 572
escoceses-irlandeses, 501
irlandeses, 501, *506*, 507, 572
la Revolución Industrial y los, 569
limitación del número de, R9
llegada de los, R7, R8
razones para emigrar, 501, 572
resolver un problema, 556–557, *556, 557*
su juramento como ciudadanos de Estados Unidos, 475, *475*
transporte e, 570–571, 572, R7, *R7*
y el crecimiento de la población, 501, *501*, 572, *572*, R6–R8, R9

Inmigrantes escandinavos, 572

Inmigrantes escoceses-irlandeses, 501

Inspector de cercas, 217

Instrumentos musicales
banjo, *283*
tambor, *560*
violín, *301*

Integración en las escuelas públicas, R5

Integridad, 135, 385, 519

Interdependencia, 292

Interés, 262

Interior, 277, 294. *Ver también* Frontera

Interior, Llanuras del, *m16*, 18, *18–19*, *m18*

Intermontañosa, región, 19

Internas (luchas), 180, 547

Internet, R69–R70

Interpretar, I2

Intrusión, 518

Inuit, 85–87, *85, 86, 87*

Inuit, familias, *85*

Invadir, 523

Inventos
barcos de vapor, 504, 570–571
brújula, 111, 112, *112*, 118, *118, 122*
chinos, 111, 112, *112*
cronómetro, 118, *118*

desmotadora de algodón, 569
ferrocarril, *570–571, m570*, 571, 572
imprenta, 111, *111*
locomotora, *570–571*, 571
máquina de vapor, 504, 571
partes intercambiables, 569
pólvora, 111, 112
sextante, 118, *119*
telégrafo, 571
Ver también Tecnología

Investigación, I2

Iowa, R35

Irak, R15

Irlandeses, inmigrantes, 501, *506, 507*, 572

Iroqueses, indios, 27, 82–83, *82, m95*
Árbol de la Paz, 27
en la colonias, 180
en la Revolución Americana, 371, *371*
juegos de los, 74
vida diaria de los, 76–77, *76–77*

Irrigación, 53

Isabel, reina de España, 115, *115*, 117, *125*,R81

Isla de la Tortuga, 27

Istmo, 123

Istmo de Panamá, 123

Italia
en la Segunda Guerra Mundial, R14
exploración de, 122
inmigrantes de, R8

J

Jackson, Andrew, *490*, R81
como presidente, 490, R38
y los indios, 525, 527, 528, *528*, 529

James I, rey de Inglaterra, 162, 166, R81

James, duque de York, 243, 244, R81

James, río, 162

Jamestown, 99, *101, m101, 149*, 162–164, *169*
libre empresa en, 164, *164*
viviendas en, *162–163*

Japón
en la Segunda Guerra Mundial, R14
inmigrantes de, R7

Jay, John, 394, 424, *424*, R81

Jefferson, republicanos de, 446, 447

Jefferson, Thomas, *306*, 447, R81
como presidente, 306, 515, 516, 517, R38, *R38*
en el primer gabinete, 446
en la redacción de la Declaración de Independencia, 306, 349–351, *349*, 356

Jenné (ciudad de África), 113
Jeroglíficos, 38
Jesuitas, *134*
Johnson, Andrew, R39, *R39*
Johnson, Anthony, 287
Johnson, Lyndon B., R40, *R40*
Johnson, William, 311
Johnson Hall (New York), *372*
Joliet, Louis, 180, *181*, *m181*, R81
Jones, John Paul, 389, *389*, R81
Juan II, rey de Portugal, 115
Judíos
　en las colonias del centro, 242, 253
　en los campos de concentración, R13–R14
Juegos Escoceses de Highlands, 251
Juicio con jurado, 245, 248, 249, 397, 445
Juicio político, 437
Jurado, juicio con, 245, 248, 249, 397, 445
Juramento a la bandera, 468, 486, R67
Justicia, 245, 248–249, *249*
　como principio de la Constitución, 435
　para los indios, 245–246

K

Kachina (espíritus), 54
Kachina, bailarines, 54–55, *55*, *92*
Kachina, ceremonias, 92, *92*, *m92*
Kachina, muñecas, 54, *54*
Kansas, R5, R35
Kayaks, 3, 7, 86, *86*
Kellogg, Mary, 565
Kennedy, John F., R40, *R40*
Kentucky
　datos sobre, R35
　población en 1880, 495
　rango de estado, 512
　rutas hacia, 502, *m502*, 503
　vida de los pioneros en, 510, *510*
Key, Francis Scott, 410, *410*, 468, 525, R81
King, Dr. Martin Luther, Jr., 411, *411*, 476, *476*, 479, *479*, R81
Kiowa, indios, 71, *89*
Kivas, 55
Knox, Henry, R81
Kosciuszko, Tadeusz, 375, 389, *389*, R81
Kwakiutl, 61, 62, 64–65, *65*

L

La Española, 123
La Salle, Sieur de (René-Robert Cavelier), 180, *181*, *m181*, R81
Lacrosse, 74

Lafayette, marqués de, 378, *378*, 382–383, R81
Lágrimas de los indios, Las (Las Casas), 98
Lakota, tribu, 72, 547
Las Casas, Bartolomé de, 98, *98*, 156, 159, *159*, R82
Latitud, 22, *m22*, *m23*, 45
Latitud norte, 22
Latitud sur, 22
Law, John, 182, R82
Lazarus, Emma, R8
Lazo, 551
Le Moyne, Jean-Baptiste, 182
Le Moyne, Pierre, 182
Lectura en los Estudios Sociales
　causa y efecto, 310–311, 358, 402
　comparar y contrastar, 6–7, 44, 90
　generalizar, 494–495, 534, 578
　idea principal y detalles, 102–103, 146, 186
　resumir, 198–199, 232, 264, 298
　sacar conclusiones, 414–415, 450, 482
　Ver también Destreza clave
Lee, Richard Henry, 349, 351, 424, *424*, R82
Legislatura, 165, *165*, 245
L'Enfant, Pierre Charles, 446, R82
Lenni lenape, indios, 246, 247
Levy, Elizabeth, 418–419
Lewis y Clark, expedición de, 491, *497*, 498–499, *m515*, 516–517, *516–517*, 519, 520, *520*
Lewis, Meriwether, 491, *491*, *497*, 516–517, *516–517*, 519, R82
Lexington, batalla de, 340–341, *m340*
Ley de Americanos Discapacitados (ADA), 477, *477*
Ley de Derechos Civiles de 1964, 476, 477
Ley de Tolerancia, 274, *274*
Ley de Traslado de Indios, 528–529
Ley del Azúcar de 1764, 323, 328
Ley del Derecho al Voto de 1965, 476, 477
Ley del Timbre, 327, *327*, 328, 329
Ley(es)
　autoridad de la, *439*
　Corte Suprema y las, 438–439, 478
　de esclavos fugitivos, 574
　del traslado de indios, 528–529
　impuestos aprobados por el Parlamento, 311, 323, 326, 327, 328, 329, 330, 337, 338, 405
　legalización de la esclavitud, 283
　proceso de creación, 436, 440, 460

proceso legal debido, 249, 445
sobre derechos civiles, 476, 477
sobre libertad religiosa, 274, *274*, 445
y el derecho al voto, 476, 477
Leyendas, 27
　de los indios americanos, 27, *27*, 77
　sobre pioneros, 511, *511*
Leyendas sobre la creación, 27, *27*
Leyes Coercitivas, 338
Leyes Intolerables, 338
Libertad, 435, *463*
　Corte Suprema y la, 478
　de culto, 171, 209, 251, 274, *274*, 445, 501
　de expresión, 445
　de prensa, 397, 445
　de reunión, 445
　defensa de la, 356–357, *357*
　Estatua de la, 468, R7, R8
　Libre empresa
　　en la colonia de Jamestown, 164, *164*
　　en Nueva Holanda, 178
　Ver también Agricultura; Economía; Industrias; Comercio
Libre mercado, sistema económico de, 223
Libro(s)
　cartilla, 220
　de no ficción, R72
　primero en las colonias inglesas, 215
Liga Iroquesa, 77, 82–83, 311, 371
Límite de una propiedad, *566*
Límites, 157–158
Lincoln, Abraham, 174, 509, *509*, R2–R3, *R3*, R39, *R39*, R82
Lincoln, Nancy, 509
Lincoln, Thomas, 509
Líneas cronológicas
　analizar, 45, 75, 142, 147, 187, 233, 265, 299, *339*, 359, 403, 451, 483, 535, 579
　hacer, 279
　leer, 32–33, *32*, *33*
　paralelas, 75, 374–375, *374–375*, 403
Líneas cronológicas paralelas, 75, 374–375, *374–375*, 403
Literatura
　"América la hermosa" (Bates), 410, 454–457, 469
　Ben Franklin en la antigua Philadelphia (Cousins), 236–239
　Carrera hacia la Salida de la Luna: Una antigua travesía (Crum), 48–51
　El coraje de Sarah Noble (Dalgliesh), 202–205
　El diario de Cristóbal Colón (Lowe), 106–109
　El diario de Wong Ming-Chung (Yep), 538–539

Entre la Tierra y el cielo (Bruchac), 10–13
La cabalgata de Paul Revere (Longfellow), 314–317
Mi nombre es York (Steenwyk), 498–499
Molly Bannaky (McGill), 268–271
Phoebe, la espía (Griffin), 362–365
Si hubieras estado allí... cuando firmaron la Constitución (Levy), 418–419
Varados en la plantación Plimoth, 1626 (Bowen), 150–153
Ver también Poesía
Livingston, Robert R., 349
Llanura (s)
　Central, *m16*, 18, 70
　Costera, 16–17, *m16*, 78, 277
　del Interior, *m16*, 18, 18–19, *m18*
　Grandes, *m16*, 18, 18–19, *m18*, 71. Ver también Indios de las Llanuras
Llanuras, indios de las
　agricultura de los, 70, 72, 158
　caza de los, 69, 70, 72
　cultura de los, 2, 3, 71, 72–73, 72
　nómadas, 71
　vida en las Llanuras, 68–69, 69, 70–71
　Ver también por nombre de cada tribu
Locomotoras, 570–571, *571*
Logan, jefe, 371, R82
Long Island, 243, 380
　batalla de, 386–387, *m386*, *m387*
Longfellow, Henry Wadsworth, 82, 314–317
Longitud, 22–23, *m22*, *m23*, 45
Longitud este, *m22*, 23
Los Angeles, 562
Los del cuarenta y nueve, 562–563
Louis XIV, rey de Francia, 180, R82
Louisiana
　datos sobre, R35
　gobernador español de, 306, *306*, 385, *385*
　Ver también New Orleans
Lowe, Steve, 106–109
Lowell, Massachusetts, 569
Ludington, Sybil, 369, *369*, R82
Luterana, Iglesia, 133
Luther Standing Bear, 35, *35*
Luther, Martin, 133, R82

M

Madera, industria de la, 224, 240, *296–297*, *m297*
Madison, Dolley, 524, *525*, R82
Madison, James, 424, R82

como presidente, 410, 524, R38, *R38*
en la Asamblea Constituyente, 410, *410*, 427, *430*
plan para un gobierno federal y, 415
Maestros privados, 285
Magallanes, Fernando de, 124, *124*, *m124*, 139, R82
Magistrados (Corte Suprema), 438–439, 460, 478, 528, *528*, 529
Maine, 211, 212, 224, R35
Maíz, 2, 3, 7, 30, 40, 53, 70, 72, 75, 76, 103, 141, 173, 219, *m297*
Makah, indios, 61, 62
Maletín de campaña, 376–377, *376*, *377*
Malinche, 130
Mamposteros, 260
Mamuts lanudos, 28, *28–29*
Mandan, indios, 70
Manhattan, isla de, 178. *Ver también* Ciudad de New York
Mantequeras, 229
Manual de investigación, R68–R77
 presentación oral, R77
 recursos comunitarios, R73–R74
 recursos impresos, R71–R72
 recursos tecnológicos, R69–R70
 reporte escrito, 264, 482, R75–R76
Manufactura, *568–569*, 569, 571
Mapa(s)
 accidentes geográficos de América del Norte, *m16*
 analizar, *m15*, *m16*, *m20*, *m25*, *m38*, *m124*, *m131*, *m139*, *m157*, *m177*, *m210*, *m226*, *m245*, *m275*, *m319*, *m321*, *m340*, *m390*, *m427*, *m512*, *m515*
 con escalas diferentes, 386–387, *m386*, *m387*, 403
 conquistadores en América del Norte, 131
 cultural, 42, *m43*, *m95*
 curvas de nivel, 144, *m144*
 de altitud, 144–145, *m144*, *m145*
 de América del Norte en 1754, *m319*
 de antiguas civilizaciones de América del Norte, *m38*
 de Estados Unidos, *m15*, *m553*
 de husos horarios, 576–577, *m577*
 de la Compra de Louisiana, *m515*
 de la guerra franco-indígena, *m321*, *m325*
 de las batallas de la Revolución Americana, *m340*, *m386*, *m387*, *m390*
 de las colonias de Nueva Inglaterra, *m210*
 de las colonias del centro, *m245*
 de las colonias del sur, *m275*
 de las principales misiones de la Nueva España, *m157*
 de las rutas de Champlain, 1603–1615, *m177*
 de las rutas de los primeros exploradores, *m139*
 de las rutas hacia la Asamblea Constituyente, *m427*
 de Lexington y Concord, *m340*
 de los viajes de exploración, *m124*
 de población, 464, *m465*, 483, *m487*
 de uso de la tierra y productos, 296, *m297*, 303, *m303*
 del ferrocarril clandestino, *m573*
 del Sendero de Lágrimas, *m529*
 dibujar, 58, 212
 históricos, 184, *m185*, 187, 191, *m191*, 324–325, *m325*, 359, 407, *m407*, 566–567, *m567*
 regiones climáticas de Estados Unidos, *m20*
 rutas de comercio coloniales, *m226*
 rutas terrestres de los primeros habitantes, *m25*
Mapas culturales, 42, *m43*, *m95*
Mapas de altitud, 144–145, *m144*, *m145*
Mapa de recuadro, I20
Mapa de ubicación, I21
Mapas de uso de la tierra y productos, 296, *m297*, 303, *m303*
Mapas históricos, 184, *m185*, 187, 191, *m191*, 324–325, *m325*, 359, 407, *m407*, 566–567, *m567*
Marcadores, R70
Marco de Gobierno de Pennsylvania, 245, 248, *248*
Marietta, Ohio, 513
Marquette, Jacques, 180, *181*, *m181*, R82
Marshall Gold Discovery, Parque Histórico Estatal (California), 562, *562*, *m562*
Marshall, John (en la fiebre del oro), 562
Marshall, John (magistrado de la Corte Suprema), 528, *528*, 529, R82
Maryland, 394–395, 444, R35
Maryland, colonia de, 268–274, *273*, *274*, *m275*
Masacre sangrienta (pintura), 332

Máscaras
 de los indios americanos, 62
 títeres, 42
Mason, George, 443, 449, *449*, R82
Massachusetts
 abolición de la esclavitud en, 397
 datos sobre, R35
 manufactura en, 569
 votación de la Constitución, 444
Massachusetts, colonia de, 172, 194, *194*, 207, 208, 210, *m210*, 211, 219
 el *Mayflower* llega a la, 101, *m101*
 los británicos toman el control de la, 338
Mastodontes, 28, *28–29*
Materia prima, 161
Maya, civilización, 38, *m38*
Mayflower (barco), 101, *m101*, 170, *170*, 171–172, *172*
Mayflower, Pacto del 172, *172*
McCauley, Mary Ludwig Hays, 307, *307*, 389, *389*, R82
McElvaine, Robert S., 127, *127*
McKinley, William, R39, *R39*
Meadowcroft Rock Shelter (Pennsylvania), 26
Means, Russell, 127, *127*
Medallas, *396*, 401, 517
Melville, Herman, R6
Menéndez de Avilés, Pedro, 157, R82
Mercenarios alemanes, 379, 380
Mercenarios, 379, 380
Meridianos, 22, *m22*, *m23*
Metacomet (líder wampanoag), 195, *195*, 211, *211*, R82
Metal, artículos de, 173
Mexicano(s) americano(s), 477, *477*, 550, 551, 561
México y Estados Unidos, guerra entre 560–561, *560*
México
 cultura de, 550, 551, *551*, 561
 esclavitud en, 490
 iglesia en, 555, *555*
 Imperio azteca en, 113, 130, *130*
 independencia de, 490, 551, 555
 inmigrantes de, R7, R9
 primeras civilizaciones en, 2, 36, 37, *37*, 38, *m38*
 primeros agricultores en, 30, 37
 Texas, guerra por su independencia de, 552, *552*, 582
México, ciudad de, 130, 131, 155, 560
México, golfo de, 182, *m182*, 515
Mi nombre es York, (Steenwyk), 498–499
Miami, indios, 78, 400, *400*

Michigan, R35
Michikinikwa (líder miami), 400, *400*
Migración, 25
 hacia América del Norte, 25–26, *m25*, *m26*, 34–35, *34*, *35*
 Ver también Inmigrantes
Milenio, 32
Milicia, 254
 colonos organizan la, 339, 340, 343
 de los estados, 423, 429
Minnesota, R35
Minuit, Peter, 178, R82
Minutemen, 340–341
Míralo en detalle 292, *292–293*
 El canal Erie, 504, *504–505*
 Jamestown, *162–163*
 La batalla de Bunker Hill, 344–345, 345, *m345*
 La batalla de Yorktown, 392, *392*, 393
 La vida en las Llanuras, *70–71*
 La vida de los pueblo, *52–53*
 Nueva Amsterdam en la década de 1640, *178–179*
 Un pueblo de Nueva Inglaterra, *216–217*
 Una aldea del Pacífico Noroeste, *62–63*
 Una aldea iroquesa, *77*
 Una fábrica textil, *568–569*, 569
 Una familia inuit, *85*
 Una plantación del sur, *284–285*, 285
 Washington, D.C., 437
Misión(es), 156, *m156*, 157–158, *m157*, 552
Misioneros, 133–134, *133*, 134, 157
Mississippi, 385, R35
Mississippi, constructores de montículos del, 39
Mississippi, río, 132, 180, *181*, 182, 319, 321, 322, 385, 394, 511, 515, 571
Mississippi, valle del río, *m16*, 18, 39, 180, *181*, 501
Missouri, 516, 517, 540, 542, *542*, R35
Missouri, río, *m16*, 18, 70, 517
Mobile, Alabama, 385
Mobile, tribu, 132
Mocasines, 69, 75, 79
Moctezuma (emperador azteca), 130, R82
Modelo, construir un, 158
Modificar, I15
Modistas, 260
Modo de vida
 cambios en el, 30–31, *30*, *31*
 de los antiguos indios americanos, 28–29, *28–29*
Mohawk, indios, 77, 80, *m95*, 306, *306*, 371, *371*
Mohegan, indios, 211
Molienda, 257

Molly Bannaky (McGill), 268–271
Momento decisivo, 381
Moneda continental, 343, 368, *368*, *381*, 382
Monedas, *125*, *168*, *190*, *293*, *381*
Monmouth, batalla de, 307, 389
Monopolio, 337
Monroe, James, R38, *R38*
Montana, R36
Montañas, 14–15, *m14*. Ver también por nombre de montaña y por cadenas
Monte Verde, Chile, 26
Monterey, California, *492*, *m492*, 562
Montreal, Canadá, 141, 177, 321
Montura, *549*
Morgan, Daniel, 391
Mormones, Sendero de los, *m544*, 545
Morris, Gouverneur, 410, *410*, 433, *433*, 434, 435, R82
Morristown, Parque Histórico Nacional (New Jersey), 361
Morrisville, Pennsylvania, 235
Morse, Samuel F. G., 571, R82
Motín del Té de Boston, 336–337, *337*, 338, *339*
Motor de búsqueda, R70
Mott, Lucretia, 573, *574*, R82
Moundville, 5, *m5*
Movimiento
 conquistadores en América del Norte, *m131*
 en la batalla de Lexington y Concord, *m340*
 ferrocarril clandestino, *m573*
 principales misiones de Nueva España, *m157*
 rutas de comercio colonial, *m226*
 rutas de los primeros exploradores, *m139*
 rutas terrestres de los primeros habitantes, *m25*
 Sendero de Lágrimas, *m529*
 viajes de exploración, *m124*
Movimiento antiesclavista, 396, *396*, 397, *397*
Movimiento Indio Americano (AIM), 477, *477*
Mujeres
 afroamericanas, 347, *347*, 491, *491*, 573, 575, *575*, R5, R12
 como pioneras, *509*, 510, *548*
 derecho al voto de las, 165, 217, 462, *462*, 477, *477*, 573–574, *574*, R5
 derechos de las, 165, 172, *172*, 217, 372, 462, *462*, 477, *477*, 573–574, *574*, R5
 durante la Primera Guerra Mundial, R12
 durante la Revolución Americana, 367, 369, *369*
 empresarias, 291, *291*
 en fábricas, 569
 en la Casa Blanca, 524, *525*
 en la esclavitud, 347, *347*, 491, *491*, 573, *573*, 575, *575*
 en la Región de Oregon, 542
 en las colonias, 162, 165, 172, *172*, 175, 194, *194*, 195, *195*, 209, *209*, 217, 218, *218*, 261, *261*, 268–271, 291, *291*, 306, 329, 330, *330*, 373, *373*, 449, *449*
 en la resistencia a las políticas británicas, 329, 330, *330*
 heroicas, 389, *389*
 indias americanas, 54, *58*, *63*, *65*, 71, *71*, 75, 77, *77*, 79, 99, *99*, 103, 130, 167, *167*, 175, 491, *491*, 498, 499, 516, *516*, 519, *519*
 patriotismo de las, 373, *373*, 468, *468*, R8
 puritanas, 213, *213*, 218, *218*
 trabajo de las, 261, *261*, R12
Mundo, en 1482, *m114*, *m119*
Muñecas
 en las colonias, 228
 indias, 54, *54*, 72, 530
 kachina, 54, *54*
Museos, 192, *267*, 580, *m580*
Música
 de los esclavos africanos, 283, *283*
 de los indios americanos, 57
 patriótica, 410, 454–457, 468, 469, 525, R66
Musulmanes en España, 115
Mystic Seaport (Connecticut), *197*, *m197*

N

Nakota, indios 70
Narración de historias, 532–533
 en el Pacífico Noroeste, 62
 leyendas de la creación, 27, *27*, 77
Narraciones, escribir, 186, 221, 232, 255, 298, 304, 358, 402, 439, 534, 578, 584
Narragansett, bahía de, 209, 211
Narragansett, tribu, 140, *208*, 209, 211
Nassau Hall (Universidad de Princeton), 420, *420–421*
Natchez, Mississippi, 385
Naturalización, 475, *475*
Navajos, 56–58, *56*, *57*, *58*, *59*, *59*, 158
Navarro, José Antonio, 554, *554*, R82
Navegación, 112, 118–119, *118*, *119*, *m119*
Nazis (Nacional Socialista), R13
Nebraska, 18, *18–19*, *m18*, 547, R36
Negociar, 383, 394, *394*
Neutralidad, 367, 371, 372
Nevada
 datos sobre, R36
 en la Gran Cuenca, 19
 Estados Unidos compra, 561
Nevada, sierra, *m16*, 20, 544, 563
New Bedford, Massachusetts, 225, *m225*
New Bern, North Carolina, 278
New England Primer (Libro de lectura de Nueva Inglaterra), 220
New Hampshire, 210, *m210*, 212, 224, 444, R36
New Jersey
 como colonia del centro, 241
 cuáqueros en, 246
 datos sobre, R36
 durante la Revolución Americana, 367, 380, 389
 el Congreso se reúne en, 420, *420–421*
 en la Convención de Annapolis, 422
 festivales en, 251
 inmigrantes en, 178, 242, 244, 246
 representación histórica de la Revolución Americana en, 361
 votación de la Constitución, 444
New Jersey, Plan de, 430
New Mexico, 9, 29, 157
 datos sobre, R36
 Estados Unidos compra, 561
 indios americanos en, 4, *m4*, 53, 59, *59*
 Palacio de los gobernadores en, *196*, *m196*
 parque nacional en, 40, *m40*
 primeras civilizaciones en, 2, 40, *m40*
New Orleans
 ataques británicos a, 385, 525
 bajo el control de España, 515
 como colonia francesa, 182, *182*, *m182*
 como parte de Estados Unidos, 514, *514*
New York
 como colonia del centro, 241
 datos sobre, R36
 en la Convención de Annapolis, 422
 exploraciones de Hudson, 142, *142*
 festivales en, 251
 holandeses en, 178–179, *178–179*, 244
 indios americanos en, 75, *75*, *m75*, 76
 población en 1800, 495
 votación de la Constitución, 444
New York, ciudad de
 arquitectura en, *250*
 colonos holandeses en, 244
 Comité de Correspondencia en, 328
 como ciudad portuaria, 258, *258–259*
 envío de productos desde, 505
 Estatua de la Libertad en, 468, *R7*, R8
 religión en, 253
 vida social en, 253
New York, puerto de, *197*, *m197*, R8
Nez percés, indios, 499
Niantic, indios, *212*
Niña (carabela de Colón), *105*, 108, 116, *116*, 126
Niños
 coro de, 510, *510*, 542, *543*
 de la colonias, 542, *543*, 548
 en fábricas, 569
 en las colonias, 150–153, 199, *199*, 202–205
 enfermedades y, 199
 indios americanos, 48–51, 54, *54*, 93, 103
 protegiendo a George Washington, 362–365
Niños en la historia
 Aprendices, 260, *260*
 Bermúdez, Diego, 116, *116*
 Drake, Daniel, 510, *510*
 En apoyo del boicot, 330, *330*
 Los niños hopi, 54, *54*
 Pickersgill, Caroline, 468, *468*
 Pinckney, Eliza Lucas, 291, *291*
Nixon, John, 351
Nixon, Richard M., R40, *R40*
No ficción, libros de, R72
Nobles propietarios, 275
Nómadas, 28
 en el desierto del Suroeste, 56
 en las Grandes Llanuras, 71
Nombre de Dios (Florida), misión de *101*, *m101*
Norfolk, Virginia, 292
North Carolina, 275, *275*, *m275*, 278, *279*, 294
 Courthouse en, 391
 datos sobre, R36
 festival en, 47
 formación de nuevos estados y, 512
 indios americanos en, 47, 528, 530
 votación de la Constitución, 444
North Dakota, 516, R36

Novena Enmienda, 445
Nueva Amsterdam, 178, *178–179*. Ver también Ciudad de New York
Nueva España, 155–158, *156*, 190
  agricultura en la, 158
  misiones en la, *156*, 157–158, *m157*
Nueva Francia, 177, *m177*, 180–183, *181*, *182*, *m182*, *m183*, 190
Nueva Holanda, 178, 190, 242, *242*, 243, *243*
Nueva Inglaterra, *m197*, 206–212, *m210*
  agricultura en, 173, 174, 219, 222, 222, 223, *223*
  asentamientos en, 174, *174*, 206–212, *206*, *207*, *208*, *209*, *m210*
  ciudades portuarias en, 210, 224, 225, *m225*
  comercio en, 223
  conflicto con los indios en, 211–212, *211*, *212*
  crecimiento de, 210–212
  economía de, 216–217, 222–227, *222*, *223*, *224*, *225*, *m226*
  escuelas en, 216, *217*, 220–221, *220*, *221*
  gobierno en, 217, 219, *219*
  hogares en, 218–219, *218*
  impuestos británicos en, 323, 327, *327*, 337, 338
  industrias en, 224, *224*
  peregrinos en, 99, *99*, 171–175, *171*, *172*, *173*, *174*
  pesca en, 174, 210, 225, *225*
  población en 1650–1700 en, 230, *231*
  población en 1700 en, 212
  población en 1750 en, *281*
  productos de, *m297*
  pueblos en, 216–217, *216–217*
  puritanos en, 194, *194*, 207–209, *207*, *213*, 214–221, *214*, *215*, *218*, *219*, *220*, *221*, 302
  religiones en, 171–175, *171*, *172*, *173*, *174*, 207–209, 214, *214*, *215*, 219
  vida en, 214–221, *214*, *215*, *216–217*, *218*, *219*, *221*, *230*, *231*
Nueva Suecia, 179, 242
"Nuevo coloso, El" (Lazarus), R8
Nuevo Trato, R13

O

Objetos del pasado, 26
  analizar, 66–67, *66–67*, *72*, *72*, 118–119, *118*, *119*, 220, *220*, 228–229, *228*, *229*, 376–377, *376*, *377*, 422, *422*, 472–473, *472*, *473*, 548–549, *548*, *549*

cartilla, 220, *220*
  de los primeros habitantes, 26, 31, *31*
  moneda de los estados en 1770 y 1780, 422, *422*
  patrióticos, 472–473, *472*, *473*
  túnica calendario, 72, *72*
Objetos patrióticos, 472–473, *472*, *473*
Objetos que se usaban en los senderos del oeste, 548–549, *548*, *549*
Occidentales, Indias, 226, *m226*, 275, 278, 323
Oeste
  comercio de pieles en el, 541, *541*
  Compra de Louisiana, 491, *514*, **515**, *m515*, **582**
  exploración del, *m515*, 516–518, *516–517*, *518*
Oeste, asentamientos en el, 322–323, *322–323*, 371–372, 398, *398*
  en 1800, *m512*
  en Texas, 550–551, *550*, *551*
  la vida en los, 508–513, *508*, *509*, *510*
  los indios y los, 400–401, 523, *523*
  rutas hacia los, 502–503, *502*, *m502*, *503*
  sobre la costa del Pacífico, 517, 558–559, *558–559*
Oeste, longitud, 22–23, *m22*
Oglethorpe, James, 276, *276*, R83
O'Hara, general Charles, 392
Ohio, *508*, 570
  datos sobre, R36
  indios en, 400, *400*
  población en 1800, 495
  rango de estado, 513
Ohio, río, *m16*, 18, 319, 399, 503, 508, 512–513, 570
Ohio, valle de, 320, 500, *501*
Oklahoma, 529, R36
Olmecas, 36, 37, *37*, *m38*, 94
Oneida, indios, 77, *m95*, 371
Onondaga, indios, 77, *m95*
Ontario, Canadá, 143
Opiniones, 136–137, 147
Orange, Ohio, *508*
Ordenanza, 399
Ordenanza del Noroeste, 399
Órdenes Fundamentales, 210
Oregon City, Oregon, 580–581, *580–581*, *m580*
Oregon
  asentamientos en, 558–559, *558–559*
  datos sobre, R36
  fin del Sendero de Oregon en, 580–581, *580–581*, *m580*
  habitantes del Pacífico Noroeste en, 2, 3
  rango de estado, 559
  valle Willamette, en, 20, *543*
Oregon, Región de, 541, 542, 559
Oregon, Sendero de, 540, 541, 542–543, *m544–545*, *m546*, 558, *558–559*, 580–581, *580–581*, *m580*
Oregon, Territorio de, 559
Oregon, Tratado de, 559
Organigrama, 440, *441*, 451
Organizar información, 360
Oro, búsqueda de, 123, 130, 131, 132, 139, 140, 141, 156, 162
Oro, monedas de, *125*, 519
Ortelius, Abraham, *m119*
Osbourne, Fanny, 16, 21
Osceola (jefe seminola), 526, 527, *527*, R83
Otis, James, 327, R83
Otomano, imperio, R11
Ottawa, indios, 78, 322, *322*
Ovejas, 158, 216, 219, 223

P

Pacificador (Deganawida), 77
Pacífico Noroeste, 60, 61–65
  aldeas en el, 62–63
  asentamientos en el, 517, 558–559, *558–559*
  culturas del, 3, 60–67, *61*, *62–63*, *65*, *66*, *67*
  los chinook del, 61, 64
  los kwakiutl del, 61, 62, 64–65, *65*
  los makah del, 61, 62
  potlatch en el, 64–65, *65*, 67
  tótems en el, *62–63*, 63, 66–67, *66*, *67*
Pacífico, costa del, 20, 21
Pacífico, océano, 61, 123, *123*, 517, *517*
Pacto, 172, *172*
Page, William Tyler, 467
Paine, Thomas, 348, *348*, 349, R83
Países Bajos. Ver Holanda
Palacio de los gobernadores (New Mexico), *196*, *m196*
Pamlico, río, 278
Panamá, istmo de, 123
Paralelo, 22, *m22*, *m23*
Parker, John, 340, R83
Parlamento (británico), 165, 321, *326*
  impuestos aprobados por el, 311, 323, 326, 327, 328, 329, 330, 337, 338, 405
  petición del Congreso Continental al, 339, 345–346
  quejas de los colonos contra el, 351
  revisión del presupuesto en el, 327
  revocación de la Ley del Timbre por el, 329
Parque(s)
  en Philadelphia, 254
  estatales, *509*, *m509*, 562, *562*, *m562*
  nacionales. Ver Parques nacionales

Parques nacionales
  Channel Island (California), 26, *26*, *m26*
  Great Smoky (Tennessee), 17, *m17*
  Mesa Verde (Colorado), 41, *m41*
  Parque Histórico Nacional Chaco Culture (New Mexico), 40, *m40*
  Parque Histórico Nacional Morristown (New Jersey), *361*
  Parque Histórico Nacional Sitka (Alaska), 66
Párrafo
  escribir un, 31, 44, 74
  persuasivo, 44
Partido Demócrata, símbolo del, 470, *470*, 471
Partido Demócrata-Republicano, 446
Partido Republicano, símbolo del, 470, *470*, 471
Partidos políticos, 446, 447, 470, *470*, 471
Pasaje del Noroeste, búsqueda del, 138, 139–143, *140–141*, 180
Paso del Sur (montañas Rocosas), *540*, 541, 543
Patapsco, río, 293
Paterson, William, 430, R83
Patrimonio cultural
  Día de Acción de Gracias, 174, *174*
  Día de la Independencia, 435, *435*
  Festivales, 251, *251*
  Fort Mose, 287, *287*
  Lugares con nombres indios, 211
  Tecnología asiática, 112, *112*
  Vaqueros, 551, *551*
Patriotas, 356–357, 367, 375, 406
Patriótica, música, 410, 454–457, 468, 469, 525, R66
Patriotismo, 468
  "América la hermosa" y el, 410, 454–457, 469
  celebrar el Día de la Independencia, 351, *351*, 466, *466*, 469
  como rasgo de personalidad, 333, 347, 373
  de mujeres, 373, *373*, 468, *468*
  el Credo americano y el, 467
  "El nuevo coloso" y, R8
  ideales y, 466–469
  Juramento a la bandera, 468, 486, R67
  "La bandera adornada de estrellas" y el, 410, 468, 525, R66
Pawnee, 70
Paz
  como principio de la Constitución, 435
  el Árbol de la, 27
Pearl Harbor, ataque a, R14
Pedra Furada, Brasil, 31
Pee Dee, valle del río, 279

Penn, William, 195, *195*, 245–246, *245*, 247–248, 251, 254, R83
Pennsbury Manor (Pennsylvania), 235
Pennsylvania, 179, 194, 251
   asentamientos en, 195, *195*, 241, 245
   datos sobre, R36
   en la Convención de Annapolis, 422
   Fuerte Necessity en, 318, *318–319*, *m319*, 320
   indios americanos en, 247, *247*
   la justicia en, 248
   Marco de Gobierno de, 245, 248, *248*
   Pennsylvania Gazette (periódico), 254
   Pennsbury Manor, en, *235*
   población en 1800, 495
   Rock Shelter, en, 26
   votación de la Constitución, 444
   Ver también Philadelphia
Pensacola, Florida, 385
Pequot, guerra de los, 211
Pequot, indios, 211
Peregrinos, 99, *99*, 171–175, *171, 172, 173, 174*
Periódico(s), 254
   abolicionistas, 573
   colonial, 408
   Declaración de Derechos impresa en, *445*
   después de la Revolución Americana, *425*
   escribir un artículo periodístico para, 323
Periódicos (como recursos), R72.
Períodos glaciales, 25, 26, 28
Perú, 132
Pesca
   en las colonias del sur, *m297*
   en Nueva Inglaterra, 174, 210, 225, *225*
   los indios y la, 3, 26, 61, 63, 75, 78–79, 86, 103
Pesca, equipo de, *549*
Petición, 339, 345–346
Petición del Ramo de Olivo, 345–346
Philadelphia
   Artículos de la Confederación, convención en, 424–425
   Asamblea Constituyente en, 418–419, 426–433, *426, m427*, 434
   Campana de la Libertad en, 351, 394, 468
   Casa de Gobierno de, *309, m309, 413,* 419, *426, 427, m428*
   Centro Nacional de la Constitución en, 484–485, *484–485, m484*
   como centro cultural, 254
   como ciudad portuaria, 258
   Congreso Continental en, 339, *339*, 343, *343*
   crecimiento de, 254–255, *254–255*
   geografía de, 428, *428, m428*
   la vida en, 236–239, 253
   población de, 254
   redacción de la Declaración de Independencia en, 349–351, *351*
   rutas hacia la Asamblea Constituyentes en, *m427*
   Salón de la Independencia en, 351, *352*, *417*, 419
   vida diaria en, 236–239, 253
   William Penn y, 245–246, 251
***Phoebe, la espía* (Griffin),** 362–365
Pickersgill, Caroline, 468, *468*, R83
Pickersgill, Mary, 411, *411*, R81
Piedmont, *m16*, 17
Pieles, comercio de
   en el Oeste, 541, *541*
   en Europa, 140, 178, 226
   en las colonias, 173, 174, 176, 177, 178, 179, 180, *181*, 226, 294, *295, m297*
Pierce, Franklin, R38, *R38*
Pies negros, indios 27, 72, *73*
Pike, Zebulon, *m515*, 518, *518*, R83
Pikes, pico, 518
Pinckney, Eliza Lucas, 195, *195*, 291, *291*, R83
***Pinta* (carabela de Colón),** *105*, 108, 116, *116*, 126
Pinturas, 88, 115, 170–171, 174, 273, 331, 352, 394, 460, 500, 530, 557
   de los constructores de montículos, *39*
   pinturas de arena, 57, *57*
   pinturas rupestres, 31
Pinturas rupestres, *31*
Pinturas secas (pinturas de arena), 57, *57*
Pioneros, 508–513, *508*
   legendarios, 511, *511*
   los niños y los, 542, *543, 548*
   mujeres como, *509*, 510, *548*
   objetos que usaban en los senderos del oeste, 548–549, *548, 549*
   por los senderos al oeste, 542–547, *543, 582*
   tareas domésticas de los, 510, *510*, 542, *543*
   vida diaria de los, 508–513, *508, 509, 510*
   viviendas de los, 509, *509*
Piraguas, 61, *61, 62, 169*
Pitcher, Molly, 307, *307*, 389, *389*, R83
Pitt, William, 321, 339, 341, R83
Pittsburgh, Pennsylvania, 320
Plantaciones, 156, 182
   de caña de azúcar, 278, 284
   en la Nueva España, 156
   en las colonias del sur, 197, *m197*, 276, 283–285, *284–285*, 292, *292–293*
   ubicación de las, 293
Plata, artículos de, 259
Plata, búsqueda de, 139, 156
Plato, 229
Platte, río, 70, 542
Plimoth, plantación, 150–153
Plymouth, colonia de, 8, 98
   autogobierno en la, 99, *99*, 172, *172*
   edificios en la, 173
   la vida en la, 173, 174–175, *174, 175*
   religión en la, 171
Población
   como base para el número de miembros en la Cámara de Representantes, 436
   crecimiento de la, 500–505, 572, *572*
   de California en 1849, 564
   de Estados Unidos entre 1790 y 1800, 495
   de Estados Unidos a fines del siglo XIX, R6
   de europeos en el hemisferio occidental, 1550–1750, 158
   de las trece colonias en 1750, 281
   de Nueva Inglaterra, 212, 230, *231*, 281
   del lado este de los Apalaches, 503, 509
   del Territorio del Noroeste, 399
   inmigrantes y, 500, 501, *501, 572,* R6–R8, R9
   Revolución Industrial y, 572, *572*
Población, densidad de, 464, *m465, m487*
Población, mapas de, 464, *m465,* 483, *m487*
Pocahontas, 99, *99*, 163, 167, *167*, R83
Poder ejecutivo del gobierno, 437, *437*, 459. *Ver también* Presidente
Poder judicial del gobierno, 438–439, *438, 439,* 459
Poder legislativo del gobierno 436, *436*, 459
Poderes
   autoridad compartida, 459, *459, 461*
   reservados, 445
   separación de, 436
Poderes reservados, 445
Poesía
   "América la hermosa" (Bates), 410, 454–457, 469
   "El nuevo coloso" (Lazarus), R8
   Entre la Tierra y el cielo (Bruchac), 10–13
   La cabalgata de Paul Revere (Longfellow), 314–317
Políticas imperiales, 328
Polk, James K., 553, 559, 560, 561, *561*, R38, *R38*, R83
Polo Norte, 22, *m22*, 85
Polo Sur, 22, *m22*
Polo, Marco, 110, *110*, 111, 122, R83
Polonia, inmigrantes de, R8
Pólvora, 111, 112
Ponce de León, Juan, *128*, 129, *131*, R83
Pontiac, jefe (líder ottawa), 322, *322*, R83
***Poor Richard's Almanack* (Franklin),** 194, 254, 264
Porcentaje, 281
Portsmouth, New Hampshire, 210, 224
Portugal, 112, 124, *124, m124*
Potencias Centrales (en la Primera Guerra Mundial) R11
Potencias del Eje (en la Segunda Guerra Mundial), R14
Potlatch, 64–65, *65*, 67
Potomac, río, 274, 446
Powhatan, Confederación, 163
Powhatan, guerras con los, 166, *166*
Powhatan, indios, 78, 163, 166, *166*, 167, *167*, 278
Preámbulo, 350
Pregonero, 217
Presbiterianos, 253
Prescott, William, 344
Presidente, 437, *437*
   en el proceso de la elaboración de leyes, 440, 460
   equilibrio de poderes y el, 459–460, *459*
   límite de los períodos del, 462
   primer, 307, *307*, 446
   Ver también Poder ejecutivo del gobierno
Presidios, 157
Preston, capitán (ejército británico), 334
Presupuesto, 327
Primer Congreso Continental, 339, *339*
Primer meridiano I17, 22, *m22*
Primera Enmienda, 445
Primera Guerra Mundial, R11–R12, *R11*
   cartillas, 220, *220*
   de no ficción, R72
   primero impreso en las colonias, 215
Primeros habitantes
   cambios en el modo de vida de los, 28–29, *28–29*, 30–31, *30, 31*
   leyendas sobre la creación de los, 27, *27*
   migración hacia América del Norte de los, 25–26, *m25, m26*, 34–35, *34, 35*
   sitios arqueológicos de los, 35
   y la caza, 3, 24, *24–25*, 28–29, *28–29*
Princeton, Universidad de, 420, *420–421*
Principios, 435

Privacidad, derecho a la, 338, *338*
Proceso legal debido, 249, 445
Proclamación, 322
Proclamación de 1763, 322–323, 371
Proclamación de Emancipación, R3
Productos coloniales, *m297, m303*
Productos de exportación, 226, 258
Productos de importación, 226, 259, *259,* **368**
Productos forestales, industria de, 224, 240, 294, *296–297, m297*
Productos navales, 224, 294, *296, m297*
Profeta (Tenskwatawa), 523
Prophetstown, Indiana, 523
Propietario, 245, 275
Prosperidad, 258
Protestantes, 133
Providence, 209
Proyecto de la unidad
  álbum de recortes, 584
  feria colonial, 304
  libro de los indios americanos, 96
  museo de la exploración, 192
  periódico colonial, 408
  Salón de la fama de la Constitución, 488
Proyecto de ley, 431
  en el Congreso, 436
  veto presidencial de un, 437, *441*
  y su transformación en ley, 436, *440,* 460
Proyectos. *Ver* Proyecto de la unidad
Pueblo, 40, 52, *52–53*
Pueblo Acoma, New Mexico, *9*
Pueblo Bonito, New Mexico, *4, m4,* 40, *m40*
Pueblo, indios, *52–53,* 53–55, *54, 55*
Puente de tierra hacia las Américas, 34, 94
Puerto Rico, 129, R6
Puget Sound Lowland (estado de Washington), 20
Puntas de Clovis, 29, *29*
Puntas de lanza, 28, 29, *29*
Punto de vista, I4
  analizar, 35, 122, 127, 424, 448–449, 528, 561
  sobre el traslado de los indios, 528
  sobre la Constitución de Estados Unidos, 448–449
  sobre la guerra entre México y Estados Unidos, 561
  sobre la llegada a las Américas, 34–35
  sobre las expediciones a las Américas, 122
  sobre los viajes de Cristóbal Colón, 126–127

  sobre un gobierno nacional fuerte, 424
Puntos cardinales, I21
Puntos intermedios, I21
Puritanos, 194, *194,* **207–209,** *207,* **213,** *213,* **214–221,** *214, 215, 218, 219, 220, 221,* **302**
Putnam, Israel, 344, R83

Q

Quebec, Canadá, 141, 143, 177, *181,* **321**
Quejas, 351
Quinta Enmienda, 445

R

Raleigh, Walter, 161, R83
Ramo de olivo, 345
Randolph, Edmund, 430, 443, R83
Rasgos de carácter, I5
  bondad, 59, 167, 284, 479, 555, 575
  equidad, 213
  integridad, 135, 385, 519
  patriotismo, 333, 347, 373
  respeto, 247
  responsabilidad, 159
Ratificar, 443–444, 486
Read, George, 428, *430*
Reagan, Ronald W., R40, *R40*
Recolectores, 28, 56, 70, 75, 78
Reconquista, 115
Recorrido intermedio, 226–227
Recursos
  de la comunidad, R73–R74
  impresos, R71–R72
  tecnológicos, R69–R70
Red comercial, 64
Red Jacket (líder seneca), 400, *401*
Red, río, 545
Reforma, 133
Reformar, 133
Refugio, 244
Regimiento, 370
Región, I15
Región costera del Noroeste. *Ver* Pacífico Noroeste
Regiones
  accidentes geográficos de América del Norte, *m16*
  América del Norte en 1754, *m319*
  antiguas civilizaciones de América del Norte, *m38*
  colonias de Nueva Inglaterra, *m210*
  colonias del centro, *m245*
  culturales, *m42*
  Estados Unidos en 1845, *m553*
  principales batallas de la Revolución Americana, *m390*
  regiones climáticas de Estados Unidos, *m20*
  rutas de Champlain, 1603–1615, *m177*

Regiones climáticas, *m20*
Regiones culturales, 42
Regiones geográficas, 15, 16–21, *m16*
  de América del Norte, 16–21, *m16*
  de Estados Unidos, 16–21, *m16*
  llanura Costera, 16–17, 78, 277
  llanuras del Interior, 18, *18–19, m18*
  montañas Rocosas, 19
  montes Apalaches, 17, *17, m17*
  región Intermontañosa, 19
  sierra Nevada, 20
Relaciones entre preguntas y respuestas, 234
Religión
  Contrarreforma y, 133
  cuáqueros, 195, *195,* 238, 244, *244,* 245, *246,* 253, 273, 397
  de la Iglesia de Inglaterra, 165, 171, 208
  de los esclavos africanos, 283
  de los indios americanos, 54–55, *55,* 57–58, *57,* 72, *73,* 87, 130
  de los peregrinos, 99, *99,* 171–175, *171, 172, 173, 174*
  de los puritanos, 194, *194,* 207–209, *207,* 213, *213,* 214–221, *214, 215, 219, 220, 221,* 302
  disenso en la, 208, 209, *209,* 210
  el Gran Despertar y, 194, 252
  en el período de la Reforma, 133
  en España, 115, 133–134, *133, 134*
  en Inglaterra, 165, 171, 208
  en las colonias, 165, 171, 183, 207–209, *208, 209,* 215, *215,* 219, 252–253, *252,* 283, 286
  en las colonias del centro, 252–253, *252*
  en las colonias del sur, 283, 286
  en Nueva Inglaterra, 171–175, *171, 172, 173, 174,* 207–209, 214, *214,* 215, *215,* 219
  iglesia establecida, 165
  libertad de, 171, 209, 251, 274, *274,* 445
  misioneros y, 133–134, *133, 134,* 157
  mormones, 545
  musulmanes, 115
  vida social y, 253
  y la esclavitud, *396,* 397
  y los habitantes del desierto del Suroeste, 54–55, *55,* 57–58, *57,* 72, *73,* 87
  Ver también Catolicismo; Cristianismo

Renacimiento, 111
Repartir el correo en las colonias, 328–329
Reporte
  comparativo, 186
  escrito, 44, 96, 146, 264, 298, 402, 450, 482, R75–R76
  investigativo, 44, 90, 264, 482
  oral, R77
Reporte, escribir un, 44, 96, 146, 264, 298, 402, 450, 482, R75–R76
Reporte investigativo, 44, 90, 146, 264, 482, R75–R76
Reportes orales, R77
Representación, 165, 327
República, 429, *453*
Reserva, 527
Resolución, 349
Resolución de problemas, 556–557, 579
Resolver, 80
Respeto a los mayores (entre los indios americanos), 54
Respeto, 247
Responsabilidad (como rasgo de personalidad), 159
Responsabilidades de los ciudadanos, 480–481, *480, 481*
Resúmenes, escribir, 408
Resumir, 198–199, 212, 221, 227, 232, 246, 255, 261, 264, 279, 288, 295, 298
Revels, Hiram, R3, R83
Revere, Paul, 314–317, 332, 340, *341, 405,* **R81**
Revisar reportes escritos, R76
Revocar, 329
Revolución, 341
Revolución Americana, 366–393, 406
  actores en representaciones históricas de la, 361
  apoyo de otras naciones en la, 383–384, 390
  batallas de la, 340–341, *m340,* 344–345, *344–345,* 370, *370,* 380–381, *380, 381,* 386–387, *m386, m387,* 389, *m390,* 391, *391,* 392, *392,* 393
  comienzo de la, 340–341, *m340*
  consecuencias de la, 396–401
  dificultades durante la, 367–368, *367, 368*
  el Ejército Continental en la. *Ver* Ejército Continental
  héroes de la, 388, *388,* 389, *389*
  indios americanos durante la, 371–372, *371, 372*
  las mujeres durante la, 367, 369, *369*
  moneda durante, 343
  Petición del Ramo de Olivo, 345–346
  victoria en Yorktown, 392, *392,* 393
Revolución Industrial, 568–569, 569

Revolución Mexicana　　　　　　　　　　　　　　　　　　　　　　　　　**Sur**

comunicaciones y la, 571
manufacturas y la, 568–569, 569, 571
y cambios en la población la, 572, 572
Revolución Mexicana, 490, 551, 555
Rey Phillip, guerra del, 195, 211
Rhode Island
　asentamientos en, 209, 213, 213
　datos sobre, R37
　en la votación de la Constitución, 444
　indios en, 211
　manufacturas en, 569
　pueblos en, 201
　regimiento de afroamericanos, 370, 370
　resistencia a los británicos en, 329
Río(s), comercio por los, 37, 570–571
Roanoke, isla, 160, 161, 161
Rocosas, montañas, m16, 19, 537
　paso a través de las, 540, 541
　pioneros van al oeste a través de las, 518, 540, 541, 582
Rolfe, John, 99, 164, 167, R83
Roosevelt, Franklin D., R13, R40, R40
Roosevelt, Theodore, R39, R39
Rosa de los vientos, I21
Ross, John (jefe cherokee), 490, 490, 529, 530–531, R83
Ross, Quatie, 531
Rusia, 25
　apoyo al Ejército Continental, 384
　bandera de, 324
　inmigrantes de, R8
　posesión de tierras en las Américas, 319, m319
　Ver también Unión Soviética
Rutas
　de los primeros exploradores, m131, m139, m145, m177, m181
　del comercio colonial, 226, m226
　en el Oeste. Ver Senderos hacia el oeste
　hacia la Asamblea Constituyente, m427
　hacia los asentamientos del oeste, 502–503, 502, m502, 503
　terrestres hacia América del Norte, 25, m25
　terrestres hacia China, 111, 112
Rutas comerciales
　en las colonias, 226, m226
　hacia China, 111, 112
　triangular, 226, m226
Rutledge, John, 311

S

Sacagawea, 491, 491, 498, 499, 516, 516, 519, 519, R81
Sacar conclusiones, 414–415, 425, 433, 439, 447, 450, 463, 469, 478, 482
Sal, usos de la, 54
Salem, Massachusetts, 207
Salem, Peter, 344, 370, R84
Salón de la fama de la Constitución, 488
Salón de la Independencia (Philadelphia), 351, 352, 417, 419
Salón de las estatuas, 460
Salón de los Firmantes (Centro Nacional de la Constitución), 485
Salt Lake City, Utah, 545
Samoset, 173, R81
Sampson, Deborah, 369, R84
San Antonio de Valero, misión de (Álamo), 552
San Diego, California, 188–189, 188–189, m188
San Diego de Alcalá, misión de (San Diego, California), 188–189, 188–189, m188, 308, m308
San Francisco, 21, 564
San Jacinto, batalla de, 552, 552
San Juan, montes, 14–15, m14
San Lorenzo (ciudad olmeca), 37, 37
San Miguel, isla, 26, 26, m26
San Salvador, 108–109, 116
Santa Anna, general Antonio López de, 551, 552, 552, R84
Santa Barbara, California, 412, m412
Santa Barbara, misión de (California), 412, m412
Santa Fe, New Mexico, 157
Santa Fe, Sendero de, 544, m544
Santa María (carabela de Colón), 105, 116, 116, 126
Sarampión, 156, 279
Saratoga, batalla de, 381, 381, 389
Sastres, 260
Savannah, Georgia, 276, 292, 390
Schuylkill, río, 251
Schwartz, Douglas W., 34
Scott, general Winfield, 530, 560, R84
Secotan, aldea de, 278, 278
Seda, 195
Seda, Camino de la, 112
Sedición, 209
Segregación, 477, R4, R5
Seguín, Juan, 554, R84
Segunda Enmienda, 445
Segunda Guerra Mundial, R13–R14, R13, R14
Segundo Congreso Continental, 342, 343, 343, 345, 351, 352, 368
Seminolas, guerras, 526–527, 526–527
Seminola, indios, 287, 526–527, 526–527

Seminolas negros, 287
Senado, 436, 460. Ver también Congreso
Senadores, elección de, 462
Sendero de la Libertad (Boston), 404–405, 404, m404, 405
Sendero de las Lágrimas, 490, m529, 530–531, 530, 531
Sendero de Oregon (Centro de Interpretación), 580, m580
Senderos hacia el oeste 540–547, 543
　Antiguo Sendero Español, 543, m544
　Paso del Sur, 540, 541, 543
Sendero de California, 544, m544
Sendero de Gila, 544, m544
Sendero de los Mormones, 545, m544
Sendero de Oregon, 540, 541, 542–543, m544–545, 558, 558–559, 580–581, 580–581, m580
Sendero de Santa Fe, 544, m544
Seneca Falls, Asamblea de (New York), 493, m493, 573, 574
Seneca, indios, 77, m95, 400, 401
Separación, R2–R3
Separación de poderes, 436
Septiembre 11, ataque del, R15, R15
Sepultura de King's Chapel (Boston), 405
Sequía, 40–41, 54
Sequoyah, 528, 532, 532, R84
Serra, Junípero, 188, 189
Sevier, John, 512, R84
Sextante, 118, 119
Shawnee, indios, 522, 522, 523, 523, 524
Shays, Daniel, 423, R84
Shays, rebelión de, 423, 423, 424
Shenandoah, valle (Virginia), 277
Sherman, Roger, 349, 430, 431, 432, R84
Shirtliffe, Robert, 369
Shoshones, indios, 491, 491, 516, 517, 519, 519
Si hubieras estado allí... cuando firmaron la Constitución (Levy), 418–419
Sierra Nevada, m16, 20, 544, 563
Siete Ciudades de Oro, 99, 135
Siglo, 32
Símbolos
　en las caricaturas, 470, 470, 483
　patrióticos. Ver Símbolos patrióticos
Símbolos patrióticos, 468, 468
　águila calva, 468, 473
　bandera, 324, 357, 411, 468, 468, 472, 472, 473
　Campana de la Libertad, 351, 394, 468
　Estatua de la Libertad, 468, R7, R8

Tío Sam, 471, 471
Símbolos políticos, 470, 470, 471
Sinagoga, 253
Sioux, 35, 70, 72
Sirvientes por contrato, 164, 165, 199, 268–271, 273, 274, 283, 286
Sistema federal de gobierno, 428–429, 459–460, 461
Sistemas para contar
　maya, 38
　olmeca, 37
Sistemas de escritura
　jeroglífico, 38
　maya, 38
Sitio Histórico Estatal New Salem, 509, m509
Sitio Histórico Nacional Jamestown (Virginia), 149
Sitka, Parque Histórico Nacional (Alaska), 66
Slidell, John, 560, R84
Smith, Jedediah, 540, 541, R84
Smith, John, 99, 99, 162, 163, 167, 168, 171, R84
Smith, Redbird, jefe, 532
Snake, río, 517
Sociedad de Amigos (cuáqueros), 195, 195, 238, 244, 244, 245, 246, 253, 273, 397
Sombrereros, 301
Sombrero, 551
South Carolina, 275, 275, m275
　Casa de Gobierno de, 413, m413
　datos sobre, R37
　economía de, 290, 290, 291
　la Revolución Americana en, 391, 391
　votación de la Constitución, 444
South Dakota, 547, R37
Squanto (Tisquantum), 98, 98, 173
St. Augustine, Florida, 156, 157, m157, 198, 287
St. Lawrence, río, 140–141, 140–141, 177
St. Louis, Missouri, 516, 517, 571
St. Mary's City, 273
Standing Bear, Luther, 35, 35
Stanton, Elizabeth Cady, 573–574, R84
Staunton, Virginia, 267
Steuben, Friedrich Wilhelm von, 383, 383, R84
Stevenson, Robert Louis, 16–21, R84
Stuyvesant, Peter, 242, 243, 243, R84
Submarinos, R11
Subvención, 129
Suecia
　colonias de, 179, 242
　posesión de tierras en las Américas, m185
Sur
　conflictos con indios en el, 278–279, 526–527, 526–527

R122 ▪ Referencia

Suroeste, tierras españolas en el

separación de los estados del, R2–R3
Suroeste, tierras españolas en el, 518. *Ver también* Desierto del Suroeste
Sutter, John, 562, R84
Sutter's Mill (California), 562, *562*, *m562*
Swansea, Rhode Island, 211

T

Tabaco, 164, 199, 240, 274, 275, *275*, 284, 287, 291, 293, *m297*
Tabla de S-QS-A, 148
Tablas, 88–89
 analizar, 183, 444
 del sistema colonial en América del Norte, 183
 hacer, 125, 295
 de la votación para la ratificación de la Constitución, 444
Tabla(s)
 analizar, *461*
 dibujar, 65, 117, 261, 463
 organigrama, 440, *441*, 451
 sistema federal de gobierno, *461*
 S-QS-A, 148
Taft, William H., R39, *R39*
Taino, tribu, 102, 103, *103*, 116
Tamanend, 246, 247, *247*
Tarjetas, 21
Taylor, Zachary, 560, *560*, R38, *R38*, R84
Té, impuesto al, 330, 337
Tecnología, 111
 asiática, 111, 112, *112*
 astrolabio, 112, 118, *119*
 barcos de vapor, 504, 570–571
 bomba atómica, R14
 brújula, 111, 112, *112*, 118, *118*, 522
 cronómetro, 118, *118*
 desmotadora de algodón, 569
 ferrocarriles, 570–571, *m570*, 571, 572
 herramientas. *Ver* Herramientas
 imprenta, 111, *111*
 locomotoras, 570–571, 571
 máquinas de vapor, 504, 571
 partes intercambiables, 569
 sextantes, 118, *119*
 telégrafo, 571
 Ver también Inventos
Tecumseh (jefe shawnee), 522, *522*, 523, *523*, 524
Tehuacán, valle de, México, 30
Tejanos, 551
Tejidos, *58*
Telégrafo, 571
Tennessee
 datos sobre, R37
 indios en, 528

parques nacionales en, *m17*
población en 1800, 495
rango de estado, 512
Tenochtitlan, 130, *m131*. *Ver también* Ciudad de México, México
Tenskwatawa, 523, R84
Teoría, 25, 94
Tepe, 70, *70–71*, 71
Tercera Enmienda, 445
Terranova, 121, *121*, 140
Terraplenes, 344, 345
Territorio, 399
Territorio del Noroeste, 399, *m399*, 400, 512–513
Territorio Indio, 529, *m529*, 530
Terrorismo, R15, *R15*
Tetera colonial, *329*
Texas
 antiguos indios americanos en, 2, *2*, 3
 asentamientos en, 550–551, *550*, *551*
 datos sobre, R37
 guerra por la independencia de, 552, *552*, 582
 límite de una propiedad en, 566
 rango de estado, 553–554, *m553*, 554
 senderos hacia, 545
Textiles, fábricas 569
Thayendanegea (líder mohawk), 307, *307*, 371, *371*, R84
Thomson, David, 210
Tierra
 como pago por los servicios militares, 398
 inmigrantes y la, 501
Tierra, posesiones en las Américas, 154–155, *155*, *m185*, *m407*
 conflicto por, 319, *m319*
Tintura, 291
Tipógrafo, 254, *262*
Tisquantum (Squanto), 98, *98*, 173, R82
Títeres, 42
Título del mapa, I20
Tolerancia religiosa, 252
Tolomeo, 114
Tom Thumb (locomotora), 571
Tomar apuntes, 266
Tomar una decisión bien pensada, 520–521, 535
Tombuctú (ciudad africana), 113
Tonelero, 260, *263*
Tordesillas, Tratado de, 125
Tories (colonos leales), 367, 390
Tótem, *62–63*, 63, 66–67, *66*, *67*
Townshend, Leyes de, 330
Trabajadores con sueldo, 263
Trabajadores inmigrantes, derechos de los, 411, *411*, 477, *477*, 480, *480*, 481
Trabajo infantil, 199, *199*, 569
Tradición, 38
Traición, 327, 356–357
Traidor, 391

Transporte
 en barcos y embarcaciones. *Ver* Barcos y embarcaciones
 inmigrantes y el, 570–571, 572, R7, *R7*
 por automóvil, R12
Transporte por agua, 504–505, *504–505*. *Ver también* Barcos y embarcaciones
Tratado, 125
 de Big Tree, 400, *401*
 de Greenville, 400, *401*
 de Guadalupe Hidalgo, 561, 562
 de Horse Creek, 547
 de Oregon, 559
 de París, 1763, 321, 324
 de París, 1783, 394, *394*, 406
 de Tordesillas, 125
 entre colonos holandeses e indios, 179
Travois, 71
Trementina, 294
Trenes. *Ver* Ferrocarriles
Trenton, New Jersey, 380
Tres hermanas, 76
Tres Quintos, Acuerdo de los, 433
Triangular, ruta de comercio, 226, *m226*
Tribus. *Ver* Indios americanos, tribus
Trigo, 219, *m297*
Trueque, 64, 216
Truman, Harry S, R40, *R40*
Tubman, Harriet, 491, *491*, 573, *573*, 575, *575*, R84
Tulipanes, festival de los (Albany, New York), 251
Tumba del Soldado Desconocido, *357*
Túnica calendario, 72, *72*
Tuscarora, guerras de los, 278
Tuscarora, tribu, 278, 371
Tuskegee Institute, R4
Tyler, John, 553, R38, *R38*, R84

U

Ubicación, I14
 absoluta, 22
 asentamientos en el oeste en 1819
 de Estados Unidos, *m15*
 de las colonias del sur, *m275*
 relativa, 22
Unión, R2–R3
Unión de Trabajadores Agrícolas, 411, *411*, 477, *477*, 480, *480*, 481
Unión Soviética, R14. *Ver también* Rusia
Universidades, 221, *221*, 420, 420–421
Uso de la tierra, 296
Utah, 545
 datos sobre, R37

Vida diaria

Estados Unidos compra, 561
indios americanos en, *56*

V

Vadear, 542
Valle Central, California, 20
Valle Forge, Pennsylvania, 382–383, *382–383*
Valores democráticos, 219, *219*, 338, *338*
Van Buren, Martin, 529, R38, *R38*
Vapor, barco de, 504, 570–571
Vapor, máquina de, 504, 571
Vaqueros, 551, *551*
Varados en la plantación Plimoth, 1626 (Bowen), 150–153
Venados, 29, 70, 79, 294
Vermont, 212, 512, R37
Verrazano, Giovanni da, 138, *138*, 139, *m139*, 140, 142, R85
Vespucci, Amerigo, 122, *122*, 124, *m124*, R85
Vestimenta
 de los indios americanos, 30, 55, 57, 58, 65, 69, 73, 75, 79, 130
 de los puritanos, 214, 215, 218, *218*, 219
 en la colonia de Philadelphia, 238
 lavado de, 510
Vetar, 437, *441*
Viajes
 cambios de población y, 572
 en carromatos, 276–277, *277*, *m277*, 503, *503*, 530, 542, *542*, 543, *543*, 544, 546–547, 548, *548*, 550, 558, *558–559*, 580–581, *580–581*
 por ferrocarril, 570–571, *m570*, 571, 572
 vías navegables, 504–505, *504–505*
 Ver Transporte
Viajes de Marco Polo, Los (Polo), 110, 111
Viajes, relato de, 134
Vida diaria
 de los algonquinos, 78–79, *78*, *79*
 de los colonos, 508–513, *508*, *509*, *510*
 de los indios pueblo, 52–53
 de los iroqueses, 76–77, *76–77*
 en el Ártico, 86–87, *86*, *87*
 en la colonia de Philadelphia, 236–239, 253
 en la colonia de Williamsburg, 300–301, *300–301*, *m300*
 en la colonia Plymouth, 173, 174–175, *174*, *175*
 en las colonias del centro, 250–255, *250*, *251*, *252*, *253*, *254–255*

Vida religiosa y social

en las Llanuras, *68–69, 69, 70–71*
en las plantaciones, 284–285, *284–285*
en los Bosques Orientales, 75–79, *75, 76–77, 78, 79*
en Nueva Inglaterra, 214–221, *214, 215, 216–217, 218, 219, 221, 230, 231*
en un hogar puritano, 218–219, *218*

Vida religiosa y social, 253
Vietnam guerra de, R14
Vigésimo segunda Enmienda, 462
Vigésimo sexta Enmienda, 462
Virginia
Capitolio en Williamsburg, *309, m309*
Constitución de, 397
datos sobre, R37
densidad de población de, *m487*
en la Convención de Annapolis, 422
museos en, 267
votación de la Constitución, 444

Virginia, Cámara de los Comunes, 165, *165, 301, 307, 327, 333*
Virginia, colonia de, 160–166, *280*
comercio en, 163, *164*
Comité de Correspondencia de, 328
comparada con la colonia de Maryland, 274
economía de, 163, 164, *164*
gobierno de, 165, *165, 166, 301, 327, 333*
plantaciones en, *197, m197*
trabajo de los niños en, 199, *199*

Virginia, Compañía de, 162, 164, 166, 171
Viruela, 156, 279
Vivienda comunal, 62, 76
Viviendas
cavernas, 26
iglúes, 86
tepes, *70–71, 71*
wigwams, 78, *88*
Ver también Casa(s)

Vocabulario, destrezas de estudio, 416
Voluntarios, 83, *83*
Votar, 83
Voto, derecho al, *476*
de las mujeres, 165, 217, 462, *462*, 477, *477*, 573–574, *574*, R5
de los afroamericanos, 165, 432, *432*, R3–R4
de los esclavos, 165, 432, *432*, R3
de los indios americanos, R5
edad de los votantes, 462, R5
en las colonias, 165, 217

W

Waldseemüller, Martin, 122
Walla Walla, valle de, 542
Wampanoag, indios, 78, 173, 174, *174*, 195, *195*, 211, *211*, 219
Wampum, 76, 77
Ward, Samuel, 454
Warren, Earl, 478, R85
Warren, Mercy Otis, 306, *306*, 369, 373, *373*, 449, *449*, R85
Washington
datos sobre, R37
habitantes del Pacífico Noroeste en. *Ver también* Pacífico Noroeste
Puget Sound Lowland, en, 20

Washington, Booker T., R4, *R4*, R5
Washington, D.C., R37,
Archivos Nacionales en, 435, *435*, 478
ataque británico a, 524
como capital, 446, *446*
datos sobre, R37
el Capitolio en, *452–453, 463*, 524
plan original de, 437
planificación de, 271

Washington, George, 307, *307*, R85
como primer presidente, 307, 446, 474, *474*, R38, *R38*
en la Asamblea Constituyente, 427, *431*, 443
en la Constitución de Estados Unidos, 449, *449*
en la guerra franco-indígena, 320, 321
en la Revolución Americana, 307, 342, *342*, 343, 344, 369, 378, 379, 382–383, *382–383*, 389, 406, 420
maletín de campaña de, 376–377, *376, 377*
protegiendo a, 362–365
renuncia a su liderazgo en el ejército, 394–395, *395*
y la necesidad de un gobierno nacional fuerte, 424

Washington, Martha, 369, *369*, R85
Wells, Ida B., R5
West Point, New York, 389, 391
West Virginia, R37
West, Benjamin, *394*
Westover, plantación (Virginia), *197, m197*
Wheatley, Phillis, 347, *347*, R85
White Mountains, 17
White, John, *78*, 161, *161*, 168
Whitefield, George, 194, *194*, 252, *252*, R85
Whitman, Marcus, 542,
Whitman, Narcissa, 542, R85

Whitney, Eli, 569, R85
Wichita, indios, 70
Wickford, pueblo histórico, Rhode Island, 201
Wigwams, 78
Wilderness, Sendero, 502–503, *m502*, 582
Willamette, valle de, Oregon, 20, 543
Williams, Roger, 208–209, *208*, R85
Williamsburg colonial, 274, 280, 300–301, *300–301, m300*, 309, *m309*
Williamsburg, Virginia, 274, 280, 300–301, *300–301, m300*, 309, *m309*
Wilmington, North Carolina, 294
Wilson, Woodrow, R12, R39, *R39*
Wing, Yung, 491, *491*, 565, *565*, R85
Winthrop, John, 194, *194*, 207, *207*, 208, R85
Wisconsin, R37
World Trade Center, ataque al, R15, *R15*
Wyoming, 543, 547
datos sobre, R37
derecho al voto de las mujeres en, 574
Estados Unidos compra, 561

Y

Yep, Laurence, 538–539
York (esclavo afroamericano), 498–499, *498*, 516, R85
York, duque de, 243, 244
Yorktown, batalla de, 392, *392, 393*
Young, Brigham, 545, R85

Z

Zapatos
de los indios americanos, *31, 69, 75, 79*
de los puritanos, 219
Zuñi, indios, 53, 54, 55, 131

For permission to translate/reprint copyrighted material, grateful acknowledgment is made to the following sources:

Atheneum Books for Young Readers, an imprint of Simon & Schuster Children's Publishing Division: From *The Courage of Sarah Noble* by Alice Dalgliesh. Text copyright © 1952 by Alice Dalgliesh and Leonard Weisgard; text copyright renewed © 1982 by Margaret B. Evans and Leonard Weisgard.

BookStop Literary Agency, on behalf of Steve Lowe: From *The Log of Christopher Columbus,* selections by Steve Lowe, translated by Robert H. Fuson. Compilation copyright © 1992 by Steve Lowe; translation copyright 1987 by Robert H. Fuson.

Georges Borchardt, Inc., on behalf of Gary Bowen: From *Stranded at Plimoth Plantation: 1626* by Gary Bowen. Copyright © 1994 by Gary Bowen. Published by HarperCollins Publishers.

Coward-McCann, A Division of Penguin Young Readers Group, A Member of Penguin Group (USA) Inc., 345 Hudson St., New York, NY 10014: From *Phoebe the Spy* by Judith Berry Griffin, illustrated by Margot Tomes. Text copyright © 1977 by Judith Berry Griffin; illustrations copyright © 1977 by Margot Tomes. Originally titled *Phoebe and the General.*

Sally Crum, 2498 S. Broadway, Grand Junction, CO 81503: From *Race to the Moonrise: An Ancient Journey* by Sally Crum. Text copyright © by Sally Crum.

Harcourt, Inc.: "If We Should Travel," and "Far From Here" from *Between Earth and Sky: Legends of Native American Sacred Places* by Joseph Bruchac. Text copyright © 1996 by Joseph Bruchac.

HarperCollins Publishers: Illustrations by Charles Santore from *Paul Revere's Ride: The Landlord's Tale* by Henry Wadsworth Longfellow. Illustrations copyright © 2003 by Charles Santore.

Houghton Mifflin Company: From *Molly Bannaky* by Alice McGill, illustrated by Chris K. Soentpiet. Text copyright © 1999 by Alice McGill; illustrations copyright © 1999 by Chris Soentpiet.

Mary Laychak, on behalf of Northland Publishing Company, Flagstaff, AZ: From *My Name Is York* by Elizabeth Van Steenwyk, illustrated by Bill Farnsworth. Text copyright © 1997 by The Donald and Elizabeth Van Steenwyk Family Trust; illustrations copyright © 1997 by Bill Farnsworth.

Philomel Books, A Division of Penguin Young Readers Group, A Member of Penguin Group (USA) Inc., 345 Hudson St., New York, NY 10014: Illustrations by Robert Sabuda from *The Log of Christopher Columbus,* selections by Steve Lowe, translated by Robert H. Fuson. Illustrations copyright © 1992 by Robert Sabuda.

G. P. Putnam's Sons, A Division of Penguin Young Readers Group, A Member of Penguin Group (USA) Inc., 345 Hudson St., New York, NY 10014: Illustrations by Wendell Minor from *America the Beautiful* by Katharine Lee Bates. Illustrations copyright © 2003 by Wendell Minor.

Random House Children's Books, a division of Random House, Inc.: From *Ben Franklin of Old Philadelphia* by Margaret Cousins. Text copyright 1952 by Margaret Cousins; text copyright renewed 1980 by Margaret Cousins.

Scholastic Inc.: From *If You Were There When They Signed the Constitution* by Elizabeth Levy. Text copyright © 1987 by Elizabeth Levy. From *My Name Is America: The Journal of Wong Ming-Chung, A Chinese Miner,* a Dear America Book by Laurence Yep. Text copyright © 2000 by Laurence Yep.

The University of Arizona Press: From "It Has Always Been This Way" in *Sáanii Dahataał/ The Women Are Singing: Poems and Stories* by Luci Tapahonso. Text copyright © 1993 by Luci Tapahonso.

PHOTO CREDITS

PLACEMENT KEY: (t) top; (b) bottom; (l) left; (r) right; (c) center; (bg) background; (fg) foreground; (i) inset.

COVER

Hisham F. Ibrahim/PictureQuest (Statue of George Washington); Joseph Sohm; Visions of America/Corbis (United States Constitution); Muench Photography (Cumash Painted Cave); Photographer: Dennis Degnan/Corbis (Independence Hall); Harcourt (Colonial flag).

INTRODUCTION

I2 Marilyn ""Angel"" Wynn/Nativestock.com; I2 The Granger Collection, New York; I2 The Granger Collection, New York; I2 Courtesy of APVA Preservation Virginia; I3 Missouri Historical Society, St. Louis; I3 Victoria and Albert Museum London/Eileen Tweedy/Art Archive; I3 Bettmann/Corbis; I3 Social History Division/Smithsonian Institution, National Museum of American History; I3 Atwater Kent Museum of Philadelphia, Courtesy of Historical Society of Pennsylvania Collection/Bridgeman Art Library; I4 Bettmann/Corbis; I4 Freelance Photography Guild/Corbis; I4 David R. Frazier Photolibrary, Inc./Alamy Images; I4 akg-images; I5 Smithsonian Institution, NNC, Jeff Tinsley; I5 Library of Congress Rare Book and Special Collections Division. Washington, D.C.; I5 Bettmann/Corbis; I5 Hulton Archive/Getty Images;I5 Bettmann/Corbis; I6 Archivo Iconografico, S.A./Corbis; I6 Royalty-Free/Corbis; I7 Museum of the City of New York/Corbis; I7 John Slemp/Look South; I7 Marilyn "Angel" Wynn/Nativestock.com; I7 Science Museum, London / Topham-HIP/The Image Works, Inc.; I7 US Postal Service Licensing Group; I14 Gala/SuperStock; I14 Mitchell Funk/Image Bank/Getty Images; I15 Vince Streano/Corbis

UNIT 1

Opener 1-2 The Granger Collection, New York; 7 Yoshio Tomii/SuperStock; 14-15 James Randklev; Visions of America/Corbis; 17 Charles Cook/Lonely Planet Images; 18-19 MacDuff Everton/Corbis; 21 PhotoDisc; 26 Tom & Susan Bean; 27 (b) Lawrence Migdale/Photo Researchers, Inc.; 27 (t) Marilyn "Angel" Wynn /Nativestock.com; 29 Werner Forman/Art Resource, NY; 31 (l) John Maier, Jr./The Image Works, Inc.; 31 (r) Werner Forman/Art Resource, NY; 35 (c) Corbis; 35 (t) Fulcrum Publishing; 37 (inset) Yoshio Tomii/SuperStock; 37 (t) Kenneth Garrett; 39 (b) Martin Pate, Newnan, GA. Courtesy Southeast Archeological Center, National Park Service; 39 (t) Werner Forman/Art Resource, NY; 40-41 Liz Hymans/Corbis; 41 (t) Richard Sisk/Panoramic Images; 42 Peter Harholdt/Corbis; 45 Yoshio Tomii/SuperStock; 54 PlaceStockPhoto.com; 55 Courtesy of the Phoebe Apperson Hearst Museum of Anthropology and the Regents of the University of California, 17-194; 56 Robert Harding Picture Library/Alamy Images; 57 Paul Chesley/Stone/Getty Images; 58 Branson Reynolds/Index Stock Imagery; 59 (l) Jim Cowlin/Adstock Photos; 59 (r) Monty Roessel Photography; 60 (b) Peter Harholdt/Corbis; 60 (t) Werner Forman/Art Resource, NY; 64-65 Dave G. Houser/Corbis; 65 (t) www.canadianheritage.ca ID #23257, National Archives of Canada C-74714; 66 (b) Rolf Hicker/Panoramic Images; 66 (t) Alaska State Library, William A. Kelly Photograph Collection, Photographer: Elbridge W Merrill; 67 (bc) Alaska State Library, Early Prints Photograph Collection; 67 (bl) Edenshaw, Charles (attributed to), Canadian: Haida 1839-1920, Model Totem Pole c 1890/1905, Argillite, 19.6 x 4.0 x 4.0 cm, Art Gallery of Ontario, Gift of Roy G. Cole, Rosseau, Ontario, 1997; 67 (br) Patrick J. Endres/Alaska Photographics; 67 (c) Alaska State Museum; 67 (t) Alaska State Museum; 68-69 Natural Exposures, Inc.; 69 (inset) Lowell Georgia/Corbis; 72 (b) South Dakota State Historical Society; 72 (t) Nativestock.com; 73 Greenwich Workshop Inc.; 75 Ian Dagnall/Alamy Images; 78 The Mariners' Museum/Corbis; 79 Canadian Museum of Civilization; 80 Newberry Library, Chicago/SuperStock; 81 Larry Downing/Reuters /Corbis; 83 (b) Myrleen Cate/PhotoEdit; 83 (c) Bob Daemmrich/Stock Boston; 83 (t) Myrleen Ferguson Cate/PhotoEdit; 85 Werner Forman/Art Resource, NY; 86-87 Bryan & Cherry Alexander Photography; 87 (l) Werner Forman/Art Resource, NY; 87 (r) Bryan & Cherry Alexander Photography; 88 The Granger Collection, New York; 89 Westwind Enterprises; 92 Jerry Jacka Photography; 92 Russ Finley Photography; 92 (c) Jerry Jacka Photography; 93 (br) Bob Rowan; Progressive Image/Corbis; 93 (tl) Russ Finley Photography; 93 (tr) Tom Bean/Corbis; 94 PlaceStockPhoto.com

UNIT 2

Opener 96-97 The Granger Collection, New York; 98 (tl) Giraudon/Art Resource, NY; 98 (tr) MITHRA-INDEX/Bridgeman Art Library; 102 Japack Company/Corbis; 103 Larry Benvenuti/GTPhoto; 110 (l) The Granger Collection, New York; 110 (r) The Art Archive; 111 Stock Montage/SuperStock; 112 National Maritime Museum; 114 akg-images; 115 The Granger Collection, New York; 118 (bl) Science Museum, London/Topham-HIP/The

Image Works, Inc.; 118 (br) Science Museum, London /Topham-HIP/The Image Works, Inc.; 118 (t) Bettmann/Corbis; 119 (b) Archivo Iconografico, S.A./Corbis; 119 (l) Science Museum, London/Topham-HIP/The Image Works, Inc.; 119 (r) Science Museum, London/Topham-HIP/The Image Works, Inc.; 121 Mark Lewis Photography/Mira.com; 122 (l) SuperStock; 122 (r) Stefano Bianchetti/Corbis; 123 Stephen St. John/National Geographic Image Collection; 124 (c) North Wind Picture Archives; 124 (cl) Image Select/Art Resource, NY; 124 (r) Marine Museum Lisbon/Dagli Orti/Art Archive; 125 Copyright The British Museum; 126NASA; 127 (b) Florida Museum of Natural History; 127 (c) Courtesy of Robert S. McElvaine; 127 (t) Frank Trapper/Corbis/Sygma; 128 The Cummer Museum of Art and Gardens, Jacksonville/SuperStock; 129 M.T. O'Keefe/Robertstock.com; 131 (c) San Diego Historical Society; 131 (cl) Stock Montage; 131 (cr) Ms. Nevin Kempthorne, Courtesy of The National Park Service; 131 (l) The Granger Collection, New York; 131 (r) Hernando De Soto Historical Society; 134 Giraudon/Art Resource, NY; 136-137 "Coronado's Expedition Crossing the Llano Estacado", Courtesy of Abell-Hanger Foundation and of the Permian Basin Petroleum Museum, Library and Hall of Fame of Midland, Texas where this painting is on permanent display; 138 New-York Historical Society, New York, USA/Bridgeman Art Library; 139 (b) The Granger Collection, New York; 139 (c) The Granger Collection, New York; 139 (t) The Granger Collection, New York; 140-141 Giraudon/Art Resource, NY; 142 (c) Bettmann/Corbis; 142 (l) Scala/Art Resource, NY; 142 (r) Bettmann/Corbis; 143 David David Gallery /SuperStock; 147 David David Gallery/SuperStock; 147 Stephen St. John/National Geographic Image Collection; 156 Robert Frerck/Odyssey Productions, Chicago; 157 Jeffrey L. Rotman/Corbis; 159 (l) Bridgeman Art Library; 159 (r) akg-images; 160 akg-images; 161 Fort Raleigh National Historic Site/National Park Service; 162 (inset) Private Collection/Bridgeman Art Library; 164 Colonial Williamsburg Foundation; 165 Library of Virginia; 166 The Granger Collection, New York; 167 New-York Historical Society, New York, USA/Bridgeman Art Library; 168 The Granger Collection, New York; 168 (c) Private Collection/Bridgeman Art Library; 168 (cr) Courtesy of APVA Preservation Virginia; 168 (l) Bettmann/Corbis; 168 (r) Courtesy of APVA Preservation Virginia; 169 (c) Richard T. Nowitz/Corbis; 169 (r) Courtesy of APVA Preservation Virginia; 170 Copyright © Reproduced with permission from the Thomas Ross Collection, www.rosscollection.co.uk; 172 The Granger Collection, New York; 173 Dave G. Houser/Corbis; 174 The Granger Collection, New York; 175 Gibson Stock Photography; 176 Confederation Life Collection by permission of the Syndics of Cambridge University Library; 178 Dave Bartruff/Corbis; 180 Nik Wheeler/Corbis; 181 Patrick and Beatrice Haggerty Museum of Art, Marquette University, Milwaukee, WI; 181 (bl) The Granger Collection, New York; 181 (r) The Granger Collection, New York; 182 The Granger Collection, New York; 187 The Granger Collection, New York; 187 Copyright © Reproduced with permission from the Thomas Ross Collection, www.rosscollection.co.uk; 188 David Olsen/Stone/Getty Images; 188 (inset) Richard Cummins/Corbis; 189 (c) Lowell Georgia/Corbis; 189 (t) James L. Amos/Corbis; 190 Sisse Brimberg/National Geographic Image Collection

UNIT 3

Opener 192-193 SuperStock; 194 Stock Montage; 194 The Corcoran Gallery of Art/Corbis; 194 Royal Albert Memorial Museum, Exeter, Devon, UK/Bridgeman Art Library; 199 Richard T. Nowitz/Corbis; 199 Dorothy Littell Greco/The Image Works, Inc.; 200 James L. Amos/Corbis; 206 G.E. Kidder Smith, Courtesy Kidder Smith Collection, Rotch Visual Collections, M.I.T.; 207 Bettmann/Corbis; 207 National Gallery of Victoria, Melbourne, Australia/Bridgeman Art Library; 207 (b) Stock Montage; 208 Geoffrey Clements/Corbis; 209 The Granger Collection, New York; 210 James Blair/PhotoDisc; 211 Shelburne Museum; 212 Museum of Art, Rhode Island School of Design, Gift of Mr. Robert Winthrop, Photography by Del Bogart; 214 (l) Bettmann/Corbis; 214 (r) BrianSmith.com Photography; 215 New-York Historical Society, New York, USA/Bridgeman Art Library; 218 Todd Gipstein/National Geographic Image Collection; 220 (b) The Granger Collection, New York; 220 (t) Blackwell History of Education Museum; 222 Lee Snider/Corbis; 223 Prints & Photographs Division, [LC-USZC2-3223]; 224 Joseph H. Bailey/National Geographic Image Collection; 225 The Mariners' Museum; 227 (inset) Bridgeman Art Library; 227 (l) Maritime Museum Kronborg Castle Denmark/Dagli Orti/Art Archive; 228 The Granger Collection, New York; 228 Annie Griffiths Belt/Corbis; 229 The Granger Collection, New York; 229 Embroidered by: Sally Jackson, Massachusetts (probably Boston) born about 1760, Sampler, American 1771, Plain weave lined embroidered with silk in cross, split, French knot and stem stiches. 76.2 x 50.8 cm (30 x 20 in), Museum of Fine Arts, Boston, Museum purchase with funds donated anonymously and Frank B. Bernis Fund, 2001.739; 229 Courtesy of APVA Preservation Virginia; 229 Colonial Williamsburg Foundation; 229 Colonial Williamsburg Foundation; 230 Farrell Grehan/Corbis; 231 Paul Johnson/Index Stock Imagery; 232 National Gallery of Victoria, Melbourne, Australia/Bridgeman Art Library; 233 Geoffrey Clements/Corbis; 233 Shelburne Museum; 240 National Portrait Gallery, London/SuperStock; 241 L.F. Tantillo; 242 (b) The Granger Collection, New York; 242 (t) Museum of International Folk Art. Santa Fe, New Mexico. Photo by: Blair Clark; 243 The Granger Collection, New York; 244 SuperStock; 244 Haverford College Quaker and Special Collections; 244 Museum of the City of New York/Corbis; 244 Peter Gridley/Taxi/Getty Images; 245 Hulton Archive/Getty Images; 246 (l) The Newark Museum/Art Resource, NY; 246 (r) Haverford College Library, Haverford, PA., Quaker Collection, Burlington (NJ) Meetinghouse, coll. no. 912; 247 Courtesy of the Historical Society of Pennsylvania, Atwater Kent Museum of Philadelphia; 248 The Maryland Historical Society, Baltimore, Maryland; 248 Lee Snider/Corbis; 248 Bettmann/Corbis; 249 Comstock Images/Alamy Images; 250 Albany Institute of History & Art; 251 Darlene Bordwell/Ambient Light Photography; 252 (l) American Tract Society; 252 (r) Francis G. Mayer/Corbis; 253 Abby Aldrich Folk Art Museum, Colonial Williamsburg Foundation, Williamsburg, VA; 254 Michael Sheldon/Art Resource, NY; 255 (l) CIGNA Museum & Art Collection; 255 (r) Winterthur Museum, Garden & Library; 258 The New-York Historical Society; 259 (tc) Christie's Images; 259 (tl) Victoria and Albert Museum London / Eileen Tweedy/Art Archive; 259 (tr) Christie's Images; 260 Colonial Williamsburg Foundation; 261 Colonial Williamsburg Foundation; 262 Colonial Williamsburg Foundation; 263 Colonial Williamsburg Foundation; 264 Stapleton Collection/Corbis; 265 Francis G. Mayer/Corbis; 265 The Granger Collection, New York; 272 The Maryland Historical Society, Baltimore, Maryland; 273 Courtesy of The Maryland Commission on Artistic Property of the Maryland State Archives; 274 Courtesy of The Maryland Commission on Artistic Property of the Maryland State Archives; 275 Hulton Archive/Getty Images; 276 Corpus Christi College, Oxford, UK/Bridgeman Art Library; 278 Bettmann/Corbis; 279 (l) Kelly Culpepper/Transparencies, Inc.; 279 (r) Peabody Essex Museum, Salem, Massachusetts, USA/Bridgeman Art Library; 280 Colonial Williamsburg Foundation; 281 Colonial Williamsburg Foundation; 282 Virginia Historical Society, Richmond, Virginia; 283 Virginia Museum of Fine Arts, Richmond. Gift of Edgar William and Bernice Chrysler Garbisch. Photo: Wen Hwa Ts'ao; 283 (r) Morris Museum of Art, Augusta, Georgia; 286 Colonial Williamsburg Foundation; 287 Courtesy of the Historical Archaeology Collections of the Florida Museum of Natural History, photo by James Quine; 288 SuperStock; 289 Royal Albert Memorial Museum, Exeter, Devon, UK/Bridgeman Art Library; 290 Ferens Art Gallery, Hull City Museums and Art Galleries, UK/Bridgeman Art Library; 291 Painet Stock Photos; 293 American Numismatic Society; 294 Courtesy of Enoch Pratt Free Library, State Library Resource Center, Baltimore, MD; 294 (inset) National Park Service, Harpers Ferry Center Commissioned Art Collection, artist Greg Harlin of Wood Ronasville Harlin, Inc.; 295 David David Gallery/SuperStock; 296 John Mead/Science Photo Library/Photo Researchers, Inc.; 297 David Shopper/Index Stock Imagery; 298 Courtesy of The Maryland Commission on Artistic Property of the Maryland State Archives; 299 Courtesy of Enoch Pratt Free Library, State Library Resource Center, Baltimore, MD; 299 Corpus Christi College, Oxford, UK/Bridgeman Art Library; 300 Colonial Williamsburg Foundation; 300 (b) Mary Ann and Bryan Hemphill; 300 (c) Houserstock, Inc.; 301 Mary Ann and Bryan Hemphill; 301 Colonial Williamsburg Foundation; 301 (c) PictureQuest

UNIT 4

Opener 304-305 Francis G. Mayer/Corbis; 307 The Granger Collection, New York; 311 The Granger Collection, New York; 312 James P Blair/PhotoDisc; 318 Larry Olsen Photography; 320 Historical Art Prints; 321 Gift of Dr. J. C. Webster, McCord Museum of Canadian History, Montreal; 322 (b) Reynolds Museum, Winston Salem, North Carolina,

USA/Bridgeman Art Library; 322 (t) Detroit Historical Museums & Society; 326 By Courtesy of The National Portrait Gallery, London; 327 Metropolitan Museum of Art; 328 The Granger Collection, New York; 329 (b) Boston Public Library; 329 (t) Colonial Williamsburg Foundation; 331 Massachusetts Historical Society, Boston, MA, USA/Bridgeman Art Library; 332 (c) Stock Montage; 332 (l) Massachusetts Historical Society, Boston, MA, USA/Bridgeman Art Library; 337 American Antiquarian Society; 339 Bettmann/Corbis; 341 Janelco; 342 The Granger Collection, New York; 343 J. McGrail /Robertstock.com; 344 Atwater Kent Museum of Philadelphia, Courtesy of Historical Society of Pennsylvania Collection/Bridgeman Art Library; 346 Hulton Archive/Getty Images; 347 The Pierpont Morgan Library/Art Resource, NY; 347 Stock Montage; 348 (l) Stock Montage; 348 (r) National Portrait Gallery, London/SuperStock; 349 Thomas Jefferson Writing the Declaration of Independence, Howard Pyle, 1853-1911, Delaware Art Museum; 351 (l) Stock Barrow; 351 (r) Lee Snider Photo Images; 352 Bettmann/Corbis; 353 (l) Historical Society of Pennsylvania; 353 (r) Milne Special Collections and Archives/University of New Hampshire Library; 354 Delaware Art Museum, Wilmington, USA, Howard Pyle Collection/Bridgeman Art Library; 358 Gift of Dr. J. C. Webster, McCord Museum of Canadian History, Montreal; 366 Ted Spiegel/Corbis; 367 The Connecticut Historical Society Museum, Hartford, Connecticut; 368 (c) The Granger Collection, New York; 368 (t) The Granger Collection, New York; 369 (l) Christie's Images/SuperStock; 369 (r) The Granger Collection, New York; 370 David Wagner; 370 The Granger Collection, New York; 371 (c) American Numismatic Society; 371 (c) Independence National Historical Park; 371 (r) Historical Art Prints; 372 Johnson Hall (Sir William Johnson Presenting Medals to the Indian Chiefs of the Six Nations at Johnstown, N.Y., 1772), Edward Lamson Henry (1841-1919), 1903, Oil on canvas, Albany Institute of History & Art Purchase, 1993.44; 375 J. McGrail /Robertstock.com; 376 Smithsonian Institution, National Museum of American History; 377 Smithsonian Institution, National Museum of American History; 378 Courtesy of The Maryland Commission on Artistic Property of the Maryland State Archives; 380 Metropolitan Museum of Art, New York, USA/Bridgeman Art Library; 381 Fort Ticonderoga; 381 (inset) The Granger Collection, New York; 382 SuperStock; 383 akg-images; 385 The Granger Collection, New York; 388 Lee Snider/Corbis; 389 (c) Bettmann/Corbis; 389 (l) Chopin birthplace Poland / Dagli Orti/Art Archive; 389 (r) The Granger Collection, New York; 391 Don Troiani/Historical Art Prints; 394 Winterthur Museum, Garden & Library; 395 Hulton Archive/Getty Images; 396 (l) The British Museum/Topham-HIP/The Image Works, Inc.; 396 (r) Rare Book and Special Collections Division, Library of Congress; 397 The Granger Collection, New York; 398 Indianapolis Museum of Art, USA/Bridgeman Art Library; 400 Lowe Art Museum/SuperStock; 400 (l) North Wind Picture Archives; 400 (r) The Granger Collection, New York; 401 (c) Atwater Kent Museum of Philadelphia, Courtesy of Historical Society of Pennsylvania Collection/Bridgeman Art Library; 401 (l) SuperStock; 401 (r) New-York Historical Society, New York, USA/Bridgeman Art Library; 402 Metropolitan Museum of Art, New York, USA/Bridgeman Art Library; 404 (inset) Stock Boston; 404 (r) Gibson Stock Photography; 405 (bl) Ed Young/Corbis; 405 (br) Danilo Donadoni/Bruce Coleman Inc.; 405 (cl) Dave G. Houser/Corbis; 405 (cr) Dave G. Houser/Corbis; 405 (tc) Susan Cole Kelly Photographer; 405 (tl) Tibor Bognar/Corbis; 405 (tr) Richard Cummins/Corbis; 406 Colonial Williamsburg Foundation

UNIT 5

Opener 408-409 Gift of Edgar William and Bernice Chrysler Garbish, 50.2.1, Virginia Museum of Fine Arts; 410 SuperStock; 410 Atwater Kent Museum of Philadelphia, Courtesy of Historical Society of Pennsylvania Collection/Bridgeman Art Library; 411 Archivo Iconografico, S.A./Corbis; 420 Walter Choroszewski; 422 American Numismatic Society; 422 The Granger Collection, New York; 424 (b) National Portrait Gallery, Smithsonian Institution/Art Resource, NY; 424 (t) National Portrait Gallery, Smithsonian Institution/Art Resource, NY; 425 Künstler Enterprises; 426 SuperStock; 428 Bettmann/Corbis; 430 Independence National Historical Park; 432 The Metropoitan Museum of Art, Morris K. Jessup Fund, 1940. (40.40) Photograph © 1985 The Metropolitan Museum of Art; 433 Atwater Kent Museum of Philadelphia, Courtesy of Historical Society of Pennsylvania Collection/Bridgeman Art Library; 434 Gift of Edgar William and Bernice Chrysler Garbish, Virginia Museum of Fine Arts; 435 Dennis Brack/Stock Photo; 436 (b) Jeff Greenberg/Danita Delimont Stock Photography; 436 (c) George Gibbons/Taxi/Getty Images; 437 Jon Feingersh/Masterfile; 438 Jurgen Vogt/Image Bank/Getty Images; 439 Royalty-Free/Corbis; 440 Brooks Kraft/Corbis; 441 (bl) Dennis Brack / IPN/Aurora Photos; 441 (cr) Robert Llewellyn/SuperStock; 441 (tl) Randy Wells/Stone/Getty Images; 442 Art Resource, NY; 444 Ken Biggs /Stone/Getty Images; 444 (b) Archivo Iconografico, S.A./Corbis; 445 Künstler Enterprises; 446 Library of Congress, Washington D.C., USA/Bridgeman Art Library; 446 (inset) The Granger Collection, New York; 447 Collection of The New York Historical Society, accession number 1867.304; 448 Christie's Images/Bridgeman Art Library; 448 Joseph Sohm; ChromoSohm Inc/Corbis; 449 Geoffrey Clements/Corbis; 449 The Granger Collection, New York; 451 Künstler Enterprises; 451 Independence National Historical Park; 451 Art Resource, NY; 458 Winterthur Museum, Garden & Library; 459 (l) Dennis Brack/Stock Photo; 459 (r) Collection, The Supreme Court Historical Society, photographed by Steve Petteway; 459 (tc) Joseph Sohm; Visions of America/Corbis; 460 Bettmann/Corbis; 462 Bettmann/Corbis; 463 Craig Aurness/Corbis; 463 Jonathan Hodson/Robert Harding Picture Library Ltd/Alamy Images; 464 Social History Division, Smithsonian Institution, National Museum of American History; 466 Pentagram Design, Inc., San Francisco; 466 (b) New-York Historical Society, New York, USA/Bridgeman Art Library; 469 (inset) Bridgeman Art Library; 469 (tr) PhotoDisc; 470 Corbis; 471 John Pritchett; 472 Pentagram Design, Inc., San Francisco; 472 Hulton Archive/Getty Images; 473 Pentagram Design, Inc., San Francisco; 473 The Granger Collection, New York; 473 Library of Congress, Prints & Photographs Division, WWI Posters, [LC-USZC4-6262]; 474 The Granger Collection, New York; 475 AP/Wide World Photos; 476 (bl) Hulton Archive/Getty Images; 476 (tl) Christie's Images/Bridgeman Art Library; 476 (tr) The Granger Collection, New York; 477 (bc) Wally McNamee/Corbis; 477 (bl) Jason Laure/The Image Works, Inc.; 477 (br) Ron Sachs/Consolidated News Photos/Corbis; 477 (tc) The Granger Collection, New York; 477 (tl) Picture History; 477 (tr) Bettmann/Corbis; 478 (tl) AP/Wide World Photos; 478 (tr) AP/Wide World Photos; 479 Time Life Pictures/Getty Images; 480 Paul Fusco/Magnum Photos; 481 George Ballis/Take Stock; 482 New-York Historical Society, New York, USA/Bridgeman Art Library; 483 Hulton Archive/Getty Images; 483 The Granger Collection, New York; 483 Jonathan Hodson/Robert Harding Picture Library Ltd/Alamy Images; 484 Getty Images Editorial; 485 (br) John McGrail Photography; 485 (c) John McGrail Photography; 485 (tr) Courtesy of the National Constitution Center

UNIT 6

Opener 488-489 The Granger Collection, New York; 490 History Museum Mexico City/Dagli Orti/Art Archive; 490 Bettmann/Corbis; 494 Hulton Archive/Getty Images; 495 SuperStock; 500 Albright-Knox Art Gallery/Corbis; 501 Christopher Wood Gallery, London, UK/Bridgeman Art Library; 502 Boone's First View of Kentucky by William T. Ranney from the collection of Gilcrease Museum, Tulsa, Oklahoma; 503 North Wind Picture Archives; 506 Bridgeman Art Library; 508 The Granger Collection, New York; 509 (b) Courtesy of The Hubbard Museum of the American West, Ruidoso Downs, New Mexico, Photographer: Cheryl D. Knobel; 509 (t) Andre Jenny/Alamy Images; 513 Ohio Historical Society; 514 The Granger Collection, New York; 516 (bc) The Granger Collection, New York; 516 (bl) Painting "Lewis and Clark: The Departure from St. Charles, May 21, 1804" by Gary R. Lucy. Courtesy of the Gary R. Lucy Gallery, Inc. Washington, MO - www.garylucy.com; 516 (br) "Lewis and Clark at Three Forks" by E.S. Paxson, Oil on Canvas, 1912, Courtesy of the Montana Historical Society. Don Beatty photographer 10/1999; 516 (tc) Picture History; 516 (tl) Missouri Historical Society, St. Louis; 516 (tr) National Historical Park, Independence, Missouri, MO, USA/Bridgeman Art Library; 517 Corbis; 517 (bl) "Lewis and Clark Meeting the Indians at Ross' Hole" by Charles M. Russell, Oil on Canvas, 1912, Mural in State of Montana Capitol, Courtesy of the Montana Historical Society, Don Beatty photographer 10/1999; 517 (br) Henry Francis Dupont Winterthur Museum, Delaware, USA/Bridgeman Art Library; 517 (cl) Smithsonian Institution, NNC, Jeff Tinsley; 517 (cr) Smithsonian Institution, NNC, Jeff Tinsley; 517 (tl) Künstler Enterprises; 517 (tr) Stanley Meltzoff; 518 Independence

National Historical Park; 519 The Granger Collection, New York; 520 Private Collection/Bridgeman Art Library; 522 (l) Photograph courtesy of the Royal Ontario Museum; 522 (r) The Field Museum, negative #A93851c; 523 Paramount Press; 524 Smithsonian American Art Museum, Washington, DC/Art Resource, NY; 527 The Granger Collection, New York; 528 (l) National Portrait Gallery, Smithsonian Institution/Art Resource, NY; 528 (r) Bettmann/Corbis; 529 John Slemp/Look South; 530 (b) Marilyn "Angel" Wynn/Nativestock.com; 530 (t) SuperStock; 531 John Slemp/Look South; 532 National Portrait Gallery, Smithsonian Institution/Art Resource, NY; 532 The Granger Collection, New York; 533 David Young-Wolff/PhotoEdit; 533 Ron Chapple/Taxi/Getty Images; 533 Walter Hodges/Corbis; 533 Bob Rowan; Progressive Image/Corbis; 534 The Granger Collection, New York; 535 SuperStock; 535 Künstler Enterprises; 536 Greg Ryan/Sally Beyer Photography; 540 Jedediah Smith in the Badlands, Harvey Dunn, The South Dakota Art Museum; 541 Brooklyn Museum of Art, New York, USA/Bridgeman Art Library; 541 (t) Greenwich Workshop Inc.; 542 National Frontier Trails Museum; 543 Private Collection/Bridgeman Art Library; 544 (l) Charles Mauzy/Corbis; 544 (r) John M. Roberts/Corbis; 545 Lowell Georgia/Corbis; 546 Kennedy Galleries, New York, USA/Bridgeman Art Library; 546 The Granger Collection, New York; 548 Denver Public Library, Western History Collection, X-11929; 548 Courtesy of The Hubbard Museum of the American West, Rusidoso Downs, New Mexico, Photographer: Cheryl D. Knobel; 549 Courtesy of The Hubbard Museum of the American West, Rusidoso Downs, New Mexico, Photographer: Cheryl D. Knobel; 549 Centerfire-rigged Western stock saddle, JP Mason, Leather, metal, wood, circa 1860, Museum of the American West Collection, Autry National Center, Purchase made possible by the McBean Family Foundation; 549 High Desert Museum; 550 Tim Thompson/Corbis; 551 Call number 1963.002:1350--FR, Courtesy of The Bancroft Library University of California, Berkeley/Bancroft Library, University of California, Berkeley; 552 Texas State Library & Archives Commission; 552 (inset) Texas State Library & Archives Commission; 554 (c) Texas State Library & Archives Commission; 554 (inset) US Postal Service Licensing Group; 555 National History Museum Mexico City/Dagli Orti/Art Archive; 555 Dagli Orti/TravelSite; 556 Tate Gallery, London/Art Resource, NY; 557 Haworth Art Gallery, Accrington, Lancashire, UK/Bridgeman Art Library; 558 Butler Institute of American Art, Youngstown, OH, USA/Bridgeman Art Library; 560 (b) Chicago Historical Society, Chicago, USA/Bridgeman Art Library; 560 (t) Historical Art Prints; 561 (b) Private Collection/Bridgeman Art Library; 561 (l) Picture History; 561 (r) The Granger Collection, New York; 562 Dave G. Houser/Corbis; 564 Hulton Archive/Getty Images; 565 Dianne Arndt/SuperStock; 566 Larry Sheerin; 570 SuperStock; 572 Museum of the City of New York/Corbis; 573 National Portrait Gallery, Smithsonian Institution/Art Resource, NY; 574 (c) National Portrait Gallery, Smithsonian Institution/Art Resource, NY; 574 (t) Andre Jenny/Alamy Images; 575 The Granger Collection, New York; 576 SuperStock; 579 US Postal Service Licensing Group; 579 Brooklyn Museum of Art, New York, USA/Bridgeman Art Library; 579 Historical Art Prints; 580 Virginia Swartzendruber/End of the Oregon Trail Interpretive Center; 580 (inset) Keith Buckley/End of the Oregon Trail Interpretive Center; 581 (tc) Gary Poush/ZUMA/End of the Oregon Trail Interpretive Center; 581 (tl) David Jensen; 581 (tr) Charles Haire/SCPhotos/Alamy Images; 582 Smithsonian Institution, NNC, Jeff Tinsley

REFERENCIA

R1 Bettmann/Corbis; R2 The Granger Collection, New York; R3 Bettmann/Corbis; R4 The Granger Collection, New York; R4 The Granger Collection, New York; R4 The Granger Collection, New York; R5 Bettmann/Corbis; R5 Corbis; R6 SuperStock; R7 Künstler Enterprises; R7 A & L Sinibaldi/Stone/Getty Images; R8 Library of Congress, Prints & Photographs Division, Detroit Publishing Company Collection, [LC-USZC4-1584]; R9 Bettmann/Corbis; R10 Gary Conner/Index Stock Imagery; R11 Picture History; R12 Bettmann/Corbis; R13 Bettmann/Corbis; R13 Culver Pictures; R14 AP/Wide World Photos; R15 Henny Ray Abrams/AFP/Getty Images; R15 Allan Tannenbaum/The Image Works, Inc.; R16 Digital image © 1996 CORBIS; Original image courtesy of NASA; R17 Chip Henderson/Index Stock Imagery; R17 David Young-Wolff/PhotoEdit

All other photos from Harcourt School Photo Library and Photographers: KenKinzie, April Riehm and Doug Dukane.

All maps created by MAPQUEST.COM.

Normas académicas y destrezas de análisis de Historia y Ciencias Sociales de California

NORMAS DE CALIFORNIA

NORMAS DE CALIFORNIA

Source for California Standards: California Department of Education

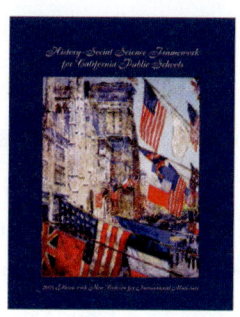

Normas académicas de Historia y Ciencias Sociales
Historia y Geografía de Estados Unidos: Creando una nueva nación

Los estudiantes de quinto grado estudian el desarrollo de la nación hasta 1850, poniendo énfasis en los pueblos que ya vivían en estas tierras, cuándo llegaron los nuevos habitantes, de dónde vinieron y por qué lo hicieron. Los estudiantes aprenden acerca del gobierno colonial, fundado en principios judeocristianos, los ideales del Iluminismo y las tradiciones inglesas de autogobierno. Reconocen que la nuestra es una nación con una constitución que debe su poder al pueblo, que pasó por una revolución, que alguna vez consintió la esclavitud, que sufrió conflictos en torno a la posesión de la tierra con los habitantes originales y que experimentó un movimiento hacia el oeste en el cual la gente cruzó el continente. Estudiar la causa, el curso y las consecuencias de acontecimientos que van desde las primeras exploraciones hasta la Guerra de la Independencia y la expansión hacia el oeste es central para que los estudiantes comprendan cómo los principios de Estados Unidos formaron las bases de una sociedad pluralista en la que los derechos individuales están asegurados.

5.1 Los estudiantes describen los principales asentamientos precolombinos, como los pobladores de acantilados y los indios *pueblo* del desierto del Suroeste, los indios americanos del Pacífico Noroeste, las naciones nómadas de las Grandes Llanuras y los habitantes de los bosques al este del río Mississippi.

5.1.1 Describir de qué manera la geografía y el clima influyeron en cómo diferentes naciones vivieron y se adaptaron al ambiente, mencionando la ubicación de los pueblos, las diferentes estructuras que construían y cómo obtenían alimentos, vestimenta, herramientas y utensilios.

5.1.2 Describir sus variadas costumbres y sus tradiciones folclóricas.

5.1.3 Explicar sus diversas economías y sus sistemas de gobierno.

(continúa)

5.2 Los estudiantes trazan las rutas de los primeros exploradores y describen las primeras exploraciones de las Américas.

5.2.1 Describir el carácter emprendedor de los primeros exploradores (por ejemplo, Cristóbal Colón, Francisco Vázquez de Coronado) y los desarrollos tecnológicos que permitieron la exploración marítima a través de la latitud y la longitud (por ejemplo, brújula, sextante, astrolabio, barcos de gran porte, cronómetros, pólvora).

5.2.2 Explicar las metas, los obstáculos y los logros de los exploradores, sus patrocinadores y los líderes de las expediciones europeas más importantes, y las razones que llevaron a los europeos a explorar y colonizar el mundo (por ejemplo, la Reconquista Española, la Reforma Protestante, la Contrarreforma).

5.2.3 Trazar las rutas de los principales exploradores terrestres de Estados Unidos, las distancias que recorrieron y las rutas comerciales del océano Atlántico que comunicaban África, las Indias Occidentales, las colonias británicas y Europa.

5.2.4 Ubicar en mapas de América del Norte y América del Sur las posesiones de tierras de España, Francia, Inglaterra, Portugal, los Países Bajos, Suecia y Rusia.

5.3 Los estudiantes describen la cooperación y los conflictos que existían entre los indios americanos, y también entre las naciones indias y los nuevos pobladores.

5.3.1 Describir la competencia entre ingleses, franceses, españoles, holandeses y las naciones indias por el control de América del Norte.

5.3.2 Describir la cooperación que existió entre los colonos y los indios durante los siglos XVII y XVIII (por ejemplo, en agricultura, comercio de pieles, alianzas militares, tratados, intercambios culturales).

5.3.3 Examinar los conflictos previos a la Guerra de la Independencia (por ejemplo, las guerras entre los pequot y el rey Philip en Nueva Inglaterra, las guerras de los powhatan en Virginia y la guerra franco-indígena).

5.3.4 Analizar la importancia de los tratados no cumplidos y las masacres, y los factores que condujeron a la derrota de los indios, mencionando el proceso de resistencia de las naciones indias ante la invasión de sus territorios y la asimilación (por ejemplo, la historia del Sendero de Lágrimas).

5.3.5 Describir las luchas internas de los indios, como las disputas por el control de tierras (por ejemplo, acciones de los indios iroqueses, hurones, lakota [siux]).

5.3.6 Explicar la influencia y los logros de líderes significativos de esa época (por ejemplo, John Marshall, Andrew Jackson, el jefe Tecumseh, el jefe Logan, el jefe John Ross, Sequoyah).

(continúa)

5.4 Los estudiantes comprenden las instituciones políticas, religiosas, sociales y económicas que surgieron en la era colonial.

5.4.1 Comprender la influencia de la ubicación y las características físicas en la fundación de las 13 colonias originales, y ubicar en un mapa las colonias y las naciones de los indios americanos que ya habitaban esas regiones.

5.4.2 Identificar los principales grupos e individuos responsables de la fundación de diferentes colonias, así como las razones para su fundación (por ejemplo, John Smith, Virginia; Roger Williams, Rhode Island; William Penn, Pennsylvania; Lord Baltimore, Maryland; William Bradford, Plymouth; John Winthrop, Massachusetts).

5.4.3 Describir los aspectos religiosos de las primeras colonias (por ejemplo, el puritanismo en Massachusetts, el anglicanismo en Virginia, el catolicismo en Maryland, el cuaquerismo en Pennsylvania).

5.4.4 Identificar a los líderes y el significado del Gran Despertar, que marcó un cambio en las ideas, prácticas y creencias religiosas del período colonial, y en la expansión de la tolerancia religiosa y el libre ejercicio de la religión.

5.4.5 Comprender cómo el período colonial británico sentó las bases del desarrollo del autogobierno político y del sistema económico de libre mercado, y las diferencias entre los sistemas coloniales británico, español y francés.

5.4.6 Describir la introducción de la esclavitud en América, cómo respondían las familias de esclavos a su situación, la continua lucha entre los que defendían la esclavitud y los que se oponían a ella, y la gradual institucionalización de la esclavitud en el Sur.

5.4.7 Explicar las primeras ideas y prácticas democráticas surgidas durante el período colonial, mencionando la importancia de las asambleas representativas y los cabildos.

5.5 Los estudiantes explican las causas de la Revolución Americana.

5.5.1 Comprender cómo las ideas e intereses políticos, religiosos y económicos condujeron a la Revolución (por ejemplo, la resistencia a la política imperial, la Ley del Timbre, las Leyes Townshend, los impuestos al té, las Leyes Intolerables).

5.5.2 Conocer la importancia del Primer y el Segundo Congreso Continental y de los Comités de Correspondencia.

5.5.3 Comprender los personajes y los eventos relacionados con la redacción del borrador y la firma de la Declaración de Independencia, y el significado de este documento, recalcando los conceptos políticos clave que expresa, los orígenes de esos conceptos y su importancia en diversos lazos con Gran Bretaña.

(continúa)

5.5.4 Describir el punto de vista, la vida y el impacto de individuos clave durante este período (por ejemplo, el rey George III, Patrick Henry, Thomas Jefferson, George Washington, Benjamin Franklin, John Adams).

5.6 Los estudiantes comprenden el curso y las consecuencias de la Revolución Americana.

5.6.1. Identificar y localizar en un mapa las principales batallas militares, campañas y momentos importantes de la Guerra de la Independencia, los roles de los líderes americanos y británicos, y las alianzas de los líderes indios con ambos bandos.

5.6.2 Describir la contribución de Francia y de otros países e individuos al desenlace de la Revolución (por ejemplo, las negociaciones de Benjamin Franklin con los franceses, la armada francesa, el Tratado de París, los Países Bajos, Rusia, el marqués Marie Joseph de Lafayette, Tadeusz Kosciuszko, el barón Friedrich Wilhelm von Steuben).

5.6.3 Identificar los diferentes roles que cumplieron las mujeres durante la Revolución (por ejemplo, Abigail Adams, Martha Washington, Molly Pitcher, Phillis Wheatley, Mercy Otis Warren).

5.6.4 Comprender el impacto personal y las dificultades económicas que la guerra produjo en las familias, los problemas de financiamiento de la guerra, la inflación en tiempos de guerra y las leyes contra el acaparamiento de bienes y materiales y la especulación.

5.6.5 Explicar cómo las constituciones de los estados que fueron establecidas después de 1776 representaban los ideales de la Revolución Americana y sirvieron como modelo para la Constitución de Estados Unidos.

5.6.6 Demostrar conocimiento acerca de la importancia de las políticas sobre las tierras establecidas en el Congreso Continental (por ejemplo, venta de tierras del oeste, la Ordenanza del Noroeste de 1787) y el impacto de esas políticas sobre las tierras de los indios americanos.

5.6.7 Comprender cómo los ideales establecidos en la Declaración de Independencia transformaron la forma en que la gente entendía la esclavitud.

(continúa)

5.7 Los estudiantes describen a las personas y los eventos asociados con el desarrollo de la Constitución de Estados Unidos, y analizan la importancia de la Constitución en la fundación de la república americana.

5.7.1 Enumerar los defectos de los Artículos de la Confederación según sus críticos.

5.7.2 Explicar la importancia de la nueva Constitución de 1787, haciendo mención a las discusiones en torno a su ratificación y las razones por las que se agregó la Declaración de Derechos.

5.7.3 Comprender los principios fundamentales de la democracia constitucional de Estados Unidos, enfatizando la forma en que el gobierno deriva su poder del pueblo y la primacía de la libertad individual.

5.7.4 Comprender cómo la Constitución está diseñada para asegurar nuestra libertad, otorgando y limitando el poder del gobierno central, y comparar los poderes concedidos a los ciudadanos, al Congreso, al presidente y a la Corte Suprema de Justicia con aquellos derechos reservados a los estados.

5.7.5 Analizar el significado del credo americano que llama a los ciudadanos a salvaguardar la libertad de los individuos dentro de una nación unificada, respetar las reglas de la ley y preservar la Constitución.

5.7.6 Conocer las canciones que expresan ideales americanos (por ejemplo, *"America the Beautiful"*, *"Star Spangled Banner"*).

(continúa)

5.8 Los estudiantes investigan los patrones de colonización, inmigración y asentamiento del pueblo americano desde 1789 hasta mediados del siglo XIX, haciendo énfasis en la importancia del incentivo económico, los efectos de los aspectos físicos y políticos de la región, y los sistemas de transporte.

5.8.1 Analizar las olas de inmigración europea entre 1789 y 1850 y sus modos de transporte a los valles del Ohio y del Mississippi, y a través del Paso de Cumberland (por ejemplo, carretas, canales, buques de vapor, balsas).

5.8.2 Nombrar los estados y los territorios que existían en 1850 e identificar sus ubicaciones y principales características geográficas (por ejemplo, cadenas montañosas, ríos principales, vegetación dominante).

5.8.3 Demostrar conocimiento acerca de las exploraciones al oeste del río Mississippi después de la Compra de Louisiana (por ejemplo, Meriwether Lewis y William Clark, Zebulon Pike, John Fremont).

5.8.4 Analizar las experiencias de los pobladores en los viajes hacia el oeste (por ejemplo, la ubicación de las rutas; el propósito de los viajes; la influencia del terreno, los ríos, la vegetación y el clima; la vida en los territorios al final de esos senderos).

5.8.5 Describir la continua migración de los pobladores de México a los territorios mexicanos del Oeste y el Suroeste.

5.8.6 Relacionar cómo y cuándo California, Texas, Oregon y otros territorios del oeste se convirtieron en parte de Estados Unidos, mencionando la importancia de la guerra de Texas por su independencia y la guerra entre México y Estados Unidos.

5.9 Los estudiantes conocen la ubicación de los actuales 50 estados y los nombres de sus capitales.

Kindergarten hasta quinto grado

Normas académicas de Historia y Ciencias Sociales

Destrezas de análisis de Historia y Ciencias Sociales

Las destrezas intelectuales mencionadas más adelante están destinadas a ser aprendidas y aplicadas a las normas académicas de kindergarten hasta quinto grado. Deben ser evaluadas *solo con relación* a las normas académicas de kindergarten hasta quinto grado.

Además de las normas académicas de kindergarten hasta quinto grado, los estudiantes demuestran las siguientes destrezas intelectuales, de razonamiento, reflexión e investigación:

Pensamiento cronológico y espacial

1. Los estudiantes ubican eventos clave y personajes históricos del período que están estudiando en una secuencia cronológica y en un contexto espacial; interpretan líneas cronológicas.

2. Los estudiantes emplean correctamente términos vinculados con el tiempo, como *pasado, presente, futuro, década, siglo* y *generación*.

3. Los estudiantes explican cómo se relacionan el presente y el pasado, identificando sus semejanzas y diferencias, y de qué manera ciertos elementos cambian con el tiempo y otros permanecen igual.

4. Los estudiantes usan destrezas con mapas y globos terráqueos para determinar la ubicación de lugares e interpretar la información disponible a través de las leyendas, la escala y las representaciones simbólicas del mapa o el globo terráqueo.

5. Los estudiantes evalúan la importancia de la ubicación relativa de un lugar (por ejemplo, la proximidad a un puerto, a rutas comerciales) y analizan cómo las ventajas y desventajas relativas cambian con el paso del tiempo.

(continúa)

Investigación, evidencia y punto de vista

1. Los estudiantes diferencian las fuentes primarias y las secundarias.

2. Los estudiantes plantean preguntas importantes sobre los hechos que encuentran en documentos históricos, testimonios, relatos orales, cartas, diarios personales, objetos del pasado, fotografías, mapas, obras de arte y arquitectura.

3. Los estudiantes distinguen entre la ficción y los hechos comparando fuentes documentales de figuras históricas y eventos reales con personajes y eventos de ficción.

Interpretación histórica

1. Los estudiantes resumen los eventos clave del período histórico que están estudiando y explican los contextos históricos de esos eventos.

2. Los estudiantes identifican las características humanas y físicas de los lugares que están estudiando y explican cómo esos rasgos conforman las características particulares de esos lugares.

3. Los estudiantes identifican e interpretan causas y efectos múltiples de los eventos históricos.

4. Los estudiantes realizan análisis de costo-beneficio de eventos históricos y contemporáneos.

Big Sur, California